IMAGEN Y MITO

ESTUDIOS SOBRE RELIGIONES MEDITERRANEAS E IBERICAS

JOSE M.ª BLAZQUEZ
Catedrático de Historia de España Antigua
en la Universidad Complutense de Madrid

IMAGEN Y MITO

ESTUDIOS SOBRE RELIGIONES MEDITERRANEAS E IBERICAS

EDICIONES CRISTIANDAD
Huesca, 30-32
MADRID

Depósito legal: M. 37.459.—1977
ISBN: 84-7057-215-6

Printed in Spain

ARTES GRÁFICAS BENZAL - Virtudes, 7 - MADRID-3

CONTENIDO

PRESENTACION

Se ofrecen en este volumen un conjunto de trabajos, realizados a lo largo de más de veinte años, sobre la religiosidad de los pueblos antiguos. Se han revisado a fondo todos los artículos, que en su mayor parte aparecen ahora rehechos y en todo caso puestos al día, enriquecidos con los resultados que en este mismo campo han aportado numerosos colegas y los que nosotros mismos hemos obtenido de nuestro trabajo continuo en este apasionante mundo de la religiosidad antigua.

Conocer el pasado es una empresa que no puede quedarse en la mera catalogación de datos. Entendemos que la historia tiene sus claves y juzgamos que nuestra labor primaria como historiadores es descubrirlas. Nosotros podemos aplicar en esta tarea otras categorías —otras filosofías— para interpretarla, pero el dato religioso conserva toda su fuerza esclarecedora y es insoslayable para penetrar en la entraña de la realidad histórica, que se ha construido sobre la trama de unas significaciones y unas referencias religiosas. Si el hombre es para nosotros la medida de todas las cosas, el hombre antiguo, aun en los momentos del más amargo o el más lúcido escepticismo, fue un homo religiosus *siempre a la búsqueda del sentido profundo, último y trascendente de su vivir y su quehacer. En el intento de construir un saber sobre el hombre antiguo sería mutilación irreparable prescindir de las referencias religiosas que dieron sentido a su vida.*

En nuestra labor, entrañablemente vivida, en la Universidad hemos podido ver también que en la misma medida en que se desacralizan las ideas y los comportamientos crece el afán por conocer la historia del hecho religioso. Puede que haya en el fondo de esta actitud y de este afán un impulso compensatorio. El individuo se aleja de una religiosidad que hoy se le presenta en formas desvitalizadas e insuficientes, pero ese alejamiento se convierte en distancia que permite una perspectiva, una mirada desligada de conflictos y urgencias personales que busca, no sin pasión, un conocimiento, más aún, un verdadero saber *acerca de esa parcela de lo humano que es el hecho religioso.*

En el fondo, aún no sabemos si es que nos hemos liberado de la religión o es que hemos perdido aquella re-ligación que nos remitía a una totalidad armónica de significaciones y referencias.

Si ha de conservar la historia su función magisterial, creemos que la historia del hecho religioso, aparte de su valor como investigación en profundidad del pasado, también puede ser una aportación decisiva a la tarea de impulsar un humanismo enriquecedor y pluridimensional. Por ello nos hemos decidido a dar nuevamente a la luz pública este conjunto de nuestros trabajos.

Sólo nos resta agradecer la colaboración que para llevar a buen término nuestro esfuerzo nos han prestado el editor y ante todo amigo entrañable. Beatriz Schwaar y María Garzón colaboraron como dibujantes. J. Urruela hizo las fotografías y J. Valiente nos ayudó en la tarea de ordenar y poner a punto los originales.

J. M.ª Blázquez Martínez

SIGLAS

Se han utilizado las siglas habituales en las publicaciones especializadas. Damos a continuación el catálogo de las más corrientes.

AA	«Archäologischer Anzeiger»
ABSA	«The Annual of the British School at Athens»
AC	«L'Antiquité Classique»
ACFABA	«Anuario del Cuerpo Facultativo de Archiveros, Bibliotecarios y Arqueólogos»
AE	«Année Epigraphique»
AEAA	«Archivo Español de Arte y Arqueología»
AEArq	«Archivo Español de Arqueología»
AHAM	«Anales de Historia Antigua y Medieval»
AHDE	«Anuario de Historia del Derecho Español»
AJA	«American Journal of Archaeology»
AM	«Athenische Mitteilungen»
AMSEAEP	«Actas y Memorias de la Sociedad Española de Antropología, Etnología y Prehistoria»
«Ann. Inst.»	«Annali dell'Instituto di Corrispondenza Archeologica»
APL	«Archivo de Prehistoria Levantina»
«Arch. Anz.»	= AA
«Arch. Cl.»	«Archeologia Classica»
ASA	«Annuario della Scuola Archeologica Italiana di Atene»
ASAtene	= ASA
AST	«Analecta Sacra Tarraconensia»
«Atti Pont. Acc.»	«Atti della Pontificia Accademia Romana di Archeologia»
BAM	«Bulletin d'Archeologie Marocaine»
BAT	«Boletín de Arqueología Tarraconense»
BCH	«Bulletin de Correspondence Hellénique»
BphW	«Bonner Philologische Wochenschrift»
BRAH	«Boletín de la Real Academia de la Historia»
BRAE	«Boletín de la Real Academia Española»
BSA	= ABSA
BSAA	«Boletín del Seminario de Arte y Arqueología»
BSEE	«Boletín de la Sociedad Española de Excursiones»
«Bul. Inst.»	«Bulletino dell'Instituto di Corrispondenza Archeologica»
CAHC	«Cuadernos de Arqueología e Historia de la Ciudad»
CAN	*Congreso Arqueológico Nacional* (sigue entre paréntesis el año de su celebración)
CASE	*Congreso Arqueológico del Sudeste Español* (sigue entre paréntesis el año de su celebración)
CBL	«Collectanea Biblica Latina»
CEG	«Cuadernos de Estudios Gallegos»
CHP	«Cuadernos de Historia Primitiva»
CHPH	«Cuadernos de Historia Primitiva del Hombre»
CIG	*Corpus Inscriptionum Graecarum*
CIL	*Corpus Inscriptionum Latinarum*
CIS	*Corpus Inscriptionum Semiticarum*
CRAI	«Academie des Inscriptions et Belles-Lettres. Comptes Rendus»
CVA	*Corpus Vasorum Antiquorum*
CVH	*Corpus Vasorum Hispanorum*
EAA	«Estudios de Arqueología Alavesa»
EAA	*Enciclopedia dell'Arte Antica*
FA	«Fasti Archeologici»
FHA	*Fontes Hispaniae Antiquae*
HdA	W. Otto, R. Herbig, *Handbuch der Archäologie*
HTR	«Harvard Theological Review»

IEJ	«Israel Exploration Journal»
IG	*Inscriptiones Graecae*
JAI	«Journal of the Anthropological Institute»
JdI	«Jahrbuch des Deutschen Archäologischen Instituts»
JHS	«Journal of Hellenic Studies»
JRS	«Journal of Roman Studies»
JTS	«Journal of Theological Studies»
MAH	«Mélanges d'Archéologie et d'Histoire»
MB	«Miscelanea Barcinonensia»
MM	«Madrider Mitteilungen»
MMAP	«Memorias de los Museos Arqueológicos Provinciales»
MH	«Museum Helveticum»
«Mon. Inst.»	«Monumenti dell'Instituto di Corrispondenza Archeologica»
NAH	«Noticiario Arqueológico Hispánico»
NH	«Numario Hispánico»
«Not. Scav.»	«Notizie degli Scavi Communicate all'Academia dei Lincei»
PL	*Patrologia Latina*
PPS	«Proceedings of the Prehistoric Society»
RA	«Revue Archéologique»
RABM	«Revista de Archivos, Bibliotecas y Museos»
RE	Pauly-Wissowa-Kroll, *Realenciclopädie der classischen Altertumwissenschaft.*
REA	«Revue des Études Anciennes»
REG	«Revue des Études Grecques»
«Rend. Lincei»	«Rendiconti dell'Academia Nazionale dei Lincei»
RhM	«Rheinisches Museum»
RHR	«Revue de l'Histoire des Religions»
RIDA	«Revue Internationale des Droits de l'Antiquité»
«Riv. St. Lig.»	«Rivista di Studi Liguri»
RM	«Mitteilungen des D. Archäol. Inst., Römische Abteilung»
RPH	«Revue de Philologie»
SF	«Studi Fenici»
«St. Etr.»	«Studi Etruschi»

I

MUNDO MEDITERRANEO

1

EL HERAKLEION GADITANO

UN TEMPLO SEMITA EN OCCIDENTE

Los fenicios esparcieron el culto del Melqart tirio por todo el Mediterráneo. Lo encontramos en la propia Grecia: Eritrias [1] y Delfos [2]; Thasos ha dado un bajorrelieve del dios semita [3] y Chipre una estatua con equipo completo. Al mismo se refiere una inscripción de Malta [4], así como los dos cipos bilingües hallados en la misma isla que sirvieron para descifrar el fenicio, y que se fechan a comienzos del siglo II de nuestra Era.

En Heraklea Minoa había un promontorio llamado Promontorio de Herakles. El viejo dios fenicio tenía un templo en Samaría [5], servido por personal que mantenía la corte. Su nombre se esculpió en las columnas de los templos egipcios. Las ofrendas que intermitentemente enviaba Cartago al viejo santuario de Tiro simbolizaban la dependencia espiritual que unía a la capital del mundo púnico con su metrópoli. En el puerto había un templo; en nuestras costas se alzaban dos santuarios, el de Lixus y el de Cádiz. Una isla, la de Saltés, estaba también consagrada a Herakles [6].

[1] Paus., VII, 5, 5ss. Sobre el templo de Cádiz, cf. A. García y Bellido, *Hercules Gaditanus:* AEArq 36 (1958) 70ss. Sobre Melqart, cf. D. van Berchem, *Sanctuaires d'Hercule-Melqart. Contribution a l'étude de l'expansion phénicienne en Méditerranée:* «Syria» 44 (1967) 73ss; R. Dussaud, *Melqart:* «Syria» 25 (1946-48) 205ss; C. Grottanelli, *Melqart e Sid fra Egitto, Libia e Sardegna:* SF 1 (1973) 153ss; R. du Mesnil du Buisson, *Origine et évolution du panthéon de Tyr:* RHR 164 (1963) 133ss; E. Lipinski, *La fête de l'ensevélissement et de la résurrection de Melqart,* en *Actes de la XVIIe rencontre assyriologique internationale* (Bruselas 1970) 38; E. Will, *Au sanctuaire d'Héraclès à Tyr: l'olivier enflammé, les stèles et les roches ambrosiennes:* «Berytus» 10 (1950-1951) 1ss. Sobre el culto entre los fenicios y cartagineses, cf. S. Moscati, *I fenici e Cartagine. Società e costume* (Turín 1972) 513ss; G. Charles Picard, *Les religions de l'Afrique Antique* (París 1954). Es fundamental para las representaciones de templos semitas arcaicos la pintura, fechada en el siglo VIII a. C., sobre un vaso chipriota; cf. V. Karageorghis, *A representation of a temple on an 8th Century B. C. Chypriote Vase:* SF 1 (1973) 9ss; cf. también W. Cullican, *Melqart Representations on Phoenician Seals:* «Abr-Nahrain» 2 (1960-1961) 41ss.

[2] CIG 224.

[3] Herod., II, 44.

[4] CIS I, 88 y 121.

[5] G. Ricciotti, *Historia de Israel* I (Barcelona 1952) 349.

[6] Estr., III, 5, 5.

Ya en la misma elección del emplazamiento se manifiesta el carácter fenicio de ambos santuarios. Tucídides [7] nos informa de que los fenicios preferían instalarse en promontorios e islas, y en islas se hallaban precisamente enclavados los dos templos españoles. Estrabón advirtió la orientación típicamente semita del Herakleion: «Alzaron el santuario en la parte oriental de la isla, y la ciudad en la occidental» [8]. El santuario del Lixus era seguramente un simple altar al aire libre, del tipo de los recintos sagrados semitas, como los que todavía en plena época cristiana hallamos por todo el Mediterráneo oriental. Cuando Vespasiano consulta al oráculo del Monte Carmelo, no encuentra templo ni imagen, sino un altar al aire libre [9].

El templo de Herakles en Lixus era un altar a cielo abierto, según parece deducirse de las monedas locales, que representan un altar, y del texto de Plinio [10], aunque el escritor latino habla de templo en otro pasaje [11], pero hay que interpretar el término *delubrum (iuxta delubrum Herculis)* en el sentido de recinto sagrado. También serían recintos sagrados fenicios al aire libre el *Promontorium Junonis* y el *Ara Junonis* que citan Estrabón y Mela [12]. Estrabón menciona además una isla de Juno cerca de Gibraltar [13]. Se trata en estos casos de parajes consagrados al culto de Astarté (fig. 1).

El santuario de Cádiz consistía, como se deduce de todos los textos y de las monedas que representan la portada, en un edificio. Es probable que el altar estuviera a la intemperie.

Es característica de los templos fenicios la configuración como recinto descubierto y no como un amplio edificio. Las monedas de Gebal-Biblos nos indican que el santuario de la diosa tutelar de aquella ciudad respondía precisamente a aquel modelo. Las ruinas más recientes del templo de Baetocece, hoy Hons-Soleyman, santuario de Arvad, son un magnífico ejemplo; las excavaciones de Macridy-Bey han probado lo mismo para el templo de Eshmun en Sidón, y sobre el mismo modelo se construyeron el templo de Jerusalén (fig. 2), con su recinto sagrado, y el actual santuario de La Meca.

El Herakleion gaditano debía de parecerse al templo más antiguo de Kition, en Chipre, fechado en torno al año 800 a. C. (fig. 3). Se trata de un edificio rectangular, que mide 35 m. de este a oeste y 22 m. de norte a sur. El *adyton* se halla situado al oeste y se eleva un metro por encima del nivel correspondiente al suelo de la gran sala del templo. Tres puertas, con sus correspondientes escaleras, llevan al *adyton*. Muy probablemente ostentaba la fachada de aquel santuario dos pilares como los bíblicos Ja-

[7] Tuc., VI, 2.
[8] Estr., III, 5, 3.
[9] Tác., *Hist.*, II, 78.
[10] Plin., NH V, 1.
[11] Plin., NH XIX, 63.
[12] Estr., III, 5, 3; 3, 4; Mela, II, 6, 96.
[13] Estr., III, 5, 3.

chin y Boaz del templo de Jerusalén. V. Karageorghis [14], en efecto, lo compara con el santuario de Jerusalén (fig. 4), con los templos de Lakish y con el recientemente descubierto santuario de Arad en Israel. Con todos ellos presenta paralelos próximos.

Conocemos muy superficialmente la religión fenicia. De un templo celebérrimo como el de Melqart en Tiro, visitado por tantos personajes famosos [15], no sólo ignoramos los pormenores del culto, sino que los arqueólogos discrepan en cuanto a su emplazamiento. Sabemos que el templo fenicio consistía esencialmente en un recinto consagrado a la divinidad, en cuyo centro se alzaba una pequeña capilla, santuario de la divinidad, o un betilo o una capilla que guardaba el betilo. El ajuar sagrado se completaba con un altar para los sacrificios, colocado delante del betilo o la capilla. Había también en todo caso una fuente o estanque y un bosque sagrados. En el Herakleion manaban dos fuentes de agua dulce [16]; tenemos noticias sobre la existencia de fuentes en otros santuarios semitas. En los dos templos de Biblos había piscinas para las abluciones; en el de Afka (Líbano) había una fuente en la que los devotos arrojaban sus ofrendas a la diosa; éstas se hundían cuando eran del agrado de la divinidad, y sobrenadaban en caso contrario. El río Asklepios, que atraviesa Sidón y pasaba por delante del templo de Eshmun, era objeto de veneración, lo mismo que el río Adonis. En el templo de Amrit (siglos VIII-VII a. C.) se advierten indicios de agua en abundancia; se ha lanzado la hipótesis de que el patio estaba inundado, de modo que el *naos,* aislado en medio, resultara inaccesible. Se habla de fuentes en los templos de Caldea y en el de Jerusalén [17]. Las del Herakleion se utilizarían seguramente para las abluciones, a que eran tan dados los semitas [18]. Las víctimas de los sacrificios, según se desprende de un texto de Porfirio [19], se inmolaban directamente sobre el altar, que se rociaba diariamente con la sangre de los sacrificios.

El bosque sagrado, tan imprescindible como la fuente en los santuarios fenicios, quedó reducido a un solo árbol, generalmente un olivo, plantado en el recinto sagrado. En Ain-Tounga y Henchir-R'cas, santuarios de Africa del Norte, ha aparecido gran número de estelas con representaciones de árboles pequeños alusivas al bosque sagrado que formaba parte del lugar de culto. También en Lixus hubo un bosque sagrado [20]. En el citado templo del siglo VIII a. C., pintado sobre un vaso del período ciprogeométrico III (850-700 a. C.), se representan árboles sagrados que se relacionan con los jardines sagrados de los templos, documentados en el primer templo fenicio de Kition, fechado a finales del siglo IX a. C. Estos

[14] V. Karageorghis, *Kition. Mycenaean and Phoenician Discoveries in Cyprus* (Londres 1976) 95ss.

[15] Herod., II, 44.

[16] Estr., III, 5, 7; Plin, NH II, 219.

[17] 1 Re 7,38; 2 Cr 4,6.14.

[18] Nm 8,7.19.

[19] Porf., *De abstin.*, I, 25.

[20] Plin., NH V, 3; XIX, 63.

árboles sagrados son un recuerdo del paraíso [21]. En el *temenos* del santuario de Ayia Irini de Chipre había también árboles sagrados.

Es probable que las rayas visibles en las mencionadas monedas de Pafos hayan de interpretarse como representaciones esquematizadas de árboles sagrados, que existían también en el Herakleion gaditano. En el templo de Lixus había un jardín sagrado, que es probablemente el Jardín de las Hespérides.

Al árbol sagrado del Herakleion, sin duda un olivo (sabemos que este árbol se daba con facilidad en Cádiz y en Lixus), alude Filostrato. Asegura que en el santuario crecía el árbol áureo de Pigmalión y —continúa fantaseando el autor de la *Vida de Apolonio*— que sus ramas eran más admirables que sus frutos, ya que se cubrían de esmeraldas [22].

Las fuentes insisten en que la divinidad adorada en el Herakleion era típicamente semita. Los escritores no le dan el simple nombre de Herakles, sino que, para evitar confusiones, añaden el apelativo de «egipcio». En ello coinciden todos los autores [23]. Fenicia estuvo durante muchos siglos estrechamente vinculada a Egipto. Apiano afirma rotundamente que el héroe allí venerado era el de Tiro, no el griego [24]. Los griegos, con su enorme capacidad de sincretismo, construyeron otro altar contiguo a los dos del Herakles Egipcio. El altar dedicado al Tebano era de piedra, con figuras de hidras, los caballos de Diomedes y los trabajos de Herakles. Los altares del Egipcio eran de bronce y sin adornos. Según Silio Itálico [25], también en las puertas estaban esculpidos los trabajos del semidiós. En Herodoto [26], Polibio [27] y las inscripciones bilingües hallamos la asimilación de Melqart a Herakles. Melqart es un dios solar y marino; en la religión grecorromana carece en absoluto de estos rasgos, que, sin embargo, conservará clarísimamente la divinidad adorada en Cádiz hasta la época de Adriano (fig. 5). Pero la asimilación de Melqart a Herakles hecha por los griegos indica su verdadera naturaleza: es el hijo del Gran Dios (Zeus). Es probable que el Herakleion sufriera en época ignorada alguna transformación y que de este modo adquiriera la suntuosidad de que nos hablan las fuentes. Los arquitectos conservarían parte de la primitiva edificación, como las vigas. Es seguro que el altar al Herakles griego y las puertas con los doce trabajos datan de la época en que se helenizó el mundo púnico. No deja de ser significativo el hecho de que el constructor del templo de Salomón y arquitecto además de un templo de Melqart, Hiram de Tiro, hiciera también de bronce el altar y los utensilios del templo de Jerusalén [28]. Los semitas, en efecto, solían hacer de bronce los altares de sus dioses; según la estela de Iechaw-Melek, rey de Biblos, este monarca mandó erigir un altar de bronce para propiciar a la diosa Gebal.

[21] Gn 2,9.
[22] Filost., *V. Apol.*, V, 5.
[23] Mela, III, 46; Filost., *V. Apol.*, V, 25; Arnob., Adv., I, 36: *Tirius Hercules.*
[24] App., *Iber.*, 1, 2.
[25] Sil. It., III, 32-44.
[26] Herod., II, 42-43.
[27] Polib., VII, 9, 2-3.
[28] 1 Re 7,13-47; 2 Cr 4,1-6.

A juzgar por los escasos datos transmitidos por las fuentes, el culto practicado en el Herakleion fue siempre típicamente semita. Dión Casio [29] atestigua que en tiempo de los Antoninos las ceremonias eran fenicias; Arriano [30], Diodoro [31] y Apiano [32] afirman tajantemente que el ritual de Cádiz era gemelo del que se practicaba en Tiro.

La religión púnica muestra un conservadurismo a ultranza. Los santuarios semitas suelen ser de una notable antigüedad. La construcción del Herakleion se remonta a la Guerra de Troya. Luciano [33] se extrañaba de la antigüedad del templo de Biblos. En la obra de san Agustín [34] se rastrea la pervivencia de la lengua y de los cultos cartagineses en Africa del Norte. Tertuliano atestigua la existencia de sacrificios humanos, herencia púnica en el Africa romana, durante el siglo II de nuestra Era [35]. Tiberio y varios emperadores posteriores dictaron la pena de muerte contra los padres que sacrificaban a sus hijos.

Nota característica del culto púnico es el sacrificio de víctimas humanas a la divinidad [36]. En Cartago inmolaban los padres a sus primogénitos depositándolos en los brazos de un ídolo de bronce, de forma que las víctimas caían dentro de él y se abrasaban. M. R. Dussaud examina las inscripciones del siglo IV a. C. descubiertas por M. Icard y Gielly en el santuario de Cartago y reconoce en ellas la mención de sacrificios de niños, que los textos silencian. César prohibió los sacrificios humanos en Cádiz, como se desprende de un texto de Cicerón [37]. Los sacrificios humanos son, según la Biblia [38], parte esencial del culto al dios fenicio Mólek-Kronos, al que se había dedicado un templo en Cádiz, del que conocemos únicamente su existencia [39].

Herakles aparece en las monedas gaditanas con atributos marinos. El Melqart fenicio tuvo originariamente un carácter solar, que reaparece en escritores tardíos [40] al hablar sobre esta divinidad. Las ciudades fenicias, dedicadas esencialmente a la navegación, le atribuyeron en seguida un carácter marino, y así aparece en Cádiz, ciudad exclusivamente marinera. Estrabón captó perfectamente estos rasgos al decir que «quienes terminan su navegación acuden a ellas (las columnas del Herakleion) y sacrifican a Herakles» [41].

El carácter semita del Herakleion gaditano se acredita además por otros

[29] Dion Cas., *Epitome*, LXXVIII, 18.
[30] Arriano, *Alex.*, II, 16, 4.
[31] Diod., V, 20, 2.
[32] App., *Iber.*, I, 2.
[33] Luc., *De Dea Syr.*, IX.
[34] *Serm.* 113, 2; 288, 3; *Contra litt. Petil.*, II, 239.
[35] Tert., *Apologia*, IX; cf. Diod., XX, 14, 4-6; A. García y Bellido, *Fenicios y carthagineses en Occidente* (Madrid 1942) 94ss.
[36] Diod., XIII, 62; XX, 65; Just., XVII, 6; Plut., *De superstitione*, XXII; *De sera numinis vindicta*, VI.
[37] Cic., *Pro Balbo*, 43.
[38] Lv 18,21; 20,2; 2 Re 16,3; 2 Cr 28,3.
[39] Estr., III, 5, 3.
[40] Macrob., *Saturnalium lib.*, I, 10; Euseb., *Praep. Evang.*, III, 2.
[41] Estr., III, 5, 5; Avien., *Ora marit.*, 358-370.

rasgos, como el de la prohibición de que en él entraran las mujeres [42]. Con admiración escribe Pausanias [43] que las mujeres tracias tenían acceso al Herakleion de su país; se trata de un caso singularísimo, ya que era costumbre que las mujeres arrastraran con sus cabellos la efigie del dios tirio hasta su templo.

También es típicamente semita la prohibición de sacrificar cerdos, que leemos en los libros bíblicos [44].

El Herakleion de Cádiz carecía de una imagen para representar al dios [45]; también los judíos tenían prohibido el uso de imágenes divinas [46].

Otros aspectos del culto, conocidos por Silio Itálico, que visitó Cádiz, responden sin duda a este carácter semítico, y de ellos encontramos paralelos en la legislación israelita sobre el culto divino: vestidos sacerdotales de lino, ofrendas de incienso, fuego sagrado perpetuo. Los sacerdotes judíos vestían igualmente túnicas de lino [47]; en el templo de Jerusalén se quemaba incienso [48], y las mujeres judías lo ofrecían en honor de Astarté [49]. En el santuario judío ardía también continuamente el fuego sobre el altar [50]. El escritor latino añade que los sacerdotes llevaban los pies descalzos y la cabeza rapada. En Oriente, los templos disponían de barberos sagrados [51] encargados de cortar la cabellera a quienes la ofrecían a los dioses, y es probable que la rasuración fuera una exigencia ritual previa a ciertas ceremonias del culto. Un bajorrelieve caldeo, de alta época, re-

[42] Sil. It., III, 23-29.

[43] Paus., VII, 5ss.

[44] Lv 11,7-8; Dt 14,8; Is 65,4; Is 65,4; 66,3; 1 Mac 1,50; 2 Mac 6,18; 7,1. También entre los egipcios; cf. Herod., II, 47.

[45] Sil. It., III, 30-31; Filostr., *V. Apol.*, V, 5.

[46] Ex 20,3-5; Lv 26,1; Dt 4,25.

[47] Lv 6,3; 14,17-18.

[48] Ex 30,1.7-8; Lv 2,1.16; 2 Cr 26,18; 1 Mac 4,49; Lc 1,9.

[49] Ter. 44,17-19.

[50] Lv 6,2.5-6.

[51] La ofrenda de los cabellos a Astarté está atestiguada por una inscripción fenicia de Kition, cf. A. Dupont-Sommer, *Une inscription phénicienne archaïque récemment trouvée à Kition (Chypre)*, en *Académie des Inscriptions et Belles Lettres, Mémoires* 44 (1970) 9ss; V. Karageorghis, *Chronique des fouilles et découvertes archéologiques à Chypre en 1969:* BGH 94 (1970) 225; M. Liverani, *Crocea di capelli o focaccia di ginepro?:* SF 3 (1975) 38ss; J. Teixidor, *Bulletin d'épigraphie sémitique 1972:* «Syria» 49 (1972) 434; esta inscripción se fecha hacia el año 800 a. C. y en ella un ciudadano de Tamassos ofrece sus cabellos a Astarté, acompañando esta ofrenda con el sacrificio de un cordero. Luciano confirma la costumbre de hacer este tipo de ofrenda *(De Dea Syra*, 60). Una segunda inscripción de época clásica, procedente del mismo lugar, que describe en ambas caras un ritual, menciona por dos veces los barberos que asistían al culto, junto con las prostitutas y los músicos, además de los constructores, sirvientes, artesanos, etc. Los primeros se relacionaban con el culto de Astarté; cf. B. Peckham, *Fifth Century Phoenician Inscription from Kition:* «Orientalia» 37 (1968) 340ss; O. Masson y M. Sznycer, *Recherches sur les phéniciens à Chypre* (París 1972) 21ss. Algunos varones representados en los santuarios ibéricos van tonsurados, lo que parece ser una influencia semita, como otros rasgos de la indumentaria; cf. G. Nicolini, *Les bronces figurés des sanctuaires ibériques* (París 1969) 64ss, 136, lám. VIII.

presenta a un oferente desnudo ante el altar con el bigote y los cabellos rasurados. En cambio, los sacerdotes judíos tenían prohibido afeitarse la cabeza [52], pero en la ley del nazireato se prescribe que al término del voto «el nazir se rapará su cabellera a la entrada del tabernáculo de la reunión y, tomando los cabellos de su cabeza consagrada, los echará al fuego que arde bajo el sacrificio» [53]. También se afeitará el nazir la cabeza si se ha impurificado al contacto con un cadáver [54].

La púrpura con que se bordaban las vestimentas talares era muy cotizada por los semitas. En Tiro y en las Baleares han aparecido gandes depósitos. Según Pollux (1,45), Melqart era el inventor de la púrpura. Es probable que en Cádiz, al igual que en Palestina y Cartago, los sacerdotes pertenecieran a una casta especial. En Cartago se ha encontrado una estela que alude a cinco generaciones de sacerdotes. Porfirio [55] afirma que era costumbre rociar diariamente el altar con sangre, concretamente, de aves; sin duda se sacrificaban palomas, animal consagrado a Astarté y frecuentemente representado en las monedas semitas en que aparecen templos.

La tarifa de Marsella, que seguramente procede de Cartago, enumera como animales aptos para el sacrificio los bueyes y, en orden decreciente, terneras, ciervos, carneros, machos cabríos, corderos, cabritos, cervatillos y pájaros, además de las ofrendas de granos y las libaciones de aceite o leche. Tales serían también los animales sacrificados en el Herakleion gaditano. La citada tarifa de Marsella, fechable hacia el siglo III a. C., determina la parte de la víctima que corresponde al sacerdote y al oferente, junto con al estipendio que éste entregará por el sacrificio [56].

Dentro del Herakleion había dos columnas de bronce. De Porfirio parece deducirse que se encontraban delante del altar. Estrabón [57] añade que medían ocho codos de altura, que estaban hechas de bronce y que llevaban inscritas las cuentas del templo. Filostrato fantasea poéticamente al afirmar que eran de oro y plata, de un solo color, de más de un codo de altura y de forma tetragonal, con inscripciones en los capiteles, pero no en letras egipcias, sino en un alfabeto indescifrable, sin duda púnico [58]. Es curioso que los datos transmitidos por Filostrato sobre las columnas del Herakleion coinciden con los que nos da Herodoto sobre el templo de Melqart en Tiro [59]. Estos pilares están documentados también en el templo de Afrodita de Pafos, como indican las monedas de época romana, en el templo de época arcaica de Pafos, en el templo de Astarté en Kition y en un modelo de terracota del templo de Idalion, todos en Chipre. Las colum-

[52] Lv 21,5.10; 44,20.
[53] Nm 6,18; Hch 18,18; 21,23.
[54] Nm 6,9.
[55] Porf., *De abstin.*, I, 25.
[56] Sobre la tarifa de Marsella, cf. J. G. Février, *Remarques sur le grand Tarif dit de Marseille:* CB 8 (1958-1959) 35ss.
[57] Estr., III, 5, 5ss.
[58] Filostr., *V. Apol.*, V, 5; Malalas (V^1, 161) dice que eran de pórfido y oro.
[59] Herod., II, 44.

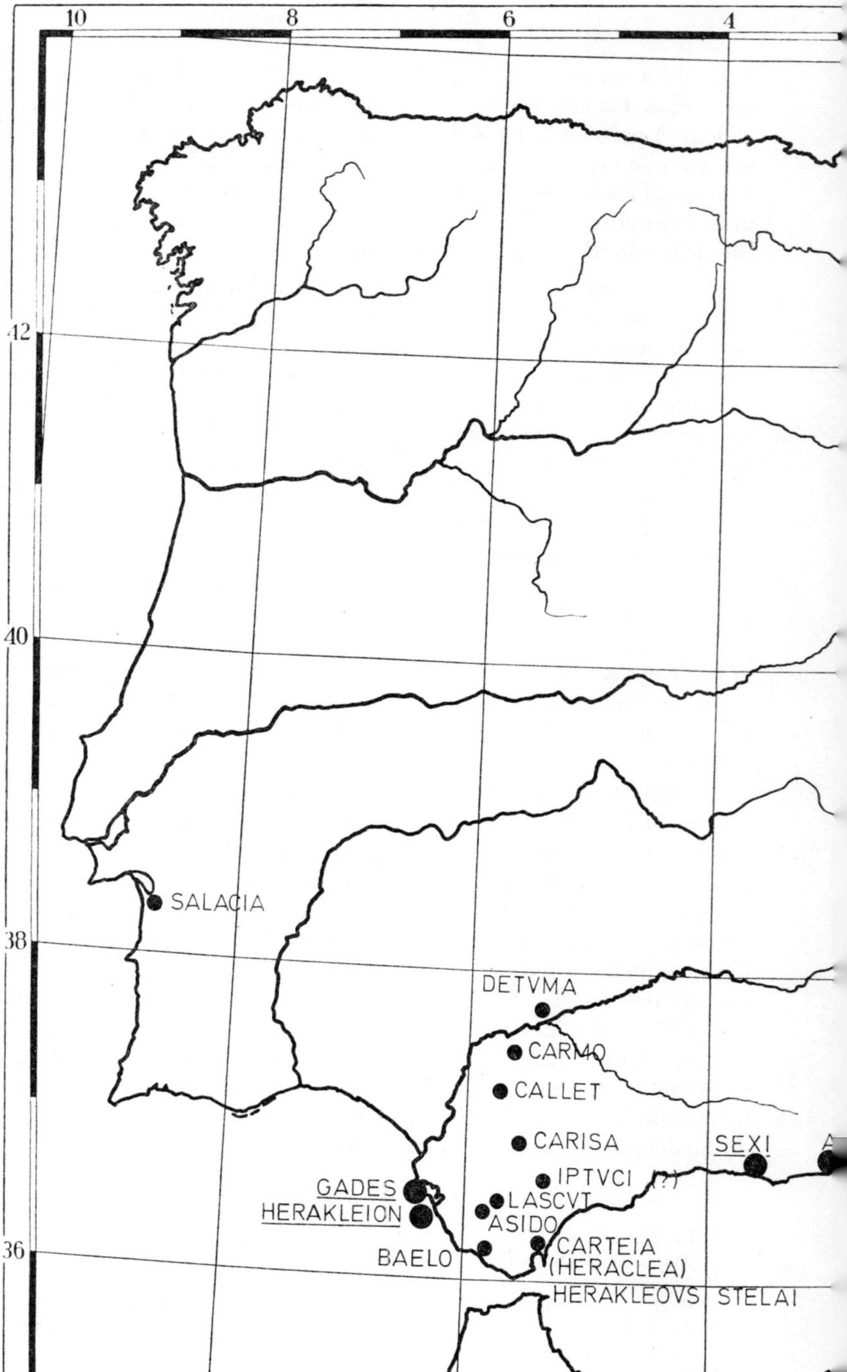

10
8
6
4
42
40
38
36
SALACIA
DETVMA
CARMO
CALLET
CARISA
SEXI
IPTVCI (?)
GADES
HERAKLEION
LASCVT
ASIDO
BAELO
CARTEIA
(HERACLEA)
HERAKLEOVS STELAI
8
6
4

2
0
2
4
42
40
38
36
ARSE
CARTHAGO
NOVA
HERAKLEOVSNESOS
2
0
2
4

nas del Herakleion gaditano estaban directamente inspiradas en las de los templos de Fenicia. También dos columnas escoltaban el altar de Zeus Liceo en el Peloponeso [60], y se hallaban orientadas al este; este santuario, según V. Berard, es de origen fenicio. Dos columnas se erigieron en el pórtico del templo de Salomón; también estaban hechas de bronce y, coincidencia feliz, habían sido fabricadas por Hiram de Tiro [61].

Es muy probable que en el milenio anterior a nuestra Era hubieran perdido estas columnas su carácter primitivo, si es que alguna vez tuvieron un significado especial. Se ha querido ver en ellas representaciones de betilos o falos, pero resulta difícil admitir esta hipótesis. No se hubieran erigido en el templo de Salomón precisamente en una época de esplendor de la religión judía. Tampoco hay que descartar la posibilidad de que estas columnas ornamentales se deban a influencia egipcia, que en Fenicia es muy acentuada. En este caso, se derivarían de los dos obeliscos de los templos edificados junto al Nilo, o simplemente copiarían en tamaño reducido las dos columnas de gran talla que aparecen en las fachadas de casi todos los templos semitas, como el de Pafos. Luciano vio dos columnas a la entrada del templo de Hierápolis, consagrado a Atargatis [62]; también las menciona Estrabón [63]. El empleo de columnas ornamentales en los templos era muy antiguo en Oriente. Este recurso se usaba en Caldea, donde conocemos el templo de Obeid, de la primera dinastía de Ur, que tenía dos columnas revestidas de piedras de color. En el Museo del Louvre se conservan algunos modelos de templos en terracota hallados en Chipre, donde el influjo fenicio fue marcadísimo; son circulares o cuadrados, y ante las puertas se alzaban dos columnas que no parecen tener otra finalidad que la meramente ornamental (fig. 6).

Al valorar el carácter semita del Herakleion gaditano hay que tener presente que la población de Cádiz era púnica al cambio de Era. Estrabón, siguiendo a Posidonio, llama fenicios a los gaditanos [64], mientras que Cicerón afirma rotundamente que Pompeyo no conoció la lengua de los gaditanos, y nos da a entender que la legislación de Cádiz, a pesar de que la ciudad se había integrado en el mundo romano hacía ya casi dos siglos (desde el año 206 a. C.), era púnica [65]. Esta preponderancia de sangre púnica en las venas de los gaditanos explicaría su capacidad marinera. Las compañías navieras de Cádiz eran las más fuertes y costeaban todo el Mediterráneo al cambio de Era [66].

Este carácter de corredores de comercio explica la fabulosa riqueza de los gaditanos, por lo que el Herakleion fue siempre una presa codiciada. Los exvotos debían de llover sobre el santuario, y Cádiz era al cambio de

[60] Paus., VIII, 38,7.
[61] 1 Re 7,15-22; 2 Cr 3,17.
[62] Luc., *De Dea Syr.*, 16.
[63] Estr., XVI, 1, 27.
[64] Estr., III, 5, 3; III, 5,8ss.
[65] Cic., *Pro Balbo*, 14.
[66] Estr., II, 3, 4.

Era una ciudad de millonarios[67]; esta misma riqueza explica la corrupción de la ciudad. En Roma, durante la época imperial, las animadoras más solicitadas eran las gaditanas[68].

Es seguro que el culto en el Herakleion cesó con la disposición de Teodosio prohibiendo el culto pagano[69]; en el año 384 se prohibían los sacrificios, y el prefecto Cinegio destruyó o cerró todos los templos de Oriente. En el año 391, una disposición aún más rigurosa prohibía las ceremonias privadas, pero se aplicó con moderación. Cuando Avieno, por los mismos años, visitó Cádiz, el templo aún subsistía, pero no el culto[70]. En los siglos I y II d. C., el Herakleion estaba en pleno apogeo (mapa 1), y el mismo Nerón pidió que se hicieran oraciones[71].

En tiempos de Ulpiano, por permisión del Senado o del emperador, podía recibir legados, como el templo de Júpiter Capitolino, el de Júpiter Celeste en Cartago y otros varios[72]. Bajo Caracalla (en el año 215), el celebérrimo oráculo del Herakleion, al que ya habían acudido Aníbal en el año 219 (poco antes de avanzar sobre Roma)[73], Fabio Máximo[74] y César[75] (a quien reveló su futuro poder), Polibio[76], Artemidoro[77] y Posidonio[78] (que pasó varios días en el santuario), todavía era consultado, pues tenemos noticias de que en tiempos de este emperador fue castigado un gobernador por consultar al oráculo[79]. Al culto de Melqart iba unida la profecía; los profetas que se opusieron a Elías en el Monte Carmelo[80] eran probablemente profetas del Baal de Tiro, es decir, de Melqart[81].

De los datos referentes a César[82] y del texto de Porfirio[83] se deduce que el oráculo era onírico. El templo de Tiro disponía probablemente de un equipo de profetas adivinos. En la actualidad, los arqueólogos israelíes se inclinan a pensar que el oráculo del Monte Carmelo, del que habla la Biblia, no estaba relacionado con el Melqart de Tiro; en este oráculo se hacía la profecía mediante la observación de las entrañas de las víctimas[84]. Sin embargo, lo cierto es que entre los semitas estaba muy extendida la

[67] Estr., III, 5, 3; III, 2, 1; Cic., *Ad fam.*, X, 32, 2.
[68] Marc., III, 63; V, 78; VI, 71; XIV, 203; Plin., *Ep.*, I, 15; Juv., XI, 162ss.
[69] CTh XVI, 10, 10 y 12.
[70] Avie., *Ora Mar.*, 270-274.
[71] Filostr., *V. Apol.*, V, 8.
[72] *Digest.*, XXII, 6.
[73] Liv., XXI, 219; Sil. Ital., III, 1ss.
[74] App., *Iber.*, 65.
[75] Suet., *Caes.*, VII.
[76] Polib., III, 59, 7; Plin., NH IV, 19; V, 9; Estr., III, 5, 7.
[77] Estr., III, 5, 7.
[78] Estr., III, 2, 5; 5, 9; XVII, 3, 4.
[79] Dio Cass., LXXII, 20, 4.
[80] 1 Re 18,1-46.
[81] R. de Vaux, *Les prophètes de Baal sur le Mont Carmel:* «Bull. du Musée de Beyrouth» 5 (1941) 7ss.
[82] Plut., *Caes.*, 7; Dio Cass., XXXVII, 52.
[83] Porf., *De abstin.*, I, 25.
[84] I Re 18,22-26.

adivinación mediante los sueños [85], al igual que la adivinación en general [86].

La fama del Herakleion gaditano estribaba en el hecho de guardar las cenizas del semidiós [87]. El sur de España y el norte de Africa estaban llenos de sus hazañas. Diodoro atestigua que era un santuario suntuosísimo y muy venerado [88].

[85] Job 20,8.
[86] Lv 19,31; Nm 23,23; Dt 18,9-14; 1 Re 2,16.
[87] Mela, III, 46; Arnob., *Adv. nat.*, I, 36; Sal., *Bell. Iug.*, XVIII.
[88] Diod., V, 20, 2.

2

DIOS JINETE PUNICO SOBRE UN DISCO DE IBIZA

Un reciente estudio de H. Fantar sobre unos discos púnicos con temas de jinetes [1], en uno de los cuales ve el citado autor una posible imagen del Poseidón semita, el dios marino Yam, representado en monedas de Tiro y Sidón, nos ha movido a realizar el estudio monográfico de una pieza semejante, ya publicada por M. Astruc [2], pero no examinada con el detenimiento que merece. Es un disco de 83 mm. de diámetro y 12 mm. de espesor. En el centro se ve un jinete que cabalga al galope (fig. 7). Un casco corintio empenachado cubre su cabeza; empuña una lanza en su mano derecha levantada y echada hacia atrás. Un escudo circular, cuyos remaches se notan bien a lo largo del borde, defiende el cuerpo. Las piernas cuelgan del caballo, que es de gran cabeza coronada por abundante crin. Debajo del caballo y detrás del jinete hay flores de loto, y sobre la cabeza del animal se advierte un pájaro que vuela hacia el jinete. El personaje representado es griego; en efecto, el casco y el escudo son armas griegas. La flor de loto, motivo decorativo frecuente en el período orientalizante, ha sido bien estudiada por P. Jacobsthal [3]. El pájaro es también un tema ornamental propio de este período; baste recordar una copa laconia, fechada entre los años 550-540 [4], en que también hay un ave volando sobre un jinete, o la crátera calcídica de Vulci, de la misma fecha y con el mismo tema [5]; como paralelos próximos se podrían mencionar el ave volando sobre una piedra de esteatita de mediados del siglo VII [6], sobre un *stater* de Sifnos datado entre los años 580-550 [7] o sobre los discos de terracota ibicencos [8]. También es posible encontrar paralelos griegos al tema del jinete.

[1] «Africa» 1 (1966) 19ss; «Latomus» 31 (1972) 364, lám. XX.

[2] AEArq 30 (1957) 139ss; MAH 71 (1959) 127.

[3] *Greek Pins* (Oxford 1956) 48.

[4] R. M. Cook, *Greek Painted Pottery* (Londres 1960) lám. 27A.

[5] P. E. Arias, en *Enciclopedia Classica* III, vol. XI, tomo V (Turín 1963) 177, lám. XXVI.

[6] G. M. A. Richter, *Catalogue of Engraved Gems Greek, Etruscan and Roman* (Londres 1956) 3, lám. II,9.

[7] P. R. Franke, H. Hirmer, *Die griechische Münze* (Munich 1964) lám. 162,5.

[8] M. Astruc, AEArq 30 (1957) n. 48-49, 156-175; M. Tarradell, I CAN (1949) fig. 6.

La figura del jinete con casco corintio y escudo circular es frecuente en Grecia, como indican las siete terracotas arcaicas halladas en Perachora [9] o un fragmento de escudo hallado en Cnosos, datado después de mediados del siglo VII [10], o los jinetes con casco corintio, escudo circular y lanza, acompañados de pájaros volando, sobre un vaso del corintio reciente, fechado entre los años 570-560 [11].

No cabe duda de que el caballo de la terracota ibicenca responde a modelos griegos; basta comparar su cabeza con la del caballo de un vaso ático de comienzos del siglo VII [12], con la de un bronce, también de Atenas, del último cuarto del siglo VI [13], con la de una segunda pieza procedente de Dodona [14] o con la de un caballo sobre un didracma de Himera, del año 472 [15]. Esta composición pervivirá en fechas posteriores a la que se asigna a la terracota, que es el segundo cuarto del siglo VI [16]; en efecto, aparece en un *kylix* de Hischylos, de los dos últimos decenios del siglo VI [17], en didracmas de Leontinos de los años 490-480 [18], de Siracusa (año 485) [19] y de Gela (año 480), y en tetradracmas de esta misma ciudad y fecha [20] y de Erytrai, del año 500 [21]. Sin embargo, los discos de barro a que nos referimos han aparecido en ambiente púnico, como se deduce de los ejemplares citados por Fantar, que ostentan el tema del jinete. M. Tarradell ha publicado las piezas de este tipo aparecidas en Tamuda [22], e indica las restantes localidades en que han sido halladas: Cartago, Cerdeña, Selinunte, Marsala, Tindaris, Trapani, Motya, Ibiza (más de sesenta piezas) e Ilici. Recientemente se ha publicado otro disco semejante aparecido en un yacimiento semita de la costa malagueña [23]. Otros paralelos, con variantes, proceden de tumbas del siglo VI excavadas en las antiguas necrópolis de Utica y Cartago.

El carácter púnico de estas piezas es evidente, así como su significación religiosa. M. Astruc, al publicar la pieza que estudiamos, la compara con la de Cartago, cuyo jinete también marcha al galope y lleva escudo circular con remaches y lanza, pero con la variante de que en la zona inferior aparece un perro corriendo, tema que también responde a prototipos grie-

9 H. Payne, *Perachora* I (Oxford 1940) n. 166, 228.
10 A. Newhall Stillwell, *Corinth* (Princeton 1958) 219, láms. 48-49.
11 P. E. Arias, M. Hirmer, *Tausend Jahre griechische Vasenkunst* (Munich 1960) lám. X.
12 G. M. A. Richter, *Archaic Greek Art* (Oxford 1949) 6, fig. 6.
13 *Ibíd.*, 75, fig. 117.
14 J. Charbonneaux, *Les bronzes grecs* (París 1958) 23, lám. XIX,1.
15 P. R. Franke, M. Hirmer, *op. cit.*, lám. 20,8.
16 M. Astruc, *loc. cit.*
17 P. E. Arias, *op. cit.*, 219, lám. LXIII.
18 P. R. Franke, M. Hirmer, *op. cit.*, lám. 5,6.
19 *Ibíd.*, lám. 25,3.
20 *Ibíd.*, lám. 55,1.3.4.
21 *Ibíd.*, lám. 180,5.
22 I CAN (1949) 326ss; cf. también A. M. Bisi, *Le matrici fittili puniche della Sardegna e della Sicilia:* «Sefard» 28 (1968) 289ss.
23 A. Arribas, O. Arteaga, *El yacimiento fenicio de la desembocadura del río Guadalhorce*, Málaga (Granada 1975) 89ss, lám. LXIV.

gos. La autora citada se inclina a ver en esta composición la imagen de un difunto heroizado, tal como aparece en una estela púnica [24], más bien que la representación de un dios jinete; en un segundo trabajo insiste en esta tesis.

Nosotros hemos estudiado recientemente el tema del caballo en las creencias griegas de ultratumba y en las de otros pueblos mediterráneos [25], y anteriormente los dioses asociados con caballos en el Mediterráneo [26]. Por ello nos inclinamos a creer que esta pieza representa más bien un dios jinete púnico, que podría ser el prototipo lejano de la cartaginesa estela con jinete, estudiada por G. y Ch. Picard. Ya P. Cintas [27], con ocasión de publicar un relieve análogo hallado en una tumba de Utica, del tipo del de Douimès, designa este grupo con el nombre de «dios jinete».

Tampoco estamos de acuerdo con nuestra llorada amiga M. Astruc en que haya de buscarse en Etruria el origen de esta escena; el jinete de Ibiza, tanto en su conjunto como en sus detalles, nos remite a Grecia.

[24] G. Ch. Picard, *Les religions de l'Afrique antique* (París 1954) 52ss.

[25] J. M. Blázquez, *El caballo en las creencias griegas y en las de otros pueblos circunmediterráneos,* en este mismo volumen, pp. 42-68.

[26] J. M. Blázquez, *Atti VII Congr. Inter. Arch. Class.* II (Roma 1961) 199ss; «Zephyrus» 5 (1954) 193ss; «Ogam» 11 (1959) 369ss.

[27] «Karthago» 2 (1951) 54, fig. 22.

3

EN TORNO A LOS SUPUESTOS RETRATOS BARQUIDAS EN MONEDAS CARTAGINESAS

La tesis de que las monedas acuñadas por los Bárquidas en la Península Ibérica (fig. 7 bis) durante su corto gobierno representan sus retratos ha tenido diversa aceptación entre los especialistas de la numismática antigua. Los tres grandes defensores de esta tesis han sido, en 1956, E. S. G. Robinson [1], que ya la había apuntado en 1930 [2]; A. Beltrán en los años 1947 y 1949 [3], y G.-Ch. Picard [4]. Para el sabio galo, los bustos varoniles de *Volubilis*, Copenhague y Madrid [5] aparentan unos veinticinco años. El parentesco entre el bronce de *Volubilis* y las monedas de Hierón II de Siracusa invita a datar el retrato de Marruecos hacia el año 200 a. C. Descarta G.-Ch. Picard que sea el retrato de Yuba de Mauritania; para la identificación del personaje representado se apoya en el examen de las monedas bárquidas, y acepta la tesis propuesta por Robinson de que son retratos. Uno de ellos, que acusa una fuerte influencia de las monedas de Hierón II de Siracusa [6], representa a un varón con diadema, al que Robinson identifica con Asdrúbal [7]: «Los anversos muestran una cabeza con diadema, que tiene

[1] *Punic Coins of Spain and their Bearing on the Roman Republican Series*, en *Essays in Roman Coinage Presented to Harold Mattingly* (Oxford 1956) 34.

[2] «Proceedings NC» (1930) 4.

[3] *Acuñaciones púnicas de Cartagena*, en III CASE (1947) 224ss; *Los bustos de Aníbal en las monedas púnicas*, en *Actas del I Congreso Arqueológico del Levante*, *passim; Numismática antigua* (Zaragoza 1950) 299; *Iconografía numismática: retratos de los Barkidas en las monedas cartaginesas de plata de Cartagena:* BAT 49 (1949) 119ss.

[4] *Carthage au temps d'Hannibal: hypothèse nouvelle*, en *Studi Annibalici* (Cortona 1964) 197ss; *Le problème du portrait d'Hannibal:* «Karthago» 12 (1963-1964) 31ss. El sabio galo defiende la misma tesis en otras obras, cf. G.-Ch. y C. Picard, *Vie et mort de Carthage* (París 1970) 213, 216. Los historiadores de Aníbal admiten como muy probable que estas monedas representen ratratos; baste citar a Garin de Beer, *Hannibal, the Struggle for Power in the Mediterranean* (Londres 1969) 91, 97, 225, y W. Gorlitz, *Hannibal, eine politische Biographie* (Berlín 1970) 14, 1938. También R. Etienne, *A propos du «garum sociorum»:* «Latomus» 29 (1970) 307ss; J. Carcopino, *Profils de conquérants* (París 1961) 11ss, 130, 157, siguiendo a Gsell y H. H. Sculard, *Scipio Africanus. Soldier and Politician* (Londres 1970) figs. 5-14.

[5] G. Hafner, *Das Bildnis Hannibals:* MM 14 (1973) 143ss, lo tiene por retrato de Aníbal.

[6] P. R. Franke, H. Hirmer, *Die griechische Münze* (Munich 1964) fig. 50.

[7] *Punic Coins (op. cit.)* 37ss.

un parecido genérico con las monedas contemporáneas de Hierón II de Siracusa... La cabeza, que debe de ser el retrato de un gobernante, sólo puede corresponder a Asdrúbal... Estas monedas... nos recuerdan más a los reyes de Sicilia o de Siria que a los de Cartago», y añade el sabio inglés que su segundo matrimonio con la hija de un rey ibero [8] y el haber sido proclamado comandante supremo de los iberos [9] convertían a Asdrúbal en verdadero rey de la Península. Lo mismo se desprende del uso de la diadema [10]. Nosotros damos una gran importancia a la diadema que aparece en estas piezas, pues en el mundo helenístico es el distintivo de todos los monarcas, que casi siempre la llevan, tanto en los bustos (baste recordar las cabezas de Lisímaco en Heidelberg o en Génova [11]; de Tolomeo Sóter en el Louvre o Alejandría [12]; de Tolomeo II Filadelfo en Nápoles o Alejandría [13]; de Tolomeo III Evergete en Copenhague o en el Museo Británico [14]; de Seleuco I Nicátor de Siria en Nápoles [15], o de Antíoco III en el Louvre [16], etc.) como en las monedas [17]. La presencia de la diadema, tanto en la moneda cartaginesa como en el busto de *Volubilis,* es el argumento más fuerte que se puede esgrimir en favor de la tesis de que los personajes representados son monarcas y que se trata de verdaderos retratos, como sucede en toda la numismática helenística. A. Beltrán [18], apoyado en las monedas aparecidas en los tesorillos de Mazarrón, Cheste y Mogente, cree que esta moneda, que Robinson identifica con un retrato de Asdrúbal, es posterior a las monedas cartaginesas con elefantes acuñadas en *Carthago Nova* y, por tanto, posteriores a la caída de esta ciudad en manos de Escipión el año 209 a. C. [19] y anterior a la entrega de Cádiz por Massinisa el año 206 a. C. a los romanos. Se fecharía entre los años 209-206 a. C. La tesis de A. Beltrán nos parece más aceptable que la de Robinson. Sabemos por las fuentes literarias que en estos años desempeñó la escuadra un importante papel en las luchas entre cartagineses y romanos; es muy probable que con tal motivo fueran acuñadas estas monedas.

[8] Diod., XXV, 12.
[9] Polib., X, 10, 9.
[10] F. Cassola, *Il diadema di Annibale,* en *Studi Anibalici (op. cit.)* 191ss.
[11] G. M. A. Richter, *The Portraits of the Greeks* (Londres 1965) figs. 1751-1754.
[12] *Ibíd.*, figs. 1770-1772, 1778.
[13] *Ibíd.*, figs. 1782-1783, 1785-1786, 1792-1797.
[14] *Ibíd.*, figs. 1808-1809, 1812, 1818.
[15] *Ibíd.*, fig. 1867.
[16] *Ibíd.*, figs. 1878-1879.
[17] *Ibíd.*, figs. 1719-1720, Alejandro Magno; fig. 1744, Demetrio Poliorcetes; figura 1749, Perseo; fig. 1759, Areos; figs. 1766-1767, Hierón II y Gelón; fig. 1769, Hieronimus; figs. 1775-1779, Tolomeo I; figs. 1781-1801, Tolomeo II; figs. 1807, 1813, Tolomeo III; fig. 1824, Tolomeo IV; fig. 1838, Tolomeo VI Filometor; figs. 1866, 1869-1877, Seleuco I, II, III, Antíoco II, III, Antíoco Hierax Acaios, etc. Otros ejemplos en monedas en P. R. Franke, M. Hirmer, *op. cit.*, fig. 174, Demetrio Poliorcetes; fig. 175, Filipo V; fig. 203, Filetero de Pérgamo; fig. 204, Seleuco I Nicator y Antíoco II, etc.
[18] *Acuñaciones púnicas (op. cit.)* 237ss.
[19] A. García y Bellido, *Fenicios y carthagineses en Occidente* (Madrid 1942) *passim.*

Por otra parte, A. Beltrán [20] considera retratos de Asdrúbal una serie de monedas con relieve muy escaso y plano, con caballo y palmera en el reverso. Estas monedas, por su tipo de relieve, se parecen a las de la metrópoli, como indicó M. Gómez Moreno [21], hipótesis que sigue J. M. de Navascués [22]. La tesis de A. Beltrán, con base estilística, parece más aceptable que la de Robinson, quien cree que se trata de un retrato de Escipión Africano, tesis seguida por M.-L. Vollenweider [23]. Aunque los romanos continuaron con el sistema de explotación de las minas impuesto por los Bárquidas, que éstos habían tomado de los Tolomeos [24], es muy difícil aceptar que Escipión acuñara moneda siguiendo los modelos púnicos inmediatamente después de la caída de *Carthago Nova*. Por otra parte, hay noticias de que en aquella época el Africano llevaba cabellera larga y no pelo corto como el que tiene el retrato de estas monedas.

La moneda con el rostro de un hombre barbudo, de cierta edad, coronado de laurel y con la maza de Hércules [25] al hombro sería un retrato de Amílcar Barca, mientras que el hombre joven coronado de laurel y con maza sería Aníbal [26]. Las dos monedas habrían sido acuñadas bajo el gobierno de Aníbal entre los años 221 y 219 a. C. G.-Ch. Picard afirma: «Las conclusiones (de Robinson) nos parecen inatacables... Las piezas acuñadas en vida de Aníbal siguen copiando modelos cartagineses; la liberación con respecto a estos modelos se realiza progresivamente». Esta tesis —que las monedas cartageneras representan retratos de los Bárquidas— defendida por estos autores ha sido aceptada por otros, como G. M. A. Richter [27], que considera estas tres monedas como retratos de los Bárquidas, siguiendo a Robinson, aunque duda a cuál de ellos se refieren, pues pone los respectivos nombres con interrogación. También incluye como retrato de un príncipe bárquida [28], siguiendo asimismo a Robinson [29], la cabeza de una moneda de plata con elefante y *aleph* en exergo en el reverso, que J. M. de Navascués [30], junto con otra de cobre con prótomo de caballo en el reverso, no cree acuñada en la Península, ya que estas monedas nunca se han tenido por cartaginesas y su fábrica es completamente distinta de la de las anteriores. La de plata se parece, en opinión de P. R. Franke-M. Hirmer [31], al denario romano; estos autores la

[20] *Acuñaciones púnicas (op. cit.)* 236; *Iconografía (op. cit.)* 121ss.

[21] *Misceláneas* (Madrid 1949) 166.

[22] *Ni Bárquidas ni Escipión*, en *Homenaje al profesor Cayetano de Mergelina* (Murcia 1961-1962) 667ss; A. M. de Guadán, *Numismática ibérica e ibero-romana* (Madrid 1969) 174, no cree que sean retratos, sino que representarían bustos idealizados.

[23] *Das Bildnis des Scipio Africanus:* MH 15 (1958) 27ss.

[24] R. Etienne, *A propos du «garum sociorum» (art. cit.)* 307ss.

[25] E. S. G. Robinson, *Punic Coins (op. cit.)* 39ss, 50, lám. II, n. 6a.

[26] *Ibíd.*, n. 6b.

[27] *Op. cit.*, figs. 2015-2017, 281

[28] *Ibíd.*, fig. 2018.

[29] *Punic Coins (op. cit.)* 43; G. K. Jenkins, R. B. Lewis, *Carthaginian Gold and Electrum Coins* (Londres 1963) 45, aceptan la tesis de Robinson.

[30] *Op. cit.*, 670ss.

[31] *Op. cit.*, fig. 112, 86.

incluyen entre las monedas hispano-cartaginesas y sostienen que representa la cabeza de un rey. Reproducen también estos autores las de Hércules y el elefante, pero no afirman que representen a los Bárquidas.

Hemos consultado la opinión de A. Blanco, como experto en arte antiguo, y según su criterio, no se puede dudar de que las efigies de estas monedas son verdaderos retratos.

Hace ya años, Zobel, Vives, Gómez Moreno, García y Bellido [32], J. M. de Navascués, y últimamente L. Villaronga [33] han defendido la tesis contraria a la de los anteriores autores, afirmando que las monedas cartaginesas representan a Hércules. J. M. de Navascués es el investigador que con mayor detenimiento ha tratado este tema. Para este autor, la presencia de uno de los atributos de Hércules, la maza, es motivo suficiente para aceptar que se trata de una imagen del dios. Apoya su argumentación en las monedas de Sagunto estudiadas por Pérez Alcorta [34], que forzosamente han de ser coetáneas de las monedas bárquidas e imitaciones de éstas. A propósito de estas monedas afirma J. M. de Navascués que «es muy duro aceptar que si la moneda de *Carthago Nova* ostentara el retrato de Aníbal, aunque con atributos de Hércules, Sagunto copiaría en su moneda la imagen de su enemigo y más duro todavía de explicar la persistencia del tipo a través de las emisiones subsiguientes, las cuales han de ser en su mayor parte de época ya romana y posteriores a la restauración de la ciudad. En todas ellas no sólo es el tipo lo que perdura, sino sus detalles característicos: láurea y clava». De cualquier modo, la adopción de este tipo por Sagunto invalida por entero, a su juicio, la hipótesis de que las monedas cartaginesas ostentan el retrato de Aníbal o los de Amílcar y Asdrúbal, por consiguiente. Este autor defiende que en las cabezas varoniles de Sagunto con diadema, pero sin clava, en la serie del toro androcéfalo (una moneda), en la del toro embistiendo (dos cabezas similares) y en las del toro parado se representó a Hércules sin sus atributos característicos. Pero es muy difícil aceptar que en época helenística se representara a un dios sin alguno de sus atributos y además con diadema, que es el distintivo de los gobernantes, aunque en las otras monedas se represente a Hércules.

Nosotros encontramos más fácil de admitir la hipótesis de trabajo de A. Beltrán, en el sentido de que las monedas de *Carthago Nova* con los atributos de Hércules «tienen un indudable aire familiar y una comunidad en los rasgos faciales». Damos valor el argumento de Blanco, para quien el realismo anatómico de las caras y la ejecución de los rasgos faciales indican sin lugar a duda que estamos ante verdaderos retratos, quizá un tanto idealizados. De ser simples imágenes de Hércules no tendrían este realismo propio de la retratística griega, tanto en bronce y en esculturas como en monedas de la época helenística. En nada desmerecen estas mo-

[32] Cf. la bibliografía menuda en L. Villaronga, *Las monedas hispano-cartaginesas* (Barcelona 1973) 45.

[33] *Op. cit.*, 45, 47.

[34] *Las monedas antiguas de Sagunto según la colección del Museo Arqueológico Nacional:* NH 4 (1955) 265ss.

nedas de los excelentes retratos que los monarcas helenísticos hicieron acuñar en las suyas, de los que tantísimos testimonios se conservan. No deja de tener fuerza el argumento de G.-Ch. Picard, que encuentra gran parecido, salvo en los ojos, entre el retrato de Aníbal de *Volubilis* y los de las monedas. Dada la calidad de las monedas cartaginesas, tenemos por muy cierta la tesis expuesta por L. Villaronga [35] de que con el ejército cartaginés debieron de llegar artistas sicilianos que crearon las series de la proa, del elefante, del tipo apolíneo y del úreo. Ello explicaría la semejanza, señalada por Robinson [36], entre las supuestas cabezas de Asdrúbal y las de Hierón II de Siracusa, todas ellas sobre monedas.

Hay, por otra parte, razones de tipo histórico que nos mueven a aceptar la tesis de que las monedas bárquidas cartaginesas ostentan retratos de los Bárquidas, defendida por Robinson, Beltrán y G.-Ch. Picard.

Los Bárquidas fundaron en la Península una verdadera monarquía y gobernaron como auténticos monarcas helenísticos. La política de Asdrúbal tendió a establecer vínculos estrechos con las monarquías iberas. De esta política afirmó Livio [37] que «usó más su diplomacia que su fuerza y aumentó el poderío de Cartago más con los lazos de hospitalidad que estableció con los reyezuelos y con los nuevos pueblos que ganó a su alianza por medio de la amistad de los príncipes, que con la fuerza y las armas». Ya se ha indicado que Asdrúbal casó con la hija de un reyezuelo ibero y que fue aclamado general con plenos poderes. Este hecho y su actuación obligan a decir a Polibio que en Cartago se temía que se proclamase rey. Polibio [38] echa en cara a Asdrúbal el que quisiera convertir a Cartago en una monarquía y que gobernara a su capricho las cosas de la Península. Otras veces estuvieron pendientes los Bárquidas del gobierno de Cartago [39], y Aníbal consultó a Cartago la política que debía seguir con Sagunto [40]. Los presentes que enviaban a Cartago Amílcar —Cornelio Nepote [41] afirma que Amílcar enriqueció toda el Africa con caballos, armas, hombres y dinero— y Aníbal prueban, aunque en el fondo se tratara únicamente de sentimentalismos, que ambos caudillos sentían la necesidad de no romper totalmente con el gobierno de la metrópoli. Es posible que en virtud de su boda y de su nombramiento como general en jefe fuese proclamado de hecho aquí rey por los naturales, pues lo fue Escipión poco después [42]. También Aníbal casó con una joven de Cástulo, Imilce [43]. Estas bodas los convertían en verdaderos caudillos hispanos.

Los Bárquidas se comportaban en Hispania con verdadera independencia de Cartago. Así, en opinión de algunos historiadores [44], Amílcar

[35] *Op. cit.*, 133.
[36] *Punic Coins (op. cit.)* 37ss.
[37] Liv., XXI, 2-3.
[38] Polib., III, 8, 1; X, 10.
[39] Corn. Nep., *Amil.*, 4; Polib., III, 15, 7.
[40] Liv., XXVII, 20; XXVIII, 31, 4.
[41] Corn. Nep. *Amil.*, 4.
[42] Polib., X, 38.
[43] Liv., XXIV, 41.
[44] App., *Nann.*, 2; Diod., XV, 8; Zon., VIII, 17; Polib., III, 8; II, 1, 5.

Barca desembarcó en Gades por propia iniciativa y en contra de la voluntad del senado cartaginés. Al decir de Zonaras, «Amílcar se dirigió a Hispania contra el parecer de los magistrados de Cartago», y según Polibio, «gobernó a su arbitrio las cosas de España, sin respeto al senado cartaginés», aunque el mismo Polibio afirma lo contrario en otro pasaje, pero quizá este testimonio no sea de mucho valor, ya que se trata de echar la culpa a Cartago y no a una sola familia de los acontecimientos futuros. Su yerno Asdrúbal [45] fue nombrado general por el ejército hispano sin que, al parecer, interviniera el senado cartaginés, que ratificó este nombramiento con posterioridad, al igual que sucedería años más tarde con Aníbal [46], al ser asesinado Asdrúbal por un celta [47]. Los Bárquidas, por consiguiente, gobernaron de hecho la Península con entera independencia de Cartago. Durante la Segunda Guerra Púnica, Cartago se desentiende prácticamente de la marcha de las operaciones hasta el final de la contienda, y todos los socorros que recibió Aníbal le vinieron de la Península [48]. Los Bárquidas fundaron directamente colonias sin consultar a Cartago, imitando de este modo a Filipo, Alejandro Magno, los Lágidas y los Seléucidas. A Amílcar se debe la creación de la colonia de *Akraleuke* [49], y la de *Qart Hadasht (Carthago Nova)* a Asdrúbal [50], que además fundó otra colonia no citada por Diodoro [51]. Aníbal reconstruyó Sagunto y la convirtió en colonia cartaginesa [52].

G.-Ch. Picard [53], que tan bien conoce el mundo púnico, habla de un «reino prácticamente independiente creado por Amílcar y organizado por Asdrúbal». Este reino sólo podía ser gobernado por reyes, ya que ésta era la forma política de gobierno tanto en Turdetania como en el Levante ibérico. La boda de Asdrúbal con la hija de un rey ibero no es más que una sabia medida política para independizarse de Cartago y vincularse a la Península. Además, el ejército que proclama general a Asdrúbal y luego a Aníbal debía de ser un ejército de iberos o turdetanos, no de africanos.

[45] Diod., XXV, 15.
[46] Diod., XXV, 10; Polib., II, 13, 36; III, 13, 15.
[47] Polib., II, 36.
[48] Cf. los datos en J. M. Blázquez, *La romanización* I (Madrid 1974) 97.
[49] Diod., XXV, 10.
[50] Polib., II, 13, 1. Sobre el gobierno de los Bárquidas en España, cf. J. M. Blázquez, *Las relaciones entre Hispania y el norte de Africa durante el gobierno bárquida y la conquista romana:* «Saitabi» 11 (1961) 21ss; C. y G.-Ch. Picard, *La vie quotidienne à Carthage au temps d'Hannibal, IIIe siècle avant Jésus Christ* (París 1958) 20ss; G.-Ch. y C. Picard, *op. cit.*, 199ss; S. Moscati, *Il mondo dei Fenici* (Milán 1966) 292ss.
[51] Diod., XXV, 10.
[52] Diod., XXV, 12.
[53] *Le problème du portrait d'Hannibal (art. cit.)* 35. Todos los autores han insistido en esta independencia de los Bárquidas con respecto a Cartago; baste recordar a G. K. Jenkins, R. B. Lewis, *op. cit.*, 44, que hablan de «la relativa autonomía de los Bárquidas con respecto a la metrópoli de Cartago», y W. Hoffman, *Hannibal* (1962): «Los nuevos dominios del sur de Hispania dejaron de ser una provincia

Tanto Cartago como los Bárquidas estaban profundamente helenizados. Este fenómeno arranca del año 396 a. C., cuando, como resultado de los desastres de Sicilia, se helenizó incluso la religión, que suele ser muy conservadora. Se introdujeron entonces los cultos de Deméter y Coré en la religión púnica [54]. L. Maurin [55] habla de una verdadera revolución religiosa en beneficio del helenismo como resultado del desastre siciliano del año 396 a. C., de una brutal apertura del panteón cartaginés a las divinidades helenísticas y de una ruptura profunda en el pensamiento religioso. La representación de Melqart con los atributos del Hércules griego, consecuencia de un fenómeno de sincretismo muy corriente en el mundo antiguo, tal como lo vemos en las monedas cartaginesas, ha de interpretarse como una prueba de la helenización profunda de la religión, pues en el templo del Melqart gaditano, uno de los santuarios más famosos de la Antigüedad, posiblemente más célebre que el de Venus Aericina en Sicilia, el de Afrodita en Pafos (Chipre) y tan renombrado como el de Tiro, el ritual era típicamente fenicio [56]. Silio Itálico [57] afirma tajantemente que en época flavia no había en el Herakleion gaditano ni imagen ni estatua alguna.

En las monedas griegas, Hércules lleva generalmente tan sólo la piel del león de Nemea; así en tetradracmas de Camarina, fechadas entre los años 435/430 a. C. una y hacia los años 410/405 a. C. otras dos [58]; en un *stater* de Metapontion, de hacia los años 410/370 a. C. [59], si bien en otro *stater* de la misma ciudad y de finales del siglo III a. C. aparece Hércules con la maza y una banda ciñéndole el cabello [60]. En los retratos de Aníbal de *Volubilis*, Madrid y Copenhague —se tiene noticia de una *imago clipeata* de Asdrúbal, hermano de Aníbal, tomada por los romanos y consagrada en el Capitolio [61]—, el mismo uso de la diadema es de origen helenístico. La educación que recibió Aníbal en la Península era

cartaginesa. En realidad se convirtieron sencillamente en un principado bajo una dinastía cartaginesa». Acertadamente escriben Moscati, *op. cit.*, 293: «Lo cierto es que la fuerte personalidad del Bárquida y de su familia convirtieron a éste en un poder autónomo dentro del Estado, guía más que reflejo de las decisiones comunes», y G.-Ch. Picard, *op. cit.*, 213: «La conquista bárquida de España... hizo nacer un Estado independiente de hecho, si no de derecho, regido totalmente por Amílcar Barca y sus sucesores». La misma fundación de *Carthago Nova* parece indicar que el centro político, militar y económico se desplazaba, en la mente de los Bárquidas, del norte de Africa al sudeste de Iberia.

[54] Diod., XIV, 77, 4-5.

[55] *Himilcon le Magonide:* «Semitica» 12 (1962) 29ss. Sobre la helenización de la religión y de las costumbres púnicas, cf. G.-Ch. Picard, *Les religions d'Afrique Antique* (París 1954) 80ss; C. Picard, *Le monde de Carthage* (París 1956) 51ss; A. Toynbee, *Hannibal's Legacy* (Londres 1965) 36ss.

[56] J. M. Blázquez, *El Herakleion gaditano, un templo semita en Occidente*, en este mismo volumen, pp. 17-28; A. García y Bellido, *Hercules Gaditanus:* AEArq 107-108 (1963) 70ss; *Deidades semitas en la España antigua:* «Sefarad» 24 (1964) 14ss.

[57] III, 30, 1.

[58] P. R. Franke, M. Hirmer, *op. cit.*, figs. 52-53.

[59] *Ibíd.*, fig. 82.

[60] *Ibíd.*, fig. 85.

[61] Liv., XXV, 39, 13.17; Plin., NH XXV, 14.

griega. Su preceptor fue el griego Sosilo [62], que más tarde escribiría las hazañas de su discípulo. Griego fue también Sileno, otro de los historiadores que acompañaron al general cartaginés. Todo ello prueba la profunda helenización de estos jefes militares. Si los Bárquidas gobernaron Hispania como monarcas helenísticos y en una época en que Cartago ya estaba profundamente helenizada, es muy difícil aceptar que su imagen no se representara en las monedas, tal como lo hacían todos los reyes al acuñar las suyas. Incluso es muy probable que, al igual que los reyes helenísticos, los Bárquidas se identificaran en vida con Melqart. Los Seléucidas y los Lágidas —con estos últimos tenía Cartago estrechas relaciones— eran dioses salvadores en vida, e incluso los mismos generales griegos, como Demetrio Poliorcetes, fueron proclamados dioses en vida por los atenienses [63]. Lisandro, el general espartano vencedor en la Guerra del Peloponeso, había recibido honores divinos en vida [64].

El propio Alejandro Magno, que en tiempos de César tenía una estatua en Cádiz [65], es el modelo de todos los monarcas helenísticos. En las monedas y en los bustos fue representado con los atributos de Zeus Ammón [66] o de Hércules, y todavía en el siglo I, Mitrídates VI Eupator, rey del Ponto, gran campeón del helenismo contra la explotación de Roma, se hace representar con la piel del león, atributo de Hércules, en sus esculturas conservadas en el Museo Británico, el Louvre y Museo de Pérgamo [67], así como en monedas de Odessos [68], que imitan de cerca los retratos de Alejandro Magno, que adoptó la piel de león como símbolo de que descendía de Hércules. Mitrídates se consideraba un nuevo Herakles, bienhechor de la humanidad y encargado de salvarla frente al peligro romano. Siempre hubo en el mundo griego personajes que ostentaron los atributos de Hércules; baste recordar al atleta Milón, que en el año 416 a. C. combatía cubierto con una piel de león y armado de una maza [69].

Al retratarse con los atributos de Hércules, los Bárquidas se situaban en la gran corriente helenística, seguida por la mayor parte de los monarcas, de divinizarse en vida y tomar a Alejandro Magno por modelo.

[62] Corn. Nep., *Hann.*, XII, 3.
[63] Plut., *Demetr.*, X, XII.
[64] Plut., *Lis.*, XVIII.
[65] Dio. Cass., XXXIII, 52; Plut., *Cars.*, XI.
[66] P. R. Franke, M. Hirmer, *op. cit.*, fig. 176, tetradracmas tracias acuñadas en tiempos de Lisímaco y *stater;* G. M. A. Richter, *op. cit.*, figs. 1719-1720, 1722, monedas de Anfípolis, Magnesia y Lampsaco.
[67] P. R. Franke, M. Hirmer, *op. cit.*, fig. 172, tetradracmas de Alejandría acuñadas entre los años 326/325-318 a. C. y de Sardes, hacia 228-222 a. C.; fig. 173, didracma de Babilonia, del año 324 a. C.; G. M. A. Richter, *op. cit.*, figs. 1716-1717, medallones de Tarso; figs. 1930-1933; M. Bieber, *The Sculpture of the Hellenistic Age* (Nueva York 1955) figs. 482-484, 485-487, 121ss.
[68] M. Bieber, *op. cit.*, fig. 484. Filipo II de Macedonia y Alejandro Magno fueron representados frecuentemente, tanto en esculturas como en monedas, con los atributos de Hércules; cf. M. Bieber, *Alexander the Great in Greek and Roman Art* (Chicago 1964) *passim.*
[69] Diod., XII, 9.

Alejandro Magno había sido también devoto del Melqart de Tiro; el cerco de la ciudad fue motivado por negarse los habitantes de Tiro a concederle permiso para ofrecer un sacrificio [70]. El mismo retrato de Aníbal joven de *Volubilis*, como muy bien ha indicado en su estudio G.-Ch. Picard, recuerda por su actitud los retratos del gran macedón. Como también indica el sabio francés, la estela con un busto procedente del *tophet* de Cartago [71] tiene un marcado aire de parentesco con las efigies de Alejandro Magno, lo que probaría la gran influencia que la fuerte personalidad del hijo de Filipo II ejerció incluso en Cartago.

A esta corriente se unía el hecho de que en la Península la monarquía era considerada de origen divino [72], lo que favorecía la identificación del gobernante con un dios. Hércules era el gran dios semita de todo el Occidente, y en época helenística se habían desplazado a la Península algunas de sus hazañas, como el robo de los toros de Gerión. Su culto, como ha demostrado G.-Ch. Picard, cobró un fuerte impulso en época bárquida. Baste recordar la devoción que le tuvo Aníbal [73].

En cuanto a la Península, hay datos sobre la divinización de ciertos personajes por los indígenas, como es el caso de Aletes, descubridor de las minas de plata de *Carthago Nova*. Los indígenas tributaron honores divinos a Metelo, triunfador de Sertorio [74]. También en Azaila fue divinizado un jefe indígena, según reciente y muy plausible interpretación de Nony [75]; tal sería el significado de una corona impuesta por una *Nikē*. Todo ello prueba que la divinización de los mortales era corriente en la Península durante la época helenística. Los Bárquidas no iban a renunciar a sus ventajas, y más teniendo en cuenta que su reino estaba en Hispania, no en Cartago. Su identificación con Hércules era también una manera de proclamarse descendientes del dios de Tiro. Tiene razón G.-Ch. Picard [76] cuando escribe: «La asimilación de Amílcar a Melqart —a título póstumo— y la de Aníbal se explican por la transformación del culto tirio en un culto político de tipo helenístico, demostrado también por los documentos encontrados en la necrópolis de Sainte Monique de Cartago. Tenemos en las monedas retratos idealizados, pero suficientemente parecidos, de los tres Bárquidas...», y en otro lugar [77]: «No dudaron en ir más lejos aún: en las monedas acuñadas por Aníbal en Cartagena, su padre y él mismo se asimilan a Herakles-Melqart; su efigie, coronada de laurel, va acompañada de la maza, principal emblema del dios. Esta identificación de un hombre en vida con un dios es totalmente extraña a la religión semítica. Los cartagineses admitían la apoteosis de ciertos muertos, sobre todo de los que se habían inmolado a sí mismos en sacri-

[70] Diod., XVII, 40.46.

[71] *Les religions (op. cit.)*, 81, 83.

[72] J. Caro Baroja, *Estudios sobre la España antigua* (Madrid 1971) 99ss.

[73] Liv., XXI, 21, 9; Sil. It., III, 14-16.

[74] Salust., *Hist.*, II, 70; Plut., *Sert.*, XXII; Val. Max., IX, 1, 5.

[75] C.-J. Nony, *Une nouvelle interprétation des bronzes d'Azaila:* «Mélanges de la Casa de Velázquez» 5 (1969) 5ss.

[76] *Le problème du portrait d'Hannibal (art. cit.)* 36ss.

[77] *Op. cit.*, 213.

ficio o de las víctimas que les sustituían. Era, por el contrario, frecuente entre los soberanos griegos la asimilación a ciertos dioses, principalmente a Hércules. Los Bárquidas transformaron, pues, profundamente el viejo culto tirio para acomodarlo a su política». Dadas las corrientes históricas de la época y el fuerte grado de helenización de Cartago, lo raro hubiera sido que los Bárquidas no pusieran sus propios retratos en las monedas. El que no aparezcan sus nombres [78] quizá pueda explicarse por el hecho de que, aun siendo independientes de Cartago en el gobierno de la Península, mantenían aún ciertos lazos más sentimentales que efectivos con la metrópoli. Con sus nombres en las monedas se les hubiera acusado en seguida, y con argumentos irrefutables, de querer proclamarse reyes. Lo eran de hecho y para los iberos.

[78] L. Villaronga, *op. cit.,* 45.

4

EL CABALLO EN LAS CREENCIAS GRIEGAS Y EN LAS DE OTROS PUEBLOS CIRCUNMEDITERRANEOS *

Hace ya bastantes años publicó L. Malten [1] un excelente estudio sobre el tema de este trabajo. Hasta el momento ha constituido el esfuerzo más importante para conocer el significado del caballo en las creencias griegas relativas a la vida de ultratumba. L. Malten realizó un concienzudo análisis de todas las leyendas y mitos en que podía indicarse una relación entre el caballo y el más allá, al que añadió el examen de varios relieves funerarios con representaciones de caballos. El sabio alemán llegó a la conclusión de que la presencia del caballo, así como la del perro y la serpiente en estos relieves, ha de interpretarse como «una antigua forma de representar al muerto. El artista toma esta representación como un símbolo, combina y acumula en el mismo monumento las figuras del caballo, el perro y la serpiente, de manera que todas ellas pasan a ser otras tantas alusiones al difunto». Esta tesis carece de valor para M. P. Nilsson [2], que no ve en el caballo un animal ctónico ni psicopompo, ni un *daimōn* de la muerte ni una aparición del muerto. Otros investigadores se han ocupado de la posible significación del caballo o de su cabeza en relieves funerarios griegos. R. Herbig [3], por ejemplo, cree que esta última indica sencillamente que el muerto ha sido heroizado. Charles Picard [4] ha opuesto recientemente algunos reparos a la tesis de M. P. Nilsson, y se inclina a aceptar la propuesta por L. Malten.

Desde la publicación del trabajo de L. Malten no se ha vuelto a replantear el tema en un estudio monográfico. Entre tanto ha aparecido nueva documentación, y la ya conocida puede ser revisada desde puntos de vista distintos de los de L. Malten. Es lo que nos proponemos en nuestro estudio, prescindiendo del examen de leyendas y mitos griegos, bien estudiados ya por este autor. Presentamos los prototipos del material arqueológico más importante para el tema.

* Agradezco al profesor F. Matz sus muchas e importantes sugerencias sobre este tema, que han quedado incorporadas al texto. Hago extensiva mi gratitud al profesor W. Dehn por sus indicaciones en lo relativo a la prehistoria.

[1] JdI 39 (1913) 179ss.

[2] *Geschichte der griechischen Religion* I (Munich [2]1955) 382s.

[3] RM 42 (1927) 124.

[4] BCH 82 (1958) 454ss.

I. EPOCAS CRETENSE, MICENICA Y HOMERICA

Se unen las épocas creto-micénica y homérica por estimar que presentan cierta unidad desde el punto de vista del contenido de nuestro trabajo. Los principales documentos que hemos de examinar son las pinturas del sarcófago de Haghia Triada, las tumbas con esqueletos o huesos de caballo, la parte que corresponde al caballo en el ritual funerario y las representaciones de carros o caballos en terracota depositadas en las tumbas. Se compara el material procedente de Grecia con el de otras regiones mediterráneas, en busca de una mayor seguridad de la interpretación.

Algunos autores estiman que el documento más antiguo en que se establece una relación entre las creencias sobre ultratumba en Grecia y el caballo es una de las escenas laterales pintadas sobre el sarcófago de Haghia Triada, que se fecha en el año 1400 a. C. [5] Estas pinturas han sido limpiadas recientemente [6]. La escena que interesa para el tema de este trabajo representa un carro tirado por dos caballos sobre el que van dos mujeres, una de las cuales empuña un látigo. Las escenas de este sarcófago, el documento más importante de la pintura minoica, son de sobra conocidas por los estudiosos del mundo antiguo, por lo que no nos detendremos ahora en describirlas. Las escenas han sido relacionadas sólo con el culto a los muertos por R. Paribeni [7], F. v. Duhn, A. Evans y Charles Picard [8], y sólo con el culto a los dioses por Petersen y Harrison [9]. Para M. P. Nilsson [10], todas las escenas representan la apoteosis del muerto, si bien bajo la forma del culto al dios. Según este autor, el carro arrastrado por grifos transportaría únicamente al muerto deificado, al que acompañan las dos diosas del carro tirado por caballos. El difunto sería no un minoico, sino un aqueo. Hasta ahora, el esfuerzo más importante en orden a interpretar las pinturas y ofrecer una explicación coherente de las diversas escenas del sarcófago ha sido el llevado a cabo por F. Matz [11]. S. Marinatos, por su parte, reconoce abiertamente que no se atreve a decidirse por ninguna de las hipótesis propuestas [12]. Según F. Matz, las escenas pertenecen a dos ciclos, uno en relación con el culto funerario y el otro con el culto a la deidad. Afirma F. Matz que las dos figuras que marchan sobre el carro, y que después de la limpieza efec-

[5] S. Marinatos, *Kreta und das mykenische Hellas* (Munich 1959) 44, láms. XXVII-XXX; F. Matz, *Kreta, Mykene, Troja* (Stuttgart 1956) 81, lám. 47; P. Demargne, *Nacimiento del arte griego* (Madrid 1964) 137, lám. 196.

[6] D. Levi, «Archaeology» 9 (1956) 192ss; «Annuario At.» 33-34 (1957) 290s.

[7] «Mon. Ant.» 19 (1908) 1ss.

[8] *Les religions préhelléniques (Créta et Mycènes)* (París 1948) 170ss.

[9] La bibliografía en F. Matz, *Göttererscheinung und Kultbild im minoischen Kreta:* «Ak. Wiss. Lit.» 7 (1958) 398ss.

[10] *The Minoan-Mycenaean Religion and its Survivals in Greek Religion* (Lund 1950) 426ss.

[11] *Göttererscheinung (op. cit.)* 399ss. Reseña de M. P. Nilsson en AJA 64 (1960) 197ss.

[12] *Op. cit.*, 102.

tuada puede afirmarse sin ningún género de duda que son femeninas, representan a dos diosas. Como el difunto que aparece delante de la tumba es un varón, hay que descartar definitivamente la hipótesis de aquellos autores que, como D. Levi [13], creen que la escena del carro tirado por caballos representa la marcha del difunto a la otra vida.

Descartada la hipótesis de que los caballos representados sobre el sarcófago de Haghia Triada [14] posean algún carácter funerario, los documentos más antiguos resultan ser las tumbas en que aparecen esqueletos completos de caballos o huesos de este animal. En el *dromos* de una tumba de *tholos* de Maratón han aparecido perfectamente conservados dos esqueletos de caballos que pertenecieron a un príncipe; esta tumba se fecha en el HR II. M. Jameson [15] cree que estos caballos son los que condujeron el cuerpo del difunto a la tumba, sacrificados, quemados y enterrados en ella después como parte de la ceremonia fúnebre. En Argos ha sido descubierta recientemente una tumba, fechada en el período heládico reciente III A2-B, que contenía dos cráneos humanos y un esqueleto de animal que podría ser un caballo [16]. En una tumba de Nauplia apareció otro esqueleto de caballo [17]. En Troya no se han hallado huesos de caballo prácticamente hasta Troya VI, y no en tumbas, sino en los depósitos de las habitaciones [18].

La costumbre de enterrar con los difuntos caballos o carros está documentada en todo el mundo antiguo; en Hispania tenemos los testimonios de Toya (siglo IV a. C.) [19] y La Pedrera (época de La Tène I) [20]; en la Galia, a comienzos de la Edad del Hierro [21]; en Tracia [22]; en Etru-

[13] *Loc. cit.*, 193. Recientemente J. Porter Manert, «Antike Kunst» 8 (1965) 91s, ha sostenido con buenos argumentos que los caballos del sarcófago de Haghia Triada son cabras salvajes.

[14] El sarcófago de Haghia Triada plantea el problema de la fecha de introducción del caballo en Creta y Grecia. Todos los autores están de acuerdo en que se produjo tardíamente. A. Evans, *The Palace of Minos* V, 2 (Londres 1935) 786ss, 831ss; Ch. Picard, *Religions Préhelléniques (op. cit.)* 171; H. L. Lorimer, *Homer and the Monuments* (Londres 1950) 307ss; G. Mylonas, AJA 55 (1951) 134ss; C. Blegen, *Troy. The Sixth Settlement* III, 1 (Princeton 1953) 10; M. P. Nilsson, *Homer and Mycenae* (Londres 1933) 228; AJA 64 (1960) 197. En Troya VI (1900-1350 a. C.) aparece un número reducido de huesos de caballos, y no en tumbas, sino en los depósitos de las viviendas, lo que ha hecho pensar en la posibilidad de que se empleara como animal de carne.

[15] «Archaelogy» 13 (1960) 33s, fig. 2; E. Vanderpool, AJA 63 (1959) 280, lám. 74, fig. 6; G. Daux, BCH 83 (1959) 583ss, fig. 7; E. Vermeule, *Greece in the Bronze Age* (Londres 1964) 298ss, lám. XLVII B.

[16] BCH 80 (1956) 365, fig. 7.

[17] G. Mylonas, *Ancient Mycenae. The Capital of Agamennon* (Londres 1957) 83.

[18] C. Blegen, *loc. cit.*

[19] J. Cabré, *El sepulcro de Toya:* AEAA 1 (1925) 90ss, fig. 22.

[20] J. Maluquer, «Zephyrus» 10 (1959) 5ss; E. Ripoll, «Ampurias» 21 (1959) 276. Según me comunica amablemente A. Blanco, en una necrópolis ibérica de la provincia de Jaén también aparecen huesos de caballos depositados en las tumbas.

[21] R. Joffroy, RAE 8 (1957) 7ss; R. Joffroy, D. Bretz, Mahler, «Gallia» 17 (1959) 5ss; G. Childe, PPS 17 (1951) 177ss. En tumbas bohemias de la cultura de Bilany, fechadas al final del Hallstatt y en La Tène, aparecen restos de carros; cf. M. Zuffe, EAA, II, 361.

[22] G. Seure, BCH 49 (1925) 347ss; BCH 25 (1901) 181ss; BCH 28 (1904) 210ss.

ria, del período orientalizante, la Tumba Regolini-Galassi[23], Fabiano[24], Monteleone de Spoleto[25], Vetulonia (Tumba del Duce) y Tarquinia[26]. Hay datos relativos a los germanos[27], ilirios, belgas, wikingos[28] y escitas[29]. La costumbre escita pudo ser introducida en Anatolia por los cimerios; de ella nos queda testimonio arqueológico en el túmulo NY de Gordion, datado a finales del siglo VI a. C., que contenía los esqueletos de dos caballos[30]. Una tumba hitita arcaica de Osmankayasi contenía los

La costumbre tracia era enterrar junto al túmulo el carro y los caballos. En el túmulo de Doukhova Moghila han aparecido nueve carros, y tres en el de Jamboli. Bien conservados están los hallados recientemente en Čičkovci.

[23] L. Paretti, *La Tomba Regolini-Galassi* (Ciudad del Vaticano 1947) 252, lámina XXV; *Ibíd.*, 286ss, lám. XXXI. Según el autor citado, este último carro de cuatro ruedas era un carro funerario ocasional, hecho expresamente para los funerales del difunto. Las bigas, por el contrario, se utilizaban en vida y al parecer se quemaban en la pira.

[24] P. Marconi, L. Serra, *Il Museo Nazionale delle Marche in Ancona* (Roma 1933) 22.

[25] V. Poulsen, *Etruscan Art. Etruscan Culture, Land and People* (Columbia 1962) 369, figs. 379-382; R. Hampe, E. Simon, *Griechische Sagen in der frühen etruskischen Kunst* (Maguncia 1964) 63ss, láms. 22-25.

[26] D. Randall-MacIver, *Villanovans and Early Etruscans* (Oxford 1924) 112.

[27] Tác., *Germ.*, 27.

[28] A. Alföldi, AC 8 (1939) 347ss; A. Berg, «Mus. Aarb.» (1916-1917) 11: «Acta Arch.» 11 (1940) 99ss; 24 (1953) 162s; «Devinska Nova Ves.» (1952) 389-390; «Rhein. Vjbl.» 15-16 (1950-1951) 28.

[29] Her., IV, 71; cf. E. Minns, *Scythians and Greeks* (Cambridge 1913) 149ss; T. Rice, *The Scythians* (Londres 1957) 92ss; M. Ebert, *Reall. Vorg.* 13, 68ss, 80ss; M. P. Griaznov, E. A. Golomshtok, AJA 37 (1933) 30ss; M. Rostovtzeff, *Skythien und der Bosphorus* (Berlín 1931) 330ss, 338, 345ss, 353, 382ss, 436s; *Iranians and Greeks in South Russia* (Oxford 1922) 47ss, figs. 3-5; G. Clark, «Antiquity» 15 (1941) 50ss.

[30] R. S. Young, AJA 60 (1956) 266. Para el tema del presente trabajo es fundamental la tumba recientemente aparecida en Salamina de Chipre; cf. P. Dikaios, AA 78 (1963) 142s, 152s, 156ss, 160, 172, figs. 26, 28-31; V. Karageorghis, AA 78 (1963) 548s; «Archaeology» 18 (1965) 282ss; *Le rayonnement des civilisations grecque et romaine sur les cultures périphériques* (París 1955) 305ss; BCH 89 (1965) 268ss, figs. 68-69, 72, 80-82. Esta tumba corresponde al período arcaico (siglos VIII-VII a. C.) y viene a corroborar la costumbre de enterrar caballos sacrificados en las tumbas de los personajes importantes. El primer sacrificio de caballo apareció en 1957, en el *dromos* de la llamada «Tumba Real», en la costa este de la isla, y desde entonces se ha venido observando la misma costumbre, al menos en otras seis tumbas de este mismo cementerio. En el *dromos* de una tumba del mismo período, excavada en 1962, aparecieron los esqueletos de dos caballos uncidos a un carro. En varios casos han sido hallados restos de esqueletos de caballos con arneses o carros, dos en el *dromos* de la tumba n.° 31 y uno en la n.° 19. V. Karageorghis opina que esta costumbre pudo ser introducida en Chipre por los aqueos al final del II milenio a. C. y que pervivió hasta el período arcaico. En tumbas de Salamina fechadas en el siglo VII a. C. han aparecido otras huellas de sacrificios de caballos; así, en el *dromos* de una tumba de Kouklia (Palaipaphos), con un solo esqueleto de caballo. En el *dromos* de la tumba n.° 47 de Salamina aparecieron los restos de dos caballos pertenecientes a una primera cremación datada en el siglo VIII a. C. En el siglo VII a. C., esta tumba fue utilizada para una segunda cremación, en que se sacrificaron tres pares de caballos, pero no fueron enterrados con sus carros. En el túmulo de la tumba n.° 3, perteneciente asimismo al siglo VII a. C., se descubrieron restos de sacrificios de caballos. Desgraciadamente, esta tumba ha sido muy destruida en época moderna, pero a la entrada del *dromos* quedan restos del sacrificio de dos parejas de caballos con

esqueletos de algunos caballos y de muchos asnos [31]. Un texto del ritual funerario de un rey y una reina hititas prueba la costumbre de sacrificar caballos y celebrar carreras de carros [32]. En Hazor (Palestina) se ha excavado recientemente una cueva cuyo estrato más profundo guardaba la incineración de algunos caballos y gran número de asnos; data este estrato de la época de los hiksos y el Imperio Nuevo; también había algunos restos humanos, posiblemente de los dueños de los animales [33]. En el estrato superior, fechado en la Edad del Hierro I, se encontró la incineración de un hombre con un animal. A finales de la Edad del Bronce se fecha la incineración de caballos y asnos hallada en Tell el Ajjul [34].

La misma costumbre se documenta en la propia China [35], como lo prueba un enterramiento con carros de madera y caballos aparecido en Shang Tsun Ling, provincia de Honan, fechado entre los siglos XI-VIII a. C. Esta costumbre se remonta a la Prehistoria [36] y se mantuvo en Grecia y en el Imperio Romano, aunque muy posiblemente con significado distinto. En tiempo de Pisístrato, al morir Cimón, hijo de Milciades, tres veces vencedor en Olimpia con la misma cuadriga, se enterraron junto a su tumba sus caballos [37]. En la tumba número 437 de Olinto ha aparecido un esqueleto de caballo, y huesos de este animal en la número 376; D. Robinson [38] se inclina a pensar que estos enterramientos de caballos

sus correspondientes carros. Los sacrificios de caballos aparecen únicamente en las tumbas de gentes ricas y aristócratas; las tumbas n.os 47 y 3 pertenecen a dos miembros de la familia real de Salamina. También se sacrificaron probablemente caballos sin carros en honor de algunos personajes importantes. En las tumbas de Politiko y Kalopside aparecieron un esqueleto y otros huesos de caballo; cf. E. Gjerstad, *Studies on Prehistoric Cyprus* (Uppsala 1926) 81.

[31] F. Schachermeyr, «Anzeiger für die Altertumswissenschaft» 14 (1961) 157ss; K. Bittel, *Die hethitischen Grabfunde von Osmankayasi* (Berlín 1958) 16, 24, 63ss, 720, lám. XI. Ya en las tumbas reales de la primera dinastía de Ur aparecen enterrados carros y conductores de carros; cf. W. Woolley, *The Sumerians* (Londres 1929) 39s. En general, cf. H. Behrens, *Die neolithisch-frühmetallzeitlichen Tierskelettfunde aus Alten Welt* (1964).

[32] H. Otten, *Hethitische Totenrituale* (Berlín 1958) 15, 27, 59, 61, 79, 81, 118, 138s.

[33] IEJ 8 (1958) 272s.

[34] F. Petrie, *Ancient Gaza* I (Londres 1931) 45. También en Tell el Aǧǧûl, en Négelo, en la segunda mitad del Bronze II; cf. A. G. Barrois, *Manuel d'Archéologie biblique* (París 1953) 282s, 290s. En las tablillas de Mari y Raschâmra se mencionan también los sacrificios de asnos; cf. C. H. Gordon, *Ugaritic Literature. A comprensive Translation of the Poetic and Prose Texts* (Roma 1949) 43, 133, fig. 11. Sobre Chipre, cf. V. Karageorghis, *Excavations in the Necropolis of Salamis*, en *Salamis 3* (Nicosia 1967) *passim*.

[35] W. Watson, *Archaelogy in China* (Londres 1960) 46; *China before the Han Dynasty* (Londres 1961) 88ss, fig. 22, lám. 11; Hsia Nai, «Archaelogy» 16 (1963) 177-179; R. C. Rudolph, «Archaelogy» 28 (1975) 267ss.

[36] F. Hančar, *Das Pferd in prähistorischer und früherhistorischer Zeit* (Munıcn 1955) 271s, 275s; F. Benoit, *L'heroisation équestre* (Aix-en-Provence 1954) 34; F. Schachermeyr, *Poseidon und die Entstehung des griechischen Götterglaubens* (Berna 1950) 49ss; J. M. Blázquez, «Ampurias» 21 (1959) 281ss.

[37] Her., VI, 103.

[38] *Excavations at Olynthus XI: Necrolynthia* (Baltimore 1942) 79, 90s, fig. 20. Junto a una tumba arcaica de Roma ha aparecido el esqueleto de un caballo; pro-

son de fecha posterior a la de las tumbas. En Tesalia se documenta también la costumbre de enterrar caballos y perros junto con sus dueños [39]. En Roma, el orador Régulo [40] sacrificó junto a la hoguera en que se quemaba el cuerpo de su hijo sus caballos de tiro y sillas, sus ruiseñores, sus periquitos, sus mirlos y sus perros grandes y chicos. La razón de estos sacrificios de caballos, cuyos restos se depositaban después en la tumbas de sus dueños, en la época micénica es muy probablemente la misma por la que Aquiles quema en la pira de su amigo Patroclo cuatro caballos, nueve perros y doce prisioneros troyanos, además de bueyes y ovejas [41]: los objetos que pertenecieron al difunto han de acompañarle

bablemente no está relacionado con la sepultura; cf. E. Gjerstad, *Early Rome* I (Lund 1953) 122, fig. 143.

[39] Poll., V, 47; *Anth. Pal.*, VII, 304.

[40] Plin., *Epist.*, IV, 2, 23. En este caso, como en el testamento de Lingon (CIL XIII, 5708), se trata probablemente de la creencia, debida a influjo pitagórico, de que el interesado seguiría utilizando todas estas cosas en la otra vida. Esta creencia pudo influir ya en el caso de Timón y en el de los caballos tesalios; cf. J. Bachofen, *Die Unsterblichkeitslehre der orphischen Theologie* (Basilea 1958) *passim;* cf. reseña en F. Matz, «Gnomon» 33 (1961) 62, con algunas consideraciones interesantes para el tema de este trabajo. También «Germania» 36 (1958) 468ss.

[41] *Il.*, XXIII, 171-174; el arte etrusco representó esta escena varias veces, pero siempre se fijó en el sacrificio de los prisioneros troyanos, no en el de perros, caballos y otros animales. Así en la Tumba François, de finales del siglo II o comienzos del I a. C.; cf. M. Pallotino, *La peinture étrusque* (Ginebra 1952) 115ss; F. Messerschmidt, *Nekropolen von Vulci* (Berlín 1930) 153ss. También en la cista etrusca conservada hoy en Londres; cf. H. Th. Bossert, *Hellas und Rom* (Berlín 1936) lám. 260, en el sarcófago de Torre San Severo, de principios del siglo III a. C.; cf. R. Herbig, *Die jüngeretruskischen Steinsarkophage* (Berlín 1952) 40s, lám. 36a-b, y en varios vasos etruscos; cf. J. D. Beazley, *Etruscan Vase-Painting* (Oxford 1947) 8s, 88s, 137s. Ya en época micénica se documentan huesos de perros sacrificados y enterrados con sus dueños; cf. G. Mylonas, *Ancient Mycenae (op. cit.)* 83; AJA 52 (1948) 72s; *A Companion to Homer* (Londres 1963) 478ss; M. P. Nilsson, *Griechische Religion* I *(op. cit.)* 178ss, en la tumba I de Asine, en la tumba real de Dendra, en el *dromos* de la tumba 6 de Tebas y en las tumbas 505 y 533 del cementerio de Kalkani. Hay además indicios de probables sacrificios humanos realizados en el día del sepelio; seis esqueletos han aparecido encima de la puerta de la tumba de corredor 15 en la parte baja de Micenas; un esqueleto encima de la puerta de la tumba VII de Prosymna; un esqueleto en la tumba 505 del cementerio de Kalkani. Estos indicios, según G. Mylonas, *Ancient Mycenae (op. cit.)* 83, pueden considerarse con cierta seguridad como testimonios de sacrificios, que confirmarían los versos homéricos relativos al sacrificio de prisioneros troyanos; cf. M. P. Nilsson, *Mycenaean Religion (op. cit.)* 351; *Griechische Religion* I *(op. cit.)* 352. También en una tumba de cúpula de Midea han aparecido huellas seguras de sacrificios humanos, que persisten en Grecia hasta la época de la batalla de Salamina (Plut., *Them.*, 13). Lo mismo ocurre en la misma Salamina y Lapithros, Chipre, durante el período geométrico; cf. V. Karageorghis, «Archaeology» 18 (1965) 549s. Sobre los sacrificios humanos en la mitología griega, cf. J. Forsdyke, *Greece before Homer. Ancient Chronology and Mythology* (Londres 1956) 133ss. Fuera de Grecia han aparecido cráneos de perros sacrificados junto al esqueleto de un rey, Straton, en un sarcófago de Sidón; cf. O. Hamdy-Bey-Th. Reinach, *Une nécropolis royale à Sidon* (París 1892) 27; cf. también M. P. Nilsson, *Homer and Mycenae (op. cit.)* 155s; Ch. Picard, *Religions Préhelléniques (op. cit.)* 288. En tumbas chipriotas se han recogido huesos de animales sacrificados; en la tumba n.° 69 de Katydhate apareció el esqueleto de un camello; huesos de otros animales se hallaron en las tumbas n.° 10 y n.° 201 de Lapithros. También se docu-

en su tumba [42]. La costumbre de hacer estos sacrificios responde, en la época micénica, con toda probabilidad a la idea de que estos objetos son propiedad del muerto, no a la creencia en que pudiera utilizarlos en la vida de ultratumba. Por el contrario, esta creencia está atestiguada claramente en época romana [43]; en Homero, en cambio, no se documenta, pues el pasaje de la *Nekya* [44] que presenta al gigante Orión persiguiendo en ultratumba las mismas fieras que en vida está interpolado y es probablemente de origen pitagórico, según F. Cumont [45]. No hay que descartar la hipótesis de que estos sacrificios formaran parte del ritual funerario.

En Grecia se conocen los sacrificios de caballos a los muertos; bastan para confirmarlo los testimonios de Diomedes [46], Marmax [47] y Menelao [48]. Es probable que tengamos una huella de esta costumbre en un episodio narrado por Eurípides: a la muerte de Alcestes cortaron la crin a los caballos en Tesalia [49], y lo mismo se hizo con ocasión de la muerte

mentan huesos de bueyes, como en las tumbas n.os 9 y 18 de Politiko, al igual que un esqueleto de perro, y huesos de aves en distintas tumbas; cf. E. Gjerstad, *Studies (op. cit.)* 75, 77 y 81. Los sangrientos combates que se celebraban en Italia con motivo del sepelio, y que dieron origen a los juegos de gladiadores, no son más que los primitivos sacrificios humanos camuflados. De su existencia se conoce documentación abundante en las pinturas itálicas, tanto de Etruria (tumba de los Augures, fechada hacia el año 530 a. C.; cf. M. Pallotino, *loc. cit.*, 40) como en el resto de Italia, por ejemplo, en las tumbas de Paestum del siglo IV a. C.; cf. FA 9 (1956) 29, 36, fig. 63; 12 (1959) n.° 2871, lám. XXXIII; F. Weege, JdI 24 (1909) 113ss. También en Tracia (Kasanlik) en época helenística; cf. C. Verdiani, AJA 49 (1945) 403ss.

[42] M. P. Nilsson, *Homer and Mycenae (op. cit.)* 154ss; *Griechische Religion* 1 *(op. cit.)* 178, 376; en las pp. 375 y 378ss cita este autor tumbas de época micénica en que aparecen huesos de animales, como bueyes, corderos, pájaros, ovejas y cabras. El sacrificio de bueyes fue prohibido en la época de Solón; cf. F. Cumont, *Lux Perpetua* (París 1949) 29ss. Es probable que tuviera esta misma significación la costumbre, vigente en Grecia todavía durante el siglo VII a. C., de enterrar a los guerreros con sus armas, documentada en Atica; cf. A. Brueckner, E. Pernice, AM 18 (1893) 107ss, en Thera; cf. F. von Gaertringen, *Thera* II (Berlín 1903) 119; H. Dragendorff, *Thera* II *(op. cit.)* 77, 126, 306s (para la época arcaica) y 577 (para la época helenística), y en Assarlik; cf. W. R. Paton, JHS 8 (1887) 68. La costumbre aparece ya en el mundo micénico; cf. E. Vanderpool, AJA 67 (1963) 280s, láminas 62-63, fig. 8. En épocas más recientes pervivió esta costumbre entre los griegos del norte; se documenta en una tumba de Queronea; cf. G. Sotiriades, AM 28 (1903) 301, en una tumba real de Kovl-Oba, en Kertsch; cf. S. Reinach, *Antiquitès du Bosphore Cimmérien* (París 1892) 11, y en tumbas helenísticas del sur de Rusia y Pérgamo; cf. P. Jacobsthal, AM 33 (1908) 433. En Etruria se depositaban a veces en las tumbas objetos usados por los propios difuntos; cf. L. Pareti, *loc. cit,* 129, lo que prueba la existencia de la misma costumbre. En este sentido, es importante el relieve procedente de Tarento, fechado a finales del siglo V a. C., sobre el que están representadas varias armas: coraza, yelmo, espada y escudo. Sobre la coraza aparece un prótomo de caballo; cf. R. Lullies, AA 72 (1957) 401, fig. 21.

[43] Luc., *De luctu,* XIV; *Philops.*, XXVIII; Plin., *Epist.*, IV, 2, 23; cf. F. Cumont, *Recherches sur le symbolisme funéraire des Romains* (París 1942) 405, 439s.

[44] *Od.*, XI, 567ss.

[45] *Symbolisme funéraire (op. cit.)* 439, 369.

[46] Estr., V, 215.

[47] Paus., VI, 21, 7.

[48] Eurip., *Hel.*, 1258.

[49] Eurip., *Alc.*, 443.

de Calano [50]. Antes de la batalla de Leuctra, Pelópidas sacrificó en la tumba de la hija de Skedaros unas yeguas blancas que aparecieron en el momento de la ofrenda [51].

Para las épocas micénica y homérica tenemos documentada la relación del caballo con el ritual funerario de los grandes personajes en tres estelas con pinturas y escenas en relieve procedentes de la tumba V de Micenas, fechada en el SH I, que representan carros. Los autores que han estudiado estas estelas, desde H. Schliemann y Ch. Tsountas hasta G. Karo y A. Evans, interpretan estas escenas con carros como representaciones de los combates en que tomó parte el difunto. Pero G. Mylonas, en un reciente estudio sobre estas estelas [52], descarta esa teoría y propone la nueva tesis de que lo representado en las estelas formaba parte de los ritos funerarios que se celebraban con ocasión del enterramiento de los personajes importantes. Según el autor citado [53], estas estelas serían la prueba más antigua de la existencia de tal rito. El mismo A. Evans acepta que en Creta son tradicionales las competiciones de carros con ocasión del funeral [54]. La tesis de G. Mylonas y A. Evans resulta tanto más aceptable por el hecho de estar atestiguadas en época homérica [55] las competiciones de carros con ocasión de los funerales, como en los de Patrocolo [56]; este tema inspiró al pintor Sofilos una bella composición sobre un fragmento de dinos hallado en Farsalos, que se fecha entre los años 580-570 a. C. [57], y una segunda a Kritias sobre el Vaso François, datado hacia el año 575 [58]. Se conoce abundante documentación gráfica de este rito fúnebre en el período geométrico: ánforas protoáticas y placas áticas del Museo Metropolitano de Nueva York [59], ánfora del período geométrico del Museo del Louvre y crátera geométrica procedente del Dipylon y de la Colección Lagunillas [60], ánforas geométricas de Cleveland y Atenas [61], ánfora ática arcaica de Oxford [62], crátera ática arcaica de Munich [63], ánfora de Leiden [64], etc. El cometido del caballo en estas

[50] Plut., *Alex.*, 69, 3.

[51] Plut., *Pel.*, 22.

[52] G. Mylonas, AJA 55 (1951) 134ss; S. Marinatos, *loc. cit.*, 108ss, figs. 146-147.

[53] Cf. *Ancient Mycenae*, 110.

[54] G. Mylonas, AJA 55 (1951) 147, fig. 55.

[55] M. P. Nilsson, *Homer and Mycenae (op. cit.)* 40; *Mycenaean Religion (op. cit.)* 616ss.

[56] *Il.* XXIII, 6ss.

[57] M. Robertson, *Griechische Malerei* (Ginebra 1955) 57ss.

[58] P. Arias, M. Hirmer, *Tausend Jahre griechische Vassenkunst* (Munich 1960) 7, figs. 40 y 42.

[59] J. Boardman, BSA 50 (1955) 54ss, lám. 4; J. M. Cook, BSA 35 (1934-1935) 179s, 184s, láms. 47 y 50.

[60] F. Villard, «Mon. Mém. Piot.» 49 (1957) 17ss; RA 32 (1949) 1065ss.

[61] J. M. Cook, BSA 42 (1947) 149ss, láms. 21-22; G. Nottborn, JdI 58 (1943) 1ss; A. D. Fraser, AJA 44 (1940) 457ss.

[62] J. M. Cook, BSA 35 (1938) 181, lám. 38; J. M. Davison, «Yale Classical Studies» 16 (1961) *passim;* F. Matz, *Die geometrische und früharchaische Form* (Francfort 1950) 292, 402, láms. 187-189, 193-194.

[63] M. Robertson, *loc. cit.*, 36ss.

[64] *Gids voor de verzameling van griekse Vasen* (1955) 7s, fig. 1.

pinturas es doble: llevar el cadáver a la tumba y servir en los juegos funerarios en honor del difunto, ya en carreras de jinetes, ya en competiciones de carros; ambas funciones se encuentran magníficamente plasmadas en la gran crátera 900 [65] de Atenas, fechada a mediados del siglo VIII a. C. El carácter funerario de estas carreras de caballos o de carros [66] es admitido por todos los investigadores que estudian esta pintura vascular [67].

A partir del 1300 a. C. aparecen en tumbas micénicas diminutos modelos de carros en terracota entre las ofrendas funerarias. No ha sido aún perfectamente establecida la significación que haya de atribuirse a estas piezas, y se han propuesto diversas interpretaciones, como la de que eran simples juguetes; así piensa G. Mylonas [68]. Otras veces lo que se deposita en los enterramientos son diminutos caballos de terracota, como en una tumba de cúpula de Menidi [69], de cronología no muy precisa, pues sus cerámicas van desde las micénicas hasta las de figuras negras. Estas terracotas aparecen frecuentemente en otras áreas [70], en tumbas arcaicas etruscas [71], tracias (principalmente en las fechadas entre los siglos II y III) e ibéricas [72]. La costumbre de depositar diminutos caballos o carros de terracota en las tumbas pervive en Grecia y Roma aún en plena época histórica, como lo prueban los caballitos recogidos en una tumba griega de Ampurias [73], de época helenística, o los hallados en tumbas ro-

[65] J. M. Davison, *loc. cit.*, 36s, fig. 25; P. Arias, M. Hirmer, *loc. cit.*, 21ss, fig. 5.

[66] M. Robertson, *loc. cit.*, 35ss; R. Hampe, *Ein frühattischer Grabfund* (Maguncia 1960) 60s; M. P. Nilsson, *Griechische Religion* I *(op. cit.)* 176, 377.

[67] También en Etruria formaban parte del ritual funerario estas carreras; cf. R. Bartoccini, C. M. Lerici, M. Moretti, *La Tomba delle Olimpiadi* (Milán 1959) figs. 13-16, 25-30; R. Bartoccini, en *Atti VII Congr. Inter. Arch. Clas.* (Roma 1961) 177ss, para la Tumba de las Olimpiadas, pintada entre los años 525-520 a. C.; F. Weege, *Etruskische Malerei* (La Haya 1921) láms. 1-2, fig. 81; M. Pallottino, *loc. cit.*, 61ss, para la Tumba de las Bigas, datada hacia el año 490 a. C., y para la Tumba de las Inscripciones, de Tarquinia; G. Q. Giglioli, *loc. cit.*, 34, lám. CCII, para la Tumba del Colle Casuccini; L. Banti, *Die Welt der Etrusker* (Stuttgart 1960) 287, lám. 66, para la Tumba del Deposito de' Dei, del segundo cuarto del siglo V a. C., en Chiusi. Se conocen cipos fechados a finales del siglo VI a. C., procedentes de Chiusi, con relieves que representan carreras de carros; cf. G. Q. Giglioli, *loc. cit.*, 29s, lám. CXLVIII,1. También se documentan en Paestum estas competiciones funerarias de carros en el siglo IV a. C.; cf. A. W. van Buren, AJA 59 (1955) 30, lám. 86, fig. 11, y en Tracia, en la tumba antes citada; cf. C. Verdiani, *loc. cit.*, 415, figs. 7, 10-11, 13; A. Vassiliev, *Das antike Grabmal bei Kasanlak* (Colonia 1859) láms. 2-4, 11, 22-30, 41-44; cf. también L. Malten, RM 38-39 (1923-1924) 300ss.

[68] G. Mylonas, *Ancient Mycenae (op. cit.)*, 78.

[69] M. P. Nilsson, *Griechische Religion* I *(op. cit.)* 380.

[70] M. Gimbutas, *The Prehistory of Eastern Europa* (Cambridge 1956) 68, 78s, lám. XVI; F. Hancar, *loc. cit.*, 38, 105ss, lám. II,6, III,2-3; S. Foltiny, AJA 63 (1959) 53ss. En una tumba de Athienou, la antigua Golgos, fechada en época clásica, han aparecido jinetes de terracota; también en otra de Tsadha, de época chipriota arcaica; cf. V. Karageorghis, BCH 95 (1971) 353, fig. 34; 357, fig. 41.

[71] Carros de Fontecucchiaia, Orvieto, Tarquinia, Capodimonte y caballos de Pitigliano y Vetulonia; cf. J. M. Blázquez, «Ampurias» 19-20 (1957-1958) 31.

[72] J. Serra Ráfols, AEArq 21 (1948) 383ss.

[73] M. Almagro, *Las necrópolis de Ampurias* I (Barcelona 1953) 332s, fig. 301.

manas[74]. Tanto G. Q. Giglioli[75], P. Ducati[76], y L. Malten[77] como F. Cumont[78] admiten que estos carros y caballos no son meros juguetes, sino objetos simbólicos que indican claramente que en la edad arcaica existía la creencia en que los caballos servían para el viaje al Hades. No parece del todo aceptable esta tesis, pues no se puede probar que realmente existiera tal creencia en la época a que pertenecen algunas de estas piezas, como las micénicas, ibéricas o etruscas[79]. El hecho de que los cadáveres fuesen conducidos en carros a la tumba ya en época micénica, pues en tumbas de Pilos han aparecido huellas de ruedas en el suelo[80], la costumbre de enterrar caballos en las tumbas y la utilización de estos animales en los juegos fúnebres explicarían satisfactoriamente la presencia de estas terracotas en las tumbas, que aludiría simplemente a la especial importancia del caballo en las ceremonias fúnebres. En este sentido es muy significativo el carro fúnebre acompañado de un jinete, en terracota, de Vari, Atica, fechado alrededor del año 600 a. C.[81], que reproduce exactamente los auténticos carros funerarios, bien conocidos a través de la pintura sobre cerámica geométrica[82]. Esta utilización del caballo en las ceremonias funerarias explicaría probablemente la hipótesis propuesta por Charles Picard[83] en el sentido de que unos versos de Homero[84] sugieren que sobre las tumbas de las mujeres se colocaban esculturas con representaciones de caballos.

II. EPOCA ARCAICA

Los principales testimonios de este período que interesan para el presente trabajo son: la estela de Crisafa y las áticas con representaciones de jinetes o de carros, los prótomos de caballos sobre vasos áticos

[74] H. Deringer, «Jahresb.» 43 (1956-1958) 149ss; T. Leslie Shear, AJA 34 (1930) 430, fig. 20, de época de Nerón.

[75] «St. Etr.» 3 (1929) 474ss.

[76] «Mon. Ant.» 39 (1943) 413.

[77] JdI 39 (1913) 223.

[78] *Lux Perpetua (op. cit.)* 287.

[79] En Etruria existía durante el período arcaico (al que pertenecen los carros citados) la creencia de que las tumbas eran las moradas de los difuntos; cf. J. M. Blázquez, «Cuad. Trab. Esc. Hist. Arq. Roma» 9 (1957) 49ss; la misma creencia está atestiguada también en Grecia; cf. Platón, *Fed.*, 81 d.

[80] S. Marinatos, Πρακτικά (1960) 251.

[81] E. Vanderpool, AJA 61 (1957) 281, lám. 84, fig. 9; R. Hampe, *loc. cit.*, 73, lám. 46; G. M. A. Richter, *Greek Art* (Londres 1959) 219s, fig. 322; P. Demargne, *loc. cit.*, 335, fig. 451. La conducción del cadáver en un carro y el cortejo fúnebre están magníficamente representados en una terracota y en la pintura de un vaso de figuras negras; cf. P. Gardner, *Sculptured Tombs of Hellas* (Londres 1896) 6, figs. 3-4.

[82] H. Marwitz, «Antike und Abendland» 10 (1961) 7ss; G. Mylonas, *A Companion to Homer (op. cit.)* 478ss; E. Hinrichs, «Annales Universitatis Saraviensis» 4 (1955) 124ss.

[83] BCH 82 (1958) 455.

[84] *Il.*, XVII, 434-435.

de figuras negras y el ya citado texto de Herodoto sobre el sacrificio de los caballos de Cimón.

La estela de Crisafa [85], de finales del siglo VI, representa a un varón que sostiene un *kantharos* en su mano derecha y una granada en la izquierda; a sus pies hay un perro y en el ángulo superior derecho aparece un caballo. La granada es un símbolo de la inmortalidad tanto en Grecia como en Italia; a la representación del caballo ha de atribuirse probablemente el mismo significado que a los prótomos de caballo que aparecen en ánforas atenienses y en los relieves con el tema del banquete funerario, de los que se hablará más adelante. Indicarían que el personaje ha sido heroizado, y éste sería también el significado de la granada.

Tenemos también el fragmento superior de una estela procedente de Lamptrai, Atica (fig. 8), con la figura en relieve de un jinete que conduce dos caballos al paso [86]. A los lados aparecen, en silueta, un hombre y dos mujeres, todos de perfil y con las manos sobre la cabeza. Se fecha este fragmento entre los años 575 y 545 a. C.

También procede del Atica la mitad inferior de otra estela. Se ven en ella las piernas de un guerrero protegidas por grebas; el guerrero lleva lanza [87]. En la parte inferior de la estela se esculpió un guerrero en el momento de subir a un carro tirado por cuatro caballos que guía un auriga; es una escena frecuentemente representada en vasos áticos. Se fecha este fragmento entre los años 540-530 a. C.

En Roma fue hallada la parte inferior de una estela, que se conserva en el Museo Barraco. De la figura superior sólo quedan los pies, sin calzado, y la extremidad de la lanza. En el relieve inferior se representa un jinete de perfil que camina, como las figuras de las estelas anteriores, hacia la derecha. Se fecha esta pieza hacia el año 525 a. C. [88]

De Velanideza procede la estela de Liseas. En la parte superior se pintó de perfil la figura de un varón barbudo y vestido de *chitōn* y manto, calzado con sandalias. En la mano derecha lleva un *kantharos* y unas hojas de laurel (?) en la izquierda. Un jinete cabalga al galope en la parte inferior. Su fecha es el último tercio del siglo VI a. C. [89]

De la misma fecha que la pieza anterior es la parte inferior de una estela con la figura de un jinete desnudo que marcha hacia la derecha [90].

Se fecha hacia el 525 a. C. otra estela, obra de un artista jonio, con-

[85] L. Malten, JdI 39 (1913) 218, fig. 9.

[86] G. M. A. Richter, *The Archaic Gravestones of Attica* (Londres 1961) 18ss, fig. 68.

[87] G. M. A. Richter, *Handbook of Greek Art* (Londres 1959) 63, fig. 75; *Catalogue of Greek Sculptures in the Metropolitan Museum of Art* (Cambridge 1954) 13s, láms. XIX-XX; *Archaic Greek Art* (Nueva York 1949) 76s, fig. 126.

[88] G. M. A. Richter, *The Archaic Gravestones of Attica (op. cit.)* 45ss, fig. 154; F. Gerke, *Griechische Plastik in archaischer und klassischer Zeit* (Zurich 1938) 229s, fig. 81.

[89] G. M. A. Richter, *The Archaic Gravestones... (op. cit.)* 48, figs. 159-160.

[90] *Ibíd.*, 48s, figs. 163-164.

servada actualmente en el Museo de Antigüedades de Constantinopla [91], con figuras en ambos lados; en el que ahora nos interesa, el escultor puso dos escenas superpuestas; en la superior aparece un jinete que marcha a pie acompañado de un sirviente y un perro; en la inferior se representa una cuadriga.

Sin negar que estas escenas en que intervienen caballos pueden entenderse como alusivas a la profesión del difunto en vida (de hecho, K. Friis interpreta en este sentido la estela del Museo de Constantinopla, mientras que G. M. A. Richter entiende que el jinete de la estela de Liseas indica que el difunto poseía caballos de raza), cabe también la posibilidad, como sugiere J. Svoronos, de que estas composiciones en que intervienen caballos sean los primeros documentos en que se representan unos personajes heroizados [92]. Las razones que apoyan esta hipótesis son las siguientes:

En la estela procedente de Lamptrai, la actitud de las figuras laterales, que contemplan al jinete con las manos en la cabeza, indica claramente que el personaje principal está muerto. Esta actitud es, en efecto, la misma que adoptan hombres y mujeres en escenas de llanto alrededor de los cadáveres sobre terracotas [93] o en la pintura vascular [94], y cuenta con una larga tradición en las escenas de duelo en el Mediterráneo, pues está documentada ya en uno de los laterales del sarcófago de Ahiram de Biblos [95], del siglo XI-X a. C. En relieves funerarios de época posterior, los difuntos heroizados aparecen a caballo o acompañados de sirvientes y perros. El hecho de que en algunas estelas del mismo período y procedencia que las anteriores aparezcan esculpidos en la parte inferior seres de carácter funerario, como la gorgona [96] o el jabalí [97], en lugar de

[91] K. Friis Johansen, *The Attic Grave-Reliefs of the Classical period* (Copenhague 1951) 77, fig. 346; M. Schede, *Meisterwerke der türkischen Museen zu Konstantinopel* I (Berlín 1928) 3, lám. III.

[92] También F. Cumont, *Symbolisme funéraire (op. cit.)* 439s, y J. Aymard, *Essai sur les chasses romaines des origines à la fin du siècle des Antonins* (París 1951) 513ss, creen que las escenas de caza sobre relieves funerarios romanos poseen un sentido religioso. Sin embargo, hay que admitir que en algunas estelas de guerreros se representan verdaderos combates, al igual que en los relieves con jinetes de Villa Albani, fechados en el siglo V a. C., y en el de Doxileo, del año 394 a. C.; cf. R. Lullies, *Griechische Plastik* (Munich 1960) 65ss, figs. 179, 192. También en las estelas de Nnason y Rynchon de Tebas, fechadas entre los años 440-410 a. C.; cf. A. Rumpf, *Malerei und Zeichnung*, en *Handbuch der Archäologie* VI, IV, I (Munich 1953) 118, figs. 4 y 6, lám. 37.

[93] G. M. A. Richter, *Archaic Greek Art (op. cit.)* 8, fig. 8; *Handbook... (op. cit.)* 221, fig. 327. Tanto G. M. A. Richter como K. Friis Johansen aceptan que estos relieves representan personajes heroizados.

[94] E. Buschor, *Grab eines attischen Mädchens* (Munich 1959) 26, fig. 10; E. Pfuhl, *Malerei und Zeichnung der Griechen* (Munich 1923) 549, 551, figs. 539, 553; M. Robertson, *loc. cit.*, 147; A. Rumpf, *loc. cit.*, lám. 8, fig. 5; P. Arias, M. Hirmer, *loc. cit.*, 70, figs. 128-129.

[95] H. Bossert, *Altsyrien* (Tubinga 1951) 30, fig. 440.

[96] G. M. A. Richter, *The Archaic Gravestones... (op. cit.)* 22, figs. 83-84. Se fecha hacia el año 560 a. C.

[97] K. Friis Johansen, *loc. cit.*, 76, fig. 33. Fechada en la última década del siglo VI a. C. y procedente de Samos.

jinetes o carros, indicaría que a estas escenas puede atribuirse un significado específicamente funerario.

Se conoce también un numeroso grupo de ánforas áticas de figuras negras fechadas hacia mediados del siglo VI a. C., de las que J. D. Beazley [98] cataloga 45 ejemplares, aparte de algunos fragmentos [99], en las que el ceramista pintó a un lado un prótomo equino y al otro un busto de mujer, de guerrero o su casco. L. Malten [100] ve en estos prótomos una clara alusión al carácter infernal del caballo en Grecia: tendríamos en estas representaciones «la cabeza del caballo como imagen del muerto en calidad de caballo». Son probablemente estas ánforas las que han movido a S. Ferri [101], aceptando la tesis de L. Malten, a escribir frases como ésta: «En determinados ambientes los difuntos son considerados *hippoi*, y cada muerto un *hippos*, que se convierte en un numen capaz de provocar nuevas muertes», así como la referencia al muerto *in veste equina*.

Algunas de estas ánforas con figuras de prótomos de caballos contenían huesos y cenizas en el momento de ser descubiertas. Es probable que las representaciones que ostentan signifiquen que la persona cuyo retrato aparece en el lado opuesto ha sido heroizada, es decir, que está muerta. En este sentido es de capital importancia, para conocer el verdadero carácter de estos prótomos, la urna de Demetriade, conservada hoy en el Museo de Volo [102], en que aparecen prótomos de caballos sobre serpientes, con una inscripción que dice: «A los héroes y heroínas fundadores». Esta inscripción y la presencia de la culebra, cuya significación en relieves funerarios es segura, prueba que el prótomo de caballo o el animal entero en relieves funerarios señalan simplemente que las personas están heroizadas.

III. EPOCA CLASICA

Los relieves funerarios de este período en que aparecen caballos responden a varios prototipos: escenas de despedida, de veneración, de banquete funerario y otros temas.

En las estelas atenienses de este período aparecen esculpidos *lekythoi* con escenas de despedida (figs. 9 y 10). La temática responde casi siempre a un esquema muy uniforme. En uno de estos *lekythoi* se ve un viejo con barba, envuelto en un manto y sentado; delante aparece un guerrero en pie y detrás un caballo guiado por un joven [103].

Sobre un segundo *lekythos*, la escena se complica con la presencia de un mayor número de personajes representados en actitudes más movi-

[98] *Attic Black-Figure Vase-Painters* (Oxford 1956) 15ss; P. Arias, M. Hirmer, *loc. cit.*, 35, fig. 38; E. B. Busenbery, «Archaeology» 17 (1964) 192, figs. 12-13.

[99] Añádase otro ejemplar; cf. *Kunstwerke der Antike*: «Auktion» 18 (1958) 26, fig. 81.

[100] JdI 39 (1913) 299s.

[101] «Ann. Sc. Norm. Pisa» 2 (1933) *passim*.

[102] S. Ferri, *loc. cit.*, 157, fig. 17.

[103] A. Conze, *Die attischen Grabreliefs* (Berlín 1900) 159, fig. 745.

das [104], pues intervienen cinco personas y un caballo; un joven de pie que ofrece la mano a un segundo; un jinete detrás de ellos, con el caballo en actitud de galopar; encima de la grupa del caballo, en distinto plano, aparece una mujer sentada y de perfil; sobre sus hombros se apoya una joven. Las personas que se despiden suelen aparecer en pie, no sentadas. En el *lekythos* de Polimedes [105], el guerrero está delante del caballo, al que sujeta un joven desnudo. Esta escena es una de las más sencillas.

Una de las piezas más bellas es la estela de Panaitios, fechada a comienzos del siglo IV a. C. [106]. Sobre ella se esculpió un *lekythos* con un efebo desnudo que juega con un aro, semejante al que aparece pintado sobre una crátera ateniense de comienzos del siglo V a. C. [107], y un ánfora sobre la que se ve un guerrero (Panaitios) que viste *chitōn* y *petasos,* y lleva dos espadas; detrás aparece su caballo y delante un viejo envuelto en manto, que tiende la mano al guerrero, seguido de un muchacho. Todas las figuras están colocadas de perfil, como es frecuente en estas escenas. Sobre el *lekythos* de Hegemón [108] la escena es muy semejante en cuanto a las figuras centrales, aunque éstas presentan algunas variantes en la indumentaria. Parecida composición, con las figuras colocadas de diferente modo, sirve de tema a una estela rectangular [109] en que se representa al difunto dando la mano a su esposa, en presencia del caballo, el sirviente y dos perros. En el *lekythos* de Feidestratos [110] hay varias personas que contemplan la despedida. El difunto tiende la mano a su madre; detrás de ella y en actitud triste aparece el padre. Un joven situado detrás de Feidestratos le toca el hombro con un gesto que parece indicarle que todo está dispuesto para la partida. Detrás se halla el caballo. En la estela de Aristocles [111] se representa ya la marcha; el jinete va de camino, seguido de un sirviente a pie.

Todas estas escenas en que aparece un caballo representan el momento en que el difunto se despide de sus seres queridos. En los relieves en que aparecen perros, la presencia de estos animales indicaría que el escultor representó la caza con carácter funerario, tema al que F. Cumont atribuye esta significación desde muy antiguo, que probablemente es también la que deba asignarse a las escenas de la caza del león y el jabalí que aparecen en un sarcófago de la necrópolis real de Sidón, fechado a comienzos del siglo IV a. C. [112], a las del llamado sarcófago de Alejandro, procedente de la misma necrópolis y fechado entre los años 360 y 320 a. C. [113], a las

[104] *Ibíd.*, 231s, fig. 1073.
[105] *Ibíd.*, 218, fig. 1024.
[106] *Ibíd.*, 228, fig. 1062.
[107] M. Robertson, *loc. cit.*, 98; P. Arias, M. Hirmer, *loc. cit.*, 79s, figs. 155, 157.
[108] A. Conze, *loc. cit.*, 230, fig. 1065.
[109] *Ibíd.*, 240, fig. 1111.
[110] *Ibíd.*, 243s, fig. 1127. En Moscú se conserva una bella estela con escena de despedida; cf. H. Diepolder, *Die attischen Grabreliefs des 5 und 4 Jahrhunderts v. Chr.* (Berlín 1931) 37s, lám. 32.
[111] A. Conze, *loc. cit.*, 256, fig. 1161; J. Svoronos, *Das Athener National Museum* (Atenas 1908) 330s, lám. 52.
[112] R. Lullies, *loc. cit.*, 70s, figs. 193, 197.
[113] G. Lippold, en *Handbuch der Archäologie* V, 1 (Munich 1960).

de dos relieves funerarios, en uno de los cuales el jinete se enfrenta a un jabalí, en actitud parecida a la que se observa en un sarcófago del Museo de Siracusa [114], de época imperial romana [115], y en el segundo con un león [116], y finalmente a las del sarcófago de Chipre, fechado alrededor del año 500 a. C. [117]. Sin embargo, teniendo en cuenta que las figuras del niño y el perro aparecen en estelas que no representan escenas de caza, como las procedentes de Egina, fechada hacia el año 420 a. C. [118], y de Ilissos [119], datada en la segunda mitad del siglo IV a. C., cabría la posibilidad de que las citadas escenas no representen necesariamente la partida a una cacería. El principal problema que plantean estas escenas para el tema de este trabajo es el mismo con que nos encontraremos al estudiar otros relieves, y que consiste en saber si en Grecia, al igual que en Etruria [120] y Paestum [121], existía la creencia en que el caballo es un animal psicopompo. Trataremos de resolver este problema una vez que hayamos examinado el material que puede darnos alguna luz al respecto. Adelantaremos la opinión de que en estas escenas de despedida, con el caballo preparado para la marcha, se representó probablemente, bajo la forma de la partida para un viaje, la idea de la marcha a la otra vida, sin que hayamos de atribuir una significación especial a la figura del caballo, pues en otros muchos relieves funerarios el caballo no está presente en la despedida [122].

Las pinturas de los *lekythoi* áticos del siglo V a. C., fabricados expresamente para ser depositados en las tumbas, presentan diversos temas de carácter funerario: ofrendas a las tumbas [123], en pintura fechada entre los años 450-444 a. C.; Caronte con su barca transportando a los muertos [124], fechada hacia el año 430 a. C.; Thanatos e Hipnos depositando al guerrero muerto en el sepulcro, fechado hacia los años 450-440 a. C. [125]; jóvenes ante las tumbas [126], del tercer cuarto del siglo V a. C.; despedida del guerrero [127], datado hacia el año 430 a. C.; duelo de una joven ante el cadáver de su prometido, de la misma fecha [128]; varón o mujer sentados ante sus

[114] F. Benoit, *loc. cit.*, 58, lám. XXI, fig. 1.

[115] J. Aymard, *loc. cit.*, 513ss.

[116] J. Svoronos, *loc. cit.*, 660, lám. CLXXXIV.

[117] G. Richter, *Animals in Greek Sculpture* (Oxford 1930) 21, fig. 89.

[118] R. Lullies, *loc. cit.*, 66, fig. 182.

[119] *Ibíd.*, 79s, fig. 226; A. Conze, *loc. cit.*, 221, fig. 1033.

[120] J. M. Blázquez, «Ampurias» 19-20 (1957-1958) 67s.

[121] FA 12 (1959) n.º 1959, lám. XXII, fig. 71.

[122] A. Conze, *loc. cit.*, 1002, 1006, 1061a, 1074, 1088, 1112, láms. CXCVI, CXCIX, CCXX, CCXXIII, CCXXIV, CCXXVI, CCXXXII.

[123] W. Schmalenbach, *Griechische Vasenbilder* (Basilea 1948) 37, fig. 138; E. Pfuhl, *loc. cit.*, 549s, figs. 532, 541, 544, 547, 549. Para todos estos temas, cf. A. Fairbanks, *Athenian Lekythoi* I-II (Nueva York 1907-1914) *passim.*

[124] W. Schmalenbach, *loc. cit.*, 37, fig. 141; E. Pfuhl, *loc. cit.*, 138, 549s, figs. 542, 551; E. Buschor, *Von griechischer Kunst* (Munich 1956) 138, fig. 44.

[125] M. Robertson, *loc. cit.*, 150s; E. Buschor, *Von griechischer Kunst (op. cit.)* 139, fig. 45; P. Arias, M. Hirmer, *loc. cit.*, 89, fig. 184.

[126] M. Robertson, *loc. cit.*, 143.

[127] *Ibíd.*, 144s; P. Arias, M. Hirmer, *loc. cit.*, 90, figs. 186-187.

[128] M. Robertson, *loc. cit.*, 147; E. Pfuhl, *loc. cit.*, 549, fig. 553.

tumbas, de finales del siglo v a. C.[129]; señora con su doncella, fechado hacia el año 440 a. C. [130], etc. Las pinturas de estos *lekythoi* con figuras de caballos son más bien escasas. En alguna de ellas, como la del *lekythos* conservado en el Museo del Louvre, fechado a finales del siglo v a. C., en que aparece un jinete junto a una tumba, la actitud de éste, que es la que frecuentemente tiene el muerto en estos vasos [131], parece indicar que el ceramista pintó un tema propio de los relieves funerarios, un jinete difunto [132]. En ocasiones aparecen pintados jinetes en actitud de combate [133].

Un relieve de extraordinaria importancia para el tema de este trabajo es el conservado en el Museo de Berlín, que se fecha hacia el año 400 a. C. Procede de Cumas y fue labrado probablemente en algún taller de la Magna Grecia. Ha sido bien descrito por G. Blümel [134]; R. Herbig [135] hace ya bastantes años y recientemente Charles Picard [136] llamaron la atención sobre su importancia. Representa a un jinete que viste *chitōn* y manto y cubre su cabeza con un petaso; el caballo está en actitud de galopar con ambas patas delanteras en alto. Sigue al grupo una mujer que lleva *himation* y *chitōn*. Detrás de la cabeza del caballo serpentea una culebra, cuya cabeza está dentro de un recuadro; delante del jinete y en actitud de veneración *(anakalypsis)* aparecen por orden descendente de estatura seis personajes, seguramente toda su familia. De la pared cuelga un casco empenachado y un *apsis* circular. La escena está encuadrada arquitectónicamente por dos columnas a los lados y un friso de palmetas en la parte superior.

La postura de los brazos de tres miembros de la familia y de la esposa demuestra que están delante de una persona heroizada, es decir, de un muerto; la presencia de la serpiente refuerza este significado, ya que, como M. P. Nilsson escribe [137], «la culebra, que se representó muy frecuentemente en el arte geométrico, llegó después a ser un símbolo del muerto, del que se podía prescindir, si el muerto se representaba en forma humana». Todo ello indica que el grupo del jinete y el caballo de los relieves funerarios ha de interpretarse generalmente como la representación de una persona heroizada, de donde se deduce que la presencia del caballo indica que su dueño ha sido heroizado [138]. Esto mismo es lo que indica un relieve del siglo II a. C. procedente del Asklepeion de Atenas (fig. 11), en el que

[129] M. Robertson, *loc. cit.*, 152, 154.

[130] G. Nicole, *La peinture des vases grecs* (París 1926) 39, lám. LVI,6; E. Pfuhl, *loc. cit.*, 554, figs. 529-530; P. Arias, M. Hirmer, *loc. cit.*, 90, fig. 185.

[131] G. Nicole, *loc. cit.*, 39, lám. LVI,b.

[132] E. Pfuhl, *loc. cit.*, 550s, figs. 540, 550; M. Robertson, *loc. cit.*, 154ss.

[133] G. Nicole, *loc. cit.*, 39, lám. LVI,b.

[134] *Katalog der griechischen Skulpturen des fünften und vier-Jahrhunderts v. Chr.* (Berlín 1928) 76, lám. 86.

[135] *Ibíd.*

[136] BCH 455s.

[137] *Griechische Religion* I *(op. cit.)* 184ss.

[138] Al mismo prototipo, aunque con una composición mucho más sencilla, responden los dos relieves del Museo Nacional de Atenas; cf. J. Svoronos, *loc. cit.*, 359, lám. XXXIII, figs. 3 y 7; el segundo pertenece al siglo III a. C. y procede de Laurión.

aparece escrita sobre el jinete la frase *Theodōros herōs* [139]. La heroización del muerto bajo la forma de un jinete, como escribe J. Svoronos [140], apareció primero en el Atica (figs. 12 y 13) y fue particularmente frecuente durante el siglo IV a. C. en Beocia (fig. 14), norte de Grecia y Asia Menor.

Se conocen dos relieves fechados en la segunda mitad del siglo IV antes de Cristo, procedentes de Tanagra y Atenas, respectivamente, con escenas un tanto originales. En el primero aparece el héroe de pie delante del caballo, alargando un recipiente a su esposa, que vierte el contenido de un vaso en él; entre ambos personajes se halla colocado un altar rectangular. Detrás de la esposa aparecen una pareja, que hace el conocido gesto de veneración, y dos niños delante de ella. El escultor representó bellamente una ofrenda a un difunto [141]. En el relieve procedente del Atica, el jinete está en pie delante del caballo y su esposa detrás; frente al grupo aparece un varón al que la esposa entrega una palma (?) [142]. Se pueden citar otros varios relieves funerarios que obedecen a distintos prototipos, en los que la presencia del jinete indica la heroización del difunto. Así, un relieve hallado en el Pireo [143], fechado en el siglo IV a. C., en el que aparece el jinete en pie ante una serpiente enroscada en el suelo [144]; un segundo ejemplar, guardado en el Museo de Siracusa, presenta una escena con mayor número de personajes, pues el jinete aparece en el centro con una cornucopia, visto de frente y delante de su caballo; en el lado derecho se halla en pie un guerrero, y en el izquierdo un joven de perfil, que ofrece un casco [145]. La cornucopia, que también sostienen algunos difuntos en los banquetes funerarios [146], refuerza el significado de la presencia del caballo y la serpiente.

Los relieves funerarios con el tema del banquete (figs. 15-16) abundan en la segunda mitad del siglo IV a. C. y en la época helenística. La composición es muy uniforme. En la escena participa una pareja reclinada sobre una *klinē*, el varón sentado y la esposa sentada a sus pies; él suele llevar un *rhytōn* o una *phialē* en su mano derecha, mientras con la izquierda sostiene un vaso pequeño; delante de la *klinē* está colocada la mesa con los alimentos, las llamadas *pyramides* por los autores antiguos; debajo de

[139] L. Malten, JdI 39 (1913) 218, fig. 11; Svoronos, *loc. cit.*, 350s, lám. XXXIII, fig. 8.

[140] *Loc. cit.*, 351. En Tesalia han aparecido también algunos relieves que entran dentro del tema de este trabajo; cf. H. Biesantz, *Die Thessalieschen Grabreliefs* (Maguncia 1965) 12 K 17, con *Totenmahl*, 31 L 50, todos de la primera mitad del siglo IV a. C., 11 K 13, 18 K 28, del siglo V a. C.

[141] M. P. Nilsson, *Griechische Religion* I *(op. cit.)* 184ss.

[142] G. Brümel, *loc. cit.*, 77, lám. 87.

[143] J. Svoronos, *loc. cit.*, 360s, lám. XXXIII, fig. 5.

[144] M. P. Nilsson, *Griechische Religion* I *(op. cit.)* 197, escribe que la presencia de la culebra se hizo tan necesaria que, cuando el héroe es representado a caballo, aquélla aparece enroscada a un árbol, como en un relieve ateniense del siglo III a. C.; cf. J. Svoronos, *loc. cit.*, 351, lám. XXXIII, fig. 6. De este tema se hicieron muchas copias y variantes.

[145] F. Benoit, *loc. cit.*, 43, lám. III, fig. 2.

[146] W. Hausmann, *Griechische Weihreliefs* (Berlín 1960) 29, fig. 14.

la mesa o detrás de la pareja serpentea una culebra [147]. Suelen estar presentes un servidor, colocado junto a una gran crátera, y varias personas, hombres, mujeres y niños, que levantan la mano con el gesto ya registrado en otros relieves funerarios; estos personajes conducen a veces un animal, que suele ser oveja o cerdo. Con frecuencia aparece en el ángulo superior un prótomo de caballo asomado a una ventana, rara vez el animal entero. La composición está enmarcada por dos columnas a los lados y el tejado. El tema del banquete ha sido bien estudiado por K. A. Rhomaios [148] hace ya años y más recientemente por Seidl [149]. Muchos museos poseen relieves de este género, con el prótomo de caballo o el animal entero, en distintas variantes; baste citar entre los más conocidos los ejemplares de los museos de Berlín [150], Mariemont [151], Palacio Ducal de Mantua [152], Metropolitan Museum de Nueva York [153], Venecia [154] (fig. 17), Cassel [155], Ny Carlsberg [156], Atenas [157], Leiden [158], Louvre [159], Constantinopla [160], Boreley [161], etc., así como los procedentes de Cipollina [162], Keratea [163], Cycico [164], Pérgamo,

147 M. P. Nilsson, *Griechische Religion* I *(op. cit.)* 199.

148 AM 39 (1914) 189s.

149 *Das Totenmahlrelief* (Viena 1943) *passim*, con todas las réplicas. En general, cf. R. N. Thönges-Stringaris, AM 80 (1965) 1ss. Este autor está de acuerdo con Malten en que el caballo de estos relieves posee un carácter ctónico, pero no admite que personifique al alma del muerto o que haya relaciones directas entre el caballo y el difunto.

150 C. Brümel, *loc. cit.*, 69s, láms. 80-81, figs. 99-100. Proceden de Beocia y Tebas.

151 P. Lévêque, *Les antiquités du Musée de Mariemont* (Bruselas 1952) 83s, lám. 30, fig. G 49; E. Galli, «St. Etr.» 8 (1934) 146, lám. XXXVII, fig. 1.

152 E. Galli, *loc. cit.*, 151s, lám. XXXVII, fig. 2; A. Levi, *Sculpture greche e romane del Palazzo Ducale di Mantova* (Roma 1931) 35, lám. XXXVIII, fig. 1.

153 D. von Bothmer, «Bull. Metr. Mus. Art.» 16 (1957-1958) 190.

154 E. Galli, *loc. cit.*, 153, lám. XXXVIII, fig. 2; B. Forlati, *Il Museo Arqueologico del Palazzo Reale di Venezia* (Roma 1953) lám. 211. Numerosos autores, como R. Herbig, etc., entre los más recientes, han estimado que la presencia del caballo en los relieves funerarios indica que las personas están muertas. Sobre este tema, cf. S. Eitrem, RE VIII, col. 1143; N. v. Fritze, AM 21 (1896) 347; E. Pfuhl, JdI 20 (1905) 155; 22 (1907) 126; G. Loeschcke, AM 4 (1879) 44, 291s; JdI 2 (1887) 276; E. Rohde, *Psyche* (Tubinga 1925) 241; G. Weicker, *Der Seelevogel* (Leipzig 1902) 10; P. Wolters, JdI 41 (1899) 128; V. Wilamowitz, AM 29 (1904) 298.

155 M. Bieber, *Die antiken Skulpturen und Bronzen des Königlichen Museum Fridericium in Cassel* (Marburgo 1915) 370, lám. XXXIII, fig. 77.

156 F. Poulsen, *Ny Carlsberg Glyptotek* (Copenhague 1907) 178s, lám. XVII.

157 J. Svoronos, *loc. cit.*, 512, lám. LXXXI; 533s, lám. LXXXIV; también p. 5, fig. 24 con variantes; p. 563, lám. XCIV, fig. 241; p. 563, lám. XC; p. 573, lámina XCIV; R. Herbig, *loc. cit.*, 123, lám. 14, *pinax* votivo pintado.

158 L. Malten, JdI 39 (1913) 219, fig. 13, con tres cabezas de jinete al fondo; muy parecido es el precedente de Tchesme; cf. S. Reinach, *Répertoire des reliefs grecs et romains* II (París 1912) lám. 45, fig. 4.

159 S. Reinach, *loc. cit.*, lám. 292, fig. 2; lám. 293, fig. 2.

160 G. Mendel, *Catalogue des sculptures grecques, romaines et byzantines. Musées impériaux ottomans* III (Constantinopla 1914) 93ss.

161 F. Benoit, *loc. cit.*, 43, lám. III A. Procede de Asia Menor. Otro ejemplar en G. Daux, BCH 87 (1963) 694, fig. 4.

162 E. Galli, *loc. cit.*, 143ss, lám. XXXVI; L. Laurenzi, «Annuario At.» 17-18 (1955-1956) 153s, figs. 234-235.

163 G. Daux, BCH 82 (1958) 672, fig. 10.

164 S. Reinach, *loc. cit.*, lám. 292, fig. 2; se representa en él toda la parte delan-

Halicarnaso, Mitilene, Teos, Rodas, Esmirna, Samos [165], Corinto [166], etc. Se encuentran en mayor número entre los griegos de las ciudades insulares y asiáticas que entre los de la Grecia continental.

J. Svoronos, al publicar los varios relieves que guarda el museo de Atenas, propuso la tesis de que los personajes que aparecen sobre la *klinē* representan a Asklepio e Hygieia, y que el escultor colocaba el prótomo de caballo en el ángulo por *horror vacui* [167]. Esta tesis fue aceptada por F. Cumont [168] y A. Neppi Modona [169], para quienes los difuntos estaban asimilados a la pareja de dioses. Un relieve de Tarento, en que junto a la pareja de la *klinē* aparece un joven que acaba de descender del caballo, y dedicado a Esculapio Tarentino [170], parecía confirmar esta tesis, pero ha de rechazarse, ya que en varios relieves está escrita la palabra «héroe» y en otros aparecen los nombres de los difuntos [171]. E. Galli [172], por comparación con la pintura etrusca de la Tumba Golini dei Sette Camini [173], en la que el artista representó banqueteando a Eita y Phersypnai, cree que la pareja de la *klinē* está formada por estos dioses, mientras que los personajes con velo sobre la cabeza, por comparación con el relieve de una urna del museo Guarnacci de Volterra [174], representarían a los difuntos, que se presentan con ofrendas y son admitidos al banquete funerario. Esta tesis tampoco es aceptable, pues los relieves son típicamente griegos y no etruscos, además de que éstos desconocen el tema del banquete funerario con el prótomo de caballo o el animal entero. La Tumba de los Escudos de Tarquinia [175] y una de las escenas de la Tumba Golini, ambas de época helenística, son las únicas que ofrecen escenas semejantes, pero con la diferencia de que los etruscos, que creían en un viaje a caballo al Hades, no heroizan a sus muertos [176]. Aristófanes ridiculizó magníficamente las

tera del caballo. El banquete funerario de la lám. 627, fig. 1, es de fecha más reciente.

[165] El tema del banquete funerario con prótomo de caballo es frecuente en Samos; cf. R. Horn, *Hellenistische Bildwerke auf Samos* (Bonn 1971) n.os 125, 133, 137-139, 142, 145, 146, 153, 157-161, 164, 165, 167, 169; cf. bibliografía en G. Mendel, *loc. cit.*, 95.

[166] H. Robinson, S. Weinberg, «Hesperia» 29 (1960) 235, lám. 60a.

[167] Refutación en L. Malten, JdI 39 (1913) 219, fig. 1; V. Hausmann, *Kunst und Heiligtum. Untersuchungen zu den griechischen Asklepiosreliefs* (Postdam 1948) 111ss.

[168] *Coll. Warocqué*, fig. 149.

[169] «Atene e Rome» 9 (1928) 20.

[170] P. Wuilleumier, *Tarente, des origines à la conquête romaine* (París 1939) 292, lám. XI,1; P. Gardner, JHS 5 (1884) 105ss.

[171] Se citan algunos en L. Malten, *loc. cit.*, 218, fig. 2.

[172] *Loc. cit.*, 151.

[173] G. Q. Giglioli, *L'Arte Etrusca* (Milán 1935) 45, lám. CCXLV.

[174] J. M. Blázquez, «Ampurias» 19-20 (1957-1958) 60, lám. X.

[175] M. Pallottino, *La peinture étrusque (op. cit.)* 105ss; F. Poulsen, *Etruscan Tomb Paintings* (Oxford 1922) 35ss, figs. 26, 27, 31; H. Leisinger, *Malerei der Etrusker* (Stuttgart 1953) 90. Las representaciones de banquetes en el arte etrusco arcaico obedecen a diversos prototipos; cf. S. Marinis, *La tipología del banquete nell'arte etrusca arcaica* (Roma 1961); G. Körte, *I rilievi delle urne etrusche* III (Berlín 1916) 127ss.

[176] J. M. Blázquez, *loc. cit.*, 67s.

creencias de sus contemporáneos sobre la vida de ultratumba en las *Tegenistiai* [177]:

«Pues al morir no seríamos coronados
ni untados de aceite
si no hubiera que beber de inmediato al bajar.
Por eso también se les llama bienaventurados,
y todos dicen: 'El muerto es como un bienaventurado,
feliz porque no tendrá más penas'.
Les ofrecemos víctimas expiatorias como a dioses,
y al hacer las libaciones les pedimos
que aquí, a la tierra, nos eleven sus bienes».

Esta descripción coincide con las escenas representadas en los relieves y al mismo tiempo prueba que los personajes en ellas figurados son difuntos vulgares heroizados.

Lo único que indica el banquete funerario es que el difunto está heroizado; de ahí la presencia del prótomo de caballo o de la serpiente, así como la inscripción «héroe» en algunos relieves. Los citados de Tarento y Venecia, así como el procedente de Akra, muy parecido a éstos [178], en los que junto a la pareja de la *klinē* aparece un joven en pie junto al caballo o montado, y al que un muchacho ofrece un vaso, plantean nuevamente el problema de si el caballo era un animal psicopompo, pues han sido interpretados en el sentido de que representarían el momento en que el difunto, a caballo, acaba de llegar al Hades. Varios autores, entre ellos E. Galli, S. Ferri, Charles Picard, etc., aceptan esta tesis. Pero lo cierto es que ninguno de los relieves citados, a los que podríamos añadir otros muchos, requiere para su interpretación, al contrario que los relieves etruscos, la hipótesis de un viaje del difunto a caballo. La presencia del animal indica tan sólo que el muerto está heroizado [179]. No hay pruebas de que en Grecia se considerase al caballo como un animal psicopompo, como ocurría en Etruria y Paestum; ningún monumento necesita de esta hipótesis para ser interpretado ni alude a ello autor alguno. Las pinturas de los *lekythoi* representan a Caronte, con barca o sin ella [180], recibiendo a los difuntos, pero nunca conduciéndolos a caballo, como ocurre en Etruria. Los autores, al igual que los pintores de los *lekythoi*, imaginaron a los di-

[177] Ed. F. W. Hall-W. M. Geldart, *Frag.* 488.

[178] L. Bernabó Brea, *Akrai* (Catania 1956) 147, lám. XXXI, fig. 1.

[179] Ch. Picard, *Manuel d'Archéologie grecque* I (París 1935) 367, acepta la tesis propuesta por S. Ferris a propósito de la acrótera de Locri, en que aparecen dos genios marinos que sostienen a dos jinetes; según Ferris, éstos representarían a dos difuntos en camino hacia las islas de los Bienaventurados. Otros autores los interpretan como una representación de los Dióscuros; cf. A. de Francisci, RM 67 (1960) 1ss; E. Langlotz, *Die Kunst der Westgriechen in Sizilien und Unteritalien* (Munich 1963) 85, figs. 122-124.

[180] J. D. Beazley, *Attic Red-Figure Vase-Painters* (Oxford 1962) 1722s. Una pintura de un *lekythos* representa el momento en que Caronte, acompañado de Hermes, conduce al difunto por el río Aqueronte; cf. J. D. Beazley, *Greek Vases in Poland* (Oxford 1928) 66, lám. 28, fig. 1.

funtos llevados al Hades por Caronte en su barca. También Hércules se sirve de la barca de Caronte, no de un caballo, para descender al Hades, según la descripción de Aristófanes en *Las Ranas;* Eurípides [181] pone en boca de Alcestes estas palabras en presencia de la muerte:

«Veo la barca y los remos,
y esperando impaciente,
la mano en el mástil, a Caronte
que me llama: '¿Qué esperas?
¡Apresúrate, no me detengas!'
Así grita y me hace señas».

Polignoto pintó a Caronte en la Lesche de Delfos como un viejo remero que transportaba a los difuntos en su barca; entre éstos se cuentan el joven Tellis y la virgen Cleobia [182]. Luciano [183] no conoce otro procedimiento para llegar al Hades que utilizar la barca de Caronte. Hermes, que es un dios psicopompo [184], representado frecuentemente como tal en las pinturas de los *lekythoi* áticos, tampoco aparece acompañado del caballo en sus funciones, ni el caballo es animal que le esté especialmente vinculado [185], si bien en el *Himno homérico* a Deméter [186] utiliza el carro cuando, por orden de Zeus, va a reclamar a Perséfone de manos de Plutón. Cuando los ceramistas de hacia el año 400 a. C. pintan el regreso de Perséfone en presencia de Hermes, no representan ya el carro [187].

En los relieves de Tarento, Venecia y Akra es probable que el escultor sustituyera el prótomo de caballo por el grupo que en otros relieves indica la heroización, al igual que en algunos ejemplares de banquete fúnebre como el procedente de Teos, la cabeza del jinete acompaña a la del caballo, o en vez del prótomo de caballo se ha colocado un diminuto relieve con el tema del jinete ante la serpiente enroscada en un árbol, como ocurre en el relieve estudiado por Deubner [188].

El prótomo de caballo aparece también con idéntico significado en estelas de tema distinto del banquete fúnebre, como un relieve de Tarento, fechado en el siglo IV a. C., que representa a un guerrero a pie [189].

[181] *Alc.*, 252-258.
[182] Paus., X, 28, 1ss.
[183] *De luctu*, 1-10.
[184] *Od.*, XXIV, 1ss; Esquilo, *Pers.*, 629; *Coef.*, 620.
[185] J. D. Beazley, *Black-Figure (op. cit.)* 726; *Red-Figure (op. cit.)* 1022.
[186] IV, 332, 380.
[187] G. M. A. Richter, *Red-Figured Athenian Vases in the Metropolitan Museum of Art* (Londres 1936) 156ss, lám. 124; W. Kraiker, *Die Malerei der Griechen* (Stuttgart 1958) 90, fig. 48. Cuando los artistas romanos reprodujeron la escena, como en la casa del *Cliuus Scauri*, fechada en el siglo III, se imaginaron la mansión de Hades rodeada por un río sobre el que navegaban y pescaban unos erotes; cf. M. Borda, *La pittura romana* (Milán 1958) 320. Los *pinakes* locrios presentan frecuentemente el rapto de Koré por Hades en una biga; cf. H. Prückner, *Die lokrischen Tonreliefs* (Maguncia 1968) 68ss.
[188] *St. D. M. Robinson* I (San Luis 1951) 606ss.
[189] P. Wuilleumier, *loc. cit.*, 293, lám. XI,2; G. M. A. Richter, *Ancient Italy* (Londres 1955) 18, fig. 74.

Platón [190] comparaba la naturaleza del alma humana a una pareja de caballos alados a los que guiaba un auriga. L. Malten [191] se apoyó en estas palabras para afirmar que la idea mítica de los corceles del alma surgió precisamente de las creencias que imaginaban a ésta bajo la figura de un caballo, pero esta interpretación no es segura, ya que Platón habla poéticamente al referirse a los caballos del alma.

Las anteriores consideraciones nos llevan a abordar el tema de la posible vinculación entre el caballo y los dioses infernales. En este sentido bastará citar algunos testimonios.

En las tetradracmas de Cartago del siglo IV a. C. [192], época en que los cartagineses se hallaban ya fuertemente helenizados [193], se acuñó la cabeza de Perséfone en el anverso y el prótomo de caballo en el reverso; Píndaro [194] canta a Perséfone llevada por blancos caballos. En un relieve tesalio de la segunda mitad del siglo IV a. C., publicado primero por J. Millingen y recientemente por P. Kraus [195], se ve a Hécate, acompañada de Cerbero, coronando a un caballo. P. Kraus publica también un *stater* de Feras con una imagen de la diosa sobre un caballo al galope. En monedas arcaicas de Penna se ve una cuádriga y a Deméter sobre ella, al igual que en dos pinturas de vasos de figuras negras [196].

Pausanias nos ha conservado la noticia de que la primitiva imagen de Deméter Melaina en Figalia, diosa de carácter oracular, representaba a la diosa sentada y con cabeza de caballo; esta imagen fue sustituida por otra del escultor Onatas, que E. Homann-Wedeking [197] cree reconocer en una escultura con peplo y un prótomo de caballo a los pies del Palazzo Mocenigo de Venecia. Homero [198] habla ya de Hades sobre una cuádriga, mientras que en la *Argonáutica* [199] Plutón posee *kyanotrichas hippous*. Hades utilizó un carro tirado por caballos para raptar a Koré, según representan la escena los relieves votivos de Locri [200], algunas monedas de

[190] *Fedr.*, 25 y 34.

[191] JdI 39 (1913) 217.

[192] B. Head, *Historia Numorum* (Oxford 1911) 878ss, figs. 392-395; H. Mattingly, *Roman Coins* (Londres 1960) lám. XXII, fig. 4.

[193] G. Picard, *Das wiederentdeckte Karthago* (Francfort 1957) 99s.

[194] *Ol.* VI, 95.

[195] T. Kraus, *Hekate* (Heidelberg 1960) 80, lám. 2, fig. 3; H. Biesantz, *loc. cit.*, 31, L 55.

[196] J. D. Beazley, *Black-Figure (op. cit.)* 147: ánfora de Reggio, 267: hidria de Wurzburgo.

[197] RM 55 (1940) 208ss, lám. 23.

[198] *Il.*, V, 654.

[199] V. 1194.

[200] L. Malten. JdI 39 (1913) 229, figs. 21, 23; A. Minto, «Ausonia» 4 (1909) 175ss. Tanto L. Malten, *loc. cit.*, figs. 22-23, como recientemente G. M. A. Richter, *Archaic Greek Art (op. cit.)* 184, fig. 274, creen que en algunos relieves de Locri con escenas de rapto se representa a Hermes conduciendo a los difuntos hacia el Hades en un carro, y que, por tanto, el caballo sería animal psicopompo. Los modernos estudios de estas terracotas, efectuados sobre la reconstrucción de 176 tipos y 28 variantes, descartan la hipótesis de que en ellas se representen escenas de culto a los muertos. Todas las escenas se refieren a un solo ciclo figurativo de tema mítico, la leyenda de Koré-Perséfone; la mujer del *pinax* del Museo de Nueva York

Asia, el gran vaso de Ruvo, varias pinturas vasculares [201], alguna romana [202] y diversos sarcófagos romanos [203].

En cambio, la Hispania romana ha dado uno de los documentos más importantes sobre la vinculación de los caballos a Plutón. Se trata de una inscripción, cuyo conocimiento debo a la gentileza del profesor W. Grünhagen, primer director del Instituto Arqueológico de Berlín, hallada por él en las excavaciones de Munigua (Sevilla), en la que se alude a la consagración de un caballo con el establo a este dios. Es posible que se trate de una divinidad indígena enmascarada bajo el nombre del dios romano.

Estos testimonios, y otros muchos que sería posible aducir, prueban únicamente que los dioses de carácter infernal utilizaban los caballos al igual que los restantes dioses. Pero no se conocen testimonios de una vinculación específica del caballo a los dioses infernales, como ocurre en cambio con Atenea [204] o el *despotēs thērōn* [205]. P. Kraus indica que Hecate tiene poca relación con los caballos, pues tan sólo se conoce un testimonio en que la diosa aparece vinculada a ellos [206].

Se conocen dos *lekythoi,* fechados hacia el año 500 a. C., cuyas pinturas representan a los muertos en el Hades, en ninguna de las cuales aparece el caballo, si bien en el vaso del museo de Palermo [207] hay un asno. Tampoco está presente el caballo en las pinturas de los vasos suritálicos de influencia órfica, fechados en la segunda mitad del siglo IV a. C., con la escena de Perséfone y Plutón entronizados en el Hades, acompañados de una veintena de personajes diferentes [208]; esta pareja de dioses infer-

que reproduce G. M. A. Richter es la diosa, que lleva un gallo en su mano, atributo con el que aparece en otros *pinakes;* cf. P. Zancani, EAA IV, 674ss; E. Langlotz, *loc. cit.*, 73, figs. 72-74.

[201] Daremberg Saglio, *Dict. Ant.* IV, 700. Un mosaico hallado en Roma representa la misma escena con los nombres de los cuatro caballos (IG XIV, 1303). El tema aparece también en la pintura vascular etrusca; cf. J. M. Blázquez, «Ampurias» 19-20 (1958) 66, lám. XII, fig. 3. Al igual que Hades, Aqueloo empleó una cuádriga para raptar a Basile, según representa la escena un relieve votivo de Atenas fechado a finales del siglo V a. C.; cf. R. Lullies, *op cit.*, 69, fig. 188.

[202] M. Borda, *loc. cit.*, 283; R. P. Hinks, *Catalogue of the Greek, Etruscan and Roman Painting and Mosaic in the British Museum* (Londres 1933) 48, lám. XIX.

[203] G. Mansuelli, *Galleria degli Uffizi. Le sculture* I (Roma 1958) 238, fig. 257; A. García y Bellido, *Esculturas romanas de España y Portugal* (Madrid 1949) 217ss, láms. 176-184; H. Stuart Jones, *A Catalogue of Ancient Sculptures. The Sculptures of the Museo Capitolino* (Oxford 1912) 130s, lám. 25.

[204] N. Yalouris, MH 7 (1950) 19ss.

[205] J. M. Blázquez, «Zephyrus» 9 (1958) 163ss; *Atti VII Congr. Intern. Arch. Class.* II (Roma 1961) 199ss; «Zephyrus» 5 (1954) 193ss; «Ogam» 11 (1959) 369ss; H. Jucker, «Antike Kunst» 7 (1964) 3ss.

[206] Hes., *Teog.*, 439.

[207] C. H. E. Haspels, *Attic Black-Figured Lekythoi* (París 1936) 66, lám. 19, fig. 5.

[208] M. Schmidt, *Der Dareiosmaler und sein Umkreis* (Münster 1960) 58s, lám. 20. En las diferentes representaciones de la Nekeia sobre los vasos griegos tampoco aparece el caballo; cf. P. Jacobsthal, «Metropolitan Museum Studies» 5,1 (1934) 124ss. Tampoco en la pintura romana aparece el caballo; cf. M. Borda, *loc. cit.*, 306 s; V. Spinazzola, *Le arti decorative in Pompei e nel Museo Nazionale di Napoli* (Milán 1928) lám. XXXII.

nales se halla frecuentemente rodeada de sus atributos en los *pinakes* de Locri, entre los que no aparece el caballo [209], al igual que se advierte en una crátera, fechada hacia el año 440 a. C., del círculo de Polignoto [210]. Tampoco aluden al caballo las instrucciones dadas al muerto para su viaje al Hades, que se leen en las láminas de influencia órfica encontradas en algunas tumbas del sur de Italia [211], ni los textos órficos referentes al más allá [212]. Sócrates aparece hablando de las dificultades que supone el viaje al Hades [213], y de la necesidad de contar con la ayuda de los *daimones* para realizarlo, pero en ningún momento menciona al caballo. Tampoco en el mundo romano acompaña el caballo a la pareja de dioses infernales, como lo prueba la pintura de un sepulcro de Transjordania, fechada a comienzos de la época de los Severos [214].

En consecuencia, ha de rechazarse la tesis de que el caballo sea un animal psicopompo o infernal, al revés de lo que ocurre en Etruria.

IV. EPOCA HELENISTICA

En este período, y con idéntico significado, se documenta la figura del caballo o su prótomo en relieves funerarios que responden a prototipos heredados de la etapa anterior, cuyos temas son el banquete funerario en primer lugar, entre los griegos orientales [215], el jinete [216], el jinete a pie y

[209] P. Zancani, *loc. cit.*, fig. 804; A. G. Woodhead, *The Greeks in the East* (Londres 1962) 152, fig. 79.

[210] P. E. Arias, N. Alfieri, *Il Museo Arqueologico di Ferrara* (Ferrara 1955) 70ss, lám. 37.

[211] D. Comparetti, JHS 3 (1882) 111ss.

[212] O. Kern, *Orphicorum fragmenta* (Berlín 1922) 21s, 42.

[213] Plat., *Fed.*, 108c.

[214] M. Borda, *loc. cit.*, 306. En una tumba de Paestum fechada entre los años 340-320 a. C. se representa un jinete heroizado; cf. K. Papaioannou, *Arte griego* (Barcelona 1973) 155.

[215] E. Pfuhl, JdI 50 (1935) 35ss, figs. 18-20, 23-24; 20 (1905) 49s, fig. 1; 123ss, figs. 20-21; 134ss, figs. 24-27, con el catálogo de las réplicas. G. Méndez, *loc. cit.*, 191ss, 232s; W. Hausmann, *Griechische Weihreliefs (op. cit.)* 25, fig. 2. Se conoce un grupo de terracotas en que aparece una pareja sobre una *klinē* con una cabeza de caballo entre ambas figuras; la composición es, por consiguiente, muy parecida a la del citado relieve del Museo Metropolitano de Nueva York; cf. P. Gardner, *Sculptured Tombs of Hellas* (op. cit.) 101, fig. 37; J. Gréau, *Catalogue des terres cuites grecques. Collection J. Gréau* (París 1891) 55, lám. 6; C. W. Lunzingh Scheurleer, AA 37 (1922) 204, fig. 1. Aunque Wolter, «Arch. Zeit.» 40 (1882) 285, cree que representan a los difuntos, la tesis más segura es la propuesta por A. Evans, JHS 7 (1886) 19ss; opina el citado autor que estas terracotas están relacionadas con los cultos de las deidades ctónicas y con los héroes nacionales. Lo mismo opina M. P. Nilsson, «Arch. Rel. Wiss.» 11 (1909) 538ss. Según este último autor, es seguro que los representados son dioses de ultratumba (fig. 19). El caballo podría, pues, interpretarse como animal ctónico. Pero rechazamos esta tesis, ya que, como M. P. Nilsson reconoce, estas terracotas son una copia fiel de los *Totenmahlreliefs*, y la presencia del caballo en ellos no prueba que este animal esté vinculado a los dioses infernales.

[216] J. Svoronos, *loc. cit.*, 350, lám. LVIII, fig. 3. También en terracotas que han de relacionarse con los cultos locales a los héroes; cf. G. Davidson, *Corinth* XII

acompañado del perro y el servidor [217] y el jinete a pie delante de un varón [218]. Algunas de estas composiciones fueron creadas por escultores de esta época, como el relieve procedente de Luku (fig. 18), en el que el jinete aparece de pie y de frente, vistiendo clámide echada sobre la espalda y ofreciendo con la derecha un objeto a una serpiente enroscada en un árbol del que cuelgan las armas, mientras con la izquierda sujeta las riendas del caballo. A la derecha aparece un joven que presenta un casco al héroe. Detrás hay una columna con un ánfora. Este relieve se fecha en el siglo II a. C. [219] Muy original resulta el fragmento de estela rectangular del museo de Copenhague, en que aparece un negro, quizá un sirviente, delante de un prótomo de caballo, y que F. Poulsen fecha hacia el año 320 a. C. [220] Otros relieves muestran las ofrendas a los difuntos heroizados y representados a caballo [221], el prótomo de caballo incluido en diversas composiciones funerarias distintas del banquete [222] o el jinete a pie y delante de una columna en la que se enrosca una serpiente [223]. Al final del helenismo se llegará a esculpir simplemente el prótomo de caballo en la parte superior de las estelas, como puede verse en una de ellas procedente de Libia [224]. En ninguno de estos relieves hay indicio alguno de que el caballo sea un animal psicopompo.

Durante la época helenística y en algunas zonas marginales, como Tracia, el caballo interviene en el ritual funerario, en carreras de carros celebradas con ocasión del sepelio del difunto, como puede verse en las pinturas de la citada tumba de Kasanlik.

(Princeton 1952) 49s, láms. XXVII-XXVIII; O. Brooner, «Hesperia» 11 (1942) 129ss. Un relieve de Patras presenta una composición sumamente original: todos los personajes están de perfil; el difunto aparece sentado y sosteniendo una lanza con la mano derecha levantada; detrás se halla la esposa y delante hay nueve personajes, precedidos por una oveja; entre el difunto y el primer adorante aparece el prótomo de caballo enmarcado en un recuadro; cf. L. Malten, JdI 39 (1913) 219s, fig. 12.

[217] J. Svoronos, *loc. cit.*, 345s, lám. LVIII, fig. 5, del siglo II a. C. El mismo tema aparece en pinturas funerarias tolemaicas pertenecientes a los estilos II y III de Alejandría; cf. B. Brown, *Ptolemaic Paintings and Mosaics and the Alexandrian Style* (Cambridge 1957) 24s, lám. X; 26, lám. XI; 28, lám. XIX, figs. 1 y 2, fechadas a comienzos del helenismo. También en la tumba del cementerio de Mustafá Pachá, en las proximidades de Alejandría, una pintura de la misma fecha representa a tres jinetes con páteras en las manos entre dos damas, también con páteras, y con un altar en el centro; cf. B. Brown, *loc. cit.* 52s, lám. XXIX, fig. 34. Otro ejemplo en R. Lullies, *Griechische Plastik. Vasen und Kleinkunst, Leihgaben aus Privatbeseitz* (Kassel 1964) lám. 3: ático datado en torno al año 380 a. C.

[218] J. Svoronos, *loc. cit.*, 60, lám. LXV, fig. 4, siglo III a. C.

[219] *Ibíd.*, 452, lám. LXXXV, fig. 2; otros ejemplos en A. W. Lawrence, *Later Greek Sculpture* (Londres 1927) 4, lám. 58b.

[220] F. Poulsen, *loc. cit.*, 165, lám. V, fig. 229b; R. Reuterswärd, *Studien zur Polychromie der Plastik* (Estocolmo 1960) 63s., lám. VII.

[221] S. Reinach, *loc. cit.*, 416, fig. 3, de Amorgos. En realidad, la heroización sufre un proceso de degradación, como ha advertido H. J. Rose, *St. D. M. Robinson* II (San Luis 1951) 1052ss.

[222] E. Pfuhl, JdI 20 (1905) 50, fig. 2.

[223] A. Levi, *loc. cit.*, 36, lám. XXVIII b.

[224] G. Oliverio, «Quad, Arch. Libia» 4 (1961) 20s, fig. 13.

Es probable que hayamos de buscar en la Grecia del período micénico y geométrico la explicación de que la presencia del caballo sirva para indicar que la persona a que está dedicado el monumento funerario ha sido heroizada. Esta tesis difiere por completo de la sustentada por M. P. Nilsson. No cabe pensar que esta función de la figura del caballo tenga sus orígenes en la Prehistoria, pues el caballo hace su aparición en Grecia muy recientemente. Tampoco se debe a influencias de otras áreas culturales mediterráneas con las que los griegos mantuvieron estrechas relaciones comerciales o culturales, como Etruria o Paestum, pues en las creencias etruscas relativas al más allá el caballo reviste una significación completamente distinta, la de animal psicopompo e infernal. Por el contrario, la costumbre griega de heroizar a los muertos influyó durante la época helenística en los púnicos, que también heroizan a los suyos [225]. Es posible que también entre los oretanos se aceptara, igualmente por influjo griego, la creencia en la heroización de los muertos, como parece indicar un dibujo de guerrero, inédito aún, hallado en una tumba de Cástulo (Linares, Jaén), y que se fecha en la primera mitad del siglo IV a. C.

Distinto es el caso de las creencias griegas recientes, en que el caballo se convierte en un *daimōn* o una personificación de la muerte, como parece desprenderse de una frase en que Apolonio compara a la muerte con un caballo rápido [226]: «El alma es inmortal, y no es posesión tuya, sino de la providencia. Una vez que el cuerpo se ha desintegrado, como un veloz caballo de sus riendas suelto...». También en el Apocalipsis se representa la muerte como un veloz caballo [227]: «Y he ahí un caballo verdoso, y sobre él un jinete cuyo nombre era la Muerte».

La frase de Pausanias [228]: «Cada noche puedes oír caballos relinchando y hombres luchando...», que M. P. Nilsson considera demasiado tardía como para darle mayor importancia, referente a los muertos de Maratón, es posiblemente de carácter pitagórico, al igual que un fragmento de treno [229] en que se describe a los muertos dedicados en la otra vida a los mismos ejercicios hípicos en que se ocuparon antes de morir. Todo ello recuerda intensamente lo que Eneas vio en los infiernos:

> «El mismo placer que en vida les daban
> los carros y las armas
> y el cuidar de sus caballos
> sienten sepultados en la tierra» [230].

Se trata de una concepción típicamente pitagórica de la otra vida [231]. Luciano conoce la creencia de su tiempo en que los difuntos se servían

[225] A. M. Bisi, AC 17 (1965) 211ss.
[226] Fil., *Vit. Apol.*, VIII, 31.
[227] 6, 8.
[228] I, 32, 4.
[229] *Frag.* 107, Bergk.
[230] *En.*, VI, 656-658.
[231] Cf. J. G. Frazer, *Pausanias. Description of Greece* II (Londres 1898) 443s,

de caballos en el más allá, pero no durante el viaje al Hades [232]. También Plutarco habla en uno de sus mitos de los aullidos y gemidos que lanzan los animales en el infierno [233]. Pero en todos estos casos se trata de creencias recientes, cuya importancia radica en el hecho de que habrían de influir en la temática funeraria de época romana [234].

donde se citan otros casos semejantes. Entre los iberos debía de haber una creencia parecida; cf. A. Blanco, «Rev. de Guimarâes» 74 (1964) 338.

232 *De luctu*, XIV.

233 *De genio Socratis*, XXII.

234 J. M. Blázquez, «Celticum» 6 (1963) 405ss. El tema del banquete funerario con el caballo, el sirviente y la serpiente aparece en monedas tracias acuñadas bajo el gobierno de Filipo el Arabe; cf. R. Gardner, *Sculptured Tombs of Hellas (op. cit.)* 92, fig. 34.

5

EL SIMBOLISMO FUNERARIO DEL HUEVO Y LA GRANADA EN LAS ANTIGUAS RELIGIONES MEDITERRANEAS

Hace ya bastantes años publicó M. P. Nilsson un breve y excelente estudio sobre el significado del huevo en el culto de los muertos en la Antigüedad[1]; a pesar de los años transcurridos, este estudio conserva todo su interés. El trabajo de M. P. Nilsson se centra en el mundo clásico, pero incluye algunos importantes documentos etruscos. Desde su publicación han aparecido nuevos e importantes testimonios en todo el mundo mediterráneo. W. Deonna[2] volvió sobre este tema y analizó un aspecto muy concreto en relación con el huevo; al cabo de los cuarenta años transcurridos desde la publicación de este trabajo disponemos de materiales mucho más ricos. J. Bachofen, en un extenso y documentado estudio sobre el simbolismo de las tumbas de la Antigüedad[3], tuvo que hacer continuas alusiones al simbolismo del huevo en sus más variados aspectos. Este estudio es, por consiguiente, fundamental para el tema del presente trabajo. Nilsson, Deonna y Bachofen prescinden de la documentación de procedencia hispánica, que por su volumen es la más importante de Europa. Nuestro trabajo se centra principalmente en el simbolismo funerario de la granada entre los pueblos itálicos, tema que, según nuestras noticias, está aún por tratar. Como en algunas de estas representaciones aparece la granada junto con el huevo y el ramo, para abarcar el simbolismo funerario en su totalidad añadiremos el estudio del simbolismo del huevo, del ramo y la adormidera (los dos últimos en un segundo trabajo), y completaremos considerablemente la documentación aportada por Nilsson, Deonna y Bachofen, pues estos autores estudian únicamente el simbolismo funerario del huevo. A fin de mejor encuadrar el tema de nuestros trabajos en Italia, al final aludiremos al simbolismo de la granada, el huevo, el ramo y la

[1] *Das Ei im Totenkult der Alten:* «Archiv für Religionswissenschaft» 11 (1908) 530ss. Unos años antes había publicado ya Nilsson otro trabajo sobre el mismo tema, *Das Ei im Totenkult der Griechen* (Fran Filosogiska Fürenningen i Lund Sprakliga Uppsalser 2; Lund 1902).

[2] *L'oeuf, les dauphins et la naissance d'Aphrodite:* «Rev. Hist. Rel.» 35 (1922) 157ss.

[3] *Versuch über die Gräbersymbolik der Alten,* en *Gesammelte Werke* IV (Basilea 1954) *passim.*

adormidera en otras regiones del Mediterráneo con las que Italia mantenía relaciones culturales y comerciales en la Antigüedad, aduciendo una serie de fuentes literarias que esclarecen el significado de este simbolismo.

I. SUR DE ITALIA

La granada es una fruta que aparece frecuentemente en la temática funeraria de los pueblos del sur de Italia. Examinaremos la documentación más significativa ordenada por temas; los testimonios aducidos pertenecen a lucanos, campanos, samnitas y a la región de Apulia. Algunos de estos territorios, como Capua y Nola, pertenecieron en algún momento a los etruscos [4].

En una de las pinturas de la llamada Tumba del Guerrero, de Paestum, conservada hoy en el Museo Nacional de Nápoles, aparece una mesa rectangular de cuatro patas sobre la que hay colocados dos grandes jarros ovoidales, posiblemente de bronce, y una *oinochoē* entre ellos, también metálica, destinados probablemente a contener las bebidas del banquete. Debajo, sobre el travesaño inferior, hay una gruesa granada entre dos huevos [5]. Esta mesa rectangular con grandes recipientes sobre ella es gemela de las representadas en varias tumbas etruscas, como en la Tumba Golini de Orvieto, con el banquete infernal de Hades y Perséfone [6]; en una de las pinturas de la Tumba del Orco, fechada en el siglo II a. C., de Tarquinia [7]; en la Tumba de los Vasos Pintados [8], en la Tumba de las Bigas [9],

[4] M. Pallottino, *Etruscologia* (Milán 1957) 109ss.

[5] A. Maiuri, *La peinture romaine* (Ginebra 1953) 20ss; V. Spinazzola, *Le arti decorative in Pompei e nel Museo Nazionale di Napoli* (Milán 1928) lám. 85; B. Maiuri, *Museo Nazionale di Napoli* (Novara 1957) 78. En las tumbas de Paestum recientemente descubiertas se representan granadas junto a temas tan típicamente funerarios como las carreras de carros, los combates de gladiadores, el barco de la muerte y las lamentaciones ante la difunta; cf. R. Bianchi Bandinelli, *Los etruscos y la Italia anterior a Roma* (Madrid 1974) figs. 272-275. En la Tumba del Nadador de Paestum, fechada entre los años 480-470 a. C., se representa un músico recostado, sosteniendo un huevo en la mano, en una escena de banquete; cf. K. Papaioannou, *Arte griego* (Barcelona 1973) figs. 103, 105.

[6] F. Poulsen, *Etruscan Tomb Paintings* (Oxford 1942) 37s, fig. 32.

[7] *Ibíd.*, 50, fig. 36; H. Leisinger, *Malerei der Etrusker in Tarquinia* (Stuttgart 1953) fig. 94; M. Pallottino, *La peinture étrusque* (Ginebra 1952) 111ss. La estructura de la mesa es idéntica a la que presentan las mesas de la Tumba de los Escudos; cf. M. Pallottino, *op. cit.*, 105ss; H. Leisinger, *op. cit.*, figs. 89-91; F. Poulsen, *op. cit.*, figs. 26-27; la mesa del *symposium* con dos citaristas de la Tumba Golini I; cf. F. Poulsen, *op. cit.*, fig. 31; G. Q. Giglioli, *L'Arte Etrusca* (Milán 1935) 44, lám. CCXLIV, n.º 1; la mesa de la Tumba de los Vasos Pintados; cf. P. Romanelli, *Tarquinia* (Roma 1951) 81; P. Ducati, *Le pitture delle Tombe delle Leonesse e dei Vasi Dipinti*, en *Mon. pitt. ant. scop. Italia* (Roma 1937) fig. 13, láms. V-VI, n.º 32; la mesa de la Tumba de la Nave; cf. M. Moretti, *La Tomba della Nave* (Milán 1961) n.os 12, 14, 21, 25, fechada entre los años 450-440 a. C., y las representadas en relieves chiusinos del siglo VI a. C.; cf. G. Q. Giglioli, *loc. cit.*, láms. CXXXVI y CXXXVII; M. Pallottino, *Kunst und Leben der Etrusker* (Colonia 1956) 151. Este tipo de mesa aparece también en Grecia; cf. E. Pfuhl, *Malerei und Zeichnung der Griechen* (Munich 1923) n.º 176.

[8] F. Weege, *Etruskische Malerei* (La Haya 1921) lám. 68.

[9] F. Poulsen, *loc. cit.*, 22s, fig. 15.

y en la Querciola I [10], en la que aparecen unos vasos y el huevo junto con representaciones de genios de la muerte. En las restantes pinturas de la Tumba del Guerrero se representó la marcha de unos hombres armados y jinetes lucanos portando *uexilla* [11]. Se fecha esta tumba en la segunda mitad del siglo IV a. C.

En una pintura funeraria campana, procedente de Capua, aparece una dama de perfil y delante de un jinete, que lleva también al hombro un *uexillum*; en la parte superior izquierda del grupo se representa una granada [12]. En otra tumba de Paestum podía verse una escena parecida, perdida hoy [13]. En otras pinturas funerarias de Capua, el jinete lleva *uexillum* [14] o aparece sin éste [15] y sin la granada. Una segunda pintura funeraria de Capua presenta la misma composición, con la diferencia de que un joven sigue al jinete, a ambos lados de cuya cabeza se ven dos granadas con tallo y ramitos.

Entre la población lucana de Paestum aparece con especial frecuencia el tema de la granada en composiciones funerarias del siglo IV a. C. Recientemente se ha descubierto una tumba de cámara, fechada en la primera mitad del siglo IV a. C. y dada a conocer por M. Sestieri Bartarelli [16], con pinturas de extraordinario interés para el tema de este trabajo. En una de ellas se representa un combate de gladiadores cuyo carácter funerario en esta época es seguro [17]; en otra escena, con el viaje del difunto

[10] F. Messerschmidt, *Tomba Querciola I bei Tarquinia*, en *Scrit. Bartolomeo Nogara* (Ciudad del Vaticano 1937) 189ss, lám. XXXIII.

[11] B. Maiuri, *loc. cit.*, 26s; V. Spinazzola, *loc. cit.*, 83; A. Maiuri, *loc. cit.*, 16, 18ss.

[12] F. Weege, *Oskische Grabmalerei:* JdI 24 (1908) 103ss, lám. 9, n.° 2. Sobre estas tumbas, cf. G. Nicolet, *Les equites campani:* MAH 74 (1962) 463ss. Sobre la interpretación de estas pinturas trata el autor en *ibíd.*, 502s y 567.

[13] F. Weege, *ibíd.*, 103, fig. 1, n.° 5; 106, lám. 10b, n.° 10; 104s, lám. 9a, figura 3, n.° 7.

[14] F. Weege, *ibíd.*, 118, n.° 32.

[15] F. Weege, *ibíd.*, 103, lám. 8, fig. 2, n.° 6; P. Ducati, *L'Italia Antica* (Verona 1948) lám. 12.

[16] «Fasti Archaeologici» 12 (1959) n.° 2871, lám. XXII, figs. 70 y 71.

[17] G. de Santis, *Storia di Roma* IV (Florencia 1953) 341ss. Uno de los testimonios más antiguos de estos sangrientos combates es una de las pinturas de la Tumba de los Augures de Tarquinia, fechada hacia el año 530 a. C.; cf. M. Pallottino, *La peinture étrusque (op. cit.)* 37ss; R. Romanelli, *loc. cit.*, 86; G. Q. Giglioli, *loc. cit.*, 26, lám. CXX, n.° 12; G. Becatti, F. Magi, *Le pitture delle Tombe degli Auguri e Pulcinella*, en *Mon. pitt. ant. scop. Italia* (Roma 1955) láms. VII y VIII, fig. 10. En una tumba de Capua, fechada hacia el año 300 a. C., se muestra un combate de gladiadores armados de lanza y defendidos por grebas, casco y escudo oval; cf. F. Weege, *loc. cit.*, 107s, lám. 11a, n.° 14. La Península Ibérica también ha proporcionado documentos que prueban el carácter originariamente funerario de los combates de gladiadores; P. Escipión organizó en honor de su padre y de su tío, muertos en Cartagena, unos combates en que pelearon los iberos; cf. Liv., XXVIII, 21.1. En los funerales de Viriato combatieron 200 parejas de luchadores; cf. Diod., XXXIII, 22; cf. J. M. Blázquez, *Religiones primitivas de Hispania* I. *Fuentes literarias y epigráficas* (Madrid 1962) 44ss. Sobre los sacrificios humanos y su carácter en la Península Ibérica, cf. J. M. Blázquez, *Sacrificios humanos y representaciones de cabezas en la Península Ibérica:* «Latomus» 17 (1958) 27ss. En la pintura de un hipogeo de Niausta, en Macedonia, en que aparecen

al Hades, aparece al lado izquierdo hacia el centro una voluminosa granada; las restantes figuras son un joven en actitud de caminar y precediendo a un carro tirado por dos caballos sobre el que aparece representado el difunto; un *daimōn* acompaña a los viajeros [18]. En otras dos tumbas lucanas de Paestum se documenta la granada unida al tema, típicamente funerario, del combate de gladiadores. En la primera luchan dos parejas [19], mientras que en la segunda, fechada a finales del siglo IV a. C. y hoy perdida, compite una pareja en presencia de un árbitro. A ambos lados de la escena cuelgan dos granadas de un par de espirales [20]. Una tumba de Altavilla Silentina guardaba una composición, también hoy perdida, en que luchaba una pareja de gladiadores y aparecían dos granadas [21]. Gruesas granadas acompañan a otro tema de carácter típicamente funerario, como es el de las carreras de carros celebradas con ocasión del sepelio [22], en tumbas de

luchando un jinete y un infante, se representa probablemente un combate funerario; cf. B. Brown, *Ptolemaic Paintings and Mosaics and the Alexandrian Style* (Cambridge 1957) lám. XVIII, n.º 2.

[18] «Fasti Arch.» 12 (1961) lám. XXII, fig. 71, n.º 2871; P. C. Sestieri, *A new painted tomb at Paestum:* «Archaeology» 2 (1959) 35.

[19] «Fasti Arch.» 11 (1954) fig. 63, n.º 2936.

[20] F. Weege, *loc. cit.*, 118, fig. 8, n.º 33; A. van Buren, AJA 59 (1955) 304, lám. 86, fig. 11.

[21] F. Weege, *loc. cit.*, 123, n.º 42. En relieves de urnas etruscas de época helenística se documentan combates de gladiadores; cf. G. Körte, *I rilievi delle urne etrusche* III (Berlín 1916) 190ss.

[22] Estas carreras de carros celebradas con ocasión del sepelio están documentadas en todo el Mediterráneo. Aquiles preparó unas competiciones de carros en honor de su amigo Patroclo (*Il.*, XXIII, 5ss), tema que inspiró una bella composición al pintor Sofilo sobre un fragmento de *dinos* hallado en Farsalos, fechado entre los años 580-570 a. C.; cf. M. Robertson, *Griechische Malerei* (Ginebra 1959) 57s; P. Arias, M. Hirmer, *Tausend Jahre griechische Vasenkunst* (Munich 1960) 36, n.º 39, y a Kritias sobre el Vaso François, del año 575 a. C.; cf. J. D. Beazley, *The Development of Attic Black Figure* (Londres 1951) 26ss. En la cerámica del Dipylón y del período geométrico aparecen representadas con mucha frecuencia las carreras de caballos con significado funerario; cf. J. D. Davison, *Attic geometric Workshops:* «Yale Classical Studies» 17 (1961) *passim*. También en Etruria formaban parte del ritual funerario estas carreras, como lo prueban las pinturas de la Tumba de las Olimpiadas, fechada entre los años 525-520 a. C.; cf. R. Bartoccini, C. M. Lerici, M. Moretti, *La Tomba delle Olimpiadi* (Milán 1959) 51ss, figs. 13-16, 25-30, de la Tumba de las Bigas, datada hacia el año 490 a. C., y de la Tumba de las Inscripciones en Tarquinia; cf. F. Weege, *op. cit.*, 73, 97, láms. 1 y 2, de la Tumba del Colle Casuccini, de principios del siglo V a. C.; cf. G. Q. Giglioli, *loc. cit.*, lám. CCII, n.º 1, y de la Tumba del Deposito de' Dei, del segundo cuarto del siglo V a. C.; cf. L. Banti, *Die Welt der Etrusker* (Stuttgart 1960) 287, lám. 66. También se conocen cipos datados a finales del siglo VI a. C. y procedentes de Chiusi con relieves que representan carreras de carros; cf. G. Q. Giglioli, *loc. cit.*, lám. CXLVIII; E. Paribeni, *I rilievi chiusini arcaici*: «Stud. Etr.» 12 (1938) 110ss, láms. XXVIII-XXX. En las pinturas y relieves etruscos no aparecen granadas entre los carros. Las carreras de carros y los combates sangrientos están documentados en las pinturas tracias de Kasanlik, de época helenística; cf. C. Verdiani, *Archaeological Notes. Original Hellenistic Paintings in a Thracian Tomb:* AJA 49 (1945) 403ss; A. Vassiliev, *Das antike Grabmal bei Kasanlak* (Colonia-Berlín 1959) láms. 22-23, 26, 29, 30, 44. Sobre las honras fúnebres, cf. L. Malten, *Leichenspiel und Totenkult:* RM 38-39 (1923-24) 300ss.

Paestum fechadas en el siglo IV a. C.[23] Quizá sea éste mismo el tema de una pintura lucana de Paestum datada a comienzos del siglo IV a. C.[24] en la que se representan dos jinetes afrontados; el de la derecha lleva un *uexillum* y conduce dos caballos, mientras que detrás del jinete de la izquierda hay una granada. Esta composición podría representar una parada militar o el regreso victorioso de los guerreros, como recientemente ha propuesto G. Nicolet, en lugar de las pompas celebradas con ocasión del entierro de personajes importantes, como parecería indicar la presencia de la granada en todas las escenas representadas en estas tumbas con la participación de jinetes o guerreros. Lo cierto es que este tipo de honras fúnebres en que intervienen guerreros está documentado en varios pueblos de la Europa antigua. Para confirmarlo bastaría citar los funerales de Viriato[25] o la costumbre que existía entre los iberos[26]; el mismo carácter tiene probablemente la *decursio* que aparece en la base de la columna antonina.

Las tumbas lucanas de Paestum, de la misma fecha, han proporcionado otras dos pinturas en las que aparecen unas granadas incluidas en escenas de carácter funerario. En una de ellas, el artista, un griego que trabajaba en Paestum durante la época lucana según Sestieri[27], pintó una escena de duelo en que participan dos mujeres que se mesan los cabellos; en el centro de la composición aparecen dos gruesas granadas como suspendidas del techo, según se acostumbra a representarlas en estas tumbas. Escenas semejantes de duelo con las manos en la cabeza son frecuentes en la pintura vascular griega ya a partir de la pintura geométrica, así como en relieves de terracota[28], pero sin las granadas. También en Etruria se conocen estas mismas representaciones sin granadas[29].

En la segunda pintura[30] aparece una matrona sentada y de perfil, que levanta el brazo izquierdo y sostiene en la mano un fruto redondo, quizá una granada; detrás de ella, a la altura del cuello, hay una granada. Una joven ofrece un *kalathos* a la señora. Composiciones semejantes hay en Grecia, tanto en relieves funerarios (baste citar la estela de Hegeso, de finales del siglo IV a. C.[31] o la de Frasiclea, de principios

[23] «Fasti Arch.» 11 (1954) figs. 61-62, n.° 2936.

[24] V. Spinazzola, *op. cit.*, lám. 84.

[25] App., *Iber.*, 71.

[26] Liv., XXV, 17,1.

[27] «Fasti Arch.» 9 (1954) fig. 64, n.° 2936.

[28] M. Robertson, *loc. cit.*, 147; E. Pfuhl, *loc. cit.*, n.os 539, 546, 563; E. Buschoz, *Grab eines attischen Mädchens* (Munich 1939) fig. 9; A. Rumpf, HdA IV, 4 (Munich 1953) lám. 8, n.° 5; G. Richter, *A Handbook of Greek Art* (Londres 1959) 221, fig. 327; A. Fairbanks, *Athenian Lekythoi* II (Londres 1914) láms. II y XXXVIII; *Auction Sale XIV. Classical Antiquities* (Basilea 1954) 17s, lám. 14; C. Carduci, *Due cippi chiusini del'Antiquarium di Monaco di Baviera:* «St. Etr.» 3 (1929) lám. LIV.

[29] E. Paribeni, *loc. cit.*, 68s, lám. VIII, n.os 1 y 2; 99, lám. XXIII, n.° 82; 100s, lám. XXIV, n.os 84 y 86; 126s, lám. XXXII, n.os 180 y 182; V. Tarchi, *L'Arte etrusco-romana nell'Umbria e nella Sabina* (Milán 1936) lám. LX.

[30] «Fasti Arch.» 9 (1954) fig. 65, n.° 2936.

[31] R. Lullies, *Griechische Plastik* (Munich 1960) 68s, n.° 187; G. Lippold,

del siglo IV a. C.[32], a las que podríamos añadir otras[33]) como en pinturas de *lekythoi*[34]. Un tema muy semejante aparece en una pintura de Cumas, fechada a finales del siglo IV a. C., en que se representa una matrona sentada que contempla su rostro en un espejo que sostiene en alto con la mano derecha. A sus espaldas hay dos granadas, mientras comparece ante ella una joven que le presenta un *kalathos* con dos granadas encima[35]. Muy original es una pintura funeraria samnita[36] hallada en Allipe (hoy perdida), fechada en el siglo IV a. C., en la que se ve una mujer vuelta delante de un varón sentado, del que se conservan sólo restos de las piernas y de una mano, vestido con un traje rojo. La dama llevaba en su mano izquierda un gran plato rojo con frutas, a cuyo lado aparecía una granada, mientras que con la mano derecha ofrecía al varón un jarro negro. Una segunda pintura, también hoy perdida, de la misma fecha y procedente de la misma localidad, representaba una escena muy semejante: una mujer de pie ofrecía un plato de granadas a un varón sentado del que sólo se conservaban las piernas desde la rodilla hasta los pies[37]. La importancia de todas estas pinturas radica en el hecho de que representan tipos de gentes itálicas. Ya Bianchi Bandinelli, al describir la pintura de Cumas, comentaba con gran acierto que ésta ofrece un aspecto interesante de la Cumas itálica, patente en el tipo osco-campano de la matrona sentada, de cuerpo opulento y rasgos fisonómicos inconfundibles, ricamente vestida y enjoyada. En todas estas pinturas, como han señalado Spinazzola, Sestieri, etc., se acusan influencias griegas; en efecto, el tema funerario de la señora sentada y mirando el espejo en presencia de otra mujer se conoce en relieves áticos funerarios[38]. La escena de Cumas tiene asimismo un paralelo próximo en un *pinax* procedente de Locri[39] y en pinturas de dos cráteras campanas, una de ellas fechada hacia el año 300 a. C.[40] En una pintura de Nola, conservada en Berlín, aparece una dama sentada que sostiene una granada en la mano izquierda; debajo

HdA VI (Munich 1950) 196, lám. 72, n.° 2; G. Richter, *The Sculpture and Sculptors of the Greeks* (Londres 1957) 133, 164, fig. 429.

[32] G. Lippold, *loc. cit.*, 228, lám. 80, n.° 2.

[33] A. Gonze, *Die attischen Grabreliefs* I (Berlín 1893) láms. XXV, XXVIII, XXXI-XXXVI; C. Blümel, *Katalog der griechischen Skulpturen des fünften und vierten Jahrhunderts v. Chr.* (Berlín 1928) 53s, lám. 65 K 75; F. Poulsen, *Ny Carlsberg Glyptotek* (Copenhague 1907) láms. XV, fig. 198, XVI, fig. 230a.

[34] A. Fairbanks, *loc, cit., passim.* La señora aparece generalmente de pie.

[35] A. Maiuri, *loc. cit.*, 203; B. Maiuri, *loc. cit.*, 78s; P. Ducati, *L'Italia Antica (op. cit.)* fig. 224; G. M. A. Richter, *Ancient Italy* (Londres 1955) 22, n.° 100; A. Rumpf, *loc. cit.*, 146, lám. 48, n.° 4; G. T. Setman, CAH, lám. IV, 76b.

[36] F. Weege, *loc. cit.*, 124, n.° 43.

[37] *Ibíd.*, 124, n.° 44.

[38] A. Gonze, *loc. cit.*, láms. XLVIII, LXXVI, XC; H. Fowlee, *An Attic Grave Relief*, en *St. D. M. Robinson* I (San Luis 1951) 588s, lám. 54.

[39] Z. Zancani, EAA IV (Roma 1961) 677, fig. 806. El tema de la difunta sentada con la sirvienta delante, tal como se representa en las estelas, tiene una larga tradición en el Mediterráneo; baste citar la estela de Sam'al del siglo VIII a. C.; cf. E. Akurgal, *Die Kunst der Hethiter* (Munich 1961) fig. 131.

[40] A. Trendall, *Vasi dipinti del Vaticano* (Ciudad del Vaticano 1955) 65s, lám. XXa y d.

del sillón se ve la misma fruta [41]. En otra pintura funeraria también de Nola, hoy perdida, se veía la parte superior del cuerpo de una dama. En el ángulo superior y a la altura de la cabeza aparecía una granada [42]. Esta pintura habría de fecharse probablemente en el siglo V a. C. según Weege. Se conocen otras composiciones gemelas, una hallada también en Nola [43], fechada en el siglo IV a. C.; una segunda procedente de Capua y de la misma fecha, muy deteriorada (como las anteriores), pues de la dama sólo se conservaban la cabeza y el pecho; delante de ella había una voluminosa granada [44]. En una pintura de Capua, del siglo IV a. C., la granada aparece junto a la cabeza de un varón y a la altura de los ojos [45]. La granada se documenta también en pinturas funerarias lucanas de composición mucho más simple; así, en los frontones de dos tumbas, hoy perdidas, fechadas en el siglo IV a. C., hallada una en Albanella, y con la representación de dos palmetas en rojo y dos granadas [46]. La segunda se descubrió en Altavilla Silentina; mostraba dos granadas en el frontón [47]. Frutas, granadas y pájaros variados adornaban los muros de una tumba, hoy perdida, de Gnatia, fechada en época helenística [48].

En Apulia se han encontrado huevos depositados en las tumbas. Un recipiente con cascarones de huevos guardaba una tumba de Oria [49]. También en Rudias han aparecido huevos [50].

II. ETRURIA. CENTRO Y NORTE DE ITALIA

Procedente de los etruscos y de los pueblos itálicos se conoce abundante documentación funeraria en que aparecen la granada o el huevo. En bronces funerarios del período villanoviano hay ya representaciones de granadas [51]. Una bella urna conservada en el Museo Civico de Chiusi, fechada en el siglo IV a. C. y publicada con excelentes reproducciones por

[41] F. Weege, *loc. cit.*, 101s, lám. 7; C. T. Selman, *loc. cit.*, 76a. En las tumbas suritálicas y principalmente de Nola se depositaban frecuentemente granadas de arcilla; cf. V. Helm, *Kulturpflanzen und Haustiere* (Berlín 1911) 244. Sobre las estelas de Lilibeo, algunas con huevos y granadas, cf. A. M. Bisi, *Influenze italiote e siceliote nell'arte tardo-punica: le stele funerarie di Lilibeo:* AC 22 (1970) 92ss.

[42] F. Weege, *loc. cit.*, 102, n.º 4.

[43] *Ibíd.*, 110, núm. 20.

[44] *Ibíd.*, 111, lám. 12B, n.º 21.

[45] *Ibíd.*, 111, n.º 23.

[46] *Ibíd.*, 122, n.º 40.

[47] *Ibíd.*, 123, n.º 42.

[48] *Ibíd.*, 126s, n.º 49.

[49] M. Mayer, *Apulien* (Leipzig 1914) 196.

[50] *Ibíd.*

[51] A. de Agostino, *Statuette e statue femmenili con l'attributo della melagrana:* «St. Etr.» 10 (1936) 88, n.º 6. La difunta representada en una estela fiesolana lleva en la mano izquierda un ramo de granado; cf. H. Mühlestein, *Die Kunst der Etrusker* (Berlín 1929) fig. 213; F. Magi, *Stele e cippi fiesolani:* «St. Etr.» 6 (1932) 33s, lám. I, n.º 2, así como dos figuras femeninas de una pintura procedente de La Banditaccia, en las proximidades de Cerveteri; cf. R. P. Hinks, *Catalogue of the Greek, Etruscan and Roman Paintings and Mosaics in the British Museum* (Londres 1933) 4, lám. II, 5d; M. Pallottino, *La peinture étrusque (op. cit.)* 26; ambas piezas se fechan a mediados del siglo VI a. C., pero no es seguro que la última escena mencionada tenga carácter funerario.

L. Goldscheider [52], representa a una matrona. La mano derecha está cerrada, mientras que la izquierda sostiene una granada. La cabeza es movible, para introducir las cenizas por arriba, como ocurre con otras urnas de forma humana [53]. Esta escultura presenta un parentesco notable con un bronce arcaico de Argos, procedente de Tegea y publicado por Langlotz [54], que representa a Deméter entronizada y con idéntica postura de los brazos, sosteniendo dos granadas en las manos. Un segundo paralelo es la pintura de un plato beocio [55], en que Deméter o Perséfone aparece de perfil y también entronizada en un sillón de forma muy semejante al de la urna de Chiusi. La diosa alarga también en este caso los brazos sobre las piernas. En la mano izquierda porta una antorcha encendida, mientras que con la derecha sostiene unos ramos de granadas y espigas. A pesar de este parentesco, la escultura del Museo de Chiusi seguramente no representa a Perséfone, como sugiere Goldscheider, sino a una difunta, pues, como atinadamente ha observado A. de Agostino [56], la Perséfone etrusca no lleva como atributo la granada en las dos pinturas etruscas que con seguridad la representan, ya que en ambas aparece con la inscripción que la identifica [57]. En otros documentos sin inscripción aparece la diosa de los muertos con cetro, como ocurre en dos ánforas procedentes de Orvieto, de finales del siglo V a. C., con la escena de la llegada del difunto al Hades [58], o sin atributo alguno, como en dos urnas del Museo Guarnacci de Volterra [59] y en el *stamnos* del Museo Gregoriano Etrusco con el tema del rapto [60], datado a finales del siglo V a. C. [61] Si bien el cetro que portan Hades y Perséfone en las ánforas de la Colección Faina está coronado por una granada, no ocurre lo mismo con el centro de la

[52] *Etruscan Sculpture* (Oxford 1941) 29, láms. 26-28; G. Q. Giglioli, *loc. cit.*, lám. CCXXXIII, n.º 2. No es seguro que la granada pertenezca a la estatua, aunque es muy probable que la llevara, como otras esculturas gemelas.

[53] R. Bianchi Bandinelli, *I caratteri della scultura etrusca a Chiusi:* «Dedalo» 6 (1925) *passim.* Este tipo de urna cineraria es particularmente frecuente en Chiusi; cf. R. Bianchi Bandinelli, *Clusium:* «Mont. Ant.» 30 (1925) 332; M. Pallottino, *Etruskische Kunst* (Zurich 1955) 150s, n.ºs 92 y 94; V. Tarchi, *loc. cit.*, lám. LXVII, de Perugia.

[54] E. Langlotz, *Frühgriechische Bildhauerschule* (Nuremberg 1927) 45, lám. 24.

[55] J. E. Harrison, *Prologomena to the Study of Greek Religion* (Cambridge 1903) 274, fig. 63; S. Wille, *Eine lokale Gattung boiotischer Gefässe:* AM 26 (1901) 147ss, lám. VIII; D. Callipolitis-Feymans, *Evolution du plat corinthien:* BCH 86 (1962) 142, lám. VI. Pertenece al corintio reciente tercero y se fecha en el siglo V a. C. En Paestum ha aparecido una terracota que representa a Hera entronizada con una granada en la mano derecha; se fecha esta pieza entre los años 470-460 a. C.; cf. E. Langlotz, M. Hirmer, *Die Kunst der Westgriechen* (Munich 1963) 71, lám. 65.

[56] *Loc. cit.*, 87s. También V. Poulsen, *Etruscan Culture, Land and People* (Nueva York 1962) 374s, fig. 471.

[57] Tumba Golini; cf. G. Q. Giglioli, *loc. cit.*, lám. CCXLV; Tumba del Orco; cf. M. Pallottino, *La peinture étrusque (op. cit.)* 111; L. Banti, WE, lám. 94.

[58] J. D. Beazley, *Etruscan Vase-Painting* (Oxford 1947) 170s, n.ºs 4 y 5.

[59] G. Körte, *loc. cit.*, 1ss, lám. I.

[60] J. M. Blázquez, *Caballos en el infierno etrusco:* «Ampurias» 19-20 (1957-58) 366, lám. XII; A. Trendall, *loc. cit.*, 225ss, lám. LVIIId.

[61] Trendall, *loc. cit.*, lám. LIXc.

diosa en la Tumba Golini, en cuya extremidad superior se posa un pájaro. Tampoco en los *pinakes* de Locri, fechados hacia el año 470 a. C., cuando se presenta a Perséfone lleva la diosa como atributo la granada [62]. No es admisible la tesis propuesta por A. de Agostino de que la escultura representa a una dama heroizada, pues los etruscos, a diferencia de los griegos, no heroizan a sus muertos [63]. En Chiusi ha sido hallada una escultura cineraria gemela de la anterior; representa a un varón sentado [64] que también sostiene una granada en la mano izquierda; se fecha a finales del siglo IV o comienzos del III a. C. El Museo de Berlín conserva una tercera estatua hermana de las anteriores y procedente de Chiusi [65]; representa a una matrona entronizada entre dos esfinges y con una granada en la mano izquierda. Pertenece al mismo grupo chiusino de urnas cinerarias en forma de damas entronizadas entre esfinges; una de ellas se conserva hoy en el Museo Arqueológico de Florencia. Esta figura aparece con un niño en brazos, y se fecha poco después de mediados del siglo V a. C. [66] Un segundo paralelo carece de la figura del niño, pero en su mano izquierda, vuelta hacia arriba, muestra una fruta, probablemente una granada [67].

Los difuntos representados en las cubiertas de las urnas y sarcófagos etruscos portan frecuentemente granadas en sus manos. Baste citar los ejemplos de los museos de Berlín [68], Arqueológico de Barcelona [69], Británico [70], de Perugia [71] y los citados por Herbig [72], etc.

[62] P. Zancani, *loc. cit.*, 676, fig. 804; P. Ducati, *L'Italia Antica (op. cit.)* fig. 201; A. de Franciscis, *Ancient Locroi:* «Archaeology» 11 (1958) 208; A. G. Woodhead, *The Greeks in the West* (Londres 1962) n.º 76; E. Langlotz, M. Hirmer, *loc. cit.*, 73, láms. 72-73. En Pompeya ha aparecido un busto en terracota de una joven, fechado entre los años 470-460 a. C. a juzgar por el barro (también procedente de Locri), que lleva en su mano una flor y una granada. Probablemente no representan a Perséfone; cf. R. A. Higgins, *Catalogue of the Terracottas in the Department of Greek and Roman Antiquities, British Museum* (Londres 1954) 328, lám. 166.

[63] R. Bianchi Bandinelli, *Clusium (op. cit.)* 332s, fig. 39; E. Cabrici, *La Collezione Casuccini del Museo Nazionale di Palermo:* «St. Etr.» 21 (1928) 76, lám. XIIb.

[64] El asiento es idéntico al que aparece, en piedra, en una tumba de Cerveteri de finales del siglo II o comienzos del VI a. C.; cf. M. Pallottino, *Etruskische Kunst (op. cit.)* 137, n.º 10.

[65] A. Rumpf, *Katalog der etruskischen Skulpturen* (Berlín 1938) 25, lám. 26.

[66] M. Pallottino, *Etruskische Kunst (op. cit)* 150, n.º 92; O. W. Vacano, *Die Etrusker* (Stuttgart 1955) lám. 35; L. Banti, WE lám. 73; G. Q. Giglioli, *loc. cit.*, 42, lám. CCXXXI.

[67] G. Q. Giglioli, *loc. cit.*, 42, lám. CCXXXII, n.º 1; P. J. Riis, *An Introduction to Etruscan Art* (Copenhague 1941) lám. 41; M. A. Haufmann, *Etruskische Plastik* (Stuttgart 1956) lám. 29.

[68] A. Rumpf, *Katalog (op. cit.)* 31s, lám. 35, E 52; 32, lám. 39, E 56; 35, lámina 45, E 64.

[69] J. M. Blázquez, *La colección inédita de urnas y sarcófagos etruscos del Museo Arqueológico de Barcelona:* AEArq 35 (1962) 93ss, figs. 2 y 3.

[70] F. N. Pryce, *Catalogue of Sculpture... British Museum* I, 2. *Cypriote and Etruscan* (Londres 1931) 251s, figs. 122 y 124.

[71] V. Tarchi, *loc. cit.*, láms. LXIX-LXV.

[72] *Die jüngeretruskischen Steinsarkophage* (Berlín 1952) 11, lám. 63; 63, lámina 74d; 86, lám. 85.

Al revés de lo que ocurre en la pintura funeraria campana, lucana y samnita, la granada se representó muy escasamente en la pintura funeraria etrusca. Aparece en la Tumba de los Toros, fechada hacia el año 530 a. C., que acusa una fuerte influencia jónico-asiática [73], y en la que un rosario de granadas [74] recorre a ambos lados la banda polícroma; también aparecen dos racimos de granadas en el frontón junto a los caballos marinos [75]. Es muy probable que las granadas carezcan en esta tumba de especial significación funeraria, pues parece tratarse simplemente de un tema recibido a través de la cerámica dórica de Esparta, con valor meramente decorativo.

A. de Agostino ha estudiado las esculturas broncíneas de mujeres con granadas en las manos. Cinco se conservan en el Museo de Perugia, dos de ellas fechadas en el siglo V a. C. y otras dos en época helenística; dos hay en el Museo Arqueológico de Florencia, datadas, respectivamente, hacia mediados del siglo VI a. C., finales del V a. C. y segunda mitad del siglo IV a. C. El mismo Museo guardaba dos de las llamadas vulgarmente «Proserpinas», ambas con granadas, y que también son estatuas de pie; una procede de los alrededores de San Miniato, en la provincia de Pisa, y se fecha en época helenística, y la segunda, algo posterior, procede de San Martino y lleva la inscripción *Larthia Numthra*. A. de Agostino llega a la conclusión de que «las figurillas portadoras de una granada no serían exclusivamente representaciones de la diosa de los muertos o exvotos a ella dedicados, sino imágenes convencionales y genéricas de oferentes, que se consagraban indistintamente a cualquier divinidad». Según el mismo autor [76], en una *kylix* de fabricación etrusca, procedente de Vulci y fechada en la primera mitad del siglo IV a. C., aparece un oferente con una granada; esta pieza se atribuye al «Maestro de la copa vaticana», que tiene el mismo tema [77]. En estas pinturas aparece un dios sedente; detrás hay un joven en actitud de coronarle, y delante otro que le ofrece una granada. Probablemente se trata de un oferente. Ni Beazley ni Trendall indican al estudiar estos vasos que el personaje sentado sea Hades. Incluso el primero se inclina a creer que el dios pintado en el interior de uno de los vasos, que rapta a una mujer, es Zeus más bien que Hades, aunque también se ha pensado que se trata

[73] L. Banti, *Problemi della pittura arcaica etrusca: La tomba dei tori a Tarquinia:* «St. Etr.» 24 (1955-1956) 143ss.

[74] M. Pallottino, *La peinture étrusque (op. cit.)* 29ss; *Etruskische Kunst (op. cit.)* 137, n.° 12; W. Dräyer, M. Pallottino, *Tarquinia* (Munich 1955) n.ºs 5-7; R. Romanelli, *loc. cit.*, 88; H. Leisinger, *loc. cit.*, 19, n.ºs 12-16; F. Weege, *Etruskische Malerei (op. cit.)* 96; K. Pfister, *Die Etrusker* (Munich 1940) 56.

[75] W. Dräyer, M. Pallottino, *loc. cit.*, 8; H. Leisinger, *loc. cit.*, 18.

[76] C. Albizzati, MAH 27 (1918-1919) 114, fig. 1; A. D. Trendall, *loc. cit.*, lámina LIX,e,f.

[77] J. D. Beazley, *Etruscan Vase-Painting (op. cit.)* 55. En la *pelikē* de la Colección Faina, procedente de Orvieto y conservada también allí, inspirada en modelos áticos del siglo V a. C., aparece una joven entre dos muchachos con una granada en su mano derecha; probablemente no tiene nada que vez con el tema de nuestro trabajo; cf. J. D. Beazley, *Etruscan Vase-Painting (op. cit.)* 37, lám. V,1.

del segundo. Trendall opina que el personaje sentado puede ser un dios, y que en una de las ocasiones el objeto que presenta el joven es un huevo.

Al revés de lo que ocurre con la granada, el huevo se representa frecuentemente en la pintura funeraria etrusca. Los documentos, ordenados cronológicamente, son los siguientes:

Varón de la Tumba de las Leonas, de Tarquinia (fig. 20); se fecha hacia el año 520 a. C. Aparece tumbado en una *klinē*, con el huevo en la mano derecha y una *kylix* en la izquierda [78]. También lleva un huevo el hermafrodita colocado delante de uno de los comensales.

Tres varones del simposio de la Tumba de las Bigas, fechada hacia el año 490 a. C., con huevos en las manos [79].

Dos varones del simposio de la Tumba de los Leopardos, datada hacia el año 470 a. C. [80], igualmente con huevos en las manos (fig. 21).

Simposio de la Tumba del Triclinio, de la misma fecha [81].

Varón del simposio de la Tumba del Lecho Fúnebre, datada hacia el año 460 [82].

Varón del simposio de la Tumba de la Pulcella, de mediados del siglo V a. C. [83]

Varón de la Tumba del Biclinio, de Tarquinia y de la misma fecha [84].

Huevo sobre la mesa de la Tumba Querciola I, de Tarquinia, fechada hacia el año 450 a. C. [85]

Varón del simposio de la Tumba Golini, de las últimas décadas del siglo IV a. C. [86]

[78] M. Pallottino, *La peinture étrusque (op. cit.)* 43ss; G. Q. Giglioli, *loc. cit.*, 2, lám. CXII; F. Weege, *Etruskische Malerei (op. cit.)* lám. 8; V. Poulsen, *loc. cit.*, fig. 459; R. Bloch, *Art des Etrusques* (París 1965) 14s. En la Tumba del Frontoncino, de mediados del siglo VI a. C., un hombre levanta en alto un huevo; cf. M. Moretti, *New Monuments of Etruscan Painting* (Londres 1970) 89.

[79] S. de Marinis, *La tipologia del banchetto nell'arte etrusca arcaica* (Roma 1961) 42; en la n. 1, las diversas interpretaciones propuestas. Sobre la Tumba de las Bigas, cf. F. Poulsen, *Etruscan Tomb Paintings (op. cit.)* fig. 23; M. Pallottino, *La peinture étrusque (op. cit.)* 61ss; F. Weege, *Etruskische Gräber mit Gemälden in Corneto:* JdI 31 (1916) 116ss, figs. 4-6.

[80] F. Poulsen, *loc. cit.*, 31, fig. 24; P. Romanelli, *loc. cit.*, 11; M. Pallottino, *loc. cit.*, 67ss; *Etruskische Kunst (op. cit.)* 137, n.º 11; F. Weege, *Etruskische Malerei (op. cit.)* 18, láms. 14-15; G. Q. Giglioli, *loc. cit.*, lám. CCIII; K. Pfister, *loc. cit.*, 105; F. Weege, *Etruskische Gräber (op. cit.)* 153ss, láms. 9 y 10; V. Poulsen, *loc. cit.*, 450.

[81] M. Pallottino, *La peinture étrusque (op. cit.)* 73ss; G. Q. Giglioli, *loc. cit.*, lám. CCV, 2.

[82] F. Poulsen, *Etruscan Tomb Paintings (op. cit.)* 41s; fig. 34; F. Weege, *Etruskische Malerei (op. cit.)* láms. 24-25; M. Pallottino, *La peinture étrusque (op. cit.)* 81ss; R. Romanelli, *loc. cit.*, 64; F. Messerschmidt, *Untersuchungen zur Tomb del letto funebre bei Tarquinia:* «St. Etr.» 3 (1929) 519ss, lám. IV.

[83] G. Q. Giglioli, *loc. cit.*, lám. CCVIII, n.º 2; F. Weege, *Etruskische Malerei (op. cit.)* lám. 11; R. Romanelli, *loc. cit.*, 59.

[84] S. de Marinis, *loc. cit.*, 99, lám. IVa; el objeto podría ser también un fruto.

[85] F. Messerschmidt, *loc. cit.*, 519s. El autor fecha las pinturas de esta tumba alrededor del año 350 a. C. Recientemente S. de Marinis, *loc. cit.*, 105s, las data a mediados del siglo V a. C.

[86] F. Poulsen, *loc. cit.*, 38, fig. 31; M. Pallottino, *loc. cit.*, 97ss; G. Q. Giglioli,

Esposa de Larth Velcha, con un huevo en la mano derecha, en el simposio de la Tumba de los Escudos, datada en el siglo III a. C. Es posible que sobre las dos mesas representadas en esta tumba haya huevos [87] (figuras 22-23).

El huevo está también documentado en los relieves de algunas cistas funerarias de Chiusi fechadas en los siglos VI y V a. C. En el Museo de Berlín se conserva una de estas urnas; en el lado izquierdo aparece una pareja de comensales recostados sobre una *klinē*; el joven sostiene un huevo en la mano derecha. En el relieve central, que representa también un simposio, la mujer del centro tiene en la mano izquierda un fruto redondo [88]. Un huevo tiene en la mano izquierda la dama que aparece recostada sobre una *klinē* en un relieve del Museo del Louvre [89], lo mismo que, probablemente, uno de los comensales del simposio representado en una urna del Museo Arqueológico de Florencia [90]. Marinis [91] cita dos urnas chiusinas, una en el Museo de Siena y otra en el Museo Nacional de Palermo, en que los comensales tienen huevos en las manos. Un huevo lleva en su mano izquierda *Aulus Saluius* en la escultura que sirve de cubierta a un sarcófago de Viterbo, de época helenística [92], y un huevo aparece sobre un altar en el relieve central de una urna de época helenística en que luchan Charu y Vanth contra dos gigantes, uno de ellos angípede. No sabemos qué significado pueda tener aquí este huevo [93].

En las tumbas etruscas de Italia central y del norte se depositaron huevos frecuentemente; son especialmente numerosos en Tarquinia [94]; en

loc. cit., lám. CCXLIV, n.° 1; L. Banti, WE lám. 80. Sobre las mesas que contienen los manjares del banquete se ven granadas, huevos y racimos de uvas; cf. C. T. Seltman, *loc. cit.*, 70, lám. a-b. Como la pintura más importante representa el banquete que celebran en ultratumba las familias Lecate y Leinie en presencia de Hades y Perséfone, estos manjares son seguramente los que tomarán los difuntos; poseen un simbolismo funerario; cf. M. Pallottino, *La peinture étrusque (op. cit.)* 97ss. En una crátera ática del siglo IV a. C. se representa un simposio en el que un comensal ofrece a otro una granada; cf. P. Jacobsthal, *Göttinger Vase* (Berlín 1912) 55, fig. 77.

[87] M. Pallottino, *loc. cit.*, 105ss; F. Poulsen, *loc. cit.*, figs. 26 y 27; G. Q. Giglioli, *loc. cit.*, láms. CCCLXXXVI y CCCLXXXVII; L. Banti, WE 96.

[88] A. Rumpf, *Katalog (op. cit.)* láms. 9 y 10; 16, E 12; G. Q. Giglioli, *loc. cit.*, 27, lám. CXXXIX, n.os 1 y 3.

[89] E. Paribeni, *loc. cit.*, 107, lám. XXVI, n.° 3; G. Q. Giglioli, *loc. cit.*, 27, lámina CXXXVII, n.° 1. También en una urna del Museo de Copenhague; cf. F. Poulsen, *Das Helbig Museum der Ny Carlsberg Glyptotek* (Copenhague 1927) 99, lámina 72. Este museo, cf. *ibíd.*, 105s, lám. 84, guarda también una escultura funeraria que representa a una matrona entronizada entre esfinges y con una granada en su mano izquierda, del tipo de las mencionadas.

[90] G. Q. Giglioli, *loc. cit.*, 27, lám. CXXXVI, n.° 1; M. Pallottino, *Kunst und Leben der Etrusker*, lám. 15, n.° 1.

[91] *Loc. cit.*, 42, n.os 64 y 74.

[92] R. Herbig., *loc. cit.*, 85, lám. 68. El autor duda de si lo que sostiene el difunto en la mano es un huevo o un fruto. Probablemente se trate de lo primero.

[93] G. Körte, *loc. cit.*, 3, lám. IA.

[94] G. Dennis, *Cities and Cementeries of Etruria* I (Londres 1883) 408; M. P. Nilsson, *Das Ei im Totenkult der Alten (op. cit.)* 531; M. Torelli, *Un novo di struzzo dipinto, conservato nel Museo di Tarquinia:* «St. Etr.» 33 (1965) 329ss, con el

la Gruta de Isis de Poledrada se recogieron seis huevos de avestruz del siglo VII a. C.[95], todos ellos decorados. Cuatro son ritones y uno tiene forma de vaso. Sobre ellos aparecen representadas escenas humanas y figuras de animales. También en los túmulos de Monteroni, de la misma región, se han recogido huevos de avestruz, que han sido hallados además en una tumba de corredor de Tarquinia[96]. En algunas tumbas de Vulci se han encontrado imitaciones en terracota de huevos de avestruz, así como huevos de pájaros[97]. En Bolonia se recogieron cáscaras de huevo de algunas tumbas[98]; en diversas tumbas etruscas aparecen huevos de pato[99]. En el antiguo museo de la familia Campanara, en Toscanella, se conservaba una gran cesta de huevos encontrados todos en la misma tumba[100]. El antiguo Museo Canina de Musignano guardaba cuatro huevos de avestruz procedentes de tumbas etruscas[101]; en una tumba de tufo situada detrás del Museo Borbónico de Nápoles se halló un huevo[102], y en otra tumba de Marzabotto apareció también un huevo de avestruz[103]. Una tumba de Palestrina guardaba dos vasos en forma de huevo, decorado uno con figuras de pájaros y plantas y el otro a bandas[104]. En una tumba de Ischia se había depositado un vaso con gran cantidad de huevos[105]. En la necrópolis de Este, en el país de los vénetos, se han recogido en dos ocasiones recipientes con cáscaras de huevos que, en una con probabilidad y en la otra con seguridad, son de ganso[106]. Finalmente, en San Severino, en el Piceno, apareció la tumba de un niño, y en ella se recogió un vaso con cascarones de huevo[107].

La significación funeraria de la granada y del huevo se deduce de las escenas en que aparecen o de los elementos que acompañan su presencia: mesa funeraria, viaje al Hades, combate de gladiadores, carreras de carros, escenas de llanto..., temas todos de indudable significación funeraria, al igual que, probablemente, las pinturas en que aparecen un hombre o una mujer sentados y un tercer personaje delante de ellos. El hecho de que los difuntos representados en las urnas y sarcófagos lleven granadas o huevos o la costumbre de depositarlos en las tumbas

catálogo de todos los huevos de avestruz aparecidos en Etruria (21 lugares), Sicilia, Siracusa (siglos VIII-VII a. C.), Cartago (siglos VII-III a. C.), Guraya (siglos III-II a. C.), Motia (siglo VII a. C.) y Cagliari (siglos IV-III a. C.).

[95] G. Dennis, *loc. cit.*, 457; M. P. Nilsson, *loc. cit.*, 532; G. Q. Giglioli, *loc. cit.*, lám. XXXIII, n.os 2-4. Muy buenos dibujos en G. Perrot, C. Chipiez, *Histoire de l'art dans l'antiquité* (París 1885) 855ss, figs. 624-628.

[96] W. Helbig, «Bull. Ist.» (1885) 215, n.º 12.

[97] G. Dennis, *loc. cit.*, 457, nota; M. P. Nilsson, *loc. cit.*, 531.

[98] M. P. Nilsson, *ibíd.*, 531.

[99] G. Dennis, *loc. cit.*, 458, nota. De pato.

[100] M. P. Nilsson, *loc. cit.*, 531.

[101] J. Bachofen, *loc. cit.*, 64.

[102] *Ibíd.*, 64.

[103] M. P. Nilsson, *loc. cit.*, 531; E. Brizio, «Mon. Ant.» 1 (1889) 273, lám. XX, n.º 6.

[104] A. Pasqui, «Not. Scav.» (1897) 261s, figs. 3 y 4. También conserva dibujos o rayas un huevo procedente de Marzabotto.

[105] M. P. Nilsson, *loc. cit.*, 531; J. Bachofen, *loc. cit.*, 64.

[106] F. Messerschmidt, *Italische Gräberkunde* II (Heidelberg 1939) 50.

[107] F. Messerschmidt, *Tomba Querciola I bei Tarquinia (op. cit.)* 230.

indican que éstos poseen un significado funerario preciso. Quizá hayamos de atribuir también un simbolismo funerario al huevo que los comensales tienen en sus manos en las pinturas y relieves arcaicos. Estas escenas, como ya hace años escribió Pallottino [108], no pueden representar sino banquetes celebrados en esta vida, no en ultratumba, como cree Robinson. Marinis [109], ante las hipótesis propuestas sobre la significación de estos banquetes (evocación de las ceremonias fúnebres celebradas en honor del difunto, imagen de la vida de los bienaventurados en ultratumba, conmemoración de la vida real del difunto que continúa viviendo en la tumba), se decide por una interpretación ecléctica: estas representaciones habrían de relacionarse con los banquetes fúnebres que acostumbraban a celebrar los etruscos en honor de los difuntos el día mismo de los funerales dentro de la tumba (Tumba del Lecho Fúnebre) [110] o en sus proximidades. También los griegos celebraban banquetes de este tipo en los *trita* [111], los *ennata* [112] y en los aniversarios [113]. La escena del banquete va unida a otras de música, danza y competiciones estrechamente ligadas a las ceremonias fúnebres [114]; incluso Pallottino sugiere que la crátera con guirnaldas que ocupa el lugar central en la Tumba de las Leonas contenía las cenizas del difunto [115]. Este mismo autor admite que podía haber una intención augural y apotropaica en la pintura tarquinesa [116], mientras que Marinis [117] afirma que en esta representación no puede negarse la intención de plasmar una relación con el más allá. Todo esto nos permite sospechar que los huevos que frecuentemente sostienen los comensales en sus manos y muestran de manera bien visible a sus compañeros poseían un cierto valor simbólico [118], al igual, posiblemente, que los huevos que se servían como plato obligado en los banquetes funerarios romanos, como más adelante veremos. Esta hipótesis resulta más fácil de admitir en relación con las citadas representaciones de banquete de

[108] *Tarquinia:* «Mon. Ant.» 36 (1937) 326; S. de Marinis, *loc. cit.*, 122, excluye también esta teoría.

[109] *Loc. cit.*, 119ss.

[110] Varr. en Nonio, 486.

[111] Arist., *Lysistr.*, 612.

[112] Is., VIII, 39.

[113] Is., II, 46; Plat., *Leg.*, 4,717; Eurip., *Alcest.*, 366.

[114] M. Pallottino, *La peinture étrusque (op. cit.)*, 82. También M. Johnstone, *The Dance in Etruria* (Florencia 1956) *passim*, atribuye un carácter funerario a las representaciones de danzas en tumbas y relieves funerarios. De este tipo es la danza que aparece en la célebre pintura de Ruvo, fechada en la segunda mitad del siglo V a. C., en la que aparece un cortejo de mujeres cogidas de las manos; cf. F. Bertocchi, *Le danzatrici della Tomba di Ruvo:* «Riv. Int. Naz. Arch. Stor.» 11-12 (1963) 9ss.

[115] M. Pallottino, *La peinture étrusque (op. cit.)*, 44.

[116] M. Pallottino, *Tarquinia (op. cit.)* 327.

[117] *Loc. cit.*, 123.

[118] *Ibíd.*, 42; A. Neppi Modona, *El repertorio ornamental de los relieves etruscos arcaicos y su valor cronológico y arqueológico*, en *Corona Soc. Esp. Ant. Et. Preh.* (Madrid 1941) 195, escribe acertadamente: «Y vemos todavía invitados con huevos en la mano, quizá no como comida, sino como elementos de significación funeraria, común a muchos ritos de los pueblos antiguos...».

época helenística, pues la escena se sitúa en ultratumba [119]. Quizá la presencia del huevo responde a exigencias mágico-religiosas. El banquete de la Tumba del Lecho Fúnebre constituye un caso particular, pues se celebra junto al catafalco, donde yacía el cadáver. Este banquete representa muy probablemente una auténtica comida funeraria, lo cual no excluye, como piensa Marinis [120], una ceremonia religiosa (*lectisternium*) en honor de una pareja de dioses, como los Dióscuros, pues éstos tienen carácter funerario, tanto en el mundo griego —baste citar la estela del Louvre procedente de Larisa, en Tesalia [121]— como en el Imperio romano [122].

La granada, al igual que el huevo, no es un simple elemento decorativo, sino que entraña un simbolismo funerario preciso. Así lo han visto siempre los autores que se han ocupado del tema. Baste citar a B. Maiuri, que, al publicar la mesa funeraria de Paestum, escribe: «El significado funerario de la mesa se acentúa con la presencia, en el estante inferior, de las simbólicas ofrendas de ultratumba: la granada entre dos huevos. Nilsson [123], por su parte, se fija en la fuerza vital que, según las creencias antiguas, podría proporcionar el huevo a los difuntos.

Deonna [124] llegó a la misma conclusión: «... porque el huevo, al igual que el falo, es símbolo de la vida que contiene en germen... Emblema de la vida terrena, lo es también de la vida futura y de la resurrección que promete al difunto». Cumont [125] dice por su parte: «En cuanto al huevo, principio de vida, parece aludir de manera muy general al renacimiento de quien acaba de extinguirse para participar de una existencia nueva... Se creía que el huevo estaba henchido de una fuerza vital misteriosa, es decir, de aquel mismo don que los muertos necesitan para sustentar su incierta existencia. Al igual que en la *Nekya* homérica [126] las sombras del Erebo vienen en enjambre a beber la sangre caliente de las víctimas, que les comunicará un vigor pasajero, también se creía que el huevo les comunicaba una vitalidad fugitiva, de que carecían». Parecidas frases escriben Robinson [127] y Leslie Shear sobre el simbolismo del huevo. Para Dennis, el huevo simbolizaba originariamente la fertilidad, y de ahí pasó a convertirse en un emblema de la resurrección.

Magníficamente resume todas estas ideas la narración de Marciano Capella [128] en que el autor habla de los esfuerzos de Athanasia por infundir en Filología la naturaleza divina. Para lograr su empeño, obtiene

[119] M. Pallottino, *La peinture étrusque (op. cit.)* 105ss; L. Banti, *Die Welt der Etrusker (op. cit.)* 292, lám. 80.

[120] *Loc. cit.*, 121, n.° 1.

[121] F. Messerschmidt, «St. Etr.» 3 (1929) lám. LVIII; W. Zschietzchmann, *Hellas und Rom* (Berlín 1936) lám. 32.

[122] F. Cumont, *Recherches sur le symbolisme funéraire des romains* (París 1942) 66.

[123] *Loc. cit.*

[124] *Loc. cit.*, 160.

[125] *Loc. cit.*, 394, 396.

[126] *Od.*, K 38ss.

[127] D. Robinson, *Excavations at Olynthus* XI. *Necrolynthia* (Baltimore 1942) 192ss.

[128] II, 140-143.

de la madre Apotheosis una sustancia en forma de huevo, que da a la joven; ésta, después de beberla, se siente transformada por entero. La Filología hace entonces un sacrificio preparado con aromas, primero a Athanasia y luego a Apotheosis. El motivo es que ya se siente libre de todos los temores, incluso el de la muerte.

El huevo y la granada son, pues, símbolos de inmortalidad. Es posible que en algunos casos se depositaran huevos en las tumbas por creer que los difuntos necesitaban algún tipo de alimento para subsistir [129].

Estos símbolos de inmortalidad no son exclusivos de los etruscos y los pueblos itálicos, sino que aparecen con el mismo carácter en todo el ámbito mediterráneo y en otros pueblos. El huevo es un símbolo capital en muchas cosmogonías antiguas, como la india [130], la fenicia [131], la caldea [132], la persa [133], la gala [134] e incluso en algunas cosmogonías de la América precolombina, como la peruana [135]. El huevo es símbolo del mundo y contiene la vida de los hombres y de la naturaleza entera. De estas concepciones no es difícil pasar al ámbito de lo funerario. Baste recordar un par de documentos griegos. Un coro de Aristófanes dice [136]:

> «Al principio existían el Caos y la Noche, las densas Tinieblas y el Tártaro sombrío.
> Ni tierra ni aire ni cielo había, pero en el seno profundo de las Tinieblas
> puso un huevo concebido del huracán la Noche de alas negras.
> De este huevo, en su día, surgió Eros deleitoso, brillante, espléndido, de doradas plumas, como un viento arrebatador».

Y Clemente Romano [137] compara las cosmogonías de Hesiodo [138] y de Orfeo: «Orfeo compara el caos a un huevo, en el cual se encontraba la confusión de los primeros elementos, Hesiodo habla de este caos, al cual Orfeo llama huevo engendrado y producido de la materia infinita».

También en la cosmogonía egipcia aparece el huevo [139]. En la cos-

[129] En Etruria, durante la época arcaica, existía la creencia de que los muertos vivían en las tumbas; cf. J. M. Blázquez, *Representación de puertas en la pintura arcaica etrusca*, en este mismo volumen, pp. 159-179, donde recogemos documentos de esta creencia en Egipto, Galia e Hispania. También existía en Grecia; cf. Platón, *Fed.*, 81a.

[130] J. Bachofen, *loc. cit.*, 30, 33.

[131] *Ibíd.*, 30s.

[132] También tiene significación cosmogónica en los misterios dionisíacos; cf. M. P. Nilsson, *Das Ei im Totenkult der Alten (op. cit.)* 540; J. Bachofen, *loc. cit.*, 31 y 270.

[133] J. Bachofen, *loc. cit.*, 31, 33.

[134] *Ibíd.*, 164, 171.

[135] *Ibíd.*, 220.

[136] *Aves*, 692-697.

[137] *Homil.* V, 4, 671.

[138] *Theog.*, 116-122.

[139] K. Parlaska, *Das Trierer Mysterien Mosaik und das ägyptische Ur-Ei:* «Trierer Zeitschrift» 20 (1951) 116ss.

mogonía órfica, Nyx tenía la forma de un pájaro de alas negras [140]; fecundada por el viento, Nyx pone un huevo de plata en el seno inmenso de la oscuridad [141], del que surge un dios con alas de oro, al que se llama Eros, el dios del amor, Protógonos, el primer nacido entre los dioses, y Phanes, iluminador de todo cuanto existe embrionariamente en el huevo, en cuyo fondo se hallaba la tierra [142], a la que Eros obliga a unirse con el cielo. De esta coyuntura nacen Océano y Tethys.

De un huevo nació gran número de figuras míticas o legendarias, las divinidades sirias, *quorum progenies dii syrii* [143]; también Mitra, según la representación de su nacimiento que muestra un monumento de Britania [144], pieza única, y Phanes-Aion, cuyo nacimiento aparece figurado en un relieve de Módena [145]. De un huevo de oro depositado por Visnú en el Océano nació Brahma. La Afrodita siria, según una versión, nació de un huevo encontrado por los peces en el Eufrates y arrimado por ellos a la orilla, donde lo incubó una paloma [146]. En el mito griego, Elena, hija de Leda o de Némesis, sale de un huevo que cae del cielo [147]; esta escena aparece representada en un vaso de Gnatia y en un mosaico de Trieste [148]. Dos huevos gemelos dan origen a los Dióscuros uno y a Elena posiblemente con Clitemnestra el segundo [149]. Los dos hijos de Aktor y de Molione nacieron juntos de un huevo de plata [150]. Enorches, sobrenombre de Dioniso, salió de un huevo que dos hermanos habían concebido juntos [151]. Según Nilsson, la costumbre de depositar huevos en las tumbas denotaría alguna influencia de estos mitos cosmogónicos, algunos de los cuales conocían los etruscos, como el del huevo de Elena y el de los Dioscuros, que aparecen representados con mucha frecuencia tanto en la pintura vascular como en los espejos etruscos [152]. Las creencias órficas, en las que el huevo representa un papel muy importante tanto en la cosmogonía como en el ritual [153], tuvieron mucha fuerza en Etru-

[140] Arist., *Aves*, 695.
[141] *Orph.*, fr. 70, 21.
[142] *Orph.*, fr. 16, 112.
[143] Arn., I, 36.
[144] M. J. Vermaseren, *Corpus inscriptionum et monumentorum religionis mithriacae* (La Haya, 1956-1960) 298s, n.° 860, fig. 226; J. M. C. Toynbee, *Art in Roman Britain* (Londres 1963) 71, fig. 74, n.° 154.
[145] M. J. Vermaseren, *loc. cit.*, 253s, n.° 695, fig. 197.
[146] Arat., 242; Ampel., *Lib. men.*, II, 3, 35.
[147] Apoll., III, 10, 5; *Schol. Lykophr.* Al 89; Saf., fr. 105; Hig., *Astron.* II, 8.
[148] Daremberg, Saglio, *Dict. Ant.* IV, 1035; A. Rumph, HdA 113, lám. 36, n.° 1; R. Parlaska, *loc. cit.;* K. Schefold, *Helena im Schutz der Isis*, en *St. D. M. Robinson* (San Luis 1953) 1096ss; H. Erden, *Ausgrabungen im spätantiker Trier*, en *Neue Ausgrabungen in Deutschland* (Berlín 1958) 355ss, lám. 1, fig. 11.
[149] Hor., *Ars poet.*, 147.
[150] Ibico, frag. 34.
[151] Lykophr., 212.
[152] J. M. Blázquez, *Espejos etruscos figurados del Museo Arqueológico Nacional de Madrid:* AEArq 33 (1960) 152; J. D. Beazley, *Etruscan Vase-Painting (op. cit.)* 39ss.
[153] Los textos fundamentales se encuentran reunidos en J. Harrison, *loc. cit.*, 626ss; cf. J. Bachofen, *loc. cit.*, 20ss, 35s; A. Cook, *Zeus* (Cambridge 1925) 1033ss;

ria según Weege [154], al igual que en el resto de Italia [155]. Particularmente numerosos fueron los adeptos del orfismo y del pitagorismo en Turioi y en Petalia durante los siglos IV-III a. C. [156] Todas estas circunstancias pudieron contribuir a que se difundieran las representaciones del huevo como símbolo funerario. Etruria y el resto de Italia mantenían desde muy antiguo relaciones comerciales y culturales con los griegos [157] y con los semitas [158], pueblos en que el huevo y la granada poseían un simbolismo funerario idéntico. Los huevos de avestruz encontrados en algunas tumbas itálicas son producto del comercio con el norte de Africa, ya que los fenicios no tocaron las costas etruscas durante el período orientalizante [159]. En realidad, durante ese período se desarrolló una gran *koiné* cultural en todo el Mediterráneo, desde las costas occidentales de Asia hasta el Atlántico. El simbolismo funerario de la granada, tanto entre los pueblos del sur de Italia como entre los etruscos, se debe probablemente al influjo griego; el simbolismo del huevo, que aparece depositado en tumbas muy antiguas del Este, es seguramente itálico, pues el hue-

M. P. Nilsson, *Geschichte der griechischen Religion* I (Munich 1941) 647ss; P. Boyance, *Une Allusion a l'oeuf orphique:* MAH 52 (1935) 96ss.

[154] *Etruskische Malerei (op. cit.)* 24ss; C. C. van Essen, *Did orphic influence on etruscan tomb painting exist?* (Amsterdam 1927); E. Bulle, *Orphischpythagoreischer Glaube bei den Etrusker:* «Berlin. Phil. Woch.» (1922) 692ss; J. M. Blázquez, *La Tumba del Cardenal y la influencia órfico-pitagórica en las creencias etruscas de ultratumba,* en este mismo volumen, pp. 180-210; P. C. Sestieri, *Riflessi dell'orfismo in Etruria:* «St. Etr.» 13 (1939) 249ss.

[155] Estudio de las creencias pitagóricas y su difusión en Italia en J. Carcopino, *La basilique pythagoricienne de la Porte Majeure* (París 1944) 166ss; *De Pythagore aux Apôtres* (París 1956). Sobre el orfismo en general, cf. R. Pettazzoni, *Le religioni misteriche nel Mondo Antico* (Roma 1953) 29ss; L. Ferrero, *Storia del Pitagorismo nel Mondo Romano* (Turín 1955). Las creencias pitagóricas sobre el huevo del que nacen diversos personajes fueron llevadas al teatro, como lo prueba la pintura de un vaso suritálico que representa una escena teatral en la que uno de los cómicos se dispone a romper un gran huevo del que sale un personaje, mientras su compañero le detiene; cf. E. Pfuhl, *loc. cit.*, n.º 805. La influencia órfica se acusa en la pintura vascular suritálica, como lo demuestran dos vasos apulios con la misma escena: Plutón y Proserpina acompañados de una veintena de personajes en el Hades; cf. J. Bachofen, *Die Unsterblichkeitslehre der orphischen Theologie,* en *Gesammelte Werke* VII (Basilea 1958) 14ss; M. Schmidt, *Der Dareiosmaler und sein Umkreis* (Münster 1960) 58s. lám. 20; V. Spinazzola, *loc. cit.*, lám. 203.

[156] T. J. Dunbabin, *The Western Greek* (Oxford 1948) *passim.*

[157] Teop. en Aten., *Dipnosoph.*, XII, 4; cf. T. J. Dunbabin, *loc. cit., passim;* M. Pallottino, *Etruskische Malerei (op. cit.) passim;* E. Ciaceri, *Influssi della civiltà italiota (Magna Grecia) sull'Etruria nel secolo VI a. C.:* «Klio» 23 (1929) 477ss; A. Blake Way, *Demaratus. A Study in some Aspects on the Earliest Hellenisation of Latium and Etruria:* JRS 25 (1935) 129ss; *Prolegomena to the Study of Greek Commerce with Italy, Sicily and France in the eighth and seventh Centuries B. C.:* ABSA 32 (1935) 170ss.

[158] Arist., *Pol.*, III, 5, 10ss; cf. E. Benveniste, *Notes étrusques I. La tablette d'ivoire de Carthage:* «St. Etr.» 7 (1933) 245ss; A. García y Bellido, *Hispania Graeca* (Barcelona 1948) 208, 221ss; F. W. v. Bissing, *Karthago und seine griechischen und italischen Beziehungen:* «St. Etr.» 7 (1933) 83ss; G. Coloma, L. Bonelli, G. Garbini, M. Pallottino, *Scavi nel santuario etrusco di Pyrgi:* AC 16 (1964) 49ss; G. Colonna, *The Sanctuary at Pyrgi in Etruria:* «Archaeology» 19 (1966) 11ss.

[159] L. Paretti, *La Tomba Regolini-Galassi* (Ciudad del Vaticano 1947) 24ss.

vo lleva consigo este simbolismo por su propia naturaleza, si bien es cierto que las relaciones comerciales y culturales con cartagineses y griegos, junto con el impacto de la cosmogonía y las creencias órficas, debieron de contribuir a generalizar y reforzar este simbolismo.

III. GRECIA Y OTRAS REGIONES DEL MEDITERRANEO

También en Grecia son símbolos de la inmortalidad la granada y el huevo, y como tales aparecen frecuentemente en los monumentos funerarios. Muchos difuntos representados en las estelas sostienen granadas en sus manos. Baste citar el relieve de la estela de Crisafa [160], fechado a finales del siglo VI a. C. o los dos relieves gemelos, procedentes de la misma localidad, que representan a un matrimonio entronizado con una serpiente detrás; la esposa sostiene una granada en la mano derecha, mientras que otra mujer le ofrece el mismo fruto. Estos relieves se fechan entre los años 550 y 530 a. C. [161] De Esparta procede otro, fechado hacia el año 500 [162], en que aparecen una serpiente y un joven que sostiene un fruto, probablemente una granada. Un segundo relieve representa a un varón de pie, con granada y *kantharos*, también delante de una serpiente; se fecha en el siglo V a. C. [163] De hacia el año 500 a.C. [164] es la Tumba de las Arpías de Xanthos, en la que los difuntos tienen granadas en las manos y se representan ofrendas de huevos. También se conocen estelas áticas con los mismos temas: una fechada en el segundo cuarto del siglo VI a. C., con dos granadas junto a la cabeza del difunto [165]; otra de dos hermanos, datada entre los años 540-535 a. C., en que el varón lleva una granada en la mano izquierda [166]. Probablemente haya

[160] L. Malten, *Das Pferd im Totenglauben:* JdI 29 (1914) fig. 9; C. Blümel, *Die archaisch griechischen Skulpturen* (Berlín 1963) 22s, figs. 42-44. En la tumba de un visir de Tebas, de la XVIII Dinastía, aparece un portador de ofrendas que lleva un recipiente con frutos, entre ellos una granada; cf. W. Wolf, *Die Welt der Ägypter* (Stuttgart 1954) lám. 73.

[161] C. Blümel, *Griechische Skulpturen des VI und V Jahrhunderts v. Ch.* (Berlín 1940) 11s, láms. 22-24; G. Lippold, *loc. cit.*, 31, lám. 4, n.º 4; L. Malten, *loc. cit.*, fig. 17; W. H. Schuchhardt, *Archaische Plastik der Griechen* (Stuttgart 1957) fig. 24.

[162] C. Blümel, *loc. cit.*, 13, lám. 25.

[163] J. N. Svoronos, *Das Athener National Museum* (Atenas 1908) 361s, lám. LXVI. También la estela de Polixena de Larisa, fechada en el tercer cuarto del siglo V a. C.; cf. H. Biesantz, *Die thessalischen Grabreliefs* (Maguncia 1965) 17, lám. 8 K 27. En la p. 22, lám. 17 K 36, la discutida estela de Farsalos. Este autor reproduce otras estelas con posibles representaciones de frutos.

[164] G. Lippol, *loc. cit.*, 67, lám. 17,2 y 3; G. M. A. Richter, *loc. cit.*, 166, fig. 473; H. Möbius, *Die alte Königin. Zur Deutung des Harpyien-Monuments von Xanthos*, en *Festschrift für W. H. Schuchhardt* (Baden-Baden 1960) 159ss; E. Akurgal, *Die Kunst Anatoliens* (Berlín 1961) 134ss, fig. 87.

[165] G. M. A. Richter, *The Archaic Gravestones of Attica* (Londres 1961) 22, fig. 80, n.º 1; *Catalogue of Greek Sculpture in Metropolitan Museum of Art* (Cambridge 1954) 11ss, láms. XV-XVI.

[166] G. M. A. Richter, *Archaic Gravestones of Attica (op. cit.)* 27ss, figs. 399 y 400.

de incluirse en este grupo la estela de Aristón, fechada hacia el año 520 a. C., en que el personaje representado aprieta un fruto en la mano izquierda [167]. También el atleta Milo sostenía una granada en la mano, pero en este caso el fruto podría indicar que el personaje, que vivió hacia el año 520 a. C., era sacerdote de Hera [168]. Se conocen relieves funerarios del siglo V a. C. en que los difuntos aparecen llevando frecuentemente granadas en las manos, como se ve en el de Polixena, de Atenas, publicado recientemente por Milojcic [169]; en el de Ampelona-Falana, con dos mujeres afrontadas y de perfil: la de la izquierda ofrece una granada a su compañera; probablemente también se representa la granada en el de Doxara, estudiado recientemente por H. Biesantz [170]; en la estela de un joven labrada hacia el año 440 a. C. [171]; en el trono de Boston, fechado entre los años 480-450 a. C., en que aparecen dos granadas [172]; en la estela beocia de Amfoto, de mediados del siglo V a. C., en que la joven aprieta seguramente una granada en la mano izquierda [173]. Los personajes representados en las pinturas de los *lekythoi* áticos llevan a veces granadas en las manos [174]. En la pintura de la tumba tracia a que ya nos hemos referido, el servidor ofrece una granada (?) junto con otras frutas en una bandeja a la pareja de comensales. En la necrópolis de Olinto ha aparecido un molde de granada dentro de una tumba fechada en la segunda mitad del siglo V a. C. [175]

Los dioses de carácter infernal, como Deméter o Perséfone, tienen a veces granadas en las manos como atributos. Baste mencionar las imágenes de Deméter de Tegea y Beocia, a que ya hemos aludido, las numerosas terracotas de Perséfone que guarda el Museo Británico, procedentes de Melos, Egina, Rodas, Gela, Camarina, Halicarnaso y Cirenaica, así como las coronas de Perséfone con granadas de Atenas, Berlín, Boston, Bonn y el Museo Británico, creación beocia del siglo VI a. C. En las proximidades de Tebas había un santuario de Deméter y de su hija Perséfone, estudiado recientemente por Palmer [176].

[167] *Ibíd.*, 50, fig. 171.

[168] Filostr., *Vit. Apol.*, IV, 28.

[169] «Arch. Anz.» 35 (1960) 170, fig. 13.

[170] *Ein archaisierendes Grabrelief strengen Stils aus Krannon*, en *Festschrift für F. Matz* (Maguncia 1962) 56ss.

[171] G. M. A. Richter, *Catalogue... Metropolitan Museum of Art (op. cit.)* 50, lámina LX. Las figuritas de bronce también tienen a veces granadas en las manos; cf. G. M. A. Richter, *An archaic greek mirror:* AJA 42 (1938) 377ss, figs. 1-5.

[172] G. Lippold, *loc. cit.*, 43, lám. 42, n.º 2; 118s, lám. 42, n.º 3; G. M. A. Richter, *Catalogue... Metropolitan Museum (op. cit.)* figs. 477 y 478; E. Simon, *Die Geburt der Aphrodite* (Berlín 1959) 56ss.

[173] G. Gardner, *Sculptured Tombs of Hellas* (Londres 1896) 158, lám. XVII.

[174] A. Fairbanks, *op. cit.* I, 85, 128, 204; II, 97, 157, 163, 195. Una granada corona el frontón de la estela funeraria pintada por Demetrio y hallada en Demetrias; cf. F. Villard, *Grecia helenística* (Madrid 1971) fig. 126.

[175] D. Robinson, *loc. cit.*, 76s.

[176] *Persephone's Crown:* «Archaeology» 6 (1953) 36ss; J. Boehlau: *Bootische Vasen:* JdI 3 (1888) 341s, fig. 24; A. Ure, P. N. Ure, *Boeotian Vases in the Akademisches Kunstmuseum in Bonn*: JdI 43 (1933) col. 7-8, fig. 7. Las terracotas en L. Farnell, *The Cults of the Greek States* III (Oxford 1907) *passim;*

En el himno homérico a Deméter se leen unos versos de importancia excepcional para el tema del presente trabajo. Dice así el poeta [177]:

«... la prudente Perséfone se regocijó
y saltó de alegría. Entonces él le dio a comer
un grano de granada, dulce y sabroso, y sin dejarse ver,
echaba alrededor miradas furtivas, con intención de arrebatarla
del lado de la venerable Deméter, la de negro peplo».

Y más adelante [178]:

«Me ofreció un grano de granada, dulce y sabroso
y a mi pesar, por fuerza, me lo hizo comer».

Estos versos prueban la relación de la granada con el reino de ultratumba. Todo aquel que coma el fruto de la granada, aunque retorne a la tierra, regresará nuevamente al Hades. Ello explica satisfactoriamente la presencia de la granada en los monumentos funerarios, como indicación de que las personas que las llevan están muertas, es decir, moran en el Hades.

La estatuilla de una diosa velada con una granada en su mano derecha, hallada en el Quersoneso tracio, podría representar según Farnell [179] una Deméter *eubosia* o una Perséfone *polyboia* más bien que una simple diosa ctónica.

La misma temática hallamos en el mundo cartaginés, que a partir de la época helenística se helenizó profundamente [180] incluso en el ámbito religioso [181] y que había aceptado oficialmente los cultos de Koré y Demé-

B. Walters, *Catalogue of the Terracottas in the Department of Greek and Roman Antiquities. British Museum* (Londres 1903) 87, n.° B 86; 93, n.° B 126; 109, n.° B 212; 110, n.° B 223; 141, n.° B 408; 142, n.° B 418; 143, n.° B 427; 149, n.° B 462; 234, n.° C 474; R. H. Higgins, *loc. cit.*, 209, n.° 781, corona de Perséfone. Sobre la iconografía de Deméter en Atenas, cf. H. Metzger, *Recherches sur l'imagerie aténienne* (París 1965) 32ss. Los iniciados en los misterios eleusinos también llevaban ramos. En una pintura procedente de una tumba de Ostia, con la escena del rapto de Perséfone por Hades, aparecen dos enormes grabados a la izquierda de la composición; con estas figuras se trata de representar la misma idea que entrañan los versos del himno homérico; cf. V. Richepin, *Nouvelle mythologie illustrée* II (París 1920) 19. Otros dioses aparecen representados también con la granada como atributo: Hera (Paus., II, 17, 4), Dioniso (Paus., V, 19, 6), Afrodita en Sición (Paus., II, 10, 5; cf. E. Neumann, *The Great Mother* [Nueva York 1955] lám. 153), Atenea (P. K. Frank, M. Hirmer, *Die griechische Münze* [Munich 1964] lám. 192) y la diosa de Berlín (C. Blümel, *Die archaisch griechischen Skulpturen* [*op. cit.*] 7ss, figs. 1-8). Filostrato, *Vit. Apol.*, IV, 28, hace decir a su héroe que «entre todas las plantas, el granado es el único que conviene a Hera».

177 370ss.

178 412s.

179 *Loc. cit.*, 228. Una terracota de Selinunte fechada hacia el año 460 a. C. representa a una Deméter Malophoros; cf. E. Langlotz, M. Hirmer, *loc. cit.*, 72, lám. 68.

180 G. Ch. Picard, *Das wiederentdeckte Karthago* (Francfort 1957) 88ss.

181 G. Ch. Picard, *Les religions de l'Afrique Antique* (París 1954) 80ss.

ter, con sacerdotes griegos, como expiación por haber destruido el santuario de las diosas en Sicilia; a este hecho se atribuyó la peste que diezmó el ejército cartaginés el año 396 a. C. [182] A partir de esas fechas está abundantemente representado en el mundo cartaginés el tipo griego de Perséfone con granadas, como lo indican las terracotas púnicas halladas en Ibiza [183], la de Tharros en Cerdeña [184] y la estela de tipo helenístico procedente de Cartago fechada en el siglo III o II a. C., que dedicó Milciatón, hijo de Maharbaal, a Perséfone, representada como una dama que lleva una cesta de granadas en la mano izquierda [185]. Una tumba de niño de Camiro contenía dos terracotas de Perséfone y una cesta, también en barro, con granadas y otras frutas [186]; probablemente la cesta era una ofrenda a la diosa, a la que sus devotos solían hacer este tipo de presente, como lo prueban las granadas dedicadas a Deméter Maloforos en Selinunte [187]. La granada era también uno de los emblemas de los misterios eleusinos [188]. Los dioses infernales llevan granadas como atributo, y cuando aparecen en manos de personajes humanos, estos frutos simbolizan la muerte. En este sentido es muy significativa una estela púnica procedente de Cartago, en la que aparece un árbol cargado de granadas, fruto, por otra parte, típicamente cartaginés [189]. Pausanias [190] recoge una leyenda en que posiblemente hayamos de ver un simbolismo paralelo al de la estela de Cartago: sobre el sepulcro de Meneceo, hijo de Creonte, «había nacido un granado, cuyo fruto maduro tiene, si se rompe la corteza, aspecto de sangre. Este granado es un árbol que todavía está verde...». Un texto de Filostrato [191] es aún más significativo en relación con el valor funerario del granado.

Varios siglos después, en el III d. C., un árbol, *a symbol of paradise*, como escribe S. M. C. Toynbee [192], ocupa el fondo de la estela, en que también se representa un banquete funerario de Víctor, un *maurus* de veinte años, liberto de Numeriano, jinete del *Ala I Asturum* estacionada en Benwell *(Condercum)*, sobre el *Vallum Hadriani*. El tema del ramo o el árbol con carácter funerario es frecuente en los monumentos funerarios romanos, como se advierte en los altares funerarios de Tiberio Claudio

[182] Diod., XIV, 77; cf. A. García y Bellido, *El mundo de las colonizaciones*, en R. Menéndez Pidal (ed.), *Historia de España* I,2 (Madrid 1952) 476s; D. Harden, *Los fenicios* (Barcelona 1967) 104.

[183] A. García y Bellido, *loc. cit.*, 476, fig. 319.

[184] H. B. Walters, *loc. cit.*, 137, n.° B 390.

[185] D. Harden, *loc. cit.*, 104, lám. 44.

[186] H. B. Walters, *loc. cit.*, 129, n.° 313; P. Jacobsthal, *Greek Pins* (Oxford 1956) 185, fig. 607; R. A. Higgins, *loc. cit.*, 97, n.° 280.

[187] P. Jacobsthal, *loc. cit.*, 185. El autor estudia todo lo referente a los prototipos, vasos, pendientes y adornos en forma de granada.

[188] G. Mylonas, *Eleusis* (Princeton 1961) 158s.

[189] Plin., NH XIII, 112; Colum., XII, 41, 1; cf. P. Jacobsthal, *loc. cit.*, 186, fig. 614. Quizá haya de atribuirse también un sentido funerario al *pinax* locrio que representa a dos jóvenes junto a un granado, fechado entre los años 460-450 a. C.; cf. E. Langlotz, M. Hirmer, *loc. cit.*, 73, lám. 71.

[190] IX, 25,1.

[191] *Imag.*, II, 29.

[192] *Loc. cit.*, 159, fig. 89.

Fortunato (mediados del siglo I d. C.)[193]; de Cayo Telegenno Optato (año 100 d. C.)[194]; de C. Turpilo Parthenopeo (mediados del siglo I d. C.), en que el sentido funerario del árbol se refuerza por llevar enroscada al pie del mismo una serpiente[195]. Todos estos monumentos se conservan en la *Galleria degli Uffizi* de Florencia. Añádanse los de Tito Flavio Fileto, de época flavia[196]; de C. Julio Félix Demetriano, de época claudia[197], y las urnas funerarias de C. Calpurnio Vibiano, fechada en la segunda mitad del siglo I d. C.[198] (una pieza importante por alternar en ella los ramos de laurel con los de vid, de tan claro sentido funerario, lo que indicaría que ambos ramos poseen el mismo carácter), y de P. Flavio Chresto, de la misma época[199], ambas en el Museo Vaticano. En el ara de M. Antonio, de Medinasidonia, datada en el siglo I d. C.[200], el sentido funerario del laurel se refuerza con la corona de olivo, también de carácter funerario[201]. Ya hace muchos años que escribió Farnell: «La granada era habitualmente, aunque no de modo exclusivo, un símbolo de la muerte»[202]; a esta conclusión se llega estudiando los monumentos en que aparece y las fuentes literarias.

Han aparecido huevos de avestruz o sus imitaciones en tumbas de Orcómenos[203], Dendra[204], Tirinto[205], Troya[206], Micenas[207], Tera[208], Corin-

[193] G. Mansuelli, *Galleria degli Uffici. Le Sculture I* (Roma 1958) 206, fig. 206b.

[194] *Ibíd.*, 209, fig. 211b.

[195] *Ibíd.*, 219, fig. 225ac.

[196] G. Lippold, *Die Skulpturen des Vatikanischen Museums* III, 1 (Berlín 1936) 155s, lám. 75, n.° 559a.

[197] G. Lippold, *loc. cit.*, III, 2, 44s, lám. 25, n.° 271c.

[198] *Ibíd.*, 211, lám. 99.

[199] *Ibíd.*, 386s, lám. 165, n.° 21.

[200] A. García y Bellido, *Esculturas romanas de España y Portugal* (Madrid 1949) 300, 302, lám. 243.

[201] Aparecen coronas en la parte superior de algunos monumentos funerarios griegos, como los relieves de la tumba de Lisandra, fechados entre los años 150-100 a. C.; cf. G. Lippold, *Die griechische Plastik*, en *Handbuch der Archäologie* III, 1 (Munich 1957), 376, lám. 131, 4. También en las de Metrodoro y Mateas; cf. M. Bieber, *The Sculpture of the Hellenistic Age* (Nueva York 1955) 37, fig. 538.

[202] L. Farnell, *loc. cit.*, 228.

[203] E. Kunze, *Orchomenos* III (Munich 1934) 69, de piedra y no procedente de una tumba.

[204] A. Person, *The Royal Tombs at Dendra near Midea* (Lund 1911) 68, de avestruz.

[205] H. Schliemann, *Tiryns* (Leipzig 1886) 174, de alabastro, pero tanto este huevo como el de Troya proceden de una escombrera y no es seguro que fueran utilizados en el culto de los muertos; cf. M. P. Nilsson, *Das Ei im Totenkult (loc. cit.)* 533.

[206] H. Schliemann, *Ilios* (Leipzig 1881) 430.

[207] G. Karo, *Die Schachtgräber von Mykenai* (Munich 1930-33) 114, n.° 552 y 828, láms. CXLI-CXLII, huevos de avestruz. Pertenecen al minoico medio segundo y al minoico reciente primero. Todo lo referente a los huevos de avestruz en Micenas y Creta en A. Evans, *The Palace of Minos* II (Londres 1928) 221ss. figs. 127-130.

[208] H. Dragendorff, *Thera* (Berlín 1903) 52, 119; M. P. Nilsson, *loc. cit.*, 533.

to [209], Eleusis [210], Rodas [211] y Olinto [212]. Una de las piezas más significativas presenta una pintura con una escena de llanto en que interviene un tañedor de flauta [213]; por otras representaciones de entierros se sabe que en las pompas fúnebres tomaban parte estos tocadores de flauta [214]. El hecho de que se hicieran imitaciones de huevos y que éstos se depositaran en las tumbas descarta, como escribe Nilsson, la hipótesis de que los huevos de avestruz se apreciasen por su carácter de objetos exóticos, pero carentes de especial significado funerario. La costumbre de depositar huevos de avestruz en las tumbas se documenta fuera de Grecia en sepulturas de Creta (Moclo y Mesara) [215], Cerdeña (Motia) [116], necrópolis de Caralis y de San Avendrace [217], en la Península Ibérica (Villaricos [218], Carmona [219], Albufereta de Alicante [220]) y en Ibiza [221], en Africa (sepulturas de las necrópolis de las colinas de Juno y de San Luis en Cartago, así como en las de Duimes, Dermech, Ard-el-Tiubi, Daharlel-Morali, Ard-el-Kheraib, Ard-el-Morali, del Teatro y del Odeón [222], Djiljeli y Guraya [223] y Cabo Espar-

[209] T. Leslie Shear, *Excavations at Corinth in 1928:* AJA 32 (1928) 492. En varias tumbas; en una había depositados cuatro huevos junto a un *lekythos.*

[210] G. Mylonas, *loc. cit.*, 128; M. P. Nilsson, *loc. cit.*, 531; pertenece al período geométrico. También había cáscaras de huevo en dos sepulturas de la llamada Tumba de Isis. El último autor citado menciona hallazgos de huevos en la necrópolis de Tebas y en sepulturas de Maratón y de Alivieri, en Eubea.

[211] «Clara Rodos» 3 (1929) 233, tumbas 91 y 157; 4 (1931) 113, tumba 31, de finales del siglo VI o principio del V a. C.; 10 (1941) 47, tumba 31, huevo de avestruz.

[212] D. Robinson, *loc. cit.*, 71, 102, el primero de avestruz y el segundo de pato. Segunda mitad de los siglos V y VI a. C., respectivamente.

[213] M. P. Nilsson, *loc. cit.*, 553, fig. 1.

[214] F. Gardner, *loc. cit.*, 5, figs. 3 y 4.

[215] M. Astruc, *La necrópolis de Villaricos* (Madrid 1951) 106, n. 699, con toda la bibliografía menuda. Pertenecen al minoico antiguo primero y al minoico medio primero.

[216] M. Astruc, *loc. cit.*, 108, n. 706, del siglo VII a. C.; E. Acquaro, *Uova di struzzo dipinte dalla necropoli occidentale di Cagliari:* SF 3 (1975) 207ss.

[217] M. Astruc, *loc. cit.*, 108, n. 707, del siglo IV-III a. C.

[218] M. Astruc, *loc. cit.* Casi todas las tumbas contienen huevos; cf. Id., *Sobre un elemento poco conocido de los ajuares funerarios púnicos:* «Cuad. Hist. Prim.» 5 (1950) 57ss.

[219] M. Astruc, *La necrópolis de Villaricos (op. cit.)* 109, n. 711. En Acebuchal, Alcores y Cruz del Negro. Recientemente han aparecido huevos de avestruz pintados en Almuñécar, con material fechado en la primera mitad del siglo VII a. C.; cf. M. Pellicer, *Excavaciones en la necrópolis púnica «Laurita» del Cerro de San Cristóbal, Almuñécar, Granada* (Madrid 1963) lám. XVIII,2.3, fig. 11; MM 4 (1963) 33s, lám. X, fig. 9; P. San Nicolás, *Las cáscaras de huevo de avestruz:* «Cuadernos de Prehistoria y Arqueología» 2 (1975) 75ss.

[220] M. Astruc, *La necrópolis de Villaricos (op. cit.)* 109, n. 712.

[221] *Ibíd.*, 109, n. 713, muy abundantes; cf. Id., *Exotisme et localisme. Étude sur les coquilles d'oeufs d'autruche decorées d'Ibiza:* «Arch. Preh. Lev.» 6 (1957) 47ss.

[222] M. Astruc, *La necrópolis de Villaricos (op. cit.)* 101s; *Traditions funéraires de Carthage:* «Cahiers de Byrsa» 6 (1956) 29ss, de los siglos VII-III a. C.

[223] M. Astruc, *La necrópolis de Villaricos (op. cit.)* 104, del siglo V a. C.; Id., «Libyca» 2 (1954) 9ss.

tel)[224], en Egipto (Mesagadha y Oasis de Kharga[225], tumbas predinásticas de Nagada y Hu, y de la primera dinastía de Nubia y Abidos)[226], en Mesopotamia, Siria y Palestina (tumbas de Kish, Ur, Asharah, Mari, Minet-el-Beida, Qatna, Gezer, Bahreim[227] y Tell Beit Mirsim)[228].

En las tumbas de Panticapeo se han recogido dos huevos[229].

Los personajes representados en los *lekythoi* áticos, cuyas pinturas son fundamentalmente de tema funerario, llevan frecuentemente en sus manos huevos[230], que también aparecen representados sobre bandejas de ofrendas[231]. Una de las escenas más representativas al respecto se encuentra sobre un *lekythos* conservado en el Museo Arqueológico Nacional de Madrid[232], que representa la ofrenda que llevan ante una tumba dos mujeres: la de la izquierda tiene un huevo en la mano derecha. Son también muy significativas las escenas de tres hidrias conservadas en los museos de Nápoles, Munich y el Louvre, estudiadas recientemente por Trendall[233], y pertenecientes al «grupo del Pintor de los Coéforos»; representan el encuentro de Orestes y sus compañeros con Electra ante la tumba de Agamenón; sobre ésta, entre las ofrendas contenidas en unos vasos, se ven un huevo y una granada junto a una culebra. El documento más significativo es la pintura de un *lekythos* publicado por T. Leslie Shear[234], que representa una tumba: a la derecha se ve de pie la difunta envuelta en un manto; frente a ella, una mujer le ofrece un alabastrón; la estela se halla dentro de un gigantesco huevo, adornado con dos cintas y pintado a ban-

[224] M. Astruc, *La necrópolis de Villaricos (op. cit.)* 106, del siglo VI a. C.

[225] M. Astruc, *ibíd.*, 97, n. 663.

[226] M. Astruc, *ibíd.*, 97s. Los huevos encontrados en Abidos pertenecen a la XII Dinastía. M. P. Nilsson *(loc. cit.)* menciona también hallazgos de huevos, granadas y frutos de amapola en tumbas fechadas en la segunda mitad del siglo IV a. C.

[227] M. Astruc, *ibíd.*, 96ss. Los huevos hallados en las tumbas de Kish se fechan a finales del IV milenio; los de Ur son de mediados del III milenio; los de Ashrah se datan en época presargónica; los de Mari se fechan unos en la misma época que los de Kish y otros en los siglos XIII y XII a. C.; los de Minet-el-Beida son del período micénico; los hallados en Qatna pertenecen al siglo XII a. C., y los de Bahreim, al siglo VIII a. C.

[228] M. Albright, *Tell Beit Mirsim:* «Ann. Am. Sch. Or. Res.» 17 (1938) 83, n.° 799; 91, n.° 2349, del siglo VII-VI a. C.

[229] M. P. Nilsson, *loc. cit.*, 531, dos huevos en un recipiente de plata. Cita Nilsson tumbas del sur de Rusia, Kubán y Kiev en que se habían depositado huevos, datadas en el siglo I. También se documenta esta costumbre entre los wikingos; cf. A. Arbman, *The Wikings* (Londres 1961) 32, y prácticamente en todo el mundo.

[230] A. Fairbanks, *loc. cit.*, I, 167.

[231] *Ibíd.*, II, lám. XVII, n.° 2; E. Pfuhl, *loc. cit.*, 532, n.os 529-530.

[232] F. Alvarez-Ossorio, *Vasos griegos, etruscos e italo-griegos que se conservan en el Museo Arqueológico Nacional* (Madrid 1910) 497, lám. XLIII, n.° 19; G. Leroux, *Vases grecs et italo-grecs du Musée Archéologique de Madrid* (Burdeos 1912) 159, lám. XXXIV. Más ejemplos en M. P. Nilsson, *loc. cit.*, 540ss.

[233] *The Choephoroi Painter*, en *St. D. M. Robinson* II (San Luis 1953) 116, 120, lám. 38.

[234] *The American Excavations in the Athenian Agora. The Campaign of 1936:* «Hesperia» 6 (1937) 364, fig. 25. Son bien conocidas las terracotas de personajes heroizados con huevos en las manos; cf. B. Neutsch, RM 68 (1961) 150ss.

das. En otros *lekythoi*, la estela tiene forma de huevo [235]. Este tipo de tumba en forma de huevo está documentado en Egipto, Thomah, y en Sumer aparecen ya los enterramientos en jarras ovoides. Otras veces las estelas áticas representadas en los *lekythoi* aparecen con frontones rematados por huevos [236]. Estas representaciones de los *lekythoi* son de extraordinaria importancia, pues, como admite Nilsson, responden a las auténticas ofrendas.

También aparecen ofrendas de huevos a personajes heroizados en algunos relieves, como en el friso oeste de la Tumba de las Arpías; en el relieve de Crisafa, el varón ofrece un huevo y un gallo. Un huevo sostiene en su mano izquierda un difunto heroizado que se representa recostado en una *klinē*, y que ofrece un *kantharos* a una serpiente [237]. Nilsson [238] cree que representa a Asclepio, que a veces aparece sosteniendo en su mano un huevo, probablemente como atributo, debido a las múltiples aplicaciones medicinales del huevo. La culebra, animal típicamente funerario [239], aparece junto con el huevo en el frontón de un relieve sepulcral del siglo VI a. C. en que, en la parte inferior, se representan dos ánforas entre dos varones [240]; las ánforas, según la interpretación de Cook [241], contenían las cenizas de los difuntos. El relieve del frontón indicaría que el huevo es una ofrenda al muerto o a la serpiente, que en este caso lo representa. El mismo tema del huevo y la serpiente en un frontón se repite en una hidria ática hallada en Vulci y fechada en el último cuarto del siglo VI antes de Cristo, pero en este caso la temática de la pintura no es funeraria [242]. En ocasiones parece que algunos personajes de las estelas llevan huevos en las manos, si bien no se puede desechar la posibilidad de que se trate de algún fruto [243].

Los dioses infernales llevan huevos como atributos en las manos. Baste

[235] A. Fairbanks, *loc. cit.*, I, lám. VIII, n.° 1. Quizá sean ónfalos.

[236] A. Fairbanks, *loc. cit.*, II, lám. XI, n.os 2 y 3; lám. XXII, n.° 3; lám. XXV, n.os 1 y 2; «Archaeology» 6 (1953) 198; H. Bloesch, *Antike Kunst in der Schweiz* (Zurich 1943) 96, lám. 51: ánfora fechada entre los años 350-330 a. C.; V. Poulsen, *Weissgrundige Lekythen der Ny Carlsberg Glyptotek:* «From the Collections of the Ny Carlsberg Glyptotek» 1 (1931) 169s, fig. 8. Elferink, *Lekythos* (Amsterdam 1934) *passim*, cree que el prototipo de la forma de los *lekythoi* es el huevo de avestruz, y que el simbolismo del huevo pervive en el *lekythos*. También Evans hace derivar ciertas formas vasculares del huevo de avestruz. Imitación de un huevo de avestruz sería el ritón ovoide de Haghia Triada, fechado entre los años 1650-1500 a. C., cuya escena ha sido muy discutida; cf. Ch. Picard, *Les religions préhelléniques (Crète et Mycene)* (París 1948) 107s; S. Marinatos, *Kreta und das mykenische Hellas* (Munich 1959) 97, n.os 103-105; F. Matz, *Kreta, Mykene, Troja* (Stuttgart 1956) 97ss, lám. 67; aquí, como entre los germanos, el huevo tiene carácter agrario; cf. M. P. Nilsson, *Das Ei im Totenkult der Alten (op. cit.)* 546.

[237] E. Pfuhl, *loc. cit.*, n.° 608.

[238] M. P. Nilsson, *loc. cit.*, 536.

[239] M. P. Nilsson, *Griechische Religion* I *(op. cit.)* 198ss.

[240] E. F. Prins de Jong, *Griekse Grafreliefs* (1947) n.° 31.

[241] *Loc. cit.*, 1062, fig. 915, con las diversas interpretaciones de este relieve.

[242] E. Buschor, *Bilderwelt griechische Töpfer* (Munich 1954) 29; M. Robertson, *loc. cit.*, 87.

[243] E. F. Prins de Jong, *loc. cit.*, 46; R. A. Higgins, *loc. cit.*, 156s, lám. XVI.

citar las terracotas de Dioniso, divinidad muy vinculada al reino de ultratumba, citadas por Nilsson y que se conservan en los museos de Copenhague, así como los dos ejemplares del British Museum [244], fechados en torno al año 350 a. C., procedente uno de ellos de Tanagra, en Beocia. A estas piezas hay que añadir el busto de Deméter del British Museum [245], procedente de Tanagra; un trípode con un huevo (?) y un gallo encima, representados en un *pinax* de Locri consagrado a Perséfone y fechado entre los años 470-450 a. C. [246] En una de las citadas pinturas suritálicas del Hades aparece Perséfone haciendo una ofrenda de huevos a Plutón. El huevo en la mano de los dioses infernales es un atributo, no una ofrenda. Para Robinson, «el huevo era un alimento de los dioses ctónicos, pero posiblemente en su condición de dioses de la fecundidad, no como deidades del mundo inferior». Ya un texto antiguo [247] decía que «en ninguna ciudad se ha erigido un altar a Hades, pues, como decía Esquilo, 'entre todos los dioses, sólo la muerte no gusta de las ofrendas'».

La costumbre de depositar huevos en las tumbas se remonta en Grecia a la prehistoria, como lo prueban algunos de los hallazgos citados. Las relaciones del mundo griego con determinadas regiones de Asia y Africa en que existía la costumbre de depositar huevos en las tumbas pudieron contribuir a reforzar este simbolismo ya en la época micénica [248]. Esta costumbre hizo que también en Etruria se intensificara el comercio con los mismos pueblos con que mantenían relaciones los micénicos, a fin de conseguir los huevos de avestruz que se depositaban en las tumbas. La representación de los difuntos con granadas en las manos tiene probablemente su origen en Oriente, donde la granada aparece con mucha frecuencia en joyas, adornos, etc., según se desprende de los estudios realizados por Ja-

[244] M. P. Nilsson, *Das Ei im Totenkult der Alten (op. cit)* 537; R. A. Higgins, *loc. cit.*, 233, n.os 873-874; N. Breitenstein, *Catalogue of Terracottas Cypriote, Greek, Etrusco-Italian and Roman* (Copenhague 1941) 34, lám. 36, n.º 304.

[245] H. B. Walters, *loc. cit.*, 216, n.º C 292.

[246] G. M. A. Richter, *Hanbook*, 226, fig. 333.

[247] Esqu., frag. 161; *Escol. Il.*, IX, 158. Los personajes representados en las cerámicas suritálicas ofrecen frecuentemente huevos a otros o a Dioniso, o hay huevos sobre los altares; cf. A. D. Trendall, *loc. cit.*, 10s, lám. I, n.º 5: crátera campana fechada en 420-410 a. C.; 31s, lám. V, n.º 25: crátera campana fechada en el tercer cuarto del siglo IV, como un altar sobre el que hay tres huevos junto a la figura de Dioniso; 33s, lám. X, n.º 23; 37, lám. XI, n.º 10, de finales del siglo IV a. C.; 46s, lám. XIV, n.º 68: *skyphos;* 80, lám. XXIII, n.º 9: crátera; una dama ofrece cuatro huevos a Dioniso; 116, lám. XXX, n.º 24: crátera; 260s, lám. LXVII, n.os 63 y 64. El ritón de la lám. XLIII, n.º 17, fechado en el tercer cuarto del siglo IV a. C., ofrece la particularidad notable de que Dioniso tiene una cesta con una granada. Una ménade ofrece un huevo a Dioniso sobre el vaso etrusco de Montepulciano, hoy en Florencia, fechado en el siglo IV a. C.; cf. L. Banti, *Die Welt der Etrusker (op. cit.)* 86. El huevo, según se indicó, desempeña un papel importante en los misterios dionisíacos; cf. Plut., *Symp.*, 636; Macr., *Saturn.*, VII, 16; A. D. Trendall, *Paestan Pottery* (Roma 1936) láms. XXXVIIa, XXXVIa, etcétera.

[248] H. L. Lorimer, *Homer and the Monuments* (Londres 1950) 52ss. Este intenso comercio está bien probado por los marfiles micénicos; cf. A. J. B. Wace, *Ivory Carvings from Mycenae:* «Archaeology» 7 (1954) 149ss; *New Light on Homer:* «Archaeology» 6 (1952) 75ss.

cobsthal. En la estela hitita de Maras, de finales del siglo VII a. C., aparecen ya dos mujeres con granadas en las manos [249].

La importancia del simbolismo funerario del huevo en Etruria es grande, pues pervive en el mundo romano. Es suficiente enumerar unos pocos ejemplos. Precisamente en Roma ha aparecido uno de los documentos más valiosos para el tema de nuestro trabajo: en una pequeña cavidad del altar triangular descubierto en el santuario del templo sirio del Janículo se había depositado una estatuilla de bronce que representa a un joven rodeado por una serpiente, entre cuyos anillos hay depositados siete huevos [250]. Se trata evidentemente de la imagen de un dios al que acompañan, igual que en Grecia, los símbolos del huevo y la serpiente. La imagen del dios se sacaba de la tumba en que se hallaba depositada el día en que se celebraba su resurrección; los huevos que rodean esta imagen son una promesa de inmortalidad, según la frase de Fírmico Materno: *Idolum sepelis, idolum plangis, idolum de sepultura profers* [251]. En una cubierta de sarcófago [252] procedente de la Via Laurentina y conservada actualmente en el Museo de las Termas, fechada a comienzos del Imperio, aparece la efigie de un joven echado en una *klinē;* en su mano derecha sujeta un huevo hacia el que serpentea una culebra. En un fragmento de relieve de la Villa Pamphili, que no tiene carácter funerario, pero que pertenece al mismo grupo que algunos documentos presentados por Nilsson [253], aparece representada la ofrenda de un huevo a una serpiente enroscada a un árbol. Se ofrecen huevos a las serpientes en cuanto que éstas encarnan a los espíritus de los difuntos, y porque, como ha escrito Nilsson, «son para los muertos lo mismo que la sangre».

La necrópolis romana de Lilibeo ha proporcionado un gran número de monumentos funerarios en forma de cipos y edículos, algunos con escenas pintadas de banquetes funerarios del conocido tipo helenístico, con símbolos púnicos e inscripciones griegas [254]; estas pinturas se fechan en los

[249] E. Akurgal, *Kunst Anatoliens (op. cit.)* 305, fig. 17; M. Riemschneider, *Die Welt der Hethiter* (Stuttgart 1954) lám. 86.

[250] F. Cumont, *loc. cit.*, 396, n. 4; H. Bossert, *Altsyrien* (Tubinga 1951) n.º 527; P. Ganchkler, *Le sanctuaire syrien du Janicule* (París 1912) 21, lám. XXXIV. En Egipto se depositaban huevos en las monias de los cocodrilos; cf. *The Great Egytian Crocodile Mysteries:* «Archaeology» 5 (1952) 76ss.

[251] XXII, 13.

[252] F. Cumont, *loc. cit.*, 293s, lám. XLI, n.º 3. Otras veces los difuntos tienen frutos en sus manos; cf. F. Cumont, *loc. cit.*, lám. XLII, n.º 3.

[253] F. Cumont, *loc. cit.*, 396, n.º 6; M. P. Nilsson, *loc. cit.*, 545s. En muchos *lararia* pompeyanos se ofrecen huevos a las serpientes en su condición de *genii loci;* cf. G. Boyce, *Corpus of the Lararia of Pompei:* «Mem. Am. Ac. Rome» 14 (1937) 54 lám. 8, n.os 2 y 3; 56, lám. 15, n.os 1 y 2; 58s., lám. 16, n.º 1; 36s, lám. 17, n.º 1; 46s; lám. 18, n.º 1; 83, lám. 20; 53, lám. 22, n.os 1 y 3; 83, lám. 26, n.º 1; 38, lám. 28, n.os 1 y 2; 54, n.º 2; G. Boyce, *Significance of the Serpents on Pompeian House Shrines:* AJA 46 (1942) 13ss; A. Maiuri, *Ercolano. I. Nuovi Scavi (1927-1958)* (Roma 1958) 236, fig. 185; G. Becatti, *Scavi di Ostia I. Mitrei* (Roma 1955) 102, lám. XXIII, n.º 2; V. Spinazzola, *Pompei alla luce degli scavi nuovi di Via dell'Abondanza* (Roma 1953) 181, 364, 441.

[254] J. Seidl, *Das totenmahlrelief* (Diss. Wien; Viena 1943).

siglos I y II d. C. Algunos de estos edículos, estudiados por Gábrici[255], son importantes para nuestro trabajo. Entre ellos destaca, por su excelente estado de conservación, el que ha reproducido recientemente Marconi-Bovio[256]. El centro del edículo está ocupado por la pintura de una pareja recostada sobre una *klinē;* delante está la mesa con los manjares; sobre la cabeza de la esposa aparece su nombre, María, y una serie de signos y objetos también pintados. Sobre las columnas se encuentran dos signos de Tanit y dos caduceos; el sol y la luna aparecen sobre el frontón, y debajo de la escena del banquete, dos grandes huevos pintados en amarillo entre dos voluminosas granadas, que lo están en rojo. Se trata, a juzgar por el nombre de la difunta, de una mujer semita. Gábrici cree que los dos huevos son en realidad dos frutos distintos de las granadas, pero es posible que tengamos aquí el mismo tema que aparece en la Tumba del Guerrero de Paestum. En otros tres edículos se repite este mismo tipo de composición con las granadas y el huevo o frutas[257]. En otra estela perteneciente al mismo grupo, el objeto representado entre las dos granadas puede ser un fruto distinto, a juzgar por la parte superior[258]. En estos edículos se pintaron también junto a la granada otros frutos de carácter funerario, como el racimo de uvas[259]. Es grande la importancia de estas representaciones, pues la granada va unida a temas u objetos de carácter funerario, como el banquete, el signo de Tanit y el caduceo, que tantas veces aparece en las estelas semitas[260]. Se advierte una mezcla de elementos semitas y griegos.

El simbolismo de la granada pervive en el mundo romano, en que los difuntos son representados con granadas en las manos, como en los sarcófagos de época neroniana conservados en el Museo Nazionale Romano de Roma[261], en el sarcófago de época severiana de Maria Thrasonis[262], en los relieves funerarios de Maximina[263], fechados en el siglo III d. C., y en el hallado en Trastierra (Córdoba), de época flavia[264]. Podrían citarse muchos más ejemplos.

[255] *Stele sepolcrali di Lilibeo a forma di heroon:* «Not. Scav.» 33 (1949) 42ss.

[256] *Enc. Art. Ant.* IV, 626; E. Gábrici, *loc. cit.*, 50ss, lám. III, fig. 1.

[257] E. Gábrici, «Not. Scav.» 33 (1949) 56, lám. IV, fig. 1: podría ser una hoja de vid, cf. *ibíd.*, 57, 59, lám. V, fig. 1.

[258] *Ibíd.*, 57, lám. V, fig. 2.

[259] *Ibíd.*, 56, lám. IV, fig. 2.

[260] P. Delattre, *Musées d'Algérie et de la Tunisie. Musée Lavigerie* (París 1900) lám. XXXI, n.° 15; D. Harden, *loc. cit.*, figs. 24 y 25. En las estelas púnicas aparecen frecuentemente juntos el signo de Tanit y el caduceo; cf. P. Delattre, *op. cit.*, lám. I, n.° 1; lám. III, n.os 1 y 2; G. Baublet, A. Charlier, *Le sanctuaire punique d'El-Hofra à Constantine* (París 1955) láms. IIIb; IVa; Vb-d; VIa; VIIa; IXa; XIb; XIIa; XIIIc; XIVb-c; XVa; XVIIc-d; XXIc-d; XXIIa-b; XXIVc-d; etc.

[261] B. Felletti, *Museo Nazionale Romano* (Roma 1953) 72s, fig. 122.

[262] J. Toynbee, J. Ward Perkins, *The Shrine of St. Peter and the Vatican Excavation* (Londres 1956) 90, lám. 25; F. Matz, *Ein römisches Meisterwerk des Jahreszeitsarkophag* (Badminton, Nueva York, Berlín 1958) lám. 26c.

[263] A. García y Bellido, *Esculturas (op. cit.)* 291, 298, lám. 240; en tumbas oretanas e ibéricas han aparecido granadas de cerámica; cf. J. Maluquer et al., *La necrópolis ibérica de La Bobadilla, Jaén* (Barcelona 1973) 20ss, figs. 14 y 15.

[264] *Ibíd.*, 319, 313s, lám. 252.

Los autores latinos nos han transmitido una serie de datos referentes a la vinculación del huevo al culto de los muertos en el Imperio romano; así Juvenal[265]. «Y te ponen un camarón en medio huevo sobre un platillo, comida de funeral»; también Luciano[266] y Tácito[267] aluden a la costumbre de comer huevos en los *silicernica*[268]. Si esta costumbre se remonta efectivamente al período etrusco, y si los banquetes representados en la pintura y los relieves etruscos son de carácter funerario, como admiten Marinis y otros autores, se explica cumplidamente el hecho de que los comensales aparezcan frecuentemente con huevos en las manos. Es posible que el carácter funerario de los banquetes esté corroborado por el hecho de que los comensales llevan coronas en la cabeza, como se advierte en las tumbas de los Leopardos, Golini I, del Orco, de los Escudos y del Lecho Fúnebre. Sabemos que en Atenas, durante los banquetes fúnebres, los comensales llevaban coronas en la cabeza[269], costumbre que con seguridad también existía en Etruria.

[265] *Sat.*, V, 81.
[266] *Catapl.*, 7.
[267] *Ann.*, VI, 5.
[268] En Roma eran muy empleados los huevos para las purificaciones (Ovid., *Ars Amandi*, II, 329-330; Juvenal, *Sat.*, VI, 518). Luciano alude por dos veces en sus diálogos a la purificación mediante los huevos, cf. *Dial. mort.*, I, 1; *Catapl.*, 7, lo mismo que Clemente Alejandrino, *Str.*, VII, 4. El huevo tiene también mucha importancia en las supersticiones populares, como la recogida por Plinio, NH X, 55. Otros frutos tenían también un marcado carácter funerario, como la manzana, que se representa en la mano del sarcófago antropoide de Cádiz; cf. E. Kuhkan, AEArq 24 (1951) 30, figs. 1 y 4; *Anthropoide Sarkophage in Beyrouth* (Berlín 1955) 29, lám. 3,2, fig. 10, las uvas (*Satiricón*, 71) y las habas (Festo, *v. Fabam*).
[269] Cic., *De legibus*, II, 25,63.

6

EL «DESPOTĒS THĒRŌN» EN ETRURIA Y EN EL MUNDO MEDITERRANEO

Conocemos una serie de testimonios del período arcaico etrusco relacionados con el paredro de la diosa de la fecundidad a los que no se ha dedicado aún un trabajo de conjunto. Reuniremos aquí algunas de las representaciones más significativas de esta divinidad masculina, cuyo nombre sería el de *despotēs thērōn* [1].

I. «DESPOTĒS THĒRŌN» REPRESENTADO SOBRE UNA LASTRA DE TARQUINIA Y SOBRE UN BRONCE DE CITTÀ DI CASTELLO

En la necrópolis de Tarquinia ha aparecido un conjunto de lastras con relieves que posiblemente se utilizaban para cubrir las tumbas monumentales. Todos los autores que se han ocupado de estas piezas, decoradas con diversas figuras humanas y animales, admiten su relación con los usos funerarios. Se discute, sin embargo, cuál podía ser su colocación en las tumbas; se ha pensado, por ejemplo, que estos bloques rectangulares servirían para cerrar las entradas [2] o como revestimiento de las paredes interiores [3]. Según otros autores se utilizarían para formar el techo de los corredores de acceso [4] o para cubrir las cámaras sepulcrales, para rematar las cellas de los túmulos de bóveda incompleta o los que carecían de ésta. Parece que esta segunda hipótesis es la más aceptable [5].

[1] M. P. Nilsson, *Geschichte der griechischen Religion* I (Munich 1941) 287s; G. Camporeale, *Sul motivo del cossidetto Despotes theron in Etruria. Un filone ceretano di epoca orientalizzante:* AC 17 (1965) 36ss.

[2] A. della Seta, *Italia Antica* (Bérgamo 1922) 222, 240; L. A. Milani, *Museo topografico dell'Etruria* (Florencia-Roma 1898) 104; Gh. Ghirardini, «Not. Scav.» (1881) 342ss.

[3] G. Cultrera, «Not. Scav.» (1924) 407ss, 419ss (1930) 114ss, 164; L. A. Milani, *loc. cit.*

[4] G. Cultrera, *loc. cit.*

[5] M. Pallottino, «Mon. Ant.» 36 (1937) col. 197; *Mostra dell'arte e della civiltà etrusca* (Milán 1951) 15, 43; M. Pallottino, M. Hürlimann, *Art of the Etruscans* (Londres 1955) 138, n. 34; M. Pallottino, *Etruskische Kunst* (Zurich 1955) 141, n. 34; *Art et civilisation des étrusques* (París 1955) 6, fig. 7, n. 12; *Kunst und Leben der Etrusker* (Colonia 1956) 80s, fig. 7.

Mengarelli atribuye a estas lastras un carácter apotropaico [6]. Los estudiosos fechan en su mayor parte estas piezas entre la segunda mitad del siglo VII y la primera del VI a. C. Sólo Ducati [7] y Della Seta [8] rebajan esta fecha a la segunda mitad del siglo VI a. C. [9]

En un recuadro de una de estas lastras, conservada actualmente en el Museo Nacional de Tarquinia, aparece representado un personaje masculino completamente desnudo, en actitud de caminar hacia la izquierda, con la cabeza y las piernas de perfil y la mirada vuelta hacia atrás. En la cabeza lleva una flor de loto y sostiene en alto, cogidos por los cuellos y con los brazos un tanto separados del cuerpo, dos ánades [10].

La actitud de la figura y la presencia de los dos ánades indican claramente que el personaje representado es un *despotēs thērōn*, gemelo de algunas representaciones de esta misma deidad en el mundo griego.

En el santuario de Artemis Orthia de Esparta han descubierto las excavaciones inglesas una colección de placas de marfil con un conjunto de imágenes que constituyen un paralelo próximo a la representación de la lastra etrusca. En siete de estos marfiles está representada la diosa *potnia thērōn*, a la que estaba consagrado este importante santuario; en otros dos, como en la lastra de Tarquinia, está representado su paredro, el *despotēs thērōn*. Al igual que su compañero de la lastra etrusca del Museo Nacional de Tarquinia, la diosa está representada de frente, con la cabeza de perfil y mirando hacia su izquierda, levantando en alto los cisnes y sujetándolos por el cuello; también suele tener los pies de perfil [11]. En otras representaciones, conservando la misma postura de cabeza y cuerpo, la diosa sujeta en alto un ave y un león [12] o solamente un ave, mientras

[6] R. Mengarelli, «Not. Scav.» (1942) 34ss.

[7] P. Ducati, *Etruria Antica* (Turín 1927) 76.

[8] A. della Seta, *op. cit.*, 22, 240.

[9] Los catálogos de la gran exposición de arte etrusco citados en la nota 5 proponen la misma fecha. O. Vacano, *Die Etrusker* (Stuttgart 1955) lám. XLIX, la acepta. G. Haufmann, *Etruskische Plastik* (Stuttgart 1916) 16, lám. XLIV, propone una fecha anterior al siglo VI a. C.

[10] Animales especialmente vinculados a la diosa de la fecundidad.

[11] R. Dawkins, *The Sanctuary of Arthemis Orthia at Sparta* (Londres 1929) 205, lám. XVI, 1-2; F. Matz, *Geschichte der griechischen Kunst* I. *Die geometrische und die früharchaische Form* (Francfort) 485, n. 284b.

[12] R. Dawkins, *op. cit.*, 206, lám. XCII,2. Este tipo de representación de la *potnia thērōn* es muy corriente en esta época; baste recordar el bronce de Olimpia; cf. F. Matz, *op. cit.*, 428, n. 290; Lübke-Pernice, *Die Kunst der Griechen* (Viena 1948) fig. 158, en el que la diosa Artemis, representada como *potnia thērōn*, está de frente, pero con la cabeza y pies de perfil, así como algunos bronces hallados en los santuarios de Hera Akraia y Limenia; cf. H. Payne, *Perachora* (Oxford 1940) láms. XLVIII,4; LXXXV,2-4. Estos prototipos fueron imitados con mucha frecuencia por los decoradores de la cerámica corintia; cf. E. Buscher, *Griechischen Vasen* (Munich 1940) fig. 41; W. Zschietzschmann, *Kunstgeschichte der Griechen und Römer* (Stuttgart 1955) fig. 25; C. Dugas, *Les vases de l'Héraion*, en *Exploration archéologique de Délos faite par l'Ecole Française d'Athènes* X (París 1928) 450-51; láms. XXV, n. 307; XXXIII, LXVII; H. Payne, *Necrocorinthia* (Oxford 1931) lám. XII, n.os 3 y 7, con la sola diferencia de que los cisnes, a los que sujeta la diosa por el cuello, se apoyan sobre el suelo. Las dos representaciones de la *potnia thērōn* del Vaso François, fechado en el año 575 a. C.; cf. J. Charbon-

una culebra se yergue hacia su brazo [13]. A veces la diosa está de frente y levanta dos cisnes cogidos por el cuello, mientras a la altura de los hombros la escoltan otras dos aves [14]. En Rodas aparece levantando solamente dos cisnes [15]. Este mismo santuario ha dado dos placas que constituyen un paralelo aún más exacto del *despotēs thērōn* representado en la lastra del Museo Nacional de Tarquinia. En una de ellas está representado el dios caminando hacia la derecha y sosteniendo dos aves sujetas cabeza abajo por las patas [16]; en la segunda camina el dios hacia su izquierda, igualmente desnudo, y sosteniendo dos cisnes. En ambos marfiles la cabeza y los pies aparecen de perfil y los hombros de frente, como en las representaciones etruscas. El santuario de Artemis Orthia se fecha entre los años 600-550 a. C.; los marfiles que representan divinidades de la fecundidad son, por consiguiente, contemporáneos de las lastras de Tarquinia y confirman plenamente la tesis de los investigadores italianos, que advierten influjos peloponésicos en las lastras, tanto en su conjunto como en lo relativo a las figuras [17].

Podemos citar otros paralelos. En un bronce hallado en el Agora de Atenas aparece el dios con alas, caminando desnudo, con la cabeza y la mitad inferior del cuerpo de perfil y el pecho de frente; al igual que en la representación etrusca, levanta por el cuello dos cisnes [18]. Este bronce se fecha en la segunda mitad del siglo VII a. C. Pallottino [19] habla además de una influencia jónica en las lastras de Tarquinia. En una de las terracotas halladas en Sardes, Artemis, representada como *potnia thērōn*, es una figura alada que camina con la cabeza y la mitad inferior del cuerpo de perfil, y con los hombros de frente, mientras sostiene en

neaux, R. Martin, F. Villard, *Grecia arcaica* (Madrid 1969) 61-63, fig. 69; M. Wegner, *Meisterwerke der Griechen* (Basilea 1955) fig. 71, y alguna otra representación semejante a ellas; cf. CVA Alemania, lám. VII,1, fechada algo después (540 a. C.), muestran a la diosa con la cabeza y los pies de perfil, al igual que en las imágenes del *despotēs thērōn* etrusco de Tarquinia, pero con los hombros de frente. Durante la época arcaica, las representaciones etruscas de la *potnia thērōn* responden a formas totalmente originales; cf. E. Mercklin, *Etruskische Keramik im Hamburgischen Museum für Kunst und Geiwerbe:* «St. Etr.» 10 (1936) 394, lám. XLIII, n.os 4-7, o a imitaciones griegas; cf. G. Radet, *Cybèlè:* «Bibl. des Universités du Midi» 13 (1909) *passim.*

[13] R. Dawkins, *op. cit.*, 207, lám. XCIII,2; 208, lám. XCVIII,3; F. Matz, *op. cit.*, 499, n. 293.

[14] R. Dawkins, *op. cit.*, 208, lám. XCVIII,1-3; F. Matz, *op. cit.*, 293. Este tipo de representación en que aparece la *potnia thērōn* de frente y sujetando unos animales, sobre todo leones, tuvo mucha aceptación en la orfebrería de Rodas durante el siglo VII a. C.; cf. F. Matz, *op. cit.*, 275; G. Becatti, *Oreficerie antiche* (Roma 1955) 196, lám. XXXIII; 197, 199, lám. XXXIV.

[15] E. Coche de la Ferté, *Les bijoux antiques* (París 1956) lám. XII, n. 2.

[16] R. Dawkins, *op. cit.*, 209, lám. XCIX,1. También entre los escitas se conocen en el siglo VII-VI a. C. representaciones semejantes de la *potnia thērōn;* cf. T. Talbot, *The Scythians* (Londres 1957) fig. 16.

[17] M. Pallottino, *Mostra dell'arte e della civiltà etrusca (op. cit.)* 15; *Art et civilisation des étrusques (op. cit.)* 6; *Kunst und Leben der Etrusker (op. cit.)* 80.

[18] F. Matz, *op. cit.*, 482, n. 282b.

[19] *Mostra dell'arte e della civiltà etrusca (op. cit.)* 15; *Kunst und Leben der Etrusker (op. cit.)* 80; *Art et civilisation des étrusques (op. cit.)* 6.

alto dos leones [20]. La misma diosa está representada en un sello con figura idéntica a la que tiene en la terracota de Sardes [21]. Estas piezas no son paralelos completamente exactos de la representación tarquiniense del *despotēs thērōn*, pero todas ellas responden a los mismos prototipos. Se observa siempre una diversidad en cuanto a los animales que acompañan a la deidad, como corresponde a su carácter de señora de la fecundidad, de la vida y de los animales. El paralelo más exacto que conocemos de la figura tarquiniense está en una terracota que conserva el museo del Louvre; procede esta pieza de Micenas y se fecha a comienzos del siglo VII a. C. En ambas representaciones es idéntica la actitud de las figuras, lo mismo que la postura de cabezas, brazos y pies; la única diferencia estriba en que la terracota del Louvre representa una *potnia thērōn* vestida, mientras que en Tarquinia tenemos la imagen de su paredro desnudo [22]. Idéntica a esta terracota es otra hallada en el Heraion de Argos, junto a los muros de fundación del segundo templo [23]. Todas estas piezas vienen a confirmar la influencia peloponésica sobre las lastras de Tarquinia, como ya hemos indicado. La flor de loto que lleva sobre la cabeza el *despotēs thērōn* de Tarquinia es un adorno que aparece por las mismas fechas tanto en Etruria [24] como en Iberia [25].

Los artistas etruscos lograron representaciones profundamente originales del *despotēs thērōn*, como puede verse en el bronce de Città di Castello, que puede fecharse en el siglo VII a. C. Se representa únicamente el busto con brazos desmesuradamente grandes, que tiene doblados y dirigidos hacia arriba, sosteniendo un arco cuyos extremos son prótomos de toro, sobre el que hay dos animales, perros al parecer, uno de los cuales es de mayor tamaño y engulle un brazo humano, mientras el segundo se halla enfrente y en actitud de ladrar; la cabeza del dios aparece coronada por seis pétalos, y la barbilla resulta muy pronunciada. En la parte inferior del bronce, en el cuello, hay cuatro prótomos, al parecer de perro, aunque idealizados, que tragan piernas y brazos humanos [26]. Sería muy difícil encontrar paralelos a este bronce, que posee una gran originalidad y en-

[20] T. Leslie, *Sardis. Terracottas* (Cambridge 1926) 16s, lám. III.

[21] C. Densmore, *Sardis* XII. *Jewelry and Goldwork* (Roma 1925) lám. XI, n. 24. Otro paralelo en una gema de Egina (siglo VII-VI a. C.); cf. A. Furtwängler, *Die antiken Gemmen* (Berlín 1900) 51, 31, lám. VII.

[22] S. Mollard Besques, *Catalogue raisonné des figurines et reliefs en terre cuite, grecs, étrusques et romains* I (París 1954) 153, 255, lám. XIX B.

[23] C. Waldstein, *The Argive Heraeum* (Boston 1902) 47ss, lám. XLIX.

[24] L. Pareti, *La tomba Regolini Galassi* (Ciudad del Vaticano 1947) 217, lám. XXIV. L. Polacco, *Rapporti artistici di tre sculture villanoviane di Bologna:* «St. Etr.» 21 (1951) 80s, ha estudiado este motivo que aparece por todo el Mediterráneo; cf. también U. Jantzen, *Griechische Greifenkessel* (Berlín 1955), lám. LXII; G. Q. Giglioli, *L'arte etrusca* (Milán 1935) 33, lám. CLXXIV, n. 4. Este tema ha sido ampliamente estudiado por P. Jacobsthal, *Greek Pins* (Oxford 1956) 47ss.

[25] A. Blanco, *Orientalia. Estudios de objetos fenicios y orientalizantes en la Península:* AEArq 29 (1956) fig. 18; *El vaso de Valdegamas (Don Benito, Badajoz) y otros vasos de bronce del Mediodía español:* AEArq 26 (1953) 243s, figs. 12 y 13; J. Maluquer, «Zephyrus» 8 (1957) 157ss.

[26] L. A. Milani, *op. cit.*, lám. CXVIII; O. Vacano, *op. cit.*, 270, fig. 81.

canto en la composición. Los toros aparecen vinculados a la *potnia thērōn* en Colofón [27]. El tema del hombre o de los miembros humanos devorados por animales feroces es común tanto en Etruria [28] como en Grecia [29]. También son frecuentes las representaciones vegetales unidas a deidades de la fecundidad [30]. La del bronce de Città di Castello es exacta a otra representada sobre un vaso ático fechado en el año 650 a. C., en el que aparece la *potnia thērōn* entre serpientes [31].

II. VASO DE BRONCE CON «DESPOTĒS THĒRŌN» DE CUMAS Y REPRESENTACIONES ETRUSCAS SIMILARES

Este bronce de Cumas (fig. 24) ha sido publicado varias veces [32], pero la restauración parece un *pastiche*. Quizá ofrezca una representación totalmente original de la divinidad masculina de la fecundidad. El dios forma con los animales que tiene a sus lados un grupo que ocupa el cuello de la hidria y llega a rebasar el borde. Está desnudo, toscamente modelado, de frente, con el sexo bien señalado, las piernas separadas y los pies ligeramente doblados hacia dentro. En la cintura se aprecia un resalte que es la extremidad inferior de la coraza que lleva el dios en otras representaciones; calza, como en otras ocasiones, unas grebas. El pelo está trabajado a rayas y produce la impresión de ser un capacete; los brazos son desproporcionadamente largos y se abren hasta tocar con las manos las patas de dos leones rampantes, que aparecen a cierta distancia del dios. Los animales están toscamente diseñados, con las cabezas vueltas y las fauces muy abiertas; la cola se enrosca entre las patas y termina en un anillo sobre el que apoyan las fieras una de sus garras, mientras que la otra toca el borde del recipiente. La melena, las orejas, los ojos y los labios de los animales están tratados con realismo. De la parte superior de la cabeza y formando unidad con el león arrancan dos cisnes que yerguen sus esbeltos cuellos sobre el grupo, apoyándose en el borde del vaso. La pata derecha de las traseras de los leones toca unos prótomos de cisne, que miran

[27] Ch. Picard, *La potnia taurōn de Colophon*, en *Mélanges Holleaux* (1913) 175, fig. 1; W. Deonna, *Mél. Ch. Picard* (París 1949) 302, fig. 5, n. 12. Para el estudio de los prótomos de toros es fundamental P. Amandry, *Chaudrons à protomes de taureau en Orient et en Grèce*, en *The Aegean and the Near East* (Nueva York 1956) 239ss.

[28] G. Q. Giglioli, *op. cit.*; *Un'anfora di bronzo inedita della necropoli d'Orvieto*: «St. Etr.» 4 (1930) 103ss, láms. XII-XIII.

[29] D. Ohly, *Griechische Goldbleche des 8. Jahrhunderts* (Berlín 1953) lám. XVIII; F. Matz, *op. cit.*, lám. XVIa.

[30] A. Reifenberg, *Palästinensische Kleinkunst* (Berlín 1927) figs. 123 y 124; R. Dussaud, *L'art phénicien du II millénaire* (París 1949) figs. 15 y 16; F. Matz, *op. cit.*, lám. 166b; E. Kunze, *Kretische Bronzereliefs* (Stuttgart 1931) láms. VII-VIII.

[31] O. Vacano, *Im Zeichen der Sphinx* (Stuttgart 1952) 221s, láms. XX-XXI.

[32] S. Reinach, *Répertoire de la statuaire grecque et romaine* V, 1 (París 1924) 254,1.

hacia atrás. Este grupo de Cumas, a pesar de la tosquedad que presenta el modelado de las figuras, es de una gran sencillez y encanto. No cabe duda de que este bronce constituye una versión sumamente original del *despotēs thērōn.*

Podemos citar diversos paralelos de esta figura de Cumas. Una pintura del sarcófago de Clazomene (de finales del siglo VI a. C.) representa al mismo dios desnudo y entre leones rampantes [33], pero en este caso la disposición del grupo es completamente distinta, ya que las figuras están ejecutadas y colocadas conforme a las exigencias de un arte mucho más refinado. Los artistas de la cerámica corintia y de los talleres áticos hicieron de este dios tema frecuente de sus pinturas [34]. La disposición del grupo es completamente distinta; en la pintura de un vaso son ciervos los animales que enmarcan la figura del dios, y leones en otro. En ambas composociones se representan los animales apoyando sus patas en el suelo. En la primera, el dios desnudo extiende los brazos hasta tocar los cuernos de los ciervos, que agachan la cabeza en actitud de pastar; en la segunda, los brazos caen con las palmas de las manos bien abiertas y un poco más alzado el brazo derecho. En ambas pinturas aparece el dios desnudo y en actitud de marcha; en la segunda representación vuelve la cabeza hacia atrás y dobla ligeramente las rodillas. En Beocia hay durante el siglo VIII antes de Cristo representaciones de la *potnia thērōn* con leones, que apoyan las cuatro patas en el suelo, a los que acompañan dos serpientes, dos cisnes, un prótomo de toro y un brazo humano. Se trata también de una composición completamente distinta [35]. En el arte etrusco se conocen otras representaciones de este dios entre leones rampantes; una de ellas aparece sobre una sítula de marfil hallada en la Tumba Regolini-Galasi [36]. En una placa de oro de la misma tumba, fechada hacia mediados del siglo VII antes de Cristo, hay un friso en que aparece el dios desnudo, con la cabeza de perfil y el cuerpo de frente entre leones rampantes a los que sujeta por una de sus manos [37]. Estos leones rampantes que aparecen junto al dios tienen a veces alas, como en algunas joyas etruscas del siglo VII a. C. conservadas en el British Museum [38], procedentes de una tumba de Praeneste.

También fuera de Italia se utiliza durante el período arcaico este tema con fines decorativos. Los joyeros del Herakleion de Kavusi en Chipre [39],

[33] CVA Inglaterra XIII, lám. IV,2. Otra representación similar en D. G. Hogarth, *Excavations at Ephesus: The Archaic Artemisia* (Londres 1908) láms. III,110; VIII, 4.10.

[34] H. Payne, *op. cit.*, 196, lám. LI,3; 191, lám. LIII,7.

[35] M. Wegner, *op. cit.*, fig. 59; M. P. Nilsson, *op. cit.*, 287, 685, lám. XXX,3.

[36] L. Pareti, *op. cit.*, 226, lám. XVIII, n. 168. Sobre la significación y el origen de este tema, cf. C. Albizzati, A. Stenico, *Osservazioni su oggetti del VII sec. a. C. trovati nell'Italia Centrale:* «Acme» V,3 (1952) 589ss.

[37] G. Beccati, *op. cit.*, 175, lám. XLIX.

[38] F. Marshall, *Catalogue of the Jewellery, Greek, Etruscan and Roman* (Londres 1911) 123, lám. XVIII, n.os 1.356-1.357. Otras veces es la *potnia thērōn* la que aparece entre leones rampantes, como en el brazalete de la Tumba Regolini-Galassi; cf. H. Mühlestein, *Die Kunst der Etrusker* (Berlín 1929) lám. 90; G. Becati, *op. cit.*, lám. LIa.

[39] F. Matz, *op. cit.*, 479, n. 282a; E. Kunze, *op. cit.*, lám. 56,2.

los de Atenas [40] y los del cinturón de La Aliseda [41] lo plasman en sus joyas, representando la figura divina entre leones rampantes. En la Tumba de los Leones Pintados, fechable hacia el año 625 a. C., hay una pintura que representa al *despotēs thērōn* conforme al mismo tipo que veíamos en el vaso corintio anteriormente citado: el dios está de pie y abrazando a dos leones que apoyan las cuatro patas en el suelo [42]. Un vaso póntico estudiado por Ducati muestra un paralelo próximo del grupo de Cumas [43]: los leones, también rampantes, tienen las fauces abiertas en actitud amenazadora; el dios marcha con la cabeza vuelta, sujetando con las manos a ambas fieras, que apoyan una zarpa sobre el codo del dios a cada lado. El dios calza amplios zapatos alados del mismo tipo de los que llevan Apolo y Teseo en las metopas de los templos de Selinunte [44].

Aún podríamos añadir otros paralelos, como el grupo de la hidria de Grächwil, fabricada probablemente en Tarento hacia el año 600 a. C. [45] Responde a la misma idea de representar a la diosa de la fecundidad y de la vida rodeada de animales. En el grupo tarentino, sin embargo, la composición del grupo es diferente, pues la diosa aparece rodeada de varios animales: cuatro leones, dos serpientes, un águila y dos conejos. Los leones están en actitud pacífica y apoyan las cuatro patas en el suelo. El parentesco del grupo de Tarento con el bronce de Cumas radica en la forma en que está colocado en la hidria. En efecto, en ambos casos el grupo ocupa la misma posición. Nota original del artista cumano es el añadir cuatro prótomos de cisne, animal que no suele acompañar al *despotēs thērōn*, pero que aparece muy frecuentemente junto a la diosa, hasta el punto de que llega a ser su animal emblemático. En el santuario de Artemis Orthia son abundantísimas las representaciones de estos animales aislados o acompañando a la diosa [46].

Es difícil asignar una fecha exacta al grupo de Cumas, dada la rudeza de sus componentes y la ausencia de elementos fácilmente datables, como sería la presencia de una palmeta típica, pero podríamos situarlo en un momento ligeramente posterior al año 600 a. C. En realidad, este grupo

[40] W. Reichel, *Griechische Goldreliefs* (Berlín 1942) lám. VIII, n. 23.

[41] A. Blanco, *Orientalia:* AEArq 29 (1956) fig. 30.

[42] R. Mengarelli, *Relazione sopra una campagna di scavi nel territorio di Vulci:* «St. Etr.» 1 (1927) lám. XLIX, n. 1; G. Bovini, *La pintura etrusca del período orientalizante (siglos VII y VI a. C.):* «Ampurias» 11 (1949) 68ss, lám. Ia.

[43] P. Ducati, *Pontische Vasen* (Berlín 1932) 19, lám. XXV; J. M. Blázquez, *Dioses y caballos en el mundo ibérico:* «Zephyrus» 5 (1954) 193ss, lám. XIV, fig. 21.

[44] J. Bayet, F. Villard, H. Herzfelder, *Sicile Grecque* (París 1955) n.os 85 y 96.

[45] H. Bloesch, *Antique Kunst in der Schweiz* (Zurich 1943) 28ss, láms. III y IV; R. Barnett, *Oriental Influences on Archaic Grece*, en *The Aegean and the Near East* (Nueva York 1956) 212ss.

[46] R. Dawkins, *op. cit.*, láms. XCI,1-2; XCII,2; XCIII,2; XCVIII-XCIX; CXIII; CLVIII,3-4; CLIX,2-3; CLX,2. Este santuario ha proporcionado una placa de marfil con la figura del *despotēs thērōn* que corresponde al mismo prototipo. El dios masculino abraza a un animal y a un grifo, ambos alados y rampantes; cf. R. Dawkins, *op. cit.*, lám. CV; F. Matz, *op. cit.*, lám. 161b; M. P. Nilsson, *op. cit.*, 288, 471, lám. XXX,1.

no pertenece al arte etrusco, ya que Cumas era una colonia calcídica, pero sirve de término de comparación con representaciones etruscas contemporáneas.

III. REPRESENTACIONES DEL «DESPOTĒS THĒRŌN» ENTRE CABALLOS

El grupo más numeroso de representaciones etruscas de este dios está constituido por una serie de bronces en que la figura divina aparece acompañada de varios animales. El lugar que estos grupos ocuparían en las hidrias viene indicado por la hidria de Grächwil y por el bronce de Cumas. Serían motivos ornamentales para colocar en el cuello de las hidrias en posición simétrica, un grupo a cada lado del mismo recipiente. Así parece deducirse de los dos ejemplares completos que han sido hallados, gemelos, y que se conservan uno en el Museo de la Villa Giulia y el otro en el Antiquarium de Berlín.

Conozco dos bronces gemelos del Museo de la Villa Giulia, otros dos del Antiquarium de Berlín, uno en el museo de Bolonia, otro publicado por Randall-MacIver y un último ejemplar procedente de Belmonte (Piceno). A este grupo de representaciones hay que añadir un anillo de Orvieto en que aparece el dios entre caballos rampantes.

Los bronces de técnica más depurada son los conservados en el Antiquarium de Berlín; son casi idénticos [47]. Al igual que en las restantes piezas, el dios aparece en pie y desnudo, con el sexo bien marcado. Se eleva un tanto por encima del plano supuesto del suelo, en el que apoyan las cuatro patas los caballos, encima de una peana. Cubre su cabeza un casco corintio, cuyo penacho, al igual que en uno de los ejemplares del Museo de la Villa Giulia, es el prótomo de un tercer caballo. Los pies aparecen desnudos, pero las piernas, lo mismo que en la pieza procedente de Cumas, están protegidas por grebas; el pecho está defendido por una coraza que tiene, igual que el casco, remaches en los bordes. La coraza presenta un gran escote triangular. Encima de los pechos tiene unos círculos concéntricos adornados con remaches. El dios toca la cabeza de los caballos, que aparecen en actitud de marcha, con las crines del cuello y la cola, las orejas y los ojos vigorosamente señalados mediante rayas; otra serie de rayas recorre el extremo del cuerpo de los animales, menos el lomo. Lleva el dios al cuello un collar de ovas; por detrás del casco pasa una tira de bronce en cuyos extremos se recuestan dos leones de enormes cabezas, con la lengua fuera de las fauces abiertas. Sólo las cabezas están trabajadas

[47] J. M. Blázquez, *art. cit.*, lám. XII; V. Tarchi, *L'arte etrusco-romana nell'Umbria e nella Sabina* (Milán 1936) lám. LXXIX,2; H. Mühlestein, *Die Kunst der Etrusker* (Berlín 1929) lám. 153. Estas asas han sido interpretadas como representaciones de guerreros; es posible que los guerreros no sean representaciones del *despotēs thērōn*, aunque estén rodeados de animales que frecuentemente acompañan a la diosa de la fecundidad. Por el contrario, los varones sin coraza pueden interpretarse muy fundadamente como efigies del *despotēs thērōn;* cf. R. Bianchi Bandinelli, A. Giuliano, *Los etruscos y la Italia anterior a Roma* (Madrid 1974) fig. 121; cf. también H. Jucker, *Die Bronzehydria in Pesaro:* «Antike Kunst» 7 (1964) 3ss.

con detalle; los cuerpos son meras prolongaciones; el lomo aparece surcado por diminutas rayitas y la cola se enrosca sobre los cuartos traseros. Las patas traseras están casi desdibujadas.

El casco coronado por prótomos de animales era corriente en Etruria; baste señalar el casco, también corintio, que entrega Tetis a Aquiles en la escena representada sobre el lado delantero del carro de Espoleto, de mediados del siglo VI a. C.[48], que aparece coronado de un prótomo de carnero. Otra figurilla de la primera mitad del siglo V a. C. lleva un casco rematado por un prótomo de cisne[49]. En la pintura de la Tumba de los Toros de Tarquinia hay una figura de Aquiles que probablemente también lleva un casco corintio con prótomo de cisne; se fecha esta pintura a mediados del siglo VI a. C.[50] La coraza y las grebas responden a prototipos perfectamente documentados en Grecia y Etruria; baste señalar los guerreros representados sobre el cuello de un *pithos* encontrado en el santuario de Artemis Orthia[51] o las estatuillas de guerreros de Vix[52].

El grupo de Pésaro[53] responde a un prototipo gemelo, pero el dios aparece representado con nuevos elementos adicionales, desnudo y con los músculos de los muslos y las rodillas bien señalados. Los brazos caen a lo largo del cuerpo y ligeramente separados del mismo. Lleva coraza y casco corintio, con dos orejas de caballo a los lados, rematado por una doble cimera, como los que suelen representar los artistas de los vasos de figuras negras[54]. Los caballos son pequeños y rechonchos, con la crin cayéndoles entre las orejas. El dios apoya los pies sobre una palmeta, elemento de capital importancia para fechar este grupo; se asemeja mucho a la que aparece bajo el grupo de la hidria de Grächwil, datable hacia el año

[48] G. Q. Giglioli, *L'Arte Etrusca* (Milán 1935) láms. LXXXVIII,1; LXXXIX.

[49] O. Vacano, *op. cit.*, lám. 83a.

[50] M. Pallottino, *La peinture étrusque* (Ginebra 1952) 31. Cascos gemelos en G. Richter, *op. cit.*, fig. 111. Otro casco rematado por un cuello de cisne en E. Buschor, *op. cit.*, 79. Es fundamental en este aspecto el trabajo de I. Hoopes, *The Greek Helmet in the City Art Museum of Saint Louis*, en *Studies D. M. Robinson* II (San Luis 1953) 833ss, láms. 83-86.

[51] R. Dawkins, *op. cit.*, 92, láms. XV-XVI; G. Richter, *op. cit.*, fig. 30.

[52] R. Joffrey, *Le trésor de Vix* (París 1954) láms. IX-XII, XV, XXIV. Otro paralelo en Grecia, en F. Gerke, *Griechische Plastik* (Berlín 1938) lám. 20; K. Neugebauer, *Die griechische Bronzen der klassischen Zeit und des Hellenismus* (Berlín 1951) lám. XXI, n. 46; E. Langlotz, *Frühegriechische Bildhauerschulen* (Nuremberg 1927) 49d, 50,2; P. Laviosa, *España e Italia antes de los romanos* (Madrid 1955) lám. XXXII. También en Etruria; cf. D. Randall-MacIver, *The Iron Age in Italy* (Oxford 1927) lám. XXIX.

[53] J. M. Blázquez, *art. cit.*, lám. XI; D. Randall-MacIver, *op. cit.*, fig. 17, lámina XXX; A. Ippel, *Das griechische Kunstgewerbe*, en *Geschichte des Kunstgewerbes* I (Berlín 1930) 211s, 213,2.

[54] J. D. Beazley, *The Development of Attic Black Figure* (Londres 1951) lámina XXXIV,3; CVA España I, lám. XXIII,2.ª; Carducci, *Due cippi chiusini dell' Antiquarium di Monaco di Baviera:* «St. Etr.» 3 (1929) 486, lám. LIV, n. 3. El doble penacho del casco pintado sobre este vaso corintio hallado en Caere es idéntico al que aparece en el bronce de Pésaro; cf. CVA Inglaterra I, lám. V,4a; E. Pfuhl, *Masterpieces of Greek Drawing and Painting* (Londres 1926) 13; E. Buschor, *op. cit.*, fig. 69; M. Wegner, *op. cit.*, 79, 92.

600 a. C.[55] Sin embargo, el bronce de Pésaro, lo mismo que los del museo de Berlín y el de Ancona, es seguramente del siglo VI a. C., como sugiere Randall-MacIver. Cree el autor que el grupo podría representar a Hércules, pero su hipótesis nos parece insostenible.

El parentesco entre el grupo de Pésaro y el de la hidria de Grächwil se acusa en otros pormenores. El broncista ha solucionado de idéntica forma en ambos grupos la colocación de los caballos al lado del dios; éstos no se apoyan en una tira de bronce que haría las veces de suelo, como en los grupos de Berlín, la Villa Giulia o Bolonia, sino que la palmeta se prolonga por los extremos superiores en dos volutas opuestas sobre las que se apoyan los caballos. También los leones, tumbados a ambos lados del casco, descansan en los dos grupos sobre dos serpientes que yerguen sus cabezas por entre las patas de los felinos. En el bronce de Pésaro, la cola de los reptiles se enrosca en espiral sobre los hombros del dios, pero la cola de los felinos toca el lomo sin completar el círculo, como se advierte también en la pareja de leones que aparece en la hidria de Grächwil.

Los dos bronces del Museo de la Villa Giulia son entre todos los conocidos los de factura más tosca. Se encuentran, sobre todo uno de ellos, en pésimo estado de conservación, faltándole trozos bastante grandes[56]. En ambas piezas aparece el dios desnudo, con el sexo bien señalado, adoptando una postura como en jarras. Cubre su cabeza un casco que responde a un prototipo bien conocido en todo el Mediterráneo[57] y en la misma Etruria[58]. En uno de los cascos, el penacho es un prótomo de un tercer caballo. Los animales se agrupan en torno al dios según la disposición ya observada en los dos ejemplares del museo de Berlín; en los extremos de la franja superior hay dos leones acostados, distinguiéndose bien la gran cabeza y el rabo. Los caballos están representados con gran realismo y resultan muy vistosos. La originalidad de estas piezas de la Villa Giulia consiste en añadir una pareja de aves con las alas desplegadas cuyos extremos llegan a tocar la grupa de los caballos y los leones.

Parecido es el bronce del museo de Bolonia. El dios lleva un casco semejante al que ostenta en los ejemplares del museo de la Villa Giulia. También esta pieza se halla en deficiente estado. Se conservan los caballos en actitud de marcha y los dos leones tumbados, cuyas orejas, hocico, patas y ojos están trazados con mayor detalle. El observador los contempla no de perfil, sino como vistos desde arriba. Una de las asas de esta sítula remata en un prótomo de caballo; el dios lleva coraza, cuyo borde inferior se acusa sobre la cintura. Un lienzo semejante al que ciñe la figura de Aquiles en la pintura de la Tumba de los Toros cubre el vientre del dios. Estos dos bronces se fechan hacia fines del siglo VI a. C., como se deduce del hecho de que en el ejemplar del museo de Bolonia se presen-

[55] H. Bloesch, *op. cit.*, lám. III.

[56] J. M. Blázquez, *art. cit.*, lám. XIII.

[57] E. Kukahn, *Estatuilla de bronce de un guerrero a caballo del poblado ibérico de La Bastida de les Alcuses:* APL 5 (1954) 147ss.

[58] M. Pallottino, *Art et civilisation des étrusques (op. cit.)* 12, fig. 8; *Art of the Etruscans (op. cit.)* n.ºs 33 y 60.

taba un arco rematado en sus extremos por prótomos de caballos como los de la hidria de Paestum, datable entre los años 540-530 a. C. [59]

Podemos aducir un último ejemplar de este tipo, el hallado en Belmonte (Piceno), que se conserva en el museo de Ancona [60]. Sus distintos componentes se hallan en perfecto estado de conservación. La composición es muy parecida a la de los bronces del museo de la Villa Giulia. El dios lleva casco corintio coronado por un alto penacho. Presenta la mitad superior del cuerpo de frente y la inferior de perfil. Lleva coraza, de la que sólo se nota el borde inferior, y un lienzo sobre las caderas. El dios toca la cabeza de los caballos. Este grupo presenta la particularidad de tener dos culebras que serpentean por debajo de los leones y sobre los cuellos de los caballos hasta tocar el pico de unas aves, seguramente águilas, como las que aparecen también en la hidria de Grächwil. Con la variedad de animales que acompañan a la imagen del dios queda clarísima en este bronce su calidad de señor de toda clase de bestias. Se fecha esta pieza en el siglo VI a. C.

La forma en que el *despotēs thērōn* aparece representado en estas piezas es peculiar de Etruria durante el período arcaico; fuera de este territorio hay escasas figuras que se le asemejen; entre éstas podemos señalar la de una fíbula beocia del siglo VII a. C., conservada en el Museo del Louvre [61], en que el dios aparece acompañado de serpientes y patos entre dos caballos que asientan las cuatro patas en el suelo. También se conocen algunas representaciones procedentes de Narce, donde son frecuentes, como lo acredita el conjunto de vasos conservados en el Museo de la Villa Giulia. Una de estas piezas, hallada en una tumba del sepulcrillo de Petrina de Narce y perteneciente al parecer a la cultura villanoviana ya avanzada, muestra una figura de varón entre dos parejas de caballos sobre el borde de un gran tazón de arcilla en forma de cáliz. El motivo se repite en otro vaso de forma similar hallado en otro sepulcro de Narce [62], pero en este caso acompañan al dios sólo dos caballos. En el Museo Gregoriano Etrusco hay una urna villanoviana con una representación al grafito de un varón entre dos caballos, del mismo tipo de la que vemos en la fíbula beocia del Museo del Louvre y en algunas decoraciones de las cerámicas geométricas griegas [63]. A estos mismos prototipos obedecen las representaciones de Narce [64].

En el Museo Faina de Orvieto se conserva un sello etrusco sobre

[59] P. C. Sestieri, *An Underground Shrine at Paestum:* «Archaeology» 11 (1956) 26ss, fig. II; A. van Buren, *News Letters from Rome:* ASA 59 (1955) 305.

[60] J. M. Blázquez, *art. cit.*, lám. X, fig. 16; P. Marconi, L. Sena, *Il Museo Nazionale delle Marche in Ancona* (Roma) 72; L. Pareti, *Storia di Roma* I (Turín 1952) 487.

[61] J. Charbonneaux, *op. cit.*, 193ss, fig. 1.

[62] P. Ducati, *Storia dell'Arte Etrusca* (Florencia 1927) lám. VI, n. 23, 29; Barnabei, «Mon Ant.» 4 (1894) 200, fig. 36.

[63] D. Ohly, *op. cit.*, lám. XXIII.

[64] M. P. Nilsson, *op. cit.*, 287, 685, lám. XXX,3; M. Wegner, *op. cit.*, 74s, fig. 58; J. Charbonneaux, *Deux grandes fibules geométriques du Louvre:* «Prehistoire» 1/2 (1922) 211ss, fig. 12.

el que aparece la figura de la misma deidad, pero conforme a una iconografía distinta de la anterior, con paralelos exactos en varias regiones del Mediterráneo. El dios está desnudo, con la cabeza y las piernas de perfil [65], abrazando a dos caballos por el cuello; ambos animales levantan la cabeza y vuelven un poco las patas delanteras. Dentro del anillo hay representada una abeja. Esta forma de representar al dios es muy conocida, como ya se ha dicho, aunque aparecen ligeras variantes. En algunos vasos de figuras rojas, fechables entre los años 520-510 a. C., está representado el dios en actitud semejante, vestido o desnudo, entre caballos que levantan del suelo las patas delanteras, al igual que en el sello de Orvieto [66]. Estas representaciones corresponden ya a una época en que seguramente el tema ha perdido su significado original y es tratado como un simple motivo decorativo. En dos hidrias ceretanas está representado el *despotēs thērōn* entre caballos que adoptan una actitud muy parecida a la que tienen en el sello del Museo Faina, salvo que no vuelven las cabezas; estas figuras son, por consiguiente, gemelas de las representadas sobre los vasos del Museo Británico, en las que, sin embargo, el dios lleva la cabeza y el pecho descubiertos [67]. Anderson, al estudiar la hidria ceretana de Dunedin, duda de la significación del grupo; es muy probable que en estas representaciones tengamos uno de los últimos eslabones de la cadena iconográfica del *despotēs thērōn*, tal vez en una época (hacia el año 500 a. C.) en que esta figura divina había perdido ya su significado original y se convirtió en un simple tema decorativo de la pintura vascular. En la Tumba de los Vasos Pintados hay precisamente uno sobre el que aparece un personaje desnudo entre dos caballos; se trata, por consiguiente, de otra representación del mismo tema [68]. El grupo del anillo etrusco es muy parecido al que aparece sobre otra gema de Curium [69]. Aquí el dios dobla ligeramente una rodilla, pero no tanto como en los vasos ceretanos o en los del Museo Británico. Los caballos aparecen en actitud rampante plena, sentados sobre los cuartos traseros. En la gema de Chipre, al igual que en la representación etrusca, el dios aparece completamente desnudo, vuelta la cabeza y asido a ambos caballos. En Chipre se conocen otras representaciones de este mismo grupo, pero con ligeras variantes que constituyen paralelos muy próximos de las piezas del Museo Faina y de

[65] V. Tarchi, *op. cit.*, lám. CXVII; A. Furtwängler, *Die antiken Gemmen* II (Berlín 1900) fig. 223. Sobre la significación de la abeja, cf. P. Jacobsthal, *op. cit.*, 73ss.

[66] J. D. Beazley, *Attic Red Figure Vase Painters* (Oxford 1942) 59, 1; 61, 41; 9, 15; 112, 951; CVA Great Britain (British Museum III) lám. VIII; J. M. Blázquez, *art. cit.*, lám. VIII; E. Langlotz, *Griechische Vasen* (Munich 1931) lám. V; V. Jalouris, *Athena als Herrin der Pferde:* «Museum Helveticum» 7 (1950) 92, estima que las pinturas de estos vasos representan al *despotēs hippōn.*

[67] J. M. Blázquez, *art. cit.*, lám. IX; CVA III (Musée Schurley) E y F, lám XIX, figs. 3 y 4; J. K. Anderson, *A Caeretan Hydria in Dunedin:* JHS 75 (1955) 1ss.

[68] P. Ducati, *Le pitture delle tombe delle Leonese e dei Vasi dipinti* (Roma 1937) A XV, 14, figs. 13 y 14, láms. IV-V, n. 2; VI, n. 2; P. Romanelli, *Tarquinia* (Roma 1954) 83.

[69] L. Cesnola, *Cypern* (Jena 1879) lám. LXXXII,5.

Curium. En Lato han aparecido ocho *pinakes* de bronce, fechables en el primer cuarto del siglo VII a. C., en que el dios está de frente, con las piernas de perfil, alado y entre caballos rampantes [70].

De la misma Creta se conoce otro relieve, fechado en el siglo VI a. C. [71], al igual que el anillo de Orvieto, en que los caballos rampantes están alados. El dios, desnudo, dobla ligeramente las rodillas, tiene la cabeza de perfil y los hombros de frente y sujeta a los caballos por las bridas. La presencia o falta de las alas no implica, según Nilsson [72], diferencia alguna sustancial; el profesor de Lund cita la teoría de Radet para explicar estas variantes. Según este último, las alas no se deben a influencia oriental procedente de Jonia, ya que en Asia Menor y en la región norte del Mar Negro, dependiente artísticamente de Jonia, tan sólo se encuentran ejemplares alados. En Grecia, por el contrario, son frecuentes los caballos ápteros, que se remontan a prototipos minoicos.

El grupo del *despotēs thērōn* del Museo Faina se integra en un conjunto de representaciones que Lane [73] y Nilsson [74] consideran típicas del siglo VI a. C. En el vaso laconio que sirvió a Lane para fundamentar esta afirmación [75] está representado el dios, por la posición del cuerpo y el hecho de hallarse vestido, de manera muy semejante a la que presenta en los dos vasos antes descritos del Museo Británico; la mayor diferencia consiste en que los dos caballos del vaso laconio adoptan la postura rampante y tienen alas. En Olimpia ha aparecido alguna variante en bronce del vaso laconio [76]. En este mismo yacimiento y sobre otro bronce hay un paralelo próximo del grupo del Museo Faina: el dios, desnudo y de frente, con la cabeza y las piernas de perfil, sujeta a dos caballos rampantes que vuelven las cabezas exactamente igual que sus congéneres del sello etrusco, aunque en este caso los caballos aparecen un poco más levantados que en el sello de Orvieto [77].

Este tipo de representación de las divinidades protectoras de los animales aparece ya en un estandarte de Ur fechado hacia el año 2700 a. C. [78] Hay otros prototipos de representación del *despotēs thērōn* o de la *potnia hippōn* que no tuvieron aceptación en Etruria, como el

[70] J. M. Blázquez, *art. cit.*, 205s, lám. VII, fig. 10; P. Demargne, *Terres cuites archaïques de Lato:* BCH 53 (1929) 323s, lám. XXX, n.os 1 y 3, fig. 35; E. Kunze, *op. cit.*, 203, Beil. 2; D. Levi, *I bronzi di Axos:* ASAtene 13-14 (1930-1931) 104ss, figura 33.

[71] J. M. Blázquez, *art. cit.*, 206, lám. VII, fig. 11; Olnefasch-Richter, *Kypros* (Berlín 1893) lám. CC.

[72] M. P. Nilsson, *The Minoan-Mycenaean Religion and Its Survival in Greek Religion* (Lund 1951) 507.

[73] E. Lane, *Lakonian Vase Painting:* BSA 34 (1936) lám. XLIc.

[74] M. P. Nilsson, *op. cit.*, 515.

[75] J. M. Blázquez, *art. cit.*, 208, lám. VI, fig. 8.

[76] E. Kunze, *Olympische Forschungen* II. *Archaische Schildbänder* (Berlín 1950) láms. XLI,25a; XLII; XVa, 25a.

[77] E. Kunze, *op. cit.*, lám. XLVIII, Beil, V,1.

[78] G. Childe, *New Light on the Most Ancient East* (Londres 1954) lám. I; H. Schmökel, *Ur, Assur und Babylon* (Stuttgart 1955) lám. XXXI; HdA VI, 1, lámina CXXXIII.

grupo en marfil del Heraion de Samos [79], en que el dios aparece de frente, vestido y entre dos caballos, de los que faltan los cuartos traseros, y que apoyan las patas delanteras en el mismo plano que el dios.

De la Península Ibérica se conocen cuatro relieves en los que el dios aparece de frente y entre caballos rampantes, dos representaciones del dios sentado entre caballos también rampantes y otro relieve en que los caballos son cuatro, dos en cada lado, situados uno encima de otro, y con las patas delanteras ligeramente alzadas, como en el grupo del Museo Faina [80].

Sobre el cuello de un *pithos* hallado en el templo B de Prinias, la divinidad representada es femenina y alada: se trata de dos grupos formados por la figura de la *potnia hippōn* entre dos caballos rampantes; la diosa sujeta en cada mano una pata del équido que tiene a cada lado [81]. En un vaso ibérico hallado en Elche (Alicante), fechable tal vez en el siglo II a. C., hay una representación de la *potnia thērōn* muy semejante a la de Prinias: la diosa y los caballos son alados; aquélla sujeta a éstos por las bridas; los caballos son también rampantes [82].

En el arte escita, la *potnia thērōn* se representa bajo formas originales, distintas de las etruscas, griegas e ibéricas [83]. En terracotas procedentes de S. María Capua Vetere, de la segunda mitad del siglo VI a. C., hay una representación de la *potnia thērōn* [84] en que la diosa marcha a caballo desnuda y acompañada de un cisne; esta figura se remonta a prototipos de Arcadia [85]. Los artistas etruscos prefirieron, sin embargo, representar a la diosa bajo otras formas.

Sobre un bronce del siglo V a. C. procedente de Orvieto hay una contaminación de la gorgona macho con la *potnia thērōn* [86]. Dos felinos se apoyan sobre los hombros de la deidad, que tiene los brazos abiertos y está en actitud de marcha. Yacente entre sus piernas aparece un ánade. También en Grecia, concretamente en Rodas, aparece esta con-

[79] J. M. Blázquez, *art. cit.*, lám. XIV, fig. 22; K. Gebauer, *Heraion von Samos:* AA (1934) 265, fig. 16.

[80] J. M. Blázquez, *art. cit.*, 193ss, láms. I-V.

[81] J. M. Blázquez, *Dioses y caballos en el mundo ibérico (art. cit.)* 211, lámina XV, fig. 24; L. Pernier, *Tempi arcaici sulla Patela di Prinias:* ASAtene 1 (1914) 67ss, figs. 36-38.

[82] J. M. Blázquez, *art. cit.*, 211, lám. XV, fig. 23; *Las diosas aladas de Elche (Alicante)*, en *Actas Cong. Int. Preh. y Prot.* (Madrid 1954) 474ss; E. Cuadrado, *La diosa ibérica de los caballos*, en *ibíd.*, 797ss; J. M. Blázquez, *Aportaciones al estudio de las religiones primitivas de España:* AEArq 30 (1957) 15ss. La deidad venerada en Elche era Tanit, como se desprende del hecho de que existiera allí un templo romano consagrado a Juno; cf. A. Blanco, *Punta da muller marina*, en *Homenaxe a Otero Pedrayo* (Vigo 1958). Por un fenómeno de sincretismo se explica sin duda el hecho de que algunas representaciones de Tanit acusen influencias griegas. Tanit sólo raras veces va unida a caballos; cf. *Tanit*, en Pauly-Wisowa, RE IV-A2, cols. 2189ss.

[83] E. Minns, *Scythians and Greeks* (Cambridge 1913) fig. 120.

[84] G. Q. Giglioli, *op. cit.*, 33, lám. CLXXIV, n. 2.

[85] S. Reinach, *Cultes, Mythes et Religion* IV (París 1912) 58, fig. 1; D. Levi, *La dea micena a cavallo*, en *Studies D. M. Robinson* I (San Luis 1951) 108.

[86] O. Vacano, *op. cit.*, fig. 79; B. Mühlestein, *op. cit.*, lám. XXX.

taminación de la gorgona con la diosa de la fecundidad, pero representada en una actitud distinta de la que tiene en Etruria [87]. La misma contaminación aparece en un bronce hallado en Castel San Mariano, que se fecha a mediados del siglo VI a. C. La gorgona aparece aquí en cuclillas y sujetando por los cuellos con los brazos abiertos a dos leones rampantes; cerca del grupo hay un ánade y un caballo marino [88], en señal de que la diosa es dueña y señora del aire, el mar y la tierra.

Pasado el siglo V a. C., las representaciones del *despotēs thērōn* entre leones rampantes quedaron relegadas a las antefijas de los templos [89]; estas figuras responden muchas veces a prototipos distintos de los que aquí hemos estudiado.

El origen de esta divinidad ha de buscarse en el Oriente, la tierra clásica de las deidades protectoras de los animales, en que no faltan los seres divinos estrechamente relacionados con los caballos [90]. Es posible que Creta desempeñe un cometido importante como estación transmisora de este culto [91]. La imagen del *despotēs thērōn* también es conocida, en formas muy estilizadas, entre los celtas [92].

[87] M. P. Nilsson, *Geschichte der griechischen Religion* I *(op. cit.)* 211, 286, lám. XXX, n. 2.

[88] M. Pallottino, *Art of the Etruscans (op. cit.)* 140s, 144, n. 51; *Art et civilisation des étrusques (op. cit.)* 365, n. 24; G. Haufmann, *op. cit.*, 16, lám. 47a; O. Vacano, *op. cit.*, 49, n. 94.

[89] A. Andrén, *Architectural Terracottas from etrusco-italic Temples* (Leipzig 1939) 410, lám. CXVI; J. M. Blázquez, *La potnia theron de Itálica:* III CAN (1955) 169ss; *Relieve de Itálica con una representación de la potnia theron:* AEArq 26 (1953) 263ss; F. Benoit, *Antefixes d'Artemis en Narbonnaise:* «Studi di Arch. e di St. dell'Arte Antica» 8 (1956) 305ss.

[90] M. Rostovtzeff, «Syria» 12 (1931) 48ss; E. Meyer, *Reich und Kultur der Chetiter* (Berlín 1914) 54, fig. 54; E. Minns, *Small Bronzes from Norther Asia:* «Antiquaries Journal» 10 (1930) 1ss; H. Gressmann, *Altorientalische Bilder zum Alten Testament* (Berlín-Leipzig 1927) 82, fig. 274; A. Godard, *Les bronces du Luristan* (París 1931) lám. XLV; G. Perrot, Ch. Chipiez, *Histoire de l'Art dans l'Antiquité* II (París 1884) 642, fig. 313.

[91] M. P. Nilsson, *Geschichte der griechischen Religion* I *(op. cit.)* 273, lám. XX,4.

[92] P. Jacobsthal, *Early Celtic Art* (Oxford 1944) 57, n.º 236f. El autor relaciona esta pieza con bronces del Luristán.

7

CABALLOS EN EL INFIERNO ETRUSCO *

I. TESTIMONIOS MAS ANTIGUOS Y ESTELAS DE FELSINA

Los documentos más antiguos de una relación entre el caballo y la vida de ultratumba en las creencias etruscas son una serie de diminutos carros de terracota depositados en tumbas fechables en el siglo VII a. C. El carrito de Fontecucchiaia, cerca de Chiusi, hoy en el Museo Nacional de Copenhague [1], consta de una caja rectangular abierta por la parte delantera y cerrada por la posterior; sobre ella hay un auriga en pie, con los brazos hacia adelante en actitud de empuñar las riendas. Dos caballos arrastran el carro, que no conserva ni las ruedas ni la lanza. Semejante al carro de Fontecucchiaia es el carrito hallado en una tumba de niño de Orvieto, conservado en el Museo Arquelógico de Florencia [2]; está tirado igualmente por un par de caballos y conserva sus ruedas de seis radios; junto al carro apareció el auriga. En una tumba de Pitigliano [3] se hallaron dos carros, tirados cada uno por dos caba-

* Damos las gracias al profesor M. Pallottino por su amabilidad al revisar el original de este trabajo, al que ha aportado valiosas sugerencias, así como al profesor A. Neppi Modona, que nos ha proporcionado la bibliografía sobre algunos puntos difíciles. También hacemos extensivo nuestro agradecimiento a la Escuela Española de Historia y Arqueología de Roma. Para el tema que estudiamos es obra fundamental la de F. Hancar, *Das Pferd in prähistorischer und früher historischer Zeit* (Munich 1955).

[1] G. Q. Giglioli, *La tomba chiusina di Fontecucchiaia, ora al Museo Nazionale di Copenhaguen:* «St. Etr.» 3 (1929) 474ss, lám. LII,3; A. Neppi Modona, *A Guide to Etruscan Antiquities* (Florencia 1954) 84; O. Vacano, *Die Etrusker* (Stuttgart 1955) figs. 29 y 84; N. Breitenstein, *Catalogue of Terracottas Cypriot, Greek, Etrusco-Italian and Roman* (Copenhague 1941) 82ss, lám. XCVII, n.° 783; D. Randall-MacIver, *Villanovans and Early Etruscans* (Oxford 1924) lám. XLIV,3; J. Déchelette, *Manuel d'Archéologie* IV (París 1927) fig. 503.

[2] G. Q. Giglioli, *op. cit.*, 474, lám. LII,4.

[3] G. Pellegrini, *Pitigliano. Nuove scoperte di antichità nella necropoli,* en «Not. Scavi» (1903) 267ss; O. Montelius, *La civilisation primitive en Italie* II (Estocolmo 1904) lám. CCXII,3; A. Azzaroli, *Il cavallo domestico in Italia dall'età del bronzo agli etruschi:* «Est. Etr.» 40 (1972) 295, menciona el hallazgo de esqueletos de caballo y carros en dos tumbas de Populonia y de Vulci; de carros en tumbas de Vetulonia y en la Tumba Regolini-Galasi de Cerveteri; en Marsiliana d'Albegna; en Monteleone de Spoleto y Castel S. Mariano de Perugia, y de dos caballos con un carro en la de Castro, al occidente del lago de Bolsena.

llos, y fragmentos de otros caballos. Estos carros ya citados no son los más antiguos hallados en tumbas, pues en Capodimonte, en una tumba villanoviana de pozo, apareció un carro de ruedas macizas, que probablemente era arrastrado también por una pareja de caballos [4].

En una tumba de Vetulonia, del círculo de la Sagrano, se recogió un diminuto caballo de terracota sin carro [5].

Tanto Giglioli, Ducati [6] y Malten como Cumont [7] admiten que estos carros no son de juguete, sino objetos simbólicos por los que sabemos con certeza que en la época arcaica se creía que el tránsito a la otra vida se realizaba con la ayuda de un carro tirado por caballos. También en Grecia se acostumbraba a depositar caballitos de terracota junto a los cadáveres [8], y otro tanto ocurría en la Península Ibérica [9].

Esta misma creencia en un viaje a ultratumba en carro está atestiguada a mediados del siglo VI a. C. por la escena representada en la pared izquierda de la caja del carro de Monteleone de Spoleto, hallado en una tumba [10]. Se trata de una pieza fabricada probablemente en Perugia, según Pallottino. La escena quizá represente la heroización de Aquiles [11], y en ella aparece un personaje que conduce un carro tirado por dos caballos alados que se dirigen hacia arriba; debajo de las patas de los caballos hay una figura femenina que posiblemente representa a la tierra. Pero esta escena no sirve para probar que entre los etruscos existiera la creencia en un viaje a los infiernos con ayuda de caballos, pues está tomada del mundo griego. Los etruscos no heroizan a sus muertos. La costumbre etrusca de depositar junto a los cadáveres los carros que los difuntos utilizaron en vida está documentada en la

[4] L. Milani, *Capodimonte. Nuivi scavi nella necropoli visentina nel comune di Capodimonte sul lago di Bolsena:* «Not. Scav.» (1894) 126ss, fig. 3.

[5] O. Montelius, *op. cit.*, 865, lám. XC,13.

[6] P. Ducati, *Nuove stele felsinee:* «Mon. Ant.» 39 (1943) 413.

[7] F. Cumont, *Lux Perpetua* (París 1949) 287.

[8] L. Malten, *Das Pferd im Totenglauben:* JdI 29 (1914) 221, n. 1. Estos carros de terracota aparecen ya en el mundo micénico; G. E. Mylonas, *Ancient Mycenae. The Capital City of Agamemnon* (Princeton 1957) *passim*, los interpreta como simples juguetes. Son muy frecuentes en tumbas; cf. M. Gimbutas, *The Prehistory of Eastern Europe* (Cambridge 1956) lám. XVI.

[9] M. Almagro, *Las necrópolis de Ampurias* I (Barcelona 1953) 332ss, fig. 301; J. C. Serra Ráfols, *Carrito ibérico de bronce del Museo de Granollers:* AEArq 21 (1948) 289ss. En Tracia son frecuentes los hallazgos de carros de terracota en tumbas fechables entre los siglos II-III; cf. G. Seure, RA 22 (1953) 3ss; en esta región también hay carros sepulcrales; cf. G. Seure, *Chars Thraces:* BCH 49 (1925) 347ss; 25 (1901) 181ss; 28 (1904) 210ss.

[10] C. Q. Giglioli, *L'Arte Etrusca* (Milán 1935) 20, lám. XC,2; A. García y Bellido, *Arte Romano* (Madrid 1955) 36, fig. 73; G. M. A. Richter, *Handbook of the Etruscan Collection. The Metropolitan Museum of Art* (Nueva York 1940) 20, fig. 60; V. Tarchi, *L'arte etrusco-romana nell'Umbria e nella Sabina* I (Milán 1936) 3, láms. LXXX-LXXXIII; S. Cles-Reden, *Les étrusques* (París 1955) fig. 47.

[11] P. Ducati, *Sul carro di Monteleone:* «Jahreshefte des österr. Instit.» 12 (1909) 74ss; L. Goldscheider, *Etruscan Sculpture* (Londres 1941) 22, lám. LXXXI. Según este autor es muy discutible que se trate de la apoteosis de Aquiles.

Tumba del Duce en Vetulonia, en la Tumba Regolini-Galasi [12] y en la de Spoleto; es posible que responda no a la creencia de griegos y romanos, y tal vez también de los etruscos, en que los objetos usados en vida por los muertos les siguen perteneciendo, sino más bien a la idea de que los difuntos siguen utilizando estos mismos objetos en la vida de ultratumba [13]. Virgilio atestigua esta creencia, que sin duda se profesaba en Italia, de que los difuntos seguían utilizando en el más allá los mismos carros de que se habían servido en vida:

«El placer que en vida les daban sus carros y sus armas y el cuidar de los caballos disfrutan sepultados en la tierra» [14].

También Luciano nos transmite un testimonio rotundo de la misma creencia:

«Al séptimo día de su muerte me hallaba yo allí, sobre el lecho, igual que ahora estoy, tratando de aliviar mi dolor, pues leía serenamente el libro de Platón sobre el alma. Mientras me encontraba de este modo distraído, se me acercó la misma Demenete en persona y se sentó a mi lado, del mismo modo que Eucrátides está ahora sentado. Hizo un gesto hacia el más pequeño de sus hijos, que saltó con infantil alegría (había estado triste durante algún tiempo a causa de lo ocurrido). Cuando la vi —prosiguió Eucrates— la tomé en mis brazos con un grito de dolor y me eché a llorar. Ella no me lo consintió, sino que empezó a hacerme reproches porque, si bien nada le había yo negado, no había quemado una de sus sandalias doradas que, según me dijo, estaba bajo el arca, donde había quedado olvidada. Por eso no la habíamos encontrado y sólo habíamos quemado una» [15].

Se conservan cinco gemas procedentes de Vulci y fechadas en la segunda mitad del siglo VI a. C. en las que quizá se represente el viaje en carro a los infiernos (figs. 25-27). Los tiros están formados por monstruos (esfinges), animales salvajes (león y jabalí) o por caballos ápteros o con alas [16]. En un anillo conservado actualmente en el Museo del Louvre y procedente de la antigua colección Campana, fechable

[12] «Not. Scav.» (1887) 477; L. Pareti, *La Tomba Regolini-Galassi* (Ciudad del Vaticano 1947) 252, lám. XXV; 286s, lám. XXXI. Según el autor, este último carro de cuatro ruedas era un carro funerario ocasional, hecho para la celebración de los funerales. Las bigas, por el contrario, eran las que se utilizaban en vida, que al parecer se quemaban sobre las piras. Otro carro fue hallado en una tumba de Fabiano; cf. P. Marconi, L. Serra, *Il Museo Nazionale delle Marche in Ancona* (Roma). También en la Península Ibérica han aparecido carros depositados en las tumbas; cf. J. Cabré, *El sepulcro de Toya:* AEAA 1 (1925) 18s, 27, figs. 21 y 22, lo mismo que en la Galia; cf. R. Joffroy, *Le trésor de Vix, Côte d'Or* (París 1954) y en otros muchos lugares; cf. G. Childe, *The First Waggons and Carts from the Tigris to the Severn:* «Proc. Pr. Soc.» 17 (1951) 177ss. Los celtas enterraban en carros a sus muertos; cf. H. Lehner, «Bonner Jahrb.» 128 (1923) 28ss.

[13] Luc., *De luctu*, XIV; *Philopseudes*, XXVII; Plin., *Epist.*, IV,2,23; cf. F. Cumont, *op. cit.*, 26.

[14] *En.*, VI, 656-658.

[15] Luc., *Philopseudes*, XXVII.

[16] A. Furtwängler, *Die antiken Gemmen* I (Berlín 1900) 84ss; lám. VII,1-5.

igualmente en el siglo VI a. C., aparece aún más claro el carácter psicopompo de los caballos, ya que en la escena representada se ven dos arpías, una sobre el carro y la otra precediéndole [17]. La figura de la arpía adquiere posteriormente un claro valor de monstruo psicopompo [18]. La interpretación de estas piezas en el sentido de un viaje a ultratumba es posible por lo que se refiere al período arcaico, pero no resulta fácil de demostrar sin lugar a dudas. Es muy discutible que los etruscos del período arcaico creyeran en la existencia de un reino de ultratumba. Se trata de una creencia que no aparecerá con claridad sino a partir del siglo V a. C. en las estelas de Felsina.

Las estelas de la necrópolis de Felsina han proporcionado el conjunto más numeroso de testimonios correspondientes a la etapa arcaica, que nos permite documentar la creencia en que los allí sepultados viajan al Hades en carros tirados por caballos o simplemente en caballos, lo que implica que este animal estaba íntimamente ligado a la vida de ultratumba; que era un animal infernal directamente al servicio de las divinidades infernales.

Estas estelas han sido estudiadas por Ducati [19], que a raíz del estudio de Malten publicó un artículo en que a la serie de documentos sobre el caballo y la vida de ultratumba aducidos por el sabio germano añadió algunos testimonios procedentes de Etruria, un ámbito al que Malten se había referido muy parcamente [20].

En algunas estelas aparecen los difuntos marchando en carros o a caballo hacia los infiernos, lo que prueba que desde finales del siglo V y durante el siglo IV a. C., en que se data la producción de las estelas felsinas, el caballo tenía en esta región el carácter de animal infernal con el que posiblemente aparece en Etruria durante la etapa anterior, a que corresponden las localidades ya citadas.

En la Etruria propiamente dicha hay que llegar al siglo VI a. C., salvo un testimonio del siglo VII-VI a. C. procedente de Chiusi, del que nos ocuparemos más adelante, precisamente a la etapa en que el viaje a ultratumba en carro aparece más frecuentemente en las estelas felsinas, para encontrar documentos que prueben esta creencia. Para la etapa que va de finales del siglo VI a. C., época en que se fecha la llamada «piedra Zannoni» (aceptando la cronología propuesta por Ducati, aunque resulta algo elevada), hasta los primeros años del siglo V a. C., no se conservan otros testimonios que las estelas felsinas: la estela número 82 de la necrópolis de Arnoaldi (480-450 a. C.) [21], la estela de Velio Ceci-

[17] E. Coche de la Ferté, *Les bijoux antiques* (París 1956) 112, lám. IV,1.

[18] P. Ducati, *Storia dell'arte etrusca* (Florencia 1927) lám. CXLI, n.° 366; G. Q. Giglioli, *L'Arte Etrusca (op. cit.)* 14, láms. CCXXV,1 y CCLXXVI,3.

[19] *Le pietre funerarie felsinee:* «Mon. Ant.» 20 (1910) 361ss; *Nuove stele funerarie felsinee:* «Mon. Ant.» 39 (1943) 373ss. En las cols. 378-88 está toda la bibliografía aparecida entre los dos trabajos.

[20] P. Ducati, *Osservazioni di demonologia etrusca:* «Rend. Lincei» 29 (1915) 515ss.

[21] P. Ducati, «Mon. Ant.» 39 (1943) 415; «Mon. Ant.» 20 (1910) 47.

na (450-420 a. C.) [22] y la estela grande de la necrópolis de la Certosa (420-390 a. C.) [23].

La «piedra Zannoni» (fig. 28) pertenece al grupo más antiguo de estelas halladas en la necrópolis de Bolonia. Se representa en ella, en relieve, un carro tirado por un par de caballos y conducido por un pequeño auriga. Delante de los caballos hay un personaje de grandes proporciones, vestido y con un sombrero en forma de plato invertido, que levanta el brazo derecho en actitud de detener a los caballos; con la mano izquierda sujeta una especie de bastón estrecho en la empuñadura y un poco más ancho por el lado opuesto. Algunos de los motivos que inspiraron esta escena se encuentran en la escultura de Siria septentrional y revelan una corriente de influjos distinta de la que predomina en las restantes estelas felsinas, de carácter más bien jónico-oriental [24].

Es posible que tengamos en esta estela una primera representación del viaje en carro a los infiernos; el personaje que aparece delante de los caballos podría ser un demonio psicopompo [25], hermano de los que aparecen en otras estelas felsinas posteriores [26]; el bastón que empuña como atributo equivaldría al *rabdos* que lleva Hermes [27]. En la «piedra Zannoni» aparecen ya todos los elementos típicos de las estelas felsinas posteriores. Pero no está del todo claro cómo haya de interpretarse la escena plasmada en esta pieza. Pallottino ha tenido la gentileza de sugerirme que tal vez se representa en ella un mito. A Polacco se debe el intento más reciente de interpretación, pero este autor propone dos significaciones posibles. La escena podría representar el viaje a los infiernos en carro, pero al mismo tiempo podría entenderse que el personaje que aparece sobre el vehículo es un mortal que se halla bajo la protección de una divinidad lunar identificada por un símbolo. El autor, sin embargo, parece inclinarse más bien a aceptar la primera interpretación, pues al resumir las distintas influencias que se conjugan en este monumento, escribe que el tema del viaje a los infiernos

[22] P. Ducati, «Mon. Ant.» 20 (1910) lám. 1; *Storia dell'arte etrusca (op. cit.)* lám. CLV; *L'Italia antica* (Verona 1948) fig. 209; *Storia di Bologna* I (Bolonia 1928) 281ss, fig. 135; *Guida alle antiquità di Marzabotto e di Bologna:* «St. Etr.» 2 (1928) 1788, lám. LIX,1; A. Grenier, *Bologne villanovienne et étrusque* (París 1912) 452, fig. 149; A. Polacco, *Rapporti artistici di tre sculture villanoviane di Bologna:* «St. Etr.» 21 (1950) 51, 64ss, fig. 1.

[23] P. Ducati, «Mon. Ant.» 20 (1910) lám. V; A. Grenier, *op. cit.*, 448ss, fig. 147; C. Q. Giglioli, *L'Arte etrusca (op. cit.)* 43, lám. CCXXXVI,1; F. de Ruyt, *Charun démon étrusque de la mort* (Roma 1934) 124, fig. 54.

[24] M. Pallottino, *Mostra dell'arte e della civiltà etrusca* (Milán 1955) 14, lám. X,39, con bibliografía; O. Vacano, *Die Etrusker (op. cit.)* lám. XLIII,c.

[25] P. Ducati, «Rend. Lincei» 24 (1910) 264ss; «Mon. Ant.» 39 (1943) 422.

[26] P. Ducati, «Mon. Ant.» 20 (1910) lám. IIb, n. 164, de 390-360 a. C.; lám. IV, n. 168A, de 390-360 a. C.; lám. V, n. 169A, de 420-390 a. C. Precisamente en la estela n.° 164 el demonio se halla en una actitud muy parecida a la del que aparece en la «piedra Zannoni»; el demonio de la estela n.° 169A lleva un objeto en forma de espátula equivalente al bastón que empuña el de la «piedra Zannoni».

[27] P. Ducati, «Mon. Ant.» 39 (1943) 422.

es etrusco-mediterráneo, y que la columna tiene significación funeraria.

Entre los finales del siglo VI a. C. y las tres estelas anteriormente citadas tan sólo contamos con tres documentos en que se acredite el carácter infernal del caballo en las necrópolis de Felsina. Uno de ellos es interesantísimo. Se trata de la estela número 175 de la necrópolis de la Certosa, que Ducati fecha entre los años 510-480 a. C. (en realidad es algo más reciente), en que se representa un caballo gigantesco de perfil delante del cual aparece un personaje diminuto recostado en una *klinē*, que sostiene en su mano izquierda y ofrece a un demonio áptero un recipiente; el demonio aparece detrás del caballo y levanta un martillo en actitud amenazadora. Sobre el caballo, como aparejándolo, se veía pintado otro demonio alado. Ducati ha visto en el demonio, que se apresta a descargar el golpe de su martillo sobre el diminuto personaje, una personificación de la muerte, un demonio encargado de cortar la vida de los mortales [28]. El caballo está preparado para conducir al difunto hasta el Hades. Sus grandes dimensiones responden tal vez a un intento de representar, mediante este ingenuo recurso, la importancia que la religiosidad etrusca otorga al caballo en el destino del hombre a partir del momento de la muerte. Varios siglos después, refiriéndose a la importancia del caballo en la vida de ultratumba, escribirá Artemidoro que si a un enfermo se le aparece en sueños este animal, es indicio de que morirá pronto [29].

En las otras dos estelas, fechables ambas entre los años 510-480 a. C., se representa el tema del viaje a caballo a los infiernos [30], utilizando una fórmula iconográfica que también aparece en Grecia, como acreditan la estela de Lyseas [31], de la Colección Barraco [32] y la de Do-

[28] P. Ducati, «Mon. Ant.» 20 (1910) 619ss; «Rend. Lincei» 24 (1910) 524; *Storia di Bologna (op. cit.)* 279ss, fig. 133; *Osservazioni sui primordi dell'arte figurata a Felsina ed ad Este:* «Historia» 3 (1929) 39ss, fig. 8. Los problemas de las relaciones cronológicas y de conceptos entre las estelas villanovianas como la Zannoni y las etruscas de la Certosa no están todavía resueltos. La estela n.° 175 de la Certosa contiene la representación más antigua que se conoce de la muerte acompañada de un caballo. La escena representada en ella es de tal originalidad y fuerza simbólica y expresiva que se puede comparar perfectamente con representaciones semejantes muy posteriores, que vienen a ser todas ellas variantes de la idea expresada en el relieve etrusco. Baste citar el grupo de la catedral de Nôtre Dame de París, en que la muerte cabalga con los ojos vendados y sendos puñales en las manos, llevando a la grupa a un difunto, o los conocidos grabados de Durero *El caballero, la muerte y el diablo* y *Los cuatro jinetes del Apocalipsis*, o el cuadro de Brueghel *El triunfo de la muerte*, en el que ésta aguadaña a los vivos, como en la *Alegoría de la muerte*, de Jáuregui. Solana, finalmente, volverá por dos veces a pintar a la muerte montada en un caballo en el *Final del mundo* y *El triunfo de la muerte*.

[29] Art., I, 56.

[30] P. Ducati, «Mon. Ant.» 20 (1910) 573ss, figs. 42 y 85; «Rend. Lincei» 24 (1910) 524ss.

[31] A. Conze, *Die attischen Grabreliefs* (Berlín 1823) lám. 1; Lübke-Pernice, *Die Kunst der Griechen* (Viena 1948) fig. 470; K. Friis, *The Attic Grave-Reliefs of the Classical Period* (Copenhague 1951) 101, fig. 53; E. Pfuhl, *Malerei und Zeichnung der Griechen* (Munich 1923) 533, lám. CLXXVII.

[32] A. Conze, *op. cit.*, 1, lám. IX.

rilea[33], las tres de finales del siglo VI a. C. En las dos estelas atenienses admite Malten que el caballo tiene carácter infernal, a pesar de que el jinete, al igual que en las estelas etruscas, lleva lanza; según el sabio germano no ha de verse en esta figura una imagen del muerto, sino un tipo genérico de difunto sobre caballo infernal[34].

Para facilitar su estudio agruparemos en dos apartados las estelas felsinas en que aparece el caballo con carácter infernal.

A) *Estelas que representan el viaje a los infiernos en carro*

En 42 de las 187 estelas felsinas estudiadas por P. Ducati en 1910 los difuntos se encaminan hacia el Hades montados en carros. A este grupo hay que añadir la «piedra Zannoni» y otras tres estelas estudiadas también por P. Ducati en 1943. De estas 46 estelas, en 30 ejemplares el carro está tirado por dos caballos, por tres en 11 y por una cuadriga en dos. Hay tres estelas en las que no es seguro que el difunto vaya sobre un carro, pero las hemos incluido en este grupo. Agrupadas según el número de caballos y ordenadas conforme a la necrópolis de que proceden, se obtiene el siguiente cuadro[35]:

CARRO DE DOS CABALLOS

N.º	*a. C.*	*Necrópolis o finca*
11	390-360	N. del Jardín Margarita
12	390-360	N. del Jardín Margarita
25	420-390	N. del Jardín Margarita
42	390-360	N. de Arnoaldi
45	390-360	N. de Arnoaldi
46	390-360	N. de Arnoaldi
54	390-360	N. de Arnoaldi
63	390-360	N. de Arnoaldi
66	420-390	N. de Arnoaldi
77	420-390	N. de Arnoaldi
82	480-450	N. de Arnoaldi
83	450-420	N. de Arnoaldi
86	420-390	N. de Arnoaldi
87	420-390	N. de Arnoaldi
157	480-450	N. de la Certosa
158	390-360	N. de la Certosa
164	390-360	N. de la Certosa
168	390-360	N. de la Certosa
169	420-390	N. de la Certosa
170	450-420	N. de la Certosa

[33] P. Ducati, «Mon. Ant.» 20 (1910) fig. 9; K. Friis, *op. cit.*, 77ss, fig. 34.

[34] L. Malten, *op. cit.*, 222. El problema de las estelas griegas es muy complejo; cf. nuestro trabajo *El caballo en las creencias griegas y en las de otros pueblos circunmediterráneos*, en este mismo volumen, pp. 42-68.

[35] P. Ducati, «Mon. Ant.» 20 (1910) 582ss; C. Morigi, *Persistenze orientalizzanti nelle stele felsinee:* «St. Etr.» 38 (1970) 67ss.

N.º	*a. C.*	*Necrópolis o finca*
173	390-360	N. de la Certosa
182	420-390	N. de la Certosa
192	480-450	N. de la Certosa
194	390-360	N. de la Certosa
195	390-360	N. de la Certosa
197	420-390	N. de la Certosa

CARRO DE TRES CABALLOS

2	450-420	F. Tamburini
15	450-420	N. del Jardín Margarita
44	450-420	N. de Arnoaldi
47	390-360	N. de Arnoaldi
61	450-420	N. de Arnoaldi
70	450-420	N. de Arnoaldi
107	420-390	N. del Jardín Margarita
125	420-390	N. del Jardín Margarita
144		N. de Lucca
160	420-390	N. de la Certosa
182	420-390	N. de la Certosa

CUADRIGA

10	450-420	N. del Jardín Margarita
59	420-390	N. de la Certosa

CARRO DE NÚMERO INCIERTO DE CABALLOS

42	390-360	N. de Arnoaldi
45	390-360	N. de Arnoaldi
85	390-360	N. de Arnoaldi

En tres de estas estelas, las que llevan los números 45, 169 y 182, la representación del viaje en carro a los infiernos es doble.

Cuando el difunto representado es un varón, él mismo empuña las riendas; cuando se trata de una mujer, un auriga conduce el vehículo.

El difunto es varón en las estelas con los números 10, 13, 42, 43, 44, 47, 77, 83, 87, 107, 144, 157, 159, 160, 168, 170, 173, 182-A, 194 y 195.

Es mujer en los números 2, 12, 63, 85, 86, 164, 169, 182-B y 194.

Es de sexo incierto en las de los números 25, 45-A y B, 46, 54, 66, 70, 82, 125, 158, 192 y 197.

En las tres estelas estudiadas por P. Ducati en 1943, el difunto es varón [36].

En la estela número 61 se observa la particularidad notable de haberse representado un demonio imberbe y alado en el momento de su-

[36] Estas estelas designadas con las letras A, C y E, en que el difunto marcha a los infiernos sobre un carro tirado por dos caballos, pertenecen a la producción felsina más reciente.

bir al carro, con el pie izquierdo todavía en el suelo. Esta representación prueba que el viaje en carro tiene como destino los infiernos; es un tema típicamente funerario y el viaje se realiza ya en ultratumba.

En la estela número 182 se ha representado por dos veces el viaje en carro a los infiernos; en uno de ellos el pasajero es varón, y mujer en el otro. Es probable que la estela corresponda a un matrimonio. La estela a que corresponde el fragmento número 55-A quizá reproducía este mismo motivo.

Los caballos son ápteros o alados. Llevan alas los caballos de las estelas de los números 2, 10, 12, 13, 44, 47, 61, 82, 83, 86, 87, 125, 159, 160, 168, 170, 173 y 194.

Son ápteros los caballos de las estelas de los números 11, 63, 77, 164, 169 y 195.

No es posible saber si los caballos son ápteros o alados en las de los números 25, 42, 43, 45, 46, 54, 66, 70, 85, 107, 144, 157, 158, 182, 192 y 197.

En la estela designada con la letra A de las estudiadas por P. Ducati en 1943, los caballos son alados; en la C carecen de alas, y no es posible determinar este pormenor en el fragmento E por haber desaparecido la parte correspondiente.

Los caballos de la «piedra Zannoni» son ápteros. Los caballos de Aquiles en el carro de Monteleone, en cambio, son alados.

Tienen alas los caballos de una de las gemas de Vulci, pero son ápteros en otras dos, igual que los representados en el anillo procedente de la Colección Campana.

Como ya hemos indicado, en la «piedra Zannoni» aparecen todos los elementos típicos del viaje a los infiernos que se encuentran en las estelas felsinas; si admitimos que no representa un mito, ello probaría que a finales del siglo VI a. C. estaba ya formada la creencia clara en este viaje. Se conservan otras estelas arcaicas con igual contenido que la «piedra Zannoni». El tema del viaje en carro a los infiernos no es muy frecuente en un principio, pero cada vez gozará de mayor aceptación como motivo decorativo de las estelas.

La estela número 82 es una de las más antiguas[37]; se representa en ella un tronco de dos caballos alados corriendo a toda velocidad. Las alas de los caballos que aparecen en las estelas felsinas acusan el influjo jónico, y no tienen otra finalidad que indicar la velocidad de su carrera. Apolonio comparó varios siglos después a la muerte con un caballo veloz:

> «Inmortal es el alma, y no te pertenece, sino que es de la Providencia,
> y cuando el cuerpo se desintegra, como veloz corcel libre de ataduras,
> ligera salta y se mezcla con el aire fluido...»[38].

[37] P. Ducati, «Mon. Ant.» 20 (1910) 584, fig. 47.
[38] Filostr., *Vit. Apol.*, VIII, 31.

Y en el Apocalipsis, la muerte se aparecerá sobre un caballo:

«Miré entonces y había un caballo verdoso; el que lo montaba se llamaba Muerte»[39].

En Etruria hubo representaciones de caballos con alas hasta época muy reciente[40].

Los animales representados en la «piedra Zannoni» marchan reposadamente. En la estela número 82 aparece un perro caminando debajo de los caballos y en la misma dirección que éstos. Este animal acompaña con frecuencia a los carros en las estelas. En cambio, en la estela número 169, el perro sigue tranquilamente a su dueña, al igual que en la urna de Vulci[41]. Probablemente estos perros que siguen a los carros no tienen ningún sentido funerario especial, al contrario de las serpientes que acompañan a los carros de los difuntos[42] y marchan en su misma dirección (estelas núms. 42, 44 y 47). El carácter infernal de las serpientes en la religión etrusca se aprecia aún con mayor claridad en algunos monumentos posteriores a las estelas felsinas. En la Tumba del Orco aparece Hades representado con una serpiente en la mano izquierda, mientras que en el cabello de su compañera Perséfone anidan varias serpientes. En esta misma tumba, Tuchulcha esgrime unas serpientes contra Teseo y Piritoo[43]. En la Tumba Golini está representado Hades con un cetro en el que se enrosca una serpiente. En una crátera de Vulci aparece el mismo Tuchulcha con serpientes enroscadas en los brazos[44]. Son frecuentes las representaciones de Charun acompañado de serpientes[45].

Las serpientes que acompañan a los carros en las estelas felsinas, al igual que la presencia de los demonios, refuerzan la significación del tema.

La presencia del perro en escenas de indudable significación funeraria (como en la núm. 169, en que acompaña al carro, que además va precedido de un demonio mientras otro de estos seres vuela por encima del vehículo) indicaría que los etruscos, al igual que los griegos y los romanos, creían que estos animales, tan ligados a las personas en vida, las acompañaban más allá de la muerte en su viaje a los infiernos, donde seguirían prestándoles su compañía. Esta creencia pervivirá incluso en los tiempos del Imperio. Según Plinio[46], el orador Régulo in-

[39] Ap 6,8.

[40] M. Pallottino, *op. cit.*, 3, lám. 1.

[41] J. Martha, *L'art étrusque* (París 1889) figs. 249 y 360.

[42] P. Ducati, «Mon. Ant.» 20 (1910) 586ss, figs. 48 y 79.

[43] M. Pallottino, *La peinture étrusque* II (Ginebra 1952) 113; P. Ducati, *Pittura etrusca, greca e romana* (Novara 1941) lám. XX; F. Poulsen, *Etruscan Tomb Painting* (Oxford 1922) figs. 36 y 37; F. Weege, *Etruskische Malerei* (La Haya 1921) láms. LXI y LXII; P. Riis, *An Introduction to Etruscan Art* (Copenhague 1953) lám. LIII.

[44] J. D. Beazley, *Etruscan Vase-Painting* (Oxford 1947) 8ss, lám. XXX,1; P. Riis, *op. cit.*, lám. LIX.

[45] J. D. Beazley, *op. cit.*, 170; F. de Ruyt, *op. cit.*, 153ss.

[46] *Epist.*, IV,2,23.

moló, junto a la hoguera en que se quemaban los restos de su hijo, sus caballos de tiro y silla, sus ruiseñores, periquitos y mirlos y sus perros grandes y chicos. Plutarco habla en uno de sus mitos de los aullidos y gemidos de los animales en los infiernos [47]. Algunos romanos mandaban que fueran quemados en sus piras todos los utensilios de caza que poseían, sin duda para seguir dedicándose en ultratumba a su deporte favorito [48]. En el mundo griego existía igualmente la creencia de que los perros acompañaban a sus dueños en el más allá, y por ello sin duda manda Aquiles quemar en la hoguera de su amigo Patroclo sus perros:

«Nueve perros tenía, que alimentaba a su mesa. Dos de ellos degolló y arrojó a la pira» [49].

En un sarcófago de Sidón que contenía el esqueleto de un rey aparecieron varios cráneos de perros sacrificados [50]. En Grecia no era el perro el único animal que se sacrificaba para que hiciera compañía a su dueño en la otra vida; lo mismo ocurría con el caballo. Los caballos de Patroclo fueron inmolados sobre su tumba por Aquiles [51]. En tiempos de Pisístrato, al morir Cimón, hijo de Milciades, tres veces vencedor en Olimpia con la misma cuadriga, fueron enterrados junto a su tumba sus cuatro caballos, para que le sirvieran en el más allá:

«... estando en el destierro tuvo la suerte de ganar el premio para cuadrigas en Olimpia, obteniendo con esta victoria el mismo honor que había ganado Milciades... Volvió a ganar con el mismo tronco de caballos en la siguiente olimpiada, pero consintió que fuera proclamado vencedor Pisístrato... Un tercer premio olímpico consiguió con el mismo tronco... Cimón está enterrado fuera de la ciudad, al otro lado del camino que llaman del Barranco. Los caballos que le ayudaron a ganar los tres premios olímpicos están también sepultados junto a su tumba» [52].

En una tumba de Pérgamo aparecieron huesos de perro y de caballo [53]. Luciano atestigua que en sus tiempos era frecuente esta práctica y conoce su significado original [54]:

[47] *De genio Socratis*, XXII.

[48] CIL XIII,5707: ... VOLO AUTEM OMNE INSTRUMENTUM MEUM QUOD AD VE | NANDUM ET AUCUPANDUM PARAVI MECUM CREMARI · CUM LANCEIS GLADEIS | CULTRIS RETIBUS · PLAGIS · LAQUEIS · THALAMIS · TABERNACULIS · FORMIDINIBUS | BALNEARIBUS · LECTICIS... Sobre este particular, cf. F. Cumont, *Recherches sur le symbolisme funéraire des romains* (París 1942) 405, 439.

[49] *Il.*, XXIII, 173-174.

[50] Hamdy-bey-Th. Reinach, *Une nécropole royale à Sidon* (París 1892) 27.

[51] *Il.*, XXXIII, 171-172.

[52] Her., VI, 103.

[53] P. Jacobsthal, *Die Arbeiten zu Pergamon*, 1906-1907: «Athen. Mitt.» 33 (1908) 43ss. En el mundo micénico aparecen ya sepulturas en que los caballos acompañan a sus dueños; cf. G. Mylonas, *op. cit.*, *passim.* El mismo hecho se registra en otras culturas; cf. H. Hancar, *op. cit.*, láms. VIII-IX.

[54] *De lectu*, XIV.

«¿Acaso no han mandado muchos sacrificar sus caballos, sus concubinas, hasta sus coperos a la hora de su muerte, y han quemado o sepultado consigo vestidos y otros objetos de adorno personal, como si hubieran de usarlos allí y obtener de todo esto alguna satisfacción allá abajo?».

También los escitas acostumbraban a sacrificar los caballos de los muertos para que les acompañaran en la otra vida [55]:

«Entonces, después de depositar el cadáver en la tumba sobre un lecho, hincan unas lanzas todo alrededor del cuerpo y tienden sobre ellas unas tablas, y lo cubren todo con pieles. En el espacio que queda dentro de la tumba queman, después de estrangularlos, una de las concubinas del rey, su copero, su cocinero, su mozo, su escudero y su correo, además de caballos, primicias de todo género y copas de oro».

Si se compara la «piedra Zannoni» con la estela número 82, se advierte que un mismo tema puede presentarse en dos esquemas distintos. En la estela número 82, que depende notoriamente de modelos jónicos, ningún demonio precede al carro. Los caballos tienen alas y marchan al galope, mientras que los de la «piedra Zannoni» van a paso lento, carecen de alas y les precede un demonio. En las estelas felsinas se mantienen las dos variantes, aunque se dan también interferencias.

Predominan, como ya se indicó, los caballos alados, pero éstos no siempre marchan a paso rápido; por el contrario, llevan un paso lento en las estelas números 2, 10, 12, 13, 44, 159, 160, 170 y 194. Otras veces son los caballos ápteros los que marchan al trote o al galope (números 77 y 164). En esta última estela abre la marcha un demonio, que no está parado, como en la «piedra Zannoni» o en la estela número 13, sino que acompasa su marcha al paso de los caballos [56].

La fusión de las dos variantes del mismo tema contribuye a dar a estas representaciones un carácter verdaderamente local y etrusco, que se manifiesta con mayor claridad en la preferencia por el carro tirado por tres caballos. Estos animales siempre llevan alas en las estelas felsinas. Con el tiempo, este tipo de carro tirado por tres caballos cae en desuso y no se representa generalmente en las estelas más recientes; son más frecuentes los carros de dos caballos que los de tres.

En las estelas más antiguas y en las de tamaño reducido, el tema del viaje a los infiernos mantiene un esquema muy simple; con el tiempo, y a medida que aumenta el tamaño de las estelas, la representación se complica al añadírsele nuevas figuras secundarias.

Al final de la producción felsina, el tema se ha convertido ya en una verdadera marcha triunfal a los infiernos (estelas núms. 2 y 10);

[55] Her., IV, 71; cf. E. Minns, *Scythians and Greeks* (Cambridge 1913) 87ss, 165ss, 222ss.

[56] P. Ducati, «Mon. Ant.» 20 (1910) lám. IIb; M. Pallottino, *Mostra dell'arte e della civiltà etrusca (op. cit.)* lám. LXXXIX; *Etruskische Kunst* I (Zurich 1955) n. 96; *Kunst und Leben der Etrusker* (Colonia 1956) lám. LXIV; L. Goldscheider, *op. cit.*, 27, láms. II-IV.

en esta última [57], la cuadriga avanza a paso lento y precedida de dos personajes envueltos en amplios mantos; el primero se vuelve hacia el cortejo tocando un *aulē*. En la estela número 2 aparece entre las patas de los caballos un muchacho desnudo que toca un instrumento curvo semejante al que lleva el *buccinator* que acompaña al carro infernal en la Tumba Golini I [58]. En la tumba de la familia de los Hescanas en Orvieto hay otro personaje que lleva el mismo instrumento musical [59], que aparece pintado varias veces en la Tumba Bruschi de Tarquinia [60] y en sarcófagos de época helenística [61].

En las estelas felsinas aparecen representados los varones de manera distinta que las mujeres; éstas llevan la cabeza y el cuerpo cubiertos por un manto, mientras que aquéllos son imberbes, están de perfil y cubren el cuerpo con un manto. Los varones, además, empuñan las riendas, mientras que las mujeres van acompañadas de un auriga y se protegen generalmente con una sombrilla (estelas núms. 63, 86, 164 y 182) [62].

En la estela número 63 es un demonio imberbe el que ofrece la sombrilla a la mujer.

Los demonios que acompañan a los caballos son femeninos, como en la número 175, una de las más antiguas [63], y en la número 12, que se cuenta entre las más recientes, pero lo más frecuente es que sean masculinos. En la estela número 175 había un demonio pintado de rojo, tendido casi horizontalmente sobre el caballo y en actitud de aparejarlo. En la estela número 61, un demonio está a punto de subir a la biga.

En la estela número 169, el demonio, de hombros y pies alados, vuela casi horizontalmente sobre los caballos, al igual que en la número 182. En la estela C de las publicadas por P. Ducati en 1943, el demonio alado vuela en dirección a la biga para coronar al difunto [64], mientras que en la número 168 el demonio precede a la biga. En la número 42 otro demonio alado precede igualmente a la biga mientras otro demonio, áptero y de menores proporciones, apoya un pie sobre el pretil del carro [65]. En la número 63, el demonio aparece horizontalmente sobre la biga y dirigiéndose hacia la difunta [66].

Estos demonios, que como ya se indicó señalan clarísimamente que

[57] P. Ducati, «Mon. Ant.» 20 (1910) fig. 83.

[58] F. Poulsen, *op. cit.*, fig. 40; P. Ducati, *Pittura etrusca, italo-greca e romana (op. cit.)* lám. X.

[59] D. Cardella, *Le pitture della tomba etrusca degli Hescanas* (Roma 1893) lám. IIIc.

[60] «Mon. Ant.» 8 (1896) lám. XXXVI.

[61] P. Ducati, *L'Italia Antica (op. cit.)* fig. 296; R. Herbig, *Die jüngeretruskischen Steinsarkophage* (Berlín 1952) 46ss, lám. I; 5, 13ss, lám. XL.

[62] P. Ducati, «Mon. Ant.» 20 (1910) fig. 50, lám. V; A. della Seta, *op. cit.*, fig. 277; C. Q. Giglioli, *L'Arte Etrusca (op. cit.)* 1, lám. CCXXXVI; 4, CCXXXVII; P. Riis, *op. cit.*

[63] P. Ducati, «Mon. Ant.» 39 (1943) 636ss.

[64] *Ibíd.*, lám. IIc.

[65] P. Ducati, «Mon. Ant.» 20 (1910) fig. 79.

[66] *Ibíd.*, fig. 70.

la escena representada tiene lugar en el otro mundo [67], aparecen ejecutando las más variadas acciones. En la estela número 175 aparejan el caballo; otras veces, como en la número 63, presentan la sombrilla a la difunta; algunos preceden como buenos guías a la comitiva (estelas números 42 y 168) o al caballo (estela núm. 16). En la estela número 13 y en la «piedra Zannoni», el demonio, colocado delante de los caballos, alza la mano para detenerlos. En las estelas números 164 y 169, los demonios hacen de aurigas. De todo ello se deduce que los demonios actúan como servidores de Hades y que el caballo es también un animal que se pone a disposición de los difuntos en su viaje a los infiernos. En las gemas de Vulci se sustituyen los caballos por otros animales que en el mundo mediterráneo poseen un marcado carácter funerario, como el león y el jabalí [68] o las esfinges que, como en el sarcófago de Haghia Triada, tiran del carro que conduce al difunto [69].

Estas estelas prueban que, al igual que en Grecia [70], también en Etruria se creía ya desde la época arcaica en la existencia de estos genios o demonios encargados de conducir a los difuntos hasta el Hades, cuyo camino estaba plagado de dificultades.

El tema del viaje a los infiernos en carro pasó de Felsina al territorio vecino. El museo Maffei de Verona guarda una estela en que se representa este motivo, que también aparece en otra estela del Museo Cívico de Padua [71].

En las estelas y cipos del territorio fiesolano [72] falta el tema del viaje en carro a los infiernos, y lo mismo ocurre en los relieves funerarios de Volterra [73]. En Chiusi tan sólo hay una representación sobre un cipo, pero su autenticidad es dudosa [74]. Falta igualmente en la pintura de Tarquinia y Chiusi, así como en toda la producción pictórica del siglo V a. C. En la Etruria propiamente dicha existía la creencia en que la tumba era la mo-

[67] F. Cumont, *Lux Perpetua (op. cit.)* 290; L. Malten, *op. cit.*, 231, n. 1; F. de Ruyt, *op. cit.*, 129ss.

[68] A. Furtwängler, *op. cit.*, 3, lám. VII.

[69] *Ibíd.*, 2, lám. VII; F. Cumont, *op. cit.*, 289; F. Matz, *Kreta, Mykene, Troja* (Stuttgart 1956) lám. XLVII; M. P. Nilsson, *The Minoan-Mycenaean Religion and Its Survival in Greek Religion* (Lund 1950) 426ss.

[70] Plat., *Fed.*, 108c.

[71] H. Nachod, *Der Rennwagen bei den italikern und ihre Nachbar* (Leipzig 1909) 20, 50ss, lám. III, n.° 29.

[72] F. Magi, *Stele e cippi fiesolani:* «St. Etr.» 4 (1932) 11ss, láms. I-XII; *Una nueva stela fiesolana:* «St. Etr.» 7 (1933) 5955, lám. IV.

[73] A. Minto, *Le stele archaiche volterrane*, en *Scritti in onore di Bartolomeo Nogara* (Ciudad del Vaticano 1937) 305s, láms. XLII y XLIII.

[74] E. Paribeni, *Rilievi chiusini arcaici:* «St. Etr.» 12 (1938) 57ss, láms. VI-XXXVII; el cipo, en la lám. XXXIV. Paribeni no dice, como afirma Ducati, «Mon. Ant.» 39 (1943) 412, n. 7, que este relieve sea falso, sino que hace notar expresamente que la escena tiene un contenido simbólico, sin que se represente un viaje a ultratumba; cf. E. Paribeni, *I rilievi chiusini arcaici* II: «St. Etr.» 13 (1939) 192. En cambio, D. Levi, *Il Museo Civico de Chiusi* (Roma 1935) 25, fig. 7, dice expresamente que la escena representa el viaje a los infiernos. Algunos relieves funerarios de Chiusi en C. Q. Giglioli, *L'Art Etrusca (op. cit.)* láms. CXXXV, CLIV,2.

rada del difunto. Esta creencia explica satisfactoriamente el hecho de que en Etruria no aparezcan documentos del viaje al Hades. No hay, por consiguiente, en la Etruria propiamente dicha testimonios relativos al viaje del difunto en carro, mientras que este tema goza de gran aceptación en Felsina. En Etruria se repetían los motivos funerarios tradicionales; en Felsina se desarrolla cada vez más el tema del viaje en carro; se trata, por tanto, de una producción funeraria circunscrita a un territorio determinado, en que se expresan creencias y conceptos propios de los etruscos de la llanura paduana, pero no de los estruscos que habitaban entre el Arno y el Tíber[75]. A partir del siglo IV a. C. aparecerá en la Etruria propiamente dicha el tema del viaje en carro a los infiernos, pero en urnas[76] y sarcófagos[77]. No están claras las razones de que en Felsina adquiera el caballo este carácter psicopompo. El carácter funerario del caballo es una creencia que pertenece al substrato mediterráneo. Felsina, aunque un texto de Estrabón hable de ella como fundación etrusca en la época de la expansión hacia el norte, era un centro clave por su magnífica posición geográfica en el que pervivieron muchas de estas creencias arcaicas, que habrían de adquirir luego una gran pujanza cuando los etruscos llegaron a la ciudad y se adaptaron a la nueva vida.

B) *Estelas que representan el viaje a los infiernos a caballo*[78]

El difunto siempre es varón y en la flor de la vida. Es un tema que aparece en las estelas felsinas más antiguas, pero que luego cae en desuso con el paso del tiempo.

Las estelas que presentan este tema, ordenadas de mayor a menor arcaísmo, son las siguientes:

N.º	*a. C.*	*Necrópolis o finca*
187	510-480	N. de la Certosa
130	510-480	N. de Lucca
188	480-450	N. de la Certosa
162	480-450	N. de la Certosa
131	480-450	N. de Lucca
181	480-450	N. de la Certosa
33	420-390	N. del Jardín Margarita
17	390-360	N. del Jardín Margarita
16	390-360	N. del Jardín Margarita[79]

En algunos de estos ejemplares, como el último, cabe dudar de si realmente se representa el viaje del difunto a los infiernos o si se alude

[75] P. Ducati, «Mon. Ant.» 39 (1943) 412, 415ss; «Rend. Lincei» 24 (1910) 519.
[76] J. Martha, *op. cit.*, fig. 145.
[77] P. Ducati, *Storia dell'Arte Etrusca (op. cit.)* n. 486; *L'Italia Antica (op. cit.)* fig. 240; C. Q. Giglioli, *L'Arte Etrusca (op. cit.)* lám. CCXLI,2-3; R. Herbig, *op. cit.*, láms. I, XLIIa, LXXb; F. de Ruyt, *op. cit.*, fig. 56.
[78] P. Ducati, «Mon. Ant.» 20 (1910) 573ss; «Rend. Lincei» 24 (1910) 521ss.
[79] Menos las n.os 162, 33 y 16, estas estelas han sido reproducidas por P. Ducati, «Mon. Ant.» 20 (1910) figs. 85, 42, 45, 43, 44, 66. A éstas hay que añadir la n.º 175, en que el caballo aparece preparado para transportar al difunto.

más bien al carácter guerrero del personaje, como ocurre sin duda en estos otros cuatro ejemplares:

N.º	*a. C.*	*Necrópolis o finca*
62	420-390	N. de Arnoaldi
79	420-390	N. de Arnoaldi
87	420-390	N. de Arnoaldi
20	390-360	N. del Jardín Margarita [80]

Creemos, sin embargo, que se trata realmente de una representación del viaje a los infiernos, ya que en Grecia, en relieves sobre los que no cabe dudar si representan personajes heroizados, como en el que se lee *Theodōros hēros* [81], el guerrero lleva lanza.

En la estela número 188, además de las figuras del caballo y el difunto, aparecen las de un perro, un muchacho (también en la estela de Dorilea aparece el jinete acompañado de un perro y un muchacho) y un monstruo angípede, ser de marcado carácter infernal en Felsina [82], que aparece también en otras estelas felsinas, y que viene a reforzar el significado funerario del tema. El monstruo sujeta por las riendas al caballo, como para conducirlo directamente a los infiernos. En la estela número 130 (510-480 a. C.), procedente de la necrópolis de Lucca, el angípede está en pie y delante de un guerrero, con el brazo izquierdo levantado [83]. En las estelas números 187 y 130, la figura del guerrero parece fundirse con la del caballo hasta formar un solo ser; en estas estelas, al igual que en la de Lyseas, en un fragmento de la Colección Barraco y en la dedicada al héroe Teodoro, el jinete empuña una lanza.

En la estela número 188, al igual que en la de Dorilea, aparece el tema de la caza con carácter infernal, como lo indica claramente la presencia del monstruo angípede, que puede ser una figura de carácter psicopompo. Por lo que se refiere a Grecia, el significado funerario de la caza aparece con toda claridad especialmente en los relieves que representan la despedida de un difunto; a veces junto al caballo está el siervo con varios perros [84].

[80] P. Ducati, «Mon. Ant.» 20 (1910) figs. 27, 77, 87.

[81] L. Malten, *op. cit.*, 218, fig. 11; J. Svoronos, *Das Athener Nationalmuseum* (Atenas 1908) 8, lám. XXXIII.

[82] P. Ducati, «Mon. Ant.» 20 (1910) 547ss. F. Benoit ha visto en las representaciones del angípede de época romana una imagen de la muerte y del Océano, el conductor de las almas hacia las Islas de los Bienaventurados; cf. su art. *La victoire sur la mort et le symbolisme funéraire de l'Anguipède:* «Latomus» 8 (1949) 263ss; *Les Mythes de l'Outre-Tombe. Le cavalier à l'Anguipède et l'écuyère Epone* (Bruselas 1950) 25ss. La tesis de Benoit no parece muy aceptable. Ver su crítica en J. Moreau, *Colonnes du dieu cavalier au géant Anguipède dans le territoire de la Sarre:* «N. Clio» 4 (1952) 219ss.

[83] P. Ducati, «Mon. Ant.» 20 (1910) lám. III; *Storia dell'arte etrusca (op. cit.)* 399, lám. CLIII; G. Q. Giglioli, *L'Arte Etrusca (op. cit.)* 30, lám. CLVI; O. Vacano, *op. cit.*, lám. XLIIIb.

[84] A. Conze, *Die attischen Grabreliefs* II (Berlín 1900) láms. CCXVII, CCXXVII.

Los jinetes van desnudos; el de la estela número 130 tal vez lleve un yelmo.

Hay dos estelas, la número 17 y la A de las estudiadas por Ducati en 1943, en las que el jinete o el viaje a los infiernos se representan junto a una gran cabeza silénica barbuda. En la primera de estas estelas está también representado el brazo izquierdo del sileno [85], que parece atrapar al jinete que trataría de huir. En la segunda, una biga se dirige hacia una descomunal cabeza de sileno; ambos caballos levantan en su presencia una de las patas delanteras. Ducati ha visto en estas cabezas una personificación del Orco [86], mientras que Ferri piensa que representan a los difuntos como silenos [87]; Paribeni acepta esta segunda hipótesis [88], pero según De Ruyt, simbolizarían el horror a los infiernos [89]. Grenier, por el contrario, comparte la opinión de Ducati [90]. La teoría más aceptable es tal vez que la cabeza silénica es una representación de Hades, pues no parece muy razonable que el difunto esté representado dos veces. Si la cabeza del sileno representara al jinete, no tendría explicación aceptable el que en la estela número 17 aparezca reteniendo al jinete. En la estela A, la actitud de los caballos, con una mano alzada, parece indicar que están delante de un ser superior, que ya han llegado a la meta de su viaje. En Grecia, cuando a un jinete se le aparece una serpiente, símbolo de la muerte, el caballo levanta una de las patas delanteras, igual que cuando está ante un objeto sagrado, un trípode por ejemplo. En la misma Etruria, el caballo levanta una de las patas delanteras ante la repentina aparición del hipocampo, animal de carácter funerario, como la serpiente [91]. Por el contrario, si la cabeza silénica representa a Hades, tendríamos en ello una confirmación de textos muy posteriores en que se dice que el Orco coge a quien quiere [92].

La estela A, en que la cabeza silénica parece atraer al difunto que va sobre el carro, al mismo tiempo que señala el término del viaje, confirma la creencia posterior expresada en un fragmento de atelana transmitido por Suetonio [93]. Los escritores latinos describen al Orco precisamente como un ser de gran estatura y larga barba [94] o en términos

[85] P. Ducati, «Mon. Ant.» 20 (1910) 653, fig. 66; *Storia di Bologna I (op. cit.)* 277ss, fig. 131; *Guida alle antichita di Marzabotto e di Bologna:* «St. Etr.» 2 (1928) 879, lám. LVIII,3; A. Grenier, *op. cit.*, 449s, fig. 148.

[86] P. Ducati, «Mon. Ant.» 20 (1910) 653ss; «Mon. Ant.» 39 (1943) 424ss, fig. 12, lám. 1; «Rend. Lincei» 24 (1910) 523.

[87] S. Ferri, *Il Sileno nell'oltretomba:* «Historia» 3 (1929) 60ss.

[88] E. Paribeni, «St. Etr.» 13 (1939) 191.

[89] F. de Ruyt, *op. cit.*, 221.

[90] A. Grenier, *op. cit.*, 451.

[91] R. Herbig, *op. cit.*, 18ss, lám. XLIX; J. Svoronos, *op. cit.*, láms. XXVI,5; XXXVII,1-2; XXXIII,5-6; F. Benoit, *L'héroïsation équestre (op. cit.)* lám. IV,1.

[92] Petro., *Satir.*, 34: «Así estaremos todos cuando nos arrebate el Orco»; *ibíd.*, 46: «Que no se lo pueda quitar sino el Orco».

[93] *Nero*, 39: «El Orco os guía los pasos».

[94] Nepot., *Epit. Val. Max.*, VIII,5: «Muerto Antonio, Casio vio en sueños un gigante cubierto de cabellos y barba. Dijo ser el Orco».

parecidos [95]. La representación etrusca del Orco sería más sencilla: una cabezota barbuda [96].

En los cipos arcaicos de Chiusi, cuyos ejemplares más recientes se datan a finales del siglo V a. C. [97], es probable que se represente por tres veces el tema del viaje a los infiernos a caballo [98]; en uno de los cipos, fechado entre finales del siglo VI y comienzos del V a. C., aparece un jinete alado; delante hay otro personaje envuelto en largo manto que parece indicarle el camino o darle ánimos para que lo siga. El segundo cipo muestra en dos lados la figura de un jinete caminando; en uno lleva lanza y ramo en el otro. Se trata aquí seguramente del tema del jinete con carácter funerario, como ocurre en algunas estelas felsinas y en las griegas de Lyseas, de la Colección Barraco, o del héroe Teodoro, en las que los jinetes empuñan lanzas. Es posible que el ramo de árbol sea una ofrenda a Hades, pues en una estela felsina de las más recientes hay también un centauro que empuña un ramo [99]. En la localidad de Tombarella, del municipio de Crespellano, se recogió una estela con inscripción etrusca; en la parte inferior aparecen torpemente silueteados un caballo y una esfinge afrontados. El hecho de que en una misma estela aparezcan un monstruo que tiene frecuentemente sentido funerario y un caballo indica que éste poseía el mismo carácter. Cada uno de estos animales viene a reforzar el significado funerario del otro. La estela aludida se fecha en la segunda mitad del siglo V a. C. [100]

Se conserva una estela fiesolana fechable hacia el año 500 a. C., con el tema del jinete y posible significación funeraria. Magi nota que es el único ejemplar en que aparece este tema. La estela está dividida en dos paneles; en el superior hay una escena que se representa frecuentemente en las estelas fiesolanas, un banquete funerario, mientras que en la inferior un jinete camina hacia la izquierda. La escena superior refuerza el sentido funerario de la inferior [101]. Tanto esta estela como los dos cipos

[95] Varr., L. L. VII,6; Plaut., *Asin.*, 606; *Bach.*, 368; Cecilio en Cic., *De finibus*, II,7,23; Lucilio en Lactancio, *Inst. Diu.*, V,14,3; Hor., *Carm.*, II,3,24; Tib., III,3,38; Arnob., II,53; V.32; CIL III,3624; VI, 2070; XII,5272.

[96] Hay otras estelas felsinas en que aparece la cabeza de Sileno: n.os 89 y 111; cf. P. Ducati, «Mon. Ant.» 20 (1910) figs. 67 y 68, en las que los difuntos ofrecen un pomo y un ramo; en otras dos estelas, las n.os 76 y 79, hay dos demonios de aspecto silénico. Preferimos interpretar la estela n.º 17 en el sentido de que el Hades arrebata al difunto de la vida, no de que es aplacado con la ofrenda para que reciba al muerto bajo su protección, como piensa Ducati.

[97] E. Paribeni, «St. Etr.» 12-13 (1939) 196ss.

[98] M. Pallottino, *Mostra dell'arte e della civilità etrusca (op. cit.)* 72, lám. XLVIII; E. Paribeni, «St. Etr.» 12-13 (1939) 3-4, lám. XXXI; 4, lám. XXXIV. En un sarcófago de Chiusi, hoy en Berlín, aparece un hombre junto a un caballo; no creemos que la escena tenga carácter funerario; cf. A. Rumpf, *Katalog der etruskischen Skulpturen* (Berlín 1928) lám. VIII.

[99] P. Ducati, «Mon. Ant.» 39 (1943) lám. IV.

[100] P. Ducati, *La stela di Tombarella nel Bolognese:* «St. Etr.» 4 (1930) 135ss, lám. XVII,1.3.

[101] F. Magi, *Una nuova stela fiesolana:* «St. Etr.» 7 (1933) 59ss, lám. IV,1. Galli, *Il rilievo di Cipollina:* «St. Etr.» 8 (1934) 149, n. 1, cree que los personajes del

de Chiusi indican, si se admite la significación funeraria del tema, que es discutible, que en la Etruria propiamente dicha no faltan documentos, aunque esporádicos, de una vinculación del caballo a la vida de ultratumba, por lo que este animal tendría también aquí el mismo carácter psicopompo que en Felsina. Muchas de las citadas estelas, sobre todo las que representan jinetes, podrían haber aparecido en Grecia y no hubieran desentonado de otros relieves funerarios en que aparece el mismo tema. Sin embargo, entre Grecia y Etruria hay una diferencia profunda. El griego heroiza a sus muertos hasta la plena época helenística y representa a los personajes heroizados como jinetes incluso en fechas tan recientes como mediados del siglo III a. C.[102] El etrusco, en cambio, no heroiza a sus muertos. El caballo tiene un significado exclusivamente psicopompo, y abandonará al difunto una vez llegado al Hades. A lo largo de todo este trabajo se observará que hay muchísimos puntos de contacto entre Grecia y Etruria en cuanto al tema del caballo funerario, pero al mismo tiempo las diferencias son muy profundas, lo que prueba que los etruscos no recibieron este tema de Grecia.

II. REPRESENTACIONES DEL VIAJE A LOS INFIERNOS EN CARRO O A CABALLO EN PINTURAS DE TUMBAS O DE VASOS

En la Tumba Campana de Veio (600-550 a. C.) hay una escena que algunos autores interpretan como la más antigua representación del viaje a los infiernos a caballo: un personaje armado de hacha camina delante de un caballo cuyas riendas empuña otro varón que marcha desnudo a su lado; monta el caballo un diminuto jinete que lleva en sus manos la cadena que sujeta un felino también montado sobre las grupas de la cabalgadura; entre las patas de ésta camina un perro ladrando.

La interpretación más aceptada es la de Harmon[103], al que siguen Rumpf[104], Weege[105], Poulse[106], Ducati[107], Messerschmidt[108], Hamilton[109],

banquete son Hades y Perséfone; en el panel inferior estaría el *eidolon* del difunto, que llega a caballo.

[102] G. Davidson, *Corinth* XII (Princeton 1952) láms. XXVII y XXVIII. El autor escribe expresamente (p. 20) de estas terracotas que representan jinetes, en algunas de las cuales aparece una serpiente debajo del caballo, que «con seguridad son de carácter votivo y originalmente estaban relacionadas con el culto de un héroe local». Lo mismo defiende O. Brooner, *Hero Cults in the Corinthian Agora:* «Hesperia» 11 (1942) 129ss.

[103] *The paintings of the Grotta Campana:* AJA 16 (1912) 1ss; cf. L. Banti, *Le pitture della Tomba Campana a Veio:* «St. Etr.» 38 (1970) 27ss. A. J. Pfiffing, *Religio Etrusca* (Graz 1975) 172ss, interpreta esta pintura como el viaje a ultratumba. Sería el documento más antiguo que acreditaría la creencia en este viaje.

[104] *Die Wandmalerei in Veji* (Leipzig 1915) 64ss.

[105] *Etruskischer Gräber mit Gemälden in Corneto:* JDA 31 (1916) 165. Este autor defendió posteriormente que la pintura representa el viaje a los infiernos.

[106] *Op. cit.*, 7.

[107] *Storia dell'arte etrusca (op. cit.)* 128.

[108] *Beiträge zur Chronologie der etruskischer Wandmalerei* (La Haya 1926) 19ss.

[109] *Ancient Painting* (New Haven 1929) 239.

Neppi Modona [110], De Ruyt [111], Bovini [112] y Riis [113]; estos autores creen que la pintura representa una escena de caza en la que participaba una pantera amaestrada, algo parecido a lo que después aparece en la Tumba de la Caza y de la Pesca [114]. Tampoco Albizzati cree que el contenido de esta pintura sea de carácter funerario [115]. Giglioli duda entre la interpretación simbólica, de significado funerario, y la naturalista, como simple escena de caza [116]. Della Seta [117] también duda, pero se inclina a ver en esta escena la más antigua representación del viaje a los infiernos a caballo. García y Bellido admitió la hipótesis del carácter funerario de la escena [118]. Bianchi Bandinelli, por su parte, identifica al personaje armado de bipenne con un demonio psicopompo [119], como Tuchulcha, mientras que Dennis [120] y Waser [121] creen que se trata de Charun. El hecho de que el hombrecillo sujete a una pantera con una cadena parece indicar claramente que se trata de una simple escena de caza, sin contenido funerario o simbólico. En uno de los relieves de bronce hallados en Castel San Mariano, fechable a mediados del siglo VI a. C., hay una escena de cacería del jabalí en que uno de los personajes lleva una pantera sujeta por un collar [122]. La bipenne puede ser un arma o una insignia de autoridad [123]. En la Tumba Querciola I, de Tarquinia, se pintará varios siglos después una escena de caza del jabalí en que los cazadores van armados con hachas [124].

En la pintura etrusca arcaica se representan con frecuencia caballos (Tumba de las Inscripciones, de 550-520 a. C.; de los Toros, 550 a. C.; del Barón, 510 a. C.; de las Bigas, 490 a. C.; del Triclinio, 470 a. C., todas en Tarquinia, y de la *Scimmia* en Chiusi, 490-470 a. C.), conducidos de la rienda por los jinetes (urna de Tarquinia, 500 a. C., y otra parecida existente en el museo de Orvieto; Tumbas del Barón, de las Bigas, del Moribundo, 520-490 a. C., y del Lecho Fúnebre, 460 a. C.) o uncidos a carros (Tumbas de las Bigas, Francesca Giustiniani, 450 a. C., en Tarquinia, y del *Colle Casuccini*, de principio del siglo V a. C., en Chiusi).

110 *Pittura etrusca:* «Historia» 4 (1930) 98.
111 *Op. cit.*, 134.
112 *La pintura etrusca del período orientalizante (siglos VII y VI a. de J.C.):* «Ampurias» 11 (1949) 80.
113 *Op. cit.*, 78.
114 P. Ducati, G. Q. Giglioli, *op. cit.*, fig. 7; G. Q. Giglioli, *L'Arte etrusca (op. cit.)* lám. CXIII; F. Weege, *Etruskische Malerei (op. cit.)* II,3.
115 *Statue etrusche del VI e VII secolo a. C.:* «L'Esame» 3 (1924) 72ss.
116 *L'Arte etrusca (op. cit.)* 20.
117 *Op. cit.*, 875.
118 A. García y Bellido, *loc. cit.*, 53, fig. 108.
119 *Sculture etrusche arcaiche di Vulci:* «Bolletino d'Arte» 3 (1929) 72.
120 *The Cities and Cemeteries of Etruria* I (Londres 1883) 36.
121 *Charon, Charun, Charos* (Berlín 1898) 36, 130.
122 M. Pallottino, *Etruscologia* (Milán 1955) láms. XXI y XXII.
123 M. Pallottino, *Etruskische Kunst (op. cit.)* n.º 50; O. Vacano, *op. cit.*, lámina XCV; A. García y Bellido, *loc. cit.*, fig. 78.
124 F. Messerschmidt, *Tomba Querciola I bei Tarquinia*, en *Scritti in onore di Bartolomeo Nogara* (Ciudad del Vaticano 1937) 289ss, lám. XXXIX.

El análisis de estas escenas indica que hacen referencia a la vida terrena. Los jinetes son unas veces personajes del mundo griego, como Troilo a caballo en la Tumba de los Toros[125], y otras simples mortales, como en la Tumba del Barón[126] y en las de las Bigas[127], de la *Scimmia*[128] y de las Inscripciones[129], en la que se representa una procesión de jinetes, o en la Tumba del Triclinio[130], en Tarquinia. Cuando aparecen carros tirados por caballos se puede observar a simple vista que se trata de competiciones, pues los vehículos van uno tras otro a la carrera, como en las Tumbas de las Bigas[131], de la *Scimmia*[132] y del *Colle Casuccini*[133]. Los etruscos siempre fueron muy aficionados a este tipo de competiciones, que se representaron en la pintura con mucha frecuencia[134]. En la época a que pertenecen estas escenas existía en Etruria la creencia en que la tumba era la morada del muerto. Los caballos que se representan en ella no tienen nada que ver con el viaje a los infiernos.

Tan sólo en el caso de la Tumba Francesca Giustiniani, en la que aparecen representadas dos bigas, se ha pensado que podría haber una relación de estos vehículos con el viaje al Hades en carro[135]. La composición representa a un hombre que saluda a una mujer y se dispone a subir al carro. Por primera vez tendríamos aquí un tema imaginario introducido en unas escenas de la vida real. Pero también podría tratarse de una de las bigas que intervenían en los juegos funerarios (fig. 29).

En la urna de Tarquinia[136], los dos caballos, solos, que hay en los

[125] P. Ducati, *Die etruskische italo-hellenistische und römische Malerei* (Viena 1941) lám. 1; C. Q. Giglioli, *L'Arte Etrusca (op. cit)* lám. CVII; H. Leisinger, *Malerei der Etrusker in Tarquinia* (Stuttgart 1953) láms. 12, 14 y 19; H. Kühn, *Die Kunst Alteuropas* (Stuttgart 1954) CIVa; M. Pallottino, *La peinture étrusque (op. cit.)* 29, 31; K. Pfister, *op. cit.*, 56.

[126] P. Ducati, *Die etruskische italo-hellenistische und römische Malerei (op. cit.)* lám. XIV; C. Q. Giglioli, *L'Arte Etrusca (op. cit.)* CXV,1; H. Leisinger, *op. cit.*, láminas 43, 46 y 48; H. Kühn, *op. cit.*, lám. CV; M. Pallottino, *op. cit.*, 55, 58; F. Weege, *op. cit.*, láms. LXXVI-LXXVIII, LXXIX-LXXXI, LXXXIII; K. Pfister, *op. cit.*, lám. CV.

[127] M. Pallottino, *op. cit.*, 61-62; F. Weege, *op. cit.*, Beil. II.

[128] C. Q. Giglioli, *L'Arte Etrusca (op. cit.)* CCIV, 1; M. Pallottino, *La peinture étrusque (op. cit.)* 65; R. Bianchi Bandinelli, *Le pitture delle tombe archaiche a Chiusi*, en *Mon. del. pit. ant. scop. in Italia. Clusium* (Roma 1949) láms. A,I-III, figura 10.

[129] F. Weege, *op. cit.*, lám. LXXIII.

[130] M. Hamilton, *Ancient Painting* (New Haven 1929) n. 408.

[131] F. Weege, *op. cit.*, Beil. II.

[132] R. Bianchi Bandinelli, *op. cit.*, láms. II-III.

[133] G. Q. Giglioli, *L'Arte Etrusca (op. cit.)* lám. CCII,1; R. Bianchi Bandinelli, *op. cit.*, lám. DVIII, fig. 18.

[134] G. Cuatrocchi, *Il Museo Archeologico Prenestino* (Roma 1956) 31, figs. 20 y 21; M. Johnstone, *The Dance in Etruria* (Florencia 1956) *passim.*

[135] P. Ducati, *Die etruskische italo-hellenistische und römische Malerei (op. cit.)* lámina XVII; H. Leisinger, *op. cit.*, láms. 81 y 82; M. Pallottino, *La peinture étrusque (op. cit.)* 89; F. Weege, *op. cit.*, lám. LXXXVII.

[136] H. Leisinger, *op. cit.*, lám. 6; M. Pallottino, *Etruskische Kunst (op. cit.)* n.° 16; *Art of Etruscans* (Londres 1956) 142s, n.° 61.

laterales no tienen probablemente carácter funerario, pues tampoco lo tiene la escena principal; su función sería meramente decorativa [137].

Hay que descender hasta la segunda mitad del siglo IV a. C. para encontrar una pintura en que se describa con seguridad el viaje a los infiernos en carro. En la Tumba Golini I (340-280 a. C.), de Orvieto, la escena adquiere el sentido de una verdadera llegada triunfal al Hades. El auriga, de pie sobre el carro, empuña las riendas de dos briosos corceles que marchan al galope. Ciñe su cabeza una corona de laurel. A su zaga marcha un *buccinator;* Vanth, con alas y brazos abiertos, preside la carrera; su cuerpo aparece de frente, pero la cabeza está de perfil, orientada según la dirección que lleva el carro [138]. A ambos lados de la Tumba Golini II aparecen sendos carros tirados por dos caballos [139]. Los aurigas, de pie, empuñan las riendas; los caballos de los dos carros están en marcha. El auriga de la pintura de la derecha lleva el gorro propio de los arúspices, lo que indica que la escena no representa una simple competición de carros como las que aparecían en tumbas anteriores [140].

La tumba de la familia Hescanas, en Orvieto, contiene otra representación del viaje en carro a los infiernos; el difunto aparece en pie sobre el vehículo y empuña con ambas manos las riendas de los caballos, que están parados [141]. Ya Cardella indicó a finales del pasado siglo que la escena representa el viaje en carro a los infiernos, comparándola con otras escenas semejantes de pinturas y sarcófagos; suponía este autor que el artista no añadió a la composición la figura del genio de la muerte por no ser necesaria para la significación general de su obra o para hacer menos costoso su trabajo. Desde el punto de vista técnico, esta pintura está muy cerca de las dos anteriores de la Tumba Golini II. El tipo de carro de estas tumbas de Orvieto no es el que se representa en las estelas felsinas, sino que se aproxima más por su estructura a los pintados en la Tumba Casuccini de Chiusi.

Hay que avanzar hasta finales del siglo II a. C. para encontrar en las tumbas pinturas de caballos en que estos animales tengan un claro sentido funerario. En la Tumba del Cardenal, de Tarquinia, hay varias figuras de caballos con clara alusión al viaje a los infiernos. Unas veces

[137] H. Leisinger, *op. cit.*, lám. 11; M. Pallottino, *Mostra dell'arte e de la civiltà etrusca (op. cit.)* 30, lám. XVIII.

[138] G. Conestabile, *Pitture murali a fresco* (Florencia 1856) lám. VIII; P. Ducati, *Storia dell'arte etrusca (op. cit.)* n.° 464; P. Ducati, G. Q. Giglioli, *op. cit.*, fig. 29; J. Martha, *op. cit.*, fig. 281; F. Poulsen, *op. cit.*, fig. 40; A. García y Bellido, *op. cit.*, 61, fig. 137; V. Tarchi, *op. cit.*, lám. XXIII.

[139] G. Conestabile, *op. cit.*, lám. II; P. Ducati, *Die etruskische italo-hellenistische und römische Malerei (op. cit.)* lám. XX; G. Q. Giglioli, *L'Arte Etrusca (op. cit.)* 44, lám. CCXLIV.

[140] G. Q. Giglioli, *L'Arte Etrusca (op. cit.)* lám. CCII; F. Weege, *op. cit.*, lámina XCVII, Beil. II; A. García y Bellido, *op. cit.*, 61, fig. 138; M. Pallotino, *Sullo specchio tuscaneum con la leggenda di Tarchon:* «St. Etr.» 10 (1936) lám. L,1; V. Tarchi, *op. cit.*, lám. XXIII.

[141] D. Cardella, *op. cit.*, 10ss, lám. IId; A. Neppi Modona, *Pittura etrusca:* «Historia» 8 (1930) 113, fig. 13.

el difunto (o un demonio, si es que la figura tenía alas, pero éstas se confunden hoy con el vestido) marcha sobre el caballo al galope[142] hacia dos genios alados y va seguido de otro genio provisto igualmente de alas en pies y hombros que parece acompasar sus pasos a la marcha del animal y extiende hacia adelante los brazos, como si tratara de alcanzar al jinete, que vuelve hacia él su cabeza y que posiblemente acaba de franquear las puertas del Hades, que se ven al lado del genio que va caminando. En otras ocasiones, el caballo, montado por un personaje, es conducido por un genio alado[143]; esta escena se representa tres veces. Tendríamos aquí el mismo tema que en las estelas felsinas, en que los demonios sirven de guías a los difuntos en su viaje al Hades. También hay caballos aislados, como si los difuntos o los demonios que se han servido de ellos ya hubieran descabalgado[144]. En otra escena aparece el caballo también solo y mirando hacia una puerta bajo la cual se encuentra una persona apoyada en el quicio; delante del caballo se ve una mujer (?) a la que un genio trata de golpear con un martillo (?)[145]; parece que esta escena representa la llegada a los infiernos, es decir, el momento en que el difunto baja del caballo y es recibido por los demonios del Hades. Hay una composición dos veces repetida y muy interesante: los difuntos marchan sobre carros tirados por genios alados y se encuentran ya ante las puertas del Hades. El caballo, animal al servicio del Hades, ha sido reemplazado en este caso por genios alados, que también son servidores infernales[146]. La función del caballo y de los demonios sería la misma: conducir a los difuntos hasta el Hades[147]. En los *pinakes* vo-

[142] O. van Essen, *La tomba del Cardinale:* «St. Etr.» 2 (1928) lám. XX, fig. 41.

[143] *Ibíd.*, lám. XXI, figs. 93-95, 109-110, 113-114; F. de Ruyt, *op. cit.*, 68.

[144] O. van Essen, *op. cit.*, lám. XXII, figs. 145-147.

[145] *Ibíd.*, lám. XXII, figs. 145-147.

[146] *Ibíd.*, lám. XIX, fig. 38; lám. XXI, figs. 64-65; F. de Ruyt, *op. cit.*, 72ss; A. Neppi Modona, *Pittura etrusca (op. cit.)* 123ss, figs. 19 y 20; F. Weege, *op. cit.*, figs. 29 y 30; M. Pallottino, *Tarquinia:* «Mon. Ant.» 36 (1937) fig. 101; M. Hamilton, *op. cit.*, n. 422.

[147] Otras veces los difuntos caminan hacia los infiernos solos o acompañados de demonios. Es muy discutible que en la época arcaica creyeran los etruscos que unos genios transportaban en brazos a los difuntos camino del Hades. La placa de Caere, hoy en el Museo del Louvre, de hacia el año 530 a. C., en la que se ve a una mujer llevada por un ser alado, ha sido interpretada como una representación del viaje a los infiernos por Della Seta, *op. cit.*, fig. 20; Ducati, *Storia dell'Arte Etrusca (op. cit.)* fig. 81; *Italia Antica (op. cit.)* fig. 159; *L'Arte Classica* (Turín 1948) 231s, fig. 287; G. Q. Giglioli, *L'Arte Etrusca (op. cit.)* 22; Kühn, *op. cit.*, lám. CVII; A. Neppi Modona, *Pittura Etrusca (op. cit.)* 99, fig. 2, y A. García y Bellido, *op. cit.*, 53, fig. 111, pero lo más probable es que represente el sacrificio de Ifigenia. Pallottino, *Etruscologia* (Milán 1947) lám. XXXIV; *La civilisation étrusque (op. cit.)* lámina V, dudó en algún momento de su significación, pero, posteriormente, se ha pronunciado en favor del significado mitológico, pues la idea del viaje a los infiernos en brazos de unos seres alados es extraña al arte etrusco arcaico; cf. *La peinture étrusque (op. cit.)* 34; *Etruscologia* (Milán 1947) lám. XLII; *The Etruscans* (Hanmondsworth 1955) lám. XXI. Tampoco se interpretan como representación del viaje a los infiernos otras escenas similares sobre vasos o espejos; cf. J. D. Beazley, *op. cit.*, 112; S. Cles-Reden, *Das versunkene Volk* (Viena 1948) lám. XLI, fig. 58.

tivos del santuario de Perséfone en Locri ya aparecen sustituidos los caballos por una pareja de genios alados que tiran del carro [148].

En la Tumba Bruschi, anterior en algunos años a la del Cardenal, y también de Tarquinia, aparece una pintura que representa a un jinete conducido por un demonio que sujeta las riendas del caballo; la figura del demonio ha perdido en la actualidad la cabeza y la extremidad del martillo (?). Podría tratarse del mismo Charun, el genio psicopompo por excelencia, que, al igual que en los sarcófagos, conduce a los difuntos hasta las puertas del infierno llevando de las riendas al caballo [149]. Martha y De Ruyt han visto en esta pintura la representación de una *pompa funeraria* [150]. El hecho de que la escena representada no se sitúe en la otra vida no cambia en nada el carácter funerario que en la pintura tiene el caballo, pues se representaría aquí una *mascarada funeraria,* con los mismos elementos con que en la imaginación popular se representaba la vida de ultratumba. Beazley, en contra de la opinión de Martha, De Ruyt [151], Giglioli [152] y Albizzati [153], sostiene que ningún monumento etrusco necesita de la hipótesis de la *mascarada funeraria* para su interpretación [154].

En los museos de la Villa Giulia [155] y de los Conservadores de Roma [156] se guardan dos ánforas áticas de figuras negras con dos prótomos de caballo pintados en lados opuestos, fechables en la segunda mitad del siglo VI a. C. En estos vasos, posible creación del pintor de la Gorgona [157], la figura equina tiene sentido funerario. Los vasos pudieron ser fabricados expresamente para depositarlos en las tumbas. Malten [158] y Ferri [159] ven en estos prótomos una clara alusión al carácter infernal del caballo en la religión griega. Según Malten, en estas piezas tendríamos, al igual que en la urna de Demetriade [160] del museo de Volo, «la cabeza

[148] A. della Seta, *op. cit.*, fig. 170; L. Pareti, *Storia di Roma* (Turín 1952) 509; E. Jastrow, *Abformung und Typenwandel in der antiken Tonplastik:* «Opuscula Archaeologica» 2 (1941) 1ss. Carros griegos para comparar con los etruscos en C. Vermeule, *Chariot Groups in Fifty Century Greek Sculpture:* JHS 75 (1955) 105ss.

[149] Mon. Inst. VIII, lám. XXXVI; F. de Ruyt, *op. cit.*, 67ss.

[150] J. Martha, *op. cit.*, 418ss.

[151] *Op. cit.*, 55ss, 67ss, 191ss.

[152] *Cratere etrusco del museo di Trieste:* «Ausonia» 10 (1921) 103.

[153] «Atti Pont. Acc.» 15 (1921) 251.

[154] J. D. Beazley, *op. cit.*, 63.

[155] J. D. Beazley, *Attic Black-Figure Vase-Painters* (Oxford 1956) 17, n. 37.

[156] *Ibíd.*

[157] *Ibíd.*, 15.

[158] *Op. cit.*, 219ss, figs. 19, 20, 41 y 42.

[159] S. Ferri, *Divinita ignote* (Florencia 1929) lám. XXXIV.

[160] S. Ferri, *Archeologia della Protome:* «Annali della R. Scuola Normale di Pisa» II/2 (1933) 157, fig. 17. Es posible que en algunas estelas célticas de la Península Ibérica se documente la sustitución del difunto por el caballo, lo que implicaría la creencia de que los difuntos se convertían en caballos; cf. F. Benoit, *L'héroïsation équestre* (Aix-en-Provence 1954) láms. XVII y XIX. Es posible que esta sustitución se produzca también en algunas estelas púnicas de Sulcis, que G. Lilliu interpreta en el sentido de una hipóstasis simbólica de Baal-Amón; cf. G. Lilliu, *Le stele puniche di Sulcis, Cagliari:* «Mon. Ant.» 40 (1944-1945) 371ss, lámina IX, n.os 99-102; lám. X, n.º 112. En la religión púnica, en efecto, el ca-

del caballo como imagen del muerto en calidad de caballo». En la urna citada está clara esta sustitución, ya que en ella aparece una dedicatoria «a los héroes y heroínas fundadores», y los prótomos de caballos están representados sobre serpientes, animales de marcado carácter funerario. Tanto las ánforas de figuras negras como la urna que comentamos han movido a Ferri a escribir frases que concuerdan plenamente con la tesis de Malten: «En determinados ambientes, los difuntos son considerados *hippoi;* cada muerto se convierte en un numen que determina nuevas defunciones». El mismo autor habla del muerto *in veste equina.*

En un ánfora del Museo de Munich, procedente de Atenas [161], y en otra del Museo del Louvre, el carácter funerario aparece con mayor claridad que en las del Museo de la Villa Giulia y del Palacio de los Conservadores, a los que pueden añadirse otra del mismo Museo del Louvre, procedente de Corinto [162], las del Museo Nacional de Atenas [163], procedentes de Atenas y de Velanideza, o el otro grupo de las conservadas en el Museo de Munich, procedentes de Vulci [164], pues en uno de los lados hay un busto de mujer, de guerrero o el casco de éste, que representan a la persona difunta. Estas ánforas no han sido fabricadas en Etruria, sino que son áticas de figuras negras; la conservada en el Museo de la Villa Giulia apareció en Cerveteri (Beazley da nueve ejemplares de este tipo de ánfora con prótomo de caballo, todos ellos encontrados en Etruria). Estas ánforas serían el vehículo por el que las creencias griegas se infiltraron en Etruria, en la que el caballo tenía ya un carácter funerario, al menos en Felsina y tal vez en la propia Etruria. Este continuo trasiego de ideas procedentes de Grecia y de la Magna Grecia hacia Etruria vendría a reforzar las creencias comunes a ambos pueblos, como es el caso del carácter funerario del caballo. Sin embargo, no hay documentos de que los etruscos, al igual que los griegos y los germanos, imaginaran a sus muertos bajo la figura del caballo. Esta creencia parece extraña al pueblo etrusco, así como la idea de que el prótomo de caballo fuera un atributo o un símbolo del muerto. Sin embargo, los etruscos imitaron en sus *buc-*

ballo aparece unido a Perséfone; cf. B. Head, *Historia Numorum* (Oxford 1911) 878ss, figs. 392-395. En las mismas estelas se representa otras veces a los difuntos. En Germania también existía la creencia en que los difuntos se convertían en caballos; cf. L. Malten, *op. cit.*, 216. En cuanto a la Galia, es posible que en las estelas de Mouriés y en el dintel del pórtico de Nages, llenas de caballitos, no se aluda al carácter psicopompo del caballo, como afirma Benoit, *Des chavaux de Mouriés aux chevaux de Roquepertuse:* «Prehistoire» 10 (1948) 137ss; *L'art primitif méditerranéen de la Vallée du Rhône* (Aix-en-Provence 1955) 29ss, láms. VIII-XII; *L'héroisation équestre (op. cit.)* 2, láms. X y XI, sino que se representaría al muerto en forma de caballo. Consignamos esta posibilidad como mera hipótesis de trabajo, que requeriría un estudio más detenido. Según F. Cumont, *Lux Perpetua (op. cit.)* 416, el caballo sin jinete es un símbolo del difunto.

[161] J. D. Beazley, *Attic Black-Figure Vase-Painters (op. cit.)* 16, n. 2; R. Lullies, CVA Alemania III, 1, 7, láms. I-III; L. Malten, *op. cit.*, figs. 19 y 20.

[162] S. Lambrino, CVA Francia VII, lám. XXXII, n.os 12 y 14; J. D. Beazley, *Attic Black-Figure Vase-Painters (op. cit.)* 16, n. 20.

[163] L. Malten, *op. cit.*, figs. 41 y 42; J. D. Beazley, *op. cit.*, 16, n. 3 y 5.

[164] J. D. Beazley, *op. cit.*, 16, n. 2; R. Lullies, *op. cit.*, lám. 3, n. 2 y 3; 3, n. 1.

cheros estos prótomos de caballos, y ello nos hace sospechar que este animal estaba de alguna forma ligado al mundo de ultratumba [165]. No es válida para Etruria la afirmación que sobre Grecia hace Malten: «De la imagen del muerto como caballo se pasa a la del muerto con caballo», ni pueden aplicarse a las pinturas y relieves etruscos lo que unas páginas más adelante dice el mismo autor a propósito de la estela de Crisafa en relación con las ánforas decoradas con prótomos de caballos [166]. En Etruria, el caballo es simplemente un animal psicopompo, un animal infernal al servicio de las divinidades infernales. En los vasos etruscos de figuras negras aparece muchas veces representado el caballo, pero no conocemos ninguna pintura en que aparezca claro el carácter funerario de este animal [167], salvo, tal vez, en el *bucchero* citado por Hanfmann, aunque también es posible que se trate de una simple imitación de un tema griego.

El *stamnos* número 2954 del Antiquarium de Berlín es muy interesante, y se ha discutido mucho su interpretación. En un lado se ve a Caronte con su martillo, seguido de un hombre a caballo y tocando una trompeta; este personaje vuelve la cabeza hacia una mujer que levanta en su mano izquierda una caja cuadrada. Al otro lado, la escena representa a un viejo bien envuelto en su manto y sentado en un carro tirado por dos mulas [168]. No se sabe a ciencia cierta dónde situar la escena, si en la tierra, como parece deducirse del hombre que toca la trompeta y de la mujer con la caja, o en el Hades, como indicaría la presencia de Caronte. Incluso se ha llegado a echar mano de dos textos de Tertuliano y de las noticias llegadas hasta nosotros sobre las *procesiones funerarias* para interpretar las escenas de este vaso [169]. Según Beazley, se representarían dos escenas distintas, una de la vida terrena y otra correspondiente a la vida del mundo inferior; ambas escenas estarían unidas por la idea del tránsito [170]. De lo que no cabe duda es de que el caballo va unido a las ideas funerarias, ya que, como Beazley reconoce, el tema nos indica en esta ocasión que se trata de un vaso funerario, fabricado expresamente para ser depositado en una tumba, y que en él se representa el paso de esta vida a la otra.

En la última etapa de la producción etrusca de vasos de figuras rojas se fabricó un ánfora en que se representa el viaje a los infiernos en un carro de mulas (fig. 30). Hades marcha al galope de su cuadriga; en la mano derecha empuña un cetro rematado en una granada; en la misma mano lleva enroscada una serpiente, mientras que con la izquierda guía los caballos. Vanth le sigue a pie, con un rótulo en la derecha y un

165 G. Hanfmann, *Etruskische Plastik* (Stuttgart 1956) lám. XLVIII.

166 L. Malten, *op. cit.*, 217, 228.

167 G. Q. Giglioli, *Quattro vasi etruschi inediti del Museo di Villa Giulia a Roma:* «St. Etr.» 20 (1948-1949) 246, lám. XIV. Johnstone opina, como ya se indicó, que muchas de estas representaciones de carreras de carros son juegos funerarios.

168 J. D. Beazley, *Etruscan Vase-Painting (op. cit.)* 61ss.

169 F. de Ruyt, *op. cit.*, 68ss. Véase la refutación en J. D. Beazley, *op. cit.*, 61ss.

170 J. D. Beazley, *op. cit.*, 62: «La respuesta es, con seguridad, que dos figuras del cortejo terreno están unidas con otra del infernal; unas y otra se unen mediante la noción del paso de una a otra vida».

cetro en la izquierda. Delante de los caballos marcha Caronte en actitud de detener a los animales con la mano levantada, mientras que en la derecha empuña un descomunal martillo. Parece que trata de impedir que el carro de Hades atropelle a otro tirado por dos mulas en el que va echado un hombre que sostiene en alto, en posición horizontal y paralelo a su cuerpo, un palo largo. En este segundo carro marcha lentamente el difunto hacia su nueva morada acompañado por Caronte [171].

III. REPRESENTACIONES DEL VIAJE A LOS INFIERNOS EN CARRO O A CABALLO SOBRE SARCOFAGOS DE LA EPOCA HELENISTICA

A partir del siglo IV a. C. cambian las creencias de los etruscos acerca de la vida de ultratumba. Hasta entonces se había creído que la tumba es la morada del difunto, y que éste seguía viviendo en ella. Por este motivo las escenas pintadas en las paredes o esculpidas en las urnas corresponden a situaciones tomadas de la vida real; no hay, por tanto, escenas del viaje al Hades, que no se representa salvo, quizá, en algunos casos esporádicos. A comienzos de la época helenística desaparecen las creencias anteriores y se admite unánimemente que los difuntos realizan un viaje a los infiernos, en el que podían utilizar caballos. Las razones que explican este cambio en las creencias etruscas pueden ser una mayor madurez de la religiosidad de aquel pueblo y los contactos, cada vez más intensos, con Grecia, Sicilia y la Magna Grecia. Sin embargo, no es verosímil que los etruscos propiamente dichos recibieran de Grecia este concepto del viaje a los infiernos. Más bien sucedería que, al contacto con Grecia, retoñarían creencias arcaicas similares que en el período anterior habían llegado a desaparecer prácticamente. No cabe duda de que la religiosidad funeraria de Felsina, donde la creencia en un viaje al Hades a caballo gozó de gran aceptación, contribuiría a extender esta fe. Por lo que se refiere a Grecia, no cabe hablar de una influencia sobre Etruria; lo que ocurre es que, al ser similares en ambos pueblos las creencias sobre ultratumba, también son parecidas las modalidades que adopta el viaje a caballo hacia los infiernos. En todo caso, el artista etrusco pone en sus realizaciones un sello de profunda originalidad. Por otra parte, el estudio de este viaje a caballo hacia los infiernos entre los etruscos reviste especial importancia, ya que, como admite Benoit, los contactos entre galos y etruscos contribuyeron a la difusión de esta creencia entre los primeros.

Para facilitar el estudio de los sarcófagos etruscos que representan este tema, los agruparemos en varios apartados:

A) Se conocen siete urnas etruscas (dos procedentes de Volterra, una de Pisa, dos de Chiusi y dos de Perugia) con escenas de carácter in-

[171] J. D. Beazley, *op. cit.*, 62, 169; «Mon. Inst.» XI, láms. IV-V.

fernal cuya interpretación resulta sumamente dificultosa. Las escenas representadas son las siguientes [172]:

1. Urna procedente de Volterra, hoy en el Museo Guarnacci de esta ciudad. De un puteal sale un cuadrúpedo con *cabeza de caballo* y extremidades delanteras de lobo. Mira hacia la izquierda y apoya la pata derecha sobre la cabeza de un guerrero que está sentado en el suelo y lleva embrazado un escudo, en cuyo borde se apoya la otra pata del monstruo; la mano derecha del guerrero sostiene una cadena que sujeta al extraño animal; un segundo personaje arrodillado al otro lado del puteal sostiene la otra extremidad de la cadena. Detrás del monstruo y del segundo personaje aparece otro, en pie, que levanta una pátera en la mano derecha, cuyo contenido vierte sobre la cabeza del animal, mientras que en la mano izquierda empuña una espada. A su lado, también en pie, un guerrero con escudo y espada se dispone a acometer. A la derecha del monstruo hay otros dos guerreros. El más cercano le presenta el escudo con la izquierda, mientras le amenaza con un hacha que empuña en la derecha. También el segundo guerrero aparece en actitud de acometer [173].

2. Urna procedente de Volterra, hoy en el Museo Guarnacci. De un puteal sale un monstruo cuyo cuerpo está cubierto de abundante vellosidad; las patas son de león o lobo, y la cabeza de oso o grifo [174]. Lo más probable es que tanto la cabeza como las patas sean de lobo, pero representadas de manera muy torpe. Dos personajes sujetan igualmente a la fiera con una cadena; el de la izquierda aparece de rodillas y en actitud de defenderse. Un tercer personaje vierte el contenido de una pátera sobre la cabeza de la bestia. Detrás de él hay un guerrero en pie y dispuesto a atacar; al otro lado aparece una figura alada de pie. Todos los personajes humanos carecen de cabeza, excepto el que aparece tumbado.

3. Urna procedente de Perugia, hoy en el museo de esta misma ciudad. Del puteal sale un hombre con cabeza de lobo; apoya la mano derecha en un guerrero que lleva píleo en la cabeza y embraza un escudo con la mano izquierda. Hay dos personajes tumbados en tierra; el de la izquierda ha caído boca abajo, mientras que el de la derecha se lleva las manos a la frente, en gesto de terror. Sobre este personaje hay un guerrero que sostiene en su izquierda la cadena que sujeta al monstruo, mientras que alza con la derecha una espada. Detrás del animal aparece la figura alada de Vanth.

4. Urna procedente de Perugia, en el museo de la misma ciudad. De un puteal sale un hombre cuya cabeza se cubre con una piel de lobo; su brazo derecho remata en una garra de la misma fiera, y se apoya en la cabeza de otro personaje que aparece de rodillas a su derecha. Otro in-

[172] D. Anziani, *Démonologie étrusque:* «Melanges d'Archéologie et d'Histoire» 30 (1910) 258ss; P. Ducati, *Esegesi di alcune urne etrusche:* «Rend. Lincei» 19 (1910) 161ss, 543ss; G. Körte, *I rilievi delle urne etrusche* III (Berlín 1926) 16ss, láms. VIII y X; V. Tarchi, *op. cit.*, lám. LXIX.

[173] G. Q. Giglioli, *L'Arte Etrusca (op. cit.)* 74, lám. CCCCI-1.

[174] D. Anziani, *loc. cit.*

dividuo, también de rodillas, retrocede asustado. Un anciano, con píleo en la cabeza, vierte el contenido de una pátera sobre la piel de lobo. A su derecha hay una figura alada, y más a la derecha un varón levanta una piedra para arrojarla al que sale del puteal. Al otro extremo de la escena hay un nuevo personaje con la mano izquierda levantada.

5. Urna procedente de Chiusi, en el museo de Florencia. De un puteal situado a la izquierda de la escena sale un cuadrúpedo de piel vellosa, con una soga rodeándole el cuello. Un varón imberbe vierte sobre el animal el contenido de una pátera, mientras con la izquierda empuña una espada. A su lado hay una figura de furia que levanta una antorcha. Un joven arrodillado a la derecha del puteal sostiene la soga que sujeta a la fiera. A la izquierda aparece aterrado otro joven. La escena se cierra a la derecha con las figuras de tres jóvenes, dos de ellos armados de escudo y espada.

6. Urna procedente de Chiusi, en el Museo Cívico de la misma ciudad. El centro de la escena está ocupado por un pequeño altar; el monstruo sale directamente de la tierra; a su derecha un hombre arrodillado sujeta al animal. Sobre la figura monstruosa aparece una mujer sostenida por un hombre, que la sustrae del animal. A la derecha del altar se encuentra un personaje que vierte el contenido de una pátera sobre la cabeza del monstruo. Otros tres personajes, uno de los cuales está armado de un escudo, completan la escena.

7. Fragmento de urna procedente del cementerio de Pisa. De un puteal situado a la derecha de la escena sale un animal que parece un tigre, al que se enfrenta un guerrero armado de escudo y espada. Delante hay otro que se echa atrás, como asustado. A la derecha de la escena se advierte el brazo de un tercer guerrero que empuña una espada. A la izquierda hay un cuarto guerrero armado de escudo.

El primer elemento seguro para la interpretación de estas urnas es el puteal. Creemos, con Anziani y Ducati, que todas ellas muestran el mismo tema. El puteal representa el *mundus* etrusco, equivalente al *bothros* de la Odisea [175], que comunica la tierra con el Hades. Su presencia acredita el carácter infernal de la escena, acentuado además por otros elementos de la composición, como la libación, el monstruo y Vanth. Una serie de textos latinos asegura que el *mundus* es la puerta de comunicación entre el Hades y la tierra:

«Según algunos, a los dioses del cielo se dedican las aras; hogares a los de en medio, es decir, a los marinos, y mundos a los subterráneos» [176].

«El mundo, como afirma Capitón Ateno en el séptimo libro pontifical, suele descubrirse en tres ocasiones a lo largo del año. En cuanto a su nombre, afirma Catón en los comentarios de Derecho civil que se llamó así por aquel otro mundo que está por encima de nosotros... Su parte inferior, por estar consagrada a los dioses manes, permanece cerrada

[175] *Od.*, XI, 25ss.
[176] Ser., *Ad Aen.*, III, 5, 134.

todo el tiempo, según determinaron los antiguos, excepto en los días que ya se han mencionado»[177].

«Y cuando se descubre el mundo, no está permitido emprender la guerra; cuando el mundo está descubierto, por haber sido consagrado a Júpiter y Proserpina... Por lo que Varrón escribe: cuando se descubre el mundo es como si se abriera la puerta a los dioses tristes e infernales»[178].

«Una piedra manante pensaban que era la puerta del Orco, por la que manaban las almas, que se llaman manes, de los infiernos a los cielos»[179].

«Tenían los antiguos un pozo muy profundo al que bajaba un muchacho para conocer las perspectivas del año con vistas a la celebración de los ritos sagrados; el círculo de aquel pozo, es decir, su anchura mayor, no medía más de tres *uluas*»[180].

El tema representado es sin duda alguna la libación ofrecida a un ser del otro mundo (en cinco urnas se vierte el contenido de una pátera sobre su cabeza). Este ser infernal no es probablemente un monstruo, pues en una de las urnas de Perugia el ser que sale del puteal es un hombre con una piel de lobo sobre la cabeza y una clámide sobre el pecho; sus manos son también de lobo. En la otra urna de Perugia, el pecho y los brazos son humanos, mientras que la cabeza es de lobo. La adición de estas partes de lobo a un cuerpo humano no tendría tal vez otra significación que la de subrayar el hecho de que el personaje representado es un muerto. Al igual que en Grecia tenemos el muerto «en vestido de caballo», y en algunos ambientes se considera caballos a los difuntos, de forma que cada muerto es un caballo, en Etruria es el lobo el que desempeña esta misma función, por ser una fiera típicamente infernal, por lo que el difunto aparece aquí «en vestido de lobo». Pero esta hipótesis estaría en contradicción con lo que antes hemos afirmado, que no se puede asegurar por falta de pruebas que en Etruria los muertos se transformen en animales infernales. Lo cierto es, sin embargo, que en la religiosidad etrusca el lobo es un animal infernal, por lo que podría quizá representar al muerto[181]. También en la religiosidad griega y céltica se atribuye esta condición infernal al lobo junto con el caballo. Hades en la Tumba del Orco cubre su cabeza con una piel de lobo, lo mismo que otra divinidad infernal representada en una terracota del Museo de Perugia[182]. En dos vasos del Museo Faina de Orvieto aparece el Cerbero con cabezas lobunas, y dos cabezas de este mismo animal se pintaron detrás de las figuras de Vanth y Hades[183]. Se

[177] Fest., *De uerb. signif.*, 154.
[178] Mac., *Saturn.*, I, 16, 16-18.
[179] Fest., *De uerb. signif.*, 128.
[180] Schol., *Verg. eclog.*, III, 104; cf. G. de Santis, *Storia dei romani* IV (Florencia 1953) 193, n. 254, con la bibliografía reciente sobre el tema.
[181] P. Laviosa, *I Balcani e l'Italia nella Preistoria* (Como 1954) 129ss.
[182] P. Ducati, *L'Italia Antica (op. cit.)* fig. 356.
[183] R. Bianchi Bandinelli, *Los etruscos y la Italia anterior a Roma* (Madrid 1974)

conoce un texto de Servio que prueba la especial vinculación existente entre los lobos y Hades en la religión etrusca[184]:

«El Soractes es un monte de los hirpinos situado en Flaminia. En este monte, que estaba consagrado a los dioses manes, se celebraba en cierta ocasión un sacrificio a Júpiter. Aparecieron de repente unos lobos que arrebataron del fuego las entrañas de las víctimas. Unos pastores echaron a correr tras ellos..., pero los lobos dejaron tras de sí un hálito ponzoñoso que causó la muerte a todos los que estaban cerca, y se produjo una peste por haber seguido a los lobos. Se les comunicó que podrían remediar el caso imitando a los lobos... Así lo hicieron y por ello se les llamó en adelante *hirpi sorani*, pues en lengua sabina se llama *hirpi* a los lobos. Lo de *sorani* es por Júpiter, que también es llamado *Soranis*. Son, como si dijéramos, los lobos de Júpiter. Virgilio, recordando este suceso, compara a Arrunte con un lobo, es decir, lo llama Hirpino Sorano».

En una de las urnas de Volterra tendríamos la sustitución total del difunto por el lobo; es posible que la torpeza con que está realizado el relieve haga pensar a Anziani que el animal ostenta una cabeza de oso o de grifo; en la segunda urna procedente de la misma ciudad tendríamos la sustitución del muerto no por un caballo, como en Grecia, sino por un híbrido de los dos animales infernales[185].

La libación no tiene otra finalidad que evocar y propiciar al difunto con el que se pretende establecer una comunicación. Las actitudes aterradas o acometedoras de los diversos personajes no tendrían otra finalidad que subrayar el hecho de que se encuentran en presencia de un muerto. Ulises, en el infierno griego, empuña su espada para asustar a los muertos e impedir que asciendan a la tierra[186]; el mismo objeto tendría la cadena con que se sujeta al monstruo.

De todos modos, resulta sumamente difícil dar una interpretación convincente de la escena. Ducati cree que en ella se representa a Ulises evocando a Tiresias[187]:

> «Las víctimas Perimedes y Euríloco sujetaron
> y yo, desenvainando la espada aguda que al muslo llevaba,
> un hoyo cavé de un codo por lado,
> hice alrededor una libación a los muertos,
> primero con hidromiel, luego con dulce vino
> y con agua la tercera, y lo espolvoreé con blanca harina.

277ss, figs. 318-319; J. D. Beazley, *Etruscan Vase-Painting (op. cit.)* 70ss, al describır estos vasos no hace ninguna alusión al Cerbero ni a las cabezas que aparecen detrás de Vanth.

[184] Ser., *Ad Aen.*, XI, 785.

[185] Un relieve hallado en Crannon, en Tesalia, muestra a Hecate entre estos dos animales; cf. J. Millingen, *Ancient Unedited Monuments* II. *Statues, Bustes, Bas-Reliefs* (Londres 1826) lám. XVI,1.

[186] *Od.*, XI,24.43.48.82.95.97.

[187] *Od.*, XI,23-30.36-37.

Supliqué a las cabezas inanes de los muertos...
... se congregaron,
ascendiendo del Erebo, las almas de los muertos».

Pero esta hipótesis no explica la escena de una urna de Chiusi en que un varón intenta sustraer a una mujer del peligro que para ella representa el monstruo. Podría haber en este caso una alusión a la leyenda de Eutimo de Locres [188]:

«A su regreso a Italia, Eutimo luchó con el Herón. Lo relacionado con el Herón es esto: en sus viajes después de la toma de Troya, Ulises arribó, según se cuenta, a diversas ciudades de Italia y Sicilia, arrastrado por los vientos. También llegó con sus barcos a Temesa. Allí, uno de sus marineros, borracho, raptó a una doncella, y por este delito lo lapidaron hasta darle muerte los naturales. Ulises no se preocupó más del asunto y se hizo a la mar, pero el espíritu del muerto empezó a dar muerte a la gente de Temesa, sin perdonar ni a viejos ni a mozos, hasta el punto de que aquellas gentes estaban ya dispuestas a abandonar Italia. Pero la pitia les ordenó que no abandonaran Temesa, y que en lugar de esto aplacaran al Herón y le dedicaran un recinto sagrado con su templo, y que cada año le entregaran por esposa una doncella, la más hermosa que pudieran encontrar en Temesa. Hicieron lo que el dios les ordenaba, y nada hubieron de temer ya del espíritu.

»Pero sucedió que Eutimo hubo de ir a Temesa justamente cuando la gente aquella rendía el acostumbrado homenaje al espíritu. Enterado de lo que allí ocurría, sintió curiosidad de acudir al templo para ver a la doncella. Al contemplarla sintió compasión primero y luego se enamoró de ella; la muchacha le prometió ser su esposa si la salvaba. Se puso entonces Eutimo su armadura y esperó la acometida del espíritu; ganó el combate y el Herón, expulsado del país, se arrojó al mar y desapareció.

»Celebró Eutimo unas bodas espléndidas, y los hombres de aquel país se vieron libres del espíritu para siempre. Me dijeron que Eutimo vivió hasta una edad muy avanzada y que se libró de la muerte, partiendo de este mundo de un modo diferente. Un individuo que había hecho un viaje de negocios a Temesa me dijo que la ciudad sigue habitada hasta el día de hoy. Esto es todo lo que me dijeron.

»También he visto una pintura, copia de otra más antigua, en la que se representaba un joven Sibaris, el río Calabro, la fuente Licra, el santuario de un héroe y la ciudad de Temesa. También se veía allí el espíritu expulsado por Eutimo. Era de un horrible color negro, su aspecto infundía espanto y llevaba una piel de lobo. El letrero de la pintura le daba el nombre de *Lyca.* Y esto es todo».

Habría, sin embargo, algunos elementos adicionales que conocemos por Ovidio [189]:

[188] Paus., VI, 7-11.
[189] *Met.*, I, 232-243.

«Aterrado huyó al campo silencioso;
aúlla y en vano trata de hablar.
Al rostro le sube el furor, y ansioso de matar,
contra el ganado se lanza y en la sangre se goza.
En pelambre se cambia su veste, en patas los brazos,
se vuelve lobo, pero con rastros de su antigua forma:
el mismo pelo cano, el mismo rostro feroz,
igual brillo en los ojos, la misma imagen fiera.
Cayó una casa, no la única que merecía perecer.
Por toda la tierra reina feroz Erinis.
Parecen juramentados para el crimen. Paguen todos
pronto las penas merecidas. Esta es mi sentencia».

No arroja, por el contrario, ninguna luz sobre esta escena el relato de Plinio [190] sobre la evocación del monstruo Volta por Porsena, pues quedarían sin explicar muchos de sus elementos:

«Los anales guardan el recuerdo de que mediante ciertos ritos se puede atraer o repeler el rayo. En Etruria hay una antigua tradición que narra cómo en respuesta a las invocaciones de su rey Porsena cayó un rayo cuando un monstruo, al que llamaban Volta, amenazaba a la ciudad después de haber asolado los campos. De este recurso había usado anteriormente Numa muchas veces, según el primer libro de los Anales de L. Pisón, autor fidedigno. Por quererle imitar sin atenerse exactamente al rito, Tulo Hostilio fue herido por el rayo».

Tampoco ayudaría en este caso el relato de la conversión de los compañeros de Ulises en cerdos por Circe [191]:

«Así hablé, y ellos dieron voces llamando.
Ella se alza y abre las magníficas puertas
y llama. Todos, insensatos, la siguen.
Pero Euríloco queda fuera, temiendo un engaño.
A los que entraron hizo sentar en sillones y tronos.
Queso, harina y miel nueva
con vino de Pramnio coció, y añadió al manjar
un bebedizo para hacerles olvidar la patria.
Se lo dio y ellos lo tomaron; luego
con una vara los tocó y encerró en una pocilga.
De puerco eran sus cabezas, voz y cerdas,
y también la complexión, pero pensaban como antes.
Lloraban ellos así encerrados. Circe
les echó bellotas, castañas y bayas silvestres
para comer, alimento de puercos que en tierra se revuelcan».

[190] Plin., NH II, 53, 140.
[191] *Od.*, X, 229-244.

Cuando se representa en los sarcófagos etruscos este episodio, salta a la vista que se trata de una escena completamente distinta [192].

En el caso de las piezas que estudiamos no cabe duda de que la escena representa la evocación de un muerto; en este sentido son fundamentales, por resultar absolutamente convincentes, las dos urnas de Perugia. En las restantes ha sido sustituido el difunto por el lobo, al igual que en Grecia lo es por el caballo o por un ser híbrido de lobo y caballo. Benoit [193] ve en estos monstruos que salen del *mundus* una representación del genio de la muerte. Desde nuestro punto de vista, el dato importante es que aun admitiendo que el monstruo que sale de la tierra fuera un ser infernal, el hecho de que sus miembros sean en parte de lobo o de caballo prueba el carácter infernal de estos animales [194]. Si se admite que el muerto ha sido sustituido por estos animales, como antes hemos indicado, quedaría plenamente acreditado su carácter infernal en Etruria. El caballo sería no únicamente un animal psicopompo, sino un habitante del Hades. Esta segunda hipótesis se confirma por la escena representada de una urna de Chiusi (fig. 31), en que el caballo aparece saliendo a medias por las puertas del Hades [195]. Fuera le está esperando Caronte con el martillo al hombro, sin duda para servirse del animal en el transporte de nuevos difuntos a los infiernos. A favor de la interpretación de estas escenas de las urnas que estudiamos como representaciones del descenso de Ulises a los infiernos está el dato transmitido por Pausanias [196] de que Polignoto pintó en los muros de la Lesque de Delfos el descenso de Odíseo a las regiones del Hades, así como el hecho, admitido por los etruscólogos, de que a Etruria llegaban cartones con pinturas griegas que luego eran interpretadas libremente por los artistas locales, quitando o añadiendo figuras al reproducirlas en las urnas.

[192] G. Q. Giglioli, *L'Arte Etrusca (op. cit.)* 74, lám. CCCXCIX,1. Creo que las siete urnas se refieren al episodio de Eutimo de Locres, tal como lo narra Pausanias, pues este autor habla de que una doncella, la joven más hermosa de Témesa, se ofreció por esposa al espíritu de uno de los marineros de Ulises. Eutimo libró a la doncella de este matrimonio, escena que sería la representada en la urna de Chiusi. Pausanias dice que el espíritu expulsado por Eutimo era de un color terriblemente negro, espantoso, y que iba envuelto en *una piel de lobo*, descripción que cuadra bien con la representación etrusca. De lo que no cabe duda es de que en las escenas de las urnas etruscas hay elementos adicionales. El mismo dato que suministra Pausanias, que existían pinturas con estas escenas, es otro argumento a favor de que la escena representada se refiere a Eutimo. Cuando los artistas itálicos representan la evocación de la sombra de Tiresias por Ulises, se ciñen a los datos suministrados por Homero, y la escena es totalmente distinta; cf. P. Ducati, *L'Arte Classica (op. cit.)* fig. 464.

[193] «Prehistoire» 10 (1948) 192.

[194] A. Trendall, *Vasi antichi dipinti del Vaticano* I (Ciudad del Vaticano 1953) 232ss.

[195] G. Q. Giglioli, *L'Arte Etrusca (op. cit.)* 75, lám. CCCCV,4; F. de Ruyt, *op. cit.*, 59ss, fig. 26. Según Giglioli, el animal representado es un Cerbero, pero De Ruyt opina que no puede dudarse de que se trata de un caballo.

[196] Paus., X, 28, 31ss.

B) Es interesante un sarcófago de Chiusi (fig. 32) por representar una escena funeraria que tiene paralelos próximos en Grecia. A un jinete que ciñe espada a la cintura se le aparece detrás de un árbol un hipocampo [197], ser fantástico que representa a la muerte y que como tal figura frecuentemente en los sarcófagos etruscos [198]. Este tema se representa en Grecia en composiciones que muestran a un jinete a pie junto al caballo; el animal, lo mismo que en el sarcófago de Chiusi, levanta una de las patas delanteras ante la inesperada aparición de una serpiente, animal funerario por excelencia, que ordena al personaje cambiar de ruta y marchar a caballo a los infiernos [199]. En las estelas felsinas aparece ya el hipocampo, unido en ocasiones a la serpiente, lo que indica su verdadero carácter [200]. En otras representaciones de los sarcófagos etruscos, los difuntos marchan sobre hipocampos; ello indica que tanto el hipocampo como el caballo tienen el mismo carácter infernal y que ambos se utilizan para el viaje a los infiernos [201]. El hipocampo presupone la creencia, también documentada en Grecia, de que el viaje a los infiernos se realiza a través del agua. Esta misma creencia se refleja en una urna de Volterra, que representa al difunto acompañado de Vanth y llevado en una cuadriga sobre un monstruo alado, mitad hombre, mitad pez, a la que precede un demonio alado [202]. Otras urnas de Volterra expresan la misma creencia en un viaje a los infiernos a través del agua; así, una en que se representa el rapto de Proserpina, y otra en que aparece el viaje de un difunto a los infiernos; en ambas hay debajo de las patas de los caballos un ser mitad pez y mitad hombre [203]. La misma idea se representa otras veces mediante el recurso de figurar simplemente unas ondas bajo las patas de los caballos [204]. Por el contrario, la dirección que lleva el carro de Aquiles en el carro de Monteleone presupone una concepción astral de la otra vida, pues los caballos se dirigen hacia el cielo. Según Cumont, la estela felsina número 169 refleja esta misma concepción; en esta pieza aparece *Phosphoros*, representado por el genio alado que vuela sobre la biga, indicando al auriga el camino que debe seguir [205].

C) De Ruyt enumera catorce urnas y dos sarcófagos en que Caronte guía a los difuntos que marchan a caballo hacia el Hades [206]. Una de

[197] R. Herbig, *op. cit.*, 18ss, lám. XLIX.

[198] *Ibíd.*, lám. XXI, n. 188; 75, 79ss, lám. LIX; 28, lám. LXXXII, n. 31; 49, 57ss, lám. LXXXII.

[199] J. Svoronos, *op. cit.*, I, lám. XXXIII, n.os 5 y 6.

[200] P. Ducati, «Mon. Ant.» 20 (1910) láms. II, IV y V, figs. 28 y 29; M. Pallottino, *Etruskische Kunst (op. cit.)* fig. 69; *Mostra dell'arte e della civiltà etrusca (op. cit.)* 92ss, lám. LXIX.

[201] F. de Ruyt, *op. cit.*, 220ss.

[202] F. Cumont, *Lux Perpetua (op. cit.)* 291; F. de Ruyt, *op. cit.*, 70ss, fig. 33.

[203] G. Körte, *op. cit.*, 5, 4ss, láms. I y III, fig. 2.

[204] G. Körte, *op. cit.*, 2, 49, lám. XLIII.

[205] F. Cumont, *Lux Perpetua (op. cit.)* 291.

[206] F. de Ruyt, *op. cit.*, 59.

estas urnas procede de Chiusi y se guarda en el Museo Cívico de la misma ciudad; trece se hallaron en Volterra; salvo una que se encontraba en la Colección Terrosi de Cetona y otra que se guarda en el Museo Arqueológico de Florencia, las restantes se conservan en el Museo Guarnacci (núms. 424, 121, 606, 103, 127, 101, 109, 100, 106, 114 y 105). Los dos sarcófagos aparecieron en Tarquinia; uno se conserva en la misma localidad (fig. 33). La urna de Chiusi es la misma a que antes nos hemos referido, en la que el caballo sale por las puertas del Hades y Caronte le espera fuera. En la urna número 424 del Museo Guarnacci, de finales del siglo IV a. C., el difunto marcha a caballo hacia la izquierda seguido de un sirviente que lleva una palma en la mano y un saco al hombro; les precede Caronte, que lleva túnica y botas, y está representado con nariz ganchuda y orejas animalescas; sobre su cabeza se yerguen dos serpientes; en la mano derecha empuña el martillo que lleva echado a la espalda. En uno de los lados se ha representado un demonio, y en el otro aparece de nuevo Caronte [207]. El relieve de la urna número 121, del siglo III a. C., es muy parecido al anterior. El difunto marcha a caballo seguido de un sirviente con su saco a la espalda. Caronte, medio vuelto, conduce de las riendas al caballo. Los rasgos físicos son los de siempre [208]. La urna número 602 es una réplica de la anterior, con la única diferencia de que el grupo camina hacia la derecha [209]. Caronte guía igualmente el caballo en la urna número 103; el sirviente, con su saco a la espalda, sigue a la comitiva [210]. En la urna número 127 varía un tanto la composición: Caronte, con su martillo al hombro, sale al encuentro del jinete, al que también en este caso acompaña el servidor con su saco a la espalda [211]. Parecida a la anterior es la urna número 101: Caronte camina al encuentro del grupo formado por el jinete y el servidor, y sujeta por las bridas al caballo [212]. Muy distinta es, en cambio, la escena representada en la urna número 109: el jinete camina hacia la derecha; Caronte, colocado delante de él, sujeta al caballo con la mano derecha mientras sostiene en la izquierda un gran martillo. Detrás del caballo aparece Vanth, con alas, empuñando un puñal en la mano derecha; debajo del caballo hay dos personajes tirados en tierra, un hombre con gorro frigio y una mujer. Tal vez representen a los enemigos que han sido vencidos en el camino hacia el Hades [213]. Pausanias habla de un demonio llamado Eurínomo que ataca a los muertos y los devora hasta dejar sólo los huesos [214]:

«Por encima de las figuras que he enumerado aparece Eurínomo.

[207] *Ibíd.*, 60.
[208] *Ibíd.*, 60ss, fig. 27.
[209] *Ibíd.*, 61.
[210] *Ibíd.*, 61.
[211] *Ibíd.*, 62.
[212] *Ibíd.*, 62.
[213] *Ibíd.*, 62ss.
[214] Paus., X, 28, 7.

Los guías de Delfos dicen que es uno de los demonios que hay en el infierno, y que devora las carnes de los cadáveres hasta dejarlos en los huesos».

Según Sócrates, los demonios son necesarios en el viaje a los infiernos, dadas las dificultades que presenta el camino[215].

Es posible que en la religión etrusca hubiera unas creencias semejantes. Hay una serie de urnas en las que Vanth conduce al caballo, mientras Caronte sigue al grupo. En la urna número 110, Vanth, volviéndose a medias, conduce al caballo por las riendas; su mano izquierda sujeta las *fasces*. Caronte, con un gran martillo al hombro y alado, sigue al caballo[216]. Una escena parecida presenta la urna número 106: Vanth conduce al caballo, y Caronte sigue a la comitiva con su gran martillo a la espalda[217]. En la urna número 114 hay un mayor número de personajes; delante del caballo y mirando completamente de frente al espectador aparece Vanth con las *fasces* en la mano izquierda. Caronte, alado y con el gran martillo sobre el hombro izquierdo, de frente también, está detrás del caballo; al lado de Vanth hay una mujer, la hija o la esposa, y un servidor que vienen a despedir al difunto[218]. También en la urna del Museo de Florencia hay una escena de despedida. Detrás del caballo está Caronte con el martillo a la espalda; a la izquierda aparece una mujer acompañada de otro personaje y dando el último adiós al difunto[219]. Sumamente original es la escena representada en la urna número 105. El jinete, desnudo, camina hacia la izquierda; un demonio masculino alado, vestido con un pequeño pantalón, sujeta de las bridas al caballo. Detrás del animal, con el cuerpo igualmente de frente y la cabeza de perfil, otro demonio alado y también con un pequeño pantalón por toda vestidura empuña en la mano izquierda un martillo, mientras que el primero lleva en la derecha unas *fasces* vueltas[220]. Delante del caballo hay una diminuta figura de mujer que contempla la comitiva. El tamaño de este personaje se debe a que el artista lo ha situado en la lejanía. La urna de la Colección Terrosi tiene una escena algo parecida[221]: un genio alado y con martillo precede al caballo, al que sigue un servidor mientras un pariente despide al difunto. Una de las urnas de Tarquinia es interesante por la originalidad del tema: el jinete camina hacia la izquierda, le sigue Caronte con su martillo en la mano izquierda y cierra la marcha un servidor con el saco a la espalda[222]. En algunos relieves atenienses también aparece el sirviente con un saco detrás del jinete[223].

[215] Plat., *Fed.*, 108c.
[216] F. de Ruyt, *op. cit.*, 63, fig. 28. Sobre las lasas, cf. A. Rallo, *Lasa. Iconografia e esegesi* (Florencia 1974).
[217] *Ibíd.*, 63ss.
[218] *Ibíd.*, 64ss, fig. 29.
[219] *Ibíd.*, 65.
[220] *Ibíd.*, 66.
[221] R. Herbig, *op. cit.*, 60ss, lám. LXXIV,c; F. de Ruyt, *op. cit.*, 62, fig. 30.
[222] F. de Ruyt., *op. cit.*, 67.
[223] A. Conze, *op. cit.*, II, 2, lám. CCL.

De Ruyt describe las tres urnas procedentes de Volterra y conservadas hoy en el Museo Guarnacci (núms. 142, 400 y 158), en las que Caronte acompaña a los difuntos que se dirigen en carro a los infiernos; a este grupo hay que sumar el sarcófago procedente de Vulci que se guarda en la Ny Carlsberg Glyptotek de Copenhague[224], y que presenta una escena sumamente original[225], con el encuentro de dos bigas. En la representada a la derecha van tres mujeres y un auriga conduce el vehículo; acompañan al grupo una servidora y Caronte con su martillo al hombro. A la izquierda, en la segunda biga, va el difunto de pie; al carro siguen dos jinetes. Ducati ve en la biga de la derecha tres divinidades infernales; otros autores creen que las tres mujeres son miembros de la familia. Körte no se decide por ninguna de las dos hipótesis. Helbig se abstuvo de proponer una interpretación. De Ruyt cree que son miembros de la familia que salen a recibir al padre o esposo difunto. Helbig ha vuelto a defender recientemente la hipótesis que propuso en 1934: «Mientras el difunto camina por el campo de Aqueronte, se le presenta, como surgida del suelo, una trinidad de demonios femeninos» (figs. 34-35).

D) Numerosos son los sarcófagos y urnas que representan el viaje a los infiernos a caballo sin que aparezca la figura de Caronte. Aludiremos someramente a los más significativos.

En la urna número 119 del Museo Guarnacci, fechable en el siglo II a. C., el difunto camina seguido del servidor con el saco al hombro[226]. Escenas parecidas se ven en las urnas números 102[227], 111[228], 112 y 115[229]. En las urnas números 111 y 112 hay debajo del caballo un gorro frigio que tal vez sería una simple alusión a los enemigos vencidos en el camino al Hades, como en la urna citada anteriormente, ya que en la urna número 109 también lleva esta prenda un personaje, al parecer, degollado por Vanth. En todas las urnas citadas hay escenas de despedida. En la urna número 287, al igual que en el sarcófago de Copenhague, es posible que se represente el encuentro de dos cortejos fúnebres; Vanth, con alas extendidas, sujeta de las bridas a dos caballos[230]. En las urnas números 108 y 451, el jinete va acompañado, además del siervo con el saco, de un guerrero con lanza y escudo y de otros personajes[231]. Un relieve procedente de Chiusi y conservado en el Museo de Palermo posee especial importancia, pues el jinete se despide de su esposa junto a una puerta, que sin duda es la del Hades, que se dispone a atravesar[232]. En cambio, en otra urna pro-

[224] F. de Ruyt, *op. cit.*, 70ss, 77ss.
[225] R. Herbig, *op. cit.*, 31ss, lám. XLII; F. de Ruyt, *op. cit.*, 77ss, fig. 35.
[226] M. Pallottino, *Mostra dell'arte e della civiltà etrusca (op. cit.)* 77ss, fig. 35.
[227] G. Körte, *op. cit.*, 86, lám. LXXII, n. 7.
[228] *Ibíd.*, 87, lám. LXXII, n. 8.
[229] *Ibíd.*, lám. LXXIII, n. 88.
[230] *Ibíd.*, 90, lám. LXXV, n. 14.
[231] *Ibíd.*, 90ss, lám. LXXVI.
[232] *Ibíd.*, 91, lám. LXXVII,2.

cedente de Chiusi [233] aparece el difunto a pie y despidiéndose del siervo, que sigue a caballo, mientras un demonio alado tira de él por la cintura para arrastrarlo al Hades.

El viaje a los infiernos en carro cubierto y tirado por dos caballos, semejante al *carpentum* de los romanos, es propio de las urnas de Volterra (fig. 36). Körte cita cuarenta urnas distintas con este tema. El difunto, hombre o mujer, se asoma por el hueco anterior del vehículo. Algunas veces es un matrimonio el que realiza el viaje. Un *cursor* precede a la comitiva, a la que acompañan siervos de distinto sexo, a pie, siguiendo al carro algunos de ellos, mientras conduce los caballos otro representado en tamaño más pequeño. En algunas urnas, como la número 135 del Museo Guarnacci, Vanth contempla el paso de la comitiva [234].

E) Los talleres de Volterra produjeron otro tipo de relieve funerario que sólo se da en las urnas procedentes de esta localidad. Se diferencia de las anteriores no sólo por el vehículo empleado, que en este caso es una cuadriga, sino también por la posición social de los que marchan al Hades. En las urnas anteriores se trataba de personas privadas, mientras que en estos relieves son magistrados con todo su séquito los que marchan hacia los infiernos. El vehículo utilizado es el *currus* tirado por cuatro caballos, que solía servir también para la celebración de los triunfos. Preceden los *apparitores* con sus *fasces* y los *tibicines, cornicines* y *citharistes*. En algún relieve se indica la dignidad del difunto mediante la representación de la *sella curulis*. Las lasas que aparecen en algunas urnas, como la conservada actualmente en el Museo Arqueológico de Florencia, procedente de la Tumba Inghirami de Volterra [235], no dejan lugar a duda de que se representa el viaje en carro a los infiernos. Körte enumera veinte ejemplares distintos. En estas piezas, al igual que en las anteriores, el caballo tiene carácter psicopompo. El carro representado en estas urnas parece derivar de modelos introducidos en Italia por los galos; es posible que el hombrecillo que precede a la comitiva represente a Telesforo [236]. Semejante a estas urnas es la reproducida por Ducati [237], en que se representa un personaje de alta alcurnia que camina a los infiernos sobre una cuadriga precedida de lictores y trompeteros. Interesante es la representación del viaje a los infiernos en un sarcófago procedente de la *Grotta dei Sarcofaghi* de Cerveteri [238], fechable hacia mediados del siglo VI a. C. De pie

[233] *Ibíd.*, 115, lám. XCVII, 10.

[234] *Ibíd.*, 94ss, láms. LXXIX-LXXXIII.

[235] K. Kerenyi, «Egyetemes Philological Koezloeny» 57 (1933) 7 y 8 del título *Telesphoros;* W. Deonna, *De Télesphore au «moine bourru». Dieux, génies et démons encapuchonnés* (Bruselas 1955); *Divinité galloromaine au cucullus:* «Ogam» 40 (1955) 245ss; *Télesphore et le «genius cucullatus» celtique:* «Latomus» 14 (1955) 43ss; J. Watmough, *On the name of genius cucullatus:* «Ogam» 29 (1953) 65ss.

[236] G. Körte, *op. cit.*

[237] P. Ducati, *L'Italia Antica (op. cit.)* fig. 296.

[238] R. Herbig, *op. cit.*, 46ss, lám. 1; M. Johnstone, *op. cit.*, 54ss.

sobre el *currus,* un auriga guía la biga, a la que precede un sirviente con una silla; sigue el difunto, con cetro en la mano izquierda, acompañado de su esposa. Preceden dos músicos, el segundo de los cuales toca el *aulē,* mientras que el primero tañe la cítara. Delante de ellos hay un hombre que vuelve la cabeza hacia atrás, al que preceden otro con un *lituus* y un tercero con un cuerno (fig. 37).

Original es la escena representada en un sarcófago de Tuscania, conservado, lo mismo que el anterior, en el Museo Gregoriano Etrusco. El difunto va de pie sobre el *currus* y le sigue un hombre que lleva debajo del hombro derecho una tabla (figs. 38-39); preceden al carro dos lictores y un hombre con una lanza [239].

En los dos lados de un sarcófago procedente de Vulci y conservado actualmente en Boston se representan otras tantas escenas del viaje a los infiernos en carro de dos caballos; en una de ellas, el difunto, de pie, sobre el carro, empuña las riendas; detrás aparece un hombre con un *lituus*; en la escena del otro lado marcha sobre el carro una pareja protegida por una sombrilla; un pequeño auriga guía el vehículo y detrás se halla Vanth con las alas extendidas [240].

F) Los talleres de Volterra produjeron también otro tipo de escenas en que aparece el caballo con carácter psicopompo. Los relieves representan la despedida de un matrimonio. Unas veces aparece el caballo aislado en un extremo de la composición (núms. 90 y 92 del Museo Guarnacci). En otras ocasiones, un siervo, con saco al hombro, sujeta al animal por una brida, mientras Vanth coge la otra (núm. 96). En alguna urna únicamente Vanth sujeta las bridas del animal (núm. 98), pero son generalmente los siervos los que lo hacen (núms. 127 y 570). En algunos ejemplares, como las urnas números 99 y 365 del Museo Guarnacci, a ambos extremos de la composición aparece un siervo sujetando un caballo. Körte cita veintidós urnas [241] con este tema, que también aparece en Grecia [242]. Los artistas volterranos no copiaron servilmente a los griegos, sino que supieron dar una profunda originalidad a la composición, que tiene un mayor número de personajes. Baste comparar la urna número 122 de Volterra con un relieve ateniense publicado por Gonze [243]. El contenido de las dos composiciones es el mismo, la despedida de la esposa y los hijos al marido que marcha a caballo hacia los infiernos, pero la realización es totalmente distinta en Grecia y Etruria.

G) Los escultores de Volterra trataron otro tipo de composición en que aparece el caballo con carácter psicopompo: el difunto, en pre-

[239] R. Herbig, *op. cit.,* 45ss, lám. XLIIId; M. Pallottino, *Gli Etruschi* (Roma 1939) lámina XXVI.

[240] R. Herbig, *op. cit.,* 13ss, lám. XLc,d.

[241] G. Körte, *op. cit.,* 70ss, láms. LIX-LXII.

[242] A. Conze, *op. cit.,* I, lám. CIII, n. 441; II,1, lám. CXXXI, n. 745; II,2, láminas CCXVI, CCIII, n. 1024.

[243] G. Körte, *op. cit.,* 73, lám. LXII, n. 8.

sencia de las lasas y de sus siervos, se aparece a su esposa para llamarla al Hades. En algunas urnas se halla el caballo esperando en un rincón, sujeto por un siervo, para conducir a la difunta (urnas números 302, 304 y 308 del Museo Guarnacci y otra del Museo Arqueológico de Florencia) [244]. En otra urna del Museo Guarnacci (núm. 427) aparecen las lasas con alas extendidas sujetando a dos caballos en los extremos de la composición; en el centro se representa una lucha con los galos; las lasas esperan sin duda para conducir a caballo al Hades a los combatientes que caigan en la pelea [245]. Procedente de Chiusi se conserva en el Museo de Palermo un sarcófago con un tema parecido. En el extremo derecho de la composición, Caronte, detrás del cual hay una cabeza de caballo, contempla la lucha y se dispone a trasladar a caballo al Hades a los caídos en ella [246].

Hubo un tipo de relieve funerario que gozó de gran aceptación entre los griegos a partir del siglo V a. C. [247] e incluso en la Magna Grecia, pero

[244] *Ibíd.*, 76ss, lám. LXXX.

[245] *Ibíd.*, 150ss, lám. CXV.

[246] *Ibíd.*, 185ss, lám. CXXV.

[247] Sobre el significado de estos prótomos de caballo en Grecia, cf. R. Herbig, *Giebel, Stallfenster und Himmelsbogen:* RM 42 (1927) 132ss; el autor afirma que «el prótomo de caballo colocado dentro de un marco significa simplemente que el personaje representado ha sido heroizado, es decir, ha muerto». L. Malten, *op. cit.*, 225, escribe que la presencia del caballo, al igual que la de la serpiente y el perro, se ha de interpretar como «una antigua forma de representar al muerto. El artista toma esta representación como un símbolo, combina y acumula en el mismo monumento las figuras del caballo, el perro y la serpiente, de manera que todas ellas se convierten en otras tantas alusiones al difunto». A estos relieves funerarios con un prótomo de caballo en F. Benoit, *L'héroïsation équestre (op. cit.)* 1, lám. VI; 3, lámina 6; E. Pfuhl, *Das Beiwerk auf den ostgriechischen Grabreliefs:* JdI 20 (1905) figuras 1, 2, 20, 21, 24, 27, 28, 48ss, 123ss; *Stätionische Plastik:* JdI 50 (1935) 13ss, figura 2; 35ss, figs. 18-20; 39ss, figs. 23 y 24; M. Bieber, *Die antiken Skulpturen und Bronzen des Königl. Museum Fridericianum in Cassel* (Malburgo 1915) 37ss, lámina XXXIII, n. 77; F. Poulsen, *Ny Carlsberg Glyptotek* (Copenhague 1941) lám. V, n. 229b. Otros relieves de este tipo, también con prótomo de caballo, en E. Pfuhl, *Zur Darstellung von Buchrollen auf Grabreliefs:* JdI 22 (1907) 126, fig. 10; S. Reinach, *op. cit.*, láms. CLIII,1 y 2; CDXII, n. 1; CDXIII,1 y 2; CDXIV,4 CDXXXI,1. En el Museo de Atenas se conservan relieves semejantes; cf. J. Svoronos, *op. cit.*, I, 1371, lám. XLVII; 1504, láms. LVII y LXXXI; 1526, láms. LXXXIV y XC; 1538, lámina XCIV; II, 2361, lám. CXLII; 2413, lám. CXLIX; 2491, lám. CLXII; 2785, láminas CLIII y CLXX. En la Península Ibérica también han aparecido estelas funerarias con prótomos de caballos; cf. F. Benoit, *L'héroïsation équestre (op. cit.)* 3, lám. XI; A. García y Bellido, *Esculturas romanas de España y Portugal* (Madrid 1949) 370, lám. CCXLVI, n. 365; B. Osaba y R. de Erenchun, *Museo Arqueológico de Burgos* (Madrid 1955) lám. XIX; J. Caro Baroja, *España primitiva y romana* (Barcelona 1957) 349, n. 170; J. Camón, *Las artes y los pueblos de la España primitiva* (Madrid 1954) fig. 785. En el Museo de Berlín hay una buena colección de relieves funerarios griegos con prótomos equinos o con caballos enteros; cf. C. B. Blümel, *Die griechischen Skulpturen des fünften und vierten Jahrhunderts v. Ch.* (Berlín 1940) 56ss, lám. LXVIII; 62ss, lám. LXXIV; 69, lám. LXXX; 69ss, lám. LXXXI; 71ss, lám. LXXXII; 73, lám. LXXXIII; 76ss, lám. LXXXVII; F. Messerschmidt, *Untersuchungen zur Tomba del Letto Funebre in Tarquinia:* «St. Etr.» 3 (1929) 523, lám. LVIII. Sobre los prótomos de caballo opina M. P. Nilsson, *Geschichte der griechischen Religion* I (Munich 1941) 358: «En las estelas

que no triunfó en Etruria tal como se representaba en Grecia. Se muestra en estos relieves un banquete infernal en el que los comensales son unas veces Hades y Perséfone reclinados en lechos, ante los que se presentan los vivos o los difuntos con animales destinados al sacrificio, y otras los difuntos, que pasan felizmente la vida en ultratumba banqueteando; también a ellos, como a seres heroizados, presentan sus súplicas los mortales. Es muy frecuente que en una esquina y al fondo de la composición aparezca en estos relieves un prótomo de caballo o el animal entero. Los artistas griegos ponían estos prótomos como contraseña. Los etruscos conocieron sin duda este tipo de relieve griego; alguno tal vez apareció en Chiusi [248]; otro de los ejemplares más originales que se conocen procede de Cumas [249]. En Cipollina, en la región septentrional de Calabria, los artistas locales imitaron estos relieves griegos [250], y lo mismo hicieron repetidas veces los artistas de Tarento [251]. Los relieves de este tipo conservados en Italia, algunos de los cuales son profundamente originales, como el que guarda el Museo Arqueológico de Venecia [252], proceden seguramente de Grecia o de la Magna Grecia [253].

El hecho de que los numerosos relieves etruscos [254] inspirados en los griegos que representan el banquete funerario no contengan sino en casos

funerarias es frecuente añadir a la imagen del muerto la de un caballo o la cabeza de este animal colocada en un recuadro. Se suele atribuir esto a la creencia de que el caballo es una criatura ctónica, que arrebata a los hombres, un demonio de la muerte. Las explicaciones de Malten, a pesar de su erudición y perspicacia, no llegan a convencer. Más acertada y sencilla es la antigua explicación: criar caballos era un signo de riqueza, de condición aristocrática, y como muestra de que el difunto había adquirido tal categoría social, en su estela se hacía figurar el caballo o la cabeza de este animal».

Por nuestra parte, nos inclinamos a aceptar más bien la tesis de Malten; cf. nuestro trabajo *El caballo en las creencias griegas y en las de otros pueblos circunmediterráneos*, en este mismo volumen, pp. 42-68.

[248] D. Valeriani, *Etrusco Museo Chiusino* II (Florencia 1834) última lámina.

[249] A. Rumpf, *Relief in Villa Borghese:* MRI 38-39 (1923-24) 464ss, Beil. 8; C. Blümel, *op. cit.*, VI, 76, lám. LXXX.

[250] E. Galli, *op. cit.*

[251] «Mon. Inst.» XI, 2, lám. LV; F. Lenormant, *Premier rapport à M. le Ministre de l'Instruction Publique sur une mission archéologique dans le midi de l'Italie:* «Gazette Archéologique» (1883) 213, lám. IX; P. Wuilleumier, *Tarente des origines à la conquête romaine* (París 1939) láms. XI,1; XXIX,1; P. Gardnere, *Sculptured Tombs of Hellas* (Londres 1896) 10ss, fig. 37; J. Gréan, *Terres cuites grecques* (París 1891) lám. VI; F. Benoit, *L'héroïsation équestre (op. cit.)* 3, lám. VI; G. Richter, *Ancien Italy* (Michigan 1955) fig. 74.

[252] E. Galli, *op. cit.*, lám. XXXVIII,2; C. Anti, *Il Regio Museo Archeologico nel Palazzo Reale di Venezia* (Roma 1930) 52, fig. 10; B. Forlati, *Il Museo Archeologico del Palazzo Reale di Venezia* (Roma 1953) lám. LII.

[253] F. Inghirami, *op. cit.*, láms. 102, 20; 6, 3, 24; A. Levi, *Sculture greche e romane del Palazzo Ducale di Mantova* (Roma 1931) 35ss, lám. XXXVIII; A. Neppi Modona, *Il rilievo votivo attico della collezione Antinori:* «Atene e Roma» 9 (1928) 20ss, láms. I-II. El autor defiende, igual que F. Cumont *(Coll. Warocque* 14) que los comensales representan a los difuntos asimilados a Esculapio e Hygieia.

[254] G. Körte, *op. cit.*, 127ss, láms. CIII-CX.

esporádicos la figura del caballo[255] y nunca el prótomo de caballo en la ventana, así como la ausencia total en las estelas felsinas de cualquier indicio, como ya se indicó, de que los muertos se representen bajo la forma de caballos, como se hacía en Grecia, Germania y probablemente en la Galia y en la Península Ibérica, parecen indicar claramente que los etruscos no se imaginaban a sus muertos en figura de caballo. El artista etrusco suprime el prótomo de este animal en el banquete funerario porque para él no tenía significación alguna la presencia de este animal una vez que había cumplido sus funciones de agente psicopompo. Los griegos de los siglos V y IV a. C., por el contrario, mantuvieron quizá subconscientemente la idea de que el muerto se aparecía bajo la figura de un caballo, propia de la etapa anterior. Como dice Malten, para los griegos la cabeza del caballo es una «contraseña» (*Merkzeichen*). Estos relieves en que aparece el caballo entero en la escena del banquete pueden interpretarse como una imitación tardía de modelos griegos, pues el caballo entero dentro de la escena del banquete, como observa Herbig, es de aparición tardía. Tampoco disfrutó en Etruria de mucha aceptación en urnas y sarcófagos el tema del rapto de Proserpina por Plutón, tantas veces representado en Locres; bajo la imagen de este rapto se representaba la partida de los muertos hacia los infiernos en carros[256]. En Grecia, de donde los artistas de Tarento copiaron el tema, la partida de los difuntos hacia el Hades adoptaba a veces el aspecto de un verdadero rapto en cuadriga[257]. Körte cita tres urnas procedentes de Volterra (las núms. 183, 379 y 171 del Museo Guarnacci) con este tema[258]. En la primera, debajo de los caballos aparece un monstruo, mitad hombre y mitad pez, que indica, como ya se dijo, la idea de que el viaje a los infiernos se realiza a través del océano. En la segunda hay tres personajes, una mujer y dos demonios, uno de los cuales es Caronte con su martillo; en la tercera, una serpiente corre debajo de los caballos. En la citada urna número 400, de Volterra[259], el viaje de un personaje en cuadriga y acompañado de Vanth ha sustituido al rapto de Proserpina por Plutón; esta sustitución parece indicar que los etruscos, al igual que ocurría en Locres, vieron en el tema del rapto de Proserpina una alusión al viaje en carros a ultratumba. En la religiosidad etrusca, el caballo no sólo servía para trasladar al Hades a los difuntos, sino que estaba además al servicio directo de Plutón. La cerámica etrusca de finales del siglo V a. C. perteneciente al grupo del Pintor de la Biga vaticana y del ánfora de Orvieto de la Colección Faina representa a Hades llevado velozmente por su cuadriga o biga, la misma que utiliza, como puede verse en otro vaso del mismo grupo, para raptar a Proserpina[260].

[255] *Ibíd.*, II, CI, 3.
[256] L. Malten, *op. cit.*, 228ss, figs. 21-23; A. della Seta, *op. cit.*, fig. 170.
[257] J. Svoronos, *op. cit.*, lám. XXVIII; II, lám. CLXXXII, n.° 1783.
[258] G. Körte, *op. cit.*, 1ss, láms. I y II.
[259] F. de Ruyt, *op. cit.*, 70ss, fig. 33.
[260] A. Trendall, *op. cit.*, 225ss, lám. LVIIId; 228ss, LIXb y c; «Mon. Inst.»

CONCLUSIONES

Resumiendo las ideas ya expuestas al estudiar la función del caballo en la vida etrusca de ultratumba se llega a las conclusiones siguientes:

La asociación del caballo con los difuntos es un tema mediterráneo.

Hay indicios, con base en los carros de terracota aparecidos en tumbas de Fontecucchiaia, Orvieto, Pitigliano, Capodimonte y Vetulonia, de que esta asociación de difunto y caballo se daba posiblemente en Italia por lo menos a partir del siglo VII a. C.

Es posible, sin embargo, que durante el período arcaico existiera en Etruria la creencia en un viaje a ultratumba, aunque no es fácil de demostrar. Es muy dudoso que en tal época creyeran los etruscos en un reino de los muertos.

A partir del siglo V a. C. aparece clara la creencia en un viaje a caballo a ultratumba, como lo demuestran las estelas de Felsina.

El hecho de que Felsina fuera un gran centro de población incluso antes de la llegada de los etruscos a esta zona puede explicar satisfactoriamente que en el siglo V a. C. rebrotaran allí viejas creencias, como la del viaje a ultratumba a caballo, tal vez al intensificarse la influencia griega. Las tumbas etruscas más antiguas de Bolonia, caracterizadas por el rito de inhumación, por la presencia de vasos griegos y por inscripciones funerarias en etrusco, se remontan a los últimos años del siglo VI y comienzos del V a. C.

En Felsina esta creencia perduró hasta el siglo IV a. C.

En la Etruria propiamente dicha hay que descender hasta el siglo IV a. C. para encontrar documentos que prueben esta creencia. Una estela fiesolana y dos cipos de Chiusi son tenues indicios de que en algún caso aislado se admitía posiblemente la misma creencia que en Felsina. Siempre cabe pensar que el escultor se dejó influir por representaciones similares griegas, sin que la representación etrusca posea por ello el mismo significado.

Falta, por tanto, el tema del viaje a los infiernos en carro o a caballo en las estelas y cipos del territorio fiesolano, y lo mismo puede decirse de los relieves funerarios de Volterra. En Chiusi tan sólo se conoce una posible representación en un cipo, pero la autenticidad de esta pieza es dudosa. Falta también en la pintura de Tarquinia y de Chiusi, así como en toda la producción pictórica anterior al siglo V a. C.

Según la casi totalidad de los investigadores, tampoco en la tumba campana de Veio hay representaciones de este viaje.

La razón de que este tipo de representaciones esté ausente de la Etruria propiamente dicha es que existía allí la creencia de que la tumba era la morada del muerto, mientras que el tema del viaje a los infiernos en

XI, láms. IV-V. El carácter funerario del caballo queda posiblemente expresado a finales del siglo II o comienzos del I a. C. en la urna de Sarteano (Chiusi), con una dama entre dos prótomos equinos (fig. 40); cf. R. Bianchi Bandinelli, A. Giuliano, *Los etruscos y la Italia anterior a Roma* (Madrid 1974) 326ss, fig. 376.

carro o a caballo gozaba de gran aceptación como motivo ornamental en Felsina.

A partir del siglo IV a. C. aparece en Etruria el tema del viaje a los infiernos en carro o a caballo en urnas, sarcófagos y pinturas de tumbas, debido a un cambio que se opera en las creencias sobre la vida en ultratumba.

En Etruria, el caballo es únicamente un animal psicopompo o directamente al servicio de Hades.

No son aplicables al mundo etrusco las afirmaciones de Malten, Ferri y otros autores, válidas para Grecia, de que los muertos son representados bajo la figura del caballo, y de que esta imagen da origen al tema del muerto representado con el caballo; tampoco se puede hablar del muerto *in veste equina.*

Aunque algunas representaciones etruscas de este viaje tienen paralelos en Grecia, los artistas etruscos trataron el tema con manifiesta originalidad.

8

REPRESENTACION DE PUERTAS EN LA PINTURA ARCAICA ETRUSCA

Al examinar las pinturas de algunas tumbas etruscas, el estudioso se encuentra con varias representaciones de puertas cuya interpretación, pese a las numerosas suposiciones de que han sido objeto, no aparece aún clara.

Casi todas las tumbas en que se ha representado este motivo pertenecen al período arcaico de la pintura etrusca, que abarca todo el siglo VI a. C., aunque también se conocen algunas que con seguridad pueden fecharse en el siglo V a. C., es decir, cuando comienzan a hacerse sentir en el arte etrusco los influjos del estilo severo.

De estas tumbas con representaciones de puertas nos quedan muy pocos ejemplares. Conocemos otras por las descripciones de los descubridores y de los pocos afortunados que pudieron visitarlas al poco tiempo de ser descubiertas. Hoy estas representaciones ya se han perdido a causa del rápido proceso de descomposición de que son víctimas las pinturas de los hipogeos.

Por ser la necrópolis de Tarquinia la más rica en tumbas con pinturas de todas las épocas, es lógico que la mayor parte de representaciones de puertas se encuentre en los hipogeos de Tarquinia, aunque también aparecen, si bien en número mucho menor, en Chiusi. No se ha comprobado la presencia de este tema en otras localidades.

Todavía es posible ver hoy en Tarquinia las tumbas de los Augures y de las Inscripciones. Otras se han perdido, pero las conocemos a través de sus descripciones; tal es el caso de las tumbas de la Puerta de Bronce, del Doble Arco, con Felinos y Puertas, con Animales y Puerta, con Jóvenes y Leones, y la del Citaredo. Algunas de estas tumbas tienen una sola puerta en la pared del fondo, otras tienen tres (una en cada pared), y la del Citaredo es la única que presenta dos puertas en la misma pared del fondo. En el primer grupo entran las tumbas de los Augures, del Doble Arco, de la Puerta de Bronce y de los Animales y Puerta. Las restantes repiten el motivo de la puerta en las tres paredes.

Las tumbas de Chiusi son más recientes que las de Tarquinia (pertenecen al siglo V a. C.), y de ellas la única con el motivo de la falsa puerta que podemos ver todavía es la Tumba del *Colle*, pero sabemos que también en la Tumba del *Poggio al Moro* aparecía la representación de una puerta [1]. En ambos casos se trata de una sola puerta.

En términos generales, todas estas puertas responden al típico modelo arcaico: quicio elevado, arquitrabes salientes, contraste acentuado (en la pintura) por una raya roja de tono más oscuro, hojas reforzadas con gavillas y placas metálicas que las dividen en dos paneles [2]. Son las típicas puertas llamadas jónicas por algunos investigadores y egipcias por otros, que aparecen constantemente en los sepulcros y que, dentro de la arquitectura funeraria etrusca, no debían de emplearse únicamente en éstos.

Antes de exponer las diversas interpretaciones dadas por los investigadores a estas puertas pintadas, convendrá hacer una descripción sumaria de los monumentos en que aparecen.

Empezaremos por las puertas de Tarquinia que todavía pueden verse en la actualidad.

Tumba de los Augures (figs. 41-42). Fue descubierta en 1878 y es conocidísima por haber sido estudiada y publicada en numerosas ocasiones [3]. Consta de un solo aposento cuadrangular, de mediana extensión,

[1] Es posible que no fueran éstos los únicos hipogeos en que figuraba tal motivo ornamental, pero en la actualidad sólo conocemos los dos que se citan.

[2] Estos refuerzos desaparecerían en las tumbas posteriores, en las que sólo encontramos batientes en forma de paneles.

[3] L. Dasti, «Not. Scav.» (1878) 129ss; W. Helbig, «Bull. Inst.» (1878) 184ss; O. Keck, «Ann. Inst.» (1881) 5ss; L. Dasti, *Notizie storiche e archeologiche sulla civiltà di Tarquinia* (Roma 1878) 344ss; J. Martha, *L'Art Etrusque* (París 1889) 225, figs. 227-228; O. Montelius, *La civilisation primitive en Italie* (Estocolmo 1910) lámina 303,1; F. von Stryck, *Studien über die etruskischen Kammergräber* (Dorpat 1910) 38ss; E. La Valle, *Corneto monumentale e la necropoli etrusca tarquiniesse* (Tarquinia 1914) 94s; F. Poulsen, *Etruscan Tomb Paintings* (Oxford 1922) 10ss, figuras 3-6; P. Ducati, *L'Arte Etrusca* (Florencia 1927) 225, figs. 227-228; A. della Seta, *L'Italia Antica* (Bergamo 1928) 217, fig. 222; G. Q. Giglioli, *L'Arte Etrusca* (Milán 1935) 23, láms. CIX-CXI; M. Pallottino, *Tarquinia:* «Mon. Ant.» 36 (1937) cols. 296s, figs. 71, 77 y 83; *Partecipazione e senso drammatico nel mondo figurativo degli etruschi:* «Arti Figurative» 3-5 (1946) 149ss; *La peinture étrusque* (Ginebra 1952) 37s; G. Becatti, F. Magi, *Le pitture delle Tombe degli Auguri e del Pulcinella:* «Mon. Pitt. Ant.» sec. I, Tarquinii, 3-4 (1955); H. Deisinger, *Les peintures etrusques de Tarquinia* (Lausana 1953) n.º 34; O. Vacano, *Die Etrusker* (Stuttgart 1955) lám. CXXIII; P. Romanelli, *Tarquinia* (Roma 1954) 26s, lám. 84; H. Stützer, *Die Kunst der Etrusker und der Römischen Republik* (Munich 1955) 32, fig. 13. Basándose de modo especial en este monumento, los estudiosos han tratado de dar una interpretación a la puerta. Como en su mayor parte han omitido una comparación de este monumento con los otros sepulcros decorados que muestran el mismo motivo, aunque sus deducciones se apliquen a otras representaciones de puertas, las interpretaciones que han dado son válidas únicamente para este hipogeo, pero no resultan aceptables cuando se refieren a las restantes tumbas o a parte de ellas. La escena de esta tumba, que representa la lucha de dos personajes, es sumamente interesante para estudiar el origen de los juegos de gladiadores. Sobre este particular ha escrito G. de Santis, *Storia dei romani* IV,2 (Florencia 1953) 341ss: «Los juegos gladiatorios, unidos no sólo en su origen, sino durante mucho tiempo, hasta la época republicana, a las honras fúnebres, representan una forma menos brutal y más espectacular de los sacrificios humanos, con los que en tiempos arcaicos se honraba a los difuntos, no tanto por propiciar a los manes cuanto por mejorar la condición de los difuntos en ultratumba con la sangre de las víctimas, de la que se

decorado con un friso en sus cuatro paredes. En las laterales se desarrollan unos juegos (una extraña y sangrienta lucha que enfrenta a dos personajes, un individuo armado con un bastón nudoso y otro con un perro sujeto por una larga cadena; el resultado será necesariamente la muerte para uno de los dos luchadores). Asisten a la competición los jueces *(agōnothetoi)*, acompañados de un séquito de diminutos esclavos. En la pared frontal aparece pintada una puerta que se eleva en el centro desde el suelo hasta tocar las líneas de varios colores que limitan por su parte superior el friso figurado. La puerta corta también el zócalo negro que hay debajo del mismo friso. Ligeramente exagerada en cuanto a su altura, está delimitada por la ancha faja roja de los montantes y del arquitrabe, sobresaliendo por ambos lados. Una franja de color más oscuro señala los contornos, como para dar mayor relieve plástico al elemento arquitectónico. Las hojas están reforzadas por tres fajas horizontales y una vertical, adornadas con placas, más claras, de bronce. En el friso y a ambos lados de la puerta hay dos personajes que miran hacia ésta y elevan los brazos en señal de saludo y dando muestras de pesadumbre. A ambos lados de cada una de estas figuras se han representado unos arbolillos, sobre uno de los cuales, al lado izquierdo de la puerta, se posa un pájaro. En el pequeño frontón que remata la escena aparecen dos felinos que desgarran el cuerpo de una cabra. El techo está atravesado por una viga central señalada con trazo rojo; también se representan las vigas transversales mediante dos franjas perpendiculares a la central, asimismo de color rojo, como la anterior. Se fecha esta tumba hacia el año 530 a. C.

Tumba de las Inscripciones[4]. Es, como ya hemos indicado, la otra

creía que era capaz de infundir a las almas una especie de vida nueva. Quizá se tratara también de enviarles unos esclavos que les sirvieran como en vida. Ritos semejantes se encuentran difundidos entre los pueblos arios; parece, sin embargo, históricamente cierto que los juegos gladiatorios, introducidos en Roma según la tradición en el año 264 a. C. con motivo de los funerales de Décimo o Junio Bruto por sus hijos, enmarcan una práctica etrusca testimoniada en los relieves de las urnas funerarias, a pesar de que los relieves llegados a nosotros no parecen anteriores a la fecha de los primeros juegos funerarios romanos. La importancia que el culto de los muertos tiene indudablemente en Etruria y las escenas de horror y sangre que decoran las antiguas tumbas, junto con otros argumentos, como el nombre de *lanista* dado al maestro o al dueño de un equipo de gladiadores, confirman el origen etrusco de tal costumbre, que en la Roma guerrera del siglo III a. C. encontró un terreno adaptado para prosperar y adquirir cada vez mayor desarrollo». Precisamente en la escena representada en esta tumba, del año 530 a. C., tenemos un testimonio, no citado por De Santis, de *juegos gladiatorios* celebrados probablemente en honor de los difuntos. Sobre los sacrificios humanos en Roma, cf. *ibíd.*, 319s. Es posible que en la Tumba de la *Polichinella*, de Tarquinia, tengamos una escena parecida; cf. M. Pallottino, *La peinture étrusque (op. cit.)* 40.

[4] Kestner, «Ann. Inst.» (1829) 106s; E. Gerhard, «Ann. Inst.» (1831) 80; Campanari, «Giornale Arcadico» 77 (1838) 270s; L. Canina, *L'Antica Etruria Marittima* V (1849) 62; G. Dennis, *The Cities and Cemeteries of Etruria* I (Londres 1883) 364s; L. Dasti, *Notizie storiche e archeologiche... (op. cit.)* 335; F. von Stryck, *op. cit.*, 61s; E. della Valle, *op. cit.*, 84; F. Poulsen, *op. cit.*, 14, figs. 7, 8 y 12; F. Weege, *Etruskische Malerei* (La Haya 1921) láms. LXXIII-LXXV, f. III; M. Pallottino, *Tarquinia (op. cit.)* cols. 296s, figs. 78, 79 y 82; M. Johnstone, *The Dance*

tumba de Tarquinia todavía visible en la actualidad con el motivo de la puerta (figs. 45-47). Consiste también en un aposento único cuyas paredes aparecen decoradas con un friso figurado. A derecha e izquierda de la puerta de entrada y todo a lo largo de las paredes de la habitación pueden contemplarse representaciones de juegos y escenas probablemente de carácter religioso, cuya interpretación no resulta fácil [5]. En el centro de cada pared hay una puerta figurada del mismo tipo que la de la Tumba de los Augures. El friso no parece tener ninguna relación con estas puertas, que valieron a esta tumba la designación «de las Falsas Cámaras», con que también es conocida. Este segundo nombre constituye una clarísima alusión al significado que en principio se atribuyó a las puertas.

Al igual que la Tumba de los Augures, también ésta se fecha entre los años 550-520 a. C.

Las restantes tumbas de Tarquinia hoy perdidas fueron descritas con mayor o menor precisión por los estudiosos que las vieron o recogieron noticias de quienes las habían visitado personalmente. De algunas tenemos además diseños, publicados unos y pertenecientes otros a colecciones particulares. Damos a continuación las descripciones de estas tumbas hoy perdidas.

Tumba de la Puerta de Bronce. Tenemos numerosas descripciones de esta tumba [6]. Por ellas sabemos que se componía de una sola estancia cuyas paredes aparecían decoradas con un friso. En las paredes laterales había representaciones de músicos y danzantes. En la pared del fondo había una puerta pintada en el centro y a ambos lados de la misma podían verse dos citaristas. De las descripciones se desprende que la puerta pintada en esta tumba era semejante a las ya descritas, es decir, que sería alta, con el arquitrabe saliente, y que estaba pintada de rojo. Tenía también unas franjas de refuerzo y placas de bronce. Dice Brizio que esta tumba está cuidadosamente reproducida en diseños de particulares.

Puede fecharse también en el siglo VI a. C.

in Etruria (Florencia 1956) 12s. Recientemente han sido descubiertas otras tumbas etruscas con representaciones de puertas. Son la Tumba de la Campana, de mediados del siglo VI a. C.; la Tumba de los Leones de Giada, de la misma fecha; la Tumba n.º 3098, de finales del mismo siglo; la Tumba del Topolino, de la misma fecha, con un aulista y un tocador de cítara, un ánfora y una crátera a los lados de la puerta; la Tumba de las Olimpiadas, fechada entre los años 530-520 a. C., con danzarinas junto a la puerta; la tumba n.º 1701 (fig. 43), de finales del siglo VI a. C., con tres puertas, una con un tocador de cítara junto a un ánfora de decoración geométrica en el lado izquierdo y las otras dos con danzarines; la Tumba del *Teschio,* de mediados del siglo V a. C., con una representación de tocadores de cítara y tibia a los lados; la Tumba de los Carontes (fig. 44), de finales del siglo III a. C., con varias puertas y demonios alados junto a las mismas; cf. M. Moretti, *New Monuments of Etruscan Painting* (Londres 1970) 5, 33, 54, 75, 97s, 104s, 114, 139ss, 172, 301ss.

[5] Omitimos la descripción detallada de las escenas porque ello nos distraería del tema de este trabajo. Para un conocimiento más profundo de estos temas remitimos al lector a la bibliografía ya mencionada.

[6] E. Brizio, «Bull. Inst.» (1873) 200; L. Dasti, *Notizie storiche e archeologiche... (op. cit.)* 342; Kech, «Ann. Inst.» (1881) 9; G. Dennis, *op. cit.*, 399; M. Pallottino, *Tarquinia (op. cit.)* col. 307.

Tumba del Doble Arco. Fue descubierta en 1873 y se volvió a tapar rápidamente, ya que apareció en malas condiciones. De ella dan noticias Brizio [7], Dasti [8], Dennis [9] y Messerschmidt [10]. En su descripción habla Brizio de las decoraciones que la adornaban, consistentes, como en las tumbas anteriores, en escenas de danza, música y lucha. En el centro de la pared del fondo aparecía una puerta pintada del mismo estilo que las anteriormente descritas. A la derecha de la puerta se veía aún la parte superior de una figura de citarista que pulsaba un instrumento de siete cuerdas. No se puede saber, en cambio, con exactitud cómo era la decoración que había a la izquierda de la puerta, por estar muy deteriorada esta pintura cuando se descubrió la tumba. Brizio supone que ésta es contemporánea de la Tumba de los Vasos Pintados, es decir, que puede fecharse en los últimos decenios del siglo VI o a comienzos del V a. C., si tomamos como base la fecha que da Pallottino en una de sus obras [11], es decir, entre los años 520-490 a. C.

Tumba con Felinos y Puertas. Debemos a Helbig [12] la única descripción que tenemos de esta tumba. Por ella sabemos que el único motivo ornamental eran las tres puertas representadas en otras tantas paredes de la tumba, que, como las anteriormente descritas, constaba de una sola estancia, pero con bancos a lo largo de las paredes para las deposiciones.

Encima mismo de estos bancos aparecen las puertas pintadas, del mismo tipo que las anteriores, es decir, elevadas, con el arquitrabe saliente y pintadas de rojo. Pero en éstas hay un elemento nuevo: los felinos que adornan los arquitrabes, leopardos en las laterales y leones en la central. En los dos frontones pueden verse leones y leopardos. También esta tumba puede fecharse en el siglo VI a. C., probablemente en sus últimos decenios, teniendo en cuenta la aparición de los bancos y la decoración de los arquitrabes, ya que estos elementos son propios de tumbas más recientes que las estudiadas hasta ahora.

Tumba con Animales y Puerta. Debemos las noticias que tenemos sobre esta tumba al profesor Pallottino [13], que afirma haber visto un diseño inédito de la misma hecho por el profesor Avakian. Pertenece al período arcaico de la pintura de Tarquinia, por lo que podemos fecharla en el siglo VI-V a. C. En cuanto a la decoración, sabemos que tenía pintada una sola puerta, seguramente en la pared del fondo.

Tumba con Jóvenes y Leones. Según la descripción que nos ha dejado Ghirardini [14], no parece que hubiera sino una sola puerta pintada en la pared del fondo, de acuerdo con los cánones ya conocidos, de la que en el momento del descubrimiento sólo quedaban débiles huellas. La de-

[7] E. Brizio, *loc. cit.*, 194, 200.

[8] L. Dasti, *op. cit.*, 341.

[9] *Ibíd.*, 399.

[10] *Beiträge zur Chronologie der etruskischen Wandmalerei* I. *Die archaische Zeit* (La Haya 1928) 58s.

[11] M. Pallottino, *La peinture étrusque (op. cit.)* 23.

[12] W. Helbig, «Bull. Inst.» (1884) 117.

[13] M. Pallottino, *Tarquinia (op. cit.)* col. 308.

[14] C. Ghirardini, «Not. Scav.» (1881).

coración de las paredes se había perdido por completo, pero en uno de los frontones se podían distinguir aún dos figuras recostadas y la de un joven, probablemente un sirviente, con una *oinochoē*. Podemos fechar también esta tumba en el siglo VI a. C.

Tumba del Citaredo (fig. 48). Cierra la serie de las tumbas de Tarquinia con representaciones de puertas. También esta tumba se ha perdido, y es cronológicamente la más tardía que presenta el citado motivo. Tenemos de ella varias descripciones [15], y los diseños [16] nos dan una idea exacta de cómo se hallaba distribuida la decoración, cuyos temas son los ya conocidos: música y danza, repartidos a lo largo de las cuatro paredes. En la que da frente a la entrada se representan dos puertas adosadas, cuyo arquitrabe se decora con pájaros y palmas. Su forma difiere de la que presentaban las puertas hasta ahora estudiadas; éstas no son tan altas ni tienen el conocido desarrollo de las jambas en talud, propio de las llamadas puertas jónicas; son cuadrangulares, y el umbral y el arquitrabe sobresalen en igual medida. Las hojas están divididas en cuatro recuadros iguales. Entre las dos puertas, sobre la misma pared del fondo, hay un arbusto que parece hiedra. A los lados danzan dos bailarinas vueltas hacia la correspondiente puerta. Pallottino fecha esta puerta entre los años 490-470 a. C. [17]

Como ya hemos indicado, las tumbas de Chiusi con puertas pintadas son más recientes que las de Tarquinia. Demostraremos que se pueden fechar todas en en el siglo V a. C. y que este tipo de representación aparece únicamente en dos hipogeos, la Tumba del *Colle* y la de *Poggio al Moro*. La primera puede visitarse todavía, pero la segunda se ha perdido.

Antes de entrar en la descripción de los frisos que decoran cada una de estas tumbas conviene destacar una particularidad arquitectónica que no se encuentra en las tumbas de Tarquinia. Aparte de que las dos tumbas que vamos a considerar constan de varios aposentos, el elemento verdaderamente singular que en ellas advertimos es la orientación de la sala central del hipogeo y, por tanto, de toda la pared. En las tumbas de Tarquinia se decoraba con puertas la pared frontera a la entrada, mientras que en las de Chiusi es la que aparece a la izquierda. Los frontones de Chiusi no están de frente, sino a derecha e izquierda de la puerta de entrada, y la viga principal figurada en el techo está paralela a la pared en que se abre la puerta de entrada. A continuación veremos si hay que considerar o no como pared principal la de la izquierda. Examinaremos a continuación las dos tumbas.

Tumba del Colle o Tumba Casuccini (figs. 49-50). Fue descubierta en 1833 y todavía puede visitarse. Ha sido publicada y estudiada en diversas ocasiones [18], y es considerada una de las más importantes entre

[15] W. Helbig, «Bull. Inst.» (1863) 107s; «Ann. Inst.» (1863) 344s; H. Brunn, «Ann. Inst.» (1866) 425; G. Dennis, *op. cit.*, 377s; F. von Stryck, *op. cit.*, 78-79; J. Martha, *op. cit.*, fig. 288; M. Johnstone, *op. cit.*, 25s.

[16] En «Mon. Inst.» VI-VII y lám. LXXIX.

[17] M. Pallottino, *La peinture étrusque (op. cit.)* 130.

[18] P. Valeriani y F. Inghirami (eds.), *Etrusco Museo Chiusino dai suoi possessori*

las tumbas aparecidas en territorio chiusino. La planta, como ya hemos dicho, es la habitual en muchos hipogeos de Chiusi; consta de una cámara central que comunica con otras dos situadas enfrente y a la derecha de la puerta de entrada. A la izquierda puede verse la única pared entera, con la representación de una puerta en el centro. Teniendo en cuenta los temas de que consta, el friso que adorna la cámara central puede dividirse en dos partes iguales: un banquete y un conjunto de danzas y competiciones atléticas, cuyo carácter funerario está explícitamente afirmado en las fuentes [19]. Todo el conjunto reproduce el ambiente propio de los banquetes funerarios.

Designando con letras cada una de las ocho medias paredes de esta cámara, advertimos que, de izquierda a derecha, las paredes A, B, G y H representan escenas de banquete, mientras que en las paredes C, D, E y F el tema son los juegos y danzas. Notaremos también que los personajes de este segundo conjunto de representaciones, situadas todas en la pared del fondo, miran hacia la puerta central, la verdadera, que está frente a la entrada, y dan la espalda a la falsa puerta de la pared izquierda, como si se desentendiesen de ella, al menos si hemos de tener en cuenta la relación que se expresa entre los personajes y la puerta pintada. También parecen ignorarla los personajes que toman parte en el banquete. En la estancia situada frente a la entrada había otras pinturas con figuras masculinas de color rojo que bailaban sobre un césped pintado de verde. La tumba se fecha entre los años 470-400 a. C.

Tumba del Poggio al Moro. También es conocida con el nombre de *Deposito de' Dei* o *Grotta delle Monache.* Fue descubierta en 1826 y estudiada por Kestner [20], a quien debemos la primera descripción. En cuanto al decorado, las tablas de Micali [21], aunque sólo de manera superficial, nos sirven para hacernos una idea de los temas allí representados por los artistas. La planta es similar a la del hipogeo antes estudiado, con la única diferencia de que la cámara situada a la derecha de la entrada no fue totalmente descubierta por los excavadores, que se limitaron a limpiar la puerta. También en este caso la orientación es diferente de la que tienen las tumbas de Tarquinia; la pared entera está situada a la izquierda, y los frontones quedan, por consiguiente, a derecha e izquierda de la entrada. En cuanto a los temas representados, son semejantes a los de las tumbas estudiadas hasta ahora: juegos de lanzamiento de disco, carrera, pugilato y salto; es posible que en una pared perdida al descubrir

publicato I (Fiesole 1833) 181, láms. CLXXXI-CLXXXIV; M. Johnstone, *op. cit.*, 31s; F. Inghirami, «Ann. Inst.» (1835) 19s; G. Micali, *Monumenti inediti* (Florencia 1844) 396, lám. LVIII, 4; E. Braun, «Ann. Inst.» (1850) 255s; «Mon. Inst.» V, láms. XXXIII-XXXIV; G. Dennis, *op. cit.*, 320-327; J. Martha, *op. cit.*, 435; fig. 291; O. Montelius, *op. cit.*, II, 236; F. Weege, *op. cit.*, lám. 97; A. della Seta, *op. cit.*, 181, fig. 184; F. Poulsen, *op. cit.*, 22; R. Bianchi Bandinelli, *Clusium:* «Mon. Ant.» 30 (1925) col. 268s; F. Messerschmidt, *op. cit.*, 37, 53, 63.

[19] Herod., I, 167.

[20] Kestner, «Ann. Inst.» (1829) 116s; cf. también G. Dennis, *op. cit.*, II, 328, 342; D. Levi, «Not. Scav.» (1926) 199s; M. Johnstone, *op. cit.*, 325.

[21] *Etrusco Museo Chiusino (op. cit.)* II, 125s, lám. CXXII.

la tumba estuviera representada además una lucha, con lo que tendríamos los clásicos juegos del pentatlón o quinquercio. A los lados de la puerta pintada vemos, en el izquierdo, unos hombres con pesos en la mano y un discóbolo; en el derecho, otro personaje acompañado de un flautista. En cada uno de los tímpanos aparecían tres individuos que participaban en un banquete servido por esclavos. En la segunda estancia, es decir, la situada frente a la entrada, la única decoración era un *gorgoneion*. Los investigadores coinciden en afirmar que la Tumba del *Poggio al Moro* es ligeramente posterior a la del *Colle*, y la fechan en el siglo V a. C.

Acabamos de repasar los monumentos más importantes de los primeros siglos de la pintura etrusca en que aparecen representaciones de puertas. Posteriormente, ya en época helenística, encontraremos otras representaciones de puertas [22], pero de tipo totalmente distinto y formando además parte del friso figurado [23]. No resultará difícil interpretarlas como puertas infernales, con paralelos en otros monumentos típicamente funerarios de la misma época en que se representa el tema del viaje a los infiernos o la despedida del difunto junto a la puerta del Hades o al lado de su tumba [24].

Ofreceremos a continuación las distintas interpretaciones que de estos monumentos han dado los estudiosos. Pero hemos de insistir en que generalmente los investigadores no han tomado estas puertas como objeto directo de sus análisis, sino que se han limitado a examinarlas únicamente en relación con el friso figurado de cada una de las tumbas a que dedicaban su investigación, que habitualmente ha sido la Tumba de los Augures y a veces la Tumba de las Inscripciones, sin compararlas con otros hipogeos. Otros investigadores ni siquiera les prestan atención especial, y se limitan a describir en sus trabajos los frisos que decoran las paredes de las tumbas, indicando tan sólo la presencia de estas puertas, pero sin insistir en su significado.

Examinemos a continuación las interpretaciones propuestas.

Keck [25], al describir la Tumba de los Augures, considera la puerta pintada en la pared del fondo «como el acceso al otro mundo». Funda

[22] Como en las tumbas del Cardenal y de los Hescanas, ambas de Tarquinia.

[23] Son estas puertas de arco como las que vemos con mucha frecuencia representadas o construidas realmente en las hornacinas murales de las ciudades etruscas. Su interpretación, por consiguiente, resulta también sencilla en las tumbas, y pueden clasificarse como puertas del Hades, habida cuenta de las creencias de los antiguos, que se imaginaban el Hades como una ciudad rodeada de murallas y dotada de magníficas puertas de entrada. Es interesante observar que las puertas del Hades representadas sobre urnas fechables en época helenística son redondas y frecuentemente están adornadas con cabezas; cf. G. Q. Giglioli, *op. cit.*, láms. CDV, CDVII, CDXI-CDXII, como las puertas de Volterra, Perugia y Faleri; cf. *ibíd.*, láminas CDXXI, CDXXIII. Sobre la significación de los arcos en el arte etrusco, frecuentemente con carácter funerario, cf. G. Mansuelli, *El arco honorífico en la arquitectura romana:* AEArq 27 (1954) 99ss y 176.

[24] Como comparación, pueden estudiarse los numerosos sarcófagos y urnas cinerarias publicados por H. Brunn, G. Körte, *I rilievi delle urne etrusche* III (3 vols.; Roma-Berlín 1870-1918) especialmente el cap. IX, pp. 52ss.

[25] «Ann. Inst.» (1881) 6.

su interpretación en la presencia de dos personajes situados a ambos lados de la puerta en actitud de saludar y de lamentarse, añadiendo que en otras tumbas (por ejemplo, en la de la Puerta de Bronce y la del Doble Arco, etc.) se representan músicos y danzarines a ambos lados de la puerta y mirando hacia ella. Estima inadmisible la interpretación de Dennis [26] en relación con las puertas de la Tumba de las Inscripciones, y hace notar en apoyo de su propia tesis que todas las escenas del friso de dicho hipogeo convergen hacia la puerta central, es decir, la representada en la pared del fondo.

Dennis, en efecto, al estudiar la Tumba de las Inscripciones, observaba que también recibía el nombre de Tumba de la Falsa Cámara, y, sin aportar por el momento ningún dato que viniera a robustecer su tesis, pensaba que dichas puertas eran en realidad una señal que indicaba el acceso a otras cámaras interiores.

Martha [27], ampliando la tesis de Dennis, sostiene que se pintaron dichas puertas con vistas a la apertura de nuevos huecos cuando se hiciera necesario ampliar el hipogeo. Con esta medida se evitaría dañar el friso al practicar la nueva apertura.

Poulsen [28], al describir la Tumba de los Augures, afirma que es evidente y notorio que la puerta representada es la del sepulcro, puesto que junto a ella lloran al muerto los supervivientes.

Della Seta [29] opina aproximadamente igual con respecto a la Tumba de los Augures.

También Ducati [30], refiriéndose a la misma tumba, se inclina a creer que es la puerta del Averno, fundándose, como los investigadores anteriormente citados, en la presencia de personajes dolientes a ambos lados de la puerta.

Romanelli [31], al describir la misma Tumba de los Augures, indicó que podría tratarse de la puerta del Hades o quizá simplemente de la puerta de la tumba.

Pallottino [32] ha sido el único que, si bien se ha limitado al estudio de los monumentos de Tarquinia, ha intentado profundizar en el tema de las puertas pintadas. Observa este autor en primer lugar que solamente en algunos hipogeos parece haber una relación entre las escenas del friso y la puerta representada en el mismo, mientras que en otros casos las puertas figuradas parecen tener un significado puramente arquitectónico relacionado con la observancia de las prácticas funerarias de los etruscos. Es conocida la costumbre etrusca de destinar la cámara menor

[26] *Op. cit.*, I, 364.
[27] *Op. cit.*, 401.
[28] *Op. cit.*, 11.
[29] *Op. cit.*, 217.
[30] *Op. cit.* I, 225. Posteriormente, el autor, *Pittura etrusca* (Novara 1942) lám. IV, se inclina a aceptar la idea de que la puerta representada en la Tumba de los Augures es la de la misma tumba.
[31] *Op. cit.*, 26.
[32] *Tarquinia (op. cit.)* cols. 307s, 322; *Partecipazione e senso drammatico... (op. cit.)* 151, 159s.

del hipogeo, que llamaban *cella,* para depósito principal y más importante. Basándose en esta costumbre, Pallottino afirma que las puertas pintadas en las paredes del fondo de las tumbas tarquinienses, tanto si los frisos tienen particular relación con ellas como en caso contrario, simbolizan o suplen la *cella,* que es la «verdadera y real morada del difunto». Cita en apoyo de su tesis las paredes de fondo de la Tumba de la *Pulcella* (aunque es mucho más tardía), en la que aparecen dos músicos a los lados de una especie de hueco excavado en la misma pared y en forma de templo o de casa, en cuyo fondo hay dos genios alados que sostienen un velo. Los individuos que saludan dolorosamente o los músicos están vueltos porque, según este autor, se dirigirían «no ya al símbolo del muerto invisible y sobrenatural, sino al cuerpo del difunto, que se supone que yace más allá de la puerta, aunque en realidad se hubiera depositado dentro de los límites del sepulcro pintado».

El mismo autor dice en otra de sus obras [33], refiriéndose a la Tumba de los Augures, simplemente que la puerta pintada en la pared del fondo representa el acceso a la morada del muerto.

Como hemos visto, estas interpretaciones han tenido en cuenta una sola tumba, por lo que casi todas ellas resultan inaceptables en principio. En cuanto a las de Keck y Ducati, que fundamentalmente coinciden, hemos de observar, dejando aparte el hecho de que en otros sepulcros se representa un mayor número de puertas, inexplicable desde el punto de vista de sus tesis, que los etruscos de los siglos VI y V a. C. no tenían la costumbre de aludir en la decoración de las tumbas a la vida de ultratumba o a sus creencias relativas al mundo sobrenatural [34]. Confirman esta observación todas las pinturas de dicho período, en que se representan únicamente escenas de la vida terrena, de tono alegre y despreocupado. Por otra parte, las características de las puertas pintadas en este grupo de tumbas difieren por completo de las que muestran las puertas infernales representadas en otros monumentos. Las puertas del Averno deberían parecerse a las de una ciudad, es decir, que serían puertas en arco, mientras que éstas que ahora estudiamos son puertas de edificio, interiores o exteriores [35].

Desde este punto de vista resultaría más aceptable la interpretación de Poulsen o de Della Seta. Suponen estos autores que se trata de puertas de tumbas. En realidad, las puertas sepulcrales podían muy bien adop-

[33] *La peinture étrusque (op. cit.)* 37.

[34] Lo contrario ocurre en las tumbas posteriores, fechables a partir del siglo IV a. C. Son representativas en este sentido las del Orco (Tarquinia), del Tifón (también en Tarquinia) y sobre todo la Tumba Golini de Orvieto. Hay una razón poderosa para negar que las puertas pintadas representen las del Hades, y es que, salvo en Felsina, es muy dudoso que los etruscos del período arcaico creyeran en un reino de ultratumba.

[35] Sobre las características de las puertas en general, cf. *Janua,* en Ch. Daremberg, E. Saglio, *Dictionnaire des antiquités grecques et romaines* III, 1 (París 1900) 607; W. Altmann, *Grabaltäre der Kaiserzeit* (1905) 13s. En Chiusi se documentan urnas en forma de casa; también en Volterra y en un cipo de Chiusi; cf. M. T. Falconi, «St. Etr.» 30 (1962) 331ss, figs. 15-17.

tar esta forma. Pero tropezamos con el inconveniente de que esta interpretación no es aplicable a las tumbas en que se representan varias puertas [36].

Si estas interpretaciones nos parecen totalmente inadmisibles desde el principio, por los motivos expuestos, las restantes podrían admitirse en parte. Hablaremos, pues, de las propuestas por Dennis, Martha y Pallottino.

La interpretación de Martha se limita prácticamente a ampliar la de Dennis. Ambos investigadores coinciden en afirmar que con estas puertas se trataba de indicar la existencia de otras estancias en el hipogeo, que si no se habían excavado ya, podrían abrirse en época posterior. Pero si aceptamos esta versión, nos encontraremos con dificultades de signo contrario a las anteriores. En efecto, suponiendo que estas puertas tengan carácter exclusivamente arquitectónico y haciendo abstracción del friso, no tendremos ninguna explicación satisfactoria para la dolorosa despedida de los dos personajes de la Tumba de los Augures o para la actitud de los músicos que en las restantes tumbas citadas se vuelven hacia la puerta central. Es preciso, por consiguiente, admitir alguna conexión entre los frisos y las puertas.

Para aclarar este punto viene bien la hipótesis de Pallottino, que señala la *cella,* es decir, la estancia posterior de la sepultura, que da frente a la puerta de entrada, como el lugar en que originariamente era depositado el cadáver, y que por ello vendría a ser su morada actual. Todo esto nos induce a pensar que esa cámara era la más importante del sepulcro etrusco. Pero no estamos de acuerdo con este investigador cuando afirma que los constructores tenían la intención de indicar que aquél era el lugar donde se encontraba el cuerpo del difunto, a pesar de que en realidad hubiera sido depositado en otro sitio, en la estancia única que tenía el hipogeo. Esta explicación nos parece errónea en algunos puntos. Por el contrario, aceptamos íntegramente su segunda versión, en que hace de la puerta pintada (nos referimos siempre a la que aparece en la pared principal) la «entrada a la morada del muerto», entendiendo por tal la residencia actual del difunto.

Tomando como punto de partida estas interpretaciones, podemos rastrear el verdadero significado de estas falsas puertas. En primer lugar, está claro que el sepulcro etrusco, adopte o no la forma de hipogeo, es la reproducción más o menos fiel de la casa de los vivos, repite el esquema fundamental de la vivienda, y en muchas ocasiones encontramos en él numerosos accesorios y ornamentos como los que contribuían a embellecer las moradas de los vivos. Las puertas representadas en los hipogeos, por consiguiente, aluden a las habitaciones a las que se supone que darían acceso. Construir estas habitaciones hubiera sido ya inútil, pero, por mantener la semejanza fiel con las viviendas de los vivos, de las que trataban de ser reproducción exacta las tumbas, se señalaban de este modo. De todas las habitaciones de la casa la más importante

[36] No conocemos ninguna tumba con más de una puerta de entrada.

era la del fondo, y como tal era considerada el aposento en que moraba el muerto en su vida de ultratumba.

Distintas razones de orden psicológico, religioso y arquitectónico hacen que nos parezca aceptable esta interpretación. Enumeramos a continuación los motivos en que fundamos nuestra conclusión.

Al estudiar las pinturas de los hipogeos sepulcrales, tanto de Tarquinia como de Chiusi, lo primero que salta a la vista es el hecho de que las puertas pintadas en ellos se han concebido desde el punto de vista de una función arquitectónica en relación con la misma tumba, no con fines decorativos en relación con el friso [37]. Así lo indican las mismas dimensiones de las puertas, que en todas las tumbas equivalen a las de las puertas verdaderas, incluso en algunos casos en que, como ocurre en la Tumba de los Augures, una parte del friso parece relacionarse estrechamente con la puerta figurada que incluye.

Por otra parte, el friso figurado se desarrolla dentro de una franja más o menos ancha que se sitúa generalmente en la parte alta de las paredes de la cámara central, mientras que la puerta desborda esos límites, y sus proporciones se relacionan no con el friso, sino con la estancia sepulcral. Ahora bien, si el pintor hubiera concebido la puerta en relación con el friso, es decir, como un simple motivo decorativo, deseando simbolizar la entrada a la *cella* o el acceso a los infiernos, o representar la despedida de los supervivientes junto a la puerta del sepulcro, hubiera tenido que representar la puerta en proporción con las figuras de los dolientes o de los músicos.

Otro factor concreto que nos confirma en nuestra interpretación es que cuando hay más de una puerta, la que parece tener mayor importancia es siempre la del fondo, tomando como punto de referencia la entrada. En efecto, hacia esa puerta se vuelven los músicos y las comitivas enteras de diferentes personajes que animan las escenas reproducidas en las cuatro paredes de los sepulcros. Este mismo hecho se repite en los hipogeos que tienen verdaderas puertas de acceso a otros departamentos y aun en los casos en que los frisos no guardan ninguna relación con las puertas verdaderas o falsas. Observamos también que en la Tumba con Felinos y Puertas se representaron unos leopardos en los arquitrabes de las puertas laterales, mientras que en la puerta central, y solamente en ella, se pintaron unos leones, como si se pretendiera indicar mediante esta diferencia la desigual importancia de las distintas puertas. Vemos también que en todas las tumbas con pinturas, y también en las de una sola cámara, todos los personajes se vuelven hacia la pared del fondo,

[37] Ya hemos indicado que los descubridores y primeros investigadores que se ocuparon de estos hipogeos, al describir la decoración no insistieron mucho en estas puertas ni intentaron hacer una exégesis, por la razón, probablemente, de que las consideraron simples motivos arquitectónicos ajenos al friso. Unicamente en relación con la Tumba de los Augures se hicieron las primeras tentativas de explicar el significado de la puerta, ya que los dos personajes situados a los lados parecen tener una estrecha relación con ella. Sin embargo, todos los investigadores se han mostrado de acuerdo en atribuirles una función meramente arquitectónica.

precisamente aquélla en que se representan las escenas más importantes del friso.

También en los hipogeos de Chiusi encontramos esta idea de preeminencia; en estas tumbas, a juzgar por la disposición de los frontones a que ya nos hemos referido, podría creerse que la pared principal es la situada a la izquierda de la entrada, pero en realidad lo es la situada al frente, hacia la que se vuelven las figuras del friso y en la que se halla la puerta de acceso a la cámara más importante del hipogeo. Esta teoría se ve confirmada por la misma decoración, que es mucho más pobre todavía que la de la cámara de entrada.

Pero el dato más importante que podemos aducir en confirmación de nuestra hipótesis es el aspecto de casa que adoptan los hipogeos etruscos e incluso podríamos decir que la tumba etrusca en general.

Sabemos por las afirmaciones unánimes de los estudiosos [38] que el lugar en que se depositaban los restos de los muertos ya desde los tiempos más remotos era, por razones especialmente de tipo mágico-religioso, una reproducción más o menos fiel de la morada de los vivos. F. Cumont, por ejemplo, observa que no por casualidad, sino con toda intención, durante la Edad del Bronce de Italia se guardaban las cenizas de los muertos en pequeñas urnas que reproducían fielmente las toscas cabañas que daban albergue en vida a las gentes de aquella época [39].

Esta creencia explica el hecho de que incluso en el siglo IV a. C. haya todavía urnas en forma de casa [40].

La costumbre de dar a la tumba la forma de una casa deriva de la creencia, muy extendida en Italia y fuera de ella, de que los difuntos seguían viviendo después de la muerte, pero con una forma de vida distinta, en la que necesitarían sin embargo una casa y todos los demás accesorios que resultan útiles durante la vida terrena. Así lo confirman los hallazgos de armas, objetos de adorno, arneses, etc., que comúnmente se realizan en los monumentos funerarios.

Construían los supervivientes las tumbas semejantes a la casa que

[38] Citamos algunos de los más significativos: J. Martha, *op. cit.*, 382; G. Patroni, *L'origine della domus:* «Rend. Acc. Lincei» 11 (1902) 467s; A. Frova, *La morte e l'oltretomba nell'arte etrusca:* «Il Rinnovamento» 1-2 (1908) 112ss; R. Bianchi Bandinelli, «Mon. Ant.» 30 (1925) col. 482; A. Gargana, *La necropoli rupestre di San Giuliano:* «Mon. Ant.» 33 (1931) especialmente 398s; *La casa etrusca:* «Historia» (1934) 203s; M. Pallottino, *Tarquinia (op. cit.)* 261-262; C. Patroni, *Architettura preistorica generale e italica. Architettura etrusca* (Bergamo 1941) 294s; M. Pallottino, *Partecipazione e senso drammatico... (op. cit.)* 159. Es posible que a esta misma concepción respondan las urnas en forma de palacete; cf. R. A. Staccioli, AC 19 (1967) 293ss.

[39] *Lux Perpetua* (París 1949) 15s; O. Vacano, *op. cit.*, láms. XX y XXII.

[40] G. Q. Giglioli, *L'Arte Etrusca (op. cit.)* lám. CCCXXXVI; P. Ducati, *Storia del'Arte Etrusca* (Florencia 1927) láms. CLXVII-CLXVIII; A. Solari, *Vita publica e privata degli etruschi* (Florencia 1931) lám. XXXIII; B. Nogara, *Gli etruschi e la loro civiltà* (Milán 1933) 243, fig. 132; 275ss, figs. 148-151; G. Patroni, *Architettura generale... (op. cit.)* 68ss, figs. 73-91; 297ss, figs. 343, 347-350; urnas en forma de cabaña procedentes de diversas localidades fuera de Italia en *ibíd.*, 55ss, figuras 44-66.

había albergado al difunto durante su vida, y se preocupaban de dotarla de toda clase de comodidades, depositando en ella todos los objetos que habían sido gratos al difunto en vida, pues temían que, de no cumplir con este deber, podían incurrir en la cólera del muerto, que movido por el deseo de venganza quizá volviera a la tierra para hacerlos objeto de una verdadera persecución. Esta es también la razón que explica las pinturas en que se representan los honores fúnebres tributados al muerto. Es también posible que, aparte de estas razones, los etruscos representaran en las tumbas tantas escenas de la vida real, juegos y banquetes sobre todo, para alegrar la vida ultraterrena del muerto con aquellas representaciones que le recordarían los episodios festivos en que había gustado de participar durante su existencia anterior [41].

También se documenta en Grecia la creencia de que los muertos utilizan en la vida de ultratumba los mismos objetos de que se han servido en la tierra; por esta razón quema Aquiles en la hoguera de Patroclo los perros y caballos de su amigo [42], y cuando Cimón, hijo de Milciades, tres veces vencedor en Olimpia con la misma cuadriga, muere, se entierran junto a su tumba sus cuatro caballos para que continúe dedicándose en el más allá a su deporte favorito [43]. También entre los escitas era costumbre sacrificar los caballos que habían pertenecido a los difuntos para que acompañaran a éstos en la otra vida [44]. El texto más explícito que conocemos sobre esta creencia en el mundo griego se encuentra en una obra de Luciano [45]:

«Al séptimo día de su muerte me hallaba yo sobre el lecho, igual que ahora estoy, tratando de aliviar mi dolor, pues leía serenamente el libro de Platón sobre el alma. Mientras estaba así distraído, se me acercó la misma Demenete en persona y se sentó a mi lado, del mismo modo que Eucrátides está ahora sentado. Hizo un gesto hacia el más pequeño de sus hijos, que dio un salto con viveza infantil (había estado triste durante algún tiempo por lo ocurrido). Cuando la vi —prosiguió Eucrates— la tomé en mis brazos con un grito de dolor y me eché a llorar. Ella no me lo consintió, sino que empezó a hacerme reproches porque, si bien

[41] Como los juegos representados delante de un palco propiamente dicho, a la manera de los que hay en la Tumba de las Bigas o las escenas de caza y pesca pintadas en las paredes de la tumba del mismo nombre, también los banquetes y las danzas son comunes a la mayor parte de las tumbas etruscas decoradas con pinturas y pertenecientes a los siglos VI-V a. C. También han aparecido representaciones de carreras de carros o de caballos, que se celebraban con ocasión del sepelio de los difuntos, en la Tumba de las Olimpiadas, fechada entre los años 530-520 a. C., en la del Maestro de las Olimpiadas, de la misma fecha, y en la del Guerrero, datada en el primer cuarto del siglo IV a. C.; cf. M. Moretti, *op. cit.*, 108s, 116s, 124s, 128ss; R. Bartoccini, C. M. Lerici, M. Moretti, *La Tomba delle Olimpiadi* (Milán 1959) figs. 54-59; R. C. Bronson, *Chariot Racing in Etruria*, en *Studi in onore di Luisa Banti* (Roma 1965) 89ss.

[42] *Il.*, XXXIII, 171-174.

[43] Herod., VII, 103.

[44] Herod., IV, 71; cf. E. Minns, *Scythians and Greeks* (Cambridge 1913) 87ss, 165ss, 222ss.

[45] *Philopseud.*, XXII.

nada le había negado, no había quemado una de sus sandalias doradas, que, según me dijo, estaba bajo el arca, donde se había quedado olvidada. Por eso no la habíamos encontrado y sólo habíamos quemado una».

El mismo autor nos habla en otro lugar [46] de esta misma creencia, muy difundida en su tiempo, y demuestra conocer su significado original.

Por lo que se refiere a los etruscos, esta misma creencia parece documentarse en las representaciones de algunas estelas felsinas con escenas situadas en ultratumba, ya que en ellas aparecen genios alados, en que se representa al difunto acompañado de sus perros. También las paredes de la Tumba de los Relieves de Cerveteri están llenas de objetos usados en vida por los difuntos [47]; esta tumba prueba que en Etruria, durante el siglo III a. C., una época en que ya se había generalizado la creencia de que los difuntos hacían un viaje al Hades, subsistían aún ciertos elementos de las creencias arcaicas, que tal vez como una herencia etrusca pasarían después al mundo romano. En este sentido, baste citar el testimonio de Plinio [48]. También Virgilio describe a los héroes disfrutando en el más allá de sus ejercicios favoritos con carros y caballos [49].

Teniendo en cuenta estas observaciones, parece muy verosímil la idea de que las tumbas de las necrópolis etruscas, y no sólo las decoradas con pinturas, están concebidas a imagen de la casa etrusca, que se trata de reproducir tal vez de manera esquemática, pero con la mayor fidelidad que permitían las características propias de una construcción subterránea, tanto por su disposición interior como por su arquitectura exterior. La creencia a que nos referimos explica que existan tumbas como la de la Alcoba, la de los Relieves y la de los Volumni que por dentro son verdaderas casas [50].

Al estudiar las plantas de las sepulturas (fig. 51), vemos que se repiten con ligeras variantes en todas las localidades de la Etruria antigua, y que esas variantes se deben precisamente a las diferencias que pueden advertirse en la construcción de la casa civil, a razones climatológicas, etcétera. Ejemplo de ello son los techos más apuntados o, por el contrario, en forma de terraza que aparecen en las sepulturas de muchas necrópolis [51].

En los hipogeos de Tarquinia y de Chiusi, así como en los de Volterra y otras localidades, la representación de las casas particulares refleja únicamente la arquitectura interior, aunque en la planta podamos también rastrear otras particularidades arquitectónicas, como vigas, puertas y ventanas. En las necrópolis rupestres, por otra parte, podemos también señalar elementos de la arquitectura exterior de la casa etrusca.

[46] *De luctu,* XIV.

[47] G. Q. Giglioli, *op. cit.,* láms. 341-343.

[48] *Epist.,* IV, 2, 23; cf. también CIL XIII, 5708.

[49] *En.,* VI, 656-658.

[50] G. Q. Giglioli, *op. cit.,* láms. 339-343, 415, 1-416,3; M. Pallottino, *La necropoli di Cerveteri* (Roma 1939) 16, 33-37; *Art of the Etruscans* (Londres 1955) n.os 8-9.

[51] Cf. A. Gargana, *La necropoli rupestre de San Giuliano (op. cit.)* 334s, fig. 8a-c y las urnas y cipos funerarios en forma de casa. También los estudios antes citados sobre la casa etrusca.

A veces estas necrópolis están organizadas como verdaderas ciudades, con sus calles, plazas, etc. La necrópolis es una réplica de la ciudad de los vivos, pero dedicada a los difuntos.

El hecho es tan cierto que los estudiosos llegan incluso a servirse de las necrópolis para investigar las características de la arquitectura civil etrusca, pues si bien conocemos numerosas manifestaciones de la arquitectura religiosa, para el estudio de aquélla sólo contamos con algunas sepulturas, de las que hemos de deducir el desarrollo que alcanzó durante toda la civilización etrusca. De este modo podemos seguir la evolución de la casa, partiendo de un solo aposento hasta llegar a la complicada fábrica que representa la casa civil de las familias más poderosas. Junto a las numerosas tumbas de una sola cámara, como las de los Leones, de las Bacantes, del Barón, etc., en Tarquinia, o las necrópolis rupestres de Bieda y San Julián, empiezan a aparecer las tumbas de dos cámaras unidas por un corto pasadizo. Estas sepulturas tienen una primera estancia, a la que Gargana llama *atrium* [52], y otra, de dimensiones más reducidas o semejante a la primera, a la que el mismo autor llama *tablinium*.

Otras tumbas presentan una planta más complicada, con un atrio en cuyas paredes se abren pasadizos que conducen a dos o más aposentos. A veces estas cámaras son dos y se abren en la pared del fondo; los ejemplos más notables de este tipo de cámaras están en Tarquinia, concretamente en la Tumba de los Toros, y sobre todo en Cerveteri, donde son mayoría las tumbas de este tipo. También pueden incluirse en este tipo de planta algunas tumbas de Chiusi que presentan la pared del fondo dividida en dos por otra pared que se alza en medio y que hace las veces de un tabique de separación. Pero, como ya hemos dicho, es en Cerveteri donde más abundan las plantas de estas características. Es precisamente en esta necrópolis donde se documenta el proceso de ampliación de las sepulturas, que pasan a tener tres aposentos abiertos en la pared del fondo.

Vemos, pues, que las tumbas, y por consiguiente también las casas de que son copia, alcanzan un mayor desarrollo en sentido horizontal al añadirse nuevos aposentos en torno a la cámara central; en las sepulturas resulta a veces verdaderamente notable este proceso de ampliación [53]. Se ha querido ver en las plantas de las tumbas etruscas el primer estadio de la llamada «casa pompeyana» [54]. Mencionamos esta hipótesis sin entrar a discutirla, ya que se sale del tema propio de nuestro estudio.

Si pasamos al estudio de las puertas pintadas en las tumbas de Tarquinia, que son las más numerosas y significativas, vemos que en su disposición se atienen exactamente al esquema ya citado. En efecto, el motivo decorativo que aparece en las tumbas de los Augures, del Doble Arco, de la Puerta de Bronce y en la de Animales y Puerta, es decir, el motivo de la falsa puerta en la pared del fondo, exigiría una planta como

[52] A. Gargana, *La casa etrusca (op. cit.)*.

[53] Como en la Tumba François de Vulci o en la del Mono de Chiusi y también en la Tumba Cima de la necrópolis rupestre de San Giuliano.

[54] G. Patroni, *L'origine della domus (op. cit.)*.

la de la Tumba Campana de Veio o de la tarquiniense de la Caza y la Pesca, con dos cámaras dispuestas una detrás de la otra, conforme a la disposición de atrio y tablinio. En todas estas tumbas, con excepción de la Tumba con Animales y Puerta, acerca de cuya decoración no tenemos noticias, aparecen junto a la puerta pintada y dirigiendo hacia ella sus miradas las figuras de unos músicos. Incluimos, como es lógico, en este conjunto la Tumba de los Augures, decorada, como ya se dijo, con dos figuras en actitud de saludar y lamentarse.

La distinta postura de todas estas figuras, admitiendo que tengan una relación del tipo que sea con la puerta en cuestión, se explica claramente si admitimos la hipótesis, bastante probable, de que la primera cámara del sepulcro, en la que se encuentran por lo general los frisos decorativos, representa el atrio de las moradas de los vivos. Teniendo en cuenta que el aposento más importante de la casa era el posterior, es decir, el tablinio, es lógico que se pensara que en él reposaría el difunto después de la muerte. Es, por consiguiente, lógico que los personajes situados a ambos lados de la puerta dirijan sus homenajes al aposento más importante de la casa, en el que se suponía que reposaba el señor, el dueño de la sepultura. Esta hipótesis concuerda, al menos en parte, con la teoría propuesta por Pallottino, en el sentido de que dichas puertas representan el acceso al lugar en que se encontraba el difunto, con la diferencia, a nuestro parecer, de que aquellos homenajes se dirigían no al cadáver, sino al alma del difunto, que de acuerdo con las creencias entonces en vigor debía morar en su casa actual, la sepultura, que por estas razones se construía a imagen y semejanza de la casa terrena.

En las tumbas del grupo precedente aparecen las escenas de despedida o las figuras de músicos y danzantes junto a la falsa puerta, pero en las sepulturas en que se han pintado tres puertas, una en cada pared, parece que las escenas representadas en el friso no guardan relación con ellas. En la Tumba de las Inscripciones y en las dos tumbas de Chiusi que, a pesar de tener una sola puerta, parecen atenerse a este mismo esquema general, las escenas de juego o de banquete que se desarrollan en las ocho porciones de pared en que ésta queda dividida por la inserción de las puertas no parecen sufrir alteración alguna por la presencia de éstas. En la Tumba con Felinos y Puertas, en que éstas parecen ser el único motivo ornamental del hipogeo, parece darse a la puerta del fondo, como ya hemos observado, una cierta preeminencia por el hecho de representar en su arquitrabe unos leones en lugar de los leopardos que adornan las otras dos.

La Tumba del Citaredo, la más reciente entre las de Tarquinia de que nos hemos ocupado en este estudio, presenta las puertas pintadas dispuestas conforme a un esquema que enlaza, por extraña coincidencia, con la planta de sepulcro que encontramos en una de las sepulturas más antiguas de Tarquinia, la Tumba de los Toros. Tenemos aquí, en efecto, dos puertas, situadas una junto a otra en la pared del fondo del hipogeo y decoradas, como se dijo, con pájaros y palmas, mientras que el fresco desarrollado todo alrededor presenta las acostumbradas escenas de músicos y danzantes. A los lados de las dos puertas vemos las figuras de dos bailarinas y en medio de las puertas unos arbolillos. Las tumbas ceretanas son las que más se asemejan, por la configuración de sus plantas, a ésta que acabamos de estudiar.

Pero la prueba más concluyente de que la sepultura reproduce la casa de los vivos está en el hecho de que las puertas pintadas no eran más que la representación de otros aposentos de la morada del muerto, cuya apertura no se había practicado por ser de momento innecesaria, pero con la que se contaba en todo caso como una posibilidad, y así se advierte con claridad en las tumbas de Chiusi ya estudiadas.

Pese a la disposición de los frontones en la cámara central con respecto a la entrada de la misma, que nos lleva a pensar en una orientación de la tumba totalmente distinta de la realidad, haciéndonos creer que la pared principal es la situada a la derecha de la entrada, vemos, sin embargo, que el *tablinium, cella* o como se quiera llamar es la cámara en que se guardaban los depósitos de mayor interés e importancia, y se encontraba frente a la puerta de entrada, siguiendo el mismo esquema que hemos visto en Tarquinia. Mientras la pared de la izquierda está generalmente entera, la situada a la derecha suele estar interrumpida por otros vanos, que llevan a nuevos aposentos (con más frecuencia uno solo), excavados por completo en algunas ocasiones. Las escenas de banquete o juegos que aparecen en el friso que recorre las paredes de la cámara central no parecen tener conexión alguna con la puerta pintada en la pared de la izquierda; es más, observamos que estas escenas están orientadas hacia el centro de la pared del fondo, donde, como sabemos, se abre el acceso al depósito de mayor importancia. Otro factor que nos lleva al convencimiento de que estas puertas se concibieron únicamente con miras arquitectónicas es el hecho de que podían abrirse posteriormente, así como su colocación en un entrante de las paredes que viene a acentuar la semejanza de estas puertas, desde el punto de vista arquitectónico, con las puertas verdaderas, que necesariamente tienen las hojas en un plano más elevado que el del quicio. Este entrante aparece asimismo en otras tumbas que carecen de decoración pictórica, pero que presentan una planta del mismo tipo que las estudiadas hasta ahora.

Además de estas tumbas con planta de cruz incompleta, es decir, con una pared sin aberturas, hay en Chiusi numerosos ejemplos de tumbas con las tres cámaras laterales dispuestas en torno al atrio. Todas ellas tienen la cámara principal en la pared del fondo, tomando como punto de referencia la entrada.

Simplemente como curiosidad cito la planta de la Tumba número 166 de Chiusi[55] (fig. 50*d*), que es una contaminación entre dos tipos de planta: la planta de cruz y la planta con dos *cellae* o peque-

[55] R. Bianchi Bandinelli, *Clusium (op. cit.)* col. 267, fig. 13.

ñas cámaras situadas en una misma pared, como aparece en la tarquiniense Tumba de los Toros. En efecto, mientras que en la pared del fondo y en la de la izquierda se abre el paso a una sola cámara en cada una de ellas, en la pared de la derecha hay dos puertas que dan a otras tantas cámaras menores.

Nuestra opinión es, en consecuencia, que las puertas pintadas en los hipogeos de Tarquinia y Chiusi son representaciones, desde el punto de vista arquitectónico, del resto de la casa real del muerto, de la que la sepultura es fiel reproducción. Del mismo modo que por razones de economía se depositaban en las tumbas imitaciones de los objetos reales, pero cuya composición los hacía prácticamente inútiles, no parecerá extraño que, también por razones de economía, en lugar de practicar nuevas aberturas de aposentos, que en la sepultura resultarían inútiles, se imitasen simplemente las puertas. No se practicaban accesos a unos aposentos inexistentes, pero se daba la ilusión de que éstos existían. Con este sistema podía reproducirse fielmente la casa del muerto, conciliando las exigencias religiosas con las razones de orden práctico, y dejando al mismo tiempo bien sentada la preeminencia del aposento posterior con respecto a las cámaras laterales. Era en aquel aposento posterior donde transcurría la existencia ultraterrena del dueño de la tumba, y, en consecuencia, aquel aposento posterior era objeto de las mayores atenciones por parte de los supervivientes y de los personajes representados en el friso.

Pallottino [56] ha escrito acertadamente: «En la etapa arcaica predomina la creencia de que el difunto vive en la tumba; la visión de la muerte es serena, y se intenta dar a la tumba un ambiente doméstico. En un período más reciente, la muerte se considera como un viaje al reino de las sombras, concepción de la que se rastrean huellas en los monumentos de los siglos VI y V... La creencia en la continuidad de la vida del muerto en su tumba inspira los objetos de los sepulcros y de las urnas que reproducen la forma de la casa, imitando perfectamente hasta en los menores detalles la arquitectura y los muebles». Estos puntos de vista coinciden plenamente con lo que han escrito otros investigadores: «En la época más arcaica, los etruscos creían, como las poblaciones prehistóricas y los pueblos antiguos del Oriente, en la supervivencia de los difuntos en las tumbas, y en una estrecha relación entre la vida de la sombra y la forma del cuerpo. Esta concepción favoreció, de un lado, la imitación de la casa en la estructura de las urnas y de los sepulcros, y la presencia de vestidos, alimentos, armas, utensilios alrededor del cadáver; de otro lado, favoreció el esfuerzo por eternizar la fisonomía individual de los difuntos en el retrato funerario. De este modo la pintura de las tumbas, con sus escenas de funerales, banquetes, danzas y episodios de la vida, está en conexión con las creencias más arcaicas. Sucesivamente penetra en Etruria la creencia griega en el

[56] M. Pallottino, *La civilisation étrusque* (París 1949) 168-81.

Hades, como reino oscuro y subterráneo de los muertos, poblado de demonios pavorosos» [57].

Esta creencia pervive en el Imperio Romano a partir de la época republicana. Pueden citarse algunos documentos que expresan con enorme realismo la convicción de que la tumba es la morada eterna del muerto. Entre ellos, el más antiguo es una inscripción en que el propietario dice con orgullo que compró un sepulcro para sí, para los suyos y sus descendientes, donde todos ellos tuvieran «su casa eterna, su finca, sus jardines. Este es nuestro sepulcro» [58]. No menos significativa es otra lápida, de fecha posterior, en que el constructor del sepulcro asegura haberse preparado una morada donde espera vivir eternamente con su esposa y su parentela [59].

Pensamientos semejantes se leen en el *Satiricón*, 71: «Error grave es mantener casa en vida y no cuidarse de la morada en que para siempre hemos de habitar... Por eso quiero ante todo añadir en mi testamento que mi heredero nunca sea dueño de mi sepulcro».

Virgilio, que tantas creencias de los pueblos itálicos nos ha transmitido, escribió también frases en que se expresa la misma convicción que en los documentos anteriores. Refiriéndose al entierro de Polidoro, dice: «Guardamos el alma en el sepulcro» [60].

También en algunos textos cristianos hallamos los ecos de esta creencia. San Gregorio de Tours [61] cuenta que unas vírgenes, cuyo sepulcro se había arruinado con el tiempo, se aparecieron a un devoto y le pidieron que fuera reconstruido, pues sufrían las consecuencias de la intemperie cuando llovía.

F. Cumont atribuye capital importancia a la religión egipcia, en la que también se creía que las tumbas eran las moradas de los muertos [62]. Ya a los griegos llamó poderosamente la atención esta creencia de los egipcios en que los sepulcros eran la morada de los muertos para toda la eternidad [63]. Supone F. Cumont que esta creencia pasaría de los egipcios a Palestina, donde sería adoptada por los israelitas; a Siria, Palmira y Roma, donde ha dejado huellas incluso en las catacumbas judías de Monteverde.

Sin embargo, por lo que se refiere a la religión romana, el elemento que verdaderamente hemos de valorar es la aportación etrusca, ya que en la etapa arcaica de la cultura etrusca aparece con toda claridad

[57] G. Foti, en M. Pallottino, *Mostra del'arte e delle civiltà etrusca* (Milán 1955) 157.
[58] CIL I, 2, 1319.
[59] CIL I, 1008.
[60] *En.*, III, 67.
[61] *De gloriosa confess.*, XVIII.
[62] *Lux Perpetua (op. cit.)* 14ss, 24; *Les religions orientales dans le paganisme romain* (París 1929) 247s; *Recherches sur le symbolisme funéraire des romains* (París 1942) 362, n. 1; A. Brelich, *Aspetti della morte nelle iscrizioni sepolcrali dell'Impero Romano* (Dissertationes Pannonicae I) fol. VII; Owen, *Oikos Aiōnios:* JTS 38 (1937) 248ss; A. Parrot, *Malédictions et violation de tombes* (1939) 164s.
[63] Diod., I, 51, 2; I, 93, 1.

la creencia de que la tumba es la morada de los muertos. En la etapa posterior no desaparecerá del todo esta convicción. Es probable que en la religiosidad romana influyera esta misma creencia desde dos religiones distintas, la etrusca y la egipcia.

Aparte de Etruria, esta creencia aparece en otras regiones occidentales, como lo prueban las estelas en forma de casa de la Península Ibérica [64], las sepulturas en forma de casa de Madrague [65] y las de otros lugares de la Galia [66].

[64] J. Martínez Santa Olalla, *Monumentos funerários célticos. As «pedras formosas» e as estelas em forma de casa*, en *Homenagem a Martins Sarmento* (Guimarães 1933) 226ss; J. A. Abásolo, M. L. Albertos, J. C. Elorza, *Los monumentos funerarios de época romana de la región de Poza de la Sal, Bureba, Burgos* (Burgos 1975).

[65] F. Benoit, *Sepulture-maison de la Madrague de Saint-Cyr-sur-Mer:* «Marseille» 28 (1956) 25ss. Otra confirmación de esta creencia en plena época romana es el sarcófago del Museo de Leiden; cf. O. Brogan, *Roman Gaul* (Londres 1953) fig. 49.

[66] E. Linckenheld, *Les stèles funéraires en forme de maison chez les mediomatriques et en Gaule* (1927).

9

LA TUMBA DEL CARDENAL Y LA INFLUENCIA ORFICO-PITAGORICA EN LAS CREENCIAS ETRUSCAS DE ULTRATUMBA *

Las pinturas de la Tumba del Cardenal de Tarquinia constituyen uno de los documentos más importantes de que disponemos para conocer las creencias etruscas sobre la vida de ultratumba en la época helenística. Por otra parte, se trata de la tumba etrusca sobre la que tenemos noticias más antiguas, que se remontan al año 1669. Sus pinturas están hoy prácticamente destruidas, pero fueron copiadas por J. Byres[1]. Hace ya bastantes años expresaba claramente F. Messerschmidt[2] la importancia que a su juicio tenía el contenido de estas pinturas: «La importancia de la Tumba del Cardenal... se debe a sus pinturas, que le confieren un puesto de honor entre los monumentos de la historia de la religión etrusca». Para un excelente conocedor del mundo etrusco como M. Pallottino[3], «la rara variedad y la complejidad de estas escenas hacen de este conjunto pictórico uno de los monumentos más interesantes de la pintura etrusca». Según P. Ducati[4], «la representación etrusca más importante del destino de las almas se hallaba sin duda en las pinturas que adornaban la Tumba del Cardenal». Hasta ahora nadie ha intentado hacer un estudio sobre el significado de las pinturas. Los dos trabajos de mayor envergadura publicados sobre ellas, el mencionado de F. Messerschmidt y el de C. C. van Essen[5], aparecido en el mismo año y en la misma revista, aunque insustituibles para el análisis de los problemas que la tumba plantea, no tiene por finalidad directa desentrañar la significación religiosa de las escenas. Esta es la tarea que ahora nos proponemos llevar a cabo, prescindiendo del estudio de los temas decorativos. La importancia del estudio de la significación que entrañan estas escenas estriba en el hecho de que ya

* Agradezco al profesor Matz sus muchas e importantes sugerencias sobre estas pinturas, al igual que al profesor Hiller.

[1] *Hypogaei or Sepulchral Caverns of Tarquinia* (Londres 1842).

[2] *Osservazioni sulla Tomba del Cardinale in Tarquinia:* «St. Etr.» 2 (1928) 133ss.

[3] M. Pallottino, *Tarquinia:* «Mon. Ant.» 38 (1937) col. 409.

[4] *Storia dell'Arte Etrusca* (Milán 1927) 478.

[5] *La Tomba del Cardinale:* «St. Etr.» 2 (1928) 83ss.

F. Weege[6] y otros autores creyeron ver en ellas una influencia órfica[7], punto al que prestaremos nosotros especial atención.

La cronología de la tumba ha sido fijada por F. Messerschmidt hacia mediados del siglo II a. C., y entre los años 130-100 a. C. por C. C. van Essen. En cuanto a la colocación de las aproximadamente doscientas figuras, seguiremos el orden establecido por C. C. van Essen, ya que los cartones dibujados por Byres no contienen indicación alguna sobre la distribución de las escenas. El estudio de C. C. van Essen es absolutamente fundamental, pues ha subsanado multitud de errores de otros autores, e incluso del mismo Byres, que han reproducido frecuentemente dibujos o descripciones de las escenas pintadas de esta tumba. Tomamos su trabajo y las láminas de Byres como base de nuestro estudio. Para aligerar este trabajo, prescindiremos de toda la bibliografía anterior sobre esta tumba, que ya ha sido bien manejada y expurgada de sus múltiples errores por C. C. van Essen.

La tumba tiene planta rectangular; mide ésta aproximadamente 16,70×17,80 m. de lado. Las pinturas cubren cerca de 45 m. de pared y se encuentran situadas en su mayor parte a la derecha de la entrada. Casi todas las figuras estaban pintadas sobre estuco; encima del friso con escenas hay elementos decorativos. En el centro de la cámara mortuoria hay cuatro pilares rectangulares; uno de ellos está decorado por los cuatro lados, el segundo sólo por dos y los restantes no tienen ninguna pintura. Comenzaremos nuestro estudio por las escenas representadas sobre estas columnas, fijándonos únicamente en las seguras y prescindiendo de las descripciones y discusión de las dudosas, de los temas decorativos, colores, técnicas, etc., todo lo cual, como acabamos de decir, ha sido bien estudiado por C. C. van Essen.

En el pilar que se encuentra frente a la entrada (llamaremos primer lado al que da frente a la entrada y seguiremos la numeración girando hacia la izquierda; las subdivisiones se numerarán de arriba abajo), en la segunda franja del segundo lado, debajo de un festón con motivos vegetales, aparecen dos figuras de jóvenes desnudos (fig. 52) en posiciones simétricas y cabalgando sobre unas serpientes; son las únicas figuras que por el momento nos interesan. Con una mano se agarran al cuerpo de los ofidios, que caminan serpenteando, mientras con la otra, levantada en alto, agitan una cuerda doblada a modo de látigo con la que fustigan a los reptiles[8]. Tenemos un paralelo de esta composición en una cista de nenfro, hoy perdida, procedente de Tuscania

[6] F. Weege, *Etruskische Malerei* (La Haya 1925) 25; P. Ducati, *loc. cit.*

[7] Sobre la influencia órfica en Etruria, cf. A. Neppi Modona, *Di alcuni problemi suggeriti della pittura etrusca del IV-II sec. A. C.:* «Annali delle Università Toscane» 10 (1926) 223ss; C. C. van Essen, *Did Orphic Influence on Etruscan Tomb Paintings Exist?* (Utrecht 1927); E. Bulle, *Orphisch-pythagoreischer Glaube bei den Etruskern?:* «Berl. Philol. Wochenschr.» 42 (1922) 692ss; B. Nogara, *Gli etruschi e la loro civiltà* (Milán 1933) 228s; M. Pallottino, *op. cit.*, col. 417.

[8] Probablemente se encontraban en este lugar estas figuras copiadas por Byres, como sugiere C. C. van Essen, *op. cit.*, 105, lám. XXIII, n.º 3; cf. también F. Weege, *op. cit.*, fig. 19.

y fechada a finales del período helenístico, con la diferencia de que en este caso los jinetes llevan gorros frigios, están situados en medio de la composición, no llevan látigos y las serpientes son aquí *ketoi,* dragones de mar [9]. Otros paralelos son los relieves, muy parecidos en su conjunto al que acabamos de mencionar, de Londres [10] y Villa Giulia [11]. Estas representaciones tienen indudablemente un sentido funerario, pues se repiten con frecuencia sobre sarcófagos de época helenística.

Campanari afirma que estos relieves representan el viaje del alma por el océano [12]; Rumpf estima que su tema es el viaje de las almas a la Isla de los Bienaventurados [13], y Herbig dice que «en este mero esquema decorativo no hay que ver alusiones mitológicas de significación más profunda» [14]. Pero en esta composición de la Tumba del Cardenal es seguro que hemos de admitir una alusión genérica al tema del viaje al Hades, de no ser que se prefiera la interpretación propuesta por Pallottino [15], que considera estas representaciones como figuras de genios masculinos con serpientes, semejantes a los representados en las

[9] R. Herbig, *Die jüngeretruskischen Steinsarkophage* (Berlín 1952) 73, lám. 109a. Los etruscos fueron muy aficionados a representar sobre unas urnas y sarcófagos estos seres fantásticos, serpentiformes, afrontados también, pero sin jinetes. Aparecen, por ejemplo, en los relieves centrales de dos sarcófagos de Viterbo, cf. R. Herbig, *op. cit.*, 79s, lám. 59b; 82, lám. 57d; de Vetralla, cf. *ibíd.*, 38, lám. 68c; 75, lámina 59a; de Londres, cf. *ibíd.*, 38s, lám. 78; los tres ejemplares de Florencia, cf. *ibíd.*, 27s, lám. 81c; 28, lám. 80c; de Copenhague, cf. *ibíd.*, 32, lám. 81a; de Tarquinia, cf. *ibíd.*, 58, lám. 84; cf. también G. Körte, *I rilievi delle urne etrusche* III (Berlín 1916) 221, lám. CXLVIII.

[10] R. Herbig, *op. cit.*, 38s, lám. 79.

[11] *Ibíd.*, 49, lám. 83a. Otros ejemplares en urnas, cf. G. Körte, *op. cit.*, 42, lám. XXX,3; 42s, lám. XXXI; 221, lám. CXLVIII.

[12] Sobre el viaje de las almas a través del Océano en la Antigüedad, cf. F. Cumont, *Recherches sur le symbolisme funéraire des romains* (París 1942) 130, n. 1, 188; *Lux Perpetua* (París 1949) 285ss. Los etruscos de la época helenística creían también en un viaje a ultratumba a través del Océano, como lo indican claramente, aparte de los seres acuáticos ya citados, cuyo cometido era transportar a los difuntos, una serie de relieves funerarios; cf. G. Körte, *op. cit.*, 82, lám. LXVIII. Anteriormente, la función de transportar a los difuntos en su viaje al Hades correspondía al caballo como animal psicopompo; cf. J. M. Blázquez, *Caballos en el infierno etrusco*, en este mismo volumen, pp. 114-158.

[13] *Die Meerwesen*, en *Die antiken Sarkophagreliefs* V, 1 (Berlín 1939) 129ss. Esta misma significación se desprende con claridad del relieve de una urna conservada en el Museo Arqueológico de Florencia, cf. G. Körte, *op. cit.*, 44, lám. XXXIII, n.º 11, que representa una mujer envuelta en un manto que le cubre también la cabeza, que cabalga sobre un *ketos;* esta figura tiene notables semejanza con las representaciones de algunos relieves en que el difunto, envuelto de la misma manera en un manto, camina a caballo hacia el Hades, acompañado de Caronte, una lasa o un servidor; cf. G. Körte, *op. cit.*, 71, fig. 14, láms. LXIX-LXX.

[14] R. Herbig, *op. cit.*, 38.

[15] *Tarquinia (op. cit.)* col. 412. En una tumba tarquiniense hoy perdida se veía un carro tirado por serpientes; cf. *ibíd.*, col. 414. En la parte superior de una estela de Bolonia, fechada en el primer cuarto del siglo IV a. C., aparece ya la serpiente unida al hipocampo; cf. W. Dräyer, M. Hürlimann, M. Pallottino, *Etruskische Kunst* (Zurich 1955) 151, fig. 46; M. Pallottino, *Kunst und Leben der Etrusker* (Colonia 1956) 134.

tumbas de los *Ceisinie* y de la *Tappezzeria*. En la tumba que estudiamos, el artista sustituyó los dragones marinos por animales prácticamente idénticos, las serpientes, que aparecen en las tumbas de los Vasos Pintados [16], de Tarquinia, fechada a finales del siglo VI a. C., y en la Golini II de Orvieto [17]. En el tercer lado de esta pilastra, debajo de un festón con rosetas, se representa una escena de combate (fig. 53); las figuras son de color claro sobre fondo negro y los combatientes van desnudos; un hombre, colocado casi de perfil y con manto echado sobre el brazo izquierdo, corre hacia la derecha empuñando una larga y estrecha espada en su mano derecha levantada, y se dirige hacia un grupo formado por dos figuras, una de ellas arrodillada, de frente y con la mano izquierda apoyada en el suelo, mientras levanta el brazo izquierdo como intentando parar el golpe que se dispone a asestarle la otra figura que, de perfil y con manto desplegado sobre la espalda, blande un puñal en la mano derecha; la actitud de la primera de estas tres figuras es de acudir en ayuda del compañero caído, atacando al agresor.

El segundo grupo es muy semejante al anterior. Un hombre medio derribado en tierra apoya el brazo derecho en el suelo mientras levanta el izquierdo y dirige la vista hacia la figura que tiene a su izquierda, que pretende clavarle la daga que empuña, mientras un tercer personaje situado a espaldas del caído intenta al parecer impedirlo. Viene luego otro grupo en que se ve en primer lugar un hombre que se desploma de espaldas en dirección al espectador, como si se tratase de un combatiente herido y a punto de caer (C. C. van Essen cree que se trata más bien de un personaje que corre hacia la derecha con los brazos levantados); hacia él acude con los brazos extendidos un personaje vestido y con una corona radiada sobre la cabeza, según el dibujo de Byres, como tratando de sostenerle. A espaldas de esta última figura aparece un combatiente con escudo rectangular [18].

En la segunda pilastra con pinturas, en el lado primero y en el segundo friso, se hallaba probablemente una de las escenas, también de combate (fig. 54), reproducidas por Byres [19], según sugiere C. C. van Essen [20]. El fondo es negro. Se ve en primer lugar un combatiente que camina de espaldas al espectador; lleva escudo ovalado en el brazo izquierdo y manto enrollado en el derecho y colgando sobre la pierna izquierda. Un segundo combatiente, rodilla en tierra y medio de perfil, con un puñal en la mano derecha echada hacia atrás y el brazo izquierdo alargado hacia adelante, espera la acometida de otro hombre que avanza de perfil y protege su cuerpo con un escudo ovalado que

[16] P. Ducati, *Le pitture delle tombe delle leonesse e dei vasi dipinti* (Roma 1937) 16, fig. 16.

[17] G. Q. Giglioli, *L'Arte Etrusca* (Milán 1935) 44, lám. CCXLIV,2.

[18] C. C. van Essen, *La Tomba del Cardinale (op. cit.)* 105s, lám. XXV, n. 2; F. Weege, *op. cit.*, fig. 73.

[19] *Op. cit.*, III, 1, 2.

[20] *Op. cit.*, 107, lám. XXIV, n. 1.

lleva en el brazo izquierdo. A su espalda avanza en dirección contraria otro combatiente, visto casi de frente y desnudo, que extiende hacia adelante el brazo izquierdo protegido por un escudo ovalado, mientras su mano derecha echada hacia atrás y armada de un puñal se dispone a asestar un golpe. En el cuarto lado de esta misma pilastra (fig. 55) se pintaron a la derecha seis combatientes, uno al lado de otro, desnudos como las restantes figuras; caminan protegidos por escudos circulares y les precede otro luchador que avanza medio vuelto hacia los anteriores y con un manto enrollado sobre el hombro izquierdo y flotando a sus espaldas, levantando con la mano derecha un largo y agudo puñal. Delante de esta figura se ve otro grupo formado por dos figuras; la de la izquierda representa a un hombre de perfil que se dispone a apuñalar a otro, situado más a la derecha, caído de rodillas y que alarga el brazo derecho, gritando, con la cabeza vuelta y el cabello desgreñado. A la izquierda de este grupo, un luchador, rodilla en tierra y apoyando la mano izquierda en el suelo, levanta el escudo circular en actitud defensiva.

Byres copió además otro trozo de friso (fig. 56) que es continuación del primero de esta pilastra, y que, por tanto, debía de estar en el lado segundo o tercero. Dos hombres representados de pie y de perfil se disponen a apuñalar a un tercero que está de rodillas y sin armas; en el centro del friso aparece otro combatiente de pie y de perfil, con manto que flota a su espalda y cae por el lado derecho sobre la misma pierna, que se dirige con el brazo izquierdo extendido y con un puñal en la mano derecha hacia otro grupo formado por tres personajes que llevan tumbado sobre un manto a un tercero; probablemente retiran a un herido de la lucha; en la postura de la cabeza echada sobre el hombro izquierdo y del brazo derecho caído sobre las piernas ha representado perfectamente el artista la típica actitud de combatiente herido [21].

Ya C. C. van Essen, al igual que otros autores, entre ellos Stryk [22], entendieron que todas estas escenas representan combates de gladiadores, que originariamente se celebraban con motivo del entierro de los personajes que disfrutaban de cierta categoría social [23]. Su carácter ha sido bien captado y descrito por G. de Santis [24], que escribe: «Repre-

[21] *Ibíd.*, 107s, lám. XXIV, n. 2-3.

[22] *Ibíd.*, 106, n. 1; F. Poulsen, *Etruscan Tomb Paintings* (Oxford 1922) 58, cree que estas escenas de lucha son de carácter mitológico. Si bien es cierto que las representaciones de combates mitológicos son frecuentes en los sarcófagos etruscos, cf. R. Herbig, *op. cit., passim,* creemos que en este caso tal interpretación es menos que probable. La disposición de los combatientes recuerda muy de cerca algunos relieves griegos, como los del Mausoleo de Halicarnaso, fechados hacia el año 350 a. C., cf. L. Lullies, *Griechische Plastik* (Munich 1960) 75ss, figs. 214-217, y algunos otros posteriores.

[23] G. de Santis, *Storia dei romani* IV, 2 (Florencia 1953) 342ss; J. M. Blázquez, *Sacrificios humanos y representaciones de cabezas en la Península Ibérica:* «Latomus» 17 (1958) 27ss; *Religiones primitivas de Hispania* I. *Fuentes literarias y epigráficas* (Madrid 1962) *passim.*

[24] G. de Santis, *op. cit.*, 342s.

sentan una forma menos brutal y más espectacular de los sacrificios humanos con que en tiempos primitivos se honraba a los difuntos, no tanto por aplacar a los manes cuanto por deseo de mejorar su suerte de ultratumba con la sangre de las víctimas, pensando que ésta infunde a las almas una nueva vida...»[25] Ya en la Antigüedad había escrito Servio[26]: «Varrón narra asimismo que las mujeres acostumbraban a lacerarse el rostro durante los funerales para aplacar a los muertos; de ahí que también se sacrifiquen víctimas ante los sepulcros. Los antiguos sacrificaban además víctimas humanas, pero al morir Junio Bruto ocurrió que muchos enviaron sus cautivos al funeral; el nieto ordenó entonces que formaran cuadrillas y lucharan entre sí».

Los combates de gladiadores, que los romanos celebraron por primera vez con ocasión de los funerales organizados el año 264 a. C. por M. Décimo en honor de su padre Bruto Pera, todavía como un rito funerario, terminaron por degradarse en simple espectáculo público en el año 105 a. C. bajo el consulado de P. Rutilio Rufo y C. Manlio. Los romanos tomaron esta costumbre de Campania, donde los etruscos la habían introducido[27]. Los combates de gladiadores están documentados en Etruria tanto en las pinturas de las tumbas (Tumba de los Augures, fechada hacia el año 520 a. C.[28], y Tumba de las Olimpiadas, datable entre los años 525-520 a. C.), como en los relieves de las urnas (*bustuarii*)[29]; también muchas tumbas campanas y lucanas del siglo IV a. C. están decoradas con pinturas que representan combates de gladiadores[30].

Dentro de la temática esencialmente funeraria de la Tumba del Cardenal encajan perfectamente estas representaciones de juegos gladiatorios.

[25] Por la misma razón sacrificó Aquiles unos prisioneros troyanos a Patroclo (*Il.*, XXXII,171-174); cf. L. Gil, *Introducción a Homero* (Madrid 1963) 457ss. Esta escena fue representada frecuentemente en el arte etrusco. Como ejemplos pueden citarse la Tumba François, de finales del siglo II o comienzos del I a. C., cf. M. Pallottino, *La peinture étrusque* (Ginebra 1952) 115ss; F. Messerschmidt, *Nekropolen von Vulci* (Berlín 1930) 153ss; una cista etrusca hoy conservada en Londres, cf. H. Bossert, *Hellas und Rom* (Berlín 1936) lám. 260; el sarcófago de Torre San Severo, de principios del siglo III a. C., cf. R. Herbig, *op. cit.*, 40ss, lám. 36; L. Banti, *Die Welt der Etrusker* (Stuttgart 1960) 78, lám. 102, y varios vasos etruscos, cf. J. D. Beazley, *Etruscan Vase-Painting* (Oxford 1947) 8ss, 80ss, 130ss. También los cartagineses sacrificaron tres mil prisioneros a los manes de Amílcar después de la toma de Himera, en el año 409-408 a. C., en el mismo lugar donde aquél había muerto (Diod., XIII,82,172).

[26] *Ad Aen.*, III, 67.

[27] B. Nogara, *op. cit.*, 252.

[28] M. Pallottino, *La peinture étrusque (op. cit.)* 40; R. Romanelli, *Tarquinia. La necropoli e il museo* (Roma 1940) fig. 86; G. Q. Giglioli, *op. cit.*, lám. CIX,2; F. Weege, *op. cit.*, lám. 94; F. Poulsen, *op. cit.*, 12, fig. 4; G. Becatti, *Le pitture delle tombe degli Auguri e della Pulcinella* (Roma 1955) 16, láms. VII-VIII.

[29] G. Körte, *op. cit.*, 190ss.

[30] F. Weege, *Oskische Grabmalerei:* JdI 24 (1909) 99ss; FA 9 (1956) 29, 36, fig. 63; FA 12 (1959) n. 2871, lám. XXXIII; P. Sestieri, *A new painted tomb at Paestum:* «Archaeology» 12 (1959) 33; L. Malten, *Leichenspiel und Totenkult:* RM 28-29 (1923-24) 300ss; K. Latte, *Römische Religionsgeschichte* (Munich 1960) 155ss.

Se conocen varios paralelos para algunas de estas escenas. Así, la colocación de los seis combatientes juntos es la misma que muestra un grupo de tres guerreros en un sarcófago de Chiusi fechado en época helenística, también con escenas de combate [31]. El personaje con corona y vestido es probablemente un árbitro (*agōnothetēs*), que también se documenta en las pinturas de otras tumbas etruscas en las que aparece asimismo vestido, como en la Tumba de la *Scimmia* de Chiusi, fechada entre los años 480-470 a. C. [32], en la misma Tumba de los Augures [33] y seguramente en la Tumba de las Bigas, del año 490 a. C., junto a los púgiles [34]. En el citado combate de la Tumba de los Augures es posible que también lleve una corona radiada el personaje acompañado de la inscripción *phersu,* mientras que en una urna de Volterra aparece un genio alado con corona en la cabeza [35]. Fuera de Etruria se conoce la figura de un árbitro que presencia el combate en una tumba de Paestum [36]. La escena de retirar a un combatiente herido tiene también un precedente en una pintura de Paestum, en la que se ve a un jinete llevando a sus espaldas a un herido [37].

Las veinte primeras figuras de la pared son de un estilo distinto al de las restantes. El contorno es sencillo y no están pintadas en el interior. Dividiremos el friso por secciones, siguiendo a C. C. van Essen, para mayor claridad de la exposición (fig. 57).

La primera sección está ocupada por dos figuras: un hombre joven, de rodillas, inclina el cuerpo hacia su derecha, mientras un genio áptero, desnudo, de color claro y de género masculino, según el dibujo de Byres, visto de frente y con la cabeza de perfil, sujeta con la mano derecha al personaje anterior. En la segunda sección se representa un genio que empuña un martillo con el que se dispone a golpear a un joven que, de rodillas, con un brazo levantado y dirigiendo la mirada al genio, echa el cuerpo hacia atrás como para esquivar el golpe; las dos figuras visten túnica corta. La sección tercera, separada de la anterior por una división ancha en forma de pilar rectangular, comprende dos figuras: un genio masculino alado que cubre sus caderas y piernas con un lienzo, visto de frente, con las piernas cruzadas y apoyado en un lituo que sujeta con la mano derecha mientras el brazo izquierdo cae a lo largo del cuerpo; está hablando con una dama que tiene

[31] R. Herbig, *op. cit.,* 17, lám. 47. En Grecia aparecen colocados del mismo modo algunos guerreros del Tesoro de Sifnos, fechado hacia el 525 a. C., y del heroon de «Ghölbaschi», del último cuarto del siglo v a. C.; cf. G. M. A. Richter, *The Sculpture and Sculptors of the Greeks* (Londres 1957) 130s, figs. 418, 421-422.

[32] M. Pallottino, *La peinture étrusque (op. cit.)* 65s; R. Bianchi Bandinelli, *Le pitture delle tombe archaiche a Chiusi* (Roma 1949) 11, lám. A.

[33] P. Romanelli, *op. cit.,* fig. 35; L. Banti, *op. cit.,* lám. 63; G. Q. Giglioli, *op. cit.,* lám. CIX, n. 1; F. Weege, *Etruskische Malerei (op. cit.)* láms. 91 y 93; F. Poulsen, *op. cit.,* fig. 39; G. Becatti, *op. cit.,* 15, láms. IV-V.

[34] F. Weege, *op. cit.,* Beil, II-III.

[35] G. Körte, *op. cit.,* 107, lám. LXXXVII,2.

[36] F. Weege, *Oskische Grabmalerei (op. cit.)* 118, fig. 8.

[37] *Ibíd.,* 113s, figs. 7-8.

a su derecha y está representada de tres cuartos y con el brazo derecho apoyado en un bastón mientras extiende hacia adelante el brazo izquierdo. Detrás del genio se ven dos culebras con los cuerpos erguidos; esta figura recuerda muy de cerca a los dos genios alados y con serpientes junto a ellos de los dos laterales de la urna de alabastro procedente de la Tumba de *Calinii Sepus,* cerca de Monteriggioni, conservada actualmente en el Museo de Florencia y que R. Bianchi Bandinelli fecha en época helenística [38].

Un gorro frigio, que llevan otras personas representadas sobre las urnas [39], cubre la cabeza del genio representado en la sección segunda, según el dibujo de Byres [40]. En la tumba se repite varias veces la representación de un genio que golpea a otro personaje, y sobre su significado hablaremos más adelante. Falta un lienzo grande del muro, y la sección quinta comienza con una puerta que, como diremos después, representa la del Hades; al lado de ésta aparece un caballo vuelto a la izquierda. A su lado hay un genio (?), tema que se repite varias veces en la tumba, y que alude al viaje de los difuntos a ultratumba acompañados de genios y a caballo. Ya en la Tumba de la *Mercareccia* hay un caballo al galope con una figura desnuda delante [41].

Sobre este grupo aparece una larga inscripción; ya en la sección sexta se vuelve a ver un caballo (?) conducido por una figura que dirige la mano a la izquierda, donde otra, en pie, extiende la mano hacia la derecha. A juzgar por la descripción de C. C. van Essen, tendríamos aquí una escena de despedida para el viaje a ultratumba, tema frecuentemente representado en los relieves funerarios, que también aparece en la Tumba de la *Mercareccia* [42].

En la sección séptima había dos figuras poco visibles ya cuando C. C. van Essen visitó la tumba. Entre ellas hay una mesa con un vaso y un genio alado que se dirige hacia la derecha [43]. Se interrumpen a continuación las pinturas. C. C. van Essen cree que era en este lugar donde se hallaban unas figuras copiadas por Byres (fig. 58), y que son las siguientes: un varón visto de perfil y vestido con un manto, que camina hacia la izquierda con los brazos tendidos y en dirección al lugar en que aparece una dama de frente y en actitud de caminar hacia su derecha mientras levanta el brazo izquierdo como si se despidiera de la figura anterior. Es probable que este grupo representara también una escena de despedida. Entre este grupo y el siguiente, que consta también de dos figuras, Byres dibujó un gran desconchado de la pared. Las dos figuras siguientes aparecen de frente. La de la derecha es un

[38] *La tomba dei Calini Sepus' presso Monteriggioni:* «St. Etr.» 2 (1928) 142s, lám. XXVII,1,b-c.

[39] G. Körte, *op. cit., passim.*

[40] C. C. van Essen, *op. cit.*, 86s, lám. XIX.

[41] M. Pallottino, *Tarquinia (op. cit.)* 392s, fig. 97; F. Weege, *Etruskische Malerei (op. cit.)* fig. 66.

[42] M. Pallottino, *Tarquinia (op. cit.)* fig. 97.

[43] C. C. van Essen, *op. cit.*, 87.

genio alado que viste un manto que desciende hasta los pies y deja al descubierto el pecho y los brazos. La mano izquierda sujeta el manto, mientras el brazo derecho, ligeramente alzado y extendido, parece detener a la dama que se halla situada a su derecha. El genio tiene el aspecto de un anciano y lleva una larga barba. Esta figura es gemela de otra que aparece en la Tumba de la *Mercareccia*[44]. La dama viste *chitōn* largo, sujeto a la cintura por un ceñidor, que deja al descubierto los brazos y el seno derecho; abre los brazos en forma de cruz y dirige la vista hacia la izquierda. Se trata sin duda de una mujer que es conducida por un genio.

Las restantes figuras de la tumba pertenecen a otro estilo[45]. La sección octava comienza con una puerta (?) junto a la que se halla una figura; detrás de ésta hay un caballo vuelto a la derecha y, en un segundo plano, un genio (?). Se representa aquí nuevamente el viaje a ultratumba a caballo. En la sección segunda, enmarcados entre dos puertas, aparecen dos genios que conducen a otro personaje; el grupo camina hacia la derecha. Sobre un ánfora etrusca de Orvieto, fechada a finales del siglo III a. C., hay una réplica de este grupo[46]. En la sección décima, un genio vestido con un traje de color rosa, vuelto hacia la derecha, conduce probablemente a un difunto. A continuación el muro está interrumpido por la puerta de entrada.

Ya en la sección undécima hay una puerta figurada hacia la que se dirige, de izquierda a derecha, un genio; es posible que en esta sección hubiera además una figura parecida a otra que más adelante aparecerá apoyada sobre una puerta. En la sección duodécima quedan huellas de las alas de un genio y de un personaje visto de frente[47].

En el muro que se desarrolla a la derecha del ángulo hay desgraciadamente una laguna y resulta imposible saber cómo era aquí la composición. A continuación, hacia la izquierda, C. C. van Essen pudo ver algunos fragmentos no descritos de figuras.

La sección decimotercera comienza con una puerta a la que sigue un carro tirado por dos genios alados, uno de color blanquecino y más oscuro su compañero (fig. 59). El carro es de rueda maciza, como algunos representados sobre sarcófagos[48]. La caja carece de paredes y está reducida a la tabla del fondo, ligeramente curvada hacia arriba en el borde delantero. Sobre el carro hay un banco en que se sienta un anciano vestido con un amplio manto. Lleva el pelo echado sobre la nuca y la barba, y quizá sujete el cabello con una cinta; en la mano izquierda sostiene a modo de bridas unas cintas que terminan en las

[44] M. Pallottino, *Tarquinia (op. cit.)* fig. 96. Estos dos genios son gemelos de Thanatos en un *lekythos* ático de la segunda mitad del siglo V a. C., cf. M. Robertson, *Griechische Malerei* (Ginebra 1959) 150, y de Hypnos y Thanatos transportando el cadáver de un héroe, tal vez Memnón o Sarpedón, sobre una crátera ática fechada hacia el año 470 a. C., del Museo del Louvre; cf. L. Gil, *op. cit.*, fig. 39.

[45] Sobre los colores de las figuras, cf. C. C. van Essen, *op. cit.*, 88, n. 2.

[46] F. de Ruyt, *Charun, démon étrusque de la mort* (Roma 1934) 75.

[47] C. C. van Essen, *op. cit.*, 88s.

[48] R. Herbig, *op. cit.*, 45s, lám. 42, n. 81; 60, lám. 74, n. 113.

espaldas de los genios. La derecha está abierta y ligeramente alzada, en una actitud que da la impresión de apoyarse en la pared. Los genios visten *chitōn* corto y sujeto a la cintura con un ceñidor. Llevan hombros y brazos al descubierto; tienen dos alas en cada uno de los pies y dirigen los brazos hacia adelante. El segundo es femenino y vuelve la cabeza hacia el carro. Peinan ambos sus cabellos en ensortijados rizos y avanzan hacia una puerta a la que están a punto de llegar. Representa este grupo el viaje del difunto al Hades en carro, tema muy frecuente en las representaciones funerarias etruscas, que aparece ya en las estelas de Felsina [49], y muy común en el período helenístico. La originalidad de la composición que estudiamos está en que los caballos que generalmente tiran del carro en que el difunto se encamina hacia el Hades han sido sustituidos aquí por los dos genios.

Acerca de los carros tirados por genios alados hemos de señalar que son muy frecuentes en Grecia. Baste citar en tal sentido las terracotas de los museos Metropolitano de Nueva York [50], Tarento [51], Trieste [52], Oxford y Heidelberg [53], en que se representa a Afrodita sobre un carro tirado por unos erotes, fechados en la segunda mitad del siglo V a. C., o la pintura de una hidria procedente de Populonia, debida al pintor Meidias y fechada en torno al año 410 a. C., en que se representa a Afrodita sobre un carro tirado por Himeros y Pothos [54]. También es interesante un *pinax* de Locri en que el artista ha representado a Koré que retorna del reino de Plutón acompañada de Hermes sobre un carro tirado por unos erotes [55]; otros *pinakes* representan esta misma escena o la del rapto por Plutón, pero el carro va tirado por unos caballos [56]. En las representaciones anteriormente citadas tenemos la misma sustitución de los caballos por genios alados que en la Tumba del Cardenal [57]. Sin embargo, es posible que todos estos prototipos no basten para explicar los genios que tiran del carro en la pintura de la tumba tarquiniense. Las puertas hacia las que se dirige la comitiva son las del Hades.

En la sección decimocuarta aparece en primer lugar un genio alado, de perfil, de sexo incierto, que camina hacia su izquierda detrás de un jinete; lleva *chitōn* corto sujeto a la cintura, que deja al descubierto los brazos y el hombro izquierdo, según visten algunas amazonas grie-

[49] Sobre la evolución del tema a lo largo del arte etrusco, cf. J. M. Blázquez, *Caballos en el infierno etrusco*, en este mismo volumen, pp. 120-158.

[50] G. M. A. Richter, *Handbook of the Greek Collection* (Cambridge 1953) 98, lám. 79b; E. Jastrow, *Abformung und Typenwandel in der antike Tonplastik:* OA V, II (1941) 6, lám. 1.

[51] E. Jastrow, *op. cit.*, 7, fig. 12.

[52] *Ibíd.*, 7, lám. IV.

[53] *Ibíd.*, 7, lám. V.

[54] O. Arias, H. Hirmer, *Tausend Jahre griechische Vasenkunst* (Munich 1960) 98, fig. 217.

[55] P. Zancani, en *Enc. art. ant.* IV, 677, fig. 805.

[56] L. Malten, *Das Pferd in Totenglauben:* JdI 39 (1914) 226ss, figs. 21-23.

[57] C. C. van Essen, *op. cit.*, 89, lám. XIX,3, figs. 538-539.

gas esculpidas hacia el año 440 a. C.[58] o como algunos *daimones* etruscos [59].

El genio, de color claro, tiende hacia adelante los brazos como si quisiera alcanzar al jinete, que monta un caballo al galope y vuelve la cabeza hacia atrás. Toda la parte central del conjunto formado por jinete y caballo se ha perdido. Por encima de la grupa del caballo flota al viento la extremidad del manto [60]. Este grupo se encamina hacia el Hades, y es gemelo de otros muchos que podríamos citar entre las representaciones funerarias etruscas [61] en que a los jinetes que se dirigen al Hades tratan de dar alcance unos genios alados o el mismo Caronte [62]. Baste recordar los relieves de uno de los laterales de un sarcófago conservado en Copenhague, de época helenística y procedente de Vulci, que constituye, a nuestro juicio, un paralelo muy cercano de la escena representada en la Tumba del Cardenal, en que un genio alado y vestido con *chitōn* corto sigue a un jinete [63]. También podemos citar una urna de Volterra en que Caronte acompaña al jinete, que va precedido de una lasa [64].

El grupo siguiente está formado por dos figuras de color claro (figura 60), la primera alada y de rodillas, que Byres copió sin alas y como defendiéndose del jinete con un escudo [65], y la segunda también alada y con *chitōn* corto, con algunos pliegues del vestido flotando, vista casi de frente y un poco inclinada hacia adelante, en actitud de caminar en dirección a la figura anterior. Lleva las alas recogidas hacia atrás y apoya un brazo desnudo sobre la cadera. Se inclina ligeramente hacia adelante y echa atrás la pierna derecha. Gran parte del brazo izquierdo y de la pierna del mismo lado se ha perdido, por lo que no sabemos si en la mano correspondiente sostenía algún objeto. A espaldas de esta figura camina hacia una puerta, en dirección opuesta, un genio femenino alado de color oscuro y representado de tres cuartos, con la mitad superior del cuerpo desnudo y cubierto el resto por un manto que le desciende hasta los pies, como el de la Afrodita de Melos. Son frecuentes estas representaciones de genios con manto largo, hasta los pies; lo llevan Vanth en la Tumba François; dos genios alados de dos sarcófagos de Tarquinia y otros dos, masculinos, de un sarcófago conservado en el Museo de Villa Giulia de Roma [66], uno de ellos con la mitad superior del

[58] G. Hafner, *Geschichte der griechischen Kunst* (Zurich 1961) 210, figs. 204-205; 229, fig. 221.

[59] L. Banti, *op. cit.*, 297, lám. 106. De finales del siglo III a. C.

[60] C. C. van Essen, *op. cit.*, 89, lám. XIX, figs. 40-41; lám. XX, fig. 41.

[61] J. M. Blázquez, *Caballos en el infierno etrusco*, en este mismo volumen, pp. 140ss.

[62] F. de Ruyt, *op. cit.*, 59, enumera catorce urnas y dos sarcófagos en los que Caronte acompaña a los difuntos que se encaminan a caballo hacia el Hades; cf. J. M. Blázquez, *Caballos en el infierno etrusco*, en este mismo volumen, pp. 60s.

[63] R. Herbig, *op. cit.*, 31ss, lám. 41b; J. M. Blázquez, *Caballos en el infierno etrusco*, en este mismo volumen, p. 151, fig. 35.

[64] G. Q. Giglioli, *op. cit.*, 73, lám. CCXCVI.

[65] C. C. van Essen, *op. cit.*, 90, lám. XX, fig. 42.

[66] R. Herbig, *op. cit.*, 18, lám. 14c; 54s, lám. 16.

cuerpo y los brazos también al descubierto; los dos genios de las esquinas del sarcófago de Torre S. Severo; otros dos de un sarcófago de Tuscania [67] y uno de un sarcófago de Orvieto [68]. Todas estas representaciones se fechan en época helenística.

Volviendo a las figuras del friso, el genio femenino que veníamos describiendo sujeta con la mano izquierda una vara delante del vientre y extiende hacia adelante la derecha. Las tres figuras colocadas delante del jinete quizá representen a los genios que acompañan a los difuntos en el camino del Hades, tema frecuente en pinturas tumbales y en relieves de urnas y sarcófagos [69].

En la sección decimoquinta (fig. 61) interviene un genio con alas en pies y espalda, pintado de color claro y vestido de *chitōn* corto, según es habitual en estos genios infernales etruscos [70]; está de perfil y camina alargando los brazos hasta tocar la extremidad inferior del ala de un genio femenino de color oscuro, también con alas en pies y espalda, semidesnudo, ya que tan sólo un paño le cubre la cadera derecha y la parte inferior del vientre, representado con la cabeza de perfil y el cuerpo de frente, en actitud de golpear a una dama con un largo martillo que tiene en las manos; al otro lado de la mujer aparece un segundo genio, también femenino y de color oscuro, representado de frente en actitud de arrastrar a la mujer mientras levanta con el brazo derecho un martillo gemelo del que empuña su compañero. Las caderas del segundo genio aparecen cubiertas por un mandil semejante al que lleva Caronte en la Tumba Bruschi. La postura de la mujer, con el cabello revuelto, la cabeza ladeada hacia la izquierda, la boca entreabierta y el vestido desordenado, indica claramente que ha caído en manos de dos genios que la martirizan y tratan de llevársela consigo: el primer genio, situado junto a la puerta, trata aparentemente de impedir que la mujer sea golpeada. Los martillos son parecidos, por su forma, al que lleva un joven que conversa con Hermes en un *stamnos* etrusco del grupo del Pintor de la Biga Vaticana [71]; no es el martillo grueso y corto que llevan Caronte y otros genios infernales en pinturas funerarias [72] y relieves de sarcófagos.

El color oscuro, quizá verdoso, de estos genios indica claramente que se trata de *daimones* de la muerte, cuyo oficio resultaba repugnante a los vivos; su color es el de los cadáveres en descomposición, y es el mismo

[67] *Ibíd.*, 48s, lám. 31a.

[68] *Ibíd.*, 40, lám. 44a.

[69] Cf. *supra*, pp. 114-118, *Caballos en el infierno etrusco.*

[70] R. Herbig, *op. cit.*, 35s, lám. 6; 39, lám. 7d; 32, lám. 11; 61s, lám. 18b; 40s, lám. 36b; 31s, láms. 42b-43a; 58, lám. 45c; etc.

[71] J. D. Beazley, *op. cit.*, 47; A. D. Trendall, *Vasi antichi dipinti del Vaticano* (Ciudad del Vaticano 1955) 226, lám. LVIIIe.

[72] M. Pallottino, *La peinture étrusque (op. cit.)* 115; F. Poulsen, *op. cit.*, 57, fig. 45; J. D. Beazley, *op. cit.*, láms. XXX,1; XXXI,1-2; R. Herbig, *op. cit.*, láms. 7d; 11; 36b; 42; 70a; 74c; G. Q. Giglioli, *op. cit.*, láms. CCLXXV,3; CCLXXIX,2; CCCXLVII; CCCXLIX,1-2; CCCLI-CCCLXXXVIII,1,3; CCCXCVI,1-2; CCCCV,4; F. de Ruyt, *op. cit.*, *passim;* cf. *infra*, figs. 31, 33, 34, 36; B. Nogara, *op. cit.*, 230ss, figs. 121-125.

con que se representa a Tuchulcha en la Tumba del *Orco*, datada probablemente en el siglo II a. C.[73] También en Grecia se pintaba de este color a los seres infernales; ya Polignoto de Thasos había representado en la Lesche de Delfos a Eurynomos con un color entre negro y azul[74]. De azul está pintado Caronte en la Tumba François, y azul es también el color de las Furias, según Virgilio[75]. Esquilo, que fue el primer escritor que describió a las Furias[76], las llama *melainai*[77]; los himnos órficos las califican de «negruzcas» *(kyanochrōtoi)*[78], y Eurípides habla de ellas como «negras» *(melanchrōtes)*[79]. Esquilo les aplica también los calificativos de «enlutadas» *(melaneimones)*[80] y «vestidas de negro» *(faiochitōnes)*[81]. Los autores, en gran mayoría, tanto griegos[82] como romanos[83] las representan con alas —Esquilo, sin ellas[84]— y con serpientes alrededor de la cabeza[85].

Todas estas descripciones griegas son probablemente los lejanos prototipos en que se inspiraron los pintores etruscos para representar a los genios de la muerte. La escena de la Tumba del Cardenal se sitúa en ultratumba, camino del Hades, y su significado es el mismo que hallamos en otras escenas de la misma tumba, que describiremos a continuación.

Cuatro figuras preceden al grupo que avanza lentamente hacia la izquierda[86]. Todas visten amplias túnicas que descienden hasta los pies; están representadas de perfil, menos la primera, que está casi de frente y lleva apoyadas sobre el hombro izquierdo unas *fasces;* la segunda empuña una lanza, la tercera un bastón curvo (lituo) y la cuarta un cuerno, según la descripción de C. C. van Essen (fig. 62). Este autor describe como un tirso el objeto que lleva el segundo personaje, pero seguramente es una lanza, tal como aparece en el cortejo representado en el sarcófago de Tuscania. Se trata indiscutiblemente de un cortejo funerario que precede al difunto, como afirma razonadamente Pallottino[87]; esta representación es frecuente en la temática funeraria etrusca. Conocemos varias figuras de personajes con un lituo al hombro y formando parte de cortejos funerarios; podemos citar uno, vestido también de amplia túnica, que precede al matrimonio en un sarcófago de Caere conservado en el

[73] M. Pallottino, *La peinture étrusque (op. cit.)* 113; F. Poulsen, *op. cit.*, 49s, fig. 36; G. Q. Giglioli, *op. cit.*, lám. CCXLVII,1.
[74] Paus., X,28,7.
[75] *Georg.*, IV,482.
[76] Paus., I,28,6.
[77] *Eumen.*, 52.
[78] *Orph. Hymn.*, LXIX,6.
[79] *Orest.*, 321.
[80] *Eumen.*, 375.
[81] *Choeph.*, 1049.
[82] *Orph. Hymn.*, LXVIII,5; Euríp., *Orest.*, 317; *Iphig. Taur.*, 287.
[83] Virg., *Aen.*, XII, 848.
[84] *Eumen.*, 51, 250.
[85] *Choeph.*, 1049; *Orph. Hymn.*, LXVIII,19; LXIX,10; Ov., *Met.*, X,349; Cat., LXIV,193; Virg., *Aen.*, VI,280.
[86] C. C. van Essen, *op. cit.*, 90, lám. XX, figs. 50-53.
[87] *Tarquinia (op. cit.)* col. 409.

Museo Vaticano [88], o el joven que acompaña a un anciano que está a punto de iniciar la marcha sobre un carro en el sarcófago de Boston [89]. También lleva un lituo al hombro uno de los personajes que participan en la procesión de los muertos de la Tumba del Tifón [90], fechada en el siglo I a. C.; en esta misma procesión aparece otro personaje tocando un cuerno. Tres hombres del cortejo representado en la Tumba de los Siete Caminos de Orvieto llevan lituos, otro varias varas y un cuerno un tercero [91]. En la Tumba Bruschi hay también portadores de *fasces,* cuernos y lituos [92]. En la ya citada Tumba Golini I, fechada entre los años 340-280 a. C., aparece encima de la puerta un personaje con un cuerno, contemplando la marcha de un difunto al Hades sobre un carro, al que precede Vanth [93]. En Roma se empleaba el cuerno en el curso de los funerales [94], mientras que los augures se servían del lituo en sus actividades adivinatorias para dividir el cielo en regiones [95], de las que los etruscos tenían dieciséis [96] y sólo cuatro los romanos [97]. El relieve de Aminternum, en que aparece un cortejo funerario precedido por dos hombres que tocan el cuerno y un tercero que porta un lituo, es la confirmación arqueológica de estos textos.

El objeto que lleva el primer personaje del cortejo de nuestra tumba es probablemente las *fasces,* que también tienen apoyadas al hombro los dos personajes que preceden al carro en los sarcófagos de Tuscania [98] y de Tarquinia [99]; en el último, el hombre que abre la marcha sujeta en su mano izquierda y lleva cruzado delante del pecho un bastón. También llevan *fasces* apoyadas en el hombro izquierdo los tres varones envueltos en manos que siguen al carro, guiado por un *daimōn* alado, en que mar-

[88] R. Herbig, *op. cit.*, 46, lám. 1; J. M. Blázquez, *Caballos en el infierno etrusco, supra,* pág. 153, fig. 37.

[89] R. Herbig, *op. cit.*, 13s, lám. 40c. Un lituo, distintivo en algunos casos del sacerdote, apoya en su hombro un personaje representado sobre una cista de Palestrina, con el tema de un general romano victorioso; cf. G. Q. Giglioli, *op. cit.*, 54, lám. CCXCIV,1. Lo mismo en uno de los laterales del sacófago de Vulci, hoy en Copenhague; cf. *ibíd.*, lám. CCXLII,3.

[90] F. Poulsen, *op. cit.*, 57s, fig. 45.

[91] V. Tarchi, *L'arte etrusco-romana nell'Umbria e nella Sabina* (Milán 1936) láms. XXII-XXIII; A. Solari, *Vita pubblica e privata degli etruschi* (Florencia 1931) lám. XXVI, fig. 49.

[92] P. Ducati, *L'Arte Etrusca* (Florencia 1927) fig. 632.

[93] J. M. Blázquez, *Caballos en el infierno etrusco, supra,* p. 134, fig. 28. Más ejemplos con lituos, *fasces* y cuernos en *ibíd.*, 63s; R. Lambrechts, *Essai sur les magistratures des républiques étrusques* (Bruselas 1959) *passim.*

[94] Virg. *Aen.*, XI,192; Ov., *Amor.*, II; *Eleg.*, VI,6; Petron., *Satyr.*, LXXVIII; A. Gell., XX,2.

[95] Cic., *De div.*, I,17; Liv., I,18; A. Gell., V,8; Macrob., *Sat.*, VI,8.

[96] M. Pallottino, *Deorum Sedes*, en *St. A. Calderini-R. Paribeni* III (Milán 1959) 223ss; S. Weinstock, *Martianus Capella and the Cosmic System of the Etruscan:* JRS 36 (1946) 101ss.

[97] Cic., *De div.*, II, 18.

[98] R. Herbig, *op. cit.*, 45s, lám. 43d; J. M. Blázquez, *Caballos en el infierno etrusco, supra,* p. 153, fig. 39.

[99] R. Herbig, *op. cit.*, 60, lám. 74b; J. M. Blázquez, *ibíd.*, fig. 37.

cha un difunto sobre un sarcófago de Londres[100]; *fasces* y bastones lleva asimismo la comitiva que precede al difunto sobre un sarcófago de Volterra[101], de época helenística, como los anteriores. También en el de Musignano hay personajes con *fasces*[102]. El hecho de que la comitiva vaya precedida de estas insignias indica que el difunto era un personaje de elevada categoría social, que había desempeñado algún cargo público.

La escena que viene a continuación, y que ocupa todo el espacio hasta la puerta siguiente, es semejante a la anterior. Un genio femenino con alas en pies y espalda, de color oscuro, representado de perfil, con la cintura cubierta por un *chitōn* y en actitud de caminar, alarga los brazos y se dispone a golpear con su martillo a un varón que viste manto y está colocado de frente y con los brazos a la espalda; de este personaje tira un segundo genio femenino pintado de color claro, alado, que cubre su cintura con un paño y empuña en la mano derecha, dirigida hacia adelante, un martillo. En su actitud se advierte que su intención es evitar que sea golpeado el varón. Delante del grupo marcha otro cortejo idéntico al anterior (fig. 63); el primer hombre lleva una lanza, el segundo un cuerno, el tercero un bastón y el cuarto las *fasces*. Todos se dirigen hacia una puerta idéntica a las otras veinte representadas en esta tumba, que no son sino las puertas del Hades. Silio Itálico habla de las diez puertas que tiene el Hades[103]. Delante de esta puerta, dando frente al espectador, pero en posición ligeramente oblicua, aparece sentado otro genio femenino alado y de color oscuro, vestido con un corto *subligaculum;* sujeta con la mano izquierda el martillo apoyado en el suelo, mientras señala hacia la puerta con la derecha. Es un genio que está sentado junto a la puerta del Hades para indicar a la comitiva el camino que ésta tiene que seguir[104]. También en la Tumba Tartaglia aparece un genio que indica al difunto la puerta del Hades[105]. En una de las estelas felsinas, fechada por Ducati entre los años 510-480 a. C., aparece ya un genio que golpea al difunto con su martillo. Se trata de una composición muy original; en el fondo aparece un caballo gigantesco de perfil; delante de él hay un personaje recostado en una *klinē*, que ofrece con la mano izquierda levantada un recipiente a un demonio áptero que se halla situado en la parte posterior del caballo y que levanta un martillo en

[100] R. Herbig, *op. cit.*, 36, lám. 80a.
[101] *Ibíd.*, 86, lám. 86.
[102] *Ibíd.*, 39, lám. 109b-c. En la Tumba de la *Mercareccia* se representaba también un cortejo funerario en el que los tres participantes llevaban *fasces;* cf. M. Pallottino, *Tarquinia (op. cit.)* fig. 96.
[103] Sil. Ital., *Pun.*, XIII,531-561.
[104] C. C. van Essen, *op. cit.*, 91s, figs. 54-62; F. Weege, *Etruskische Malerei (op. cit.)* figs. 68 y 69, lám. 59,2. Van Essen escribe que calza coturnos, como otros de sus compañeros; en el dibujo de Byres van todos descalzos. Los coturnos son sin duda los zapatos de media caña que llevan estos *daimones* en otras representaciones; cf. R. Herbig, *op. cit.*, láms. 7d, 45c, 55b, 57a, 111a; G. Q. Giglioli, *op. cit.*, láms. CCLXXV,3; CCCXLVII; CCCLI; CCCLXXXVII,3; O. Vacano, RM 67 (1960) láms. 25-27; etc. Otras veces van descalzos; cf. G. Q. Giglioli, *op. cit.*, láms. CCXLIIa; CCLXXIX,2; CCCXLVIII,1; CCCLXXVIII,1; etc.
[105] F. de Ruyt, *op. cit.*, 41s, fig. 15.

actitud amenazadora. Sobre el caballo, aparejándolo, estaba pintado otro demonio alado. Ducati ha visto en la figura del demonio alado que está a punto de descargar el martillo sobre el personaje una representación de la muerte, un demonio encargado de cortar la vida de los hombres [106]. También De Ruyt, en su excelente monografía sobre el Caronte etrusco [107], ve en éste una personificación de la muerte, un reflejo de la angustia de la humanidad ante ella. Otro sarcófago tarquiniense, también de época helenística [108], muestra las figuras de dos genios que amenazan con sus martillos a un varón colocado en medio de ellos.

En una de las perdidas pinturas de la Tumba Querciola de Tarquinia, fechada hacia el año 200 a. C. por Messerschmidt [109], un genio, que también empuña un grueso martillo en su mano izquierda, se dispone a cortar la despedida tocando a un varón con un objeto en forma de arpón. Esta escena se sitúa también junto a la puerta del Hades. Otra escena semejante puede verse sobre un *stamnos* de Viena, procedente de Cerveteri, de interpretación incierta según Beazley [110], pues podría referirse a un mito desconocido; en este caso, Caronte y un genio femenino del tipo de las Furias atacan a una mujer desnuda y sentada. En la crátera de volutas del Cabinet des Medailles de París, hallada en Vulci, dos *daimones* amenazan a Admeto y Alcestis [111].

Se pueden aducir también algunos paralelos de la escena en que un genio intenta golpear a un personaje mientras otro trata de impedirlo, como la representada en el *stamnos* procedente de Falerii y conservado en el Museo de Villa Giulia, en que Hermes defiende a una mujer que lleva un tirso del ataque de un *daimōn* femenino parecido a una furia [112]. En este último vaso, así como en el mencionado por De Ruyt [113], el difunto ha sido iniciado en los cultos dionisíacos, que le preservan de la muerte, representada en la figura del genio. En cuanto a los genios sentados a las puertas del Hades, podemos citar como paralelo la urna de Arunte Volumnio [114], en que aparecen dos genios en dicha postura, mientras dentro ya de los infiernos se ven cuatro personajes. Según Virgilio [115], a la puerta del Hades está sentada la furia Tisífone, también de color oscuro.

Todos estos genios masculinos y femeninos de la Tumba del Cardenal

[106] «Mon. Ant.» 20 (1910) 619ss.

[107] *Op. cit.*, 229.

[108] R. Herbig, *op. cit.*, 59, lám. 70a.

[109] *Ein hellenistisches Grabgemälde in Tarquinia:* «St. Etr.» 3 (1929) 191ss, lám. XXVIII.

[110] *Etruscan Vase-Painting (op. cit.)* 8, 152; F. de Ruyt, *op. cit.*, 87, fig. 38. Este autor cree que el personaje que pulsa una lira es Orfeo, que ya fue pintado por Polignoto en el infierno de la Lesche de Delfos (Paus., X,30,6) entre los años 458-441 a. C.

[111] J. D. Beazley, *op. cit.*, 8s, 133, lám. XXX; F. de Ruyt, *op. cit.*, 42ss, fig. 16.

[112] J. D. Beazley, *op. cit.*, 152.

[113] F. de Ruyt, *op. cit.*, 91.

[114] G. Q. Gigiloli, *op. cit.*, 77, lám. CCCXVIII,2; F. Messerschmidt, *Das Grab der Volumier bei Perugia* II. *Die Ausstattung:* RM 57 (1942) 225, fig. 42.

[115] *Aen.*, VI,555-557.

son probablemente lasas, cuyo carácter ha sido bien definido por Enking [116] y Herbig [117]; De Ruyt los llama furias, auténticos acólitos de Caronte.

En la sección decimosexta, detrás de la mencionada puerta del Hades, aparece un genio femenino de color oscuro, con túnica corta a la cintura, alado, que se apoya en el martillo en actitud de descansar, pues tiene la pierna derecha doblada delante de la izquierda [118]; está representado de tres cuartos y con el brazo derecho extendido hacia un hombre que camina delante, envuelto en manto y visto de frente. Ambas figuras se sitúan detrás de un carro del mismo tipo que el anterior (figura 64), con la diferencia de que las ruedas son de seis radios, como las de los carros representados en los ya aludidos carros de los sarcófagos del Vaticano, Musignano, etc. Sobre el carro aparece sentada una dama de perfil y envuelta en un manto, con los pies descalzos. Dos genios femeninos alados tiran de la lanza del carro; el primero está visto de frente y es de color oscuro, mientras que el segundo es blanco, viste *chitōn* corto y lleva el pecho y los brazos al descubierto [119]. Todo el grupo se encamina hacia la puerta. Se representa aquí de nuevo la marcha de una difunta hacia el Hades, seguida de un familiar y de un genio, como es frecuente en la temática funeraria etrusca [120].

En la sección decimoséptima están muy borrosas las figuras. C. C. van Essen [121] logró ver dos genios, de los que quedaban las alas y las cabezas, delante de otra figura y de un carro, del que sólo se distinguían algunos trazos de las ruedas. Es muy probable que se representara aquí otro grupo formado por dos genios que tiran de un carro para conducir a un difunto hacia el Hades, tema muy frecuente en la simbología funeraria de esta tumba, pues en esta sección seguía al grupo precedente un pequeño carro que avanzaba hacia la izquierda, del que no se podía distinguir si era de cuatro o de dos ruedas. Es posible que entre este carro y los genios del grupo precedente hubiera otro vehículo tirado por dos genios, que avanzaría también hacia una puerta. No se podía discernir bien la figura que se encontraba sobre él.

Detrás de la puerta, y ya en la sección decimoctava, hay un grupo compuesto por una dama vista de frente, vestida con un amplio manto y entre dos genios femeninos alados, de color oscuro y representados

[116] *Lasa:* RM 57 (1942) 1ss; *Culsu und Vanth:* RM 58 (1943) 48ss. Sobre las furias etruscas, cf. F. de Ruyt, *op. cit.*, 206ss, donde el citado autor estudia estos genios masculinos y femeninos de carácter infernal.

[117] *Götter un Dämonen der Etrusker* (Heidelberg 1948) 25ss.

[118] R. Herbig, *op. cit.*, 32, lám. 11.

[119] C. C. van Essen, *op. cit.*, 93, figs. 63-67. Este autor piensa que el primero es de sexo masculino, pero lo más seguro es que sea también femenino; cf. F. Poulsen, *op. cit.*, 58, fig. 47; F. Weege, *Etruskische Malerei (op. cit.)* lám. 59,1.

[120] Alguna pintura de Paestum representa también el viaje a ultratumba en carro acompañado de un *daimon* y precedido de un servidor; cf. FA 12 (1959) 186, lám. 70, fig. 71.

[121] C. C. van Essen, *op. cit.*, 94s, lám. XXI, figs. 76-85. Los genios de esta tumba han sido catalogados por F. de Ruyt, *op. cit.*, *passim*, según su actitud.

también de frente, cubiertos ambos por un *chitōn* que les deja los brazos y un seno al descubierto. El genio de la derecha aparece en actitud de descanso, con las piernas cruzadas; su compañero sujeta a la dama por los cabellos y alarga la mano derecha al vestido, en actitud de disponerse a desnudarla. Hacia el grupo camina otra figura de sexo indeterminado, de color blanco, sin alas en el dibujo de Byres (fig. 65), vista de tres cuartos, con la mirada dirigida hacia atrás y con un bastón en la mano izquierda, mientras con la derecha toca el ala derecha del genio que maltrata a la dama. Hay un paralelo de esta composición en un ánfora etrusca de Orvieto fechada en el siglo IV a. C. y publicada por De Ruyt [122], que representa a una mujer conducida por dos genios al Hades en presencia de Cerbero. En la escena de la tumba se repite un tema visto ya anteriormente: un genio acude en socorro de un difunto al que maltratan otros dos genios de color oscuro.

Sigue un grupo formado por dos personas, un genio alado de color blanco, gemelo del compañero que se halla a su espalda y colocado en posición simétrica, que marcha con los brazos tendidos hacia adelante, como para socorrer a un hombre desnudo y representado casi de frente. Sigue luego (fig. 66) la figura de otro genio, vestido, alado y de perfil, con un bastón debajo del brazo derecho, que camina hacia la izquierda.

A unos 60 cm., ya en la sección decimonovena, marchan también hacia la izquierda dos genios vestidos y con alas el primero, según el dibujo de Byres, ambos con los brazos cruzados sobre el pecho y dirigiendo la vista hacia el espectador [123].

Sigue una figura arrodillada hacia la derecha y otra muy desvanecida, que por analogía con los otros grupos de esta tumba debe de ser un genio que se dirige hacia la persona arrodillada, que es el difunto, quizá para golpearla. Delante de una puerta hay otra figura, probablemente vuelta hacia la derecha, y un genio sentado y apoyado en la puerta, del que se aleja una persona marchando hacia la izquierda. Las figuras siguientes están muy borrosas; C. C. van Essen sólo logró ver unas huellas de color rosa y un fragmento de líneas cuadradas que representa la puerta del Hades, del mismo tipo que otras representadas en esta misma tumba y en urnas y sarcófagos.

Ya en la sección vigésimo primera hay un personaje que monta un caballo conducido por un genio (fig. 67) cuyas alas son aún visibles. El grupo, al igual que los restantes de esta tumba, representa la marcha del difunto hacia el Hades. Delante aparece un genio con un brazo dirigido al frente y el otro caído, al que sigue otra persona acompañada también de un genio. Vienen después otra figura y un genio sentado sobre una roca y con las alas abiertas. La figura del genio sentado sobre una roca tiene un paralelo en el lado derecho de una urna de alabastro procedente de Chiusi y conservada actualmente en la Ny Carlsberg Glyptotek de

[122] *Op. cit.*, 48s, fig. 18.
[123] C. C. van Essen, *op. cit.*, 95s.

Copenhague [124]. A continuación se ven huellas de unas alas en actitud de volar y un personaje sentado delante de una puerta de la que son visibles aún unas piedras. Estos personajes sentados son sin duda genios que aguardan a las puertas del Hades, que ya han aparecido en esta misma tumba.

La sección vigésimo segunda empieza, como las anteriores, con la representación de las puertas del Hades. Detrás de ellas se encuentran dos genios de color claro y representados de tres cuartos, con *chitōn* corto y brazos desnudos, femenino el segundo de ellos y de sexo incierto el primero, del que no cabe dudar, según C. C. van Essen, que es un genio; ambos caminan hacia la izquierda en dirección de un grupo formado por una dama, representada casi de frente, a la que intenta arrastrar hacia adelante otro genio femenino con alas en las espaldas, vestido con un corto paño que ondea al viento, y que lleva a la mujer cogida del brazo derecho (fig. 68). También en los relieves de los sarcófagos helenísticos de Musignano [125] y de Palermo [126] aparecen estas representaciones de damas a las que unos genios intentan llevar suavemente abrazadas al Hades. El primer genio sujeta por el borde del ala izquierda a su compañero, como tratando de impedirle que se acerque al grupo compuesto por una comitiva formada por la difunta y tres genios en marcha hacia el Hades. El tema del difunto a pie entre dos genios, Caronte y una lasa, en marcha hacia el Hades, aparece también en la urna chiusina de Vel Tutna, hijo de Larth [127], que constituye un paralelo lejano de esta escena tarquiniense.

A este grupo precede otro constituido por un genio con dos pares de alas, las superiores extendidas, visto de frente y con las caderas tapadas por un corto lienzo, que sujeta un encabritado caballo montado por un hombre. El grupo representa a un difunto que se encamina a caballo hacia el Hades y va guiado por un genio. Se trata de un tema, como ya hemos dicho, representado con mucha frecuencia [128]; baste citar, como paralelos más próximos, las dos urnas de Volterra en que Caronte y una lasa conducen de las bridas a un caballo en el que el difunto se dirige al Hades [129]. Del tercer grupo de esta sección se conserva únicamente una figura femenina de perfil, vestida con un amplio manto y que camina hacia la izquierda precedida de un genio que viste *chitōn* de color claro, colocado de tres cuartos, con alas extendidas en la espalda y con la vista vuelta hacia atrás. Se trata de un cortejo funerario del que sólo se conservan estas figuras [130].

En la sección vigésimo tercera se repite el grupo anterior: el difunto

124 F. de Ruyt, *op. cit.*, 101, fig. 46.

125 R. Herbig, *op. cit.*, 36, lám. 7d.

126 *Ibíd.*, 41s, lám. 57a.

127 F. de Ruyt, *op. cit.*, 52, fig. 20, n.º 47.

128 J. M. Blázquez, *op. cit.*, *passim.*

129 *Ibíd.*, lám. X,1; G. Q. Giglioli, *op. cit.*, lám. CCCXCVI,1; F. de Ruyt, *op. cit.*, 63s, fig. 28.

130 C. C. van Essen, *op. cit.*, 96, figs. 105-112.

camina a caballo y guiado por un genio alado; delante avanza hacia la izquierda una figura con los brazos vueltos hacia atrás, como intentando tocar las alas del genio. Según el dibujo de Byres, parece un hombre visto de frente, vestido con corta túnica, con las piernas desnudas y portando en el brazo izquierdo un escudo de umbo piramidal en el centro; lleva un casco que, tal como lo copió Byres (fig. 69), es del tipo del dedicado por Gerón, vencedor en la batalla de Cumas en el año 474 antes de Jesucristo, a Zeus Olímpico [131]. Este tipo de cortejo funerario en que el difunto va a caballo y acompañado de personajes con escudos está documentado en relieves funerarios [132].

El grupo siguiente estaba muy deteriorado ya cuando lo dibujó Byres, por lo que no podemos hacernos una idea muy exacta de su composición. Lo formaban dos personajes y un caballo blanco visto de perfil, con la pata delantera derecha levantada y la cabeza vuelta hacia atrás. A su lado había un personaje colocado de tres cuartos, con la mirada dirigida hacia adelante, del que sólo quedaba, cuando Byres lo dibujó, la cabeza y los hombros; seguramente iba sobre un carro. Detrás aparecía otro personaje medio de espaldas, con los pies descalzos, vestido con túnica y volviendo la cabeza hacia su derecha [133]. Se trata de un difunto que viaja en carro al Hades y va acompañado de un servidor, como aparece en otras representaciones griegas y etruscas; baste recordar al respecto las dos bigas de la Tumba Golini II [134]. Delante del grupo anterior había una puerta a cuadros.

Las figuras de la sección vigésimo cuarta estaban muy borrosas. Había varias; una de ellas era un genio del que se conservan las alas. La sección siguiente comienza con una puerta; junto a ella se encontraba un genio a la izquierda y otra figura a la derecha, apoyada contra el ángulo y con un pie sobre una roca, en actitud de reposo; probablemente se trata también de un genio, pues en el mencionado sarcófago de Chiusi conservado en la Ny Carlsberg Glyptotek, en el lado derecho, aparece Caronte en una postura semejante, que es la misma que adoptan las dos furias representadas en los laterales de una urna de época helenística procedente de Perugia y conservada hoy en el museo de Berlín [135].

La sección vigésimo sexta comienza en el ángulo del muro paralelo a la pared de entrada. Junto al ángulo aparecen las dos primeras figuras sentadas a una mesa, sobre dos sillas, una frente a la otra, como los dos genios, en este caso sin mesa en el centro, de uno de los lados del sarcófago de Copenhague [136]. El personaje de la derecha, que está muy desvanecido, da la espalda a la esquina. El otro personaje es una mujer, sentada casi de frente y con un niño sobre la pierna izquierda; viste

[131] B. Nogara, *op. cit.*, fig. 238.
[132] G. Körte, *op. cit.*, 92, lám. LXXVIII.
[133] C. C. van Essen, *op. cit.*, 96s, figs. 116-119.
[134] C. Q. Giglioli, *op. cit.*, lám. CCXLIV,2.
[135] A. Rumpf, *op. cit.*, 26s, lám. 27.
[136] R. Herbig, *op. cit.*, 32, lám. 12b.

una larga túnica ceñida a la cintura, lleva los pies descalzos y vuelve el rostro hacia la derecha, por donde avanza hacia ella un genio color claro, de perfil, que viste corta túnica y alarga los brazos hacia la mujer. No son raras en las escenas funerarias etruscas estas figuras acompañadas de niños, como puede verse en el citado sarcófago de Musignano, en el que hay un personaje que lleva un niño en brazos, o en un sarcófago de Volterra, donde un adulto lleva a un niño de la mano [137]; esta representación tiene paralelos en el mundo griego [138], como la estela de Ampharete, fechada entre los años 410-400 a. C. [139], que constituye un prototipo lejano de la pintura tarquiniense. La misma escena aparece en un relieve etrusco en terracota hoy conservado en el Museo de Berlín [140]. La actitud del genio que aparece ante la puerta del Hades indica claramente que viene a llevarse a ultratumba a la madre más bien, posiblemente, que al hijo.

Entre esta puerta y la siguiente, ya en la sección vigésimo séptima (figura 70), aparece un grupo formado por un varón desnudo, representado de rodillas y de frente, con los brazos levantados, al que se dirige un genio de color oscuro y visto de perfil para golpearle en la cabeza con el martillo *(malleus)* que sujeta en sus manos [141]. Esta escena responde al mismo concepto que las anteriores, pero en ella faltan los genios pintados de color claro que al parecer intentan impedir la acción. También en una urna procedente de la Tumba Inghirami de Volterra aparece Caronte tocando con un pequeño martillo en la cabeza [142] a una difunta que se despide de un varón, probablemente su esposo. Sobre un vaso etrusco se representó una composición parecida [143].

Detrás de la puerta, ya en la sección vigésimo octava, hay dos grupos, el primero formado por dos personajes y un genio. El segundo representa a un hombre solo junto a un árbol. En el primero, un viejo, colocado casi de perfil, vestido de largo y amplio manto, ofrece la mano derecha a un genio femenino de color claro, con alas en la espalda, vestido de *chitōn* corto que deja al descubierto el seno, hombro y brazo derechos, representado de tres cuartos y frente al personaje anterior. A su espalda, de frente y mirando al grupo descrito, aparece un nuevo personaje envuelto en un largo manto, que lleva sobre la cabeza y sujeto con el brazo derecho un objeto alto y cuadrado, un recipiente según el dibujo de Byres, que entre las dos primeras figuras colocó una mesa rectangular, pero que ya C. C. van Essen indicó que se trataba en reali-

[137] *Ibíd.*, 86, lám. 85; también G. Körte, *op. cit.*, 73, lám. LXII,8; 118ss, lám. C,16, etcétera.

[138] G. Lippold, *Die griechische Plastik*, en *Handbuch der Archäologie* III, 1 (Munich 1950) 195, lám. 72,1; A. Gonze: *Die attischen Grabreliefs* II (Berlín 1900) láms. CXXXIV, CLXVIII, fig. 891; CLXXIII, CCVI, figs. 1043-1044; CCVII-CCXL, CCXIII.

[139] F. Gerke, *Griechische Plastik* (Zurich 1938) 251, fig. 202.

[140] G. Körte, *op. cit.*, 118s, fig. 15.

[141] C. C. van Essen, *op. cit.*, 98, figs. 132-134.

[142] G. Körte, *op. cit.*, 58, lám. XLIX.

[143] F. de Ruyt, *op. cit.*, 90.

dad de un desconchado de la pared. El anciano es probablemente el difunto, y el otro personaje, femenino, sería su esposa; el objeto que ésta lleva sobre su cabeza es quizá una cista, como la que sostiene en su brazo izquierdo una dama representada en una escena de pompa fúnebre, a la que precede Caronte, en un *stamnos* de Bomarzo fechado en el siglo IV a. C. [144], aunque las cistas, abundantemente representadas en la cerámica suritálica, no se llevan en la cabeza.

Sigue un hombre que marcha hacia la izquierda con una enorme piedra al hombro, apoyada por su extremo exterior en una clava, vestido con un *chitōn* sujeto a la cintura (fig. 71). Ya Pallottino [145] indicó que se trata probablemente de Sísifo, que también aparece pintado en otra tumba tarquiniense, en la *Nekya* de la Tumba del *Orco* [146] y en la Tumba François [147], inspirada en la célebre composición que pintó en Delfos Polignoto de Thasos, donde aparecía esta misma figura [148]. Por lo que respecta a Italia, la figura de Sísifo con la piedra al hombro aparece en escenas infernales sobre vasos suritálicos fechados en el segundo cuarto del siglo IV a. C. que acusan influencias órficas [149]. Delante hay un árbol, que también aparece en las tumbas François y del *Orco*, y que parece ser un olivo [150].

La sección vigésimo novena presenta un grupo formado por dos genios que arrastran un carro, según el dibujo que C. C. van Essen realizó sobre el original [151] y corrigiendo la copia de Byres, que representa a dos niños desnudos entre dos genios alados, de color oscuro el de la derecha y blanco el de la izquierda; ambos se dirigen hacia los niños con los brazos extendidos, como disputándoselos. El primer genio está visto de frente, tiene las alas extendidas y toca con la derecha la puerta que se halla a su espalda, mientras que tira de la lanza del carro; el segundo (?), colocado de perfil, parece empujarla. C. C. van Essen no llegó a distinguir figuras humanas sobre el vehículo, pero advirtió trazos de una representación indeterminada, que en nuestra opinión corresponden

144 J. D. Beazley, *Etruscan Vase-Painting (op. cit.)* 63; J. M. Blázquez, *Caballos en el infierno etrusco, supra*, p. 137, fig. 28; F. de Ruyt, *op. cit.*, 68ss, fig. 31.

145 *Tarquinia (op. cit.)* col. 413.

146 M. Pallottino, *La peinture étrusque (op. cit.)* 112.

147 *Ibíd.*, 118; F. Messerchsmidt, *Nekropolen von Vulci (op. cit.)* 129ss, fig. 84, lámina VIII, con réplicas; en la fig. 99, dibujo de la escena en la Tumba del Orco.

148 Paus., X, 28, 10.

149 V. Spimazzola, *Le arti decorative in Pompei e nel Museo Nazionale di Napoli* (Milán 1928) lám. 203; M. Schmidt, *Der Dareiosmaler und sein Umkreis* (Münster 1960) 58s, lám. 20; P. Ducati, *L'Italia Antica* (Verona 1948) fig. 226; J. J. Bachofen, *Die Unsterblichkeitslehre der orphischen Theologie auf den Grabdenkmäler des Altertums* (Basilea 1958) 28s; E. Simon, *Opfernde Götter* (Berlín 1954) 73; C. C. van Essen, *op. cit.*, 99, lám. XXII, fig. 138, no indica que esta figura pueda ser Sísifo; acerca de su gesto dice simplemente que «es posible que se trate únicamente del gesto de llorar»; cf. también P. Zancani, «Rend. Pont. Acc.» 33 (1961) 67ss.

150 C. C. van Essen, *op. cit.*, 98s, figs. 135-139; F. Weege, *Etruskische Malerei (op. cit.)* lám. 59,3.

151 *Op. cit.*, 99s, lám. XXII, figs. 140-142; M. Pallottino, *Tarquinia (op. cit.)* figura 101, n. 7-8.

al difunto, que sería conducido por los genios, al igual que en otras representaciones de esta misma tumba, hacia las puertas del Hades [152]. Esta escena representaría con ligeras variaciones el mismo tema que las anteriores en que aparecen carros. Las composiciones de este tipo son frecuentes en la temática funeraria etrusca; baste citar al efecto el relieve de una urna de Vulci [153]. El perfil del genio con las alas extendidas recuerda muy de cerca el *daimōn*, también con alas desplegadas, de la pompeyana Villa de los Misterios [154], que algunos autores creen ser debido a influencias etruscas.

La sección trigésima comienza con una puerta, que también en este caso, como hace años indicó Pallottino [155], representa la entrada del Hades. Según C. C. van Essen, en esta puerta se apoya un personaje, rectificando así el dibujo de Byres, que interpretó la escena como la representación de un personaje en el momento de atravesarla, al igual que una lasa en el mencionado sarcófago de Palermo [156].

Esta puerta, igual que casi todas las anteriores, remata en forma de arco por su parte superior interna, de acuerdo con un tipo de puertas del Hades bien documentado en las urnas [157]; ello confirma la idea de que las puertas pintadas en la Tumba del Cardenal son los accesos a ultratumba. El otro tipo de puerta del Hades representado también en esta tumba, con rectángulos en las hojas, se halla asimismo atestiguado en otras puertas del Hades de urnas y sarcófagos [158]. Frente a la figura apoyada en la puerta hay un caballo de perfil, con la cabeza vuelta hacia atrás, en actitud de andar, pues levanta la pata delantera izquierda (figura 72). Siguen dos grupos, cada uno de ellos formado por dos figuras. En el primero, un genio de color claro situado a la izquierda, de perfil, vestido con un corto *chitōn* y de sexo indiferenciado, apoya el brazo izquierdo en el hombro de una dama (?), que se encuentra frente a él y con los brazos a la espalda; el genio hace ademán de golpear a la mujer con un martillo que sostiene en su mano derecha echada hacia atrás.

En el segundo grupo se ven dos figuras desnudas; la que aparece a la derecha está arrodillada, se tambalea un poco y levanta los brazos;

[152] La opinión de que se trata de dos niños, según señala van Essen, se ha difundido ampliamente en la literatura referente a esta tumba y ha motivado una serie de hipótesis sobre el influjo de las doctrinas pitagóricas y órficas.

[153] J. Martha, *L'art étrusque* II (París 1889) 360, fig. 249.

[154] A. Maiuri, *La Villa dei Misteri* (Roma 1931) láms. Q y X.

[155] *Tarquinia (op. cit.)* col. 409.

[156] Otras veces están las lasas sentadas en la misma puerta, como puede verse en dos urnas de los museos de Perugia y Palermo; cf. G. Körte, *op. cit.*, 114s, lámina XCV.

[157] G. Körte, *op. cit.*, 58, lám. XLIX,10; 59, lám. L,12; 67s, lám. LVII,6-7; 115, lám. XCVI,8; 121, lám. CI,1; 187ss, lám. CXXVIIa-b, con dos genios delante de la puerta; cf. también J. M. Blázquez, *Caballos en el infierno etrusco, supra*, p. 147, fig. 31, con el caballo saliendo por la puerta del Hades.

[158] G. Körte, *op. cit.*, 58, lám. XLIX,10; 59, lám. L,12; 67s, lám. LVII,6-7; 115, lamina XCVI,8; 121, lám. CI; 67, figs. 11-12; R. Herbig, *op. cit.*, láms. 55 y 57a; A. Rumpf, *Die etruskischen Skulpturen* (Berlín 1928) 26, lám. 27, E, 35.

una clámide le cuelga del hombro derecho y ondea al viento. Delante hay un genio (?) de color claro, casi de perfil y con los brazos tendidos hacia adelante hasta tocar a la persona que aparece de rodillas, a la que asesta un golpe horizontal con una lanza o martillo. Se trata probablemente de un genio alado, aunque las supuestas alas también podrían interpretarse como el vestido echado hacia atrás [159].

En la sección trigésimo primera aparece de nuevo un árbol, representado de la misma forma que el anterior, junto a una figura envuelta en un manto y con un brazo levantado. Dos hombres (Nestor y Phoinix), envueltos en mantos y situados junto a unos árboles, aparecen también en la Tumba François [160].

En la sección trigésimo segunda se ve una segunda puerta y un personaje sobre un carro; de esta segunda representación sólo se distinguen la cabeza del personaje y algunos trazos de las ruedas. El carro está tirado por dos caballos, uno de ellos de color rosado. Delante del grupo caminan una figura vestida de blanco, vuelta hacia la izquierda, y una segunda con un atributo no identificable. Preceden dos figuras que caminan hacia la izquierda; una de ellas es un genio, ya que tiene alas. Este grupo representa el viaje a los infiernos en carro tirado por caballos y con acompañamiento de un cortejo, representado por algunos de los personajes con atributos, y genios.

Las figuras de la última sección se hallaban muy borrosas cuando C. C. van Essen las examinó; se distinguían posiblemente un árbol y, vuelta hacia él, una figura a la derecha, a la que seguían un genio con las alas desplegadas y una puerta. El friso de pinturas termina con unas huellas borrosas y una puerta.

Algunas de las figuras descritas plantean el problema de la interpretación que haya de darse a todas estas composiciones en que los genios, generalmente de color oscuro, intentan golpear a los personajes con un martillo, mientras otros genios, pintados casi siempre de color claro, tratan de defenderlos. Ya hace años escribía Pallottino [161] que «sobre las escenas de la Tumba del Cardenal se puede conjeturar que hay genios buenos que disputan a los demonios de color oscuro las almas de los difuntos». Es posible que, dada la fecha de la Tumba del Cardenal, en las creencias etruscas se hubiera infiltrado ya, entre otras ideas griegas acerca de la vida de ultratumba, aquella que Sócrates expresaba sobre la necesidad de contar con la ayuda de los *daimones* para superar las dificultades que presenta el viaje a ultratumba [162]. En la Tumba del Car-

[159] C. C. van Essen, *op. cit.*, 100s, láms. XXII-XXIII, figs. 143-144.

[160] F. Messerschmidt, *Nekropolen von Vulci (op. cit.)* 126ss, láms. 4-6, fig. 86. En esta misma tumba está representado Anfiarao con la pierna derecha apoyada sobre una gran piedra; cf. *ibíd.*, lám. 9, fig. 84.

[161] *Tarquinia (op. cit.)* col. 413; A. Neppi Modona, *op. cit.*, 231: «Debía de existir, con seguridad, una escatología del premio y del castigo, habida cuenta de las escenas en que vemos cómo luchan por las almas dos demonios alados, cuyos colores y atributos los distinguen con seguridad como genios buenos y malos.»

[162] Plat., *Fedón*, 108c. Sobre los *daimones* en Grecia, cf. F. de Ruyt, *Demoni nell'arte greca:* «Rend. Pont. Acc.» 33 (1961) 93ss.

denal, estos *daimones* benéficos serían los que aparentan defender a los difuntos. Por otra parte, Pausanias[163] habla de un demonio llamado Eurinomo que ataca a los muertos y los devora hasta dejarlos reducidos a los huesos. Es posible que en Etruria se creyera en algo semejante, y a tal creencia responderían los genios de color oscuro que intentan golpear a los difuntos. Ya en la Tumba de la *Pulcella*, fechada en la primera mitad del siglo v a. C., aparecen unos genios de aspecto juvenil y benigno, masculinos o femeninos, que se harán más frecuentes en las pinturas posteriores[164], en los grafitos[165] y en los relieves[166]. Hay genios alados de color oscuro en las pinturas de la Tumba del Orco[167] y en la Tumba de los Escudos[168], aquí uno de ellos con dos martillos. También son probablemente genios ápteros de color oscuro los servidores que en la Tumba Golini atienden a la mesa de Hades y Perséfone[169] y el que en la Tumba del Orco se halla junto al *daimōn* alado que sostiene dos recipientes en sus manos, así como los que preparan el banquete infernal en la Tumba Golini I[170].

La creencia en genios buenos y malos estaba difundida en Grecia, como lo prueban unos versos de Menandro[171] en que se habla ya del influjo que, para bien o para mal, ejercen sobre los hombres desde el nacimiento de éstos.

Euclides de Megara había enseñado que todos estamos sometidos al influjo de dos genios[172]. También en el mundo romano se hallaba extendida esta creencia; ya en época republicana, Lucilio[173] la había tomado de Empédocles[174], y pervivía aún a finales del Imperio; Servio[175] admite la existencia de genios buenos y malos: «Cuando nacemos nos son asignados dos genios, uno que nos exhorta al bien y otro que nos arrastra al mal. Cuando morimos, también intervienen para asegurarnos una vida mejor o para condenarnos a una suerte calamitosa». Dos genios de carácter contrario aparecen en la vida del neoplatónico Juliano, uno antes

[163] Paus., X, 28, 7; cf. F. Poulsen, *op. cit.*, 55, fig. 41.

[164] M. Pallottino, *Tarquinia (op. cit.)* col. 411. También es de color blanco el genio que se halla situado a la puerta de una caverna, detrás de Gerión, en la Tumba del *Orco;* cf. F. Poulsen, *op. cit.*, 50, fig. 37; M. Pallottino, *La peinture étrusque (op. cit.)* 112.

[165] E. Gerhard, *Estruskische Spiegel* (Berlín 1843-1897) *passim;* R. Pfister, *Die Etrusker* (Munich 1940) 119; G. A. Mansuelli, *Studi sugli specchi etruschi:* «St. Etr.» 20 (1948-1949) 92ss.

[166] G. Körte, *op. cit., passim.*

[167] F. Poulsen, *op. cit.*, 49s, fig. 36; P. Romanelli, *op. cit.*, fig. 27; H. Leisinger, *op. cit.*, fig. 94; P. Ducati, *Storia dell'Arte Etrusca (op. cit.)* fig. 470.

[168] G. Q. Giglioli, *op. cit., lám.* CCCLXXXVIII,1-2; P. Ducati, *Storia dell'Arte Etrusca (op. cit.)* fig. 549.

[169] F. Poulsen, *op. cit.*, 39s, fig. 32; G. Q. Giglioli, *op. cit.*, lám. CCXLV; P. Ducati, *Storia dell'Arte Etrusca* (op. cit.) fig. 464.

[170] L. Banti, *op. cit.*, 118, lám. 80.

[171] Clem. Alex., *Strom.*, V, 260.

[172] Censor., *De nat.*, 1113.

[173] *Sat.*, XVI.

[174] Plut., *De tranq. an.*, XV, 474B.

[175] *Ad Aen.*, VI, 743.

de su elevación al trono y el segundo durante la preparación de la guerra contra los persas [176]. Muchos autores han admitido que en la religiosidad etrusca existía la creencia en genios que atormentaban a los difuntos. F. Weege [177], al que siguen otros varios autores [178], como Ducati, Pallottino, Neppi Modona, etc., ha visto en las escenas de la Tumba Tartaglia (fig. 73), del siglo III-II a. C., una especie de «purgatorio» etrusco en que los difuntos son atormentados con martillos y otros instrumentos de naturaleza incierta. Creemos que la interpretación más acertada de las pinturas de esta tumba es la propuesta por De Ruyt [179], que identifica como Atlantes los tres varones que sostienen en alto unas rocas; estos Atlantes están también documentados en alguna urna. Las tres composiciones representarían respectivamente la despedida del difunto de su esposa, el viaje al Hades y la llegada a la puerta infernal. Otros críticos han interpretado ciertos textos de autores latinos como testimonios del impacto que las creencias etruscas tuvieron en la religiosidad romana, entre ellos uno de Plauto [180] en que se comparan los padecimientos de las canteras con las pinturas en que se representan los tormentos del Aqueronte.

Este pasaje, según Fraenkel [181], está inspirado en las pinturas del infierno griego, tan frecuentes en la Italia meridional, como las ya citadas de los vasos suritálicos. En estas mismas pinturas se habría inspirado otro pasaje del mismo Plauto [182].

Se han aducido dos versos de Lucrecio [183]:

> «Castigo son a sus maldades cárcel, horrible precipicio,
> azotes, verdugos, tortura, pez, láminas y teas»,

casi paralelos de otros de Plauto [184] como reflejo del folklore romano, pero esta hipótesis, según ha probado el minucioso análisis de De Ruyt [185], es un contrasentido, pues para Lucrecio, los tormentos con que son afligidos los hombres son sus propias pasiones.

No hay que olvidar que las dos grandes pinturas del infierno en que creían los etruscos y romanos de esta época son las escenas de la Tumba del *Orco* y un pasaje de la *Eneida* [186]; en ambos casos, la fuente de inspiración es el infierno griego con algunos rasgos de influencia etrusca. El mismo Cicerón, al hablar del Hades [187], enumera los mitos del infierno

[176] Amm. Marcell., XX, 5, 10; XXV, 2, 3.
[177] *Etruskische Malerei (op. cit.)* 33s, fig. 27 y 28.
[178] M. Pallottino, *Tarquinia (op. cit.)* col. 100; A. Neppi Modona, *op. cit.*, 231.
[179] *Charun (op. cit.)* 41s.
[180] *Cap.* 998-1000.
[181] *Plautinisches in Plautus*, en *Philologische Untersuchungen* (Berlín 1922) 179.
[182] *Menechm.*, 143.
[183] *De nat. rerum*, III, 1016-1017.
[184] *Asinaria*, 545ss.
[185] *Op. cit.*, 225ss, con la bibliografía sobre este punto.
[186] *Aen.*, VI, 550-627.
[187] *Tusc. disp.* I, 5-6.

griego [188]. Un texto de Plutarco sobre el mismo tema [189] es ajeno a la concepción etrusca del Hades, al menos tal como lo conocemos a través de pinturas y relieves. Hay que concluir, por consiguiente y de acuerdo con De Ruyt, que en la literatura latina no se conservan huellas de una creencia etrusca en un infierno con tormentos [190]. La existencia de enemigos peligrosos en el camino del Hades parece deducirse de un relieve que ostenta una urna volterrana, en que se representa al difunto a caballo, guiado por Caronte y seguido de una lasa que lleva en la mano derecha y delante del pecho un puñal; debajo del caballo yacen por tierra un hombre y una mujer a los que quizá acaba de degollar la lasa [191]. Dentro de la temática funeraria etrusca, esta representación es única, y tampoco parece clara su interpretación.

Un análisis minucioso de las escenas representadas en la Tumba del Cardenal, como el que nosotros hemos realizado, confirma la tesis expuesta brevemente hace años por De Ruyt [192]: todos los genios representados en ella tienen el mismo carácter psicopompo, y todos ellos se asimilan en cuanto a funciones y atributos a Caronte, como se deduce del hecho de que los genios de color blanco arrastran junto con los de color oscuro los carros en que viajan al Hades los difuntos. En otras ocasiones acompañan a los difuntos que hacen el viaje a pie o conducen sus caballos. Hay también genios pintados de color claro que golpean a los difuntos. El significado de la escena queda bien claro en la mencionada estela felsina, donde estos genios personifican a la muerte, siempre odiosa a los vivos, y no se dejan conmover por las lágrimas. Creemos que ninguna de las escenas descritas puede ser interpretada como una lucha entre genios de distinto carácter. Las actitudes violentas de los genios expresarían únicamente su intención de arrastrar a los difuntos hacia el Hades. De las escenas representadas en la Tumba del Cardenal no se desprende la existencia de tormentos o castigos de purificación como los descritos por Virgilio [193], en el viaje a ultratumba o ya en el Hades, ni la creencia en una inmortalidad superior conseguida mediante unos determinados ritos [194], si bien es verdad que los *Libri acheruntici* etruscos enseñaban que con el sacrificio de ciertos animales ofrecidos a determinadas deidades podían las almas conquistar la inmortalidad y ser vene-

[188] Sobre estos pasajes de Cicerón, cf. F. de Ruyt, *Charun (op. cit.)* 228s.

[189] *Moralia*, 567.

[190] Sin embargo, los objetos que llevan los genios en las escenas de la Tumba Tartaglia, que aparecen también en manos de una lasa de una urna, cf. G. Körte, *op. cit.*, 114, lám. XCIV,5, tienen un aire sospechoso de instrumentos de tortura.

[191] F. de Ruyt, *op. cit.*, 62s.

[192] *Ibíd.*, 57.

[193] *Aen.*, 621-625, 724-751.

[194] F. Messerschmidt, *Griechische und etruskische Religion:* «Studi e Materiali si Storia delle Religioni» 5 (1929) 21ss. Medio siglo después de ser pintada la Tumba del Cardenal, en tiempo de la conjuración de Catilina, M. Porcio Catón se expresaba en los siguientes términos acerca de las creencias romanas sobre el más allá: «Creo que es falso lo que se dice sobre los caminos distintos que han de recorrer los buenos y los malos; éstos tendrían que atravesar lugares tétricos, desiertos, repugnantes y terribles» (Sal. *Cat.*, LII, 13).

radas como *dei animales,* deidades derivadas de las almas[195]. La *tegula* de Capua, cuya cronología se remonta al menos al siglo IV a. C., es un precioso documento original de esta ceremonia de sufragio con prescripciones de ofrendas y sacrificios a deidades infernales[196].

Tampoco se relacionan las escenas de esta tumba con las instrucciones dadas a los iniciados por los órficos para su viaje a ultratumba, tal como las conocemos por las láminas de la Italia meridional y concretamente por las halladas en Thurioi y Petelia, datadas en los siglos IV-III antes de Jesucristo; por las halladas en Farsalos, de la misma época; por las tres de Eleutherna, del siglo II a. C. y por la procedente de Roma, del siglo II a. C.[197] Dos son los temas centrales de esta literatura órfica: la declaración que hace el alma de ser de naturaleza divina y las instrucciones confiadas al muerto para su viaje a ultratumba. Estos textos representan un género único en la Antigüedad clásica; para encontrar algo parecido habría que remontarse al *Libro de los Muertos.* El texto más explícito en cuanto a las instrucciones para el viaje a ultratumba es el contenido en la lámina de Petelia, que dice así:

> «A la izquierda de la Casa de Hades hallarás una fuente,
> y erguido a su lado un ciprés blanco.
> No te acerques a esta fuente,
> sino que otra hallarás, que del Lago de la Memoria
> brota con aguas frescas, ante la cual hay guardianes.
> Dirás: Hijo soy de la tierra y del cielo estrellado,
> pero mi raza del cielo sólo procede. Bien lo sabéis.
> Pero me abraso de sed y perezco. Dadme pronto
> el agua fresca que corre desde el Lago de la Memoria.
> Y con gusto te dejarán beber de la fuente santa,
> y luego tendrás señorío entre los demás héroes».

[195] Arnob., II, 62; Serv., *Ad Aen.*, III, 168; Mar. Capell., II, 142; cf. B. Nogara, *op. cit.*, 220ss; K. Clemen, *Die Religion der Etrusker* (Bonn 1936) 17ss; F. Cumont, *op. cit.*, 60ss.

[196] M. Pallottino, *Etruscologia* (Milán 1957) 222, 256, lám. LXV; A. Solari, *op. cit.*, lám. XXIX; E. Zin, AA 65-66 (1950-1951) col. 24, fig. 8.

[197] O. Kern, *Orphicorum fragmenta* (Berlín 1922) *passim;* F. Cumont, *Lucrèce et le symbolisme pythagoricien des enfers:* «Rev. Phil. Litt. Hist. Anc.» 44 (1920) 229ss. Sobre las creencias órficas, cf. M. P. Nilsson, *Geschichte der griechischen Religion* II (Munich 1950) 223ss; R. Pettazzoni, *Le religioni misteriche nel mondo antico* (Roma 1953) 39ss; A. Alvarez de Miranda, *Las religiones mistéricas* (Madrid 1961) 91ss; L. Rougier, *La religion astrale des pythagoriciens* (París 1959). Algunas láminas órficas han sido traducidas y comentadas por J. Harrison, *Prolegomena to the Study of Greek Religion* (Cambridge 1903) 57ss; Machioro, «Rivista Indo-Greco-Italica» 9 (1925) 249ss. Admite este influjo en Etruria A. Rumpf, BphW (1933) 1267. Sobre el orfismo y el pitagorismo en Italia, cf. J. Carcopino, *La basilique pythagoricienne de la Porte Majeure* (París 1954) 161ss; *De Pythagore aux apôtres* (París 1956) 24ss. Sobre la difusión del pitagorismo en Roma durante la República, cf. L. Ferrero, *Storia del pitagorismo nel Mondo Romano* (Roma 1955); P. C. Sestieri, *Riflessi dell'orfismo in Etruria:* «St. Etr.» 12 (1939) 249ss.

Tampoco la creencia órfica en la metempsicosis, a pesar de que Furtwängler, apoyándose en las representaciones de unas gemas [198], la admite entre los etruscos a partir del siglo V a. C., ha dejado la menor huella en las escenas de la Tumba del Cardenal. Las gemas etruscas representan a Hermes y a otro personaje saliendo de la tierra.

Algunos fragmentos órficos describen la purificación de las almas en el Aqueronte, la metempsicosis en cuerpos de animales, la bienaventuranza de los iniciados y el viaje al Hades [199]. Según Diodoro [200], en el libro órfico suritálico del Hades se pintaron los tormentos de los impíos. Ninguna de estas creencias ha causado impacto alguno, según creemos, en las pinturas de la Tumba del Cardenal.

El tormento de Sísifo aparece en vasos suritálicos y griegos [201] que acusan el influjo de las ideas órficas en la concepción del Hades. Pueden citarse en este sentido el ánfora de Munich, datada hacia el año 500 a. C., con un tema que aparece también en la Lesche de Delfos. Pero en este caso se trata de una composición que los etruscos reciben de los griegos, que por sí sola no puede documentar la existencia del mismo influjo en la tumba tarquiniense [202].

[198] *Die antiken Gemmen* III (Berlín 1900) 203, 254ss, lám. XXI, n. 65-72. Quizá representen algún mito desconocido. En algún vaso suritálico, cf. E. Pfuhl, *Malerei und Zeichnung der Griechen* (Munich 1923) fig. 797, se representa a Ulises hablando con Tiresias, tema que en el arte etrusco reproduce el sarcófago de Torre San Severo; en la citada representación, Tiresias sale del suelo, pero creemos que esta escena no es la que se representa en las gemas etruscas, en las que es Hermes el que evoca de los infiernos al otro personaje. El mismo Hermes aparece en algunas pinturas vasculares griegas presenciando el momento en que Perséfone, llamada por Zeus, sale de la tierra; cf. W. Kraiker, *Die Malerei der Griecehen* (Stuttgart 1958) figura 48; G. M. A. Richter, *Red-Figured Athenian Vases in the Metropolitan Museum of Art* (Londres 1936) 156ss, lám. 124. Pero no es éste el tema de que aquí tratamos, pues la persona que sale del suelo es un varón. En Etruria aparece Hermes con funciones de psicopompo en un bronce de Spina fechado hacia el año 400 a. C.; cf. L. Laurenzi, *Mostra dell'Etruria padana e della città di Spina* (Bolonia 1960) 350, lám. LXXII.

[199] O. Kern, *op. cit.*, 300ss. En algunos vasos suritálicos, muchos de ellos de influencia órfica, se representan frecuentemente dioses infernales, pero ninguna de tales escenas se parece en nada a las de esta tumba; cf. K. Schauenburg, *Die Totengötter in der unteritalischen Vasenmalerei:* JdI 73 (1958) 48ss.

[200] Diod., I, 96, 4ss.

[201] E. Pfuhl, *op. cit.*, fig. 283; A. Cook, *Zeus. A Study in Ancient Religion* III (Cambridge 1940) 399, fig. 262; J. D. Beazley, *Attic Black-Figure Vase-Painters* (Oxford 1956) *passim.*

[202] También A. Grenier, *Les religions étrusque et romaine* (París 1948) 62, niega la existencia de suplicios y la influencia del orfismo en las representaciones funerarias etruscas; es asimismo contrario a esta influencia C. C. van Essen, *Did Orphic Influence on Etruscan Tomb Painting Exist? (op. cit.).*

Sin embargo, las fuentes hablan de la difusión del orfismo entre los etruscos. Plutarco, *Symp.*, VII, 7, 1, por ejemplo, se refiere al etrusco Lucio, que hablaba de Pitágoras a sus compatriotas, y afirma que los etruscos guardaban muchas de sus enseñanzas. Jámblico, en la vida de Pitágoras (XXVII, 127), nombra a un etrusco, Nausitoo, que seguía la doctrina pitagórica. Según Clemente Alejandrino, *Strom.*, I, 14, 62, Aristóteles, Aristoxeno y Teopompo tuvieron a Pitágoras por un tirseno. A la visita de Pitágoras a Etruria se refieren Aristóteles en Apolonio, *Mirab.*, VI; Ausonio, *Epist.*, XIV, 70, y Diodoro, X, 3. Cicerón, *De rep.*, II, 15,

Tampoco se advierten influencias o atributos de los cultos dionisiacos, tan extendidos en Etruria [203], de donde pasaron a Roma, originando la dura represión del edicto *de bacchanalibus* del año 186 a. C. Estas creencias estaban íntimamente relacionadas con la vida de ultratumba [204], hasta el punto de que en una crátera de Vulci, de finales del siglo IV a. C., el mismo Caronte viste el traje dionisiaco y el difunto lleva un tirso [205], lo mismo que en un sarcófago [206].

Las escenas de la Tumba del Cardenal han de interpretarse, usando las palabras mismas de De Ruyt [207], «como una especie de película en que las diversas concepciones etruscas de la muerte y del viaje al más allá han dado lugar a una larga serie de episodios independientes, irregularmente separados por puertas de arco, que describiremos en consecuencia aisladamente, siguiendo el cometido que en ellas desem-

escribe acerca del legendario rey Numa, que fue discípulo de Pitágoras. Una tardía leyenda recogida por Porfirio, *Pyth.*, V, 10, dice que Pitágoras era hermano de Tirreno. La fábula del Pitágoras etrusco, muy en boga durante el siglo I, no pudo surgir, como indica Carcopino, *La basilique pythagoricienne (op. cit.)* 182, n. 2, sino en un ambiente etrusco o etrusquizante. O. Vacano, *Die Etrusker und die Welt der Antike* (Hamburgo 1961) 52s, admite la influencia órfico-pitagórica en Etruria, pero apoyado en los textos. R. Herbig, *Zud Religion und Religiosität der Etrusker:* «Historia» 5 (1957) 131, tampoco la admite. F. Weege, *Etruskische Malerei (op. cit.)* 27s, en cambio, defiende este influjo. En el mencionado *stamnos* de Cerveteri, la persona representada con lira entre dos genios etruscos creemos, siguiendo a Beazley, que no es Orfeo, sino una dama. Las escenas de la Tumba del Orco son típicamente griegas, y no prueban, como cree Weege, que haya influencias órficas en las creencias etruscas relativas a la vida de ultratumba. Del hecho de que las pinturas de la Tumba del Orco se inspiren en la Nekya que pintó Polignoto, que es de influencia órfica, no se puede deducir la existencia de este mismo tipo de influjos en las creencias etruscas sobre el más allá, pues es muy probable que el artista etrusco copiase un tema griego sin captar su significado órfico, como se deduce de la presencia, en la misma tumba, del episodio de Polifemo, que aparece en Etruria ya a mediados del siglo VII a. C. en la célebre crátera de Aristonotos, cf. B. Schweitzer, *Zum Krater des Aristonothos:* RM 62 (1955) 78ss, lám. 40, y hacia el año 520 a. C. en una hidria ceretana, cf. G. M. A. Richter, *A Handbook of Greek Art* (Londres 1959) 303, fig. 422. Réplicas griegas en M. Robertson, *op. cit.*, 42ss, de mediados del siglo VII a. C., y del siglo III a. C. en un relieve, cf. S. Paglieri, *Origine e diffusione delle nave etrusco-italiche:* «St. Etr.» 28 (1960) 229, fig. 17, lám. LI, que no tiene nada que ver ni con el orfismo ni con la pintura de Polignoto, cuya fuente es el libro XI de la *Odisea* y un poema titulado *Mynyade*, atribuido a Pródico de Focea, poeta del siglo VI a. C., que narraba el descenso de Orfeo a los infiernos. F. Weege, *Etruskische Malerei (op. cit.)* 33, estima que las pinturas de la Tumba Tartaglia delatan una influencia órfico-pitagórica. Sin embargo, como ya se ha visto, parece mucho más aceptable la interpretación propuesta por De Ruyt. Es posible que las fuentes en que se habla de una influencia órfica entre los etruscos tengan confirmación arqueológica en una tablilla hallada en Tarquinia, que M. Guarducci, *Le laminette auree con iscrizioni orfiche e l'obolo di Caronte:* «Rend. Pont. Acc.» 15 (1939) 88, interpreta como una lámina órfica fechada probablemente en el siglo IV a. C.

[203] Liv., XXXIX, 9.

[204] M. Pallottino, *Etruscologia (op. cit.)* 222; A. Bruhl, *Liber Pater* (París 1953) 70ss; cf. reseña de M. Pallottino en «St. Etr.» 25 (1957) 604ss.

[205] F. de Ruyt, *Charun (op. cit.)* 49s, fig. 19.

[206] A. Bruhl, *op. cit.*, lám. II.

[207] *Op. cit.*, 57.

peñan los demonios de la muerte» [208]. Estas frases confirman lo que escribiera Pallottino [209]: «La misma muerte se concibe como un rapto a cargo de los demonios...». También Messerschmidt [210] opinaba que, en el caso de la Tumba del *Orco,* «una interpretación a partir de las ideas órficas no es ni posible ni necesaria».

[208] Sobre el Caronte etrusco como personificación de la muerte, cf. además F. de Ruyt, *Charun, l'âme et le griffon sur deux stamnoi étrusques:* «Arch. Cl.» 10 (1958) 97ss. También, J. M. Blázquez, *Caballos en el infierno etrusco,* en este mismo volumen, p. 130, donde el autor interpreta como personificación de la muerte una cabeza de sileno en una estela felsina.

[209] *La religione degli etruschi,* en V. Tarchi, *Le religioni del mondo* (Roma 1950) 320. Acertadamente ha escrito P. J. Riis, *An Introduction to Etruscan Art* (Copenhague 1953) 115: «La muerte es el tema común, pero lo vemos ilustrado o más bien aludido de diversas maneras».

[210] F. Messerschmidt, *Griechische und etruskische Religion (op. cit.)* 28.

10

SIMBOLISMO FUNERARIO DEL RAMO Y LA ADORMIDERA EN ETRURIA Y EN LAS ANTIGUAS RELIGIONES MEDITERRANEAS

En cierta ocasión se preguntaba A. Neppi Modona [1] qué «significado podría entrañar (en Etruria) el ramito que tienen los coperos, al igual que los invitados, bailarinas y personajes diversos» que aparecen en las pinturas de las tumbas. S. Marinis [2], por su parte, conjeturaba «si su presencia no podría tener alguna relación con el significado funerario». En algunas representaciones etruscas no resulta difícil entrever que estos ramos tienen un significado ritual. Así, en la *Grotta del Morto* de Tarquinia, a la cabecera del catafalco sobre el que reposa el cuerpo del difunto aparece un gran ramo [3]. En un cipo conservado en el Museo Británico [4] aparece representada en relieve una ceremonia fúnebre, la prótesis; dos damas llevan sendos ramos. No siempre que en Etruria se representa la prótesis del cadáver aparecen personajes portando ramos, como puede verse en los relieves chiusinos arcaicos, en que lo normal es que los personajes que intervienen en la ceremonia estén representados sin tales ramos [5]. También en las representaciones de banquetes funerarios hay personajes con ramos. Uno de los comensales de la Tumba de las Leonas, precisamente el que está delante del hermafrodita, porta un ramo en la mano derecha. En los relieves chiusinos arcaicos hay también escenas de banquete con personajes que portan estos ramos [6]. Si, como parece probable, estos relieves representan un banquete funerario, podría atribuirse al ramo un significado ritual, semejante al que tendría en las escenas de la prótesis.

En otras escenas que no poseen carácter funerario aparente se observa asimismo la presencia de personajes con ramos en las manos. Tal

[1] *Corona... Soc. Esp. Ant. Et. Preh.* (Madrid 1941) 155.

[2] *La tipologia del banchetto nell'arte etrusca arcaica* (Roma 1961) 41.

[3] F. Poulsen, *Etruscan Tomb Paintings* (Oxford 1922) fig. 9.

[4] F. N. Pryce, *Catalogue of Sculpture in British Museum* I, 2. *Cypriote and Etruscan* (Londres 1931) 179s, fig. 34.

[5] *Ibíd.*, 166, fig. 9; E. Paribeni, *I rilievi chiusini arcaici:* «St. Etr.» 12 (1938) láminas VIII,1; XXI,1; XXII,1; XXIV,1; XXXII,1.2.

[6] F. N. Pryce, *op. cit.*, 172, fig. 17; A. Rumpf, *Katalog der etruskische Skulpturen* (Berlín 1938) 16, lám. 7, E 12.

es el caso de un cipo de Chiusi en que hay tres individuos en pie y mirando hacia la izquierda; los dos de los lados portan unos ramos [7]. En una urna, procedente asimismo de Chiusi, aparecen dos varones con un caballo; uno de ellos lleva un ramo [8]. En una escena de boda hay dos personajes asistentes con ramos [9]. También aparecen los ramos en escenas de carácter erótico, que no dejan de ser frecuentes en la pintura funeraria etrusca —baste recordar las dos composiciones de la Tumba de los Toros [10]— y en las tapas y algunos relieves de los sarcófagos, entre los que podemos citar los matrimonios de las cubiertas de los dos sarcófagos procedentes de Vulci y conservados actualmente en el Museo de Boston [11] y el relieve central del Museo del Louvre, pero estas escenas poco o nada tienen que ver con la vida de ultratumba.

Pero hay otros casos en que parece más verosímil el carácter ritual y simbólico de los ramos, como los que lleva un varón en la Tumba de las Inscripciones [12]. F. Poulsen cree que son de laurel, y que las escenas de danza representadas en esta tumba tienen un indudable carácter funerario; el hecho mismo de que aparezca representado un varón con varios ramos en las manos, tres en la izquierda y dos en la derecha, parece indicar que aquéllos tenían una finalidad concreta y que eran utilizados precisamente en el curso de las danzas funerarias. El citado autor escribe a propósito de esto que «es probable, al parecer, que se pasaran ramos de laurel en torno a la casa y que se utilizaran para decorar con ellos las paredes de la casa del difunto en el día de los funerales, y ello con intención purificatoria» [13]. Nos parece que esta hipótesis es perfectamente plausible, y que de este modo se explicarían las representaciones de ramos en las escenas de banquete, que probablemente poseen un carácter funerario, de la Tumba de los Leopardos, o los que llevan los danzantes de la Tumba de las Bigas, que sin duda celebran una danza funeraria, o los que aparecen en las composiciones, que recogen ambos temas, de la Tumba Querciola I, así como los representados junto a los púgiles que toman parte en los juegos funerarios de la Tumba del Mono [14].

Puede afirmarse, por consiguiente, que en la temática funeraria etrusca se incluye el ramo porque representa un medio para purificar

[7] E. Paribeni, *op. cit.*, 91s, lám. XXXIV,3. También 86, lám. XVII,2. En otro relieve aparece un cortejo precedido por un músico que toca la flauta y seguido de seis damas con ramos. Cierra la comitiva un hombre con un bastón. Como indica E. Paribeni, *op. cit.*, 127s, lám. XXXII,3, se trata de una ceremonia posiblemente de carácter funerario (?).

[8] F. N. Pryce, *op. cit.*, 172, figs. 13-14.

[9] B. Nogara, *Gli etruschi e la loro civiltà* (Milán 1934) 89s.

[10] J. de Wit, *Die Vorrichtzungen der etruskischen Grabmalerei:* JdI 44 (1929) 33s, figs. 6-8.

[11] R. Herbig, *Die jüngeretruskischen Steinsarkophagen* (Berlín 1952) 13ss, láminas 37 y 40. Esta escena aparece también sobre *lekythoi* etruscos; cf. J. M. Blázquez, *Lekythos etrusco con escena musical:* BSAA 24 (1958) 202s.

[12] R. Herbig, *op. cit.*, láms. 108s.

[13] F. Poulsen, *Etruscan Tomb Paintings* (Oxford 1922) fig. 12.

[14] L. Banti, *Die Welt der Etrusker* (Stuttgart 1960) 286, lám. 65.

el ambiente manchado por la presencia del muerto. Es seguro asimismo que el ramo poseía un simbolismo funerario entre los pueblos itálicos, como se desprende de una pintura de Nola que representa a una dama con una granada y un ramo en sus manos; en este caso no cabe atribuir al ramo una función meramente decorativa, sino que poseería un significado simbólico, de purificación, como el que en época romana se atribuía al ramo de pino. En una tumba de Albanella se representan adornadas con ramos las paredes de una habitación en que se desarrolla una escena de prótesis, y en la que figura una matrona sentada delante del cadáver y con una corona en su mano derecha [15].

Fuera de Italia se conocen otros ejemplos. Por lo que se refiere a Grecia, el carácter funerario del ramo queda bien patente en una pintura geométrica que representa una escena de duelo junto a un cadáver: dos personajes llevan ramos en las manos; también sobre el féretro se han depositado algunos ramos [16]. El mismo significado aparece claro en una crátera de Spina [17], cuya decoración representa un rito expiatorio en que participan Atenea y nueve guerreros con ramos de mirto en las manos, siete guerreros coronados de mirto y otros dos con ramos de mirto en la cabeza y en las manos. Hay otros siete guerreros, pero el mal estado de la decoración no permite apreciar si también tendrían ramos en sus manos. La escena representa el rito expiatorio y de purificación que debieron de celebrar los argonautas por haber dado muerte Jasón involuntariamente a Cízico, rey de los doliones, que había dado hospitalidad a los guerreros en su viaje a la Cólquide. Atenea, diosa protectora de Jasón y de los argonautas, que presidió la construcción de su nave, aparece en la escena de purificación exigida por Rea, que a su vez era protectora de la región [18].

En otro vaso del período geométrico, fechado en el siglo IX-VIII a. C., se representa una escena de prótesis en que dos personajes, los más cercanos al cadáver, alzan en sus manos unos ramos [19]. Sin embargo,

[15] S. Reinach, *Répertoire de peintures grecques et romaines* (París 1922) lám. 243.

[16] F. Mata, *Die geometrische und die früharchaische Form* (Francfort 1950) 64, lám. 15b.

[17] S. Aurigemma, *La necropoli di Spina in Valle Trebba* (Roma 1960) 68s, láminas 64-70. Por lo que a Roma se refiere, el carácter purificatorio del ramo se documenta en alguna escena de *lustratio*, como la que aparece en un relieve del Museo del Louvre, fechado poco después del año 70 a. C., en que hay una persona con ramos al hombro; cf. H. Kähler, *Rom und seine Welt* (Munich 1958) lám. 64. En los relieves romanos que representan escenas de prótesis no hay ramos alrededor del lecho en que yace el difunto; cf. H. Th. Bossert, W. Zschietzschmann, *Hellas and Rome* (Londres 1936) lám. 156; H. Kähler, *op. cit.*, lám. 78; P. Grimal, *La civilisation romaine* (París 1960) fig. 29; G. A. Mansuelli, *Galleria degli Uffizi. Le Sculture* I (Roma 1958) 128s, fig. 245. En las placas de figuras negras halladas en el Atica y estudiadas por J. Boardman, *Painted Funerary Plaques and Some Remarks on Prothesis:* ABSA 50 (1955) 51, láms. 1-8, que representan escenas de prótesis, al igual que en una terrocota con una escena idéntica; cf. G. M. A. Richter, *A Handbook of Greek Art* (Londres 1960) 221, fig. 327, fechadas entre los años 630-620 a. C., no llevan ramos los asistentes, pero algunos aparecen con coronas.

[18] Apol., *Argonaut.*, I, 953, 1059s.

[19] M. Wegner, *L'art grec* (Friburgo 1955) 57, fig. 41.

no todas las representaciones griegas de la prótesis, ni los relieves romanos en que aparece la *conclamatio,* incluyen los ramos. Baste citar en este sentido la prótesis pintada sobre un ánfora del Dipylón [20], la de la hidria de estilo tardocorintio con las Nereidas llorando la muerte de Aquiles [21], la del *pinax* de figuras negras del Museo Metropolitano de Nueva York [22], la del *loutrophoros* ático del pintor de Cleofrades, fechado entre los años 480-470 a. C. [23], la de una segunda pieza del Museo Nacional de Copenhague [24] o la de un *lekythos* ático fechado en el tercer cuarto del siglo V a. C. [25]

Conocemos una serie de textos relativos al ritual funerario en los que se habla también del uso que en tales ocasiones se hacía de los ramos. En Aristófanes [26] tenemos una de las descripciones más completas; el poeta menciona en ella la capa de orégano y los cuatro sarmientos partidos sobre los que se colocaba el cadáver. Era costumbre coronar las sepulturas con ramos de apio [27]. De ello tenemos confirmación arqueológica en la decoración de un vaso del Grupo de los Coéforos, en un *lekythos* publicado por Pfuhl [28] y en otras muchas piezas. En Esparta era costumbre depositar en el túmulo el cadáver cubierto con hojas de olivo [29].

Los parientes enviaban coronas de flores, de ramos de olivo e incluso de oro [30]. Esta costumbre subsistió en el Imperio Romano, pues a ella se refiere una disposición de las XII Tablas [31], y perduró hasta su final [32]. Con estas costumbres se relaciona la representación de coronas en los altares funerarios de época romana, como puede verse en el ara de M. Antonio, de Medinasidonia, o en la de M. Licinio Optato, conservada en el Museo Arqueológico de Cádiz [33]. Tenemos representaciones semejantes en una estela funeraria de mediados del siglo III d. C., en cuyo frontón hay dos pájaros sosteniendo en alto una corona [34], y en un sarcófago de época de Adriano, en que unos erotes sostienen también una corona [35]; estas dos piezas se conservan en la *Galleria degli Uffizi.*

[20] *Ibíd.*, 84, fig. 68.
[21] P. E. Arias, *Enciclopedia Classica* III, V (Turín 1963) lám. XXIV.
[22] *Ibíd.*, 162, lám. LI.
[23] *Ibíd.*, 262, 234, láms. LXXXVI y LXXXVII.
[24] CVA Dinamarca VIII, 264, láms. 340-341, 1; P. E. Arias, M. Hirmer, *Tausend Jahre griechische Vasenkunst* (Munich 1960) láms. 126-129.
[25] M. Robertson, *La peinture grecque* (Ginebra 1959) 47; E. Pfuhl, *Malerei und Zeichnung der Griechen* (Munich 1923) fig. 634.
[26] *Las asambleístas,* 1030, 4.
[27] Plut., *Timol.*, XXVI, 1.
[28] *Op. cit.*, lám. 534.
[29] Plut., *Lyc.*, XXVII, 2.
[30] *Schol. Pers.*, 36; Plut., *Timol.*, XXVI; Suidas, *selinou.*
[31] Cic., *De leg.*, II, 24, 60; Plin., NH XXXI, 3, 7, con una interpretación errónea.
[32] Tert., *De corona,* 10; Min. Fel., *Oct.*, 12.
[33] A. García y Bellido, *Esculturas romanas de España y Portugal* (Madrid 1949) 302ss, lám. 243.
[34] G. A. Mansuelli, *Galleria degli Uffici. Le Sculture* I (Roma 1958) 203, fig. 204.
[35] *Ibíd.*, 226, fig. 238.

Varios textos hablan de la costumbre de purificar el ambiente con ramos de laurel, así como de la relación de éstos con las sepulturas; ello explica la frecuencia con que se representa esta planta sobre los monumentos funerarios. Plinio tiene un pasaje [36] en que se refiere al rey Mitrídates y pone de relieve la importancia que estos ramos tenían en muchas celebraciones religiosas. Clemente Alejandrino recuerda cómo los milesios, con ocasión de una peste, purificaron al ambiente contaminado por los cadáveres [37] con ramos de laurel. Este texto tiene especial importancia para explicar las representaciones de ramos o plantas de laurel en los monumentos funerarios; el laurel estaba consagrado a Apolo [38] y se le suponían virtudes purificatorias. No menos significativos son otros textos en cuanto al carácter funerario del laurel; el Escoliasta a los *Argonautas* [39] habla de un *heroon* de Amico en que había un laurel que lanzaba improperios cuando se le arrancaba una rama. Plinio [40] dice que el árbol crecía en la tumba desde el día del entierro.

Se acostumbraba incluso a coronar a los muertos, como puede verse en las decoraciones de algunos vasos [41], o estelas [42] en que los difuntos aparecen coronados. La misma costumbre debía de existir en Etruria, donde también hay representaciones de difuntos coronados [43]. En la mencionada hidria con el llanto de las Nereidas, una de éstas sostiene una corona, y en los banquetes funerarios representados en las pinturas de las tumbas etruscas es frecuente la presencia de comensales con coronas sobre sus cabezas. Todos estos testimonios acreditan la estrecha relación existente entre la corona y diversos ritos funerarios.

Las alusiones de las fuentes al carácter funerario de los ramos quedan confirmadas por numerosos monumentos. En la estela ática de Liseas [44] se representa al difunto con cuatro ramos de laurel (?). Los ramos aparecen también en algunas estelas orientales, como la de Sam'al, en que se representa un banquete funerario, según E. Akurgal; en esta composición se incluye la figura de una sirviente que sostiene en la mano un gran ramo. En la estela siria de Nerab [45] se repite la misma

[36] NH XVIII, 137.

[37] *Strom.*, V, 570.

[38] Lucr., *De rerum nat.*, I, 759.

[39] II, 159.

[40] NH XVI, 239.

[41] Ch. Daremberg, E. Saglio, E. Pottier (eds.), *Dictionnaire des antiquités grecques et romaines* III, 2 (París 1904) 1024, fig. 4403.

[42] E. Pfuhl, *op. cit.*, fig. 634.

[43] R. Herbig, *op. cit.*, 46, láms. I y II.

[44] G. M. A. Richter, *The Archaic Gravestones of Attica* (Londres 1961) 40, figura 159.

[45] A. Jirku, *Die Welt der Bibel* (Stuttgart 1957) lám. 93. En Etruria, las diosas (?) llevan a veces ramos de granadas, como en la placa de Caere hoy conservada en el Museo del Louvre; cf. G. M. A. Richter, *Ancient Italy* (Ann Arbor 1955) 9, fig. 37; R. P. Hinks, *Catalogue of the Greek, Etruscan and Roman Paintings and Mosaics in the British Museum* (Londres 1933) 4s, lám. II, 5d; 9, fig. 37. Lo mismo en Grecia; cf. M. Robertson, *op. cit.*, 60 y 62. Una de las Horas de la reunión divina que figura en un vaso de Sosias lleva también un ramo de granadas; cf. N. Him-

escena, pero en este caso es posible que el ramo que sostienen en sus manos las sirvientes no tenga ningún significado ritual[46].

Este simbolismo de los ramos pervive en el Imperio Romano, como lo prueba la cubierta de un sarcófago de Ostia en que yace un *archigallus* con un ramo de pino en la mano derecha[47], emblema de la inmortalidad, según F. Cumont. En otra estela de Ostia está representado un joven con un gran ramo en la mano derecha[48].

En Italia había otras plantas que eran consideradas símbolos de la inmortalidad. Entre ellas estaba la amapola, cuyo fruto con hoja y ramo ocupa todo el interior de un *heroon* representado en una crátera itálica fechada en el tercer cuarto del siglo IV a. C.[49] Lo mismo se advierte en Grecia. En el friso oeste de la Tumba de las Arpías, una de las damas sedentes huele una flor de amapola, al mismo tiempo que una de las devotas le presenta esta misma flor, cuyo significado funerario se refuerza en este caso por el hecho de que la figura entronizada tiene una granada en la otra mano. En una terracota procedente de Pompeya y conservada actualmente en el Museo Británico aparece una figura que tiene en sus manos una granada y una flor de amapola. En el relieve de Crisafa[50] hay una mujer que ofrece una flor a la pareja entronizada. Los difuntos representados en otras estelas sostienen flores entre los dedos, como puede verse en el fragmento de estela ática fechada hacia el año 540 a. C. del Museo de Berlín[51].

La Península Ibérica nos ha proporcionado algunos paralelos, como la pintura central de la urna de Galera, en que una mujer ofrece una flor acampanada a otra que se sienta en un trono[52]; esta composi-

melmann-Wildschütz, *Die Götterversammlung*, en *Marburger Winckelmann Programm* (Marburgo 1960) 41s, lám. 8.

[46] Compárese con relieves asirios como los publicados por R. D. Barnett, *Assyrische Palastreliefs* (Checoslovaquia 1960) n.os 47, 97 y 105; A. Parrot, *Assur* (Munich 1961) n.° 61; E. Strommenger, *Fünf Jahrtausende Mesopotamien* (Munich 1962) 116, n.° 241. Sobre estos ramos, cf. R. D. Barnett, *The Nimrud Ivories* (Londres 1957) 104. Quizá haya que atribuir, en cambio, un simbolismo funerario a las flores que tienen en las manos los personajes entronizados de las estelas orientales, que serían el precedente para los relieves funerarios griegos de la Tumba de las Arpías, como la estela hitita del rey Barkekub de Sam'al, fechada hacia el año 730 a. C.; cf. A. Jirku, *op. cit.*, 250, lám. 84; E. Akurgal, *Kunst der Hethiter* (Munich 1961) n.° 131, y la citada de Sam'al, con el tema del banquete funerario.

[47] F. Cumont, *Recherches sur le symbolisme funéraire des Romains* (París 1942) 380s, lám. XLI,1. En *ibíd.*, 219, n.° 4 y 292, estudia este mismo autor el simbolismo de algunas representaciones con ramos; cf. también R. Calza, E. Nash, *Ostia* (Florencia 1959) 96, n.° 135.

[48] EAA V, 725, fig. 958.

[49] A. D. Trendall, *Vasi antichi dipinti del Vaticano* (Ciudad del Vaticano 1953) 199, lám. LIIIb.

[50] C. Blümel, *Griechische Skulpturen des VI und V Jahrhunderts v. Ch.* (Berlín-Leipzig 1940) lám 24.

[51] C. Blümel, *Die archaische griechischen Skulpturen der Staatliche Museen zu Berlin* (Berlín 1964) 8s, láms. 16-18.

[52] J. M. Blázquez, *La urna de Galera:* «Caesaraugusta» 7-8 (1957) 9ss. En dos pinturas de tumbas oscas de S. Maria di Capua aparece la figura de una matrona que tiene en la mano derecha una flor acampanada. En la parte superior de la composición hay una granada entre un ramo; cf. S. Reinach, *op. cit.*, lám. 51,2 y 4.

ción recuerda la escena de un *kylix* ático de figuras rojas de hacia el año 460 a. C., del pintor Hermonax [53].

También en el Próximo Oriente se acostumbraba a esculpir flores sobre las estelas. Baste citar un relieve funerario de Ugarit, del siglo XIV a. C., con dos flores de loto en la parte superior [54].

El simbolismo funerario de la adormidera se conservó en el Imperio Romano. En una cubierta de un sarcófago del Museo Capitolino yace un joven con dos frutos de amapola en la mano derecha [55]. Algunas esculturas representan a Eros dormido con frutos de amapola en las manos, lo que acredita su carácter funerario; baste recordar al respecto las tres esculturas del Museo Arqueológico de Florencia [56], las piezas gemelas de procedencia africana [57] y de Tréveris [58], y el Eros caminando con el fruto de la amapola del altar funerario de T. Claudio Fileto, de época flavia, conservado en el Museo Vaticano [59]. También en los misterios eleusinos aparece el fruto de amapola, como lo indica el hecho de que en el relieve de la urna Lovatelli esté representado un sacerdote llevando tres de estos frutos en una fuente [60]. Deméter, debido a su carácter agrario, lleva frutos de amapola [61]; baste citar al respecto los dos bustos en terracota de Deméter conservados en la Ny Carlsberg Glyptotek de Copenhague [62] o las estatuas de las emperatrices Sabina y Julia Domna, procedentes de Ostia, con frutos de amapola en la mano izquierda [63].

Unos textos de Servio [64] confirman el carácter funerario que se asig-

[53] M. Almagro, *Museo Arqueológico de Barcelona* (Madrid 1955) lám. 26.

[54] A. Jirku, *op. cit.*, lám. 48. A veces las diosas tienen flores en sus manos, como Atenea en un ánfora de Andocides, fechada hacia el año 510 a. C.; cf. R. Lullies, *Griechische Vasen der reifarchaischen Zeit* (Munich 1953) láms. 1, 3 y 6, o Afrodita sobre una moneda de plata de Afrodisias; cf. G. M. A. Richter, *The Sculpture and Sculptors of the Greeks* (New Haven 1950) fig. 311, datada entre los años 379-374 a. C. Una flor acampanada ofrece Afrodita a Hermes en un *pinax* de Tarento; cf. H. Speier, *Fragment eines tarentinischen Tonreliefs in römischen Privatbesitz:* RhM 65 (1955) 135, lám. 51, n.º 2.

[55] F. Cumont, *op. cit.*, lám. XLI, n.º 4. También *ibid.*, 219, n. 4 y 397, n. 2. Aquí simboliza el sueño eterno.

[56] G. A. Mansuelli, *op. cit.*, 140s, n.os 107, 108 y 110.

[57] H. Wimmer, M. Vilimková, *Roman Art in Africa* (Londres 1963) fig. 65.

[58] H. P. Heydoux, *La France Antique* (París 1962) 182, fig. 202.

[59] G. Lippold, *Die Skulpturen des Vatikanischen Museums* III, 1 (Berlín 1936) 58ss, lám. 31.

[60] G. E. Mylonas, *Eleusis* (Princeton 1961) 205s, fig. 83.

[61] Calím., *Hymn. in Cer.*, 44; Teócr., VII, 157; Virg., *Georg.*, I, 212; cf. el excelente trabajo de K. Latte, A. Steier, *Mohn*, en RE XV, 2, cols. 2433ss, especialmente col. 2445s.

[62] V. Poulsen, *Catalogue des terres cuites grecques et romaines* (Copenhague 1949) 45, lám. L,93-94.

[63] G. M. A. Richter, *Ancient Italy (op. cit.)* 39s, figs. 129 y 130; M. Wegner, *Hadrian* (Berlín 1956) 86, lám. 41. En Atenas, desde los tiempos de Cécrops hasta la época de Cicerón, las tumbas se sembraban de cereales, «para dar al muerto como un seno y un regazo materno»; cf. Cic., *De leg.*, II, 25, 63. En época homérica se cercaban de álamos las tumbas; cf. *Il.*, VI, 419.

[64] *In Verg. Georg.*, I, 78.212.

naba a esta planta: «... pues Ceres, por consejo, de Júpiter, comiendo adormidera se olvidó de su dolor, según cuentan, y lo cierto es que la adormidera produce sueño». «Cereal se dice la adormidera bien porque se come, como el trigo, bien porque de ella se sirvió Ceres para olvidar su dolor, pues, insomne por el rapto de Proserpina, pudo al fin dormir después de comerla...».

II

PENINSULA IBERICA

1

LA INTERPRETACION DE LA PATERA DE TIVISA

Tivisa, en la actual provincia de Tarragona, es una pequeña villa de la desembocadura del Ebro. En el término a que pertenece, Castellet de Banyoles, habitado en los siglos anteriores al cambio de era por los ilergetes, han aparecido diversos e importantes restos arqueológicos. En su suelo se han hallado en lo que va de siglo tres lotes de objetos. El más interesante ha sido el último, compuesto por cuatro páteras de plata, diez vasos completos, que probablemente se destinaban a usos rituales y acciones de culto, y fragmentos de otros del mismo metal. Completaban este conjunto dos brazaletes, igualmente de plata, y un pequeño vaso de cerámica [1].

En el presente trabajo se estudia únicamente el posible significado religioso de las escenas representadas en una de las páteras, que constituye el documento gráfico de mayor importancia entre todos los hallados en la España antigua, dentro de su clase. Es sin duda alguna la pieza más importante para el conocimiento de las creencias religiosas de los iberos entre los siglos IV y II a. C. Como muy bien escribió A. García y Bellido, ni los textos, ni la epigrafía, ni la cerámica pintada han suministrado hasta ahora un documento de tanta importancia [2].

Su poseedor, el doctor Simón, de Barcelona, depositó esta pieza, junto con el resto de los hallazgos, en el Museo de la misma ciudad, donde se exhibe desde 1941.

La pátera de Tivisa mide 17 cm. de diámetro. Tiene en el centro

[1] Bibliografía y estudio de los diversos hallazgos en J. de C. Serra Ráfols, «Ampurias» 3 (1941) 15-33; «Ampurias» 26-27 (1964-65) 105ss. Sobre las excavaciones del poblado, cf. S. Vilaseca, J. de C. Serra Ráfols, *Excavaciones del Plan Nacional en el Castellet de Bañolas de Tivisa, Tarragona* (Madrid 1949).

[2] A. García y Bellido, AEArq 18 (1945) 257, fig. 11; AJA 52 (1948) 253, fig, 16; *Ars Hispaniae* I (Madrid 1947) 290, fig. 351; «Gazette des Beaux Arts» 41 (1953) 229-50, figs. 12-15; *La Península Ibérica en los comienzos de su historia* (Madrid 1953) 532-42, fig. 31; H. Obermayer, A. García y Bellido, *El hombre prehistórico y los orígenes de la humanidad* (Madrid 1944) 305-6, fig. 59; J. Maluquer, *Pueblos ibéricos,* en R. Menéndez Pidal (ed.), *Historia de España* I, 3 (Madrid 1954) 325-26, fig. 196; J. Camón, *Las artes y los pueblos de la España primitiva* (Madrid 1954) 790, fig. 813; J. M. Blázquez, *Diccionario de las religiones primitivas de Hispania* (Madrid 1975) 87ss.

una cabeza de lobo repujada, con las fauces bien abiertas y mostrando la doble fila de puntiagudos dientes. El hocico es chato; las arrugas, muy pronunciadas en torno al mismo, suben hasta los ojos, que dan la impresión de estar vacíos. Las orejas son pequeñas y recortadas. Esta parte fue trabajada independientemente y soldada después en el centro del disco. Entre el umbo que forma la cabeza de lobo y las paredes de la pieza corre un cordón de doble punto y raya. El interior de la pátera forma una ancha faja circular decorada en toda su superficie con escenas religiosas. Las figuras están grabadas a buril, y sobre ellas se han aplicado laminitas de oro que las hacen resaltar sobre el fondo. El artista figuró el vestido de los personajes y el pelo de los animales mediante un ligero estriado en zigzag. Las alas de los *daimones*, la piel de los gatos monteses y el pelo de los personajes tienen un aspecto más realista. Todas las figuras, excepto una, están de riguroso perfil, y en todas ellas hay una evidente falta de proporción. El borde de la pieza está adornado con una cenefa de postas.

En el reverso aparece grabada una inscripción, en la que según A. García y Bellido y J. Serra Ráfols se lee: *Bountintibas sani girsto Ucetices*. J. Caro Baroja duda recientemente de si la primera palabra de la inscripción es *Bountintibas* o *Ucetices* [3]. Está escrita en el llamado alfabeto levantino, el que corresponde a la zona en que apareció la pátera. La pieza se ha conservado perfectamente, a excepción de la pérdida de dos pequeños fragmentos que afectan a la figura del centauro, pero que no suponen daño importante para el conjunto de la pátera.

Creemos que la decoración consta de tres escenas diferentes, pero íntimamente relacionadas entre sí. El primer grupo está formado por una divinidad entronizada, un oferente, un centauro con un gato montés, una figura acurrucada y cuatro jabalíes. Tres *daimones* con un águila y un segundo gato montés formarían el segundo grupo. El tercero está integrado por un jinete a caballo, un jabalí y un león (fig. 74).

Analizaremos a continuación con mayor detenimiento cada uno de los tres grupos.

En cuanto al primero, ya A. García y Bellido señaló acertadamente que la figura entronizada y el oferente forman la escena principal de la pieza. El personaje entronizado es una divinidad masculina; aparece de perfil, pero con los hombros de frente, igual que algunos guerreros pintados sobre cerámicas numantinas [4]; carece de indumentaria, pero a la altura de las rodillas un pequeño zigzag indica los pliegues de una tela. Apoya el brazo izquierdo en el trono y en el derecho sostiene un objeto redondo. El estudio del cabello tanto de la divinidad entronizada como del oferente, del centauro y de los *daimones* nos remite directamente al peinado que llevan algunos de los perso-

[3] J. Caro Baroja, *La escritura en la España prerromana*, en R. Menéndez Pidal (ed.), *Historia de España* I, 3 (Madrid 1954) 752, fig. 54.

[4] R. Mélida, B. Taracena, *Excavaciones en Numancia* (Madrid 1912) 35, lám. I; B. Taracena, *Los pueblos celtibéricos*, en R. Menéndez Pidal (ed.), *Historia de España* I, 3 (Madrid 1954) 266, fig. 157.

najes representados sobre la cerámica de Liria [5]. En todos estos casos se advierte una línea que va de la nuca a la frente; tal vez se trate de una cinta para sujetar el pelo. Un texto de Estrabón nos dice que los serranos acostumbraban a sujetarse el pelo largo con una cinta para mayor comodidad [6]. El uso de esta cinta está atestiguado en diversos hallazgos arqueológicos [7].

El trono, de alto respaldo, está rematado por una bola; las patas, al parecer, terminan en garras de animales; el brazo del sitial no es paralelo al asiento, sino que describe un arco. La deidad apoya los pies en un escabel. Delante de ella aparece una pequeña figura con el cuerpo desnudo salvo las caderas, que lleva cubiertas con una especie de mandil. Tiene las piernas ligeramente dobladas; levanta la mano izquierda hacia el objeto que en la suya tiene la divinidad y con la derecha parece tocar la rodilla de la figura entronizada.

Detrás del trono y mirando hacia la escena anterior hay un centauro dendróforo de cuerpo y extremidades equinas. La piel del cuerpo de caballo, al igual que la de los tres jabalíes, los dos gatos monteses y la oveja, está trabajada con pequeñas estrías, al igual que se advierte en el jabalí del carro votivo de Mérida y en algunos caballos de Liria [8]. La cola del centauro llega hasta el saliente del corvejón. El pecho, los brazos y la cabeza de esta figura son humanos; al igual que las extremidades equinas, estas partes no llevan trabajo de líneas estriadas. No se ha indicado en la cabeza el pabellón auditivo, del que también carecen las restantes figuras humanas.

Sobre el centauro hay un lince, o gato montés, tumbado en un supuesto suelo, que mira al espectador que contempla las escenas de la pátera. Debajo aparece un jabalí de pie, simétrico del colocado bajo la figura acurrucada; ambos dan con seguridad escolta al personaje entronizado.

La figura acurrucada aparece igualmente entre dos jabalíes, uno de los cuales, el de la derecha, lleva la piel sin trabajar. La figura humana está en cuclillas, con los codos apoyados en las rodillas y las manos tocando los temporales. Tiene las piernas, los brazos y los pies desnudos. Cuatro rayas zigzagueantes le recorren el cuerpo de arriba abajo para indicar el vestido. También aparecen en algunas figuras de Liria estas líneas en zigzag para indicar el vestido [9]. En la pátera de

[5] CVH Liria, fig. 45, láms. LXV, LXXV; P. Bosch-Gimpera, *La formación de los pueblos de España* (México 1945) láms. LX, C; A. García y Bellido, *Arte ibérico*, en R. Menéndez Pidal (ed.), *Historia de España* I, 3 (Madrid 1954) fig. 592; *Ars Hispaniae* I (Madrid 1947) fig. 325; J. Maluquer, *op. cit.*, fig. 186; D. Fletcher, *La Edad del Hierro en el Levante español* (Madrid 1954) fig. 5.

[6] Estr., III, 3, 7.

[7] F. Alvarez Ossorio, *Catálogo de los exvotos de bronce ibéricos* (Madrid 1941) lám. CXLII.

[8] CVH Liria, fig. 45, 122, n.° 607; A. García y Bellido, *Arte ibérico (op. cit.)* fig. 592; J. Maluquer, *op. cit.*, fig. 186.

[9] CVH Liria, 113, n.ºs 482-483; 114, n.ºs 499, 502-503, 505, 507; A. García y Bellido, *Arte ibérico (op. cit)* figs. 580, 593.

Tivisa se aplica el mismo recurso en la figura mencionada, en la del personaje entronizado y en las de los dos *daimones*.

El segundo grupo está formado por los tres *daimones* o genios alados. El primero viste corta túnica que le cubre desde los sobacos a los muslos, dejando al descubierto piernas y brazos. Apoya su mano izquierda en un *thymiatērion* que se prolonga en un largo brazo sobre el que se posa un ave, un águila al parecer. El genio que ocupa el centro del grupo es semejante al anterior; viste un largo *chitōn* que deja al descubierto sólo la pierna izquierda desde un poco más arriba de la rodilla, los brazos y los hombros. En su mano izquierda tiene un puñal ancho y puntiagudo con el que se dispone a sacrificar un cordero que sujeta por la boca con la mano derecha. El animal aparece tumbado sobre el suelo, con la cabeza levantada y echada hacia atrás, presentando el cuello al puñal. La tercera figura alada se dirige al sacrificante; va desnuda menos en las caderas, que cubre con una especie de taparrabos, al igual que el oferente del grupo anterior. Lleva en su mano derecha un vaso de la misma forma que el de cerámica hallado en este mismo lote de piezas. De sus manos brotan sendos ramos hacia arriba.

El tercer grupo está formado por un jinete, un león y un jabalí, y está separado del anterior por un gato montés en idéntica postura a la del representado encima del centauro.

El jinete, que cabalga al galope, parece formar un todo con el caballo; sujeta las bridas con la mano izquierda y en el mismo brazo lleva un escudo de forma lenticular, cuyos bordes y centro están adornados con motivos en zigzag. El jinete va desnudo. El caballo no lleva trabajada la piel, y lo mismo ocurre con los dos jabalíes que se hallan próximos; sólo la cola lleva indicadas las cerdas. Un león, bien caracterizado por su melena, muerde vorazmente las ancas del jabalí.

La escena principal representa con seguridad la ofrenda de una granada, símbolo de la inmortalidad, a una divinidad masculina, Hades o Plutón. Sería difícil encontrar imágenes divinas en el mundo mediterráneo con un objeto redondo en la mano y que éste no fuera una granada. En la Tumba de las Arpías, cuyo significado funerario es indudable, dado el destino mismo del monumento, aparece un jabalí debajo de la divinidad entronizada, y detrás de ella, en cuclillas, una figura con las manos en los temporales. Las divinidades representadas en el monumento licio muestran granadas en sus manos o las ofrecen a los mortales. Uno de los oferentes conserva todavía la mano alzada junto a la granada que sostiene el dios con el brazo alargado, exactamente igual que en la pátera de Tivisa. Ya A. García y Bellido, con acertada intuición, relacionaba la divinidad entronizada de Tivisa con la figura femenina sentada que aparece en la pintura que decora la urna de Galera, que seguramente es una Deméter o una Perséfone, como en otro lugar hemos demostrado [10].

[10] J. M. Blázquez Martínez, *La urna de Galera:* «Caesaraugusta» 7-8 (1957) 9ss.

En tres tipos de representaciones diversas aparece este fruto en relación con divinidades infernales; éstas son representadas en tronos y con granadas en las manos, como atributo específico que las caracteriza, o que les son ofrecidas por los humanos como símbolo de la inmortalidad. Otras veces son los difuntos los que parten hacia la otra vida llevando granadas en sus manos [11].

Al igual que en la Tumba de las Arpías, el artista ibérico ha representado el momento en que el oferente acaba de entregar a Plutón «el símbolo tradicional del mundo inferior» [12]. El oferente conserva aún la mano alzada y el dios mantiene todavía el brazo extendido.

En el mundo ibérico se conocen varias representaciones de granadas. De Liria procede un vaso decorado en que el artista representó una escena de recogida de granadas [13]. También en los santuarios ibéricos han aparecido exvotos consistentes en figurillas de hombres y mujeres que presentan en sus manos unos objetos redondos, que posiblemente son granadas. A. García y Bellido sugiere que se trata de ofrendas de panes o monedas. Posiblemente no son granadas, ya que éste es un fruto relativamente voluminoso, y siempre se representa, como en Liria, a gran tamaño [14]. La posición de los hombros —los dos de frente— nos es conocida en imágenes de divinidades infernales; en el relieve de Crisafa, la diosa de la derecha tiene los hombros en esta actitud un tanto violenta; la diosa de la izquierda sostiene en la mano una granada, mientras una pareja le ofrece sendas granadas, un gallo y una flor. Otras divinidades, como algún *despotēs thērōn* hallado en Etruria [15], presentan también los hombros de frente y las piernas de perfil. Del mismo modo aparece representado un guerrero de Numancia [16]. La deidad de la pátera de Tivisa parece estar desnuda a primera vista, pero el ligero zigzagueado que recorre sus piernas a partir de las rodillas seguramente trata de representar los pliegues de una vestidura. De hecho, no conocemos divinidades infernales desnudas, mientras que hay representaciones de deidades ctónicas con los pliegues del vestido en zigzag. Tal vez esto es lo que se ha intentado representar en las figuras de la pátera de Tivisa que tienen parte del cuerpo cubierta de líneas quebradas paralelas [17]. En Etruria, al igual que en Iberia, las túnicas

[11] P. Ducati, *L'Italia Antica* (Verona 1948) fig. 201; *L'Arte Classica* (Turín 1939) figs. 235-36; K. Friis, *The Attic Grave-Reliefs of the Classical Period* (Copenhague 1951) 82-84, fig. 37; 86, fig. 39; 98, figs. 48-49; 114, fig. 56; 130, fig. 64; 134-35, figs. 64-68; G. Lippold, *Die griechische Plastik*, en *Handbuch der Archäologie* (Munich 1950) 31, lám. 4,4; 65-66, lám. 17; L. Goldscheider, *Etruscan Sculpture* (Londres 1941) figs. 26-28, 29; G. M. A. Richter, *The Sculpture and Sculptors of the Greeks* (Oxford 1950) 166, fig. 468; 166, figs. 472-473; *Ancient Furniture* (Oxford 1926) 7-8, fig. 7; 11, figs. 14, 16-17; 20, fig. 47; 31, fig. 83.

[12] K. Friis, *op. cit.*, 138.

[13] P. Bosch-Gimpera, *op. cit.*, lám. LXII,3; CVH Liria, fig. 30, lám. XLVIII,18; A. García y Bellido, *Arte ibérico (op. cit.)* fig. 577.

[14] A. García y Bellido, *Arte ibérico (op. cit.)* figs. 320, 353-354, 448.

[15] J. M. Blázquez, «Zephyrus» 5 (1954) lám. X, fig. 16.

[16] R. Mélida, B. Taracena, *loc. cit.*

[17] P. Ducati, *op. cit.*, fig. 201.

aparecen en ocasiones adornadas de líneas en zigzag que las recorren de arriba abajo para indicar el dibujo [18]. Es posible también que las figuras de la pátera de Tivisa llevaran telas realzadas con este tipo de adornos.

En las representaciones helénicas de oferentes, éstos aparecen siempre de pie, no con las rodillas dobladas ante los dioses infernales. Lo contrario ocurre con el de Tivisa, pero esta actitud difícilmente podría corresponder a un intento de representar la actitud de la *proskynēsis*. Tal vez se trate de una realización torpe por parte del artista, que habría tratado de representar a un individuo que se aproxima a la deidad todavía andando. Durante el período helenístico se introdujo en muchas cortes el gesto de la *proskynēsis*; tal vez este hecho influyera en las representaciones religiosas.

En este género de composiciones no aparecen figuras con las caderas cubiertas por un lienzo, como el oferente y el genio que presenta un vaso de la pátera de Tivisa, pero se conocen en Etruria, concretamente, en personajes que intervienen en competiciones agonísticas [19]. Se conoce una *oinochoē* etrusca del siglo VII a. C., estudiada ya hace años por Giglioli, que aparece decorada con una escena que, si bien no responde fundamentalmente al tema de la escena central de la pátera de Tivisa, no deja de presentar ciertas semejanzas con ella. En la decoración de la pieza etrusca aparece un personaje masculino cubierto con un taparrabos y en actitud de presentar un objeto redondo a una dama que, a su vez, le corresponde ofreciéndole otro objeto idéntico. Se discute cuáles puedan ser los personajes representados en este caso; se ha pensado que quizá sean Teseo y Atenea. Entre ambos, representada a menor escala, aparece Elena. Es posible que el menor tamaño que posee el oferente de la pátera de Tivisa responda a la intención de representar a un simple mortal [20], cuyo paralelo más próximo sería la figura ya citada del vaso etrusco. En la cerámica ibérica no aparecen figuras con taparrabos, que, por el contrario, como ha observado G. Bovini, es una prenda frecuente en Etruria durante el período arcaico [21].

El trono de la pátera de Tivisa tiene respaldo y escabel, como es corriente en el período arcaico griego, principalmente cuando se trata de divinidades infernales; el de Tivisa está rematado por una bola, mientras que los tronos griegos lo están por una palmeta, una cabeza de animal o una espiral; a veces, estos tronos tienen simplemente un remate picudo [22]. Las patas del trono de Tivisa terminan, al parecer, en garras de animal; ello podría interpretarse como un indicio de arcaísmo, pues, según Richter, los tronos cuyas patas terminan en este tipo de remates, tanto en Grecia como en Etruria, son típicos del si-

[18] M. Pallottino, *La peinture étrusque* (Ginebra 1952) 27, 34-35.

[19] F. Poulsen, *Etruscan Tomb Paintings* (Oxford 1922) 12, fig. 8.

[20] G. Q. Giglioli, «St. Etr.» 3 (1929) 112-19, láms. XXII-XXVII; *L'Arte Etrusca* (Milán 1935) lám. LXXX,4.

[21] G. Bovini, «Ampurias» 11 (1949) 83-84.

[22] G. Lippold, *op. cit.*, 4, lám. 4; G. M. A. Richter, *Ancient Furniture (op. cit.)* figs. 1, 3, 5-7, 9-10, 14-16, 18-19, 26-29.

glo VI a. C., y a partir de la primera mitad del siglo V a. C. caen en desuso [23].

Varias figuras, todas de carácter marcadamente funerario, rodean la escena principal, acentuando el matiz que ya de por sí presenta la ofrenda de una granada a la divinidad. Están todas como apiñadas en torno al dios y al oferente. En relación directa con ellos se encuentran los jabalíes, que, en posición simétrica, miran al centro. También en la Tumba de las Arpías hay un jabalí debajo del trono de la divinidad infernal. En un sarcófago de Clazomene hay también dos jabalíes a ambos lados de la figura central, que en este caso no es Hades, como en la pátera de Tivisa, sino el difunto [24]. En las lápidas funerarias atenienses, el jabalí aparecerá marchando en la misma dirección que el difunto [25] o contemplará al mortal sentado que está a punto de partir [26]. La figura del jabalí corona también las lápidas funerarias de Capua conservadas actualmente en el Museo de Nápoles.

En cuanto a la Península Ibérica, el carácter funerario del jabalí queda claro en un tipo de fíbula hispánica publicado recientemente por F. Benoit, en que se ve un jabalí con una cabeza cortada bajo el hocico y en la extremidad de éste [27]; es seguro el carácter funerario de estas piezas, que F. Benoit admite abiertamente. Los dos elementos que aparecen en ella tienen el mismo sentido funerario, el jabalí, que es un animal funerario en toda la cuenca mediterránea, y la cabeza cortada, como ha probado el mismo autor [28]. B. Taracena y J. Maluquer creen que el rito céltico de las cabezas trofeos, muy extendido en Europa y con típicas representaciones en la España celtibérica, está relacionado con los sacrificios humanos de que nos hablan las fuentes [29]. Una estela funeraria del territorio de los célticos, hoy en el museo de Badajoz, tiene como remate una cabeza cortada; este hecho basta por sí solo para probar el carácter funerario de las cabezas cortadas y de todos los objetos en que éstas aparecen [30]. Por el contrario, las representaciones de cerdos en la llamada cultura de los verracos no poseen en general este carácter funerario. Creo, siguiendo a J. Maluquer y a A. Alvarez de Miranda, que se trata de cultos locales vinculados a la ganadería [31], como corresponde a un área de cultura pastoril dedicada a la cría de ganado vacuno y de

[23] G. M. A. Richter, *op. cit.*, 12, 103.

[24] Hoebner, *Griechische Vasen*, fig. 7.

[25] K. Friis, *op. cit.*, 75-76, fig. 33.

[26] L. Malten, JdI 29 (1914) 220, fig. 13; E. Galli, «St. Etr.» 8 (1934) lám. XXXVII,2.

[27] F. Benoit, «Ogam» 6 (1954) 4, lám. IX.

[28] F. Benoit, «Riv. St. Lig.» 12 (1946) 80-86; 15 (1949) 238ss; 14 (1948) 64ss, 244ss; 17 (1951) 38; AEArq 22 (1949) 113ss; «Ogam» 6 (1954) 224ss; B. Taracena, AEArq 16 (1943) 157ss; P. Lambrechts, *L'exaltation de la tête dans la pensée et l'art des celtes* (Brujas 1954) 37-55, 59, 95-101, 157.

[29] J. Maluquer, *op. cit.*, 157.

[30] *Ibíd.*, 146, fig. 80.

[31] *Ibíd.*, 101-5; J. Maluquer, *La Edad del Hierro en la cuenca del Ebro y en la Meseta Central española* (Madrid 1954) 16; A. Alvarez de Miranda: «Archivos Iberoamericanos de Historia de la Medicina» 5 (1952) 308-26.

cerda. En la Península se conoce otra divinidad, Endovellico, cuyo carácter de dios infernal es claro y admitido por todos los investigadores; este dios aparece unido a los jabalíes [32].

También guarda estrecha relación con la deidad infernal el centauro dendróforo que contempla la escena central; lleva unos ramos en sus manos humanas; ello no tiene otra significación que aludir al carácter de hijos de la tierra que poseen estos *daimones* [33]. En el arte griego son frecuentes las representaciones de centauros dendróforos [34].

El carácter funerario de los centauros drendróforos está clarísimo en algunas lastras etruscas. Todos los investigadores italianos que se han ocupado de estas piezas decoradas con diversas figuras humanas y animales admiten el destino funerario de las mismas, aunque se discute en qué forma estarían colocadas con relación a las tumbas. Se ha pensado que estos bloques rectangulares servirían para cerrar las puertas [35], para revestir las paredes interiores [36] o para cubrir los *dromos* [37]. Pero la hipótesis más plausible es la que supone que rematarían las cámaras sepulcrales o las cellas de los túmulos de bóveda incompleta o carentes por completo de ella [38]. R. Mengarelli da a estas lastras un carácter apotropaico [39]. Los estudiosos, en su mayor parte, fechan estas piezas entre la segunda mitad del siglo VII y la primera del VI a. C. Sólo Ducati [40] y Della Seta [41] bajan su cronología hasta la segunda mitad del siglo VI a. C.

En las lastras etruscas aparecen centauros dendróforos y personajes en cuclillas, con las manos alzadas éstos, pero sin llegar a tocar los temporales [42]; su carácter funerario es seguro. M. Pallottino llama «diosa sentada» a una figura femenina acurrucada que aparece en dos lastras funerarias etruscas. También el centauro dendróforo es conocido en Etruria; aparece en tres lastras, por dos veces en una de ellas. En la Tumba de las Arpías, detrás del trono del dios infernal y mirando hacia él, sentada en el suelo, hay una pequeña figura vestida y de perfil, con las manos en los temporales.

La figura de la pátera de Tivisa está escoltada por dos jabalíes que sin duda guardan relación con ella, pues adoptan la misma postura que mantienen con respecto al personaje entronizado. No se puede comparar

[32] S. Lambrino, «Bulletin d'Etudes Portugaizes» 15 (1951) 120-29, figs. 10-11, 13.

[33] M. P. Nilsson, *Geschichte der griechischen Religion* I (Munich 1941) 213-15; V. Pestalozza, *Religione Mediterranea* (Milán 1951) 117.

[34] P. V. C. Baur, *Centaurs in Ancient Art* (Berlín 1912) 84, figs. 6, 8, 16, 21, 25, 33, lám. 1; 118, lám. VI; 242, lám. X; 194, lám. XII.

[35] A. della Seta, *Italia Antica* (Bérgamo 1922); L. A. Milani, *Museo Topografico dell'Etruria* (Florencia-Roma 1898) 104; Gh. Ghirardini, «Not. Scav.» (1881) 366ss.

[36] G. Cultrera, «Not. Scav.» (1924) 407ss, 419ss; «Not. Scav.» (1930) 114ss, 164ss; L. A. Milani, *op. cit.*

[37] G. Cultrera, *op. cit.*

[38] M. Pallottino, «Mon. Ant.» 36 (1937) col. 197.

[39] R. Mengarelli, «Not. Scav.» (1942) 34ss.

[40] P. Ducati, *Etruria Antica* (Turín 1927) 76.

[41] A. della Seta, *Italia Antica (op. cit.)* 22, 240.

[42] M. Pallottino, «Mon. Ant.» (1937) col. 197, figs. 39-43; G. Q. Giglioli, *L'Arte Etrusca (op. cit.)* 17-18, lám. LXXIX; L. A. Milani, «Not. Scav.» (1892) 473.

esta figura de la pátera de Tivisa con los personajes acurrucados de carácter fálico del lampadario de Cortona [43] y otros muchos que podríamos citar, pues las figuras fálicas, según me comunica A. Alvarez de Miranda, difícilmente se relacionan con ideas de ultratumba. Cuando en las tumbas o en los sarcófagos se pintan escenas de la vida sexual humana, hay que interpretarlas como simples representaciones de la vida cotidiana de los individuos, pero sin relación alguna con el más allá [44].

El grupo centrado por la figura acurrucada entre dos jabalíes se relaciona estrechamente, en nuestra opinión, con la escena que consideramos principal entre las representadas en la pátera. Son figuras que acompañan al dios y acentúan su verdadero carácter de divinidad infernal, exactamente igual que el jabalí y la figura en cuclillas del relieve funerario de la Tumba de las Arpías.

En el segundo grupo, con tres figuras aladas, el artista ha representado otros tantos *daimones,* los llamados *lase* en la religión etrusca, de carácter marcadamente infernal, que realizan un acto de culto. Precisamente una de las características de estos seres superiores al hombre e inferiores a los dioses supremos es ser ministros del culto de los dioses; con este carácter aparecen ya en la religión creto-micénica y lo conservan hasta su desaparición [45]. Las escenas de culto representadas sobre la pátera de Tivisa son de las más completas que se conoce; intervienen tres *lase:* uno sacrifica una oveja, otro recoge la sangre y el tercero lleva un trípode para quemar perfumes. El acto que se disponen a realizar es uno de los señalados por Nilsson como típicos de esta clase de seres [46].

En los sarcófagos etruscos, en escenas aisladas, los *lase,* vestidos y alados, llevan un puñal y un jarrito. A veces sólo llevan el jarrito, cuyo contenido se disponen a verter en un gran recipiente. Estas últimas representaciones corresponden a *lase* alados y desnudos, aunque a veces llevan la túnica colgada del brazo [47].

En la Tumba del Orco, de Corneto, fechada probablemente en el siglo II a. C. [48], cuyas paredes están cubiertas de pinturas con escenas de la vida de ultratumba vista a través de la mitología griega, ya que las composiciones se inspiran en la célebre Nekya pintada en Delfos por Polignoto de Thasos, el artista representó un *daimōn* desnudo, con puñal envainado en la cintura; a su lado se encuentra otro, áptero, con un vaso

[43] P. Ducati, *Storia dell'Arte Etrusca* (Florencia 1927) láms. 127-128; V. Tarchi, *L'Arte Etrusco-Romana nell'Umbria e nella Sabina* (Milán 1936) lám. XCIX.

[44] R. Herbig, *Die jüngeretruskischen Steinsarkophagen* (Berlín 1952) lám. 108a.

[45] M. P. Nilsson, *op. cit.,* 210-13; *The Minoan-Mycenaean Religion and Its Survivals in Greek Religion* (Lund 1951) 145ss, 377ss; *A History of Greek Religion* (Oxford 1952) 105-6, 110-12, 283-85, 290-91.

[46] «Ya hemos visto estas figuras de demonios dedicados a practicar actos de culto, vertiendo libaciones sagradas sobre arbustos, altares, trípodes y túmulos de piedra; también comparecen ante la diosa con jarros de libación en sus manos elevadas. Otras muchas representaciones los muestran con el jarro de libaciones en la mano»; cf. M. P. Nilsson, *The Minoan Mycenaean Religion (op. cit.)* 377.

[47] R. Herbig, *op. cit.,* 63, fig. 122; 30, fig. 47; 22-23, fig. 23.

[48] M. Palottino, *La peinture étrusque (op. cit.)* 111-14.

en la mano derecha. La mesa que aparece junto a ellos está cubierta de recipientes destinados, sin duda, a una ofrenda en honor de Hades y Perséfone, que en sendos tronos están representados en la misma tumba. En la Tumba Golini, de las últimas décadas del siglo IV a. C., Hades y Perséfone entronizados contemplan el banquete funerario de las familias Lecate y Leinies. Sobre la mesa colocada delante de la pareja infernal hay un *thymiatērion*, y a los lados del mismo, dos portalucernas [49]. El arte primitivo celta, recogiendo seguramente un concepto de la religión helénica ajeno a la suya propia, ha representado un *daimōn* alado en el momento de sacrificar una oveja (fig. 75), exactamente en la misma postura en que el artista ibérico puso al sacrificante de la pátera de Tivisa. Este hecho no es una mera coincidencia, sino que probaría la existencia de un concepto religioso común a varios pueblos, que se representaba en formas idénticas o muy parecidas [50].

El arte griego puede ofrecer paralelos tan exactos como el arte danubiano para el *daimōn* sacrificante de la pátera de Tivisa. Se conoce una gema ateniense en que una *Nikē* alada sacrifica un ciervo; la misma deidad sacrifica un toro en un bronce conservado actualmente en el Museo Británico (figs. 76-77) [51]. El tema se repite frecuentemente (figs. 78-79) [52]. El *thymiatērion* que lleva el primer *daimōn* es igual, al menos en su parte inferior, al representado sobre la sítula de Watsch [53]. En esta pieza aparecen además dos personajes desnudos que echan perfumes sobre el *thymiatērion*.

El *daimōn* que ocupa el centro del grupo está sacrificando seguramente una oveja; la forma del animal parece indicar claramente que se trata de esta especie, mientras que la ausencia de cuernos en la cabeza descarta que pueda tratarse de un toro o un ciervo.

En sarcófagos etruscos hay composiciones que representan el sacrificio de una oveja, perfectamente identificable por los cuernos, inmolada por simples mortales, Aquiles o Tiresias [54]. Al *daimōn* de la izquierda le arrancan directamente de las manos unos ramos, como si formaran parte integrante de su organismo. En Numancia hay una figura de guerrero cuyo brazo derecho termina en un arbusto [55]. En la decoración de un

[49] P. Ducati, *Storia dell'Arte Etrusca (op. cit.)* 465, lám. 163; *Pittura Etrusca* (Novara 1931) 470, láms. XXX, XXXV; H. Leisinger, *Malerei der Etrusker* (Lausana 1953) 94; F. Poulsen, *op. cit.*, figs. 32, 36; A. Solari, *Vita publica e privata degli Etruschi* (Florencia 1931) lám. 31, fig. 37.

[50] P. Jacobsthal, *Early Celtic Art* (Oxford 1944) lám. 225c.

[51] A. Furtwängler, *Die Antiken Gemmen* (Berlín 1900) 53, lám. X,46; C. Picard, *Manuel d'Archéologie Grecque* III (París 1948) 256, fig. 89.

[52] G. M. A. Richter, *Handbook of the Greek Collection* (Cambridge 1953) 236; *Gems* (Nueva York 1920) 189, láms. 49, 50.

[53] G. Kyrle, *Kuffarn*, en M. Ebert (ed.) *Reallex. der Vorgesch.* VII (Berlín 1926) 111, lám. 88,d. El *thymiatērion* es de tipo fenicio; cf. M. Almagro, *Los thymiateria llamados candelabros de Lebrija* (Madrid 1964) 49ss, figs. 19-20.

[54] R. Herbig, *op. cit.*, 36d.

[55] R. Mélida, B. Taracena, *loc. cit.;* B. Taracena, *Los pueblos celtibéricos (op. cit.)* 266, fig. 157.

vaso de Azaila hay un pájaro cuya cola termina en una rama de yedra [56]. En un fragmento de *thymiatērion* de Tosal hay una cabra con una rama que le brota de la cabeza entre los cuernos [57]. En el *daimōn* de la pátera de Tivisa, el ramo correspondiente a la mano derecha parece arrancar directamente del vaso que presenta para recoger la sangre de la víctima; probablemente ello se debe a que el artista quiso evitar de este modo que los dos ramos se superpusieran. Pero la hipótesis más sencilla y, por consiguiente, más verosímil para explicar los ramos que tiene en las manos este *daimōn* es suponer que su figura es una simple copia de una *Nikē* alada con ramos en las manos, figura que se representa con mucha frecuencia en las monedas de la época helenística y que los artistas de todo el Mediterráneo conocían perfectamente. Incluso en monedas de Nerón se representa una *Nikē* alada, con ramos en las manos y con un recipiente a sus pies [58].

J. Maluquer ha propuesto otra interpretación de esta escena. Se representaría en ella el acto de cortar los cuernos a un ciervo macho; éstos serían los objetos que el *daimōn* sostiene en sus manos. No parece aceptable esta opinión. Es cierto que se puede aducir un paralelo de la pátera de Tivisa en que aparece una *Nikē* alada sacrificando un ciervo, en postura muy parecida a la que adopta el *daimōn* sacrificante de la pátera de Tivisa, y también se conocen muchas composiciones de artistas griegos en que los dioses o los mortales sujetan ciervos por los cuernos, se los retuercen o los arrastran de ellos, pero sería difícil citar mitos del ámbito mediterráneo en que se hable de cortar los cuernos a los ciervos [59].

La creencia en genios, dentro de la religiosidad ibérica, está atestiguada, además de la pátera de Tivisa, por varios fragmentos de Azaila [60]. Un personaje que empuña un largo martillo es probablemente hermano de los muchos genios alados o ápteros que en el mundo etrusco se caracterizan por llevar el mismo atributo [61]. Los dos personajes pintados por dos veces con un brazo levantado y la cabeza rematada en un cuerno enrollado y entre frutos son seguramente genios de la vegetación y del

[56] P. Bosch-Gimpera, *Etnología de la Península Ibérica* (Barcelona 1923) fig. 335; CVH Azaila, fig. 44, láms. 28, 64; A. García y Bellido, *Ars Hispaniae (op. cit.)* fig. 335; *Arte Ibérico (op. cit.)* fig. 623; J. Maluquer, *op. cit.*, fig. 220.

[57] A. Fernández de Avilés, «Ampurias» 6 (1949) 162, fig. 1, láms. I-II.

[58] S. W. Grose, *Catalogue of the McClean Collection of Greek Coins* II (Cambridge 1927) láms. 301,19; 302,1; 319,1-2; G. Hill, *L'Art dans les Monnaies Grecques* (París 1927) lám. XLIV,3; K. Regling, *Die antike Münze als Kunstwerk* (Berlín 1924) 376, lám. XVI.

[59] F. Brommer, *Herakles* (Münster 1953) lám. 1,5; lám. 2,3; lám. 13,b; lám. 15,a; lám. 17; lám. 31; M. P. Nilsson, *Geschichte der griechischen Religion* I *(op. cit.)* lám. XXX,3; B. Schröder, *Der Sport in Altertum* (Berlín 1927) lám. 43; C. Picard, *Manuel d'Archéologie Grecque* IV (París 1954) 208ss, fig. 96; E. Buschor, *Griechische Vasen* (Munich 1940) 66; F. Matz, *Die geometrische und die früharchaische Form* (Frankfurt 1950) láms. 171-172.

[60] CVH Azaila, fig. 46, lám. 31,1; fig. 48,1; A. García y Bellido, *Arte Ibérico (op. cit.)* figs. 628-635.

[61] P. Ducati, *Storie dell'Arte Etrusca (op. cit.)* lám. 188; 582, lám. 237; 574, lám. 235; 549, lám. 225; lám. 259; R. Herbig, *op. cit.*, 11, láms. 6; 7,b; 11; 70; M. Pallottino, *La peinture étrusque (op. cit.)* 115, 117.

crecimiento, de estructura y origen ctónicos. La aparición de un genio dendróforo en la pátera de Tivisa posiblemente responde a la intención de indicar la relación estrecha que existe entre las divinidades agrarias y las funerarias[62].

En la Península Ibérica han aparecido otras cinco figuras aladas; todas ellas representan a la diosa de la fecundidad y se inspiran en modelos griegos[63]. La diosa alada con palomas del zarcillo de Santiago de la Espada puede estar inspirada en un prototipo etrusco[64]. La *potnia hippōn* de Elche tiene un precedente iconográfico en el templo B de Prinias[65], y la diosa dendrófora de la misma localidad, en Creta[66]. Las otras diosas aladas con la cabeza de perfil reproducen un tipo perfectamente conocido en el mundo griego. Cronológicamente, estas cinco diosas aladas serían de época helenística o de los comienzos de la romanización, aproximadamente contemporánea, por tanto, de los genios alados de la pátera de Tivisa.

En cuanto a los linces o gatos monteses y el águila posada sobre el *thymiatērion*, es posible que se trate de animales vinculados de modo especial a las divinidades infernales en la Península Ibérica. Son frecuentes las representaciones de águilas en vasos funerarios ibéricos, en que aparece sola unas veces y acompañada otras de un *carnassier*, que tal vez es el animal que en tamaño pequeño y actitud pacífica se representa en la pátera de Tivisa. No resulta fácil concretar a qué especie de animal representa el *carnassier*: lobo, lince, gato montés... Es posible que esta figura sintetice varios animales relacionados con la vida de ultratumba, pero lo más seguro es que se trate simplemente de un lobo. En los vasos ibéricos, el gesto feroz, la boca abierta y mostrando las filas de agudos dientes, y la actitud acometedora ante el hombre cuadran perfectamente con esta fiera y no con las de menor tamaño. Pero es probable al mismo tiempo que en la religiosidad ibérica se atribuyera carácter funerario a otras fieras. En una estela de Clunia se ha representado un tema que en Italia tiene muy frecuentemente sentido funerario: un bóvido mordido por una fiera pequeña, que probablemente es la misma que en actitud pacífica aparece cincelada en la pátera de Tivisa[67]. Se

[62] M. Eliade, *Tratado de Historia de las Religiones* II (Ed. Cristiandad, Madrid 1974) 131ss.

[63] J. Camón, *op. cit.*, fig. 797; F. Benoit, APL 4 (1953) 216, fig. 4; J. Cabré, AEArq 53 (1943) figs. 10-12; A. García y Bellido, *Arte Ibérico (op. cit.)* fig. 573; *Ars Hispaniae (op. cit.)* figs. 316, 350; J. Martínez Santa Olalla, *Esquema paletnológico de la Península Ibérica* (Madrid 1946) láms. XLI, XLV; A. Ramos Folqués, AEArq 16 (1943) figs. 1, 2, 5-10; MMAP 14 (1953) figs. 97,6 y 98,1; J. M. Blázquez, *op. cit.*, lám. XV, fig. 23; lám. XVI, fig. 25.

[64] G. Q. Giglioli, *L'Arte Etrusca (op. cit.)* 67, lám. LXXXVI; J. Riis, *Tyrrenica* (Copenhague 1942) lám. 22,2.

[65] L. Pernier, ASAtene 1 (1914) figs. 36-38.

[66] F. Matz, *op. cit.*, fig. 256; A. Rumpf, *Die Denkmäler*, en *Handbuch der Archäologie* (Munich 1951) láms. 4, 5.

[67] P. Bosch-Gimpera, *Etnología de la Península Ibérica* (op. cit.) figs. 303, 314-316; A. García y Bellido, *Esculturas romanas de España y Portugal (op. cit.)* 370-71, lám. 267; *Arte Ibérico (op. cit.)* figs. 543-545, 547-555, 557, 562, 566-568,

conocen dos piezas fundamentales para probar que en la religión ibérica las aves, que seguramente son águilas, y el *carnassier* están relacionados con las creencias sobre ultratumba: una urna de Uxama y el ya citado fragmento de *thymiatērion* de Tosal.

En la urna de Uxama se representó una cabeza cortada, cuyo carácter funerario está hoy universalmente admitido, entre dos aves [68].

El fragmento de *thymiatērion* de Tosal representa una escena típicamente funeraria [69], cuyo tema se repite con mucha frecuencia en los sarcófagos etruscos: una fiera, en este caso un *carnassier*, acomete a unas cabras (en los sarcófagos itálicos suele tratarse de un jabalí, bóvidos, ciervos, caballos, etc.); encima hay una cabeza cortada que indica el verdadero carácter de esta representación. En la parte superior del fragmento se han representado varias águilas en la misma actitud que frecuentemente adoptan en las urnas funerarias ibéricas, es decir, con las alas desplegadas. Debajo de la escena principal puso el artista un cordón de peces. El carácter funerario que a veces poseen estos animales es patente en la citada estela de Clunia (fig. 80) [70], en que debajo de la composición principal se esculpieron dos peces al lado de otro animal tan inequívocamente funerario como la serpiente, que en la piedra aparece por tres veces. El *carnassier* y el águila con las alas desplegadas también aparecen acompañados de peces en varias urnas ibéricas. En Grecia e Italia, Perséfone y Hades aparecen con frecuencia rodeados de aves, que generalmente suelen ser gallos [71]. Otras veces, las personas que marchan al Hades llevan en sus manos aves para ofrecer a los dioses infernales. El Museo Nacional de Atenas posee una *kylix* beocia sobre la que aparece Perséfone representada de perfil; detrás de esta figura vuela un ave; seguramente se trata de un águila, a juzgar por la forma del cuerpo [72]. En la Tumba Golini está representada Perséfone con un cetro rematado por un ave de especie indiscernible.

No creo que se trate de animales utilizados por los dioses infernales en sus epifanías (en Homero, los dioses se sirven siempre de aves a tal fin) [73], sino de animales que están vinculados de una manera especial a las divinidades infernales, del mismo modo que los cisnes lo están a la *potnia thērōn*. La cierva de Sertorio es una prueba de que en la religión ibérica algunos animales iban unidos a determinadas divinidades que se servían de ellos para manifestarse a los hombres [74].

El tercer grupo en que hemos dividido las escenas de la pátera viene a ser más bien una continuación del primero. Realmente, en la pátera

601-603; J. Maluquer, *op. cit.*, figs. 182-184, 217-218, 222; L. Pericot, *op. cit.*, figs. 311, 313-314, 317.

[68] B. Taracena, *Los pueblos celtibéricos (op. cit.)* fig. 144.

[69] A. Fernández de Avilés, *loc. cit.*

[70] F. Benoit, *L'Heroïsation équestre* (Aix-en-Provence 1954) lám. XIV,1-2.

[71] P. Ducati, *L'Italia Antica (op. cit.)* fig. 201; G. M. A. Richter, *Ancient Furniture (op. cit.)* fig. 1.

[72] G. M. A. Richter, *ibíd.*, fig. 7.

[73] M. P. Nilsson, *Minoan Mycenaean Religion (op. cit.)* 491.

[74] A. Schulten, FHA IV, 210-13.

se han representado dos escenas: Hades recibiendo de un devoto la ofrenda de una granada y rodeado de distintas figuras de carácter funerario, y los *lase* que componen una escena de culto.

El tema del jabalí mordido por un felino es perfectamente conocido en el Mediterráneo desde los tiempos micénicos. El significado de este grupo no se altera por el hecho de que el animal atacado pertenezca a otra especie. Sus prototipos se encuentran en Mesopotamia. El carácter religioso que esta composición tenía originalmente se había perdido ya probablemente en época helenística, y el tema quedó reducido a un simple motivo ornamental de cámaras y sarcófagos. Es posible que éste sea también el valor que posee en la pátera de Tivisa, al igual que en el lampadario de Cortona y en un vaso de Liria. En Etruria son corrientes las composiciones de este tipo, algunas de ellas con jabalíes, en tumbas y sarcófagos [75]. Creemos que el animal representado sobre la pátera de Tivisa es un jabalí, a pesar de la forma que adopta el rabo, que no es precisamente la característica de este animal. La parte anterior del cuerpo y la cabeza, sin embargo, es la típica de esta fiera. En un vaso de Liria aparece un jabalí atacado por otras alimañas, que en este caso parecen ser lobos, pues tienen el aspecto propio del *carnassier;* no hay duda de que el artista quiso representar un jabalí en el vaso mencionado de Liria, como lo acreditan la forma de la cabeza y sus colmillos o el rabo ensortijado [76]. La escena de la pátera de Tivisa tiene un claro paralelo en una de las láminas que recubrían el carro encontrado en Castel S. Mariano, que representa una escena de caza [77]. En esta pieza aparece el jabalí con la misma posición de la cabeza que el de Tivisa; el de Liria, en cambio, la inclina hacia la tierra y parece lanzar un berrido de dolor por el mordisco de la fiera. Los jabalíes de Tivisa y Castel S. Mariano son atacados por un felino que, en ambos casos, les muerde en los lomos. También es idéntica la expresión de voracidad del felino, así como las arrugas del hocico. En la pieza italiana hay además un hombre a pie que se enfrenta con la fiera delante del jabalí, al que ha atravesado el cuello con su lanza, mientras otro felino le muerde una mano. Un segundo hombre conduce atada otra fiera, sin duda amaestrada para la caza.

Este paralelismo que hay entre la placa del carro de Castel S. Mariano y la escena de la pátera de Tivisa nos induce a interpretar ésta como un simple episodio de caza. En la lápida de Clunia antes citada, la composición se reparte entre las dos caras; en una aparece el jinete con lanza y escudo galopando dentro del círculo que forma una serpiente; en la otra se halla la representación del bóvido mordido por un felino. Como ya se indicó, el carácter funerario de esta composición está perfectamente acreditado por la presencia de tres serpientes que refuerzan el significado que tienen de por sí en todo el Mediterráneo las composiciones venatorias

[75] R. Herbig, *op. cit.*, láms. 8, 11, 13, 14, 15, 37; M. Pallottino, *La peinture étrusque (op. cit.)* 37, 54, 122-123.

[76] A. García y Bellido, *Arte Ibérico (op. cit.)* fig. 587; CVH Liria, figs. 40, 54.

[77] P. Ducati, *Storia dell'Arte Etrusca (op. cit.)* 205, lám. 107; V. Tarchi, *op. cit.*, lám. LXXXVIII.

y en el ibérico los peces. La escena de Clunia es fundamental para la recta interpretación del grupo de Tivisa, ya que es un paralelo próximo y en ella es claro el carácter funerario. F. Cumont ha estudiado el simbolismo del tema de la caza del jabalí, apoyándose en lápidas romanas. No faltan tampoco en el mundo griego las composiciones de este tipo [78]. En algunos sarcófagos griegos se representa la caza del jabalí por jinetes que atacan con lanzas a la alimaña, que tienen acorralada [79]. En gemas griegas no es rara la escena del jinete lanceando a un jabalí [80]. Las piezas presentadas por F. Cumont son de muy distintos pueblos y épocas. Este hecho probaría la pervivencia del tema, que expresaría siempre el mismo concepto.

La caza del jabalí por un hombre a caballo y ayudado de un perro y muchas veces de un criado aparece también en el mundo persa (estela de Tshaoush-Kewi), en Retia, Asia Menor, y en los sarcófagos cristianos del siglo VI d. C., en que los marmolistas representaron la caza de esta fiera junto a la faz de Cristo [81]. En algunos monumentos sepulcrales se acentúa el carácter funerario de esta escena por la presencia simultánea de una cabeza cortada, una gorgona, el retrato del difunto o una serpiente junto al jabalí [82].

Este tipo de composiciones es también conocido en algunas lápidas de las Galias [83], que han aportado una de las pruebas más decisivas de que el jabalí es un animal funerario [84]. Se trata de los restos de un monumento sepulcral del que sólo se conservan cuatro esculturas de jabalíes y dos de leones, sentados, que dan guardia al muerto, como los de Tivisa al dios. Estas piezas y otras parecidas han inducido a F. Benoit a considerar al jabalí como un símbolo de la muerte [85]. Acertadamente escribió el sabio francés: «Jabalí y león se cuentan entre las bestias infernales. Si el segundo tiene tras de sí una larga tradición oriental que pervive en el arte grecoetrusco, el jabalí tiene el mismo valor en las escenas de caza de la época aqueménida, y será en las provincias de Italia el animal infernal por excelencia...

»Estas cacerías fantásticas, que representan la victoria del héroe sobre la muerte, pertenecen al folklore general que pervive en la Narbonense y en España hasta la Edad Media» [86]. De España ha publicado A. García y Bellido varias lápidas y monumentos funerarios con el tema de la caza

[78] A. Gonze, *Die Attischen Grabreliefs. Tafeln* IV (Berlín-Leipzig 1911-22) lám. CCCCXLI.

[79] C. Picard, *Manuel d'Archéologie Grecque* IV (París 1939) 892, lám. XXX.

[80] G. M. A. Richter, *Gems (op. cit.)* lám. 1955; A. Furtwängler, *op. cit.*, lám. XXXVIII,5.

[81] F. Cumont, *Recherches sur le symbolisme funéraire des romains* (París 1944) 436, lám. XLIV,2; 444ss, fig. 92; 453, 95-96.

[82] F. Benoit, *L'heroïsation équestre (op. cit.)* láms. IX,1; XXI,2-3; A. García y Bellido, *Esculturas romanas de España y Portugal (op. cit.)* 306, lám. 346.

[83] E. Esperandieu, *Recueil général des Bas-Reliefs, Statues et Bustes de la Gaule Romaine* (París 1933) 267-268, 1648, 2747.

[84] *Ibid.*, 6003.

[85] F. Benoit, «Prehistoire» 10 (1948) 193.

[86] F. Benoit, *L'Heroïsation équestre (op. cit.)* 57-58.

de esta fiera [87]. Es posible que estas lápidas con escenas de caza del jabalí señalaran el emplazamiento de tumbas ibéricas o fueran hechas por artistas del mismo pueblo, puesto que en una de ellas el jinete embraza el escudo circular, la *caetra,* que usaban los iberos entre los siglos II-I a. C. En otra hay grabada al parecer una letra ibérica; el hecho no resulta extraño, pues se conoce una lápida romana con inscripción ibérica [88].

En la necrópolis de Archena ha aparecido un vaso funerario que representa la persecución de dos jabalíes por otros tantos jinetes ayudados por tres hombres a pie; otros han sido víctimas de la acometida de las fieras y, al igual que en el Vaso François, yacen por el suelo [89]. F. Benoit lanzó ya la hipótesis de que el carro votivo de Mérida, conservado actualmente en el museo de Saint Germain, tiene un significado funerario [90]. En el Ashmolean Museum de Oxford se conserva un fragmento de cista, probablemente ibérico, en que el artista ha representado una escena de cacería, seguramente por el carácter funerario de este tema. En este caso no persigue el jinete a un jabalí, sino a una cabra montés [91]. Dada la pasión de los iberos por la caza, que en la época de la *Historia Augusta* era proverbial [92], no es de extrañar que en la pátera de Tivisa aparezca una escena de cacería [93].

La cabeza del lobo que aparece repujada en el centro de la pieza es el símbolo de la divinidad infernal. Esta relación entre la fiera y las divinidades del mundo inferior está bien acreditada en Etruria, donde aparece Hades con la cabeza cubierta por una piel de lobo [94]. Otras páteras de Tivisa halladas junto con la que estudiamos tienen también en el centro la cabeza de lobo repujada. La cabeza de lobo aparece también en una escultura de Elche que representa una coraza de guerrero [95]. En las páteras de Tivisa y en la coraza de Elche, la cabeza de lobo cumple la función del *gorgoneion* que aparece, además de otras cabezas de animales, en los escudos de los combatientes griegos, encima o debajo de los lechos mortuorios y en los sarcófagos [96].

[87] A. García y Bellido, *Esculturas romanas de España y Portugal (op. cit.)* 306-307, 365, 370, 375; J. Camón, *op. cit.*, fig. 785.

[88] A. García y Bellido, *Esculturas romanas de España y Portugal (op. cit.)* 372.

[89] P. Bosch-Gimpera, *Etnología de la Península Ibérica (op. cit.)* fig. 313; A. García y Bellido, *Ars Hispaniae (op. cit.)* fig. 313; *Arte Ibérico (op. cit.)* figs. 564-565; M. Gómez Moreno, *Mil joyas del arte español* (Madrid 1934) 30; L. Pericot, *op. cit.*, 315; A. Blanco, AEArq 23 (1950) 261, fig. 2.

[90] F. Benoit, «Prehistoire» 10 (1948) 193.

[91] A. Blanco, *loc. cit.*, 199-203.

[92] SHA, *Vit. Trig. Tyr.*, X, 193.

[93] J. Aimard, *Essai sur les chasses romaines* (París 1951) 67-68.

[94] S. Cles-Reden, *Das versunkene Volk. Welt und Land der Etrusker* (Veyes 1948) lámina 64; P. Ducati, *Storia dell'Arte Etrusca (op. cit.)* 465, lám. 183; 468, lám. 185; *L'Arte Classica (op. cit.)* figs. 468-470; F. Poulsen, *Etruscan Tomb Paintings (op. cit.)* figs. 32, 37; M. Pallottino, *La peinture étrusque (op. cit.)* 111; P. J. Riis, *An Introduction to Etruscan Art* (Copenhague 1953) lám. 55; P. Ducati, G. Q. Giglioli, *Arte Etrusca* (Roma 1927) 30, fig. 35; A. Rumpf, *op. cit.*, 7, lám. 41.

[95] A. Ramos Folqués, AEArq 23 (1950) 353, fig. 1; J. Camón, *op. cit.*, 821, fig. 839.

[96] A. García y Bellido, *Esculturas romanas de España y Portugal (op. cit.)* lá-

El paralelo más próximo para la cabeza de lobo de las páteras de Tivisa y la coraza de Elche se encuentra en el *gorgoneion* de las páteras cretenses a que más adelante nos referiremos y en el carro etrusco de Monteleone, en el que aparece sobre los escudos una cabeza de lobo repujada de ojos vacíos, orejas pequeñas y arrugas bien pronunciadas en torno al hocico, como en las piezas de Tivisa. La función de *gorgoneion* que en esta pieza tiene la cabeza de lobo queda subrayada por el hecho de que encima de una de éstas aparece una gorgona [97].

La mitología griega desconoce el tema del lobo unido a las divinidades infernales, tanto en su versión etrusca (la piel de este animal cubriendo la cabeza de Hades) como en la ibérica (la cabeza de lobo relacionada con el dios). Se trata, en cambio, de un tema constante en ambiente etrusco [98]. En las monedas de Ilerda, ciudad que, como Tivisa, pertenecía a los ilergetes, no es raro que aparezca un lobo en la actitud típica del *carnassier* [99]. En una pátera procedente de Perotitos hay una cabeza humana cubierta con una piel de lobo a modo de umbo; la cabeza del animal está en este caso tratada de una manera muy semejante a las que aparecen en las páteras de Tivisa. La cabeza humana podría ser la de Hades, que, al igual que los seres infernales etruscos, está rodeado de serpientes [100].

Chipre ha proporcionado el prototipo de las dos páteras de Tivisa con cabezas de lobo y de una tercera aparecida en Toya [101]. Los dos centros productores más importantes de páteras durante la primera mitad del I milenio a. C. son Nimrud y Chipre. Todas las páteras helénicas responden a modelos derivados de estos prototipos. Los escudos cretenses tienen un umbo con una cabeza de animal de abiertas fauces, orejas recortadas y hocico con profusión de arrugas. Las páteras chipriotas carecen de umbo. Ras Shamra, en la costa occidental de Asia Menor, pudo suministrar los prototipos de las páteras fenicias; las páteras chipriotas dependen directamente de Egipto.

C. Schaeffer, E. Gjerstad y E. Kunze han estudiado de modo exhaustivo todos los problemas que plantean las páteras y escudos fabricados

minas 246-247; E. Pfuhl, *Malerei und Zeichnung der Griechen* (Munich 1923) 58, lámina 12; lám. 13; 117, lám. 24; 163, lám. 38; 174-175, lám. 40; 177, lám. 41; 197, lám. 46; 226, lám. 55; 234, lám. 59; 395, lám. 123; 436, lám. 150; 563, lám. 221; *Meisterwerke griechischer Zeichnung und Malerei* (Munich 1924) 5, lám. 1; 15, lámina 10; R. Herbig, *op. cit.*, 61, lám. 14a-b, 22; C. Seltman, *Approach to Greek Art* (Londres 1948) lám. 18; V. Tarchi, *op. cit.*, lám. LXXXIV.

97 P. Ducati, G. Q. Giglioli, *op. cit.*, fig. 24; P. Ducati, *Storia dell'Arte Etrusca (op. cit.)* lám. 108; *L'Arte Classica (op. cit.)* fig. 171; G. M. A. Richter, *Handbook of the Etruscan Collection* (Nueva York 1940) figs. 58-59; H. Maclees, *The Daily Life of the Greeks and Romans* (Nueva York 1941) fig. 129; V. Tarchi, *op. cit.*, lámina LXXXIII.

98 A. Grenier, *Les religions étrusque et romaine* (París 1948) 59.

99 A. Vives y Escudero, *La moneda hispánica* (Madrid 1934) lám. XXVIII, 7-8, 11-17.

100 A. García y Bellido, *Esculturas romanas de España y portugal (op. cit.)* lámina 344; L. Pericot, *op. cit.*, 297; B. Taracena, *Ars Hispaniae* I *(op. cit.)* lám. 171.

101 J. Cabré, AEAA 1 (1925) 93, fig. 23.

en las tres localidades [102]. En Italia han aparecido páteras chipriotas, sin duda producto del comercio [103]. Desde nuestro punto de vista es interesante advertir que en las páteras de Chipre publicadas por E. Gjerstad son frecuentes las escenas con personajes entronizados a los que se ofrecen dones o en cuya presencia se celebran danzas de carácter indudablemente ritual.

En la Península conocemos una pieza, el cinturón de la Aliseda [104], que acusa el influjo cretense. Pudo ser traído aquí por los fenicios. Creta ha suministrado un paralelo próximo al tema que ostenta la pieza ibérica [105].

También la diosa dendrófora de Elche, representada de perfil sobre un vaso, puede estar inspirada en un modelo cretense [106]. Por lo que se refiere al mundo semita, para encontrar una diosa dendrófora de perfil hay que llegar a Ras Shamra, donde aparece en una pieza anterior en mil años a la de Elche [107].

Cronológicamente, las páteras de Tivisa corresponden a la época helenística, ya que es en este momento cuando se generalizan los genios alados, que aparecen muy frecuentemente unidos a escenas del reino de ultratumba. El centauro dendróforo no nos proporciona una fecha *post quem*, ya que desde el siglo VIII-VII a. C. aparecen centauros con las extremidades equinas; el famoso centauro Neto, que lucha con Herakles, tiene ya cuatro extremidades terminadas en cascos de caballo [108]. Por el contrario, como ya indicó A. García y Bellido, el escudo que lleva el jinete nos proporciona una fecha bastante aproximada. Este tipo de escudo lenticular no aparece en Occidente hasta el siglo III-II a. C., por influjo del tipo llamado de La Tène; su utilización llega hasta la época roma-

[102] R. D. Barnett, *Layard's Nimrud Bronzes and their Inscription:* «Eretz-Israel» 8 (1967) 1ss; *The Nimrud Bowls in the British Museum:* SF 2 (1974) 11ss; W. Cullican, *Coupes à décor prénicien provenant d'Iran:* «Syria» 47 (1970) 65ss; C. Hopkins, *Two phoenician Bowls from Etruscan tombs*, en *Studi in onore di L. Banti* (Roma 1965) 191ss; E. Aubert, *Estudios sobre el período orientalizante* (Santiago de Compostela 1971). Sobre los escudos cretenses, cf. E. Kunze, *Kretische Bronzereliefs* (Stuttgart 1931). Además, cf. C. Schaeffer, *Ugarit* II (París 1949) 1-48; E. Gjerstad, *Opuscula Archaeologica* IV (Lund 1946) 1-18; F. Poulsen, *Der Orient und die frühgriechische Kunst* (Berlín 1912) figs. 11-22. Algunas páteras de estas regiones en C. Picard, *Manuel d'Archéologie* II (París 1935) fig. 29; J. D. Beazley, *Greek Sculpture and Painture* (Cambridge 1932) fig. 7; H. Bossert, *Altsyrien* (Tubinga 1951), láms. 91-93; F. Matz, *op. cit.*, figs. 31, 264a, 265c; C. Watzinger, *Lucifer Abschnitt. Phöinikien und Palästina, Kipros*, en *Handbuch der Archäologie* (Munich 1939) láms. 190, 195, 203.

[103] P. Ducati, *L'Arte Classica (op. cit.)* fig. 132; D. Kent, *Handbook of the Collection* (Baltimore 1936) 36.

[104] A. García y Bellido, *Arte Ibérico (op. cit.)* figs. 396 y 397; L. Pericot, *op. cit.*, 272.

[105] F. Matz, *op. cit.*, lám. 56c.

[106] J. M. Blázquez, *op. cit.*, lám. XVI

[107] H. Bossert, *Altkreta* (Berlín 1923) 503; *Altsyrien (op. cit.)* 663.

[108] E. Buschor, *op. cit.* 210, fig. 109; R. M. Dawkins, *The Sanctuary of Artemis Orthia at Sparta* (Londres 1929) lám. CI,2; P. Ducati, *La Pittura Etrusca* (Novara 1942) lám. XIV; F. Matz, *op. cit.*, 48-49; G. M. A. Richter, *Archaic Greek Art* (Nueva York 1949) fig. 1; K. Kubler, *Altattische Malerei* (Tubinga 1950) lám. 45.

na [109]. Este indicio confirma la fecha que ya insinuaba la presencia de los genios alados. Por otra parte, el poblado de Tivisa pudo ser destruido, tal vez a consecuencia de la subida de Aníbal hacia los Pirineos, en el año 218 a. C. o durante las guerras de Catón, en el 195 a. C., o en el curso de las represalias de Escipión contra los ilergetes en el mismo 218 a. C., ya que no han aparecido monedas posteriores a esta fecha. Las páteras habrían de fecharse entre los siglos IV a. C., en que aparecen con gran profusión los genios alados, y los comienzos del siglo II a. C., fecha tope más baja para la destrucción del lugar. M. Almagro da a la otra pátera que lleva cabeza de lobo la fecha del siglo III a. C., que conviene igualmente a la que estudiamos [110].

El profesor M. P. Nilsson me ha confirmado que los prototipos de esta pátera se encuentran en Chipre y Creta. Al sabio profesor de Lund, la pieza ibérica le recuerda como modelos muy próximos las de estos dos centros, aunque las escenas representadas en la de Tivisa son muy distintas. También le hace pensar nuestra pieza, aunque más lejanamente, en el arte greco-escita. Creo interpretar el pensamiento del profesor Nilsson en el sentido de que el impacto de unas determinadas creencias y formas artísticas sobre el mundo ibérico y el escita dio origen a unas producciones artísticas muy semejantes en los dos ámbitos, tal vez por hallarse ambos pueblos en una etapa de desarrollo muy similar. Este hecho explicaría el paralelismo existente entre uno de los genios alados y otra figura del arte danubiano. Según el profesor de Lund, estas figuras responden a tipos bien conocidos en el arte griego: el centauro, el genio alado que sacrifica un animal, el león que ataca a un toro o un jabalí, el jinete con lanza y escudo. Incluso para el genio que lleva unas ramas en las manos o para el que porta un *thymiatērion* se pueden señalar prototipos, como ya había indicado A. García y Bellido.

Es posible que los tres genios alados respondan a influjos etruscos, ya que estos seres abundan mucho en el arte del Centro de Italia durante el período helenístico, y van unidos a las creencias relacionadas con ultratumba. También en Etruria aparecen portando puñales o vasos en las manos. El uso del taparrabos indica asimismo influjo etrusco. El *thymiatērion* que porta el genio de Tivisa es exactamente igual, salvo en la parte superior, al de la sítula de Watsch. La relación del lobo con la divinidad infernal es también de origen etrusco más que griego.

Nilsson cree que la divinidad entronizada parece dar más que recibir el objeto redondo, que realmente no puede determinarse en qué consiste. Apoyándonos en la escena representada en una de las lastras de la Tumba de las Arpías, que juzgamos paralelo próximo de la representación de Tivisa, hemos sostenido una opinión contraria. El profesor de Lund opina asimismo que la cabeza central es un *gorgoneion*, aunque deformado, como sucede frecuentemente en el centro de las copas. Duda también

[109] J. Camón, *op. cit.*, fig. 813; A. García y Bellido, *La Dama de Elche* (Madrid 1943) 98-101, fig. 91; L. Pericot, *op. cit.*, 329; P. Bosch-Gimpera, *Etnología de la Península Ibérica (op. cit.)* fig. 331.

[110] M. Almagro, *El Museo Arqueológico de Barcelona* (Madrid 1954) fig. 1.

del sentido funerario que damos a esta pieza. Realmente estas escenas resultan sumamente difíciles de interpretar. Nuestra opinión es una hipótesis de trabajo que proponemos, que puede ser refutada o corregida.

Nilsson opina que en la pátera de Tivisa hay elementos propios del mundo indígena, que no son debidos a influencia mediterránea, como ya afirmaba A. García y Bellido. Para el investigador español, no sólo el jinete con escudo lenticular es de origen ibérico, sino que lo son también el águila y los gatos monteses. El vaso que presenta el *daimōn* dendróforo responde a un prototipo conocido en la misma Tivisa y en la región a que pertenece la ciudad [111].

Hay fenómenos religiosos y artísticos que aparecen en la Península Ibérica con un gran retraso [112]; este hecho explica el que algunos de los prototipos mencionados para la pátera de Tivisa acusen un gran arcaísmo. Se trata de un fenómeno perfectamente observable no sólo en la Península, sino también en Etruria, donde se conocen dos estelas con la representación de un árbol sagrado entre dos cabras rampantes que muerden sus hojas; estas escenas tienen un paralelo exacto en un relieve de Asia Menor anterior en unos cuatrocientos años, en una gema de Micenas y en una placa de la I Dinastía de Ur (2700 a. C.) en que se reproduce varias veces el tema del árbol sagrado cuyas hojas comen unas cabras rampantes [113]. En el mundo ibérico se desarrolla este tema bajo la forma de un árbol de largas hojas, rodeado de aves, serpientes, ramos de yedra, lobos, ranas y ciervos. También en la iconografía mesopotámica aparece el árbol sagrado rodeado de cabras (sustituidas por ciervos en Azaila), astros, pájaros y serpientes; estos animales acompañan también al árbol sagrado en las decoraciones cerámicas de Azaila [114]. En Mesopotamia, además de los animales citados, junto al árbol sagrado aparecen en otras ocasiones unos hombres disfrazados de peces; en Azaila son simplemente peces y ranas. En Mesopotamia figuran astros junto a estos árboles sagrados, cuyo valor cosmológico queda de este modo indicado sin lugar a dudas. En Azaila, las alusiones astrales están representadas por el tema, tan frecuente en la cerámica de esta población [115], de una cruz formada por cuatro pétalos, que a veces aparecen incluidos en un círculo o en el cuerpo de un pájaro. También en las estelas se indica claramente el significado astral de estas representaciones. En varias estelas de Poza de la Sal aparece junto a la luna el mismo tema de Azaila, con la diferencia de que en las lápidas de Poza de la Sal la estrella se com-

[111] P. Bosch-Gimpera, *Etnología de la Península Ibérica (op. cit.)* figs. 347b-c, 349, 351, 366.

[112] P. Laviosa, CHP 8 (1953) 83ss.

[113] P. Ducati, *Storia dell'Arte Etrusca (op. cit.)* 179, lám. 56; G. Q. Giglioli, *L'Arte Etrusca (op. cit.)* 392, láms. LXXVII, CL; L. Polacco, «St. Etr.» 21 (1950-1951) 59-105; C. Watzinger, *op. cit.*, lám. 133; G. M. A. Richter, *Handbook of the Etruscan Collection (op. cit.)* fig. 24; *Catalogue of the Engraved Gems of the Classical Style* (Nueva York 1920) lám. 1, fig. 11.

[114] Sobre el significado de este tema, cf. M. Eliade, *op. cit.*, 63ss.

[115] CVH Azaila, figs. 56-57, láms. 34-35; A. García y Bellido, *Arte Ibérico (op. cit.)* figuras 621, 622, 626, 627, 630, 633.

pone de seis pétalos y puede estar o no incluida dentro de un círculo. En otras estelas de la misma localidad se ha sustituido el tema de la estrella por la representación del sol típica de estos monumentos [116]. El mundo ibérico recibiría el tema del árbol sagrado rodeado de animales y pájaros a través de Chipre, donde también aparece el árbol sagrado rodeado de pájaros y ciervos [117], igual que en Azaila. En Italia y Próximo Oriente, de donde procede el tema, en lugar de los ciervos aparecen unas cabras. En la Península no aparece el tema de las cabras rampantes junto a un árbol hasta el siglo XII d. C., con el arte románico [118].

Estos ejemplos que comentamos brevemente prueban que en la religiosidad ibérica aparecen unas formas que ya llevaban muchos siglos de vigencia en el Mediterráneo y en Asia occidental. La costa oriental de la Península Ibérica se integra en el ámbito mediterráneo, y ello exige estudiar los fenómenos artísticos y religiosos que en aquélla aparecen en función de las corrientes artísticas y religiosas que han estado vigentes en este mar.

Las relaciones entre el Levante ibérico y al menos algunas ciudades de Italia debían de ser íntimas. T. Livio [119] habla de que Sagunto tenía concertada *fides* con los romanos mucho antes de que éstos pisaran la Península. Este hecho explica la resistencia que la ciudad opuso a Aníbal [120]. El historiador interpreta, en uno de sus discursos [121], la relación entre Sagunto y Roma como *fides*. Estas relaciones tan estrechas contribuirían a facilitar la infiltración de creencias religiosas itálicas en la religiosidad ibérica. Por otra parte, los mercenarios ibéricos, que desde el año 480 a. C. luchan en tierras itálicas, constituían también un medio poderoso de influencia de Italia sobre el mundo ibérico [122]. En esta perspectiva se explica el hecho de que la pintura de la urna de Galera [123] refleje muy de cerca una pintura funeraria de Cumas [124] fechada en el siglo IV a. C.

La importancia de la pátera de Tivisa radica en que hasta el presente es el único testimonio con que contamos para documentar la creencia de los iberos en unos seres intermedios entre los dioses y los hombres.

[116] J. Martínez Santa Olalla, en *Homenagem a Martins Sarmento* (Guimarães 1933) 226-235.

[117] H. Bossert, *Altsyrien (op. cit.)* 274.

[118] A. Gaya Nuño, *La pintura románica en Castilla* (Madrid 1954) láms. 7 y 10.

[119] T. Livio, XX, 1, 7, 3 y 13, 3.

[120] A. Tovar, «Cuaderni dell'Istituto Italiano di Cultura in Spagna» 7 (1943) 14-15.

[121] *Ibíd.*, XXVII, 39.

[122] A. García y Bellido, *Fenicios y Cartagineses en Occidente* (Madrid 1942) 133-69; *Arte Ibérico (op. cit.)* 647, 677.

[123] P. Bosch-Gimpera, APL 1 (1928) lám. II, 2-3; *Etnología de la Península Ibérica (op. cit.)* figs. 300-301; J. Camón, *op. cit.*, 851; A. García y Bellido, AEArq 18 (1945) figs. 5-7; *Ars Hispaniae (op. cit.)* fig. 30; *Arte Ibérico (op. cit.)* figs. 529-531; M. García Moreno, *Misceláneas* (Madrid 1949) lám. 47.

[124] P. Ducati, *L'Italia Antica (op. cit.)* fig. 227; A. Kumpf, *op. cit.*, lám. 48,4.

2

NUEVAS APORTACIONES A LA INTERPRETACION DE LA PATERA DE TIVISA

En mi anterior artículo sobre la pátera de Tivisa no cité un bronce de Luristán publicado por R. Dussaud [1] que constituye probablemente el paralelo más próximo de las escenas representadas sobre la pieza ibérica (fig. 81). A. Blanco Freijeiro me sugirió la posibilidad de comparar ésta con la pátera irania, que yo ya conocía, pero que no había citado en mi trabajo. Para Dussaud, las escenas de la pátera irania representan la bebida del licor sagrado, el *haoma,* y la cocción de la carne del sacrificio. El mismo autor subraya el importante papel que el león desempeña en este sacrificio. La cabeza leonina que hay en el centro de la pieza representaría al dios, que de este modo es sustituido por su animal emblemático. En la parte inferior de la pátera irania hay un personaje que sería, también según el autor francés, un sacerdote a cuyos pies se encuentra en cuclillas su esposa o su hijo. A ambos lados pueden verse dos acólitos alados; el de la derecha presenta al personaje sentado dos vasos, que sin duda contienen el *haoma.* El que está situado detrás de la escena principal levanta por encima de su cabeza un instrumento curvo, de carácter ritual, que ya es mencionado por Estrabón [2] como *rhabdōn myrikinōn leptōn desmēn.* En la parte superior de la pátera irania representó el artista el momento de la cocción de las carnes sacrificadas. Entre dos acólitos se halla un trípode de grandes asas que sujetan los acólitos con una mano mientras que en la otra empuñan una larga espada. Los cuatro acólitos son seres alados.

En la pátera de Tivisa se observan escenas semejantes: un personaje entronizado con otro, de menor tamaño, arrodillado en su presencia; la cabeza de animal a modo de umbo; un genio alado, que en la pátera de Tivisa presenta el vaso para recoger la sangre de la víctima, mientras que en la pieza irania ofrece el recipiente al personaje principal. Tanto en la pátera ibérica como en la de Luristán hay un trípode entre genios alados. El parentesco entre ambas piezas se acentúa por el hecho de representarse en ellas la misma escena. En la fíala del Luristán vuel-

[1] R. Dussaud, *Anciens bronzes du Louristan et cultes iraniens:* «Syria» 26 (1949) 204ss, fig. 7.

[2] Estr., XV, III, 14.

ve el artista por dos veces al mismo tema, tan repetido en el Oriente, de las cabras mordidas por un felino; este mismo tema se recoge en la pátera ibérica, en la que se le añade el del jinete.

La pátera de Tivisa responde a un prototipo arcaico cuyo eslabón más antiguo sería este bronce iranio. Los escudos de Creta, dados como páteras por un *lapsus* en mi trabajo anterior [3], constituyen el segundo eslabón. En ellos las escenas son totalmente distintas de las representadas sobre el bronce iranio o la pátera ibérica, pero se conserva el tema de la cabeza de un animal en el centro. El tercer eslabón estaría representado por unos bronces etruscos recogidos en tumbas del período arcaico [4]. Tienen estas piezas el tamaño de las páteras, con una cabeza de león en el centro, pero sin escena alguna alrededor. El último eslabón sería la fíala ibérica.

El profesor Nilsson tuvo la amabilidad de indicarme que, a su juicio, el personaje central más parece ofrecer un objeto que recibirlo. Una lastra de la Tumba de las Arpías me indujo a defender la idea contraria, pero lo cierto es que en el mundo griego se representan escenas, bien conocidas, en las que no cabe duda de que los personajes reciben los objetos redondos de manos del que aparece entronizado, ya que los primeros alargan los brazos [5].

En las cerámicas itálicas aparecen también pintados unos personajes que sostienen en sus manos ramos con hojas; conozco dos ejemplos en que los personajes son ápteros y llevan ramos que parten de las manos hacia abajo; en uno de ellos el detalle de las ramas y las hojas es igual que en la pieza de Tivisa [6]. Este dato es importante a la hora de valorar las posibles influencias itálicas sobre la pieza ibérica y sobre la religiosidad ibérica en general.

Un vaso pintado aparecido en Arcóbriga [7] reviste asimismo especial interés en este sentido. Sobre él aparece un personaje de cuya cabeza arranca hacia arriba una rama; conocemos un paralelo exacto de esta representación en Hagiar-Kim [8]. Los artistas griegos representaron *Nikés*

[3] H. Lorimer, *Homer and their Monuments* (Londres 1950) 1, 161, 178, 191, 237, lámina VIII.

[4] G. Q. Giglioli, *L'Arte Etrusca* (Milán 1935) lám. XCVII; F. Matz, *Zur kapitolinischen Woelfin*, en *Studies presented to David Moore Robinson* (San Luis 1951) 754ss, lám. XCIII; C. B. Nogara, *Gli Etruschi e la loro civiltà* (Milán 1933) fig. 49; P. Romanelli, *Tarquinia. La necropoli e il Museo* (Roma 1954) lám. 137.

[5] R. Dawkins, *The Sanctuary of Arthemis Orthia at Sparta* (Londres 1929) lámina CXXVII, n.° 1223; R. Lullies, *Neue Beiträge zur klassischen Altertumswissenschaft* (Stuttgart 1954) láms. XI,2; XII,1.

[6] G. Beccatti, CVA Italia XVI, lám. V; B g; lám. X, p. 4, n.° 2.

[7] P. Bosch-Gimpera, *El problema de la cerámica ibérica* (Madrid 1915) 365, figura 19. El autor admite que esta figura quizá posea cierta significación religiosa, pero siguiendo a P. Paris, «Bull. Hisp.» 12 (1911) 25s, niega la influencia cartaginesa en esta pintura, señalada por el marqués de Cerralbo, *El Alto Jalón* (Madrid 1909) 124s; *Arcóbriga* (Madrid 1911) lám. XXXV (obra inédita) y que parece innegable. Otra reproducción de este vaso en A. García y Bellido, *Ars Hispaniae* (Madrid 1947) figura 390.

[8] G. Perrot, C. Chipiez, *Histoire de l'art dans l'Antiquité* III (París 1885) 303s, figura 228.

aladas con jarros en las manos, que pudieron ser los prototipos lejanos de la *Niké* alada y con un vaso en la mano que decora la pátera de Tivisa. Este parentesco entre ambas figuras confirma lo que en una carta me comunicó el profesor Nilsson, que a todas las figuras es posible asignar paralelos en el mundo griego.

El culto al lobo, animal cuya cabeza aparece en el centro de la pátera a modo de umbo, va frecuentemente unido a ideas funerarias. El animal carnicero del caldero de Gundestrup tiene probablemente este mismo carácter [9], así como las representaciones que de este animal aparecen en Yugoslavia [10]. Quizá sean también animales carniceros, como indiqué en mi trabajo anterior, los gatos monteses o linces que aparecen en la fíala ibérica, y que son además idénticos a los animales representados en el relieve de una urna ibérica [11].

Como ya observó J. Caro Baroja, en la pátera de Tivisa hay escenas que acusan un gran sincretismo [12], probablemente de tipo helenizante.

En mi anterior artículo no me ocupé de la inscripción ibérica que ostenta la pátera. A. Tovar recoge en su léxico de las inscripciones ibéricas las distintas palabras que componen la de Tivisa. De la palabra *Boutintibás* dice que es un nombre personal. En el segundo elemento del vocablo *urcetices* descubre una palabra celtibérica. Registra *sani* y *girsto* sin comentario [13].

En 1952 se ocupó L. Michelena de la posible significación de la frase. Sigue este autor a Tovar en cuanto a que *Boutintibás* es nombre propio, como el *Illustibás Bilustibas* de la *Turma sallustana.* Sobre el vocablo *urceticés,* en cambio, opina que no es tan seguro, ni mucho menos, que se trate de un étnico. En *girśto* descubre la forma verbal de la frase; parece un ejemplo de la tercera persona singular y con desinencia media de un aoristo sigmático indoeuropeo del tipo de los aoristos vénetos *sonasto, vhas svo,* «fecit». Por la conocida indiferenciación entre sorda y sonora en la escritura ibérica, *girśto* puede leerse *kirśto* y aun *kriśto.* La forma verbal *Kir-s-to* y *Kri-s-to* se relaciona con facilidad etimológicamente con un grupo indoeuropeo conocido; a. i. *Kronoti, Karoti,*

[9] J. Gricourt, *Sur une plaque de Chaudron de Gundestrup:* «Latomus» 13 (1954) 381.

[10] P. Laviosa, *Origines* (Como 1954) lám. III, n.os 13, 14, 16, 185; CVA Yugoslavia III, láms. II,12-14; V,9.11; XI,18.

[11] J. Sánchez Jiménez, *Memoria de los trabajos realizados por la Comisaría Provincial de Excavaciones Arqueológicas de Albacete en 1941* (Madrid 1943) lámina XVIII, fig. 3. En algunas lápidas hay personajes cubiertos con piel de lobo; cf. J. Carballo, *Las estelas gigantes de Cantabria:* CEG 9 (1948) lám. III.

Sobre el lobo en las creencias actuales, cf. V. Risco, *El lobisohome,* «Rev. Bial. Trad. Pop.» 1 (1945) 514ss; *Contribución al estudio del lobo en la tradición popular gallega:* CEG 9 (1948) 93ss.

[12] J. Caro Baroja, *Los pueblos de España* (Barcelona 1946) 158; *España primitiva y romana* (Barcelona 1957) 348, fig. 157. Ultimamente ha aparecido otro intento de interpretar esta difícil e importante pieza; cf. L. Fernández Fúster, *La phiale ibérica de Tivisa:* RABM 61/1 (1955) 209ss.

[13] A. Tovar, *Léxico de las inscripciones ibéricas,* en *Estudios dedicados a Menéndez Pidal* II (Madrid 1951) 298, 301, 317, 320.

«hace»; lit. *Kurinì*, «construyo»; i. e. *$^x q^u er$-;* el elemento radical estaría, como es normal, en grado cero. Se inclina Michelena a creer que no se trata de una palabra céltica. En el supuesto de que *kirsto* equivalga a «hizo», para *urceticés* hay la posibilidad de que se trate de un dativo que designaría al destinatario, como en la fíbula prenestina. En a. i., los temas en *-s* tienen el dativo en *-es*, sin desinencia; pero se trata siempre de neutros. Podría tratarse también de un nombre indígena no declinado, lo mismo que ocurre en latín con la onomástica del bronce de Ascoli. *Sani* sería un elemento pronominal, descomponiéndose en *sani; -i* sería una partícula deíctica; *san-* sería acusativo singular femenino (?) de un demostrativo [14].

En varias ocasiones ha abordado L. Pisani el problema de la interpretación de la frase inscrita sobre la pátera de Tivisa [15], que cataloga entre los monumentos de la lengua celtibérica. Coincide este autor con los antes citados en considerar nombre propio el vocablo *Boutintibás;* está de acuerdo con Michelena en que *gir-sto* significa *fecit; san* sería el acusativo singular femenino; en latín *sam*, o mejor *hoc. Urcetices* tendría el significado de *figulus;* lat. *orca; hyrkē*, palabra mediterránea.

[14] L. Michelena, *¿Un aoristo sigmático indoeuropeo en la pátera ibérica de Tivisa?:* «Emerita» 20 (1952) 153ss.

[15] L. Pisani, «Paideia» 11 (1956) 317.

3

RELIEVE DE ITALICA CON UNA REPRESENTACION DE LA «POTNIA THĒRŌN»

Examinamos en este trabajo una terracota aparecida en Itálica como hallazgo casual y conservada actualmente en la colección de la condesa de Lebrija, en Sevilla. Se encuentra bastante deteriorada y mutilada. Por haber sufrido un intenso desgaste las superficies de la figura se han perdido los colores que la recubrían. Faltan la parte superior y el cuello. En la zona del pecho ha desaparecido totalmente el lado izquierdo; del derecho se percibe bien la zona inferior, aunque no con muchos detalles. Los brazos que caen a lo largo del tronco, abriéndose un tanto, y las manos descansan sobre las cabezas de dos leones rampantes. En representaciones aparecidas en Italia, esta misma deidad coge siempre las manos de las fieras, que apoyan una pata delantera y otra trasera sobre el cuerpo de la diosa.

El modelado de los cuerpos de los leones no debió de ser nunca muy matizado. En el de la derecha se advierte una importante rotura sobre la pata del mismo lado. Las colas de los animales, que en Etruria se adhieren siempre a las patas traseras, no se distinguen en el ejemplar de Itálica.

La diosa viste *chitōn* de abundantes pliegues con *apotygma* sobre las caderas. Los pies se ocultan bajo el vestido. Sobre el fondo del relieve se distinguen las alas; encima de la cabeza del león de la derecha se perciben los surcos correspondientes a los extremos de aquéllas; en lo alto se distinguen aún restos del pelo, y ello nos permite suponer fundadamente que el tocado era similar al de otras piezas ya conocidas (fig. 82) [1].

La figura de Itálica era de altura inferior a la media de las etruscas; éstas suelen tener unos 45 o 50 cm., algunas alcanzan los 60 cm. y otras bajan hasta los ocho; la nuestra es de 20 cm. Supuestos el cuello y la cabeza, mediría en total unos 23 o 25 cm. La base indica claramente que esta terracota sirvió de antefija en un templo. Representa a la *potnia thērōn*, o «señora de los animales».

[1] A. García y Bellido, *Esculturas romanas de España y Portugal* (Madrid 1949) 389-390, lám. 277; A. Laumonier, «Revue des Etudes Anciennes» (1921) 272-280; F. Benoit, CASE VI (1950) 220, fig. 1.

Esta divinidad que designamos con el nombre de *potnia thērōn*, o «señora de los animales», tiene una larga historia. Sus representaciones abundan en Asia Menor (Lidia, Efeso) y Creta; menos frecuentes resultan en Melos, mientras que en Atenas y Beocia se conocen ejemplares aislados. El Peloponeso, con Esparta y Corinto, poseía los principales centros de su culto en la Hélade. Corfú pudo servir de puente para su difusión por la Italia Central, donde estas representaciones, con función de antefijas de templos, son frecuentes desde el siglo IV a. C. y durante la República romana, desapareciendo en la época de Augusto.

En Corfú se tributaba culto a una *potnia* identificada con Artemis [2]. Esta Artemis no es la diosa de la religión apolínea, la doncella hija de Leto, con la que no tiene en común más que el nombre, sino la misma deidad que en Arcadia era venerada como esposa de Zeus, divinidad femenina, cara a las mujeres. La señora del mundo animal es al mismo tiempo protectora del fruto del vientre humano [3]. Esta duplicidad explica la forma de las estatuillas femeninas de Esparta y Efeso, contemporáneas de las representaciones más arcaicas de la *potnia thērōn*, que apoyan las manos en los abultados pechos o adoptan una postura similar a la de las Venus púdicas de época helenística. Este hecho explicaría también los únicos versos (68ss) que conocemos del himno a Afrodita, en los que se ofrece una visión grandiosa de la señora de los animales, circundada por leones y panteras. El carácter de Madre universal que tenía esta diosa solía expresarse plásticamente con una exagerada prominencia del busto, detalle que aún se percibe en esta versión tardía que es nuestra terracota [4].

En Esparta es tardía la identificación de la *potnia* con Artemis (epíteto *orthia); en* Efeso, a la primitiva Artemis precede Upis, llamada también *anassa*. Según los datos que sobre Orthia y Upis proporcionan las fuentes, también aquí tenemos una diosa de la fecundidad, señora de la vida, invocada con diversos nombres [5]. Es ésta la divinidad más antigua del mundo helénico, que constituye, según M. P. Nilsson, uno de los pocos eslabones seguros entre el mundo minoico y el griego, que se transmite a través de la época de las migraciones [6].

Su nombre actual, *potnia thērōn*, es una fórmula homérica [7] aplicada a Artemis como señora de los animales y, por extensión, de toda la vida natural. En arqueología se utiliza esta fórmula para designar convencionalmente las figuras de esta diosa, cuyo nombre propio no ha llegado hasta nosotros.

El animal que más frecuentemente la escolta es el león (una pareja

[2] Se acostumbraba a llamarla Artemis Pérsica; al verla en el cofre de Cipselo, también Pausanias la confunde con Artemis.

[3] M. Sánchez Ruipérez, «Emerita» 15 (1947) 1-60.

[4] W. Guthrie, *The Greek and their Gods* (Londres 1950) 71, 99-106.

[5] H. Bloesch, *Antike Kunst in der Schweiz* (Zurich 1943) 126-136, 148-157.

[6] M. P. Nilsson, *The Minoan-Mycenaean Religion and its Survival in Greek Religion* (Lund 1951) 503-516.

[7] *Il.*, XII, 470.

de leones y en contados casos un animal aislado). Hay también representaciones con aves acuáticas y ciervos, con pantera y ciervo, con macho cabrío y con águilas. Algunas veces aparece también con reptiles y conejos. Los leones son machos o hembra y macho; a veces son una pantera y un león. En muy contadas ocasiones aparece la diosa rodeada de animales pertenecientes a dos o más especies. En un vaso geométrico beocio escoltan a la diosa dos fieras, un toro, dos cisnes y un pez [8].

En la hidria de Grächwil [9] hay dos serpientes y un águila. En Etruria, los animales que acompañan a la diosa son exclusivamente leones o panteras.

El siglo VII es la época en que esta divinidad conoce su apogeo en el mundo helénico. A partir de un momento que podemos situar en torno al año 570 a. C. [10], la *potnia* desaparece de Grecia, probablemente por haber perdido su significación. Cuando en el siglo II d. C. examina Pausanias el tesoro de Cipselo, el erudito griego confiesa ingenuamente que desconoce el significado de las alas que ostenta Artemis [11].

La divinidad se refugia en Italia Central (es ajeno a nuestro propósito en este trabajo seguir el rastro de la Gran Diosa en la cuenca del Mediterráneo oriental, donde es venerada bajo diversos nombres y representaciones; Kybele en Lidia y Frigia; Britomartis y Dyktinna en Creta, etcétera).

Italia Central es una de las regiones del Mediterráneo occidental que venera a la *potnia* en los siglos anteriores al cambio de Era; su culto había comenzado allí en el siglo VII a. C., pero las antefijas con la imagen de esta deidad son desconocidas en esta zona antes del período helenístico. A partir de esta etapa empiezan a aparecer y su uso se prolonga hasta la época de Augusto [12]. Al parecer se originaron en Capua y se diseminaron por la Italia Central, desde Roma, durante los siglos III y II antes de Cristo. En diversas localidades del Lacio —Roma, Nemi, Norba, Signia, Aletrium, Falerii— han aparecido terracotas de la diosa, fenómeno que se desconoce en Etruria antes de la conquista romana. No las conoce la verdadera Etruria —Volsini, Tarquinia, Clusium, Volterra— y este hecho indica claramente que la divinidad es latina más que etrusca [13].

El carácter de esta diosa se había desvanecido entre los itálicos, puesto que en los frontones de los templos alternan figuras masculinas o femeninas con idénticos atributos [14].

[8] F. Matz, *Geschichte der griechischen Kunst* (Francfort 1950) 260, lám. 166; 262, lám. 169; 499, lám. 261; 447, lám. 205; 469, lám. 275; 482, lám. 282; 485, lámina 284; 498, lám. 290; 499, lám. 291; 501, lám. 292; 499, lám. 293.

[9] H. Bloesch, *op. cit.*, 3-7; K. A. Neugebauer, AA 40 (1925) Beil. 1-2.

[10] El vaso François; cf. J. D. Beazley, *The Development of Attic Black Figure* (Londres 1951) 35-36.

[11] Paus., V, 19, 5.

[12] J. Johnson, *Excavations at Minturnae* II (Filadelfia 1933-1935) 90.

[13] E. D. van Buren, «Revue des Etudes Anciennes» 24 (1924) 93-100. Sobre la tradición de esta diosa en Etruria, cf. G. Valentini, «St. Etr.» 37 (1969) 411ss.

[14] P. Ducati, *Storia dell'Arte Etrusca* (Florencia 1927) 389, lám. 172; A. Andrén, *Architectural Terracottas from Etrusco-Italic Temples* (Leipzig 1939) 137, n.° 169;

El tipo presenta a lo largo de cuatro siglos la misma unidad de estilo; las variantes en estas figuras son escasas y nunca se refieren a elementos esenciales. Las alas aparecen generalmente plegadas; en raras ocasiones ostenta dos pares de alas y un tercero en los pies. Rara vez estas alas se orientan hacia arriba; las fieras se apoyan en las caderas de la diosa o se encaraman en ellas. La deidad aparece vestida con *chitōn* de mangas y con *apotygma,* y cubre generalmente su cabeza con el *polos;* las trenzas se deslizan sobre los hombros [15].

Junto a los tipos canónicos encontramos otras representaciones más libres. La estatuilla española no es paralelo exacto de ninguna etrusca. En cierto modo se asemeja a una procedente de Caere; la terracota de Itálica se emparenta con ella por la esbeltez del cuerpo y el doble *apotygma;* ambas descansan sobre una base maciza doble y muestran cierta semejanza en el modelado del vestido. La antefija itálica se fecha con seguridad en el siglo I a. C. por el estilo de la cabeza, algo frío. El rostro, de tipo enteramente clásico, no participa de las características del estilo helenístico itálico que llega hasta mediados del siglo I a. C. y la formación del estilo clasicista de la época de Augusto. Posee la misma línea de cuerpo que las diosas jóvenes del siglo I a. C.

La terracota de Caere, excepción hecha de las de Minturnae, se considera una de las más recientes.

L. Richardson, director de las excavaciones norteamericanas de Cosse, me remite dos relieves recientemente hallados bajo su dirección. Marcadas diferencias los separan del nuestro. Sin embargo, el tratamiento de los pligues se orienta en la misma dirección estilística en que se sitúa la terracota de Itálica. Una de las piezas remitidas por Richardson posee incluso una esbeltez que la emparenta con la nuestra. El investigador norteamericano fecha las dos piezas de Cosse en la primera mitad del siglo I a. C.

El paralelo más cercano para nuestra pieza es una terracota del Museo Vaticano, de procedencia desconocida, no catalogada por Andrén, que publicamos gracias a la amabilidad de la señorita Speier, de la Dirección de aquel museo. La escala es idéntica y también es semejante el tipo general. Ambas figuras se apoyan sobre una base maciza y los leones tienen la superficie punteada para indicar el moteado de la piel del felino (lo que en estos casos autoriza a pensar que se trata de panteras). La terracota del Vaticano es uno de los raros ejemplares que muestran esta particularidad en Etruria. Ambas son esbeltas y los pliegues se modelan con parecido tratamiento. Las dos se encuentran muy deterioradas y han perdido casi las mismas zonas. La deidad del Museo Vaticano se data con seguridad en la primera mitad del siglo I a. C., en un período

377, n.° 410; M. P. Nilsson, *Geschichte der griechischen Religion* (Munich 1941) 274, 287, 471, 799, lám. 30, n.° 1.

[15] A. Andrén, *op. cit.*, 61, n.° 71; 137, n.° 170; 295, n.° 352; 312, n.° 366; 382, n.° 414; 392, n.os 419 y 420; 402, n.os 432 y 433; 442, n.os 475 y 477; 445, n.° 476; 507, n.° 541; 510, n.os 542 y 543.

en que ya se encuentran en franca recesión las representaciones de esta diosa.

El relieve español presenta una tosquedad y rudeza más acusadas. Los rasgos de las figuras etruscas están más acentuados y al mismo tiempo son privados de su carácter estilístico, lo que viene a ser un método ingenuo de resolver los problemas del modelado. El artista intentó señalar en el vestido las tres zonas en que se dividían algunas figuras etruscas, pero la ejecución resultó torpe y la obra quedó muy por bajo de los prototipos itálicos. Entre las piezas etruscas se encuentran algunos ejemplos de verdadero virtuosismo en el modelado del *apotygma*.

En la figura de Itálica se ha perdido totalmente el barniz. Andrén analiza las piezas etruscas conocidas, que son unas veinte, aparte de otras muchas que se encuentran en estado fragmentario; en todas ellas pueden señalarse ciertas constantes en cuanto a la coloración. El *chitōn* suele ser de color rojo oscuro. Esporádicamente aparece el blanco con rebordes de color rojo oscuro.

Los leones son amarillos. Algunas veces son rojas la melena y la ubre. Hay ejemplares con la melena entreverada de rayas blancas.

Las partes desnudas de la diosa presentan un tono rosado. Las alas son de color azul o gris azulado, y en ellas alternan también el amarillo y el blanco rojizo; las plumas están representadas por franjas en azul claro y amarillo. El pelo es de color rojo oscuro. El *polos* se pinta de rojo. Es de presumir que la terracota de Itálica presentaría originalmente unas coloraciones semejantes.

Aunque las terracotas abundan en Etruria durante los cuatro siglos anteriores al cambio de Era, el más prolífico de este tipo de piezas fue tal vez el siglo II a. C. La terracota española, por los parentescos arriba indicados, puede datarse en la primera mitad del siglo I a. C [16] El artífice, que sería seguramente un habitante de la Italia Central enrolado en las legiones itálicas estacionadas en nuestra patria, se inspiró indudablemente en obras itálicas. Sabemos por Apiano [17] que Itálica, primero *oppidum civium romanorum* y después *colonia*, fue fundada con los heridos y enfermos de las tropas de Escipión; entre ellos venían gentes de la Italia Central. En mi opinión, hay que descartar la hipótesis de que pueda tratarse de una pieza importada. Las terracotas etruscas de menor calidad son de una técnica mucho más depurada que la nuestra, que por su tosquedad y pequeño tamaño ha de asignarse prudentemente a un santuario provinciano, pórtico o edificio similar de tejado bajo.

En los templos etruscos coronan varios ejemplares un mismo edificio. El ejemplar español es hasta el momento esporádico, como ocurre con alguno hallado en las Galias [18]. En Italia había una tradición en cuanto

[16] A. Laumonier, *op. cit.*, 280, la data en los comienzos de la época imperial romana, fecha que parece insostenible.

[17] *Ib.*, I, 38.

[18] F. Benoit, APL 4 (1953) 211ss, fig. 2.

a las representaciones de esta deidad, cosa que no puede asegurarse en el caso de España.

La importancia de esta terracota radica en el hecho de que es uno de los pocos relieves de tradición etrusca con que contamos en España a lo largo de una extensa cadena de prototipos.

4

CULTOS SOLARES EN LA PENINSULA IBERICA

EL CABALLITO DE CALACEITE

En agosto de 1903, al levantar unas lajas de piedra sin labrar que le estorbaban para sus faenas agrícolas, descubrió el labrador Justo Pastor el bronce que nos ocupa, al que acompañaban un peto, también de bronce, unas asas del mismo metal, varios fragmentos de espadas de hierro y algunos trozos de cerámica. Seguramente se trataba de una tumba de incineración. J. Cabré, entonces muchacho, dibujó el caballito y el peto aparecidos en su pueblo natal, Calaceite (Teruel). Las piezas se pusieron posteriormente a la venta en Madrid, y poco después, sin que se conozcan los pasos intermedios, las exponía el Museo del Louvre en las salas Sarzec al lado de la Dama de Elche. El caballito de Calaceite fue devuelto a España junto con otras piezas en el año 1941 (fig. 83).

Según el primitivo dibujo de Cabré y la reconstrucción efectuada en el Louvre por M. E. Potier, el conjunto mide 30,7 cm. de altura; según la posteriormente propuesta por el excavador español, es de 39 cm. El cuerpo central, constituido por el caballo de bronce macizo, tiene 15 centímetros de altura y 16 cm. de longitud.

Sobre el lomo del animal se apoya una columna de 21,3 cm. de altura, de los que 2,4 cm. corresponden a la base y 16,2 cm. al capitel. La pieza apareció entera, pero Justo Pastor la rompió al comprobar que no era de oro.

La base consiste en una rueda que recoge en su interior cinco ruedecillas metálicas tangentes entre sí y con la exterior; en el centro se alza el apoyo cónico de todo el conjunto. La rueda superior es idéntica a la inferior. Ambas se componen de espiga y maza. La columna, formada por un cilindro de cobre o bronce relleno de pasta oscura, tiene exactamente la misma decoración que los discos y está construida por 24 hilos de bronce soldados al fuste. El caballo está trabajado toscamente; el cuerpo es un tubo de la misma anchura en toda su extensión y no se indica la curvatura del vientre. Sin embargo, los ojos saltones, la cola torera, los cascos voluminosos, el cuello de cisne y la espesa crin dan al animal, cuyas proporciones son bastante acertadas, una cierta gracia y simpatía. Sobre el uso de estas piezas hay dos teorías opuestas; una las considera objetos dedicados al culto solar y otra ve en ellas simples *thymiatēria*.

El bronce fue dado a conocer por J. Cabré; su dibujo coincide casi exactamente con la reconstrucción efectuada en el Museo del Louvre [1].

Santiago Vidiella anunciaba ya en 1908 la misma tesis que en 1924 volvería a defender J. Cabré al clasificar esta pieza como portalucernas, candelabro o braserillo, indicando al mismo tiempo que el cuerpo superior debía de tener la forma de un platillo [2].

En el mismo año de 1908 se adhiere J. Cabré a la hipótesis de Vidiella y estima que el objeto era un candelabro [3]. Al año siguiente, 1909, J. Déchelette, en un estudio sobre el culto al sol en los tiempos prehistóricos [4], incluye el bronce de Calaceite entre las representaciones de caballos solares: «Parece incluirse igualmente, si no nos equivocamos, entre las representaciones del caballo solar», y más adelante: «Se trata de un objeto cuya forma general recuerda la de un candelabro». Reproduce J. Déchelette el dibujo de J. Cabré [5], que, como ya hemos indicado, es sustancialmente idéntico a la reconstrucción del Museo del Louvre, salvo la postura de las patas; éstas aparecen separadas en el dibujo de J. Cabré, mientras que en la reconstrucción del Museo del Louvre están unidas. Juzgamos más aceptable la última reconstrucción citada. El sabio francés escribe una frase un tanto desconcertante: «J. M. Cabré nos escribe que pudo ver el objeto cuando aún estaba entero. No dudamos, por tanto, de su reconstrucción, que es segura». A. B. Cook sostiene exactamente la misma tesis, tomándola seguramente del erudito francés: «Su descubridor, creyendo que era de oro, rompió la pieza en fragmentos, pero afortunadamente J. Cabré la vio cuando aún estaba intacta». El autor de *Zeus* reproduce la misma lámina que J. Déchelette [6].

Estas frases están en abierta contradicción con lo que el propio J. Cabré escribió en 1908 y 1942, afirmando que él no se enteró de que el candelabro había aparecido entero hasta una fecha posterior a la de la primera publicación, que sería su propia noticia en el «Boletín de la Real Academia de Barcelona» [7].

Por otra parte, en su trabajo de 1942 no esgrime J. Cabré, para probar que la pieza de Calaceite es un *thymiatērion*, el argumento de haber contemplado el objeto entero o haber recibido alguna indicación aclaratoria de su descubridor, que hubiera resultado irrefutable y que, además, era el único que cabía aducir.

J. Déchelette y J. Cabré mantenían correspondencia epistolar; es seguro que el investigador francés conocía la hipótesis, formulada por

[1] J. Cabré, «Boletín de la Real Academia de Buenas Letras de Barcelona» (1908) 339-408, lám. I.

[2] S. Vidiella, «Boletín de Historia y Geografía del Bajo Aragón» (1908) 210-11.

[3] J. Cabré, «Boletín de Historia y Geografía del Bajo Aragón» (1908) 229-30, lámina IV.

[4] J. Déchelette, RA 14 (1909) 305-375. Para el objeto español, 320-323, fig. 10.

[5] J. Cabré, «Boletín de la Real Academia de Buenas Letras de Barcelona» (1908) 400.

[6] A. B. Cook, *Zeus* I (Cambridge 1914) 333, fig. 264.

[7] J. Cabré, AEArq 15 (1942) 183.

Cabré un año antes, de que la pieza de Calaceite era un candelabro, pero la silencia y descarta totalmente. Tal vez alguna expresión ambigua indujera a error al sabio francés.

En 1911 publica P. Paris una nota sobre el caballito. Reproduce la reconstrucción del Museo del Louvre y en el pie llama a la pieza de Calaceite «candelabro», aunque con interrogación. Encuentra difícil admitir que realmente se trate de un candelabro o lampadario, pero tampoco considera muy segura la hipótesis de su compatriota. El hispanista francés reconoce la profunda originalidad del objeto y no duda en afirmar que es indígena [8].

En 1914 dedica Arthur Bernard Cook media página a la pieza española en su monumental obra sobre Zeus; descubre en ella un paralelo para los bronces rodios con representaciones animales consagrados a Helios. El erudito sajón conoce la tesis, por lo menos a través de P. Paris, al que cita en la bibliografía, de que esta pieza pudiera ser un candelabro, pero la descarta. Para Cook, la proximidad de Calaceite a *Rhodē*, colonia de Rodas, donde se han encontrado figuras de animales consagradas a Helios, explica la aparición de este hallazgo: «... en sus proximidades (Rodas); se podría ver, por consiguiente, en esta pieza un paralelo de los bronces rodios... A semejanza de éstos, representa un animal sobre la rueda solar o más bien entre un par de ruedas solares. Esta representación se sitúa ya en la línea que lleva a la concepción de la carroza solar». Se equivoca Cook, sin embargo, al fechar el bronce ibérico como sincrónico del Dipylon y Villanova, período aproximadamente contemporáneo de los bronces rodios.

P. Bosch-Gimpera se limita a reproducir el caballito y el peto según fotografía de J. Cabré [9].

En 1932, en un largo estudio sobre los carros en el culto prehistórico, reproduce Robert Forrer un grabado muy pequeño de la pieza hispánica, hecho sobre el primitivo diseño de J. Cabré, y lo caracteriza como «Rueda y caballo solar de España» [10].

En 1932 reproduce el bronce Pijoán según la reconstrucción del Museo del Louvre en una fotografía a todo color. Al pie de la fotografía da a la pieza el nombre de «caballito solar, marchando sobre los círculos de las constelaciones y llevando en la grupa el disco del gran astro». Se compara además el bronce ibérico con el caballito de Trundholm; el ibérico, en vez de arrastrar el disco solar, lo lleva sobre la grupa. Según Pijoán, la rueda inferior representaría los segmentos de la bóveda celeste con las constelaciones [11].

En 1942, J. Cabré, para librarse de ciertos escrúpulos de haber inducido a error a Déchelette y al Museo del Louvre, publica un estudio sobre el conjunto hallado en su pueblo natal. El título de este estudio basta por sí mismo para dar a entender cuál era la tesis del excavador espa-

[8] P. Paris, JdI 25 (1911) cols. 249-295, fig. 7.
[9] P. Bosch-Gimpera, «An. de l'Inst. d'Est. Cat.» (1913-1914) 827, figs. 47-48.
[10] R. Forrer, «Préhistoire» 1 (1932) 548, 824, fig. 2.
[11] J. Pijoán, *Summa Artis* VI (Madrid 1934) 280-281, lám. 429.

ñol: *El Thymiaterion céltico de Calaceite.* La nueva reconstrucción que propone Cabré es aceptada, con una ligera modificación en cuanto al perfil de las ruedas menores, por W. Schüle [12].

Otros autores se han referido en distintas ocasiones al bronce céltico. Son los siguientes:

A. García y Bellido, al estudiar en 1943 la Dama de Elche y el conjunto de piezas arqueológicas reintegradas a España en 1941, entre las que se contaba el objeto que nos ocupa, dedica a éste cuatro páginas. El profesor español da la bibliografía casi íntegra y reconoce las dificultades que plantea el estudio de este bronce: «Sobre el sentido solar de esta pieza se ha escrito mucho, siempre sobre conjeturas». Se inclina a favor de la tesis de J. Cabré, cuyo estudio, aparecido el año anterior, le sirve, según propia confesión, de base. Sin embargo, por el modo de expresarse, deja entrever que todavía le queda alguna duda: «Según el señor Cabré, la restauración hecha en el Louvre es falsa». Y al final de su estudio dice: «La reconstrucción hecha por Cabré es la única viable, si aceptamos este destino» [13].

En 1947 vuelve a reproducir A. García y Bellido el caballito, pero según la reconstrucción del Museo del Louvre. Se inclina a considerarlo, aunque no muy seguro, un portalámparas [14].

En el mismo año, el Museo Arqueológico Nacional publica el catálogo de sus adquisiciones de los años 1940 a 1945. Entre éstas se cuenta el caballito de Calaceite. Se reproduce la pieza en una lámina fotográfica según la reconstrucción del Museo del Louvre, pero en el texto se formula la duda de que tal reconstrucción sea aceptable y se da como más acertada la que en su día propuso J. Cabré [15]. J. Camón designa esta pieza como *thymiatērion,* pero se inclina a considerarla, al parecer, como un objeto solar, puesto que habla de los discos solares que rodean al caballo [16]. M. Almagro reproduce el objeto que nos ocupa y lo llama candelabro [17]. Paretti da en su obra monumental [18] una fotografía de esta interesante pieza y la considera también un candelabro. J. Caro Baroja la caracteriza asimismo como un candelabro votivo [19]. A. Blanco Freijeiro escribe sobre el particular: «...el caballito de Calaceite, de un carácter formal idéntico, por ejemplo, al de los adornos de un bocado de Vetulonia y de un simbolismo análogo al de los caballos con disco solar

[12] J. Cabré, AEArq 15 (1942) 181-198, figs. 1, 2, 8, 12; W. Schüle, AEArq 33 (1960) 157ss, figs. 1-3.

[13] A. García y Bellido, *La Dama de Elche* (Madrid 1943).

[14] A. García y Bellido, *Ars Hispaniae* I (Madrid 1947) 337, fig. 413.

[15] *Adquisiciones del Museo Arqueológico Nacional (1940-1945)* (Madrid 1947) 51-52, lám. VIII.

[16] J. Camón, *Las artes y los pueblos de la España primitiva* (Madrid 1954) 803, figura 814.

[17] *La invasión céltica en España,* en R. Menéndez Pidal (ed.), *Historia de España* I, 2 (Madrid 1952) fig. 169.

[18] *Storia di Roma* III (Turín 1953) 249.

[19] *España primitiva y romana* (Barcelona 1957) n.º 182.

sobre la grupa, que adornan un vaso de Marsiliana d'Albegna...»[20].

De lo que no cabe dudar es de la gran originalidad del bronce céltico, no menor que la del carrito solar de Trundholm, los de Judenburg y Strettweg, el carro de Mérida, el del museo de Guimarães o el puñal votivo del Instituto de Valencia de Don Juan.

Si se admite la hipótesis de que este bronce es un *thymiatērion,* como escribe A. García y Bellido, la única reconstrucción aceptable es la propuesta por J. Cabré.

No es muy seguro que tal fuera el uso a que estaba destinado el caballito de Calaceite. El único argumento fuerte que hubiera podido aducir en tal sentido J. Cabré, como ya se indicó, habría sido el haber contemplado el objeto o recibido indicaciones precisas acerca de la disposición de las ruedas. El lugar del hallazgo —una tumba de guerrero— no constituye una prueba contundente de que se trataba en efecto de un objeto destinado a un uso religioso, pero no deja de ser un indicio en tal sentido. La presencia de un *thymiatērion* en una tumba y entre un conjunto de armas no tiene razón de ser. Pero el caballo tiene de por sí en las tumbas un carácter funerario como símbolo de la inmortalidad[21]. Precisamente el sabio francés ha indicado recientemente la estrecha vinculación existente entre el caballo y los cultos solares, así como entre éstos y las ideas relacionadas con ultratumba[22]. F. Benoit insiste en el carácter funerario que frecuentemente poseen las representaciones de este animal entre los celtas[23]. En un estudio reciente hemos analizado las relaciones entre el caballo y la vida de ultratumba en la Península Ibérica[24]. A los documentos allí estudiados hay que añadir otros varios, como son dos nuevas lápidas con representaciones de caballos, una inédita aparecida en Asturias (dato de Jordá) y otra recientemente publicada[25]. J. Maluquer ha excavado recientemente una necrópolis en la provincia de Lérida, La Pedrera, en el pueblo de Balaguer, en la que aparecen caballos sacrificados y enterrados en las sepulturas. Consideramos del máximo interés este dato para el tema que nos ocupa[26]. Un caballo solar encajaría perfectamente en la tumba de un guerrero[27].

El guerrero enterrado en Calaceite se hizo sepultar con sus armas y

[20] *Origen y relaciones de la orfebrería castreña* (Santiago de Compostela 1957) 36, fig. 14.

[21] F. Cumont, *Lux Perpetua* (París 1949) 288.

[22] *Ibíd.*, 173ss.

[23] F. Benoit, «Préhistoire» 10 (1948) 137-210; *Les Mythes de l'Outre-Tombe. Le Cavalier à l'Anguipède et l'ecuyère Epona* (Bruselas 1950) 7-8 (citado en adelante como *Mythes);* APL 4 (1953) 212-213; P. Lambrechts, «Latomus» 8 (1949) 145-158.

[24] *Caballos y ultratumba en la Península Hispánica,* en este mismo volumen, páginas 261-277.

[25] F. Diego Santos, *Dos inscripciones romanas inéditas de Asturias,* en Actas del I Congr. Esp. de Est. Clás. (1958) 479ss.

[26] Sobre las relaciones entre el caballo y la vida de ultratumba entre los etruscos, cf. J. M. Blázquez, *Caballos en el infierno etrusco,* en este mismo volumen, pp. 114-158.

[27] Sobre la importancia del caballo en la economía de la España antigua, cf. J. M. Blázquez, *La economía de la España antigua a la luz de las fuentes griegas y romanas:* «Emerita» 25 (1957) 12ss.

con un objeto que, además de poseer un carácter religoso, era una representación del compañero inseparable en los momentos más difíciles de su vida, que además había contribuido poderosamente a su gloria de guerrero.

El *thymiatērion,* candelabro, portalámparas o braserillo es una pieza que obedece a un prototipo que se mantiene casi idéntico. Con el tiempo, estos objetos se complican con caprichosos adornos, pero el esquema general de la pieza permanece inalterable. Al comparar los *thymiatēria* etruscos [28] con los pompeyanos, posteriores en unos cinco siglos [29], se observa que sustancialmente son idénticos. Probablemente no existe ningún *thymiatērion* en bronce, cerámica o pintura en que la base sea exactamente igual que la parte superior o en que el pie sea una copa invertida. En los *thymiatēria* del siglo V a. C. (según J. Cabré, el caballito de Calaceite, por el material acompañante, se fecha en la primera mitad del siglo V a. C.) y en los posteriores es frecuente que la columna remate en un recipiente para quemar perfumes, para recibir líquidos, etc. Una taza agujereada, como la propuesta por J. Cabré para el empleo que sugiere, resulta tal vez inaceptable. Habría que suponer además que sobre ella se colocaba un recipiente, lo que no es seguro, ya que los *thymiatēria,* braserillos o portalámparas iban coronados por tazas fijas. Hay en Roma y Etruria candelabros que presentan tres o cuatro brazos abiertos con las extremidades dobladas en forma de trípode invertido; el hecho de que la columna aparezca rematada en figuras o ramos de flores fijos prueba que sobre ellos no se colocaba ningún recipiente.

En los *thymiatēria* etruscos es corriente que parte de la columna se sustituya por una figura humana, imagen divina —Hércules— o simple mortal, que puede ser un danzarín, un efebo, etc. [30] No conozco piezas de esta época en que la figura sea de animal. En Pompeya hay ciertamente ejemplares con esfinges sentadas que ocupan parte de la longitud de la columna. El hecho de tratarse de un objeto aparecido en una región que no acusa un marcado influjo mediterráneo no es suficiente para probar que esta pieza fuera muy distinta de las itálicas. Los candelabros y *thymiatēria* son muy semejantes entre sí en todas las épocas. Los *thymiatēria* en cerámica de Azaila, lugar no muy distante de Calaceite, acusan, como indica A. García y Bellido, influencias de los de Canosa en la Daunia [31].

Las numerosas representaciones de discos, aislados o incluidos en conjuntos figurativos destinados a simbolizar el astro rey, así como la abundancia de fuentes arqueológicas y literarias en que el caballo aparece como animal consagrado al sol, ya desde la prehistoria y durante todo

[28] G. Q. Giglioli, *L'Arte Etrusca* (Milán 1935) láms. CCIX-CCXVII.

[29] V. Spinazzola, *Le arti decorative in Pompei e nel Museo Nazionale di Napoli* (Milán 1928) 8, 51, 98, 99, 107, 191, 262, 288, 290, 291, 294, 295.

[30] O. Vacano, *Die Etrusker* (Stuttgart 1955) 97-100, lám. 79.

[31] Comparar CVH Azaila, láms. 57-58, 86-89, con M. Mayer, *Apulien vor und während der Hellenisierung* (Leipzig-Berlín 1914) láms. 35,5; 35,12; 36,7 y 10; 38,7 y 8; 39,1-2; 40,3-4; 41,9; A. García y Bellido, AEArq 24 (1951) 201-202.

el primer milenio, tanto en Europa como en Asia, hacen que la sola aparición de un caballo y un disco a su lado constituya argumento suficiente para pensar que se trata de un objeto relacionado con el culto solar.

A. B. Cook ha reunido las fuentes literarias y la documentación arqueológica conocida hasta el momento. Sobre la base de estos testimonios prueba que en la Grecia prehistórica la rueda era considerada un emblema del sol [32]. El tema de los círculos solares se repite con tanta frecuencia en la cerámica de Villanova y en las de otras localidades contemporáneas, que A. B. Cook se sintió inclinado a fechar el bronce de Calaceite en la misma época [33].

Un bajorrelieve de la ciudad caldea de Sippara, fechado hacia el año 900 a. C., muestra el disco solar adorado por un rey caldeo y movido por dos sacerdotes desde una terraza mediante una polea. La correspondiente inscripción dice: «Imagen del sol. El gran señor que habita en el templo de Bit-Para, que está en Sippara» [34]. Un cilindro de Babilonia muestra a un sacerdote delante de dos objetos colocados sobre un pedestal, la luna y una rueda de seis radios, imagen del sol [35]. Máximo de Tiro escribe que los peonios adoraban al sol bajo la forma de un disco colocado sobre una columna [36].

De Siria se ha conservado una hoja de plata sobre la que se ha grabado un disco solar arrastrado por un animal, seguramente un caballo dibujado muy torpemente [37].

El mismo tema es representado en los petroglifos escandinavos de Backa y Tanum, de la Edad del Bronce; el sol se simboliza mediante un disco que es movido por hombres o arrastrado por cuadrúpedos [38]. Las representaciones escandinavas son un precedente del puñal de Bolonia en que se ve el disco solar movido por dos personajes [39]. En el caldero de Gundestrup hay un guerrero galo, caracterizado por los vestidos y el casco, que da vueltas a la rueda solar contra la espalda de un dios celta.

[32] A. B. Cook, *op. cit.*, 197ss, 333-341. Sobre Hispania, cf. J. M. Blázquez, *Diccionario de las religiones prerromanas de Hispania* (Madrid 1975) 61ss.

[33] G. Kossack, *Studien zum Symbolgut der Urnenfelder und Hallstattzeit Mitteleuropas* (Berlín 1954) láms. 9-13,5; 14,10-11; 15; H. Klumbach, *Festschrift des römischen-germanischen Zentralmuseum in Mainz* III (Maguncia 1953) láms. 14-15, 19-20; D. Randall-MacIver, *Vilanovans and Early Etruscans* (Oxford 1924) láms. 9, 12-14, 26, 30, 32; figs. 3, 37, 38, 42, 59; *The Iron Age in Italy* (Oxford 1927) láminas 18 y 25; figs. 3,6-7, 21.

[34] A. Cook, *op. cit.*, I, 263; J. Déchelette, RA 13 (1909) 319, fig. 9; R. Forrer, *op. cit.*, fig. 12,2; G. Perrot, Ch. Chipiez, *Histoire de l'art dans l'antiquité* III (París 1884) 209-210, fig. 71.

[35] O. Almgren, *Nordische Felszeichnungen als religiöse Urkunden* (Francfort 1934) fig. 59; G. Perrot, Ch. Chipiez, *op. cit.*, 689; O. Weber, *Altorientalische Siegelbilder* II (Leipzig 1920) fig. 46. Otros ejemplos en H. Schmökel, *Ur, Assur und Babylon* (Stuttgart 1955) láms. 46, 49, 69, 84, 88, 98, 104; A. Jirkn, *Die Welt der Bibel* (Stuttgart 1957) lám. XCII.

[36] Max., II, 8.

[37] J. Déchelette, RA 14 (1909) 311-312, fig. 4; *Manuel d'Archéologie* II (París 1910) 416; R. Forrer, *op. cit.*, I, fig. 20,1.

[38] O. Almgren, *op. cit.*, 87ss, 343ss; R. Forrer, *op. cit.* I, fig. 3,3-4.9.11-13.

[39] P. Jacobsthal, *Early Celtic Art* (Oxford 1969) 12, láms. 50-60.

Según P. Lambrechts, los investigadores están de acuerdo en considerar la rueda como un emblema solar en la religión germánica. En la religión celta, los dioses que tienen como atributo la rueda son divinidades solares [40], aunque este objeto puede ser también un símbolo del trueno, como indica el mismo P. Lambrechts, adelantándose a la tesis de Lefort des Ylouses [41]. El carro solar de Trundholm, que expresa el mismo concepto que los petroglifos escandinavos y la lámina de Siria, prueba que el caballo estaba íntimamente ligado al culto solar. Estos serían, según P. Lambrechts, los prototipos del carro de Apolo, dios cuyo carácter solar primitivo está hoy admitido [42].

Según E. Meyer, el mito del dios solar tirado por un caballo es conocido de muchos pueblos indoeuropeos [43]. J. Déchelette probó ya hace muchos años que en la Galia el caballo era un animal consagrado al sol [44]. Según Lambrechts, los celtas conocen el culto al sol desde el Hallstatt. De la época del Bronce se conservan pendientes que representan ruedas atadas a unas barcas cuyas extremidades son prótomos de aves [45].

Existe una estrecha relación entre el culto al sol y ciertos emblemas funerarios. En la Galia, los signos astrales aparecen sobre numerosas lápidas sepulcrales y sobre las divinidades infernales [46]. También en España hay representaciones astrales en lápidas funerarias [47], hecho que prueba una íntima relación entre los cultos solares y las ideas relativas a ultratumba. Prueba convincente a favor de ello es una estela encontrada en Alleán, en que la imagen del sol conduciendo un carro tirado por cuatro caballos ha reemplazado a las ruedas [48].

J. Déchelette compara la pieza española con unos bronces de Campania que representan igualmente dos discos superpuestos [49]. A. Blanco Freijeiro [50] recoge un paralelo muy cercano del caballito de Calaceite; se trata de un vaso de Marsiliana d'Albegna, datado en el siglo VII antes de Cristo, en que aparece una fila de caballos con discos sobre la grupa [51]. Pero el paralelo más cercano está en las monedas galas con discos solares alrededor de los caballos. Es tal la frecuencia con que se repite este tema en la numismática céltica prerromana que puede ser considerado como un tópico. En una de estas monedas, el caballo tiene debajo el disco, y otros cuatro más pequeños encima; en otras hay un disco

[40] P. Lambrechts, *Contributions à l'étude des divinités celtiques* (Brujas 1942) figura 73.
[41] P. Lambrechts, *op. cit.*, 64-80; M. R. Lefort des Ylouses, CRAI (1949) 154.
[42] M. P. Nilsson, *Geschichte der griechischen Religion* I (Munich 1941) 498ss.
[43] E. Meyer, *Geschichte des Altertums* I (Stuttgart-Berlín ²1939) 768.
[44] J. Déchelette, *Manuel... (op. cit.)* II, 1, 417.
[45] C. Schuchhardt, *Alteuropa* (Berlín-Leipzig 1935) 223.
[46] P. Lambrechst, *op. cit.*, 110.
[47] A. García y Bellido, *Esculturas romanas de España y Portugal* (Madrid 1949) 328-334.
[48] E. Esperandieu, *Bas-reliefs*, 1910.
[49] J. M. Blázquez, *Los carros votivos de Mérida y Almorchón*, en este mismo volumen, fig. 132.
[50] *Loc. cit.*
[51] O. Vacano, *op. cit.*, fig. 40.

grande y otros tres más pequeños debajo del animal. Otras presentan sólo un disco encima del caballo. En algunas es mayor la profusión de ruedecillas: sobre el caballo aparece una rueda, encima de ésta un disco radiado y otros discos sin radios sobre la grupa. Una de estas monedas ofrece el paralelo más estricto que se pueda aducir de la pieza de Calaceite. Representa un caballo con una rueda debajo, dentro de la cual hay otras seis ruedecillas. Es una representación muy semejante a la del bronce hispánico. En las monedas galas, como es natural, no aparece la columna, que en el bronce ibérico tiene simplemente la misión de mantener unidas las dos ruedas grandes [52].

En España no hay monedas célticas con representaciones de caballos rodeados de discos, pero hay en cambio fíbulas zoomorfas con animales, generalmente caballos, que tienen la piel cubierta de discos. En Numancia, sobre cuyas cerámicas son clarísimas las representaciones solares [53], hay figuras equinas rodeadas de discos solares. Ya Blas Taracena interpretó estos discos que rodean a los caballos como representaciones solares [54]. Seguramente tienen el mismo significado los círculos que cubren la piel de algunos caballos en las cerámicas de la misma ciudad [55].

Las fíbulas hispánicas con representaciones de caballos, las monedas galas prerromanas en que aparecen caballos y discos, y el bronce de Calaceite responden fundamentalmente al mismo concepto religioso, y bastan para probar la existencia del culto al sol entre los celtas y la íntima relación del caballo con ese culto (fig. 84) [56].

Es posible que el bronce de Calaceite tenga al mismo tiempo un significado funerario, ya que el sol y las ideas acerca de la vida de ultratumba van frecuentemente muy unidas en España y en la Galia. El hecho de que este objeto haya aparecido en una tumba es indicio muy claro.

[52] A. Blanquet, *Traité des Monnaies Gauloises* (Bolonia 1931) figs. 5-8, 17, 18, 25, 67, 69, 127, 179, 188, 196, 197, 227, 315, 337, 338, 341, 347, 383; A. Roes, RA 2 (1938) 164-165, fig. 8.

[53] B. Taracena, *Los pueblos celtibéricos,* en R. Menéndez Pidal (ed.), *Historia de España* I, 3 (Madrid 1954) fig. 166.

[54] *Ibíd.*, 285-286.

[55] J. Camón, *op. cit.*, figs. 802, 813, 714, 717, 721.

[56] Sobre el caballo entre los indoeuropeos, cf. F. Schachermeyr, *Poseidon und die Entstehung des griechischen Götterglaubens* (Berna 1950) 67ss. Los textos referentes a las relaciones entre el caballo y la religión en la Península Ibérica están recogidos en J. M. Blázquez, *La religiosidad de los pueblos hispanos vista por los autores griegos y latinos*, en este mismo volumen, pp. 438-467. Aquí se defiende una tesis contraria a la que se admite últimamente. Cf. F. le Roux, *Le cheval divin et le zoomorphisme chez les celtes:* «Ogam» 7 (1955) 101ss; E. Thevenot, *Le cheval sacré dans la Gaule de l'Est:* «Rev. Arch. de l'Est» 2 (1951) 129ss; P. Duval, *Les dieux de la Gaule* (París 1957) 46, escribe sobre el particular: «A propósito del caballo se puede hablar de animal sagrado, de demonio conductor de las almas; 'caballo divino' resultaría ya tendencioso; 'dios caballo' o 'culto del caballo', erróneo».

5

CABALLOS Y ULTRATUMBA EN LA PENINSULA HISPANICA *

Se reúnen en este trabajo algunos de los testimonios más importantes entre los hallados en la Península Hispánica referentes a una vinculación del caballo con la vida de ultratumba.

El testimonio más arcaico de una relación entre el caballo y la vida de ultratumba es un pequeño carro de terracota recogido en una tumba de la Dehesa de Bencarrón, en el límite de los términos de Mairena del Alcor y Alcalá de Guadaira (Sevilla) [1]. Esta pieza, recogida por Bonsor, fue hallada dentro de una urna cineraria, entre las cenizas que contenía. El carro es de grandes ruedas macizas; una de ellas, mayor que la otra, con botón interior y exterior, bien destacados los dos. Las dos ruedas van unidas por un eje estrecho; la caja es de forma de pirámide truncada invertida; los bordes son salientes y llevan dos filas de remaches. No aparecieron rastros de lanza o caballo. La urna en que se halló este carrito es caracterizada por Bonsor como «neolítica, de la primera Edad del Hierro». Según Serra Ráfols, podría ser ibérica o romana, pues carece de elementos precisos para fecharla. El tipo de carro no es romano; tal vez sea ibérico o posiblemente anterior.

La presencia de este carrito en una urna prueba que en la Península existía la costumbre de depositar diminutos carros o caballos solos de terracota en las tumbas; esta misma costumbre está bien documentada para Grecia [2], Italia [3] y otras zonas. La opinión aceptada entre los

* Agradezco al profesor Almagro el interés que se ha tomado por este trabajo, al que ha aportado valiosas sugerencias. Doy igualmente las gracias al profesor Tovar, que ha revisado la lectura de las lápidas y me ha sugerido algunos puntos importantes. Al doctor Jordá agradezco, al igual que a doña Matilde Revuelta y al doctor M. Cardozo, la parte gráfica que gentilmente me han proporcionado. Los dibujos han sido realizados por el doctor L. Monteagudo.

[1] G. Bonsor, *Los dioses de los Alcores:* AMSEAEP 3 (1924) 175ss; S. Serra Ráfols, *Carrito ibérico de bronce, del Museo de Granollers:* AEArq 21 (1948) 389s, fig. en la pág. 383.

[2] L. Malten, *Das Pferd im Totenglauben:* JdI 29 (1914) 221, nota 1.

[3] G. Q. Giglioli, *La tomba chiusina di Fontecucchiaia ora nel Museo Nazionale di Copenhague:* «St. Etr.» 3 (1929) 474ss; A. Neppi Modona, *A Guide to Etruscan Antiquities* (Florencia 1954) 84; O. Vacano, *Die Etrusker* (Stuttgart 1955) fig. 29; D. Randall-MacIver, *Villanovans and Early Etruscans* (Oxford 1924) lám. XLIV; N. Breitenstein, *Catalogue of Terracottas, Cypriote, Greek, Etrusco-Italian and Roman* (Copenhague 1941) 82ss, lám. XCVII, n.° 783; S. Pellegrini, *Pitigliano. Nuove sco-*

investigadores es que estos carros no son de juguete, sino objetos simbólicos que indican una vinculación del caballo (ya que en estas piezas el elemento importante era este animal) a la vida de ultratumba [4]. Unas veces se depositaban en las tumbas sólo caballos; en otros casos aparecen únicamente los carros. En ocasiones, sin embargo, hay caballos enganchados a los carros.

En las sepulturas de los pobres, estos carros estarían relacionados con la costumbre de quemar carros junto con el cadáver y depositarlos con las cenizas en los enterramientos de los ricos. Tal costumbre está atestiguada en Italia, en Francia (Vix) y en la Península Hispánica (Toya, Cabecico del Tesoro, Baza y Huelva) [5].

En la tumba de incineración número 77 de Las Corts halló el excavador de Ampurias, M. Almagro, dos caballitos de terracota de color gris amarillento y de factura muy tosca, que miden 99 mm. de longitud [6]. El ajuar de esta tumba no proporciona una fecha precisa, pero toda la necrópolis a que pertenece se data hacia el año 200 a. C. [7] Los caballitos depositados en esta tumba responden a una costumbre griega e itálica y constituyen una prueba más de la vinculación que en estos pueblos se establecía entre estos animales y la vida de ultratumba. El enterramiento en que aparecieron sería probablemente de un griego, por lo que este testimonio no es válido para el estudio de las relaciones entre caballo y ultratumba en los pueblos indígenas de la Península.

perte di antichità nelle necropoli: «Not. Scav.» (1930) 273ss, fig. 7; O. Montelius, *La civilisation primitive en Italie* (Estocolmo 1904) láms. CCXII,3; C,13; 865; L. Milani, *Capodimonte. Nuovi scavi nella necropoli visentina nel comune di Capodimonte, sul lago di Bolsena:* «Not. Scav.» (1894) 126ss, fig. 3.

Causa extrañeza leer en G. Mylonas, *Ancient Mycenae. The Capital City of Agamemnon* (Princeton 1957), que estos carros hallados en tumbas de Micenas son juguetes.

Todos estos carros y caballos son del siglo VII a. C. En el ámbito mediterráneo aparece el carro vinculado a la vida de ultratumba ya en las pinturas del famoso sarcófago de Haghia Triada; cf. F. Matz, *Kreta, Mykene, Troja* (Stuttgart 1956) lámina XLVII; M. P. Nilsson, *The Minoan-Mycenaean Religion and its Survival in Greek Religion* (Lund 1950) 456ss. La costumbre de depositar diminutos carros en las tumbas deriva probablemente del hecho de que los cadáveres eran transportados a ellas precisamente en carros, que frecuentemente eran enterrados junto con aquéllos; cf. V. Gordon Childe, *The first Waggons and Carts, from the Tigris to the Severn:* «Proc. P. Soc.» 17 (1951) 177ss; R. Joffroy, *Le Trésor de Vix, Côte d'Or* (París 1954); *Les sépultures à char du premier Âge du Fer en France* (París 1958); *La tombe à char de Pernant, Aisne:* «Gallia» 21 (1963) 1ss; R. Joffroy, D. Bretz, Mahler, *Les tombes à char de la Tène dans l'Est de la France:* «Gallia» 17 (1959) 7ss. Sobre la distribución de las tumbas con carros, cf. A. Haffner, *Das Treveres-Gräberfeld mit Wagenbestattungen von Happstädten-Weiersbach. Kreis Birkenfeld:* «Trierer Zeitschrift» 32 (1969) 71ss; R. Schindler, *Das Wagengrab von Grausdorf:* «Trierer Zeitschrift» 37 (1970) 19ss.

4 G. Q. Giglioli, *op. cit.;* P. Ducati, *Nuove stele funerarie felsinee:* «Mon. Ant.» 39 (1943) 413; F. Cumont, *Lux perpetua* (París 1948) 287.

5 J. Cabré, *El sepulcro de Toya:* AEAA 1 (1925) 91, 99; G. Nieto, *La necrópolis hispánica del Cabecico del Tesoro, Verdolay, Murcia:* BSAA 9 (1943-1944) 172s, lámina XXVII,b (se trata probablemente de la maza de un carro).

6 M. Almagro, *Las necrópolis de Ampurias* I (Barcelona 1953) 332s, fig. 301.

7 *Ibíd.*, 270.

En la tumba número 95 de la necrópolis ibérica del Cigarralejo (Mula, Murcia) halló E. Cuadrado, formando parte del encachado de una tumba, un carro de piedra arenisca tirado por dos caballos [8]. F. Benoit [9] ha insistido recientemente en el carácter funerario de esta pieza, movido sin duda por el hecho de haber sido recogida en una tumba. Tanto Cuadrado como yo mismo hemos negado tal significado [10], pues el carro no estaba depositado en la tumba, sino que formaba parte del encachado, lo que prueba que se hallaba allí como parte del material empleado para la construcción de las paredes. Benoit atribuye el ca-carácter de exvotos funerarios a los caballitos del Cigarralejo [11], pero su tesis no es admisible, ya que no han sido hallados en las mismas tumbas [12].

Es posible, por el contrario, que posean significación funeraria los diseños estilizados de caballo y jinete que han aparecido en dos estelas de Aguilar de Anguita (Guadalajara) [13]. Este grupo tendría el mismo carácter que las representaciones gemelas del santuario de Mouriès. Aquí no hay duda de que el caballo posee un significado funerario, como en la Galia. Probablemente no hay que reconocer en este grupo una representación simbólica del difunto, como a propósito de Grecia afirma Malten [14], sino una representación genérica del muerto cabalgando sobre un caballo infernal.

El carro recogido en una tumba de Mérida, actualmente en el Museo de Saint Germain-en-Laye, podría tener carácter funerario, como ha sido admitido por Benoit [15], Forret [16] y por mí [17]. Pero el caballo

[8] E. Cuadrado, *El carro ibérico*, en III CAN (1955) 116ss.

[9] F. Benoit, *L'héroïsation équestre* (Aix-en-Provence 1954) 41, 68, 76.

[10] J. M. Blázquez, *Los carros votivos de Mérida y Almorchón*, en este mismo volumen, pp. 344-360.

[11] F. Benoit, *op. cit.*, 76.

[12] E. Cuadrado, *Excavaciones en el santuario ibérico del Cigarralejo, Mula, Murcia* (Madrid 1950); *Exvotos equinos del santuario ibérico del Cigarralejo, Murcia*, en AC I PM (1950) 454ss; *Excavaciones en el Cigarralejo, Mula Murcia:* CHP 2 (1947) 95ss.

Los investigadores que se han ocupado de este santuario y el propio excavador no atribuyen a los exvotos este carácter; cf. J. Camón, *Las artes y los pueblos de la España primitiva* (Madrid 1954) 807s; A. García y Bellido, *El hombre prehistórico y los orígenes de la humanidad* (Madrid 1955) 336s; J. Maluquer, *Pueblos ibéricos*, en R. Menéndez Pidal (ed.), *Historia de España* I,3 (Madrid 1954) 331. Tampoco se puede pensar que se vinculasen con Epona, como insinúa J. Camón, pues por las fechas del santuario era desconocida esta diosa. Hay que pensar en las divinidades protectoras de caballos del mundo mediterráneo; cf. N. Yalouris, *Athena als Herrin der Pferde:* «Museum Helveticum» (1950), 19-101, y mis trabajos incluidos en este mismo volumen.

[13] F. Benoit, *op. cit.*, 77; *Des chevaux de Mouriès aux chevaux de Roquepertuse. Recherches sur le symbolisme funéraire de la vallée du Rhône avant la conquête romaine:* «Préhistoire» 10 (1948) 151, nota 2 de la bibliografía.

[14] L. Malten, *op. cit.*, 222.

[15] F. Benoit, *Des chevaux de Mouriès... (op. cit.)* 193; *L'héroïsation (op. cit.)* 80.

[16] R. Forret, *Les chars cultuels préhistoriques et leurs survivances aux époques historiques:* «Préhistoire» 1 (1932) 116, 118.

[17] Cf. *infra*, pp. 344-360.

no tendría en este caso un especial significado funerario, que correspondería más bien al tema de la caza, como es frecuente tanto dentro de la Península Ibérica [18] como fuera de ella [19].

En Marchena se encontró un cipo funerario con la representación de una palmera y un caballo [20]. A. García y Bellido cree que se trata probablemente de una estela sepulcral romana, que hasta ahora se había tenido por cartaginesa, a causa de la semejanza de sus temas con ciertas acuñaciones púnicas en que aparecen la palmera y el caballo.

La obra, según García y Bellido, ha de ser romana, aunque tal vez de tradición púnica. La palmera y el caballo aparecen, como indica este autor, en monumentos funerarios romanos. Si admitimos que en este cipo hay influencia púnica, tendríamos una representación del caballo solo, como aparece frecuentemente en estelas de Sulcis [21]. G. Lilliu interpreta en este caso el caballo como una hipóstasis de Baal-Ammón, aunque también es posible que se haya realizado la sustitución del difunto, representado frecuentemente en las estelas púnicas, por el caballo o que el caballo tenga aquí el valor de un símbolo de la inmortalidad. Si admitimos que el cipo es de influencia romana, se habría sustituido la representación del difunto por el caballo, como ocurre con cierta frecuencia.

Posee especial interés para el tema que nos ocupa una estela procedente de Lara de los Infantes, conservada actualmente en el Museo de Burgos. La escena representa una cacería. Un jinete con lanza acosa a un jabalí, ayudado por un siervo que empuña rodela y espada. Debajo de la escena hay una cartela con la siguiente inscripción:

SEMPRONIO
FESTO . LOUGEI
F. AN. LXV

Más abajo hay un ara flanqueada por dos palmas. Todo el círculo está recorrido por un trenzado que remata, en la parte inferior, en dos prótomos de caballo [22]. La escena aquí representada es de carácter típicamente funerario, y lo mismo cabe afirmar de los dos prótomos de caballo, que se deben no a influjo romano, ya que en este ámbito no se utilizan en los monumentos funerarios, sino griego; en Grecia, efectivamente, aparecen con mucha frecuencia en estelas y relieves funerarios. Bastará citar al respecto algunos testimonios: en una urna

[18] A. García y Bellido, *Esculturas romanas de España y Portugal* (Madrid 1949) 340.

[19] S. Aymard, *Essai sur les chasses romaines des origines à la fin du siècle des Antonins* (París 1951) 503ss.

[20] F. Benoit, *L'héroïsation (op. cit.)* 74, lám. XVII, n.° 1; A. García y Bellido, *Esculturas romanas (op. cit.)*, n.os 304 y 305.

[21] G. Lilliu, *Le stele puniche di Sulcis. Cagliari:* «Mon. Ant.» 11 (1944-1945) 371ss, láms. IX, n.os 99-102, 104-105; X, n.° 112.

[22] J. Camón, *op. cit.*, fig. 785; A. García y Bellido, *Esculturas romanas (op. cit.)* 370, n.° 365; B. Osaba, *Museo Arqueológico de Burgos* (Madrid 1955) lám. XIX; J. Caro Baroja, *La España primitiva y romana* (Barcelona 1957) fig. 170.

procedente de Demetriade y conservada hoy en el Museo de Volo [23], dedicada a «los héroes y heroínas fundadores», aparecen unos prótomos de caballo sobre unas serpientes. También hay prótomos de caballos pintados sobre ánforas áticas de figuras negras fechables en la segunda mitad del siglo VI a. C., posible creación del pintor de la Gorgona [24]. Malten y Ferri ven en estos prótomos de caballo una clara alusión al carácter funerario de este animal en la religión griega. Tendríamos en estas representaciones, como afirma Malten, «la cabeza del caballo como imagen del muerto en su condición de caballo». A la vista de tales representaciones equinas ha escrito Ferri frases como éstas: «En determinados ambientes, los difuntos son considerados *hippoi;* todo muerto es considerado individualmente un *hippos,* y se convierte en un numen que determina nuevas defunciones». Según Malten, los prótomos de caballo son «viejas formas de aparición del muerto» [25]. Para Herbig [26], estos prótomos no tienen otra significación que la de un indicativo de que «el personaje representado está heroizado, es decir, muerto». Esta significación que se atribuye al prótomo de caballo explica que tal imagen aparezca en relieves de ofrendas o banquetes funerarios o simplemente en estelas del mismo carácter [27]. Nilsson, por el contrario, opina que la presencia del caballo o del prótomo de este animal en las composiciones funerarias no posee simbolismo especial alguno; se trataría simplemente de que el poseer caballos era un signo externo de distinción, de riqueza y condición aristocrática. Todo lo que se pretendía al incluir su figura en un monumento funerario era indicar que el difunto había alcanzado la correspondiente categoría social [28].

Los prótomos de caballo de las estelas de Clunia son importantes

[23] S. Ferri, *Archeologia della «Protome»:* «Annali della R. Scuola di Pisa» 2/2 (1933) 157, fig. 17.

[24] J. D. Beazley, *Attic Black-Figure Vase-Painters* (Oxford 1956) 15ss.

[25] L. Malten, *op. cit.*, 225.

[26] *Giebel, Stallfenster und Himmelsbogen:* RM 42 (1927) 124.

[27] R. Herbig, *op. cit.*, Beil. XIV; F. Benoit, *L'héroïsation (op. cit.)* lám. III,I, n.° 1; E. Pfuhl, *Das Beiwerk auf den ostgriechischen Grabreliefs:* JAI 20 (1905) 123ss; figuras 1-2, 20-21, 24, 27-28, 48s; *Stätionische Plastik:* JAI 50 (1935) 9ss, 13ss, fig. 2; 35s, figs. 18-20; 39s, figs. 23-24; M. Bieber, *Die antiken Skulpturen und Bronzen des Königl. Museum Fridericianum in Kassel* (Marburgo 1915) 37, lám. XXXIII, n.° 77; A. Furtwängler, *Sammlung Sabouroff* I (Berlín 1883) láms. XXXII-XXXIII; F. Poulsen, *Ny Carlsberg Glyptotek* (Copenhague 1941) lám. V, n.° 229,b; S. Reinach, *Répertoire des reliefs grecs et romains* (París 1912) láms. 1732; 143,4; 292,2; 412,1; 413,1-2; 414,4; 430,1; 431,1; J. N. Svoronos, *Das Athener Nationalmuseum* (Atenas 1908-1937) I, láms. XLVII, 1371; LVII; LXXXI,1504; LXXXIV; XC,1526; XCIV, 1538; II, láms. CXLII,2361; CXLIX,2413; CXII,2421; CXLIII; CLXX,2785; D. Valeriani, *Etrusco Museo Chiusino* II (Florencia 1834) última lámina; E. Galli, *Il rilievo di Cipollina:* «St. Etr.» 8 (1934); F. Lenormant, *Premier rapport à Monsieur le Ministre de l'Instruction Publique sur une mission archéologique dans le Midi de l'Italie:* «Gazette Archéologique» (1883) 213, lám. IX; P. Wuilleumier, *Tarente des origines a la conquête romaine* (París 1939) lám. XI,1; XXIX,1; S. Gréan, *Terres cuites guecques* (París 1891) lám. VI; G. M. A. Richter, *Ancient Italy* (Michigan 1955) fig. 74.

[28] M. P. Nilsson, *Geschichte der griechischen Religion* I (Munich 1941) 358. Seguimos la teoría de Malten.

para determinar la penetración de la influencia griega entre los indígenas. No es de extrañar que estos prótomos conservaran la significación que originalmente poseían en Grecia, ya que en la Península es frecuente que la representación del difunto sea sustituida por la del caballo, como veremos.

En este sentido, las piezas más significativas son una estela del Museo de Córdoba y una serie de lápidas del Norte de España.

La lápida del Museo de Córdoba procede de la antigua colección arqueológica de don Victoriano Rivera y Romero; es un bajorrelieve de piedra en que se ha representado un caballo al galope, muy toscamente labrado. En la parte superior derecha, debajo de la moldura, se lee: L. LUM. BEL. (*Lucius Lumius Bellicus*). Romero de Torres escribió que el caballo, a su parecer, indicaba que el difunto pertenecía al orden ecuestre, tesis inaceptable, como se verá. Esta lápida presenta la particularidad de representar sólo el caballo, como las del Norte de la Península [29]. Según Benoit, el caballo desempeña aquí un papel sagrado en relación con la heroización del difunto.

Las estelas del Norte de la Península con representaciones de caballos son las siguientes:

I. Lápida conservada, como casi todas las restantes, en el Museo de San Marcos de León, donde se hallaba ya a finales del siglo pasado. Procede de Liegos, en el valle del Burón. Es de color oscuro y lleva una inscripción funeraria latina de forma rectangular, a la que falta el ángulo de la derecha de la parte inferior. Está labrada en un tipo de piedra igual al de los cantos rodados de los ríos; sus dimensiones son 42 cm. de anchura por 54 cm. de altura. Está adornada en la parte superior, en medio, con dos líneas a modo de aspas, cuyos extremos laterales se unen por una vertical y un arco. Debajo de la inscripción hay una cruz grande y un caballo en actitud de marcha, con una marca en forma de ocho sobre el anca [30]. La cruz es probablemente un signo astral, que también aparece en Numancia, en dos pinturas de indudable sentido religioso [31], sobre caballos, toros y peces [32]. El adorno del anca del caballo aparece representado cuatro veces en Numancia sobre un vaso de peces [33]. El signo que hay en lo alto de la inscripción se observa también en una fíbula de Numancia que representa un caballo [34]; es posible que tuviera también una significación astral. En la parte superior derecha aparece grabada una palma. La primera línea de

[29] F. Benoit, *L'héroïsation équestre (op. cit.)* 2, 74, 78s, lám. XVII; E. Romero de Torres, *Nuevas inscripciones romanas halladas en Córdoba:* BRAH 56 (1910) 454s.

[30] CIL II,5705; M. Gómez Moreno, *Catálogo Monumental de España. Provincia de León* (Madrid 1925) 41, n.º 7.

[31] B. Taracena, *Los pueblos celtibéricos*, en R. Menéndez Pidal (ed.), *Historia de España* I,3 (Madrid 1954) fig. 168; A. Schulten, *Numantia* II (Munich 1931) láminas XIX-XX.

[32] B. Taracena, *op. cit.*, fig. 177; A. Schulten, *op. cit.*, láms. IX, XX, XXIV, XXV.

[33] J. Camón, *op. cit.*, fig. 733.

[34] J. Maluquer, *op. cit.*, fig. 63.

la inscripción está entre dos líneas paralelas, y toda la inscripción aparece encuadrada, salvo por la parte inferior, dentro de una línea no muy profunda que la cerca a modo de arco. Las letras no son muy profundas, especialmente a los lados, pero se leen muy bien; están distribuidas en cinco líneas de altura desigual. En los renglones segundo y tercero alcanzan su mayor tamaño.

Dice así la inscripción:

DMMP
ALIOMUS . PARENS
FILIAE . SVUAE PIE
NTISSIMAE . MAIS
ONTINI . AN . P . M . XVIIII
[cruz]
[caballo]

D(iis) M(anibus) M(onumentum) P(osuit) |
ALIOMUS PARENS | FILIAE SUAE PIE | NTISSIMAE MAIS |
ONTINI P(lus) M(inusve) XVIIII

El nombre del dedicante (ALIOMUS) aparece aquí por única vez en toda la Península (Hübner leyó ALOMUS), pero se conocen aquí nombres parecidos, como ALLONUS [35]; también es ésta la única vez que se registra MAISONTINI; podría ser un dativo céltico en *-i*, de los estudiados por Tovar. El ejemplar responde, en cuanto al tipo y sus fórmulas, a las inscripciones vadinienses. Las letras, al igual que en las restantes inscripciones, son de tipo arcaizante, por lo que su fecha resulta muy incierta. En cambio, enriquece la onomástica indígena con dos nombres propios hasta ahora desconocidos.

II. Lápida conservada en el Museo de San Marcos de León, donde fue ya conocida por Hübner. Procede de Valmartino, junto a Sorribas. Lleva una inscripción latina y tiene forma de estela; es de piedra arenisca y mide 86 cm. de altura por 46 cm. de ancho. Está decorada en la parte superior con una hoja de yedra entre dos palmas.

Debajo de la inscripción hay un caballo en actitud de marchar hacia la derecha. La inscripción consta de seis líneas. Las letras son grandes y relativamente profundas, por lo que su lectura resulta fácil. El ejemplar se encuentra en buen estado de conservación.

Dice así la inscripción:

M . D . M
DO VIDE
ARA . F . P
NEGALO .
VERONIGO
RU AN XX.V.
[caballo]

M(onumentum) D(iis) M(anibus) | DOVIDE(na) | ARA(ni)
F(ilia) P(osuit) | NEGALO | VERNIGO | RU(m) AN(norum) XXV

[35] CIL II,2677.

Me inclino a rechazar la lectura de Gómez Moreno, que lee DOVIDEAR, en favor de DOVIDENA, que aparece otras dos veces[36]; Hübner lee simplemente DOVIDE, y en tercer renglón ARA(m); es posible que en esta palabra tengamos el gentilicio que se registra otras dos veces[37], al igual que VERNIGORUM, también ya conocido[38], o más probablemente el nombre del padre, ya que viene a continuación de *filia*.

III. Lápida también conservada en el Museo de León; procede de Villapadierna, bien abajo del río Esla. Tiene forma de estela y lleva inscripción funeraria latina. Está labrada en una piedra de color oscuro, y sus dimensiones son 82 cm. de alto por 37 cm. de ancho. Está decorada, en la parte superior, con dos palmas y en la inferior con un caballo que marcha hacia la derecha. La inscripción consta de ocho líneas. Las letras son relativamente profundas y grandes, por lo que su lectura no plantea dificultades.

Dice así la inscripción:

D M.
CANCILVS
VIRO NO
AUNC VLO
SUO SEGIS
AMI . F . VA
AN . XXXV
H . S . E
[caballo]

D(iis) M(anibus) | CANCILUS | VIRONO | AUNCULO | SUO SEGIS | AMI F(ilio) VA(diniensi) | AN(norum) XXXV | H(ic) S(itus) E(st)

El nombre del dedicante aparece otra vez en la Península[39], en una lápida lusitana; también el nombre del difunto está atestiguado frecuentemente entre los pueblos del Norte[40]. *Vadiniensis* es el adjetivo formado sobre el nombre de la ciudad. Tolomeo[41] cita una ciudad de los cántabros llamada Vadinia; aunque se ignora su localización exacta, se hallaría no lejos de donde aparecieron las inscripciones en que se lee este adjetivo; las reunidas en el Museo de San Marcos de León suman una treintena. Según Gómez Moreno[42], la ciudad de Vadinia estaría situada en la zona montañosa del nordeste de la provincia de León, ya en tierras asturianas, cerca de Cangas de Onís. Las inscripciones vadinienses tienen caracteres muy específicos que las aíslan del resto de las inscripciones leonesas. Por el contrario, muestran una acusada

[36] CIL II,5744, 6299.
[37] CIL II,5716, 5717.
[38] CIL II,5714; M. Gómez Moreno, *op. cit.*, 42. Dibujo del caballo en F. Benoit, *L'héroïsation équestre (op. cit.)* lám. XIX; A. Tovar, *Estudios sobre las primitivas lenguas hispanas* (Buenos Aires 1949) 112, 136.
[39] CIL II,772.
[40] CIL II,5654, 5723, 5724, 5827, 6298, 5720.
[41] II, 6,50.
[42] M. Gómez Moreno, *op. cit.*, 41.

analogía con otras inscripciones asturianas. Todas ellas están grabadas a golpes, en cantos rodados de cuarcita. Cuando decimos que tienen buena letra es en relación con otras vadinienses, pero sin compararlas con las restantes de la región [43]. Parece que son tardías, probablemente del siglo II d. C.

IV. Inscripción conservada en el Museo de San Marcos de León. Procede de Riaño. Es una piedra con inscripción funeraria latina, en forma de estela. La piedra es amarillenta porosa. En la parte superior aparece como adorno un círculo que enmarca la M de *manibus*, con palmas a ambos lados. Debajo de la inscripción hay un caballo que marcha hacia la derecha. La superficie aparece desgastada, sobre todo en los bordes, que presentan entrantes y salientes. El final de las líneas de la inscripción se ha perdido por completo al lado derecho, lo mismo que las dos primeras letras de la derecha en las líneas segunda y tercera.

Las letras de las seis líneas son relativamente grandes y profundas. El estado de conservación es muy deficiente, y la lectura resulta muy problemática. Dice así:

M
URANTO NAV
VTIOCVM
VIVI . F . ANN
SEMPR
P . FRAT
[caballo]

M(anibus) | URANTO NAV(it) | UTIO CUM(onis) |
VIVI . F(ilio) ANN(orum) | SEMPR(onius) | P(osuit) FRAT(ri)

No seguimos la lectura propuesta por Hübner, que leyó TURANO en la primera línea. El nombre de la persona a la que está dedicada la lápida no se registra en la Península. Gómez Moreno lee en la segunda línea el patronímico, que sería AI ... VTIO CUM... Probablemente ha de preferirse la lectura de Hübner. La lápida está consagrada a un hermano del dedicante [44].

V. Estela recogida en La Puerta, junto a Riaño. Es una inscripción funeraria en forma de estela irregular, labrada en una piedra de color oscuro cuyas dimensiones son 93 cm. de altura por 56 cm. de ancho. Está decorada en la parte superior con dos palmas y en la inferior con un caballo que marcha hacia la izquierda. Las letras de la inscripción, que consta de seis renglones, están apenas grabadas, especialmente el comienzo de los renglones por la derecha. Dice así:

M .
ELANIO VELIAGU
FILIUS . PATERNI
AN . XXX . TRIDA

[43] CIL II,5713; M. Gómez Moreno, *op. cit.*, 42. Dibujo del caballo en F. Benoit, *L'héroïsation équestre (op. cit.)* lám. XIX. Según J. Uría, Vadinia estaría hacia Potes, en territorio astur.

[44] CIL II,5271; M. Gómez Moreno, *op. cit.*, 43.

LLUS . P . AMICO . SVO
S [caballo] S

M(anibus) | ELANIO VELIAGU(m) | FILIUS . PATERNI |
AN(norum) XXX . TRIDA | LLUS P(osuit) AMICO SUO |
S(umptu) S(uo)

El nombre de la persona a que se consagra el epígrafe, amigo del dedicante, aparece otras tres veces en la Península [45], siempre en inscripciones del Norte. En la tercera línea, FILIUS es una forma de latín corrupta; está por FILIO. El nombre del oferente se registra aquí por única vez [46].

VI. Lápida procedente de Barmiedo, en forma de estela, muy gastada en la parte media y en la inferior, y con trozos saltados en los bordes superior y derecho. Mide 136 cm. de alto por 53 cm. de ancho. La piedra es oscura, como de canto de río. En la parte superior hay un caballo que mira a la izquierda y una palma delante de éste. Un poco por debajo de la mitad de la lápida hay una raya horizontal que la atraviesa de lado a lado.

Las letras están someramente grabadas, son grandes y se colocaron sin alineación. El ejemplar está muy mal conservado, por lo que sólo se pueden leer las tres primeras líneas. Dicen así:

[caballo]
M P .
AMBAD
US PALAR
....
....

M(onumentum) P(osuit) | AMBAD | US PALAR |

El nombre del dedicante, AMBADUS, es muy conocido en la Península [47]; PALAR, en cambio, aparece aquí únicamente [48].

VII. Lápida procedente de Lois, cerca de Liegos (fig. 85). La publicó por vez primera Gómez Moreno [49]. Benoit, por error, la reproduce como procedente de Lara de los Infantes [50]. Se encuentra, lo mismo que las anteriores, en el Museo de San Marcos de León. Es una inscripción funeraria en forma de estela, labrada en una piedra oscura, semejante a un canto rodado de río. Mide 118 cm. de alto por 55 cm. de ancho. En la parte superior aparece la M de *manibus* dentro de un círculo. Debajo de la inscripción hay un caballo corriendo hacia la derecha. El ángulo superior derecho ha desaparecido, pero la inscripción está completa y consta de seis líneas, con letras someramente grabadas. Las líneas penúltima y última casi se han perdido. Dice así:

[45] CIL II,2716, 2726, 5819.
[46] CIL II,5715; M. Gómez Moreno, *op. cit.*, 42; A. Tovar, *op. cit.*, 139.
[47] CIL II,623, 738, 907, 2709, 2790, 2856, 2863, 2869, 2884, 3787, 5036, 5819.
[48] CIL II,5709; M. Gómez Moreno, *op. cit.*, 42.
[49] *Op. cit.*, 44.
[50] F. Benoit, *L'héroïsation équestre (op. cit.)* lám. XV, n.° 2.

M .
AMBATO . PARAM
ONIS . F . VAD N
XXX ORIGENUS
COGNATO . SUO
P . H . S . E
[caballo]

M(onumentum) | AMBATO PARAM | ONIS. F(ilio). VAD(iniensi an) N(orum) | XXX ORIGENUS | COGNATO SUO | P(osuit) H(ic) S(itus) E(st)

El nombre del dedicante está atestiguado aquí por única vez en la Península.

VIII. Lápida publicada por Gómez Moreno [51]. Benoit reprodujo recientemente sólo el caballo [52]. Se conserva, igual que las anteriores, en el Museo de San Marcos de León. Procede de Argovijo, sobre el río Esla. Tiene forma de estela y está hecha de pizarra cuarzosa. Mide 70 cm. de alto por 33 cm. de ancho. Está decorada en la parte superior con una hoja de yedra; debajo de la inscripción galopa un caballo hacia la izquierda. Detrás de éste hay una palma. En la zona superior, a la izquierda, hay una hendidura en sentido vertical; tal vez es una palma. La parte izquierda de la inscripción aparece muy picada, por lo que faltan algunas letras de las nueve líneas de que consta. El grabado de las letras es bastante profundo y la lectura no ofrece dificultades, salvo al principio del renglón. Dice así:

D M .
TURENNO
BODDEGUN
BODDI . F . VAD . AN
XXX POSIT .
DOI DERUS PA
TRISVUO PIEN
TISSUMO
S . H S.
[caballo]

D(iis) M(anibus) | TURENNO | BODDEGUM | BODDI . F(ilio) . VAD(iniensi) AN(norum) | XXX POSIT | DOIDERUS PA | TRI SUO PIEN | TISSUMO | S(itus) H(oc) S(epulcro)

El nombre del dedicante, DOIDERUS, aparece otras veces en esta región [53]. El de la persona a qien va dedicada la lápida se registra únicamente en otra lápida de la misma región [54]. BODDUS se lee otras dos veces en lápidas tarraconenses [55].

IX. Lápida publicada igualmente por Gómez Moreno [56] y conser

[51] *Op. cit.*, 44s.
[52] F. Benoit, *L'héroïsation équestre (op. cit.)* lám. XVIII, n.° 1.
[53] CIL II,5708, 5711, 5720.
[54] CIL II,2671.
[55] CIL II,6297, 6298.
[56] *Op. cit.*, 45s.

vada también en el Museo de San Marcos de León. Procede de Proro o de Sorribas. Es un gran canto de pizarra silícea rojiza, de forma aproximadamente rectangular, con los lados irregulares. Falta el ángulo derecho superior y los bordes, muy irregulares, están deteriorados. Mide 72 cm. de alto por 72 cm. de ancho. En la parte superior está adornada con un caballo del que falta la cabeza y que marcha hacia la derecha. El caballo aparece entre dos palmas; junto a la de la izquierda hay una hoja de yedra. La inscripción, que consta de cinco renglones, es muy clara, por lo que su lectura no presenta dificultad alguna. Las últimas letras del último renglón están muy borrosas. Basta observar la disposición en que aparecen las letras en esta lápida, lo mismo que en las restantes, para advertir que están labradas por indígenas pobremente romanizados. Dice así la inscripción:

[caballo]
DM . MP .
VIINUS LABAR
PATRISUOALIO
PIINDIEGINO
POM AN XXX

D(iis) M(anibus) M(onumentum) P(osuit) | VENUS LABAR(us) |
PATRI SUO ALIO | PENDIEGINO | PO(suit) M(onumentum) AN(norum) XXX

El nombre del dedicante es corriente en la Península, también en la región de donde procede la lápida [57]. LABURUS se lee en otra inscripción de la Península [58] hallada en Lusitania. El nombre del padre se registra igualmente [59], lo mismo que la forma femenina [60]. Gómez Moreno lee el quinto renglón en genitivo; tal vez fuera simplemente el *nomen*. POM sería probablemente PO(suit) M(onumentum).

X. Lápida publicada por Gómez Moreno [61] y conservada en el Museo de San Marcos de León. Es un canto de cuarcita en forma de estela, cuyas dimensiones son 95 cm. de alto por 49 cm. de ancho. Procede de Liegos. La superficie está muy deteriorada, por lo que la lectura presenta dificultades. Según Gómez Moreno, en la parte superior tenía como adorno una gran hoja de yedra que no se ve en la actualidad; abajo había un caballo corriendo hacia la derecha. La lectura de Gómez Moreno es como sigue:

M M . P
CES . FLA . PAP
SUO . CES . BOD
VAD . AN LXXX
H S T E
[caballo]

[57] CIL II,162, 2989, 4032, 4229, 4619, 5268, etc.
[58] CIL II,722.
[59] CIL II,500, 2323, 1475, 3738, 5232, 2394a.
[60] CIL II,866, 894, 900, 2464, 5026.
[61] *Op. cit.*, 44.

M(anibus) M(onumentum P(osuit) | CES(tius) FLA(vus) PAT(ri) |
SUO. CES(tio) BOD(do) | VAD(iniensi) AN(norum) LXXXV |
H(ic) S(itus) T(erra) E(st)

XI. Lápida inédita. Se encuentra en el Museo de León. Ignoro la procedencia. Mide 100 cm. de alto por 55 cm. de ancho. Tiene forma de estela, con letras bien grabadas, profundas y alineadas con regularidad en seis renglones. En la parte superior hay dos hojas de yedra y un arco; abajo se ve un caballo que marcha hacia la derecha entre dos palmas y sobre una línea horizontal que termina en dos círculos.

La inscripción dice:

M .
TRIDIO ALOGUANN
BODE F VAANXXV
FRONTO DOIDERIUS
CUM AMICO SUO
POSIT H S E
[caballo]

M(onumentum) | TRIDIO ALONGUANN(i) |
BODE. F(ilio) VA(diniensi) AN(norum) XXV | FRONTO DOIDERIUS |
CUM AMICO SUO | POSIT H(ic) S(itus) E(st)

XII. En el Museo Arqueológico de Oviedo (fig. 86) se conserva una lápida procedente del lugar en que estaba emplazada la iglesia de San Juan de Beleña. Es de caliza compacta y oscura, y mide 160 cm. de alto por 83 cm. de ancho. En la parte superior hay un puñal u hoja, y está adornada con un caballo diminuto en la parte inferior; debajo aparecen otro caballo de menor tamaño y un ciervo; ambos marchan hacia la derecha entre dos palmas; debajo de estos animales hay un tercero. La inscripción, que tiene letras claras, consta de seis renglones y dice así[62]:

D M . M
AEL
POS SEPSIL
FRA SUO VAD
ANN. XXXV
S T T L.
[caballo]
[caballo-ciervo]
[caballo]

[62] CIL II,5735. En la Península ha aparecido (Caravaca, Murcia) un diminuto caballo de bronce, conservado actualmente en el Museo de Valladolid, con una inscripción sobre la piel; tal vez no tenga nada que ver con sus congéneres de Asturias con inscripción dentro del cuerpo; cf. S. Rivera, *Museo Arqueológico de Valladolid:* MMAP 14 (1953) 213, lám. LXVII,1. También se conocen inscripciones dentro del cuerpo de toros; cf. J. Caro Baroja, *La escritura de España prerromana*, en R. Menéndez Pidal (ed.), *Historia de España* I,3 (Madrid 1954) 761, fig. 63; M. Gómez Moreno, *Misceláneas* I (Madrid 1949) 310, n.° 82; 311, n.° 85; 313, n.° 97; A. Tovar, *El bronce de Luzaga y las téseras de hospitalidad latinas y celtibéricas:* «Emerita» 16 (1948) 78ss.

Dentro del caballo se lee:

SEP SIL BEN

D(iis) M(anibus) M(onumentum) | AEL(ius) | POS(uit) SEP(timio) SIL(o) |
FRA(tri) SUO VAD(iniensi) | ANN(orum) XXXV. |
S(it) T(ibi) T(erra) L(evis)

En el caballo:

SEP(timius) SIL(us) BEN(emeritus)

XIII. En la colección de Soto Cortés se conserva una lápida, estudiada minuciosamente hace pocos meses por Diego Santos, por lo que nos limitamos a transcribirla:

D. M. M. POS
DOV. FIL. SUE
CAR. FLAAN XX
C. CCCC XX CII
[caballo]

Dentro del caballo se lee:

FLA VIN.

D(iis) M(anibus) M(onumentum) POS(uit) | DOV(iderius) FIL(iae) SUE |
CAR(e) FLA(viae) AN(norum) XX | C(onsulatu) CCCCXXCII

Dentro del caballo:

FLAV(ia) VIN(dex?)

Diferimos de Diego Santos en que leemos en nominativo el nombre que va dentro del caballo [63] y en que no leemos *benemerenti*.

XIV. Don Antonio Aguirre, ingeniero-director de las obras del puerto de Bilbao, posee una inscripción vadiniense que estudia en su libro *Tumbas antiguas, ajuares, inscripciones sepulcrales*. Dice así:

D M.
VADONEBIO
RA INDEGINO
NEMEDIFUA
XXX LUGUACA
DDE CUN AM
COSUO POSIT
H S E
[caballo]

D(iis) M(anibus) | VADONEBIO | RAIDEGINO | NE MEDI F(ilio) VA(diniensi) |
(annorum) XXX LUGUACA | D(onum) DE(dit) CUM AM |
CO SUO POSIT | H(ic) S(itus) E(st)

[63] F. Diego Santos, *Un grupo de seis estelas de la colección de Soto Cortés:* BIEA 27 (1956) 59ss. El caballo ha sido reproducido por F. Benoit, *L'héroïsation équestre (op. cit.)* lám. XVII,3.

Procedente del Alemtejo se conserva en el Museo de Beja otra estela con la figura de un caballo galopando.

Las estelas vadinienses son importantes por diversos motivos: la onomástica, el uso del latín, el tipo de letra, el material empleado, etc. De momento aquí sólo nos interesa explicar la presencia del caballo en estas inscripciones funerarias. A. García y Bellido y Diego Santos preparan unos trabajos en que se estudian otros interesantes aspectos. T. Ortego ha encontrado lápidas semejantes en el norte de la provincia de Soria.

Romero de Torres sugería que el caballo del relieve conservado en el Museo de Córdoba era una alusión a la condición social del difunto, que habría pertenecido al orden ecuestre. Diego Santos indica que el caballo atado a un árbol podría interpretarse como un animal protector de la tumba. F. Cumont, que ha estudiado detenidamente el tema de las representaciones de caballos en los monumentos funerarios romanos, ha llegado a la conclusión de que el caballo sin jinete sustituye frecuentemente no sólo a los caballos del sol (los muertos acompañan a Helios en su carrera, por lo que el caballo solar, frecuentemente con alas y otras veces sin ellas, está asociado a los difuntos y llega a convertirse en un símbolo de inmortalidad) [64], sino que viene a ser simplemente un símbolo del difunto, de modo que su presencia sirve para indicar que el muerto está heroizado [65]. Esta sustitución de la imagen del difunto por la figura del caballo es la única explicación posible de que en dos estelas vadinienses aparezca el nombre del difunto repetido dentro de la figura del caballo. El caballo no puede aludir en este caso al orden ecuestre, pues la estela estudiada por Diego Santos está dedicada a una mujer, cuyo nombre se repite dentro del animal, mientras que otras estelas con figuras de caballos están dedicadas también a mujeres. El caballo del relieve funerario conservado en el Museo de Córdoba ha de interpretarse, por tanto, como la sustitución de la imagen del difunto por la figura del caballo, exactamente igual que se observa en Grecia, según Malten y Ferri.

Cumont termina el capítulo en que estudia la sustitución del difunto por el caballo [66] afirmando que este fenómeno se observa lo mismo en el mundo indoiranio que en el grecorromano, en el mundo italocelta lo mismo que en el germanoeslavo. Nosotros añadiremos que también hay testimonios del mismo fenómeno en el mundo celta de la Península Hispánica.

La asociación de las palmas (interpretadas frecuentemente como arbustos) al caballo refuerza el significado de éste. Son un emblema del triunfo del difunto sobre la muerte [67].

La asociación del ciervo al caballo, tal como aparece en la estela

[64] F. Cumont, *op. cit.*, 173, 416.

[65] *Ibíd.*, 416; *Recherches sur le symbolisme funéraire des romains* (París 1942) 434, n.º 1.

[66] F. Cumont, *Lux Perpetua (op. cit.)* 416.

[67] F. Cumont, *Recherches... (op. cit.)* 219s, 239, 429.

del Museo Arqueológico de Oviedo, se explica por la asimilación de uno a otro animal[68], que explica asimismo el hecho de que en otra lápida del Museo de San Marcos de León aparezcan también los ciervos, quizá con carácter funerario, asociados al jabalí, animal que con seguridad posee este carácter[69]. En una lápida del Museo de Pamplona aparece sólo el ciervo[70].

En la Península Ibérica se han recogido algunas lápidas excelentes en que el difunto heroizado aparece vinculado a Helios[71]. En otras, la presencia del jinete indica claramente que el difunto ha sido heroizado; tal es el caso de una lápida conservada en el Museo de Guimarães[72] y otra del de San Marcos de León[73].

Las estelas vadinienses se emparentan, por la presencia del caballo, con las del santuario de Mouriès, de Roquepertuse y del dintel del pórtico de Nages[74].

En prensa ya este trabajo, F. Santos publica una importante estela de San Juan de Beleña[75], que dice:

D. M. PEREGRIUS
ET POMP. AR
NVNIMORV

[68] F. Hancar, *Das Pferd in prähistorischer und früher historischer Zeit* (Viena 1956) 314-17. Estas páginas son fundamentales en este aspecto. Este autor ha estudiado también, *ibíd.*, *passim*, la significación del nombre inscrito en el caballo.

[69] M. Gómez Moreno, *Catálogo monumental (op. cit.)* 27, lám. I.

[70] A. García y Bellido, *Esculturas romanas (op. cit.)* n.° 384.

[71] F. Benoit, *L'héroïsation équestre (op. cit.)* lám. XI,3.

[72] De este relieve, debido a un mal dibujo publicado por S. Reinach, se ha escrito que representaba a Epona. Benoit aclaró el error; cf., de este autor, *Archétypes plastiques en Ibérie de l'Epona gallo-romaine:* «Ogam» 6 (1954) 108ss; *L'héroïsation équestre (op. cit.)* lám. XX, n.os 1-21, 72, 82s; *L'Epona de Braga*, en *Actas del IV Cong. Int. Preh. Prot.* (Madrid 1954) 929ss.

Este relieve procede de Grovos, en el concejo de Amaves, distrito de Braga, y se encuentra actualmente en el Museo Martins Sarmento de Guimarães; cf. M. Cardozo, *Catálogo do Museu de M. S. Secçao lapidar e de Escultura Antiga* (Guimarães 1935) 149. El error fue debido a un dibujo publicado en «O Archeologo Português» 14 (1909) 2, fig. 1, copiado por S. Reinach, *Répertoire de reliefs grecs et romains* III (París 1912) 476. Esta atribución indujo también a error a Fernández de Avilés, AEArq 15 (1942) 204, fig. 2, y a Cuadrado, *La diosa ibérica de los caballos*, en *IV Cong. Int. Preh. Prot.* (Madrid 1954) 804.

Agradezco a M. Cardozo las referencias que benévolamente me ha hecho sobre esta pieza y las fotografías gentilmente proporcionadas.

[73] Son frecuentes en la Península las representaciones de caballeros heroizados; cf. L. de Vasconcelos, *op. cit.*, 452ss.

[74] F. Benoit, *L'Art primitif méditerranéen de la Vallée du Rhône* (Aquisgrán 1955) láms. VIII-XIII; *Des chevaux de Mouriès aux chevaux de Roquepertuse (op. cit.)*; P. Jacobsthal, *Early Celtic Art* (Oxford 1944) lám. I, n.° 1. El papel funerario del caballo en la Hispania antigua quedó bien patente en una inscripción inédita de Mulva (Sevilla), en la que se dedica un caballo a Plutón, así como en el monumento del templo de Azaila (Teruel), en el que, junto a un personaje heroizado, coronado por una Niké, se colocó un caballo; cf. C. Nony, *Une nouvelle interprétation des bronzes d'Azaila:* «Mélanges de la Casa de Velázquez» 1 (1969) 5ss.

[75] *Dos inscripciones inéditas de Asturias*, en *Actas del I Cong. Esp. Est. Clás.* (Madrid 1958) 479ss.

FILIE SVE PIEN
TISIME SUPE
RIE ANNORV P
LUS MINNUS
ET ... NOVE

Debajo de la inscripción aparece el dibujo de un caballo; en el costado izquierdo, fuera ya de la zona frontal, aparece un árbol que, en nuestra opinión, es una palma. En la parte superior hay un disco, y dentro de éste, una figura humana que lleva en la mano derecha un bastón; delante parece caminar un animal de reducidas dimensiones, tal vez una vaca. Del círculo que encierra las figuras salen unos pequeños rayos. Dentro del caballo cree Santos ver grabadas las tres primeras letras del nombre de la niña difunta. Son perceptibles la segunda y la tercera, S VP. El autor citado vuelve a publicar las ya recogidas anteriormente [76].

Esta estela confirma la tesis expuesta en nuestro trabajo.

J. Maluquer ha excavado recientemente en la provincia de Lérida una necrópolis perteneciente a los ilergetes, La Pedrera, en cuyas tumbas aparecen restos de caballos sacrificados y enterrados.

[76] CIL II,5735 y 5738.

6

LA HEROIZACION ECUESTRE EN LA PENINSULA IBERICA

El tema de este trabajo ha dado lugar hace algunos años a una serie de estudios importantes, debidos sobre todo a F. Benoit, que han permitido ampliar nuestros conocimientos sobre las religiones antiguas de Europa.

Queremos presentar ahora por primera vez una visión de conjunto lo más completa que nos sea posible de todos los documentos relativos a la Península Ibérica. Algunos de estos testimonios han sido ya utilizados en trabajos anteriores por F. Benoit y por nosotros mismos; otros, ya bien conocidos, no han sido relacionados hasta el presente con el tema que nos ocupa.

Antes de adentrarnos en nuestro estudio conviene hacer notar que en la Península Ibérica, igual que en otros ámbitos del mundo antiguo, el caballo ha estado siempre especialmente relacionado con la tumba y el más allá [1].

El testimonio más antiguo existente en la Península Ibérica es un pequeño carro de terracota hallado en una tumba descubierta en una propiedad rural limítrofe de Mairena del Alcor y Alcalá de Guadaira (Sevilla) [2]. Apareció esta pieza dentro de una urna cineraria, entre las cenizas que ésta contenía. Según Bonsor, la urna podría datar de la Pri-

[1] Para el presente estudio pueden considerarse fundamentales los trabajos de F. Benoit, *L'héroïsation équestre* (Aix-en-Provence 1954) y nuestros, especialmente *Caballos y ultratumba en la Península Hispánica*, en este mismo volumen, pp. 261-277, y *Caballos en el infierno etrusco*, también en este mismo volumen, pp. 114-158; cf. además, F. Hančar, *Das Pferd in prähistorischer und früher historischer Zeit* (Viena 1956); L. Malten, *Das Pferd im Totenglauben:* JdI 29 (1914) 179-256; F. Benoit, *Des chevaux de Mouriès aux chevaux de Roquepertuse. Recherches sur le symbolisme funéraire de la Vallée du Rhône avant la conquête romaine:* «Prehistoire» 10 (1948) 137-210; E. Thevenot, «La Nouvelle Clio» 2 (1950) 633ss; R. Lantier, «Gallia» 12 (1954) 283ss; F. Le Roux, «Ogam» 7 (1955) 101ss, 291ss; W. Deonna, «Ogam» 9 (1957) 5ss; F. Benoit, *Les mythes de l'outre-tombe. Le cavalier à l'anguipède et l'écuyère Epona* (Bruselas 1950) F. Schachermeyr, *Poseidon und die Enstehung der griechischen Götterglaubens* (Berna 1950) 65ss.

[2] J. Bonsor, *Los dioses de los Alcores:* «Actas y Memorias de la Soc. Esp. de Antrop. Etnol. y Prehist.» 3 (1924) 175ss; J. Serra Ráfols, *Carrito ibérico de bronce del Museo de Granollers:* AEArq 21 (1948) 389ss.

mera Edad del Hierro; en opinión de Serra Ráfols podría ser ibérica o incluso romana, ya que no poseemos elementos precisos que permitan una datación.

El estilo del carrito no es romano. Su presencia en el interior de una urna está en consonancia con la costumbre de introducir en las tumbas carritos diminutos o solamente caballos, hábito corriente en Grecia [3], Etruria y otros muchos ambientes [4]. La opinión común entre los eruditos es que estos carros no son simples juguetes depositados en las tumbas [5], sino que se trata en realidad de objetos simbólicos que indican la existencia de un vínculo que une al caballo con la tumba [6], fundado quizá en el hecho de que los cadáveres eran transportados sobre carros, como ocurría en Grecia durante la época de la cerámica del Dipylon [7].

En la tumba de incineración de Las Corts número 77 de Ampurias, M. Almagro encontró dos caballos de terracota [8]. Los restantes objetos de esta tumba no arrojan una fecha precisa, pero toda esta necrópolis data de hacia el año 200 a. C.

Este hallazgo concuerda con la costumbre griega, etrusca y de otros países de introducir caballitos de terracota en las tumbas. La tumba de Las Corts podía pertenecer a un griego, por lo que este testimonio no es probablemente válido para estudiar las creencias de los pueblos autóctonos.

El carro encontrado en una tumba de Mérida, hoy en el Museo de Saint-Germain-en-Laye, podía tener carácter funerario, como lo admiten F. Benoit [9], Forrer [10] y nosotros mismos [11]. El caballo en sí no tendría en este caso un carácter funerario, pero podría ser asimilado al tema de la caza, frecuentemente vinculado al ambiente funerario tanto dentro de la Península Ibérica en época romana [12] como fuera de ella [13]. La

[3] L. Malten, *op. cit.*, 221, n. 1; G. Mylonas, *Ancient Mycenae. The Capital City of Agamemnon* (Princeton 1957) *passim.*

[4] Cf. bibliografía en J. M. Blázquez, *Caballos y ultratumba en la Península Hispánica,* en este mismo volumen, p. 261, n. 1; *Caballos en el infierno etrusco,* en este mismo volumen, pp. 114-158.

[5] G. Seure, RA 22 (1953) 3ss; F. Hancar, *op. cit., passim;* S. Foltiny, *The oldest representations of wheeled vehicles in Central and Southeastern Europe:* AJA 63 (1959) 53ss.

[6] G. Q. Giglioli, *La tomba chiusina di Fontecucchiaia ora al Museo Nazionale di Copenhague:* «St. Etr.» 3 (1929) 474ss; P. Ducati, *Nuove stele funerarie felsinee:* «Mon. Ant.» 39 (1943) 413; F. Cumont, *Lux Perpetua* (París 1948) 287.

[7] M. P. Nilsson, *Geschichte der griechischen Religion* I (Munich 1941) *passim.*

[8] *Las necrópolis de Ampurias* I (Barcelona 1953) 332s.

[9] *Des chevaux de Mouriès (op. cit.)* 193; *L'héroïsation équestre (op. cit.)* 80.

[10] *Les chars cultuels préhistoriques et leurs survivances aux époques historiques:* «Préhistoire» 1 (1932) 116, 118.

[11] J. M. Blázquez, *Los carros votivos de Mérida y Almorchón. Su significación religiosa,* en este mismo volumen, pp. 344-360.

[12] A. García y Bellido, *Esculturas romanas de España y Portugal* (Madrid 1949) *passim.*

[13] F. Cumont, *op. cit., passim.*

cronología del carro de Mérida, a juzgar por la forma de las ruedas, es de los siglos V-IV a. C.

F. Benoit ha atribuido carácter funerario a un carro de piedra hallado en la tumba 95 de la necrópolis ibérica de El Cigarralejo (Mula, Murcia) [14]. Se trata de una pieza labrada en piedra arenisca y con un tiro de dos caballos [15]. Benoit ha insistido en el carácter funerario de esta pieza, dado que apareció en una tumba. Nosotros, así como el autor del descubrimiento [16], hemos negado tal significación, por el hecho de que el carro no había sido depositado en la tumba, sino que formaba parte de los materiales utilizados para la construcción de sus muros. Benoit [17] atribuye este carácter funerario a los exvotos de El Cigarralejo que representan caballos, pero tal tesis no es admisible, ya que estos exvotos no han aparecido en relación con tumbas, sino como un depósito perteneciente a un santuario [18].

En la Península Ibérica, así como en Etruria [19] y en la Galia [20], han aparecido varias tumbas con carros. Pertenecen al mundo ibérico y turdetano las tumbas de Toya [21], Cabecico del Tesoro [22], Baza y Huelva. Es probable que esta costumbre de depositar carros junto a los cadáveres arranque de la creencia en que tales objetos han de permanecer como propiedad del difunto [23]; por el mismo motivo se depositan en la tumba las armas que le pertenecieron en vida.

Los pueblos de la Península conocieron también la costumbre de sacrificar caballos y depositar sus restos en las tumbas junto a los guerreros. No parece que esta costumbre tenga su origen en la creencia griega y etrusca [24] de un viaje al más allá a caballo o en la idea de origen pitagórico, bien ilustrada por Virgilio [25], de que los caballos pres-

[14] *L'héroïsation équestre (op. cit.)* 41, 68, 76.

[15] E. Cuadrado, *El carro ibérico:* III CAN (1955) 116ss.

[16] J. M. Blázquez, *Caballos y ultratumba en la Península Hispánica,* en este mismo volumen, p. 263.

[17] *L'héroïsation équestre (op. cit.)* 76.

[18] J. M. Blázquez, *Chevaux et Dieux dans l'Espagne antique:* «Ogam» 11 (1959) 386ss. En la nota 74 se halla toda la bibliografía sobre este importante santuario ibérico, a la que hay que añadir E. Cuadrado, *Un nuevo y original relieve ibérico:* «Zephyrus» 11 (1960) 229ss.

[19] *Caballos en el infierno etrusco,* en este mismo volumen, pp. 69s, con toda la bibliografía básica. Los carros de Monteleone de Spoleto, de la primera mitad del siglo VI a. C., pieza probablemente fabricada en Perugia, y los de las tumbas del Duce en Vetulonia, Regolini-Galassi y Fabiano.

[20] R. Joffroy, *Les sépultures à char du premier Âge du Fer en France* (París 1958); *Le trésor de Vix (Côte d'Or)* (París 1954). También V. Gordon Childe, *The first waggons and carts from Tigris to the Severn:* «Proc. P. Soc.» 17 (1951) 177ss; R. Joffroy, D. Bretz-Mahler, «Gallia» 17 (1959) 5ss. Para Tracia, cf. G. Seure, *Chars Thraces:* BCH 49 (1925) 347ss; *Le char de Doukhova Moghila:* BCH 25 (1901) 181ss; *Un char thraco-macédonien:* BCH 28 (1904) 21ss.

[21] J. Cabré, AEAA 1 (1925) 91, 99.

[22] G. Nieto, *La necrópolis hispánica del Cabecico del Tesoro, Verdolay, Murcia:* BSAA 9 (1943-44) 172s, lám. XXVII,b.

[23] M. P. Nilsson, *op. cit., passim.*

[24] J. M. Blázquez, *Caballos en el infierno etrusco (supra) passim.*

[25] *En.*, VI, 656-658. En Grecia están atestiguados los sacrificios de caballos.

taban a sus amos en el más allá los mismos servicios que en vida. Por el contrario, se trataría también en este caso de la convicción de que estos animales siguen siendo propiedad del muerto. A. Blanco ha hallado huesos de caballo en tumbas ibéricas de la provincia de Jaén. También J. Maluquer los encontró en una necrópolis ilergeta de la provincia de Lérida [26].

En una tumba de Calaceite (Teruel) fue hallado en 1903 un caballo de bronce entre discos cuyo carácter astral nos parece seguro [27], pero al mismo tiempo creemos que ha de atribuirse a esta pieza el mismo significado funerario que a los caballitos de terracota encontrados en una tumba de Ampurias. El enterramiento de Calaceite podría ser de la época de La Tène.

En Marchena ha sido hallado un cipo con caballo y férula [28]. García y Bellido cree que se trata de una estela funeraria romana, hasta entonces considerada cartaginesa, a causa de la similitud de sus temas con ciertos trabajos púnicos que incluyen igualmente férula y caballo. La férula y el caballo aparecen, como ha indicado A. García y Bellido, en monumentos funerarios romanos. Si se admite una influencia púnica en este cipo, tendríamos una representación del caballo aislado, tal como aparece frecuentemente en las estelas púnicas de Sulcis [29]. G. Lilliu interpreta este caballo como una hipóstasis simbólica de Baal-Ammón. Tal vez los cartagineses veían en el caballo un símbolo de la inmortalidad.

Aquiles sacrificó junto a la tumba de su amigo Patroclo los caballos de éste (*Il.*, XXXIII, 171-172). En época de Pisístrato, a la muerte de Cimón, hijo de Milcíades, tres veces vencedor en Olimpia con el mismo carro, sus cuatro caballos fueron enterrados cerca de su tumba (Her., VI, 103). En una tumba de Pérgamo aparecen huesos de perro y espuelas, cf. P. Jacobsthal, *Die Arbeiten zu Pergamon 1906-1907:* AM 33 (1908) 43ss. Ya en el mundo micénico hay tumbas en que los caballos acompañan a sus amos; cf. G. Mylonas, *op. cit., passim;* E. Vanderpool, AJA 63 (1959) lám. 74; M. Jameson, *Mycenaean Religion:* «Archaeology» 13 (1960) 331, fig. 2; «Bull. Corr. Hell.» 38 (1956) fig. 2. Entre los escitas (Her., IV, 71) también era costumbre sacrificar caballos en el día de los funerales; cf. E. Minns, *Scythians and Greeks* (Cambridge 1913) 87ss, 195ss, 222ss; Max Ebert, *Reall. Vorg.* XIII, 68ss, 80ss; M. P. Griagnov, E. Golomshtok, *The Pazirik Burial of Altai:* AJA 37 (1933) 30ss; M. Rostowsew, *Skythien und der Bosphorus* I (Berlín 1951) *passim;* Grahame Clark, *Horses and Battle-Axes:* «Antiquity» 15 (1941) 50ss. En cuanto al Oriente, cf. F. Schachermayer, *Die ägäische Frühzeit:* «Anzeiger für die Altertumswissenschaft» 14 (1961) 157ss; K. Bittel, *Die hethitischen Grabfunde von Osmankayasi* (Berlín 1958) *passim;* H. Otten, *Hethitischer Totenorakel* (Berlín 1958); IEJ 8 (1958) 272ss; F. Petrie, *Ancient Gaza* I (Londres 1931) 45.

[26] E. Ripoll, *El poblado y la necrópolis ilergeta de «La Pedrera», Vallfogona de Balaguer, Lérida:* «Ampurias» 21 (1959) 276; J. Maluquer, A. M. Muñoz, F. Blanco, *Cata estratigráfica en el poblado de «La Pedrera», en Vallfogona de Balaguer, Lérida:* «Zephyrus» 10 (1959).

[27] J. M. Blázquez, *Cultos solares en la Península Hispánica. El caballito de Calaceite,* en este mismo volumen, pp. 252-260; W. Schüle, *Reconstrucción del thymiaterion de Calaceite:* AEArq 10 (1960) 157ss.

[28] F. Benoit, *L'héroïsation équestre (op. cit.)* lám. XVII, n. 1; A. García y Bellido, *op. cit.*, n.os 304, 305.

[29] G. Lilliu, *Le stele puniche di Sulcis,* Cagliari: «Mon. Ant.» 11 (1944-45) 371ss, lám. IX,99-102, 104, 105; X,112.

Si el cipo es de influencia romana, sería un símbolo de heroización, de la misma manera que ocurre en el grupo de jinete y caballo de las dos estelas de Aguilar de Anguita, datadas en el siglo IV a. C.[30] El grupo tendría el mismo carácter que las representaciones gemelas del santuario de Mouriès, cuyo significado profundo se ha esforzado por descubrir F. Benoit[31]. Se trataría del documento más antiguo para demostrar que los pueblos indígenas de la Península Ibérica heroizaban a sus muertos ya antes de la llegada de los romanos.

Además de las dos estelas con representación de un jinete halladas en Aguilar de Anguita, con la misma significación y relacionadas con el tema que nos ocupa, hay dos estelas procedentes de la necrópolis ibérica de San Antonio (Calaceite, Teruel) y otra de la población de Palermo (Caspe)[32], que L. Fernández Fúster data hacia el siglo I a. C., pero que también podría fecharse con probabilidad dos siglos antes (fig. 87). Sobre una de las estelas de Calaceite, de forma alargada, aparece un jinete sentado de frente, con un escudo oval que presenta un grueso refuerzo longitudinal. Por encima de esta figura hay cuatro bandas, dos abajo y otras dos más arriba, con cinco puntas de lanza cada una; inmediatamente debajo del jinete hay una composición imposible de interpretar. Sobre la segunda estela de Calaceite puede verse un jinete sin escudo y dos bandas con cuatro puntas de lanza cada una. En la estela de Palermo se representó un jinete con escudo oval y lanza, un hombre que arrastra a un animal atravesado por una lanza y dos bandas con ocho lanzas cada una. Estas puntas de lanza que aparecen en las estelas indicarían, según el conocido texto de Aristóteles[33], el número de enemigos muertos en el combate. Otra variante de estas estelas con figura de jinete, con el mismo significado de heroización, sería la estela ibérica de La Tallada, de Chiprana (fig. 88), en que aparece un carro de guerra tirado por un caballo[34].

Son muy interesantes para el estudio de nuestro tema las estelas procedentes de Lara de los Infantes, conservadas actualmente en el Museo de Burgos (fig. 89). Sobre una de ellas se representa una escena de caza: un jinete armado de lanza persigue a un jabalí, ayudado de un siervo que lleva un escudo y una espada; bajo un recuadro con una inscripción se distingue un altar flanqueado por dos palmeras. La escena

[30] F. Benoit, *L'héroïsation équestre (op. cit.)* 77; J. Déchelette, «Comptes rend. Ac. Inscrip.» (1912) 1; F. Benoit, *Des chevaux de Mouriès... (op. cit.)* 151; J. M. Blázquez, *Caballos y ultratumba... (op. cit.)* 283.

[31] *L'héroïsation équestre (op. cit.) passim; Des chevaux de Mouriès (op. cit.) passim.*

[32] L. Fernández Fúster, *Las estelas ibéricas del Bajo Aragón:* «Seminario de Arte Aragonés» 3 (1951) 66ss; P. Bosch-Gimpera, *Etnología de la Península Ibérica* (Barcelona 1932) fig. 331; J. Camón, *Las artes y los pueblos de la España primitiva* (Madrid 1954) fig. 813.

[33] *Pol.*, 1324b. En el Bajo Aragón son frecuentes las estelas con lanzas solas; cf. L. Fernández Fúster, *op. cit.*

[34] A. Beltrán, *Chiprana y su mausoleo romano:* «Caesaraugusta» 9-10 (1957) 104ss, fig. 1.

está enmarcada por un trenzado cuyos extremos rematan, por la parte inferior, en dos prótomos de caballo [35]. Tendríamos en esta pieza un tema de caza, con carácter funerario, en el centro, y debajo los prótomos de caballo con el mismo carácter que en Grecia. Con todos estos elementos se indicaría que el difunto está heroizado y forma parte ya del otro mundo. Los prótomos de caballo responderían no a influjo romano, sino griego [36].

El año 1907 se encontraron cerca de las ruinas de la antigua Clunia cuatro estelas similares, pero sólo dos se conservaron hasta la guerra civil española (fig. 90). Una de ellas, de forma circular, representa a un jinete con cuatro pequeñas rodelas delante del caballo, dos sobre el cuello y el pecho y tres ensartadas sobre una lanza [37]. Siguiendo a nuestro maestro A. García y Bellido, creemos que las rodelas tienen el mismo significado que las lanzas de las estelas de Calaceite, y que en este caso, por tanto, sirven para indicar que el jinete ha sido heroizado. Sobre el segundo ejemplar, también de forma circular, aparece otro jinete con un gran escudo redondo y una lanza con rodela; sobre el cuello del animal aparece otra rodela muy pequeña y tres más delante del animal; entre las patas de éste hay una inscripción en caracteres ibéricos. La cronología de estas estelas corresponde seguramente a la época de Augusto o quizá a una fecha algo anterior, ya que hacia estas fechas aparece la primera inscripción ibérica en esta zona [38].

Semejante a estas cuatro estelas, pero de fecha más avanzada, puesto que la inscripción está en latín, es otra procedente de San Juan del Monte, aunque originariamente puede que venga de Clunia. Es de forma rectangular. Aparecen dos rodelas encima de la grupa del caballo y una tercera de mayor tamaño sobre el muslo del jinete [39]. Esta estela está relacionada con un autóctono de ascendencia indoeuropea, como indica su nombre, Lougesterico [40]. Sobre cuatro estelas circulares halladas en Lara de los Infantes, hoy en el Museo de Burgos, pertenecientes a indígenas de ascendencia indoeuropea, a juzgar por los nombres que aparecen en las inscripciones, los jinetes están representados igualmente con lanzas y escudos, y se les puede atribuir el mismo significado que a los de las estelas de Calaceite.

En otra estela de Clunia, con relieves en ambos lados, se ve en uno

[35] A. García y Bellido, *op. cit.*, 370, n. 365; B. Osaba, *Museo Arqueológico de Burgos* (Madrid 1955) lám. XIX; J. Caro Baroja, *La España primitiva y romana* (Barcelona 1957) fig. 170; J. A. Abásolo, *Epigrafía romana de la región de Lara de los Infantes* (Burgos 1974) *passim.*

[36] Sobre la significación de estos prótomos, con toda la bibliografía pertinente, cf. J. M. Blázquez, *Caballos en el infierno etrusco*, en este mismo volumen, página 154, n. 247; *Caballos y ultratumba en la Península Hispánica*, en este mismo volumen, pp. 261-277.

[37] A. García y Bellido, *op. cit.*, 371, n. 367. También en Soria han aparecido estelas con jinetes; cf. T. Ortego, *Nuevas estelas hispanorromanas con jinetes en Borobia, Soria:* «Boletín Informativo» 2 (1974) 22ss.

[38] A. García y Bellido, *op. cit.*, 324ss.

[39] *Ibíd.*, 375, n. 375; P. Palol, *Clunia Sulpicia* (Burgos 1959) lám. 1.

[40] A. García y Bellido, *op. cit.*, 372ss, n. 369-372.

de ellos un jinete con lanza y rodela; el conjunto está encerrado en el círculo que forma una serpiente, animal ctónico entre griegos y romanos, cuya presencia viene a confirmar y reforzar al mismo tiempo la significación funeraria del tema del jinete [41]. Al otro lado hay una composición de sentido netamente funerario [42]: un buey mordido por un felino y todo el conjunto rodeado por un círculo que forman tres serpientes, dos de las cuales parece que tratan de morder a dos peces situados debajo. Estas estelas de Clunia son de una importancia extraordinaria, ya que prueban que todas estas representaciones de jinetes poseían para los indígenas un sentido funerario muy claro. Su idea dominante es la heroización del difunto, que aparece rodeado de símbolos de sentido muy claramente ctónico. Lo mismo ocurre en otra estela que procede también de Lara de los Infantes, en la que se representó la figura de un jinete armado de lanza sobre unos arcos; la estela está rota, por desgracia, y no es posible saber si a la derecha habría un animal, un jabalí, por ejemplo [43]. Cualquiera que sea el significado de los arcos que con tanta frecuencia aparecen representados en las estelas [44], no cabe duda de que para los indígenas poseían un significado funerario muy claro, con lo que se refuerza el carácter funerario del tema del jinete.

Las representaciones de escenas de caza y guerra, como las que se contemplan sobre una estela circular conservada en el Museo de Burgos, procedente también de Lara de los Infantes, tienen el mismo carácter de heroización ecuestre. El jinete, que pasa hacia la derecha, lleva escudo alargado y lanza. Otro personaje, frecuentemente representado en las estelas del Nórico y la Panonia, conduce al animal por la brida; lleva en la mano izquierda un haz de jabalinas y está ataviado con una túnica corta atravesada por un cinto del que pende una espada. Debajo se ven dos cuernos de gamuza [45]. En otra estela, procedente asimismo de Lara de los Infantes y conservada en el Museo de Burgos, hay un jinete armado con una lanza, que persigue a un jabalí [46]. Sobre una de las estelas circulares halladas en Zurita, hoy en el Museo de Santander, al lado de un gran caballo hay dos guerreros que portan rodela y lanza [47]. También se representan escenas de heroi-

[41] *Ibíd.*, 370ss, n. 366; F. Benoit, *L'héroïsation équestre (op. cit.)* 80, lámina XIV, 1-2.

[42] R. Herbig, *Die jüngeretruskischen Steinsarkophage* (Berlín 1952) *passim.*

[43] A. García y Bellido, *op. cit.*, 369, n. 364.

[44] *Ibíd.*, 334ss.

[45] *Ibíd.*, 373, 374; F. Benoit, *L'héroïsation équestre (op. cit.)* 80, lám. XV,3.

[46] A. García y Bellido, *op. cit.*, 375, n. 374. La cronología propuesta por A. García y Bellido, *op. cit.*, 326, para todas las estelas de Lara, es de fines del siglo II y comienzos del III; F. Benoit, *L'héroïsation équestre (op. cit.)* n. 139, la juzga un poco avanzada.

[47] F. Benoit, *L'héroïsation équestre (op. cit.)* 81, lám. XV,1; J. Carballo, *Las estelas gigantes de Cantabria:* «Cuadernos de Estudios Gallegos» 9 (1948) 15ss, lámina III.

zación ecuestre en estelas de Borobia (Soria), Hormilleja (Logroño) y Alava [48].

El Norte de la Península ha proporcionado otros documentos de heroización ecuestre. Baste citar la estela rupestre de Oyarzun (Guipúzcoa), conservada en el Museo de San Telmo (San Sebastián), que recuerda a los jinetes de Mouriès [49], y que nosotros consideramos de época prerromana (fig. 91). Ya en el período de romanización, el documento más importante es la estela recientemente descubierta en Lerga (Navarra), muy bien estudiada por A. Marcos [50] y L. Michelena [51]. Es de forma rectangular y la decoración está dividida en tres zonas, pero falta la parte superior de la cabeza del caballo y la del cuerpo del jinete. En la zona superior hay un jinete cuyo caballo descansa sobre un pedestal, lo que demuestra que se trata de representar una escultura; en el centro, entre dos columnas, aparecen dos figuras de pie; la de la derecha tiene una lanza en la mano izquierda, mientras que con la derecha levanta un objeto rectangular, quizá una caja; al lado se yergue el otro personaje. Bajo este recuadro hay una inscripción de gran importancia para el estudio del protovasco. La estela ha sido datada por A. Marcos en el siglo II-III. Este autor, al publicar dicho documento, indica que aporta un notable ejemplo de heroización ecuestre. La estela de Lerga es probablemente un testimonio de que algún autóctono importante elevó un grupo ecuestre. La misma provincia ha suministrado un nuevo ejemplo de heroización ecuestre en una estela, hoy perdida, de Gartiacu, que representaba a un jinete acompañado de una inscripción; ésta se ha conservado en el Museo de Pamplona y es de carácter funerario [52]. A estas dos estelas, procedente una de Navarra y de Guipúzcoa la otra, hay que añadir una tercera aparecida en Iruña, hoy en el Museo de Vitoria, que representa a un jinete armado de lanza [53].

Las piezas más importantes para nuestro estudio son las estelas vadinienses. Ya F. Benoit [54] llamó la atención sobre la gran importancia de sus representaciones para el estudio de la heroización ecuestre. Las estelas vadinienses han sido ya publicadas por nosotros mismos [55] junto

[48] C. García Merino, *Estelas funerarias hispanorromanas procedentes de Borobia, Soria:* «Durius» 1 (1973) 353ss; J. C. Elorza, *Dos nuevas estelas alavesas:* EAA 5 (1972) 133ss; M. A. Martín Bueno, *La necrópolis medieval y las estelas indígenas de Hormilleja, Logroño:* «Not. Arq. Hisp. Preh.» 4 (1975) 355-375.

[49] F. Benoit, *L'héroïsation équestre (op. cit.)* 82.

[50] *Una nueva estela funeraria hispanorromana procedente de Lerga, Navarra:* «Revista Príncipe de Viana» 21 (1960) 319ss.

[51] *Los nombres indígenas de la inscripción hispanorromana de Lerga, Navarra:* «Revista Príncipe de Viana» 22 (1961) 65ss.

[52] A. Marcos, *op. cit.*, n. 77.

[53] G. Nieto, *El oppidum de Iruña* (Vitoria 1958) *passim;* J. Camón, *op. cit.*, figura 783; G. Nieto, *La estela de Iruña:* BSAA 18 (1952) 13ss.

[54] *L'héroïsation équestre (op. cit.)* láms. XVII,3; XIX.

[55] J. M. Blázquez, *Caballos y ultratumba... (op. cit.)* 385ss. Recientemente, E. Marcos, *Nuevas lápidas vadinienses en la provincia de León:* «Tierras de León» 14 (1971) 67ss; C. García Merino, *Nuevo epígrafe vadiniense procedente de Carande*

con un detallado estudio de cada pieza. Once de estas estelas se conservan en el Museo de San Marcos de León (figs. 92-93), otras en el Museo de Oviedo y otras en las colecciones privadas de Soto Cortés y A. Aguirre. Ultimamente ha aparecido una nueva estela vadiniense en San Juan de Beleña, y ha sido publicada por F. Santos[56].

Estas inscripciones poseen características muy especiales. Están grabadas sobre grandes cantos rodados y todas tienen representaciones de caballos. Proceden de la cadena de las montañas cantábricas de las actuales provincias de León y Asturias; muchas incluyen representaciones de palmeras que corroboran la idea de heroización que ya implicaba el caballo; es ésta una notable característica de algunas de estas piezas[57]. Las estelas de la colección Soto Cortés y la procedente de San Juan de Beleña interesan sobre todo por llevar inscrito el nombre del muerto todavía en el interior del caballo, lo que indica que este animal tiene aquí el valor de un símbolo del difunto; su presencia indica que el muerto ha sido heroizado. F. Cumont admite esta interpretación[58]. La estela del Museo Arqueológico de León posee especial interés por el hecho de que asociado al caballo aparece el ciervo, y este animal tiene a menudo un indudable carácter funerario[59].

De este tema existen también testimonios en la Península Ibérica. Podemos señalar al respecto la placa funeraria del Museo de Pamplona, en que aparece únicamente un ciervo. En la placa del Museo de San Marcos de León, el ciervo está asociado al jabalí, animal típicamente funerario[60]. La doble estela del Museo de Lisboa contiene la representación de un ciervo[61], y la estela de Rabanales tiene un ciervo debajo de la inscripción funeraria[62]. Las llamadas estelas vadinienses con figura de ciervo pertenecen, a juzgar por los nombres de los difuntos, a autóctonos, lo que indica que la representación del caballo como símbolo del muerto tiene sus raíces en una creencia no romana.

La cronología propuesta por los expertos para las estelas vadinienses sitúa estas piezas en el siglo III. La ciudad de Vadinia es citada por

(León) y el problema de los vadinienses como grupo de población hispanorromano: BSAA 38 (1972) 499ss.

[56] *Dos inscripciones inéditas de Asturias,* en *Actas I Cong. Esp. Est. Clás.* (Madrid 1958) 479-484; J. M. Blázquez, *Caballos y ultratumba... (op. cit.)* 302; A. García y Bellido, «Not. Arq. Hisp.» 5 (1956-1961) 225ss, fig. 10. A las estelas publicadas por Benoit y por nosotros mismos hay que añadir otras dos. D'Ors ha emitido la hipótesis de que estas estelas serían cristianas primitivas, pero no la creemos probable.

[57] A. García y Bellido, *Datos cronológicos relativos a la escultura y epigrafía ibéricas,* en *Est. Men. Pidal* III (Madrid 1952) 507ss.

[58] *Recherches sur le symbolisme funéraire des romains* (París 1942) 219ss, 239, 429. Sobre la significación del nombre del difunto en relación con el caballo, cf. F. Hančar, *op. cit., passim.*

[59] F. Hančar, *op. cit., passim.*

[60] A. García y Bellido, *Esculturas romanas de España y Portugal (op. cit.)* n. 384.

[61] J. M. Blázquez, *Caballos y ultratumba... (op. cit.)* 301.

[62] A. García y Bellido, *De nuevo sobre el jarro ritual lusitano publicado en AEArq 30, 1957, 121ss:* AEArq 31 (1958) 155s.

Tolomeo [63]; su localización resulta dudosa, pero estaría situada en la región montañona del NE de la provincia de León, junto a las tierras de Asturias y cerca de Cangas de Onís. La estela más semejante a las que nos ocupan es la de Cortés [64].

Conocemos otros testimonios de que el caballo poseía la misma significación entre la población hispanorromana. En el Museo de Beja y procedente del Alemtejo se conserva la estela de *Lucius Rusticus,* sobre la que se grabó a la derecha la figura de un caballo al galope [65]. En el Museo de Córdoba se conserva también el relieve de una piedra del siglo I, en que se representa un caballo al galope; en el ángulo superior derecho se lee L. LUM. BEL. (*Lucius Lumius Bellicus*) [66].

Según Benoit [67], el caballo juega un papel sagrado en relación con la heroización ecuestre; esta tesis es perfectamente admisible. La estela del Museo de Córdoba recuerda el fragmento ibérico de los Mirabetes, Valdetormo (Teruel), perteneciente quizá a una estela del grupo de las dos citadas anteriormente, que proceden de la acrópolis ibérica de San Antonio de Calaceite, con las que muestra poseer un notable parentesco, a juzgar por la forma en que ha sido realizada la figura del caballo. Estimamos que no está bien fundamentada la tesis propuesta por Fúster [68], que relaciona la representación de este caballito con Epona, ya que de esta diosa no se conocen en la Península Ibérica más que tres testimonios [69], sin representación alguna, y todo hace suponer que su culto debió de ser poco conocido aquí.

A este mismo grupo de estelas pertenece otra de Trás-os-Montes (figura 94,1), en la que puede verse un caballo debajo de la inscripción [70].

Se conocen otros testimonios hispánicos, ya de época romana, de heroización ecuestre, como el existente en el Museo de Guimarães; se trata de un relieve en que se ve un caballo con la pata izquierda delantera levantada, montado por un jinete que echa hacia atrás el brazo derecho. Este relieve, publicado por Reinach, ha sido frecuentemente interpretado como una representación de Epona, error debido a la mala calidad del diseño, pero detectado por Benoit [71]. Procede este relieve de Grovos, cerca de Braga (Portugal). En el Museo de León se conserva una estela en que aparece un jinete encima de una inscripción funeraria [72]. También contienen la figura de un jinete la estela proce-

[63] Tol., II, 6, 50.

[64] F. Benoit, *Stèle à équidé de Corte, Corse:* «Ogam» 11 (1959) 171ss.

[65] F. Benoit, *L'héroïsation équestre (op. cit.)* 78.

[66] J. M. Blázquez, *Caballos y ultratumba... (op. cit.)* 285.

[67] *L'héroïsation équestre (op. cit.)* 74, 78, lám. XVII,2.

[68] L. Fúster, *op. cit.*, 65, lám. III,5.

[69] J. M. Blázquez, *Chevaux et Dieux dans l'Espagne antique (op. cit.)* n. 36.

[70] J. Leite, *Religiões de Lusitania* III (Lisboa 1913) 441, fig. 226.

[71] J. M. Blázquez, *Caballos y ultratumba... (op. cit.)* lám. IV y n. 52, con toda la bibliografía; F. Benoit, *L'héroïsation équestre (op. cit.)* 72, 82ss, lám. XX,1-2.

[72] J. M. Blázquez, *Caballos y ultratumba... (op. cit.)* 301s, lám. V,3.

dente de Monte Cildá (fig. 94,2-3), publicada por Leite [73], y una segunda muy semejante a la anterior. En la de Cárquere (fig. 94,4), encima de la inscripción hay un jinete sobre caballo al galope [74]; el propio Leite de Vasconcelos escribió al publicar esta inscripción que el jinete es un muerto heroizado, y que no había encontrado argumentos para demostrar que el jinete era un muerto perteneciente al orden ecuestre.

En una estela procedente de la provincia de Soria (fig. 94,5) se representa una ofrenda a un jinete [75].

La Península Ibérica ha dado dos testimonios notables de asimilación de los difuntos heroizados a Helios y en relación con figuras de caballo. El primero, que procede de Sá, se conserva hoy en el Museo de Guimarães. Bajo la inscripción, con nombres indígenas, hay un recuadro en que están grabados un prótomo de caballo y un busto varonil cuya cabeza despide rayos [76]. En este caso, el difunto ha sido asimilado a Helios [77]. Volvemos a encontrar el mismo tema en el monumento de Ciudadela (fig. 94,6), en que aparece un varón con una estrella sobre la cabeza y sosteniendo ante su cuerpo un caballo. Debajo se halla la inscripción funeraria dedicada por Placidia Lupa a su esposo Julio Severiano, muerto en el valle del Miño a la edad de cuarenta y siete años [78]. Al publicar esta estela, Leite refutaba la tesis de Fita [79], que fue el primero en darla a conocer, que interpretaba la presencia del caballo como señal clara de que el difunto había servido en la caballería. Leite, por el contrario, suponía con razón que ello indicaba únicamente que el muerto había sido heroizado. No hay que excluir la posibilidad de que el bajorrelieve represente a un Dióscuro, pero no lo creemos probable. La estrella que el muerto lleva sobre la cabeza muestra que fue asimilado a Helios. Según Cumont [80], el équido reemplaza a los caballos del sol y podría ser, en consecuencia, un caballo solar y símbolo de la inmortalidad. No se conoce ningún texto antiguo relativo a las creencias de los pueblos hispánicos en relación con la heroización ecuestre y el sentido que daban a las representaciones de caballos sobre las estelas.

Silio Itálico [81] considera rito propio de los celtíberos la costumbre de abandonar los cadáveres a la intemperie para que fueran devorados por los buitres. Ello indica que aquellos pueblos consideraban el

[73] *Op. cit.*, 454, fig. 206.

[74] J. Leite, *op. cit.*, 354ss, fig. 263.

[75] L. Fernández Fúster, *Estelas inéditas en el Museo de Vich:* AEArq 23 (1950) 158.

[76] J. M. Blázquez, *Caballos y ultratumba... (op. cit.)* 301, fig. 5; F. Benoit, *L'héroïsation équestre (op. cit.)* 43, 81s, lám. XI,3; J. Leite, *op. cit.*, 446ss.

[77] F. Cumont, *Lux Perpetua (op. cit.)* 173, 416.

[78] J. Leite, *op. cit.*, 452ss.

[79] *Nuevas lápidas romanas del norte de Galicia:* BRAH 56 (1910) 361; 59 (1911) 405s.

[80] *Lux Perpetua (op. cit.)* 416; *Recherches... (op. cit.)* 434, n. 1.

[81] III,341-343.

cielo como mansión de los muertos y que la divinidad suprema habitaba en lo alto [82]: «Honor es para ellos caer en la pelea, pero consideran execrable incinerar el cadáver. Creen que el muerto irá al cielo con los dioses si el cuerpo es pasto del buitre». Eliano [83] dice que también practican este rito los vacceos, aliados de los numantinos. Ambos escritores indican que sólo los cadáveres de los guerreros son expuestos para ser devorados por los buitres, y Eliano añade que éstos son tenidos por animales sagrados. Esta costumbre céltica es semejante a la de los medos, persas y diolienos, pueblos de Asia y Africa dedicados al pastoreo, igual que los numantinos. Se sorprende Eliano de que los vacceos, pueblo de agricultores, practiquen un rito propio de las poblaciones pastoriles; es posible que hayamos de ver en este hecho un influjo de los numantinos.

Este rito es contrario a los testimonios que poseemos sobre los celtas en ámbitos exteriores a la Península. Lucano [84] dice que los druidas estaban seguros de que, en virtud de los ritos que practicaban, las almas de los muertos no iban a las mansiones silenciosas del Erebo o a los dominios tenebrosos del Hades profundo, sino que marchaban a animar otros cuerpos en un mundo distinto. También escribió César [85] de los druidas que creían en la metempsicosis: «Enseñan que las almas no perecen, sino que de unos pasan a otros después de la muerte, y lo tienen por motivo suficiente para excitarse al valor y no temer a la muerte». Diodoro [86] nos habla de esta misma creencia, que era profesada asimismo por los gálatas [87].

La arqueología nos ha suministrado pruebas de la exactitud de los versos escritos por Silio Itálico. Dos fragmentos de cerámica pintada representan a dos guerreros caídos por tierra y a los buitres que los sobrevuelan [88]. Sobre una estela de Lara de los Infantes aparece el mismo tema [89]. El gran número de signos astrales que aparecen sobre las estelas en toda la Península confirma que se daba aquí la creencia en el carácter astral del más allá [90].

[82] J. M. Blázquez, *Religiones primitivas de Hispania* I. *Fuentes literarias y epigráficas* (Madrid 1962) *passim.*
[83] NA 22.
[84] *Fars.*, I,454-458.
[85] BG VI,14.
[86] V,28.
[87] Fr. le Roux, *Les Druides* (París 1961) 126ss.
[88] A. Schulten, *Numantia* II (Munich 1931) lám. XXII.
[89] A. García y Bellido, *Esculturas romanas de España y Portugal (op. cit.)* 367s, n. 361.
[90] A. García y Bellido, *op. cit.*, 328ss; *Las más bellas estelas geométricas hispanorromanas de tradición céltica*, en *Hommages a Albert Grenier* II (Bruselas 1962) 729ss; J. Leite, *op. cit.*, 406ss.

7

DIOSES Y CABALLOS EN EL MUNDO IBERICO

En 1942 publicó Augusto Fernández de Avilés un documentado estudio sobre los relieves hispánicos con representaciones ecuestres [1], en el que estudiaba los ejemplares existentes en la Península. Aunque no daba reproducciones de todos, demostró conocer casi todas las piezas. Recientemente ha completado su trabajo con la publicación de otros dos ejemplares, uno procedente de Sagunto y otro de Balones.

Del «domador de caballos» se conservan ocho ejemplares, incluyendo el de Ciudadela (Museo de Braga), que clasificaremos, siguiendo al Dr. A. Fernández de Avilés, en dos tipos: estante y sedente.

a) *Tipo estante*

Comprende este grupo los relieves de Sagunto (Museo de Valencia y Museo de Sagunto), Mogón (Museo de Jaén), Balones (Museo de Alcoy) y Ciudadela (Museo de Braga).

Uno de los dos relieves de Sagunto, hoy en el Museo de Valencia, es conocido desde hace casi dos siglos. Lo cita ya en 1790 Lumiares, y con posterioridad lo mencionan también Ceán, Hübner y Chabret. En 1911 lo incluyó E. Albertini entre las esculturas antiguas del *conventus tarraconensis* [2], llamándolo simplemente «divinidad de los antiguos españoles»; Hübner lo caracterizó como «Anaitis entre leones», y Chabret lo entiende como una «deidad ibérica entre dos, al parecer, osos». P. Paris se preguntaba si no sería una *potnia thērōn* [3]. El material empleado para la confección de esta pieza es mármol gris local; mide 52 por 54 por 20 cm. y tiene forma de arco de medio punto. Presenta, a modo de marco, un resalte de la piedra, roto en algunos puntos; las dos esquinas casi han desaparecido y la superficie está bastan-

[1] A. Fernández de Avilés, AEArq 15 (1942) 199-215; J. M. Blázquez, *Diccionario de las religiones prerromanas de Hispania* (Madrid 1975) 80ss. Para este tema son fundamentales los trabajos de N. Yalouris, MH 7 (1950) 89ss, y H. Jucker, «Studia Oliveriana» 13-14 (1966) 1ss; cf., de este mismo autor, *Zur griechischen Kunst* (Berna 1973) 42ss.

[2] E. Albertini, «Annuari I. E. Catalans» 4 (1911-1912) 349, figs. 47-48.

[3] P. Paris, *Promenades archéologiques en Espagne* II (París 1921) 141-142.

te picada. El grupo ha sido labrado con gran tosquedad y no se observan matices muy concretos de modelado en las tres figuras, pero no dudamos de que la central representa un varón desnudo, en pie y con las manos tendidas y acariciando las bocas de dos caballos. Están bien señalados los dos oídos, pero más bien parecen dos medias circunferencias con un agujero en medio; otras dos oquedades señalan los ojos y una línea horizontal indica la boca. Los caballos están de perfil, afrontados y rampantes. Lo tosco de la ejecución denuncia la torpeza del escultor (fig. 95).

El segundo relieve de la misma procedencia se encuentra actualmente en el Museo de Sagunto. Apareció entre 1929 y 1934, en la calle de Trasagrario. La piedra tiene forma rectangular y ha sufrido un corte en la parte superior, en sentido horizontal. Al igual que ocurre en la pieza anterior, la composición aparece enmarcada por un resalte de la piedra. El grupo representado es semejante al ya descrito: un varón en pie y desnudo toca las bocas de dos caballos que aparecen de perfil, afrontados y encabritados, en una actitud excesivamente erecta. La superficie del cuadrado está muy desgastada, pero seguramente poseía un modelado más insistente que el grupo anterior. La piedra utilizada es igualmente de mármol gris local, y sus dimensiones son 45 por 42 por 18 cm. (fig. 96) [4].

A orillas del Guadalquivir, en el pueblo de Mogón (Jaén) se recogió otra lastra, que su descubridor, un campesino, empotró en la fachada de su casa. Hoy se encuentra en el Museo Arqueológico de Jaén. El tema es idéntico al de las piezas anteriores. El bloque está tallado en piedra caliza y su forma no es ni semicircular ni cuadrada exactamente, sino que adopta una tendencia piramidal. Es de dimensiones menores que las otras piezas: 68 por 70 cm. La escena aparece dentro de una especie de hornacina. El modelado de las tres figuras, a pesar del deterioro sufrido, es más perfecto y la ejecución del conjunto más cuidadosa, por lo que aún es posible apreciar vestigios de las riendas o bocados en los dos caballos, que son de mayor tamaño (fig. 97).

La figura central no es en este caso un varón desnudo, sino vestido con corta túnica sujeta con un cinturón que luce una ancha placa, semejante a la que llevan algunos exvotos de bronce del santuario también giennense de Santa Elena [5].

El ejemplar de Balones (Alicante), localidad situada a unos quince kilómetros de Alcoy, conservado actualmente en el Museo de la misma

[4] A. Beltrán, *Guías artísticas de España. Valencia* (Barcelona 1945) 168.

[5] F. Alvarez-Ossorio, *Catálogo de los exvotos de bronce ibéricos* (Madrid 1941) láminas XXXVIII, XLIII, XLV, XLVII, LX, CXVII, CXIX, CXXX. En Baños de la Encina, también en la provincia de Jaén, se conoce un abrigo rocoso con pinturas esquemáticas y figuras naturalistas; entre éstas hay varias parejas humanas y un grupo formado por una figura humana con dos animales en posición heráldica, semejante en todo a las representaciones del *potnios hippōn*. Uno de los animales está bien caracterizado como un équido, mientras que el otro aparece muy borroso; cf. G. Tamain, *Pinturas rupestres del Barranco de la Moneda:* «Oretania» 4 (1962) 220ss.

ciudad, se encuentra sumamente deteriorado. Falta aproximadamente el tercio inferior. Fue descubierto en la necrópolis ibérica del Pichocol hacia 1940 y lo publicó C. Visedo [6]. Es el relieve de dimensiones más reducidas entre todos los conocidos de este tema y el que presenta una ejecución más deficiente. Aparte de la rotura que le ha privado del tercio inferior, presenta en el lado derecho un gran corte que sube hasta la parte superior, por lo que el caballo de este lado se ha perdido. El relieve completo debía de ser semejante por su forma al de Sagunto conservado hoy en el Museo de Valencia. La composición estaba igualmente rehundida en una especie de nicho, particularidad común a las siete piezas que aquí estudiamos. El marco de piedra, salvo un trozo pequeño en el lado derecho, se ha perdido. La figura central es un varón desnudo. La ejecución es rudimentaria; más parece un monigote que una deidad a la que se rindiera culto. La figura aparece ladeada hacia su izquierda y los brazos están en actitud gemela a la de los relieves anteriores, con el brazo y antebrazo formando ángulo. La mano no toca la boca del caballo, sino que se eleva sobre ésta. El caballo que se conserva resulta desproporcionado, de patas delanteras excesivamente flacas y desiguales, en postura irreal. La cabeza es extremadamente pequeña, pero de todos modos es evidente que este relieve pertenece al mismo círculo cultural que los anteriores.

Las cuatro piezas que acabamos de describir están muy próximas entre sí en líneas generales. En las cuatro aparecen las manos de los caballos apoyadas sobre las caderas de la divinidad. Los dos relieves de Sagunto proceden, según insinúa A. García y Bellido, del mismo taller (fig. 98).

Del ejemplar de Ciudadela (Portugal) tan sólo sé que representa a un personaje masculino delante de un caballo. Como carezco de otros datos y de una reproducción, me abstengo de estudiarlo. F. Benoit, que creyó primeramente que esta pieza se relacionaba con las representaciones de Epona [7], defendió en el Congreso Internacional de Prehistoria y Protohistoria, recientemente celebrado en Madrid, que el ejemplar representaba un heroon egipcio.

b) *Tipo sedente*

Se incluyen en este grupo el relieve de Villaricos (Museo Arqueológico de Barcelona), el de Nuestra Señora del Llano de la Consolación (Museo Arqueológico de Murcia) y otro de Villaricos, de propiedad particular.

Según A. Fernández de Avilés, estas tres piezas serían las últimas derivaciones del tema. El citado autor indica que su misma procedencia, la vieja Baria, indicaría una época tardía. Acertadamente sostie-

[6] C. Visedo, MMAP 6 (1945) 175; II CASE (1946) 274; F. Benoit, VI CASE (1950) 217ss.

[7] F. Benoit, *Les mythes de l'outretombe* (Bruselas 1950) 40.

ne que las diferencias con respecto al grupo anterior no afectan al tipo ni al espíritu de la obra, y que el parentesco entre los dos grupos es indudable. Es idéntica la escena de doma; la nueva composición presenta como única variante la actitud de la figura masculina central, que aparece ahora sentada en una silla de tijera y con la particularidad notable de ser bifronte en dos ejemplares.

El Museo Arqueológico de Barcelona guarda uno de los relieves de Villaricos (Almería). Según el profesor Jacobsthal, muestra un personaje masculino de rostro bifronte, sentado en una silla de tijera entre dos caballos rampantes de perfil, cuyas patas traseras se apoyan en el suelo desde los cascos hasta el saliente del corvejón; pasa bajo ellas la cola, y las manos de los animales se apoyan en la cintura de la deidad, que tiene la pierna derecha más levantada que la izquierda (fig. 99).

El grupo aparece rehundido en una caja casi rectangular de estrechos bordes y bastante profunda. El relieve es totalmente plano y de poca altura. Las tres figuras tienen un acentuado aire realista debido a los detalles que el artista ha plasmado con cuidado especial: dedos de las manos, cabellos, ojos, boca, nariz, crin, cascos... Todos estos pormenores quizá estaban representados también en los restantes relieves, pero se han perdido en ellos a causa del desgaste sufrido por las superficies. El personaje central del grupo que ahora estudiamos aparece desnudo y sin huellas de cinturón; toca con las manos las bocas de los caballos, que, al parecer, están ensillados; ambos presentan en el cuello las huellas de unas riendas. La silla parece una verdadera montura, como la de Liria y las que presentan algunos exvotos [8], y no una sencilla gualdrapa, como la que llevan los caballos de El Cigarralejo o el caballo del carro votivo de Mérida [9]. El caballo de la izquierda lleva pretal, como es frecuente en los exvotos y en El Cigarralejo.

La piedra empleada es caliza y sus dimensiones son 31 por 38 por 17 cm. La pieza fue adquirida por E. Gandía en Villaricos el año 1912 o 1913. En 1929 la publicaron los señores Boch y Serra, calificándola de dudosa [10], pero su autenticidad nos parece segura.

La segunda pieza de Villaricos fue descubierta en 1879, en una finca de su actual poseedora, la señora viuda de Peñuela, y se encuentra desde entonces empotrada en una pared de su casa en Cuevas de Almanzora; de ella existe un vaciado en el Museo Arqueológico de Barcelona. Está mal conservada y es también de inferior arte. Como indica A. Fernández de Avilés, y usando sus mismas palabras, «los hermosos caballos del monumento anterior, que tantas analogías guardan con los mejores exvotos de Despeñaperros, aparecen más que ergui-

[8] F. Alvarez-Ossorio, *op. cit.*, lám. CXXXIV.

[9] E. Cuadrado, *Excavaciones en el santuario ibérico del Cigarralejo, Mula, Murcia* (Madrid 1950) 110ss; A. García y Bellido, *Ars Hispaniae* I (Madrid 1946) figuras 330-331.

[10] P. Bosch-Gimpera, J. Serra Ráfols, *El Museo Arqueológico de Barcelona* (Barcelona 1929) 23.

dos colgados, a causa de su torpe dibujo». Efectivamente, están mal encajados y resultan desproporcionados. Las cabezas son demasiado pequeñas en relación con el cuerpo. En el personaje central, del que no dudamos que representa a un varón, se aprecia el cinturón; tiene unas acusadas facciones ornitomorfas, rasgo bien conocido en la cerámica ibérica pintada. Se observa clarísimamente que la deidad tiene las palmas de las manos abiertas; con ellas toca y acaricia las bocas de los caballos. Está, como en el relieve anterior, sentada en una silla de tijeras, con las piernas abiertas. La silla está levantada sobre un poyo que tiene a los lados dos repisas para colocar los pies, sobre los que los caballos apoyan los cascos de las manos. Estos dos salientes laterales son un torpe remedo del escabel en que frecuentemente apoyan los pies las divinidades griegas. El personaje es bifronte, con las dos narices y los dos mentones picudos; unas torpes oquedades señalan el lugar de los ojos; la boca no está marcada. La lastra en que se esculpió el grupo es de piedra caliza, casi rectangular, y mide 41 por 49 cm., sin que hasta la fecha se haya podido averiguar el grosor, por el motivo, ya indicado, de estar embutida en la pared.

Este ejemplar muestra unas características muy semejantes a las del anterior. La escena aparece igualmente encuadrada en un marco, pero las figuras no están tan resaltadas.

En el Museo Arqueológico Nacional se conserva una figurita de bronce, procedente de la colección Vives y de origen desconocido, que representa un varón desnudo y sentado sobre un taburete; manos y piernas aparecen en postura distinta que en los relieves, con los que, en nuestra opinión, nada tiene que ver [11].

En el Museo Arqueológico de Valencia hay una plaquita inédita que representa un personaje con los brazos levantados, sentado en una silla de tijera y con las piernas en la misma postura que los personajes de los relieves de Villaricos; tal vez sea una representación de la divinidad que estudiamos, pero sin los caballos.

El relieve de Nuestra Señora del Llano de la Consolación (fig. 100) fue dado como posible representación de Epona en 1942 por A. Fernández de Avilés; este autor duda, junto con A. García y Bellido y E. Thevenot, acerca del sexo de la figura central. F. Benoit cree que es masculino, y a su opinión nos adherimos. A. Fernández de Avilés expuso en 1950 las razones que le movían a incluir esta pieza entre los relieves seguros de Epona. El hecho de aparecer el numen sentado y flanqueado por dos parejas de animales permite relacionarlo más directamente con los relieves de la diosa celta. En 1953 se ratificó en su opinión de que este relieve representa a Epona [12]. La lastra, actualmente en el Museo Arqueológico de Murcia, fue dada a conocer por el señor González Simancas, de quien procede el dato de que fue hallada

[11] F. Alvarez-Ossorio, *op. cit.*, lám. CXXIII.
[12] A. Fernández de Avilés, APL 4 (1953) 199, lám. II,5.

en «un terreno vecino del Llano de la Consolación» [13], y que la caracterizó como un relieve de Epona.

Este relieve fue tallado sobre un bloque de arenisca y mide 72 por 60 cm. Es de forma cuadrangular, sin marco en el lado inferior. El grupo esculpido está formado por la divinidad desnuda y sedente sobre una silla que no parece ser de tijera, entre dos parejas de caballos, afrontadas y superpuestas en dos líneas. Con este recurso, según A. Fernández de Avilés, se «pretende acusar ingenuamente los dos planos de la perspectiva». Los animales tienen la parte anterior del cuerpo más elevada que la posterior. La deidad toca con las manos las bocas de la pareja anterior. El grupo parece silueteado y no están muy resaltadas las cinco figuras. El pecho, abombado, recuerda algo el modelado de la misma parte del cuerpo en el relieve existente en Cuevas de Almanzora, pero las piernas están más caídas que en éste. Por los caracteres artísticos, la forma del bloque, la presencia de un marco, el desnudismo de la figura central, la postura de las piernas y el hecho de estar las figuras en resalte, no dudamos en emparentar este ejemplar con las restantes representaciones del «domador de caballos».

E. Thevenot duda de la autenticidad de esta pieza; este dato le fue comunicado por el conservador del Museo, pero no hay pruebas suficientes a favor de tal afirmación, ya que el testimonio del señor Simancas acerca de su procedencia es totalmente seguro.

F. Benoit juzga esta pieza como de alta época y anterior a los relieves danubianos y galos [14].

A. Fernández de Avilés, en su primer estudio, diferenciaba dos tipos de representaciones en este conjunto; dos piezas se relacionarían con Epona (las de Braga y Nuestra Señora del Llano de la Consolación); otras dos (las de Sagunto y Mogón) aludirían a seres ecuestres. Las piezas de Villaricos formarían un grupo derivado del anterior. La aparición de otras dos piezas no hace variar las conclusiones provisionales a que llegó en su primer trabajo. El título que lleva éste es suficiente para conocer la tesis de su autor: *Relieves hispanorromanos con representaciones ecuestres.* El autor anuncia al comienzo de su artículo que se trata de piezas de época romana y lo sostiene abiertamente al final del mismo.

Estudia el citado autor en primer lugar los relieves de Braga (recientemente clasificado como un heroon egipcio por F. Benoit) y de Nuestra Señora del Llano de la Consolación, y los considera antecedentes oportunos para llegar a los ejemplares españoles, que «corresponden a un momento de la evolución cultural indígena, desarrollado bajo la influencia histórica, *ya que no artística,* del pueblo romano». Al final del trabajo recapitula así sus opiniones: «Esta circunstancia (la pervivencia de los cultos prerromanos en la provincia española hasta el triunfo del cristianismo), junto con la fecha avanzada que hemos visto asig-

[13] M. González Simancas, «Cultura Española» 15 (1909) 602.
[14] F. Benoit, *Mythes... (op. cit.)* 42.

nar a la serie general de las representaciones de Epona, mueven a situar en *plena época romana* a los dos ejemplares peninsulares identificados como tales, pero además a todo el grupo de 'domadores' vinculados de alguna manera con ellos, que experimentan así el consiguiente rejuvenecimiento, dentro del amplio marco cronológico impuesto por la longevidad de las estaciones de que proceden, sin que la categoría artística de cada ejemplar refleje necesariamente diferencias de tiempo, sino de técnica, como en todo arte provincial».

El autor considera más recientes los tipos que presentan una mayor complicación, es decir, los de Villaricos, que juzga coetáneos; estima del mayor interés para su datación las noticias referentes al hallazgo del ejemplar conservado en Cuevas de Almanzora, que constituye el último eslabón de un desarrollo iniciado en Braga y Murcia.

A esta tesis, defendida por A. Fernández de Avilés con una gran probidad científica, se han adherido diversos investigadores españoles y extranjeros. A. García y Bellido, en su obra sobre las esculturas romanas de España y Portugal, incluye entre éstas tres de los ejemplares del «domador»: el de Villaricos conservado actualmente en el Museo Arqueológico de Barcelona, el procedente del Llano de la Consolación y el de Mogón [15]. El profesor español, siguiendo a Fernández de Avilés, no cree que estas piezas deban ser consideradas propiamente como representaciones de Epona, dado el carácter masculino del personaje central, sino que habría de pensarse en una adaptación masculina de Epona.

E. Cuadrado Díaz, en su obra sobre El Cigarralejo, compara la postura de un équido hallado por él con la que adoptan los caballos en el relieve de Villaricos conservado en el Museo Arqueológico de Barcelona. Se adhiere a la tesis de A. Fernández de Avilés en cuanto a las coincidencias existentes entre los relieves de Epona y los del «domador de caballos» [16].

F. Benoit alude frecuentemente en una de sus publicaciones a relieves españoles, de los que recoge tres: uno de Villaricos (el existente en Cuevas de Almanzora), el de Mogón y el del Llano de la Consolación [17]. El sabio francés enuncia por segunda vez ciertas tesis que rectifican la teoría de A. Fernández de Avilés y que sustancialmente están muy próximas a las que se defienden en este trabajo.

Las tesis de Benoit sobre los «domadores de caballos», expuestas brevemente, son las siguientes: sólo los dos relieves de Braga y Ciudadela se emparentan con las representaciones de Epona; a los restantes ha de atribuirse una ascendencia helénica a través de Italia [18].

[15] A. García y Bellido, *Esculturas romanas de España y Portugal* (Madrid 1949) 399-400, láms. 399-401.

[16] E. Cuadrado, *op. cit.*, 94.

[17] F. Benoit, *Mythes... (op. cit.)* figs. 13-15.

[18] *Ibíd.*, 40, 43, 48. Sobre Epona en Hispania, cf. J. C. Elorza, EAA 4 (1970) 275ss; A. Llanos, EAA 2 (1967) 187ss; I. Barandiarán, «Caesaraugusta» 31-32 (1968) 207ss.

En cuanto a la datación, serían, por lo menos alguno de ellos, del comienzo de la etapa republicana [19].

En razón del orientalismo que muestran estos relieves, rechaza la opinión de que sean producto de un arte provincial influido por el arte celta transportado a España por soldados de países celtas venidos aquí en la época imperial [20].

F. Benoit invierte la teoría de A. Fernández de Avilés; para éste, los relieves presuponen a Epona. Según el investigador francés, los ejemplares españoles serían el precedente de algunas representaciones de la diosa celta [21]. En 1953, Benoit reafirma las tesis formuladas en dos ocasiones anteriores [22] sobre este tema. Fecha estas piezas a finales de la época republicana romana y las supone pertenecientes al círculo de la *potnia hippōn;* da al personaje central el nombre de *dompteur de chevaux* [23].

En 1950 participó A. Fernández de Avilés en el I Congreso Internacional de Estudios Ligures con una comunicación en que presentaba dos nuevas piezas de «domadores» hispánicos. Este trabajo constituye un ejemplo a imitar por todos de la suma prudencia con que se han de tratar unos temas tan resbaladizos [24].

Todas las frases están calibradas y, aunque el trabajo es breve, su contenido es muy denso. Expone su autor tres ideas, que creo totalmente revolucionarias, con respecto a las opiniones sostenidas en su primer trabajo y que señalan una evolución en su pensamiento.

En la última nota sostiene que un relieve (el de Villaricos, hoy conservado en el Museo de Barcelona) es, *al parecer,* prerromano. Unas líneas antes había propuesto la tesis de que tal vez el círculo de Epona es distinto del representado por el «domador de caballos».

Al comienzo había mencionado el círculo de la *potnia hippōn,* pero estima que las piezas hispánicas no están emparentadas con él. Resulta altamente significativo el título de esta comunicación. Los relieves ya no son *hispano-romanos,* como en su primer trabajo, sino simplemente *indígenas* e *hispanos.* Sostiene, sin embargo, que los dos nuevos relieves no cambian las conclusiones provisionales a que llegó en 1942.

En 1953 se publica en Francia un libro sobre Epona en que se inserta un inventario de todos los monumentos de la diosa celta, catalogados por E. Thevenot. Aparte del mérito grande de este utilísimo *corpus,* el libro se realza con la publicación de 66 magníficas láminas de los ejemplares más importantes. De las piezas hispánicas presenta las siete que aquí estudiamos. Es significativo el hecho de que estén recogidas en las tres últimas láminas, entre las representaciones dudosas de Epona. En la bre-

[19] F. Benoit, *Mythes... (op. cit.)* 42, 49.
[20] C. Visedo, II CASE (1946) 282.
[21] F. Benoit, *Mythes... (op. cit.)* 44.
[22] F. Benoit, VI CASE (1950) 217ss.
[23] F. Benoit, APL 4 (1953) 211-218.
[24] A. Fernández de Avilés, *Actes I Congr. Int. d'Et. Lig.* (Bordighera 1950) 126-131.

vísima reseña que de cada pieza hace E. Thevenot, no se atreve a calificarlas como representaciones de Epona, y dice que prefiere seguir designándolas simplemente como hacen los colegas españoles: «domadores de caballos» [25].

Afirma además que los relieves de Villaricos están separados por *decenas de años* de las Eponas galo-romanas. Del relieve de Ciudadela, que representa un personaje masculino de pie y delante de un caballo, tan sólo dice que F. Benoit lo clasifica entre las representaciones de Epona, sin considerar el sexo como elemento determinante para la identificación [26].

Salvo en el caso de un relieve, el procedente de la necrópolis ibérica de Pichocol —un yacimiento que, al parecer, se encuentra muy revuelto—, desconocemos el lugar exacto en que aparecieron estas piezas, sin que pueda precisarse qué materiales las acompañaban, que hubieran podido apuntar a una época concreta. Puede indicarse, sin embargo, que los siete ejemplares proceden de las zonas más abiertas a los influjos de los pueblos colonizadores, griegos y púnicos. La única alternativa posible es estudiar estas piezas apoyándose únicamente en los caracteres de las mismas.

En mi opinión, el mundo celta o el romano no nos suministran datos ni iconográficos ni religiosos que nos permitan resolver los problemas planteados por los ejemplares ibéricos. Parece, sin embargo, que podemos adelantar una conclusión segura: que los siete ejemplares pertenecen al mismo ciclo artístico y religioso. Salvo el ejemplar de Nuestra Señora del Llano de la Consolación, que por presentar la figura central sentada y acompañada de más de dos caballos, no rampantes, permite señalar una lejana semejanza con monumentos de la diosa celta [27], las otras seis piezas no admiten ni siquiera esta remota comparación. Incluso el relieve del Llano de la Consolación muestra con respecto a los monumentos celtas de Epona unas diferencias muy profundas: carencia de vestidos, postura de las piernas y manos y animales superpuestos en dos planos. La ausencia de influjos artísticos romanos en las piezas ibéricas, reconocida abiertamente por A. Fernández de Avilés en su primer trabajo, es un punto clave para el estudio de los ejemplares hispánicos. E. Thevenot enumera 198 representaciones de Epona, en 18 de las cuales aparece la diosa acompañada de dos o más caballos; ni uno solo de estos monumentos presenta caballos rampantes ni a la diosa sentada en la actitud de los relieves ibéricos, mientras que la técnica con que ha sido tratada la piedra es completamente distinta. Se conocen más de 500 ejemplares de los caballeros danubianos, que han sido catalogados por Tutor [28] y por

[25] R. Magnen, *Epona* (París 1953) 62-63, láms. 64-66.

[26] *Ibíd.*, 62-63.

[27] Relieves de Limbach, Köngen, Kapersburg, Saint-Lieu, Elonge, Plovdiv, Aptaat, etcétera; cf. R. Magnen, *op. cit.*, 60-66, láms. 42-47.

[28] «Ephemeris Dacarromana» 1 (1937) 238-289; 8 (1938) 445-449; Gruber, «Trierer Zeitschrift» 15 (1940) 1-27.; 16-17 (1941-1942) 1-66.

Kazarow[29]; sus fechas de aparición oscilan entre finales del siglo II y comienzos del siglo III. Hasta el presente tampoco se conocen piezas que se asemejen a las ibéricas. Generalmente se trata de un jinete o de dos, acompañados de una diosa, que marchan galopando con la túnica al viento. Con las representaciones de los Dióscuros ocurre exactamente lo mismo[30].

Si se sitúan en el período romano los ejemplares hispanos del «domador de caballos», habría que admitir la siguiente inconsecuencia: que los artistas ibéricos tomaron del mundo romano o celta una divinidad protectora de los caballos, introdujeron en ella profundos cambios —si es que tal divinidad era Epona— y sin embargo no se dejaron influenciar absolutamente en nada por el arte de aquellos pueblos. Los siete relieves proceden de una zona tan profundamente romanizada desde el primer momento que ni una sola lápida con nombres de divinidades indígenas ha llegado hasta nosotros[31]. Es ésta una prueba decisiva de la intensa romanización que sufrió el Levante. Es inadmisible que, siendo de época romana, no acusen estos ejemplares una marcada influencia artística de aquel pueblo.

Encierra una gran verdad el pensamiento de Toynbee: los pueblos imitan primeramente los estratos culturales más superficiales de otros pueblos. Pero la religión, según el profesor londinense, ocupa una de las capas más profundas en la vida de los pueblos. Aplicado este principio al tema que nos ocupa, resulta insostenible la idea de que el pueblo ibérico tomase un concepto religioso del mundo romano o celta sin al mismo tiempo dejarse influir en nada por el elemento artístico en que tal concepto venía envuelto.

Epona es una diosa virgen que, salvo en casos excepcionales, en frase de René Magnen, no está desnuda ni tiene compañero, aunque en la actualidad los investigadores franceses y belgas tienden a acentuar el parentesco entre la diosa virgen celta y algunos dioses masculinos. Según R. Magnen, el monumento de Saulon puede confirmar la hipótesis de *eventuales* relaciones entre Epona y el dios-jinete. Lambrechts señala el carácter común muy acentuado de estas dos divinidades[32]. E. Thevenot llega a parecidas conclusiones al estudiar las representaciones de Epona entre los eduos[33]. El mismo R. Magnen llega a afirmar que la Epona de Saulon-la-Chapelle aporta un nuevo y poderoso argumento a la hipótesis de una encarnación femenina del dios-jinete[34]. F. Benoit considera el sexo como elemento determinante para la identificación (opinión a la que se opone A. Fernández de Avilés) y sostiene que el paso del dios a la

[29] Kazarow, en *Dissertationes Pannoniae,* II, XIV, I-II.
[30] F. Chapoutier, *Les dioscurs au service d'une déesse* (París 1931).
[31] A. Tovar, *Estudios sobre lenguas indígenas prerromanas* (Buenos Aires 1949).
[32] P. Lambrechts, «Latomus» 8 (1949) 145ss.
[33] E. Thevenot, AC 18 (1949) 385-401.
[34] R. Magnen, *op. cit.,* 25.

diosa, e inversamente, es un fenómeno de adaptación a las creencias indígenas, que en nada afecta al carácter específico del ideograma. Para el sabio francés, el tipo de Epona sería reemplazado por el «domador de caballos»; incluso se pregunta si el sexo de Epona no sería un elemento convencional, y habla de la masculinización de Epona en el relieve de Ciudadela [35].

El hecho de que una divinidad femenina presente funciones y atributos idénticos a los de otra masculina o el que en algunos monumentos esporádicos aparezcan ambas asociadas no es suficiente para pensar en una encarnación femenina del dios masculino. De todos modos, siempre quedarían por estudiar las relaciones entre las divinidades protectoras de caballos en el mundo griego y romano. F. Benoit considera a éstas como una mera continuación de aquéllas. Por nuestra parte, no consideramos muy probable esta teoría.

La Península Ibérica, por otra parte, nunca fue devota de Epona (figuras 101-102); en el catálogo de E. Thevenot figura con dos monumentos seguros: una inscripción de la antigua Segontia y el relieve de Braga (Portugal) [36]. Tan sólo el Africa del Norte, con un solo ejemplar, le es inferior. Bélgica y Germania aportan 141 testimonios; en la Galia céltica se conocen 53, y otros 18 en Aquitania; del valle del Danubio y de los países bálticos se conocen 16. La misma Bretaña, menos intensamente romanizada que la Península, aporta tres ejemplares más que ésta.

Por otra parte, Epona aparece en una fecha muy tardía, y aún son posteriores los caballeros danubianos. Para la diosa celta se pueden señalar, según R. Magnen, los finales del siglo I o los comienzos del siglo II [37]; según F. Benoit, las representaciones de la *écuyère* no pueden ser anteriores al final del siglo II o comienzos del III, y las que están acompañadas de caballos son superiores por su estilo a las de la *écuyère*. El ejemplar más antiguo del caballero *à l'anguipède* sobre columna se fecha en el año 170 [38]. Sobre todo lo referente a Epona, véase la bibliografía recogida por R. Magnen [39].

F. Benoit ha indicado por tres veces el mundo helénico como foco inspirador de las composiciones ibéricas. Creo que A. Fernández de Avilés se orientaba de manera muy tímida hacia esta misma opinión en su segundo trabajo.

En el mundo griego es frecuente el tema del *potnios hippōn* entre caballos, del que también se conocen paralelos en Chipre. En el siglo VI antes de Cristo son numerosas las composiciones semejantes a los relieves de Sagunto, Mogón y Balones; Lane, a quien cita Nilsson, al describir una *kylix* laconia, fundamentalmente muy próxima a las piezas ibéricas,

35 F. Benoit, *Mythes... (op. cit.)* 64-66.
36 A. Fernández de Avilés, AEArq 15 (1942) 203-204.
37 R. Magnen, *op. cit.*, 25.
38 F. Benoit, *Mythes... (op. cit.)* 77-78.
39 *Op. cit.*, 37-38.

aunque de arte muy superior, considera este grupo como «una composición de un tipo común en el siglo VI» [40].

Los ejemplares aducidos por el sabio inglés proceden del Peloponeso, donde por aquella época se encontraba enclavado uno de los más importantes centros de culto de Grecia, el santuario de Artemis Orthia de Esparta, divinidad estrechamente vinculada a los caballos. Una placa de este templo, anterior en algunos años al 600 a. C., muestra dos caballos rampantes con cabezada y bridas; la diosa, que aparece en otras piezas del mismo santuario acompañada de caballos, ha sido sustituida por su animal favorito, un cisne que aparece a tamaño reducido entre los dos équidos [41]. Argos y el templo B de Prinias han suministrado piezas de la *potnia hippōn* entre caballos erguidos, que pueden compararse con la representada sobre un vaso ilicitano. Lato, en Creta, ha dado tres bronces bastante completos y fragmentos de otros siete, pertenecientes al primer cuarto del siglo VII a. C., que se sitúan en la misma línea artística y religiosa que las cuatro piezas ibéricas. En los ejemplares cretenses, a diferencia del dios representado sobre la *kylix* laconia, el *potnios hippōn* aparece alado y con los brazos recogidos por detrás de las caderas de un modo que no es frecuente en este tipo de representaciones. Los caballos, erguidos, apoyan sus manos en los brazos de la divinidad. Estos bronces coinciden con las piezas hispánicas en mostrar la composición enmarcada y en tener las figuras en relieve [42].

Sin duda han sido estas piezas cretenses las que han movido a F. Benoit a señalar una influencia cretense, llegada a la Península a través de la Magna Grecia o Etruria, en las piezas ibéricas [43]. El prototipo pudo venir de Creta o de cualquier otro lugar del Mediterráneo helénico, ya que en todo este ámbito es muy frecuente el tema del *potnios hippōn*. En Chipre apareció un bloque de piedra con un *potnios* entre caballos rampantes (fig. 103); en este ejemplar son los animales los que llevan alas. La pieza se fecha en el siglo VI a. C. [44] La presencia o la falta de alas no implican, según Nilsson, diferencias sustanciales [45]. El profesor de Lund cita la teoría de Radet para explicar esta variante: las alas se deberían a un influjo oriental procedente de Jonia, ya que en Asia Menor y en la región norte del Mar Negro, dependiente artísticamente de Jonia, tan sólo aparecen ejemplares alados. En Grecia, por el contrario, son frecuentes los ápteros, que se remotan a prototipos minoicos. A partir de finales del siglo VI a. C. es frecuente que en las representaciones de la cerámica pierdan las alas tanto el *potnios* como los animales; éstos siguen

[40] E. A. Lane, BSA 34 (1936) 168, lám. XLI; M. P. Nilsson, *The Minoan-Mycenaean Religion and its Survival in Greek Religion* (Lund 1951) 515.

[41] R. M. Dawkins, *The Sanctuary of Artemis Orthia at Sparta* (Londres 1929) lámina CXII.

[42] P. Demargne, BCH 53 (1929) 422-427, fig. 34, lám. XXX,1.3; E. Kunze, *Kretische Bronzereliefs* (Stuttgart 1931) 203, Beil. 2; D. Levi, ASAtene 13-14 (1930-1931) 104ss, fig. 33.

[43] F. Benoit, *Mythes... (op. cit.)* 48.

[44] Ohnefalsch-Richter, *Kypros* (Berlín 1893) lám. CC.

[45] M. P. Nilsson, *op. cit.*, 507.

apareciendo en actitud rampante. Creo que los cuatro «domadores» de Sagunto, Mogón y Balones son posteriores a la fecha indicada [46]. Todos los ejemplares que se citan han sido catalogados recientemente por Jalouris como representaciones del *potnios hippōn* [47].

La posición de los brazos, con el brazo pegado al cuerpo y el antebrazo levantado, como se observa en cuatro de los relieves ibéricos, es también frecuente en el mundo griego, y se remonta a los tiempos de la cerámica geométrica. Aparece ya en representaciones de la *potnia hippōn* en una fíbula beocia del siglo VIII a. C., pero esta pieza es muy probablemente falsa [48]. Sin duda la postura de los brazos y la actitud rampante de los caballos han inducido a F. Benoit a reconocer en las piezas ibéricas un tema arcaico, incluso en la propia Grecia [49]. La misma *potnia taurōn* de Colofón, en que los toros no están erguidos sobre las patas posteriores, sino que tocan con los cuartos traseros las caderas de la diosa, tiene los brazos en esta misma postura [50], que se observa también en una *potnia androfora* y en otra que seguramente está pariendo [51].

El tema de la *potnia therōn* con animales rampantes, en este caso leones, pervive en las terracotas de los templos etruscos hasta mediados del siglo I a. C.; se conoce un ejemplar en Itálica y otro en Qarante (Galia) [52]. Este mismo tipo de representación, pero con una divinidad de sexo masculino, es particularmente frecuente en joyas de los siglos VII-VI a. C., cuyos prototipos se encuentran en Asia [53].

El *potnios hippōn* de Etruria (figs. 104-105) no tiene caballos rampantes ni los brazos en la actitud característica de los relieves ibéricos, sino que toca con gesto protector las cabezas de los animales, que no son únicamente caballos, sino de otras especies, como leones, serpientes o aves. Es curioso que en algunos ejemplares (los del Museo de Villa Giulia) el dios, que aparece desnudo, lleva sobre la cabeza un penacho que en realidad es un prótomo de un tercer caballo.

Tal vez no sea muy seguro, como insinúa F. Benoit, que las piezas hispánicas acusen influencias griegas a través de la Magna Grecia o Etru-

[46] J. D. Beazley, *Attic Red Figure Vase Painters* (Oxford 1942) 51,9; 61,28; 61,41; 9,15; 112,951; CVA III (British Museum) He. lám. 54,4b; CVA (British Museum) Ha. lám. 54,36; CVA (Musee Schuerleer E. y F. 3; E. Langlotz, *Griechische Vasen* (Munich 1931) lám. 6.

[47] «Museum Helveticum» 7 (1950) 89-96.

[48] J. Charbonneaux, «Prehistoire» 1 (1932) 196, fig. 3; 212, fig. 12; 227, fig. 16.

[49] F. Benoit, *Mythes... (op. cit.)* 43, 77.

[50] Ch. Picard, *Mélanges Holleaux* (París 1913) 176 ss, fig. 1.

[51] A. Rumpf, *Malerei und Zeichnung* (Munich 1953) lám. 4,5.

[52] J. M. Blázquez, AEArq 27 (1953) 263-268.

[53] A. Andrén, *Architectural Terracottas from Etrusco-Italic Temples* (Leipzig 1939) 169-170, lám. 53; 366, lám. 102; 410, lám. 116; 414, lám. 117; 419-420, lámina 118; 432-433, lám. 123; 476-477, lám. 135; 482, lám. 136; 541-543, lám. 159; A. García y Bellido, *Ars Hispaniae* I *(op. cit.)* 257, fig. 139; E. Kunze, *op. cit.*, 563; L. Pareti, *La tomba Regolini Galassi* (Ciudad del Vaticano 1947) 3-4, láms. VI, IX; 168, lám. XVIII; F. Poulsen, *Der Orient und die frühgriechische Kunst* (Berlín 1912) 179, fig. 5; M. von Oppenheim, *Der Tell Halaf* (Leipzig 1931) láms. 21,b; 24,b; H. Th. Bossert, *Alt Kreta* (Berlín 1923) 503; H. Th. Bossert, *Altsyrien* (Tubinga 1951) 663.

ria. En Siracusa y también en Capua la *potnia hippōn* es del tipo de las de Esparta y Arcadia, es decir, que está representada a caballo. Sin embargo, Etruria no desconoce durante el período arcaico el tema de los caballos, leones, cabras y otros animales en actitud rampante, como puede verse, por ejemplo, en las estelas de Saletta y Malvasia, en el Museo de Bolonia, de finales del siglo VII a. C. De la misma época data un *potnios thērōn* procedente de Cumas y representado entre leones rampantes y con los brazos en la misma postura que los del dios que aparece en los cuatro relieves hispánicos.

Esta doble representación itálica, ya que se trata de las dos asas de un jarro de bronce con figuras gemelas de la misma divinidad en actitud idéntica, es muy parecida, salvo la posición de los brazos, a una pintura sobre un vaso de cerámica existente en el Museo Británico, que también representa un *potnios thērōn.*

En cambio, las representaciones del *potnios hippōn* etruscas correspondientes al período jónico se asemejan al ejemplar del Llano de la Consolación en que presentan los caballos apoyados en el suelo sobre sus cuatro patas y colocados en dos hileras superpuestas. En la pieza giennense no se ha intentado seguramente dar perspectiva a la composición, sino que se ha sustituido la hilera superior de animales, que en Etruria son leones, por caballos.

Los caballos del relieve de Villaricos conservado en el Museo Arqueológico de Barcelona adoptan una postura rara, sentados sobre sus cuartos traseros. Esta es también seguramente la actitud en que se intenta representar a los animales del grupo de Samos (fig. 106), con la diferencia respecto del relieve ibérico de que los caballos no aparecen afrontados, sino de medio lado en relación con el *potnios hippōn;* éste aparece vestido con túnica corta sujeta por un cinturón, como en la pieza de Mogón. Se conocen en cambio piezas del *potnios* entre grifos sentados y con las patas delanteras apoyadas en la cintura de la deidad, cuyos prototipos iconográficos se encuentran en Asia [54]. Esta pieza última, procedente de Tell Ahmar, tiene los grifos sentados exactamente en la misma postura que los del relieve de Villaricos conservado en el Museo Arqueológico de Barcelona [55].

No se conocen paralelos próximos de los relieves de Villaricos, como el profesor Jacobsthal ha confirmado a Fernández de Avilés, ya que hasta el presente no han aparecido imágenes del *potnios hippōn* sedente. La postura de las piernas tal vez sea una manera de indicar que se trata de una deidad protectora de los caballos, ya que es la misma con que montan los humanos. La silla de tijera no proporciona ninguna pista, ya que es conocida en Grecia, Etruria, Egipto y Asia. En España aparece también sobre la urna cineraria de Galera, de mediados del siglo IV antes de Cristo. El hecho de que estos dos relieves procedan del Sudeste, así

[54] R. M. Dawkins, *op. cit.*, 213, lám CV; F. Matz, *Geschichte der griechischen Kunst* (Francfort 1950) lám. 261,b; F. Thureau-Dangin, «Syria» 10 (1929) lámina XXXV,4.

[55] JdI 54 (1939) 265-266, fig. 18.

como la representación de la divinidad sedente con las piernas en idéntica postura, son otros tantos indicios para admitir alguna interdependencia de las piezas.

La bifrontalidad del dios tampoco tiene antecedentes en las divinidades mediterráneas protectoras de caballos. No ocurre lo mismo con el rostro de perfil. El docto profesor de la Universidad de Oxford antes citado, con su gran erudición, apunta interesantes interpretaciones griegas y romanas de divinidades célticas: Dióscuros-estatuas dobles, Geryones-dios tricéfalo [56].

Hay en Italia un tipo de moneda con cabezas bifrontes, que aparece en Volterra ya durante el siglo VI a. C., que tal vez inspirase la frontalidad del *potnios hippōn* ibérico, pues las piezas hispánicas y las monedas itálicas presentan las cabezas soldadas de la misma manera y un tratamiento idéntico de los caballos. Estas monedas son particularmente abundantes en el siglo III a. C., fecha que puede convenir al relieve conservado en Barcelona por el tipo de montura que lleva un caballo [57]. La bifrontalidad es conocida en el arte fenicio y en el griego, en el siciliota y el etrusco [58]. Por Livio sabemos que las relaciones entre el Levante ibérico e Italia eran muy estrechas; no es de extrañar una influencia de ésta sobre aquél. También en la costa mediterránea de Asia se han encontrado divinidades bifrontes; probablemente ocurre con ellas lo mismo que con el grupo del felino que ataca a diversos animales, con el tema de la *potnia thērōn* y con distintos elementos artísticos y religiosos, que primero aparecen en Asia y posteriormente se difunden por todo el Mediterráneo. En Etruria y en Iberia se conservan muchas veces elementos de un gran arcaísmo [59].

Las representaciones del *potnios hippōn* acusan siempre una gran libertad de ejecución. Los ejemplares etruscos llevan de perfil sólo la mitad del cuerpo. En Grecia hay imágenes divinas que aparecen esporádicamente con miembros dobles, tal vez para acentuar la función protectora de la divinidad. Una figura alada procedente del Heraion de Argos, fechada en el siglo VI a. C., tiene en las manos un segundo par de manos adicionales [60]. En esta misma línea, cuyo significado profundo se nos escapa, estarían tal vez situados los relieves de Villaricos.

La presencia de la silla de montar en el relieve del Museo Arqueológico de Barcelona es un indicio, como insinúa A. Fernández de Avilés, que nos permite atribuir a esta pieza una fecha más avanzada. La silla de montar, sencilla, del tipo del *epiphion* griego, está atestiguada con

[56] Sobre las divinidades griegas y romanas tricéfalas, cf. W. Kirfel, *Die dreiköpfige Gottheit* (Bonn 1948) 99-147.

[57] P. Ducati, *L'Italia antica* (Verona 1948) 265, fig. 262; 252, fig. 250; W. Giesecke, *Italia Numismatica* (Lepzig 1928) láms. 18,1; 19,11; 20,21; 21,17; 28,8; 23,15; G. F. Hill, *Historical Roman Coins* (Londres 1909) láms. I,1; V,8; VI,10-11; IX,16.

[58] G. Q. Giglioli, *Arte Etrusca* (Milán 1935) lám. CCLXXXI,5; F. Poulsen, *op. cit.*, figs. 4, 26-27, 103; G. M. A. Richter, *Archaic Greek Art* (Nueva York 1949) figuras 282-283.

[59] M. von Oppenheim, *op. cit.*, lám. 31,1.

[60] C. Waldstein, *The Argive Heraeum* II (Boston 1902-1905) lám. XLIX, 1,49.

precisión en España a comienzos del siglo IV a. C., fecha en que existía el santuario ibérico de El Gigarralejo. Este tipo de silla (el de Villaricos), que es una verdadera montura, sería seguramente algo posterior. Aparece en Liria [61], y, en época romana (jinete de Palencia), en atalajes de carros [62], etc.

Las conclusiones provisionales a que, como hipótesis de trabajo podemos llegar, son las siguientes:

Los siete relieves ibéricos representan un *potnios hippōn* (un *Master of Animals*, según expresión de Nilsson), divinidad de la que, en versión femenina, se conoce una representación sobre un vaso de Elche, y que es conocida en todo el Mediterráneo [63]. Las representaciones de Sagunto, Mogón y Balones no plantean problemas especiales, pues se aproximan a ejemplares helenos.

Las fechas tope de los siete relieves ibéricos oscilarían entre finales del siglo VI a. C., fecha en que desaparecen las alas en las representaciones de esta divinidad, y la época romana, sin llegar a ella. El ejemplar de Villaricos conservado en Barcelona sería tal vez del siglo III a. C.

Salvo en el caso de este ejemplar, no es muy segura una fecha próxima a la romanización, pues estando claro, como parece, que este tema se recibió del ámbito mediterráneo, el *Master of Animals* desapareció pronto del mismo. Según la tesis de Chittenden, fue sucedido por Hermes [64]. El tema debió de llegar a España cuando Hermes aún no había asumido este carácter.

No hay motivos para admitir prioridad de un grupo sobre otro. En Etruria, las representaciones más complicadas del *potnios hippōn* son las de la etapa jónica. Es posible que ambos grupos sean coetáneos.

La zona en que han aparecido los relieves ibéricos, el Levante, es ya un indicio para pensar en influjos mediterráneos.

El profesor Alvarez de Miranda, que ha tenido la amabilidad de discutir conmigo los problemas planteados por estos relieves, se inclina también a atribuirles un origen mediterráneo.

La diosa alada de Elche (fig. 107) entre caballos rampantes y también alados confirma plenamente las conclusiones que como hipótesis de trabajo proponemos. Esta figura ha sido estudiada recientemente por Benoit [65], que señala acertadamente el mundo griego como ámbito origi-

[61] A. García y Bellido, *Ars Hispaniae* I *(op. cit.)* figs. 330-331.

[62] A. García y Bellido, *Esculturas romanas... (op. cit.)* lám. 333.

[63] J. Chittenden, «Hesperia» 16 (1947) 89ss; M. P. Nilsson, *Minoan-Mycenaean Religion (op. cit.)* 315.

[64] J. Chittenden, *loc. cit.;* M. P. Nilsson, *Geschichte der griechischen Religion* I (Munich 1941) 475ss.

[65] F. Benoit, APL 4 (1953) 211-218, fig. 4; A. Blanco, *Catálogo de la Exposición del Caballo en el Arte* (Madrid 1963) 59, lám. 13. En general, Ch. Christou, *Potnia Theron* (Tesalónica 1968). Sobre las diosas aladas, M. E. Aubet, *Homenaje a García y Bellido* I (Madrid 1976) 61. Sin negar esta tesis, que ve influencias egipcias en la presencia de las alas en las diosas púnicas, las alas podrían interpretarse también como una señal de arcaísmo, pues en Oriente aparecen frecuentemente con ellas las diosas de la fecundidad, que son los lejanos prototipos de que descienden Astarté o Tanit; cf. A. Parrot, *Sumer* (Madrid 1969) 300, fig. 367.

nario en que se inspira esta representación. E. Cuadrado Díaz presentó una comunicación al Congreso Internacional de Prehistoria y Protohistoria sobre este mismo tema. El sabio galo no ha señalado, sin embargo, que en el Peloponeso, el templo B de Prinias, de finales del siglo VII antes de Cristo [66], ha suministrado un paralelo muy próximo (fig. 108). La presencia de alas en la diosa y en los caballos de la pieza ilicitana, así como la postura rampante de los animales, descartan toda posibilidad de pensar en influjos de divinidades protectoras de caballos del mundo celta, romano o púnico [67]. La diosa dendrófora de Elche, recientemente dada a conocer por su descubridor, el señor Ramos Folqués [68], es una copia de la diosa dendrófora de Arcades (Creta) [69], que es una diosa de la fecundidad.

Estas dos representaciones ilicitanas, que seguramente no son anteriores al año 400 a. C., pero que tampoco son posteriores al siglo II antes de Cristo [66], ha suministrado un paralelo muy próximo (fig. 108). La de varios siglos con respecto a sus prototipos; tampoco se emparentan con otras representaciones de la *potnia hippōn* o de Atenea (figs. 109-110), más o menos coetáneas [70]. Se trata de un fenómeno perfectamente conocido en todo el Mediterráneo: la dependencia de Iberia y Etruria con respecto a Grecia y de ésta con respecto al Próximo Oriente.

En las regiones occidentales de Asia, la tierra clásica de las divinidades protectoras y domadoras de animales, es precisamente donde hay que buscar, para todo el resto del Mediterráneo, el origen del tema iconográfico y religioso de las divinidades protectoras de los caballos. El *Poema de Guilgamesh* presenta a Ishtar como señora de los caballos, y en todo el Próximo Oriente se conocen divinidades vinculadas a los caballos [71]. Los artistas hititas representaron divinidades con caballos rampantes; estas imágenes presentan con respecto a sus paralelos mediterráneos la única diferencia de que los animales apoyan sus manos en los hombros de los dioses [72].

[66] L. Pernier, ASAtene 1 (1914) 67ss, figs. 36-38.

[67] Ch. Picard, *Les religions de l'Afrique antique* (París 1954) 52-55.

[68] A. Ramos Folqués, MMAP 14 (1953) 119, fig. 97,6.

[69] F. Matz, *op. cit.*, fig. 256.

[70] D. M. Robinson, *Excavations at Olynthus* V (Baltimore 1933) 120, 267; 122, 269; G. M. A. Richter, *Sculpture and Sculptors in Greek Art* (New Haven 1950) 141, fig. 431; A. Futwängler, K. Reichold, *Griechische Vasenmalerei* (Munich 1904) lámina 162,3.

[71] E. Meyer, *Reich und Kultur der Chetiter* (Berlín 1914) 54, fig. 44; H. Gressmann, *Altorientaliche Bilder zum Alten Testament* (Berlín-Leipzig 1927) 82, fig. 274; A. Godard, *Les Bronzes du Luristan* (París 1931) 45; E. H. Minns, *Small Bronzes from Northern Asia:* «Antiquaries Journal» 10 (1930) 1ss, láms. 3, 20; G. Perrot, Ch. Chipiez, *Histoire de l'Art* II (París 1884) 642, fig. 313.

[72] M. Rostovtzef, «Syria» 12 (1931) 49ss.

8

EL CULTO A LAS AGUAS EN LA PENINSULA IBERICA

Hemos reunido en este trabajo todos los testimonios conservados en la Península Ibérica en relación con el culto indígena a las aguas. Estos testimonios son de tres clases: nombres de divinidades de carácter acuático, fuentes literarias que hablan de un culto a las aguas y monumentos del Sur y Levante ibéricos en que cabe señalar un nexo entre las aguas y la religión.

I. DIVINIDADES DE CARACTER ACUATICO

A...RONI

DEO . A .
IRONI
FECIT . FA
MILIA OC
VLES . VSE
C . IITINN
CRISPINV

La inscripción aparece sobre un altar de piedra calcárea encontrado en el lugar que lleva por nombre Fuente Redonda, en Uclés, donde se halla un depósito de agua en cuyas inmediaciones se elevan restos de edificios probablemente romanos. No lejos de la fuente en que nace el Bedija se extiende un cementerio romano del que se conserva gran número de urnas. El adjetivo geográfico *oculensis* corresponde a la forma más antigua que se conoce en los documentos de la Edad Media para la villa de Uclés.

El altar está consagrado al genio protector de la fuente. En diferentes localidades de España se da el nombre de «Airón» a algún pozo: el pozo Airón en los confines de Garci Muñoz, en Cuenca; otro pozo Airón existe en Hontoria del Pinar, en Burgos. En Granada hay un pequeño lugar de este mismo nombre [1].

[1] CIL II, 5888; F. Fita, BRAH 15 (1889) 109.

NABIA ELAESVRRAECA

El *Corpus Inscriptionum Latinarum* ha propuesto la siguiente lectura para esta piedra, que procede de San Juan de Camba:

ABIA . ELAESVRAECA .
SACRVM
POSITVM CVRA VICCISIONIS.

Se indica que el nombre del dios era *Abiafelaesuraecus.* Con esta denominación lo menciona Leite de Vasconcelos en el segundo volumen de su obra sobre las religiones de Lusitania. También Navascués y Tovar aceptan este nombre hipotético en la lista de divinidades indígenas. En el tercer volumen de su obra sigue Leite de Vasconcelos la lectura propuesta por Vázquez Núñez, juzgándola mucho más segura:

[N]ABIAE ELAESVRRAEC
SACRVM
POSITVM CVRA VICCION.

Las letras del comienzo de la primera y tercera líneas son restituidas de modo muy afortunado por Vázquez Núñez. En la Península son siete hasta el momento las inscripciones descubiertas con dedicatorias al río Nabia.

En la primera línea se lee ELAESVRRAEC en lugar de ELAESVRRAEC(AE), dativo femenino de ELAESVRRAECVS, nombre compuesto del tema *Elaesus,* que se encuentra en diversas inscripciones hispánicas [2] y topónimos [3], y del sufijo *-aecus,* típico del Noroeste de España, que se presenta muy a menudo bajo distintas variantes. ELAESVRRAECAE es exactamente el mismo tipo de palabra que *Cariocieco,* compuesto del sufijo *-aecus* precedido del topónimo [4].

GENIVS FONTIS AGINEES[IS]

FONTI SAGINEES GENIO
BROC CI L VIPST
ALEXIS AQVEEGVS
V . S . L . M .

Una parte de la inscripción es hoy ilegible al quedar cubierta por un edificio construido en el lugar en que se descubrió el altar sobre el que se halla grabada. Según Gómez Moreno, cuya lectura damos, las letras están bien formadas, aunque son desiguales. El altar se encuentra en Bo-

[2] CIL II, 2633, 2688, 5034.

[3] CIL II, 5034, 5763.

[4] CIL II, 2524; F. López Cuevillas y R. de Serpa Pinto, *Trabalhos sobre a Edade do Ferro no noroeste de la Peninsula. A Relixion:* «Arquivos do Seminario de Estudos Galegos» 6 (1934) 320 (citado en adelante como *Trabalhos);* J. Leite de Vasconcelos, *Religioes da Lusitania* II (3 vols., Lisboa 1892-1913) 341; *ibíd.* III, 203-4 (citado en adelante como *Rel.); Opúsculos* V. *Etnología* (Lisboa 1938) 173-76; A. Vázquez Núñez, «Boletín de la Com. prov. de mon. hist. y art. de Orense» 3 (1906) 23.

ñar, encima de una fuente de aguas medicinales, actualmente llamada «La Caliente», a causa de su temperatura templada. La roca en que está grabada la inscripción es una cuarcita pizarrosa. No han aparecido vestigios romanos en los alrededores inmediatos de la fuente. La inscripción está dedicada al genio de la fuente por algún devoto que se beneficiaría de las cualidades salutíferas de sus aguas [5].

AMEIPICRI

AMEIPICRI
SACRVM
AGRASSICIVS
PATERNVS
V . S . L . L .

La divinidad en cuestión es la ninfa de alguna fuente, porque el principio del nombre es el mismo que en el de AMEVCN, divinidad acuática.

El altar ha sido descubierto en *Bracara Augusta,* en la finca de Avellar, al extremo sur de la villa. Hay un pequeño hogar en la parte superior para quemar perfumes. La cornisa remata en un frontón elegante, con volutas de rosetones de cinco hojas; en el centro hay un emblema que se distingue mal. La escritura es típica del siglo II [6].

NYMPHAE FONTIS AMEVI

NYMPHIS
FONTIS . AMEV
CN . L . TERENTIVS
L . F . HOMVLLVS
IVNIOR . LEG .
LEG . VII . G . F .
L . V . M . V .

La piedra ha sido hallada en León; fue dedicada por un legado de la legión VII. Seguramente poseía virtudes curativas. El dedicante es desconocido. Las letras están bien trazadas, como corresponde a un funcionario del Imperio Romano [7].

ATVRRVS

En Campos se ha hallado un cipo de piedra calcárea, ligeramente rosada, que mide 1,08 por 0,59 por 0,05 m. Esta piedra fue descubierta en 1908 y publicada posteriormente en numerosas ocasiones. Según Lambrino, que la ha estudiado recientemente, ha de leerse como sigue:

ATVRR(o sac | r)VM. BISIIO. | (A)VITO. AN(norum) XXII. (IV)NIA.
I(VLLI) F(ilia). TVSCA | FRATRI | (Pub?)LICIAE. M(arci) F(iliae).
TVSCAE. | MATRI.

[5] CIL II, 5726; M. Gómez Moreno, *Catálogo Monumental de España. Provincia de León* (Madrid 1925) 76; *Trabalhos,* 318.

[6] *Rel.* II, 333.

[7] CIL II, 5084; *Trabalhos,* 318; F. López Cuevillas, *La civilización céltica* (Santiago de Compostela 1953) 413; A. Holder, *Altkeltischer Sprachschatz* I (Leipzig 1925) 1127.

En Aquitania existe un río *Adour*, que encontramos bajo la forma *Aturrus* en Ausonio [8] y *Aturus*, con una *r*, en Lucano [9]. Tolomeo [10] cita un río *Atourios*, y Mela un *Aturia*. Es un nombre muy extendido en Aquitania. Gregorio de Tours habla del *vicus Atora* [11] y de la villa *Aturense* [12]. Se conoce también el nombre de un pescado que sin duda se capturaba en aquel río, con la derivación adjetival, *aturriscus piscis* [13]. Aparece frecuentemente como nombre de persona sobre el Rin: *Aturrus* [14]. En inscripciones aparece incluso en Lusitania [15]. La inscripción de Campos revela que esta divinidad tenía carácter ctónico y que era invocada con miras a obtener su protección en situaciones relacionadas con la muerte.

El nombre de esta divinidad, como ocurre con el de *Arentius* y otros dioses indígenas, se aplica también a ríos y pueblos [16]. M. L. Albertos ha insistido en el carácter funerario de esta inscripción.

ASSAECVS JVPITER

I. ASSAECO
VOTVM
ANIMOLVBEN(S)
M . CAECILIVS
CAENOSOLVIT

Esta inscripción procede de Lisboa. El propio Vieira da Silva se pregunta si el epíteto *Assaecus* no tendrá relación con alguno de los ríos *Asseca* de Portugal. Es un nombre de aspecto netamente indígena. El elemento radical *assa-* aparece en muchos nombres hispánicos: *Assata, Assaract, Assalica* [17]. Se desconoce su etimología. En cuanto al sufijo *-eco*, es, como se puede observar a menudo, corriente en la Península bajo la forma sorda *-co* o la sonorizada *-go*. Este dios es probablemente un río divinizado [18].

BORMANICVS

MEDAM
VSCAMAL
BORMANI
CO . VS . L . M .

Esta divinidad es conocida por dos inscripciones, ambas de Caldas de Vizela. Menéndez Pidal ha estudiado recientemente este topónimo, co-

[8] *Mos.*, 468.
[9] Luc., I,420.
[10] Tol., II,7,1.
[11] *In glor. conf.*, 51.
[12] *Notit. Galliar.*, XIV, 9.
[13] Sid. Apol., *Epist.*, VIII, 12.
[14] CIL XIII, 6114; cf. A. Holder, *Altkeltischer Sprachschatz* I *(op. cit.)* s. v.
[15] CIL II, 5586; XII, 2826, *Aturia*, y 2920, *Aturenus*.
[16] S. Lambrino, «O Arqueologo Portugues» 10 (1951) 43ss.
[17] CIL II, 1457, 4355, 6108.
[18] M. L. Albertos, «Zephyrus» 3 (1952) 51; A. Vieira da Silva, *Epigrafia de Olisipo* (Lisboa 1944) 269.

mún a España, Liguria, Iliria y Galia [19]. Fuera de la Península Ibérica, el dios *Bormo, Borvo,* asimilado a Apolo, era muy venerado en la Galia [20]. Sin duda, *Bormo* era la divinidad de Caldas de Vizela. El tema *borm-* es indoeuropeo y está bien atestiguado en las lenguas célticas; Kretschmer propone la significación de «burbujear, bullir», que cuadra perfectamente a una divinidad de las fuentes y de las aguas termales. Es el único dios del que se puede asegurar que pertenece al sustrato celtibérico, sin descartar por ello la posibilidad de que el dedicante pudiera no ser oriundo de la Península [21].

CASTAECAE

REBVR
RINVS
LAPIDA
RIVS . CA
STAECIS
V . L . S
M

El altar, actualmente desaparecido, procede de Santa Eulalia de Barrosa, municipio de Lousada (Oporto). Hübner, Mario Cardozo y Leite de Vasconcelos creen que las divinidades honradas con este altar son ninfas; en su nombre entra el sufijo *-aecus* unido a un topónimo, como es frecuente encontrar en la formación de los nombres de los dioses. *Castae* es un lugar de la Galia [22].

CELIBORCA

BAEDIVS
RIBVRRVS
CELIBORCAE
SACRVM
V . S . L . M.

La inscripción está probablemente dedicada a una ninfa protectora de las aguas termales. En el *Itinerario de Antonino* aparece sobre el camino de *Bracara* a *Asturica* el nombre de *Celenae Aquae,* hoy Caldas de Reyes. El segundo elemento del nombre de la divinidad quizá tenga relación con *borm-*, «burbujear», que aparece en *Bormanicus* [23].

DVRBEDICVS

CELEA
CLOVTI
DEOD
VRBED
ICOEXV
OTOAN

[19] R. Menéndez Pidal, *Toponimia prerrománica hispana* (Madrid 1952) 91-98.

[20] J. Vendryes, *La religion des celtes* (París 1946) 267-69; A. Holder, *op. cit.* I y III, s. v.

[21] CIL II, 2402; *Rel.* II, 266; *Trabalhos,* 319; F. López Cuevillas, *La civilización céltica (op. cit.)* 413-14.

[22] CIL II, 2404; *Rel.* II, 190-91; M. Cardozo, «Zephyrus» 4 (1953) 61-62.

[23] C. Morán, *Reseña histórico-artística de la provincia de Salamanca* (Salamanca 1946) 148.

Las dos etimologías que cabe señalar para este nombre confirman la hipótesis de que Durbedico sería un dios de las aguas. El nombre termina con el sufijo átono *-ecus*, muy extendido en la toponimia; *durb-* tendría relación con el irlandés *drucht*, «llovizna», o con *derb*, «claro, cristalino», ideas que concuerdan bien con el carácter de una divinidad acuática; *-ed* es el sufijo que se encuentra en muchas palabras célticas [24].

DVRVS

DVRI
C . IVLIVS
PYLACES

La inscripción, descubierta en los alrededores de Oporto, está dedicada al genio del Duero. El nombre tiene la terminación del dativo céltico en *-i* [25].

EDOVIVS

EDOVIO
ADALVS . CLO
VTAI . V . S . L . M.

El nombre del dedicante, *Adalus*, aparece aquí por única vez en toda la Península. El altar fue encontrado cerca de Caldas de Reis (Pontevedra), en los alrededores de una antigua fuente termal. Está consagrado al genio de la misma [26].

AQVAE ELETE[N]SES

C . ACCVS
ALBANI . F
AQVIS . EL
ETE[N]SIBVS
VOTO

El oferente es conocido por diversas inscripciones en Avila [27].

El altar fue descubierto en Retortillo, cerca de la estación de aguas termales a cuyas ninfas está dedicada la inscripción. El adjetivo que acompaña a *Aquis* está formado sobre el nombre del Yeltes, que pasa por la villa. Este río de la provincia de Salamanca lleva un nombre bastante semejante al del río gallego *Lethes*, hoy Limia.

Según el padre Fita [28], sobre una inscripción del 12 de enero de 1174 se lee el nombre de *Yeltes*, forma que se aproxima más a la variante de la inscripción. En el lecho del río se ha descubierto una fuente de aguas termales, de una temperatura de 40°. Al construir los baños actuales se sacó a la luz un enlosado bajo el que aparecieron seis monedas de oro y

[24] CIL II, 5563; *Rel.* II, 329-31; *Trabalhos*, 319; F. López Cuevillas, *op. cit.*, 414-15.
[25] CIL II, 2370; *Trabalhos*, 319; F. López Cuevillas, *op. cit.*, 415.
[26] CIL II, 2543; *Trabalhos*, 319-20; F. López Cuevillas, *op. cit.*, 415; I. González, AEArq 30 (1957) 50ss.
[27] CIL II, 361, 2734, 2771.
[28] F. Fita, BRAH 50 (1907) 342-45.

algunas de cobre, así como el altar con el nombre de las ninfas de la fuente. El altar mide 0,80 por 0,40 m. Una de las monedas era de Vespasiano. Esta costumbre de arrojar monedas en las fuentes termales para obtener de las diosas la curación está ampliamente atestiguada por el hallazgo de monedas en las fuentes termales de la Galia [29].

FROVIDA

FROVIDA
SACRVM
MATERNVS
FLACCI
EX VISV
V . S . L . M.

El nombre de la divinidad se remonta a la raíz indoeuropea **sreu,* «correr», *Frudis, Froutis, Combo-frutis; Canfruth,* «río» en antiguo galés; en galés *ffrwd;* bretón *froud,* «arroyo, torrente, el agua que corre en general» [30]. *Frovida* es la ninfa de uno de los ríos que penetran en la región de Braga, lugar donde fue descubierto el altar.

La forma *Frovida* es un dativo en *-a* como los que estudia A. Tovar [31].

Leite de Vasconcelos relaciona *Frovida* con *Providentia,* referencia que parece muy dudosa y mucho menos segura que la precedente. Hübner se pregunta si no vendría de *Fortunae Providia(e) sacrum;* en este caso se trataría simplemente de una divinidad romana. La interpretación de *Providae* como diosa de las aguas podría ser aceptable, ya que en la Península el culto de las aguas es muy corriente [32].

LACVBEGVS

COELIT . TE
SPHOROS
ET FESTA
ETTELESI
NVS . LACV
BEGI . EX
VOTO

El altar fue hallado en Ujué. Lleva una cabeza de toro en relieve sobre uno de los lados.

LACVBEGVI es, según parece, palabra vasca. *Lacu,* elemento que aparece en topónimos modernos, significa «canal de agua». *Lacubegus* debía de ser una divinidad acuática. El nombre del dios está en el dativo céltico en *-i* [33].

[29] C. Morán, *Reseña (op. cit.)* 15; J. Maluquer, *Carta arqueológica de España. Salamanca* (Salamanca 1956) 94, 138, n.° 91.

[30] A. Holder, *op. cit.* I, 1500; A. Walde, en J. Pokorny, *Vergl. Wb. der Idg. Sprache* II (Berlín 1930-32) 7025.

[31] «Journal of Celtic Studies» 1 (1949) 20.

[32] E. Hübner, «Ephemeris Epigraphica» VII, 116, 403; M. L. Albertos, «Zephyrus» 3 (1952) 55-56; *Rel.* II, 333-34.

[33] L. Vázquez de Parga, «Rev. Príncipe de Viana» 24 (1946) n. 59, 465; *Museo de Navarra* (Pamplona 1956) 20.

LAPITEAE

DIIS DEABVSQVE AE
TERNVM LACVM OMNI
BVSQVE NVMINIBVS
ET LAPITEARVM CVM
HOC TEMPLO SACRAVIT
G . C . CALP . RVFINVS
IN QVO HOSTIAE VOTO
CREMANTVR

La inscripción fue descubierta en el municipio de Vila Real de Trás-os-Montes, en un lugar en que existían un templo y un lago sagrado que *Gaius Caius Calpurnius Rufinus* consagró a todos los dioses y diosas. Se han descubierto en el mismo lugar otras cuatro inscripciones, una de ellas en griego, que no hemos copiado por no contener el nombre de ninguna divinidad indígena. En las cuatro inscripciones aparece también el nombre de *Calpurnius Rufinus.*

El nombre *Lapitearum* se refiere a unas divinidades que son probablemente las ninfas del lago sagrado citado en la inscripción; está formado sobre un topónimo, *Lapitea,* que según Tolomeo es un cabo de Galicia [34]. F. Russell Cortez ha defendido la tesis de que el nombre de *Lapiteae* designa una villa; en este caso el altar estaría dedicado a las diosas de los lapitas. Leite de Vasconcelos sostuvo la misma hipótesis. El nombre de estas divinidades indígenas se conoce ya gracias a otra inscripción [35]. En honor de estas divinidades indígenas y romanas se quemaban víctimas, como precisa la inscripción. Otra de las inscripciones descubiertas habla de las víctimas que se sacrificaban e inmolaban en el interior y fuera del recinto sagrado, el lugar propiamente religioso, y que era quizá el mismo lago sobre el que se esparcía la sangre.

Este monumento tiene una excepcional importancia para determinar el significado de las numerosas pilas que existen en el área galaico-lusitana. En el castro de Ulaca (Solosancho, Avila) existe un santuario rupestre similar a este de Panoias [36].

Mommsen leía AMPHITEATRVM en lugar de LAPITEARVM; Hübner y Leite rechazan tal lectura [37].

LVPIANAE

ANTONIA
RVFINA
VOTONYN
HISLVPIA
NISLIBENS
ANIMO
POSVIT

[34] Tol., II,6,4.

[35] CIL II, 5607.

[36] J. M. Blázquez, *Diccionario de las religiones prerromanas de Hispania* (Madrid 1975) 112.

[37] CIL II, 2395; *Rel.* II, 187-88; III, 468; F. López Cuevillas, *op. cit.*, 449-50; F. Russell Cortez, *Panôias, cividade dos Lapiteas* (Oporto 1947); S. Lambrino, *Les divinités orientales en Lusitania et le sanctuaire de Panôias* (Coimbra 1954); A. García y Bellido, BRAH 139 (1956) 326ss.

Este altar fue descubierto en 1887, en la comarca de Guimarães, y se conserva actualmente en el Museo de la Sociedad Martins Sarmento; fue hallado a orillas del Vizela. *Lupie* es el nombre de un río de Germania [38]; *Lupia, Lupius, Lupio, Lupianus* son nombres que aparecen en inscripciones hispánicas y de fuera de la Península [39]. En Huesca hay un topónimo, *Lupinen,* que se emparenta con esta palabra [40].

MATRES

MATRIBUS
TER
MEGISTE
V . S . L.

El altar fue descubierto a orillas del Duratón; es probable que en esta inscripción las *Matres* tengan carácter de divinidades acuáticas, con el que aparecen en otras muchas inscripciones [41]. Parece corroborarlo el hecho de que el altar fuera encontrado cerca del río [42].

NABIA

CICERO
MANCI
NABIAE
L . V . S.

El altar fue descubierto en S. João Baptista de Pedregão Pequeno. Está consagrado al *Nabia,* río al que están dedicadas ocho inscripciones en la Península. El altar es de granito y mide 0,70 por 0,28 por 0,20 metros. La altura de las letras varía entre 0,06 y 0,07 m. [43]

CATVRO
PINTAMI
NABIAE
IBENS

El altar ha sido hallado en Monte Baltar. El nombre del río aparece escrito en la misma forma en que lo está en las inscripciones de S. João Baptista de Pedregão y en San Juan de Camba. Hay una variante entre *b* y *v* en la ortografía del nombre de esta divinidad [44].

NABICCA

López Cuevillas ha leído el nombre de esta diosa, que sin duda es una variante de NABIA, en una piedra descubierta en Marecos [45].

[38] RE s. v., col. 1.842.
[39] CIL II, 2793, 6257, 4970.
[40] CIL II, 6288; R. Menéndez Pidal, *op. cit.,* 135; M. Cardozo, «Zephyrus» 4 (1953) 61; *Trabalhos,* 318; *Rel.* II, 189-90; F. López Cuevillas, *op. cit.,* 413.
[41] J. Toutain, *Les cultes païens dans l'Empire Romain* III (París 1920) 243.
[42] CIL II, 2764; M. L. Albertos, «Zephyrus» 3 (1952) 58-59.
[43] CIL II, 5623; *Trabalhos,* 320; *Rel.* II, 277-81; F. López Cuevillas, *op. cit.,* 415.
[44] CIL II, 2378; *Trabalhos,* 420.
[45] *Trabalhos,* 306.

BOVTIVS
ANTVBEL
F . D . NAVI
V . S . L . A.

El nombre del padre ha sido estudiado recientemente por Tovar. El *Antubelus* de esta inscripción, hallada en Alcántara, y el *Antubellinus,* que aparece sobre otra de Villaviciosa [46], responden a la forma *Indibilis* de T. Livio [47], que en Polibio es *Andobales,* con las variantes de influencia latina de *Indibeles* e *Indibolis* (que aparecen en Diodoro y Dión Casio). El segundo elemento de este compuesto sería la palabra vasca *beltz,* «negro», cuyo origen parece africano. El primer elemento es indoeuropeo y precisamente hay que reconstruir *-nde,* como se le debe suponer ante la triple forma *Adebeis, Indibilis, Anadobales (Andubelis)* [48]. El nombre de la divinidad en esta inscripción está en dativo céltico en *-i,* como *Duri* [49].

NAVIA(E)
ANCETOLV(S)
ARI . EXS . G
SESM
VOTVM
POSSIT
Q . E . C . I.

La G de *gens* está al revés, fenómeno que se observa en otras inscripciones recogidas en España [50]. La que estudiamos ha sido recogida en Asturias. Hübner propone para esta sigla la lectura de GENS o CONVENTVS, porque no se ve claramente si la letra es G o C. Esta inscripción prueba que el *Nabia* recibió culto entre la *gens sesmaca,* sin que sea posible precisar la localización de esta *gens* o *conventus,* que debía ocupar algún territorio de Galicia [51].

REVA

PEREGRINV
APRIFREVE
EIS VOTO

El altar ha sido hallado en Mosteiro da Ribeira. *Reva* (*Reve,* dativo vulgar por *Revae*) es seguramente una personificación divinizada de *Diva.* Consecuentemente, el altar está dedicado a una divinidad acuática, personificación del agua corriente, exactamente como la diosa *Nabia.* Por Ruanes pasa un río que se llama *Deva,* y por el territorio de los arévacos celtíberos pasa otro llamado *Areva,* que tiene quizá rela-

[46] CIL II, 5202.
[47] Liv., XXII,21,2.
[48] A. Tovar, en *Homenaje a D. Julio de Urquijo e Ibarra* (San Sebastián 1949) 116-17.
[49] CIL II, 756; *Trabalhos,* 320.
[50] CIL II, 5739.
[51] CIL II, 2602; *Trabalhos,* 320; *Rel.* III, 205-7; J. González, *El litoral asturiano en la época romana* (Oviedo 1954) 84-86.

ción con *Reva*, aun admitiendo que esta palabra sea una personificación indígena de *Diva*. De todos modos, parece admisible que las divinidades en cuyo nombre entra la palabra *Deva* son de carácter acuático [52].

REVE LANGANIDAEIGVS

RECTVS
RVFI F
REVE
LANGA
NIDAE
GVI . V . S.

Este altar fue descubierto en Idanha, y se halla actualmente en el Museo Etnológico. Mide 0,68 por 0,21 m. Es de granito y está partido en dos mitades.

El nombre del dedicante aparece frecuentemente en la onomástica indígena. El nombre de la divinidad es *Reve*, en el dativo vulgar (*-e* por *-ae*), como es frecuente en las inscripciones hispánicas, seguido de un epíteto que lo especifica; éste termina en *-aeigus*, forma sonora con desarrollo de *i* tras *ae*, final de base, y el sufijo *-ko*. En otra inscripción de Proença, dedicada igualmente a *Reva*, el epíteto termina en la forma sorda *-aecus*, sin desarrollo de *i* ante *-ko*. Se observa esta variante entre sorda y sonora del sufijo final en otro epíteto: en Idanha hay *langanid-* y en Proença *Langanit-*; se trata del mismo fenómeno que se advierte en *Adaegina* y *Ataecina* [53].

REVE LANGANITAECVS

VELANGANITAECO
THOSTIA . DEGANDA
VCANVS ADIEI . F

El altar ha sido encontrado en Proença; en 1908 entró a formar parte del Museo Etnológico.

La inscripción está dedicada a la misma divinidad que la de Idanha, y es idéntico el epíteto que acompaña al nombre del dios. La frase *dat hostiam deligendam* es una confirmación de los bien conocidos versos de Virgilio:

Eripui, fateor, Leto me et vincula rupi [54]

y del comentario que escribe Servio al respecto:

Atqui solutae sunt hostiae, nam piaculum est in sacrificio aliquid esse religatum; hostia quae ad aras adducta est immolanda [55].

[52] F. Fita, BRAH 58 (1911) 513-14; *Trabalhos*, 320; *Rel.* III, 612; F. López Cuevillas, *op. cit.*, 415-16.

[53] F. Fita, BRAH 64 (1914) 311; *Rel.* II, 323; J. Leite de Vasconcelos, *Opúsculos* V *(op. cit.)* 220, 226; A. Tovar, BRAE 28 (1948) 272.

[54] *Aen.*, II, 134.

[55] *Ad Aeneid.*, 134, 140.

Esta inscripción, a juzgar por el tipo de escritura, es del siglo I; la que procede de Idanha es del siglo II. El padre del dedicante era un indígena, *Adio*[56].

SALVS BIDIE[N]SIS

CATVRO
SA . BIDIE
SI V . A . L . S.

Los romanos consideraban a esta divinidad bajo dos aspectos diferentes. Por un lado, significaba el bien público en general, *Salus Populi Romani, Salus humani generis*; por otro, la salud corporal, y en este caso *salus* alternaba con *valetudo*. Este segundo significado es el que corresponde a la inscripción de que hablamos. En España se conoce una inscripción análoga sobre una pátera de plata del siglo I, que lleva dibujada en relieve una fuente, probablemente de aguas medicinales, y una carreta con un tonel para el transporte del agua. La inscripción tiene una dedicatoria, *Salus Umeritana*[57].

La fuente de Bidia se encontraría en los alrededores de Montánchez, y su genio o virtud curativa podría identificarse con SALVS BIDIENSIS[58].

SILONIANAE

NIMPHIS SILONIANIS
VIANA EX VOTO F . C.

Esta inscripción apareció en Alongos, cerca del Miño, entre las piedras que obstruían una fuente. Hübner cree que el nombre indígena (en dativo singular, mientras que ninfas está en plural) se remonta al nombre del río Sil. El nombre de *Silo*, elemento que aparece en la forma *Silonianis*, se encuentra repetidas veces en la Península como nombre personal[59] entre los zoelas, en un exvoto de Zamora, en San Esteban de Gormaz, en Albéniz. Se lee en dos de las 62 inscripciones inéditas originarias de Zamora y publicadas recientemente por F. Santos[60]. El Sil fue objeto de un culto, del mismo modo que el Támesis, el Marne, el Sena y el Oise[61].

TAMEOBRIGVS

TAMEOBRIG
POTITVS
CVMELI
VOTVM
PATRIS
S . L . M.

[56] *Rel.* III, 209-13; F. Fita, BRAH 64 (1914) 311; *Trabalhos*, 320.

[57] A. García y Bellido, *Esculturas romanas de España y Portugal* (Madrid 1949) 467-70, lám. 345.

[58] M. L. Albertos, «Zephyrus» 3 (1952) 60; F. Fita, BRAH 38 (1901) 407-8; E. Hübner, «Ephemeris Epigraphica» IX, n.º 99, 44.

[59] CIL II, 2633, 2947, 5649; E. Hübner, «Ephemeris Epigraphica» VIII, 416.

[60] F. Santos, «Boletín del Instituto de Estudios Asturianos» 23 (1954) 15, 25.

[61] CIL II, 5625; *Trabalhos*, 318; *Rel.* II, 348; F. López Cuevillas, *op. cit.*, 413; «Zephyrus» 6 (1955) 233; A. Schulten, *El antiguo nombre del río Sil*, «Bol. Com. prov. mon. hist. y art. Orense» 11 (1938) 513.

El nombre del dios está compuesto de la desinencia *-briga* y del nombre del río *Tamega.* La piedra votiva apareció precisamente en la confluencia del Duero y del Tamega. En una inscripción figura *Tamagani* como nombre de una villa [62]. La divinidad en cuestión es de carácter acuático, y lo mismo que al dios *Aturro,* también divinidad acuática, se le ha consagrado un ara cuya intencionalidad funeraria es patente. El altar se conserva hoy en el Museo de la Sociedad Martins Sarmento de Guimarães. Es de granito y mide 0,74 por 0,39 por 0,27 m. [63]

ACVARV(M) NYMPHIS

AVRELIVS
FLAVUS
TAIT . T . ACVARV
NYMPHIS
EX VOTO

Este altar ha sido descubierto en Baños de Molgas, provincia de Orense. Está dedicado probablemente a las ninfas de una fuente termal [64].

TONGVS NABIAGVS

De Braga procede un monumento cuadrangular muy curioso, esculpido en la misma roca, con inscripciones latinas y esculturas. Al pie se encuentra una fuente con un pilón. Tanto el monumento como la fuente son de granito.

Si comenzamos la descripción por el ángulo superior izquierdo, encontraremos la siguiente inscripción:

CAELIVS FRONTO
ARCOBRIGENSIS
AMBIMOGIDVS
FECIT

Las letras son del siglo I; su altura varía entre 0,06 y 0,07 m. *Arcobriga,* palabra de la que se deriva este adjetivo *Arcobrigensis,* es quizá la *Adrobrice* de Mela [65], nombre que le han dado los gallegos. Tolomeo habla de una *Arcobriga* entre los celtíberos [66], cerca de *Bilbilis,* villa citada igualmente en el *Itinerario de Antonino* [67]. En Coria se ha descubierto una piedra con este mismo adjetivo, *arcobricense* [68].

Viene luego esculpida en la roca una figura humana de 1,10 m. de altura, que representa a un hombre en pie, ataviado con una túnica, de barba larga y sosteniendo sobre su costado derecho un cuerno de la abundancia repleto de frutos. Leite de Vasconcelos cree que esta figura

[62] CIL II, 2477.
[63] *Rel.* II, 319-321.
[64] H. Dessau, *Add* IX, 283b; *Trabalhos,* 318.
[65] Mela, III, 1, 9.
[66] Tol., II, 659.
[67] *It. Ant.,* I, 438, 13.
[68] CIL II, 765.

representa al dedicante, opinión poco fundada, ya que en realidad se trata de la representación del Nabia. Los ríos se representan frecuentemente en el arte romano mediante la imagen de un varón barbudo con un cuerno de la abundancia; la presencia de este elemento obliga a descartar la hipótesis de Leite.

En una segunda inscripción se lee el nombre de la divinidad a que está dedicado el monumento:

TONGOE
NABIAGO

Este nombre es un compuesto impropio, porque da una flexión a los dos elementos; el primero es la palabra *tong-*, que aparece a menudo en los nombres peninsulares, mientras que en la onomástica de la divinidad aparece el dativo céltico *-oe.* En el segundo elemento entra la palabra *Nabia,* río asturiano, con el sufijo *-agus,* forma sonorizada de *-acus.*

El nombre de la divinidad significaba el «Nabia por el que se jura». Este nombre revela un aspecto ignorado del culto a los ríos en la Península: se juraba por ellos. Esta costumbre de jurar por los ríos y por las aguas en general era frecuente también en el mundo griego y lo mismo en el romano. Se encuentran testimonios en la época de Homero. Virgilio escribe en su poema frases como *Maria aspera iuro*[69], y lo mismo hallamos en Ovidio: *Stygias iuravimus undas*[70]. Luciano, en los *Diálogos de los muertos,* hace jurar a éstos por la Laguna Estigia. Los dioses que describen Homero y Virgilio juran igualmente por el río del infierno[71].

La altura de las letras que componen el nombre de la divinidad varía entre 0,09 y 0,10 m.

En el ángulo inferior derecho se encuentra un nicho de 0,50 por 0,12 m., sobremontado por un frontón, sobre el que se pueden ver una paloma y un martillo. En el nicho está colocado un busto de hombre. Bajo el ángulo izquierdo del nicho se puede leer CAELIVS FECIT, y bajo el nicho, FRONT. Este personaje es sin duda el dedicante, que a la vez es autor del monumento[72].

VARCILENAE NYMPHAE

L . I . RVFINVS
NYMPHIIS
VARCILENIS
V . S . L.

[69] *Aen.*, VI, 351.

[70] *Metam.*, II, 101.

[71] *Od.*, V, 185-186; *Aen.*, V, 323-324.

[72] CIL II, 2919; «Ephemeris Epigraphica» VIII, 115; *Trabalhos,* 321; *Rel.* II, 239-263; J. Leite de Vasconcelos, *Opúsculos* V *(op. cit.)* 149, 179-196; F. López Cuevillas, *La civilización (op. cit.)* 416-417; J. Toutain, *Les cultes païens (op. cit.)* II, 150; A. Tovar, BRAE 28 (1948) 271.

Hay una monografía sobre este monumento en A. Teixeira, *Fonte do Idolo,* en *Prisma* (1938) 65, 145; cf. la bibliografía en M. Cardozo, *Catálogo de epigrafia,* 32; R. Petazzoni, *La religione primitiva in Sardegna* (Piacenza 1912) 118s.

Este altar ha sido encontrado en Valtierra, a 20 km. de Alcalá de Henares.

El adjetivo que acompaña a *nimphis* se explica por el topónimo Varciles, que corre por la zona en que ha sido descubierto el altar; existen además en los alrededores ruinas de una aglomeración romana. El adjetivo termina en el sufijo *-en*[73].

CONVETINA

La inscripción que contiene el nombre de esta ninfa ha sido estudiada por L. Monteagudo y recientemente por S. Lambrino. Fue hallada entre *Lucus Augusti* y *Brigantium*. Se trata de un ara de granito, de un metro de altura, con un pequeño hogar y dos volutas en la parte superior; falta una de las volutas, bajo las cuales se encuentran tres medias medidas.

El estado de conservación de la piedra es casi perfecto; sólo falta la voluta de la cara superior izquierda. La piedra fue descubierta en 1910 por un campesino de Os Curveiros, cerca de la estación de Guitiriz. Apareció al mismo tiempo un pequeño fuste de columna, sin molduras, al borde de un arroyo y al pie de una cascada, que debió de tener cierta importancia en la Antigüedad, a juzgar por los restos de un canal y las fisuras artificiales que presentan las rocas por las que corre el agua. Es quizá una antigua fundación romana, porque en los alrededores del arroyo aparecen a flor de tierra piedras talladas.

La inscripción dice así:

CONVE
TENE
E . R . N.

Conventina o *Convetina* es la ninfa de una fuente de aguas salutíferas de *Procolitia*, estación del *uallum Hadriani*, en Gran Bretaña, hoy Farm Carragwburgh. Hübner estudió en 1877 los descubrimientos arqueológicos realizados en esta localidad, sobre todo las piedras votivas y las monedas de Trajano, Adriano y Antonino Pío[74]. Sobre las piedras votivas se leen las variantes *Covvetina, Covetina, Coventina, Covntina, Covvintina...* Se encontró en el fondo de la fuente un relieve tosco que representa a una ninfa yacente con una urna en una mano y una flor en la otra. En la inscripción de este relieve se lee:

DEAE COVVENTINAE . T . D . COSCONIANVS PR(aefectus) COH(ortis) I . BAT(avorum) L(ibens) M(erito).]

L. Monteagudo sostiene que la presencia de una ninfa de Gran Bretaña en tierras gallegas se debe al hecho de que la legión VII *gemina,*

[73] CIL II, 3067; R. Menéndez Pidal, *op. cit.*, 109-110, 266.
[74] «Hermes» 12 (1877).

la que más tiempo estuvo en el Noroeste de España, envió en época de Adriano (119) una *uexillation* de mil hombres a Gran Bretaña.

L. Monteagudo deduce de ahí que muy probablemente un soldado cualquiera de la legión VII, habiendo prestado servicio antes del 119 en las tierras gallegas, y habiendo vuelto sano y salvo de Bretaña, consagró este altar a una ninfa de la que sería muy devoto. La piedra ha sido hallada aproximadamente a un kilómetro de la estación de aguas salutíferas de Guitiriz. En la Península, al igual que en *Procolitia,* la ninfa es la diosa de una fuente de aguas salutíferas.

En la inscripción gallega, la lectura CONVETENE tropieza con la dificultad de que entre la O y la V hay una H intercalada, en pequeño; por otra parte, resulta chocante que en el siglo II la N adquiriera la forma de una H, fenómeno que se observa a finales del siglo III y principios del IV, y que no es corriente en la epigrafía gallega. L. Monteagudo explica este hecho raro por la influencia de la escritura cursiva manuscrita sobre la mayúscula epigráfica, porque las letras se dibujan primero al carbón sobre la piedra. La presencia de la H se debe seguramente a un convencionalismo, destinado a dar un aire extranjero al donador del altar, lo que confirmaría la hipótesis de que el culto a esta ninfa no es indígena[75].

Otra piedra consagrada probablemente a la misma divinidad ha sido descubierta en Santa Cruz de Loyo. Esta es su lectura:

CVHVE
BERRAL
OCECV
FLAVIVS
VALERIANVS
NVS

S. Lambrino lee la última línea de la primera piedra: E(x) (R(esponso) (N(uminis); se trataría, por consiguiente, de una divinidad ctónica. Para Lambrino no es necesario, dado que en *Procolitia* hay muchas dedicatorias a *Conventina,* recurrir a la hipótesis de que gentes que habrían ido a Gran Bretaña habrían llevado este culto a Galicia; se trataría simplemente de una divinidad local de Galicia, protectora de las fuentes de Guitiriz y muy probablemente céltica.

NYMPHAE CAPARENSES

Cerca de la estación de Montemayor, manantial cuyas aguas poseen cualidades sulfuro-sódicas, se han hallado tres dedicatorias a estas ninfas:

1) NYMPHIS . C
APARENSIVM
AELIVS

[75] L. Monteagudo, AEArq 20 (1947) 68-74; S. Lambrino, «Rev. da Facultade de Letras» 18 (1953) 74-87; F. López Cuevillas, *op. cit.*, 414.

EPINICVS
V. S . A . C.
2) NYMPHIS . C
APARENSIVM
MINIATV
V . LIBES . M . S.
3) NYMPHIS
ELPID...
CAP....
..T..S
A . L.[76]

VARNAE

Atestiguado en un ara de Cabriana (Alava), hoy perdida, y en otra de Miranda (Burgos). Se trataría de una formación en *-na*, sobre *Var-*, raíz muy frecuente en hidrónimos indoeuropeos [77].

II. FUENTES LITERARIAS GRIEGAS Y ROMANAS REFERENTES AL CULTO A LAS AGUAS

Plinio habla de ciertas prácticas supersticiosas relacionadas con la especial naturaleza de algunas fuentes [78]: «Las fuentes de Tamarico sirven en Cantabria para hacer presagios. Son tres, y distan entre sí ocho pies; vierten a un mismo cauce hasta formar una gran corriente. Se secan durante doce días y a veces veinte, sin que se vea indicio alguno de agua, al paso que otra fuente cercana mana ininterrumpidamente. Mal augurio es encontrarlas secas para los que acuden a verlas, como le sucedió hace poco a Larcio Licinio, legado propretor, que murió a los siete días».

Este manantial existía hasta hace poco y se conocía bajo el nombre de Fuente de San Juan de las Aguas Divinas; se le atribuían virtudes curativas. Actualmente es aún intermitente; en sus inmediaciones se ven restos de un arco romano y de una antigua bóveda situada sobre una piscina destinada a los baños [79]. El hecho de que da noticia Plinio ocurrió en el año 70.

Por Suetonio conocemos la existencia de un culto relacionado con los lagos. Consistía en arrojar a ellos hachas [80]. Estas noticias han sido

[76] R. Mélida, *Catálogo Monumental de España. Provincia de Cáceres* I (Madrid 1924) 1561; J. M. Roldán, *Las lápidas votivas de Baños de Montemayor:* «Zephyrus» 16 (1965) 24ss.

[77] M. L. Albertos, *Alava prerromana y romana. Estudio lingüístico:* EAA 4 (1970) 162ss; J. M. Blázquez, *Diccionario de las religiones (op. cit.)* 181.

[78] NH XXXI, 23-24.

[79] A. Schulten, *Cántabros y astures y su guerra con Roma* (Madrid 1943) 43s.

[80] *Galba*, VIII, 3; cf. A. Schulten, *op. cit.*, 35s; J. Caro Baroja, *Los pueblos de España* (Barcelona 1946) 218; *Los pueblos del norte de la Península Ibérica* (Madrid 1943) 73.

confirmadas por descubrimientos llevados a cabo en Francia y en otros lugares [81]:

«No mucho después cayó un rayo en un lago de Cantabria; se encontraron en él doce hachas, señal cierta que presagiaba el mando supremo».

Había en Galicia un río, el Limia, en Orense, del que se decía que quienes lo atravesaban perdían la memoria. Décimo Junio fue el primero en cruzarlo con su ejército con ocasión de su marcha contra los gallegos en el año 137 a. C. [82]:

«Décimo Junio dominó la Lusitania arrasando sus ciudades hasta el Océano. Como sus hombres se negasen a atravesar el río del Olvido, arrebató el estandarte a su portador y él mismo lo llevó a la otra orilla, con lo que consiguió que los demás también lo atravesasen».

El paso del río del Olvido (traducción latina de la palabra griega *lēthē*) por Décimo Junio Bruto es citado por diversos autores antiguos como ocurrido en el año 137 a. C.:

«Décimo Bruto, logrado el éxito en los asuntos de Hispania, atravesó el río del Olvido» [83].

«Décimo Bruto... el miedo que inspiraba a los soldados el nombre (del río) del Olvido...» [84].

El mismo Floro añade que cuando el general advirtió que el sol caía sobre el Océano y que sus rayos se extendían sobre las aguas, comenzó a temblar por temor a haber cometido un sacrilegio. Este consistiría probablemente en haber atravesado el río del Olvido.

«Lo llaman Limea; entre los antiguos llevaba el nombre del Olvido, y era muy famoso» [85].

Al mismo río se refiere Silio Itálico bajo el nombre de *Lethes* [86].

Salustio menciona también «el nombre de Olvido» con que era conocido [87].

En un pasaje extremadamente interesante para el historiador de las religiones. Estrabón llama simplemente «Cabo sagrado» al Cabo San Vicente [88]. Artemidoro visitó el mismo paraje hacia el año 100 a. C. El texto de Estrabón debe su importancia al hecho de que es una de las raras referencias a libaciones de agua que conocemos en el mundo antiguo. Los devotos subían el agua al recinto sagrado para las libaciones. El texto dice brevemente que se trata de una costumbre indígena, es decir, peculiar de los habitantes de aquella región, y no fenicia o griega. A. Schulten cree que la prohibición de subir al Cabo San Vicente de noche se explicaría por el hecho de que los sacerdotes ofrece-

[81] J. Toutain, *op. cit.*, III, 367, 379.
[82] Liv., 55.
[83] Plut., *Quaest. rom.*, 34.
[84] Flor., I, 33, 12.
[85] Plin., NH IV, 115a.
[86] I, 235-236; XVI, 476-477.
[87] *Hist.*, III, 4.
[88] Estr., III, 1, 3.

rían precisamente de noche sacrificios a Baal Ammón. El texto no habla de sacerdotes, sino que da a entender que los fieles personalmente derramaban sus libaciones sobre las piedras, y que no se hacían sacrificios en aquel lugar. La prohibición de subir allí de noche, según el texto, se debería a que el paraje se convertía en mansión de los dioses durante las horas de oscuridad. El carácter sagrado de las piedras se debería a que habrían estado en contacto con la divinidad durante la noche, no a que los indígenas practicaran un culto a las piedras por sí mismas. Es curioso el rito indígena de dar vuelta a las piedras, que fue observado por Artemidoro [89]. El viajero griego escribió pura y simplemente que allí no había ni altar ni templo. Sin duda todos estos lugares consagrados a Saturno, a Astarté o a la luna, cuando el texto no afirma lo contrario, debían consistir en simples recintos al aire libre.

Leite de Vasconcelos y A. Schulten, que visitaron el lugar, vieron en el Cabo unos montículos de piedra llamados *moledros*; las gentes creían que si alguien levantaba una de aquellas piedras, ésta volvería por sí sola a su lugar [90].

En muchos concilios celebrados en la Península se lanzan anatemas contra quienes veneran a las fuentes, lo que prueba el gran arraigo de este tipo de culto.

En un concilio de Braga se habla de los infieles que encienden antorchas o que honran con un culto a los árboles, las fuentes, etc. [91] En el segundo Concilio de Braga, del año 572, el canon 71 se refiere a los que practican las lustraciones de los paganos. El canon 11 del XII Concilio de Toledo habla aún de los que encienden antorchas o que adoran a las fuentes o a los árboles, y al mismo tema se refiere el canon 2 del XVI Concilio de Toledo, celebrado en el año 693.

Los datos que sobre el culto a las aguas nos transmiten los concilios coinciden con las noticias de Martín de Dumio [92]: «Que no enciendan velas en los caminos, junto a los árboles, las fuentes o en las encrucijadas... y que no arroje pan a las fuentes». En Galicia han subsistido estas costumbres hasta hace poco tiempo [93].

Es interesante la explicación que da el santo sobre el origen del culto a las aguas:

«Además, muchos de aquellos demonios que fueron expulsados del cielo dominan ahora el mar, los ríos, las fuentes y los bosques. Los que ignoran a dios les dan culto y ofrecen sacrificios como a dioses. Al del mar lo llaman Neptuno; a los de los ríos, lamias; a los de las fuentes, ninfas...» [94].

[89] Sobre el significado del culto de las piedras, cf. M. Eliade, *Tratado de Historia de las Religiones* I (Ed. Cristiandad, Madrid ²1974) 253ss.

[90] *Rel.* II, 215ss; A. Schulten, FHA VI, 135ss.

[91] J. Tejada, *Colección de Cánones y de todos los Concilios de la Iglesia de España y de América* II (1861) 621.

[92] *De correc. rustic.*, XVI.

[93] F. López Cuevillas, *op. cit.*, 417ss.

[94] *De correc. rustic.*, VIII.

En la Galia debía de estar mucho más arraigado el culto a las aguas. Los concilios galos lanzan contra los que veneran a las fuentes anatemas mucho más severos que los concilios celebrados en la Península, en que habría sido imposible formar un catálogo de anatemas condenando el culto a las fuentes como el que ha establecido A. Bertrand con los cánones de los concilios galos, empezando por el de Arlés, del año 452 [95].

III. SANTUARIOS IBERICOS

En los santuarios ibéricos jugaban un papel importante las aguas. Tres de estos santuarios (Collado de los Jardines y Castellar de Santisteban en la provincia de Jaén, Ermita de Nuestra Señora de la Luz en la de Murcia) se hallaban situados junto a unas fuentes. También en los santuarios de Cerdeña desempeñaba este elemento un papel importante; en el de Serri había a la izquierda un gran recipiente que, según R. Petazzoni, servía para las lustraciones; del mismo lado, tras el altar, había otro grande [96]. En otro templo de la misma localidad ocupaba el agua el centro mismo del recinto sagrado, al que descendía por unos escalones hasta remansarse en la cavidad en que era conservada [97].

También había depósitos de agua en los santuarios cartagineses: Thinisnot, El Kenisna, Salambo, etc.; no sólo servían para recoger el agua en el centro, sino que se utilizaban para unos ritos que eran copia de los celebrados en los santuarios sirios, como el del Hierápolis. En los dos templos de Biblos había piscinas para las abluciones; en el de Agka, en el Líbano, había una fuente a la que se arrojaban las ofrendas hechas a la diosa; si agradaban a la divinidad, se hundían en el fondo; en caso contrario quedaban flotando. El Asklepios, que atraviesa Sidón, frente al templo de Eshmun, era venerado, lo mismo que el Adonis. En el templo de Amrit hay vestigios de la presencia de agua. Había fuentes en los templos de Caldea y Jerusalén. Según G. Picard, el agua era uno de los medios de que se servían los dioses púnicos para manifestar sus poderes maravillosos [98].

En la religión bereber, gemela sin duda de la ibérica, se atribuye frecuentemente a las aguas carácter sagrado. G. Picard, que entre 1939 y 1941 hizo excavaciones en el *limes*, en *Castellum Dimmidi*, descubrió una construcción que tiene el aspecto de un pequeño templo rodeado de grutas. A uno de sus costados había un pozo separado del resto del edificio por un muro. Esta disposición indica claramente que el pozo tenía carácter sagrado: una inscripción contenía una dedicatoria a Apolo, Esculapio e Hygie. G. Picard deduce de este descubrimiento que los romanos confundieron con su dios de la medicina al genio bereber que

[95] A. Bertrand, *Las religions des gaulois* (París 1897) 400ss.
[96] R. Petazzoni, *op. cit.*, 16ss, fig. 2.
[97] *Ibíd.*, 19ss, fig. 3.
[98] G.-Ch. Picard, *Les religions de l'Afrique antique* (París 1954) 155ss.

presidía aquellas aguas. También en Timgad, ante el santuario, hay una gran piscina. El templo estaba dedicado, a juzgar por los fragmentos escultóricos reunidos, a Serapis o Esculapio; la piscina llevaba el nombre de «Agua Septimia».

No es raro descubrir en toda el Africa bereber el culto a las aguas bajo formas romanas. Los numerosos santuarios bereberes, como los de Zaghouan o Ain Tebomok, están frecuentemente rodeados de fuentes. Estos santuarios se hallaban bajo la advocación de las ninfas. Comprenden generalmente un edificio en cuyo interior está situado el manantial, cuyas aguas vierten en una piscina. G. Picard cree que los santuarios dedicados a Neptuno o a las ninfas ocultan antiguos lugares sagrados bereberes de tipo rural, en los que el culto conservaría bajo el Imperio Romano su forma primitiva [99].

En los santuarios ibéricos el agua podría tener una de estas tres funciones: servir para las lustraciones, como elemento terapéutico o como garantía de protección divina. En cuanto a la segunda función, cabe notar que casi todas las fuentes de España o de la Galia en que se han encontrado inscripciones dedicadas a las ninfas, así como los manantiales de los santuarios bereberes, poseen virtudes medicinales; los devotos acudirían a estas fuentes a buscar la salud, y para ello se bañarían en sus aguas. También en los santuarios de Cerdeña hay manantiales de aguas salutíferas [100]. Finalmente, también es posible que en la imaginación de los iberos las fuentes y los manantiales fuesen la morada de las divinidades benéficas. Según L. Pericot, en la religiosidad ibérica se atribuía un carácter sagrado y unas virtudes curativas a las aguas [101], que vendrían a ser un medio terapéutico y mágico a la vez, como en Cerdeña [102]. En la necrópolis de Verdolay se ha descubierto una terracota muy interesante, que podría representar a una mujer junto a una fuente [103]; esta figurilla alude tal vez a una escena muy frecuente en los santuarios ibéricos.

IV. SIGNIFICADO DEL CULTO A LAS AGUAS

El culto a las aguas, especialmente en los manantiales medicinales, muestra una continuidad impresionante. Ninguna revolución religiosa logró abolirlo, sino que, alimentado por la devoción popular, terminó por ser tolerado incluso por el cristianismo, tras las persecuciones infructuosas de la Edad Media. La continuidad cultual en lo concernien-

99 *Ibíd.*, 8ss.
100 R. Petazzoni, *op. cit.*, 29ss.
101 L. Pericot, *Historia de España* I (Barcelona 1942) 287.
102 R. Petazzoni, *op. cit.*, 32ss.
103 *Arte ibérico*, en R. Menéndez Pidal (ed.), *Historia de España* I, 3 (Madrid 1954) 483, fig. 374; G. Nieto, BSAA 6 (1940) 150ss, lám. XXVII.

te a ciertos manantiales se ha mantenido desde el Neolítico hasta nuestros días [104].

Claude Vaillat, en su profundo estudio sobre el culto a las aguas en la antigua Galia [105], ha observado que la mayor parte de las inscripciones se encuentra cerca de fuentes termales. También Mario Cardozo y Santos Junior han observado el mismo fenómeno en su reciente estudio sobre el culto a las ninfas en Portugal (fig. 111) [106]. Lo mismo ha podido comprobar López Cuevillas en lo referente a las inscripciones del Noroeste de la Península consagradas a divinidades acuáticas [107].

De ahí se deduce que en el culto a las aguas buscaban los devotos una utilidad práctica. Los nombres indígenas eran quizá la personificación de las virtudes curativas atribuidas a las fuentes, a las que acudirían los devotos en busca del remedio a sus enfermedades. Es probable que todas estas fuentes recibieran ya culto en la época neolítica. Chamoso Lamas [108] ha observado que numerosas fuentes gallegas están bajo el patronazgo de la Virgen o de algún santo, mientras que otras están claramente vinculadas a algún santuario. Estas fuentes serían veneradas ya antes del cristianismo; con la llegada de éste, su culto se depuró y fueron puestas bajo la protección de los santos cristianos.

Existen dos testimonios importantes del culto a las aguas en el Norte de España; ambos son romanos y confirman plenamente el carácter que revela este culto. Se trata del monumento de Santa Eulalia de Bóveda y de la pátera consagrada a *Salus Umeritana* (fig. 112).

El monumento subterráneo de Santa Eulalia de Bóveda [109], provincia de Lugo, es uno de los documentos más interesantes que se conservan de la España romana en lo referente al culto a las aguas. Fue descubierto en 1926 y se han emitido diversas hipótesis sobre su origen y utilización primitiva. El monumento se halla en la parte norte del atrio de la actual iglesia de Santa Eulalia de Bóveda, a unos 14 km. de Lugo. En un lugar próximo a la sacristía de la iglesia, una gran losa de pizarra escondía la entrada que da acceso a un recinto de 3,40 m. de profundidad, al que se descendía por una escalera. La planta es rectangular y representa un *atrium* o pórtico interior. Su disposición corresponde a un edificio de tres naves, de las que es más ancha la central, mientras que las laterales son sumamente estrechas. Una bóveda de cañón cubre las tres naves. El monumento tiene especial interés a causa de los motivos, de gran perfección técnica y riqueza pictórica, que embellecen gran parte de los muros, de las arcadas y de la bóveda. Estos motivos son de tres clases: geométricos, vegetales y animales. Los prime-

[104] Sobre el culto a las aguas y el simbolismo acuático, cf. M. Eliade, *op. cit.*, 222ss.

[105] *Le culte des sources dans la Gaule Antique* (París 1932).

[106] J. Santos Junior, M. Cardozo, «Zephyrus» 4 (1953) 53-68. Este trabajo recoge toda la bibliografía sobre el tema en la Península Ibérica.

[107] F. López Cuevillas, *op. cit.*, 412.

[108] M. Chamoso Lamas, CEG 22 (1952) 249.

[109] *Ibíd.*, 231-251.

ros parecen imitar un techo artesonado. Los segundos están representados por plantas acuáticas y exóticas, hojas, árboles y racimos de uvas. Las representaciones animalísticas son muy variadas: faisanes, canarios, pavos, gallos, perdices, palomas y codornices. El conjunto está también adornado de pequeños bajorrelieves repartidos aisladamente sobre los lados del pórtico. En dos relieves iguales existentes en el exterior de las pilastras del vestíbulo aparecen cinco figuras femeninas con los brazos levantados, salvo una que apoya una mano en el hombro de su vecina, mientras que con la otra se levanta una especie de falda.

Sobre la cara interior del lado norte del pórtico se ve otro pequeño bajorrelieve de diseño y ejecución muy finos; representa a dos figuras masculinas, una desnuda y otra vestida con una túnica corta, que por su actitud parecen mostrarse sus deformidades corporales: uno enseña una pierna rígida y otro un brazo deforme.

Las excavaciones practicadas en 1947 dejaron al descubierto, bajo el suelo, una piscina llena de agua. H. Schlunk [110] advirtió en este monumento paralelos con construcciones sepulcrales de Oriente, concretamente, del sur de Rusia y Siria, y pensó que el edificio de Santa Eulalia de Bóveda tenía el mismo destino. Esta hipótesis es confirmada aparentemente por los bajorrelieves que adornan la fachada, en los que el citado autor veía cierta relación con antiguos símbolos funerarios, carácter que se acentuaría en la escena de las bailarinas de los velos. Atribuía el hecho de que no se hayan encontrado restos de cadáveres o sarcófagos a las transformaciones sufridas por el monumento al adaptarlo a otros fines, precisamente al culto cristiano. Supuso que el monumento fue erigido en época romana y que habría sido restaurado tras un derrumbamiento de la bóveda y de la fachada; la reconstrucción de la bóveda y la unión de arcadas en el interior corresponderían al siglo IX, época en que el edificio fue consagrado al culto cristiano.

El descubrimiento de la piscina en 1947 eliminó todas las dudas que podrían subsistir sobre el uso de este edificio. Se trata simplemente de un ninfeo, un edificio público dedicado al culto de las ninfas, cuya protección se buscaba con vistas a utilizar las aguas medicinales y obtener beneficios terapéuticos. Esto es lo que parece indicar el relieve en que dos personajes se muestran mutuamente sus lacras; el mismo significado tendría la parte superior de un altar romano allí descubierto en que se lee PRO SA(lute). Las aguas de la piscina de Santa Eulalia de Bóveda son buenas precisamente para combatir el reumatismo. Este monumento es probablemente una prueba de la cristianización del culto a las aguas, puesto que fue adaptado al culto cristiano [111].

La pátera de plata dedicada a *Salus Umeritana*, ya mencionada, apareció en una altura llamada Pico del Castillo, cerca de la localidad de Otañes, provincia de Santander, entre las ruinas de un edificio. En la parte superior se ve una figura femenina recostada sobre el suelo y

[110] *Santa Eulalia de Bóveda*, en *Goldschmidt Festschrift* (1935).

[111] A. García y Bellido, *Esculturas romanas (op. cit.)* 467-470, lám. 345,1.

medio cubierta por un manto. Es una personificación de las aguas. La ninfa tiene en la mano derecha un ramito de carrizo, gramínea que se da en las regiones muy húmedas y pantanosas. Apoya el brazo izquierdo sobre un recipiente del que brota un chorro de agua que, después de pasar bajo un puentecito, viene a verterse en un pequeño estanque; al lado hay un servidor de rodillas, que echa el agua en un recipiente con un cuenco.

Bajo la escena anterior hay otra análoga: un hombre vierte el agua de un ánfora en un tonel colocado sobre una carreta de cuatro ruedas tirada por un par de mulas. A la derecha aparece un anciano barbudo y ataviado con una toga que ofrece una libación sobre un altar circular de ancha base.

Del lado derecho de la pátera se ven dos escenas independientes una de otra; la escena superior muestra a un campesino de edad e igualmente vestido de túnica corta que se apoya sobre un bastón curvado y arroja sobre un ara cuadrangular un puñado de incienso (?). En la escena inferior hay dos personajes, un viejo sentado sobre un sillón de elevado respaldo y un joven vestido de túnica corta que presenta un vaso al primero. Se trata probablemente de un enfermo al que se le trae el agua.

Esta pátera es de importancia capital para entender bien el carácter del culto a las aguas en la Península Ibérica en época romana. El carácter de este culto, tal como se desprende de la pieza de Otañes, coincide plenamente con la impresión que se obtiene del estudio del monumento descubierto en Santa Eulalia de Bóveda, así como del hecho de que las inscripciones estudiadas se encuentren cerca de manantiales dotados de propiedades medicinales; los devotos buscaban en el culto a las ninfas y a las aguas una finalidad práctica: verse libres de sus males corporales mediante el uso del agua.

La pátera de Otañes indica en tres de sus escenas que el agua dotada de virtudes curativas era llevada a los enfermos. Al mismo tiempo nos indica en qué podía consistir el culto de las aguas: libaciones y ofrendas de incienso. Por último, muestra la manera en que la imaginación popular personificaba esta clase de aguas: bajo los rasgos de jóvenes semidesnudas que habitaban en los lugares húmedos.

V. CONCLUSIONES

En la Península Ibérica hay dos zonas bien diferenciadas y distintas en que aparece el culto a las aguas: el Levante ibérico y la zona céltica del Noroeste.

En los tres santuarios ibéricos situados en la proximidad de fuentes, este culto refleja influencias mediterráneas y estaría emparentado con el culto a las aguas practicado en Cerdeña y en los santuarios bereberes del Norte de Africa. El culto a las aguas tendría aquí un carácter terapéutico y mágico.

El culto a las aguas en el Noroeste y Centro de la Península depende de influencias célticas, y es gemelo del que hallamos en la Galia. Es de carácter terapéutico.

Las inscripciones que llevan nombres de divinidades indígenas de carácter acuático han sido halladas todas ellas en los alrededores de manantiales medicinales.

Hay una personificación de las fuentes.

Este culto, probable herencia neolítica, sobrevive en plena época cristiana.

Era costumbre encender antorchas delante de las fuentes, a las que se hacían además ofrendas de pan e incienso.

El citado texto de Estrabón es muy interesante, por ser uno de los raros documentos que conservamos sobre las libaciones de agua en el mundo antiguo.

Este culto es netamente indígena.

9

MUSICA, DANZA, COMPETICIONES E HIMNOS EN LA HISPANIA ANTIGUA

Los orígenes de la danza se relacionan con la religión, al igual que los juegos olímpicos y el teatro en Grecia o los juegos de gladiadores entre los etruscos y los romanos. Son rituales en honor de los dioses o de los difuntos, que se desacralizan poco a poco y se convierten en juegos. El estado político, social y religioso de la sociedad hispana en la Antigüedad no estaba tan evolucionado como para que la danza hubiera perdido ya su primitivo carácter religioso. Los mismos juegos del circo romano nunca perdieron del todo el sentido religioso; en principio fueron rituales en honor de la Tríada Capitolina —Júpiter, Minerva y Juno— y hasta el Bajo Imperio se mantuvieron en los circos las imágenes de los dioses [1].

Los autores antiguos fueron muy parcos en noticias sobre la música y la danza entre las poblaciones primitivas de Hispania. La arqueología, en cambio, ha proporcionado material figurativo. El tema fue tratado hace ya años por A. García y Bellido [2], pero hoy los datos de que dispone el investigador son mucho más numerosos y el material conocido de antiguo se puede examinar desde puntos de vista totalmente nuevos.

El geógrafo griego Estrabón, contemporáneo de Augusto, el libro III de cuya *Geografía* constituye la fuente más completa sobre la etnología de los pueblos de la Península Ibérica, alude de pasada a la danza y a la música; así, al referirse a la Bastetania, escribe: «En Bastetania las mujeres bailan también mezcladas con los hombres, unidos unos con otros por las manos». [3] En Oretania está representada esta danza en un fragmento de piedra caliza del Museo Arqueológico de Jaén (fig. 113), en que aparece una hilera de siete danzarines, de los que cuatro son varones

[1] Baste recordar que en el mosaico de Bell-lloch (Gerona), de mediados del siglo III, se representa la *spina* del circo y sobre ella una serie de imágenes, como una Atenea del tipo Promachos y una Cibeles sobre un león. En el de Barcelona, datado entre los años 310-325, también con escenas circenses, hay representaciones de la Magna Mater, Hércules, Apolo, Niké y un ara con fuego encendido; cf. A. Balil, *Mosaicos circenses de Barcelona y Gerona:* BRAH 151 (1962) 257ss.

[2] *La Península Ibérica en los comienzos de su historia* (Madrid 1953) 609ss.

[3] Estr., III, 3, 7.

y tres mujeres; éstas visten largas túnicas que descienden hasta los pies, como las que llevan las damas del santuario ibérico del Cerro de los Santos. Todos van cogidos de las manos; están de frente y no les acompaña ningún músico.

También en Edetania está documentado varias veces este tipo de danza. En San Miguel de Liria (Valencia) ha aparecido un vaso con la representación de una danza de hombres y mujeres cogidos de las manos (figura 114). Cuatro son mujeres y tres varones, que intervienen en esta danza formando dos grupos separados. Les precede una *auletrix* con doble flauta y un tocador de flauta [4]. Entre los danzantes hay rosetones, flores de loto y tallos vegetales, que quizá sitúan la escena en el campo o están colocados con intención de cubrir el fondo, debido al *horror vacui*. La fecha de este vaso cae hacia el siglo II a. C. Una escena gemela se pintó sobre un segundo friso superpuesto. En el superior danzan, cogidas de las manos, varias damas precedidas de un guerrero que lleva falcata a la cintura. Este varón toma, a su vez, la mano de otra persona cuya figura se ha perdido. Cierra la procesión un jinete con lanza (fig. 115). En el friso inferior hay varias escenas: un hombre tocando una larga trompeta, una posible imagen de culto en la que interviene un personaje sentado delante de un segundo a pie, de cuyo brazo izquierdo cuelga una sítula, que vuelve el rostro hacia la derecha en dirección a un jinete que sostiene en alto una flor [5].

Es de gran importancia, por su posible significación religiosa, la decoración de un tercer vaso procedente del mismo lugar (fig. 116). Entre dos varones desnudos camina una procesión de cuatro mujeres cogidas de las manos, precedidas de otra que ofrece una paloma a un varón colocado frente a ella, que al parecer se dispone a sacrificarla con un gran cuchillo que sostiene en su diestra; a sus espaldas hay una escena de combate, con uno de los luchadores a punto de desplomarse. Es posible que tengamos en esta pintura una escena de culto y una procesión [6].

Este tipo de danza en que intervienen hombres y mujeres cogidos de las manos está documentado, fuera de la Península Ibérica, en una tumba de Ruvo (Italia) fechada en el siglo IV a. C. [7] Aquí son treinta y seis los danzantes, que caminan hacia la derecha a paso lento. Una dama, que parece ser la corifea del grupo de danzarines, vuelve su rostro hacia la izquierda e interrumpe así la procesión, en la que intervienen también dos efebos vestidos de túnica corta y calzados, al igual que los danzarines oretanos, con zapatos hasta media pierna. Un tercer joven que toca la cítara es posiblemente el que abre la marcha. Las danzas edetana y ore-

[4] CVH Liria, 36, lám. XXXIII, fig. 20.

[5] A. García y Bellido, *Arte Ibérico*, en R. Menéndez Pidal (ed.), *Historia de España* I,3 (Madrid 1954) fig. 594; CVH Liria, 63s, fig. 54.

[6] CVH Liria, 51, fig. 35, lám. LIII; A. García y Bellido, *Arte Ibérico (op. cit.)* 579. Me comunica J. Valiente que la figura femenina con una paloma en la mano podría ser la imagen de una diosa, con lo que se reforzaría el sentido religioso de estas escenas.

[7] F. Bertocchi, *Le danzatrici della tomba di Ruvo ed altre pitture apule:* «Riv. dell'Ist. Naz. d'Archeol. e Storia dell'Arte» 11-12 (1963) 9ss.

tana no proceden necesariamente del sur de Italia, pero prueban que estos bailes se daban simultáneamente en diversos lugares del Mediterráneo.

En otros vasos de San Miguel de Liria se representa una variante de estas danzas, la guerrera. Es lo que vemos en un friso (fig. 117) en cuyo centro combaten dos infantes protegidos con el escudo rectangular de la Tène II; uno de ellos empuña una espada, y el otro blande una lanza. A los lados del grupo combatiente se sitúan una *auletrix* y un varón que suena una larga trompeta. Todo el fondo está cubierto de motivos vegetales. Un guerrero con lanza al hombro y un jinete parecen retirarse del campo de lucha [8]. En la cerámica de Liria aparece con frecuencia este tipo de composiciones en que unos hombres luchan con acompañamiento de música, lo que indica claramente que se trata de competiciones y no de escenas guerreras propiamente dichas [9].

Las interpretaciones que se han propuesto para estas danzas de San Miguel de Liria las sitúan en un ambiente religioso. Así, P. Bosch-Gimpera [10] cree que puede tratarse de fiestas relacionadas con ciclos agrarios; según J. Maluquer se celebrarían especialmente en el solsticio de verano. En opinión de J. Caro Baroja [11], reflejan una sociedad caballeresca y pueden tener un significado ritual, principalmente en el caso de las cuatro damas cogidas de la mano a las que sigue un hombre desnudo.

En otros vasos de San Miguel de Liria se describen procesiones de jinetes o combates de éstos con infantes. En una procesión participan seis jinetes al galope, lanza en mano; se dirigen al campo de lucha, donde combaten cuatro infantes, armados de lanza y defendidos con el escudo de La Tène II, contra otros dos que les atacan con falcatas y lanza. Los combatientes llevan, al parecer, cotas de malla y cascos de cimera. La escena está muy bien lograda en cuanto a la representación del movimiento y la vivacidad del combate [12]. En otro vaso de la misma procedencia se enfrentan dos jinetes armados de lanza; entre ellos hay un infante protegido por un largo escudo rectangular; detrás del situado a la derecha marcha otro infante, también con escudo rectangular y armado de lanza. Siguen luego dos músicos que interpretan una composición, uno de ellos con una flauta y el otro con una larga trompeta curva [13]. En otros dos vasos de San Miguel de Liria aparecen procesiones de

[8] CVH Liria, 60, fig. 44, lám. LXIII.

[9] CVH Liria, 39, fig. 22, lám. XXXVIII.

[10] *Prehistoria de Europa* (Madrid 1975) 916. En las pinturas rupestres hay representaciones de danzas fálicas, como en Cogul, Los Grajos y Minateda; de danzas rituales agrícolas, como en Dos Aguas, Mola Remigia y Barranco del Pajarero; de danzas guerreras, como en Valltorta y Morella la Vieja; cf. F. Jordá, *Las representaciones de danzas en el arte rupestre levantino:* XIII CAN (1974) 43ss. No parece que las danzas citadas sean de origen prehistórico; salvo, quizá, la danza fálica de Liria, todas responden a modelos más o menos próximos del Mediterráneo. Todas las danzas de la pintura rupestre tienen alguna connotación religiosa.

[11] *Los pueblos de España* (Madrid 1976) 145ss.

[12] CVH Liria, 60, fig. 45, láms. LXIV-LXV.

[13] CVH Liria, 39, fig. 22, lám. XXXVIII.

jinetes entre los que se intercala algún que otro infante. Uno de estos vasos está lleno de letreros en ibérico [14].

Estos temas no eran privativos de San Miguel de Liria. Sobre una tinaja de La Serreta representó el artista una danza en la que intervienen un jinete y un infante; detrás de ellos aparece una dama tocando una aulé; viste, al igual que sus hermanas de Liria, larga túnica que desciende hasta los pies, con el borde decorado mediante un dibujo de rombos [15].

El llamado «vaso de los guerreros» de Archena [16] representa unos combates que quizá tengan el mismo significado que en Liria. En la lucha intervienen dos infantes que se enfrentan, al igual que dos jinetes, en medio de los cuales un tercer infante se dirige hacia uno de ellos, armado de lanza y defendido con un escudo; por el suelo yacen los cadáveres de tres combatientes. Tres jabalíes caminan hacia la derecha; quizá den a toda esta escena un carácter funerario, sin descartar que, al igual que en Liria, quizá se trate de un simple combate inspirado en vasos helenísticos de fuera de la Península. Se trataría de competiciones de carácter funerario.

Merece ser recordado un último vaso del Levante ibérico con una procesión de combatientes (fig. 118). En un vaso de la necrópolis de Oliva (Valencia) [17] representó el artista en dos frisos superpuestos otras tantas procesiones de infantes armados de lanzas y largos escudos ovales. Todo el dibujo es de estilo impresionista. Unos fuertes trazos oscuros bastan para dibujar las figuras. Entre los infantes hay uno con casco, lanza, escudo oval y con un vestido talar de bandas que le cae hasta los pies. Puede que represente a un sacerdote, según la vieja tesis de J. Cabré y Nicolini [18], que ven en los varones de los exvotos ibéricos con larga túnica hasta los pies y adornada con bandas figuras de sacerdotes. Ello indicaría, al igual que el aspecto general de la composición, que se trata de una procesión de guerreros más que de un combate propiamente dicho.

El carácter funerario y ritual de las procesiones y algunos tipos de lucha queda bien patente en los relieves de Osuna, la antigua *Urso*, fechados en el siglo III a. C. Como hace años indicó F. Benoit, se trata de relieves procedentes de un monumento funerario o heroon; las escenas que representan son competiciones celebradas con ocasión del sepelio de los difuntos. Es éste un tipo de monumento que obedece al mismo modelo oriental que el de Pozo Moro (Albacete) [19]. En uno de los sillares de Osuna aparece una *auletrix* (fig. 119), que es una de las obras cumbre del arte turdetano, en que se han ejecutado con extraordinaria finura el

[14] CVH Liria, 49s, fig. 34, lám. LII.

[15] E. A. Llobregat, *Contestania Ibérica* (Alicante 1972) lám. XII.

[16] J. Caro Baroja, *España primitiva y romana* (Barcelona 1957) fig. 152.

[17] *Ibíd.*, fig. 144; A. García y Bellido, *Ars Hispaniae* I (Madrid 1947) 271, figuras 322-323.

[18] *Les bronzes figurés des sanctuaires ibériques* (París 1969) 144.

[19] M. Almagro Gorbea, *Pozo Moro y el origen del arte ibérico:* XIII CAN (1974) 671ss; *El monumento de Pozo Moro y el problema de las raíces orientales del arte ibérico:* «Revista Las Ciencias» 40 (1975) 2.

cabello y los motivos ornamentales del cinturón. En la otra cara del sillar se representó un hombre con capa [20]. Ambos personajes participan en una procesión. En otro sillar hay una dama oferente que porta un vaso caliciforme (fig. 120) y una segunda con una antorcha [21]. En los restantes relieves hay escenas de combate: un guerrero corre protegido por un amplio escudo oval y cubierto por un casco de cimera, posiblemente el casco de cuero que usaban los lusitanos [22], empuñando una falcata (figura 121). Otro guerrero lleva escudo y casco del mismo tipo [23]. Otros combatientes son un guerrero con espada al hombro y escudo oval en actitud de caminar [24], un jinete al galope y armado de espada (fig. 122) [25] y una pequeña procesión de soldados con el pequeño escudo de los iberos llamado *caetra* [26]. Este grupo debía de ir precedido por un trompetero [27] que toca un gran cuerno curvo del mismo tipo que los representados en dos escenas de las estelas (fig. 123) de Lara de los Infantes (Burgos) [28] en que se ve una ciudad amurallada y cercada en cuyo interior unos músicos tocan estos cuernos circulares y largas trompetas. En las excavaciones de Numancia y de las ciudades próximas han aparecido estos cuernos circulares, cuyo diámetro oscila entre 12 y 25 cm. También se halló un ejemplar en el poblado ibérico de La Bastida (Valencia), otro en Alloza (Teruel) y fragmentos de varios en Numancia (Soria).

En otro fragmento escultórico de Osuna combaten dos infantes [29], uno de los cuales ya ha caído. Es posible que en el mismo conjunto tengamos una escena de lucha con fieras (fig. 124), pues se ve aún la zarpa de un león sobre la cabeza de un negro [30]. Es seguro que todas estas escenas se refieren a rituales funerarios: procesiones, combates en honor de los difuntos, juegos fúnebres como el del acróbata (fig. 125) [31], tema muy del gusto etrusco, que ha sido estudiado por J. D. Beazley [32].

No se documentan carreras de carros con sentido funerario en la Península, con la posible excepción de la estela de La Tallada, en Chiprana. Los carros depositados en las tumbas ibéricas o turdetanas, como los apa-

[20] A. García y Bellido, *Ars Hispaniae* I *(op. cit.)* figs. 275-276; *Arte Ibérico (op. cit.)* 541ss, figs. 472-473.

[21] A. García y Bellido, *Ars Hispaniae* I *(op. cit.)* fig. 277; *Arte Ibérico (op. cit.)* 544ss, fig. 474.

[22] Estr., III, 3, 6.

[23] A. García y Bellido, *Ars Hispaniae* I *(op. cit.)* figs. 278-279; *Arte Ibérico (op. cit.)* 550ss, figs. 475-476.

[24] A. García y Bellido, *Arte Ibérico (op. cit.)* fig. 477.

[25] A. García y Bellido, *Ars Hispaniae* I *(op. cit.)* 238, fig. 280; *Arte Ibérico (op. cit.)* 552s, fig. 478.

[26] A. García y Bellido, *Ars Hispaniae* I *(op. cit.)* 241, figs. 283-284; *Arte Ibérico (op. cit.)* 554s, figs. 480-482.

[27] A. García y Bellido, *Ars Hispaniae* I *(op. cit.)* fig. 281.

[28] J. A. Abásolo, *Epigrafía romana de la región de Lara de los Infantes* (Burgos 1974) n. 33, lám. XVII; n. 143, lám. LXVII.

[29] A. García y Bellido, *Ars Hispaniae* I *(op. cit.)* 241, fig. 285.

[30] *Ibíd.*, fig. 286. Una escena semejante ha aparecido en los alrededores de Linares (Jaén).

[31] A. García y Bellido, *Ars Hispaniae* I *(op. cit.)* fig. 282.

[32] *Etruscan Vase Painting* (Oxford 1947) *passim.*

recidos en las necrópolis del Cabecico del Tesoro, Baza, Peal de Becerro y de Huelva, al igual que los etruscos de la Tumba Regolini-Galassi o de Monteleone [33], no son carros de carreras, sino de parada o de conducción de cadáveres a la tumba. Esta costumbre de depositar carros en los enterramientos está muy bien documentada en Chipre, en las numerosas tumbas excavadas por Karageorghis [34], y, para una fecha posterior, en Tracia, Galia, etc.

También en Italia se conocen combates de este tipo con carácter funerario. Baste recordar los temas de algunas tumbas de *Paestum*, fechadas en el siglo IV a. C., como la marcha de los guerreros samnitas en la que intervienen un portaestandarte, un infante con lanza y un gran escudo circular, un jinete y un servidor, o los juegos funerarios en que participaban combatientes armados de lanzas y defendidos con escudos y cascos. Junto a una de estas composiciones un aulista toca la doble flauta. En estas pinturas, como indica R. Bianchi Bandinelli [35], se evidencia el apego al dibujo coloreado y a la composición sin profundidad de campo, y se rechazan las nuevas conquistas de la pintura griega. En compensación, el dibujo posee una seguridad y una ligereza que hacen pensar a veces, espontáneamente, en los mejores dibujantes del Renacimiento.

El combate de gladiadores como tema funerario tenía una larga tradición en Italia por su origen etrusco; así lo acreditan las pinturas de la Tumba de los Augures en Tarquinia, fechada hacia el año 530 antes de Cristo [36]. Lo mismo cabe afirmar a propósito de las carreras de carros [37], que se representaron en la Tumba de las Bigas, de hacia el año 490 antes de Cristo [38]; en la de las Olimpiadas, datada entre los años 530-520 antes de Cristo [39]; en la del Maestro de las Olimpiadas, de las mismas fechas [40], y en la del Guerrero, del primer cuarto del siglo IV a. C. [41] La carrera de carros con valor de ritual funerario gozaba de una larga tradición, ya que aparece en estelas micénicas, en los vasos del Dipylon (siglos VIII-VII a. C.) y en un fragmento de cuenco ático del primer cuarto del siglo VI a. C., debido al pintor Sofilos [42], con el tema de los juegos en honor de Patroclo.

Las escenas de combates rituales representadas sobre la cerámica ibérica no tienen necesariamente sentido funerario, pero lo cierto es que está

[33] Cf. nuestros trabajos recogidos en este mismo volumen.
[34] *Excavations in the Necropolis of Salamis* (Nicosia 1967).
[35] *Los etruscos y la Italia anterior a Roma* (Madrid 1974) fig. 267-269, 273.
[36] M. Pallottino, *La peinture étrusque* (Ginebra 1952) 38.
[37] R. Bianchi Bandinelli, *op. cit.*, fig. 272.
[38] M. Pallottino, *op. cit.*, 61ss.
[39] M. Moretti, *New Monuments of Etruscan Painting* (Londres 1970) 106s, 116s.
[40] M. Moretti, *op. cit.*, 124s, 128s.
[41] *Ibíd.*, 249.
[42] M. Andronikos, *Totenkult* (Gotinga 1968); M. Wagner, *Musik und Tanz* (Gotinga 1968). La danza funeraria más antigua documentada en Hispania de tipo mediterráneo, con multitud de paralelos en el Mediterráneo oriental, es la danza en que los participantes actúan cogidos de las manos, representada en una estela cordobesa del siglo VII a. C.; cf. J. M. Blázquez, *Tartessos y los orígenes de la colonización fenicia en Occidente* (Salamanca 1957) 370s, fig. 74.

bien documentada la costumbre de celebrarlos con motivo de los funerales entre los pueblos primitivos de Hispania. El historiador Livio, contemporáneo de Augusto, narra la incineración de Sempronio Graco, mandada celebrar por Aníbal en Italia durante la Segunda Guerra Púnica, y afirma que «desfilaron los mercenarios ibéricos, ejecutando sus danzas típicas, con los acostumbrados movimientos de armas y cuerpos» [43]. El historiador griego Apiano, que generalmente extracta a Polibio —que visitó Hispania en el siglo II a. C. y asistió a la caída de Numancia en el año 133 a. C.— describe los funerales de Viriato en los siguientes términos: «El cadáver de Viriato fue honrado magníficamente y con espléndidos funerales, combatiendo ante su túmulo doscientas parejas de luchadores que de este modo honraron su recio valor» [44].

Es posible que las luchas de infantes de Liria, igual que las de *Paestum*, representen combates de gladiadores, pues sabemos que éstos fueron introducidos por los romanos al comienzo de la conquista. Escipión el Africano organizó unos juegos gladiatorios en honor de su tío y padre, muertos pocos años antes, después de la toma de Cartagena en el año 206 antes de Cristo [45].

Varios autores antiguos vinculan la forma en que combatían los antiguos hispanos con la danza. El citado historiador latino Tito Livio afirma que los turdetanos se lanzaron en tropel y danzando, según su costumbre, al ser atacada una ciudad por Asdrúbal en el año 216 a. C. [46] El historiador siciliano Diodoro, contemporáneo de Augusto, escribe de los lusitanos que «gustan de practicar en tiempo de paz una danza ligera para la que se requiere una gran agilidad; en el combate avanzan a paso rítmico, entonando cantos guerreros al atacar al enemigo» [47]. Los textos que hablan de danzas guerreras tienen una confirmación arqueológica en un exvoto de bronce hallado en el santuario oretano del Collado de los Jardines, en Despeñaperros. Representa a un guerrero (fig. 126) que iba armado de lanza, hoy perdida, falcata y rodela y que golpea ésta contra la rodilla, iniciando un paso de danza, quizá para entrar en combate [48].

También contamos con testimonios de que en la Península se practicaba la danza con sentido cultual. En un fragmento de Elche (fig. 127) [49] se representa una bailarina sagrada, o hieródula, aunque parece que eran varias, pues se ve el brazo de una segunda. La figura aparece acompañada de los símbolos de Tanit, como el rosetón, los cisnes, los peces y los conejos. Lleva un vestido dividido en tres paños. Su rostro con los pómulos pintados responde igualmente a la simbología de esta diosa en Chi-

[43] Liv. XXV, 17, 4.
[44] Ap., *Iber.*, 71.
[45] Zon., IX, 10, 3.
[46] Liv., XXIII, 26, 9.
[47] Diod., V, 34, 5.
[48] A. García y Bellido, *Arte Ibérico (op. cit.)* 454ss, fig. 335.
[49] R. Ramos, *La ciudad romana de Illici* (Alicante 1975) 167, lám. LXXXII; E. Kukahn, *Relaciones especiales entre el arte oriental griego y el Occidente*, en *Simposio de Colonizaciones* (Barcelona 1974) 113, fig. 6D.

pre, según demostró E. Kukahn hace años[50], que los iberos imitarían después en sus imágenes de la diosa. El culto de esta diosa de la fecundidad, Astarté o Artemis Efesia, es probable que en Hispania incluyera danzas rituales como las descritas por Autócrates, cómico griego del siglo IV a. C., en los siguientes términos: «Como danzan las amables doncellas de los lidios, agitando con ligereza la cabellera al tiempo que dan palmas junto a la Artemis Efesia, moviendo las caderas hacia abajo y hacia arriba igual que brinca el aguzanieves».

Es posible que aluda a estas danzas Estrabón cuando escribe que los iberos se atenían en el culto de esta diosa a los ritos que se practicaban en la metrópolis (Marsella)[51]. Una terracota de la Serreta de Alcoy (fig. 128) prueba la existencia de estas danzas cultuales. Representa a una diosa madre entronizada, con dos niños a sus pechos y la paloma, animal emblemático de la diosa, junto a uno de ellos, en la misma actitud que la *Mater Matuta* de Etruria. A su lado izquierdo puso el ceramista dos tañedores de aulé, y a la derecha una madre con su hijo[52].

En dos fragmentos cerámicos de Numancia se representa una danza relacionada con el toro[53]; aparecen en ellos dos varones que bailan con los brazos enfundados en cuernos de este animal. En Hispania son muy numerosos los testimonios del culto al toro, como lo prueban las cabezas de Costig (Baleares), de época helenística; el toro tumbado de Porcuna (Jaén), la antigua *Obulco;* los puñales votivos del Instituto de Valencia de Don Juan, en Madrid, y de Castelo-de-Moreira en el Bajo Miño, en los que el animal, al que se ofrece el sacrificio, está representado como un altar; el toro en bronce hallado en la acrópolis de Azaila (Teruel), etcétera[54].

Recientemente ha estudiado J. Valiente[55] dos danzas que interpreta como la danza del vino. En ambas pinturas, una sobre un vaso de Azaila y la segunda sobre un fragmento cerámico de Alloza (fig. 129), las figuras están pintadas en negro. En la segunda, dos varones afrontados y con un brazo en alto bailan ante un ánfora. En la primera, el ánfora ha sido sustituida por una granada o una adormidera. Danzas de este tipo, según me indica J. M. Luzón, aparecen en la cerámica helenística con sátiros danzando a ambos lados de una crátera.

Hasta ahora hemos examinado testimonios referentes a la música y la danza con carácter funerario, cultual o sin él, procedentes del Levante ibérico, Turdetania, Lusitania o Celtiberia, pero se conocen también documentos acerca de las poblaciones del Norte de la Península.

Estrabón nos ha transmitido algunas noticias sobre las danzas y los

[50] *Los símbolos de la Gran Diosa en la pintura de los vasos ibéricos levantinos:* «Caesaraugusta» 19-20 (1962) 79ss.

[51] Estr., IV, 1, 4.

[52] E. A. Llobregat, *op. cit.*, lám. XV.

[53] A. Schulten, *Numantia* II (Munich 1931) lám. 16.

[54] J. M. Blázquez, *Diccionario de las religiones prerromanas de Hispania* (Madrid 1975) 62ss.

[55] J. Valiente, *El arte de vivir y el arte de narrar la vida en la cerámica ibérica:* «Bellas Artes 75» 6 (1975) 4.

combates entre los pueblos del Norte de Hispania. «Celebran —escribe— juegos gímnicos, hoplíticos e hípicos, en los que se ejercitan en el pugilato y la carrera y simulan batallas. Mientras beben, danzan los hombres al son de flautas y trompetas, saltando por alto y cayendo en genuflexión» [56].

En opinión de J. Caro Baroja [57], cabe buscar un sentido religioso a estos juegos de diversas suertes. La diadema de Ribadeo nos aporta una posible confirmación arqueológica de los juegos a que se refiere el geógrafo griego. Esta pieza (fig. 130) ha sido bien estudiada por A. Blanco [58]; en ella representó el orfebre, distribuida en dos frisos superpuestos, una procesión de jinetes y de infantes con cascos de cuernos o de penachos, puñales cortos y el escudo pequeño, entre aves que engullen peces. Entre los jinetes aparecen varios hombres que transportan calderos de tipo itálico. Estas escenas son la versión hispana de la procesión de jinetes e infantes del caldero de Gundestrup, la obra cumbre del arte celta [59].

J. Caro Baroja, experto conocedor de todo el folklore hispano, recoge diversos testimonios de que danzas semejantes a las descritas por Estrabón se bailan en muchas partes de España. En el Norte de la Península se documentan también danzas parecidas que son propias del momento de la bebida.

El mismo Estrabón nos ha transmitido otros datos sobre danzas en honor de los dioses: «Los celtíberos y otros pueblos que lindan por el Norte, todos los cuales tienen cierta divinidad a la que en las noches de luna llena rinden culto las familias danzando hasta el amanecer ante las puertas de sus casas» [60]. Esta divinidad es sin duda la luna, cuyo nombre estaba prohibido pronunciar, y que como diosa principal de los vacceos es citada por Apiano [61] al narrar el ataque de Emilio Lépido contra *Palantia.*

La existencia de cantos guerreros de victoria entre las poblaciones antiguas de Hispania está atestiguada por diversos autores antiguos. Estrabón escribe de los cántabros que «se cuenta este rasgo de loco heroísmo: que habiendo sido crucificados ciertos prisioneros, murieron entonando himnos de victoria» [62].

A estos himnos alude probablemente Silio Itálico, poeta de la segunda mitad del siglo I, que cantó las hazañas de la Segunda Guerra Púnica, cuando, refiriéndose a las tribus del Noroeste de la Península, afirma: «La rica Galicia proporcionó una juventud experta en la interpretación del hígado de las aves y de los relámpagos, juventud que ahora entona

[56] Estr., III, 3, 7.
[57] *Los pueblos de España (op. cit.)* 197s.
[58] *Origen y relaciones de la orfebrería castreña:* CEG 12 (1957) 137ss; K. Raddatz, *Die Schatzfunde der Iberischen Halbinsel* (Berlín 1969) *passim.*
[59] J. Moreau, *Die Welt der Kelten* (Stuttgart 1958) lám. 96.
[60] Estr., III, 4, 16.
[61] *Iber.*, 83.
[62] Estr., III, 4, 18.

con alaridos bárbaros fórmulas rituales en la lengua de sus antepasados; a continuación golpean la tierra con golpes alternados de pie, se alegran en hacer chocar a un ritmo determinado los resonantes escudos. Este es el descanso y el juego de los hombres, este es su deseo sagrado» [63]. Es decir, que el canto de estos himnos de carácter ritual iba acompañado de unas danzas en las que los participantes golpeaban rítmicamente el suelo con los pies y entrechocaban los escudos a compás; esto es lo que probablemente representa el bronce ibérico a que antes nos hemos referido.

Estas danzas no son privativas de los pueblos del Norte, pues el poeta citado dice que se trata de una costumbre ibera. Por dos veces repite Silio Itálico que estas danzas eran sagradas, lo que indica que también los cantos guerreros tenían carácter ritual. Dice también el poeta que los hombres bailaban las danzas guerreras en tiempos de paz mientras las mujeres se dedicaban a las faenas agrícolas. Otro pasaje de Salustio, el historiador amigo de César, confirma la noticia transmitida por Silio Itálico al afirmar de los pueblos de la meseta castellana que las madres recordaban a los que partían a la guerra o a los saqueos las hazañas militares de sus padres [64]. Se trataría, al decir de A. García y Bellido [65], de canciones de gesta.

Los bailes hispanos más famosos de toda la Antigüedad fueron los gaditanos, que competían con los sirios. La mención más antigua que de ellos conocemos data del siglo II a. C. Eudoxos de Cicico, según Estrabón, que transmite la noticia, embarcó en Cádiz muchachas músicas con intención de circunnavegar el Africa, posiblemente con la idea de entretener a la tripulación durante la larga travesía [66].

Los satíricos Marcial y Juvenal, así como el abogado y alto cargo administrativo Plinio el Joven aluden repetidas veces a las bailarinas gaditanas, cuyas actuaciones eran famosas en Roma. Marcial describe este baile al afirmar que en su casa, modesta, no habrá bailarinas gaditanas: «El señor de la casa no leerá un grueso volumen ni las muchachas de la libertina Cádiz, experimentando un deseo insaciable, balancearán con suaves zigzagueos sus lascivas caderas» [67]. Esta descripción coincide con la de Juvenal: «Tal vez esperas que las muchachas empiecen a entonar las canciones gaditanas en armonioso coro y, animadas por el aplauso, se inclinen hasta tocar el suelo con zigzagueante movimiento de sus caderas. Las casadas observan este baile junto a su marido recostado, lo que a cualquiera da vergüenza contar si ellas están presentes. Son capaces de excitar a un amor que va languideciendo, y punzante comezón del vicio... No tiene estas simplezas la casa humilde. Aquel que oiga el repiqueteo de las castañuelas junto con palabras que no usa el efebo, que

[63] Sil. Ital., III, 346-350.
[64] Salust., *Hist.*, II, 92.
[65] *La Península Ibérica en los comienzos de su historia* (Madrid 1953) 614.
[66] Estr., II, 3, 4.
[67] Marc., V, 78.

está desnudo en un maloliente pórtico, que emplea palabras propias del teatro y del arte de la pasión...»[68].

El baile gaditano era, pues, una especie de danza del vientre acompañada de canciones recitadas a coro, mientras se aplaudía y se tocaban las castañuelas. Las canciones eran tan obscenas que no se atreverían a tararearlas ni las meretrices[69]. No era famosa sólo la danza gaditana; lo eran también las canciones que la acompañaban. «El afeminado es el que susurra canciones de Egipto o de Cádiz», se lee en Marcial, que también menciona las castañuelas béticas: «Hábil para adoptar gestos lascivos con las castañuelas béticas y para danzar según los ritmos gaditanos»[70]. Según el poeta de *Bilbilis,* había maestros que enseñaban las danzas de Cádiz[71]. Como hace años escribió A. García y Bellido, refiriéndose a las bailarinas gaditanas, «contratadas o esclavizadas, formando compañías de variedades, debían de ser conducidas de un sitio a otro, de domicilio en domicilio, de fiesta en fiesta, de ciudad en ciudad, según viniesen los contratos»[72]. El poeta Estacio, que vivió en Roma durante el siglo I, compara a las bailarinas gaditanas con las lidias y sirias, que eran las más buscadas: «Aquí entran muchachas fáciles de comprar, aquí se reconoce todo lo que en el teatro agrada por su forma o se aprueba por su arte. Esto aplauden las lidias, que se inflaman con la multitud de hombres. Allí zumban estrepitosamente los címbalos y las gaditanas de voz aguda, allí igualmente brama la multitud de los sirios...»[73].

El Museo Arqueológico de Linares (Jaén) guarda una terracota (fig. 131) que representa a una bailarina con los brazos en alto y ataviada con un vestido de volantes, lo que supone una gran antigüedad para esta típica prenda andaluza[74]. También se usaba ya en época romana la clásica peineta andaluza, como lo prueba una terracota del Museo Arqueológico de Córdoba, publicada por A. Blanco[75], que quizá usaran ya las «bailaoras» gaditanas.

Es posible que estos bailes gaditanos tuvieran en su origen carácter ritual, aunque a finales de la época republicana lo hubieran perdido ya hasta el punto de desacralizarse por completo. Pudieron ser traídos a la Península por los fenicios, pues los semitas eran muy aficionados a estas danzas con acompañamiento de diversos instrumentos musicales. Las menciona en diversas ocasiones el Antiguo Testamento; baste recordar los bailes con tímpanos y triángulos que ejecutaban a coro las mujeres para festejar los acontecimientos prósperos en la vida del pueblo y con ocasión de las festividades religiosas[76]. El mismo rey David danzó delante

[68] Juv., XI, 162ss.
[69] Juv., XI, 275.
[70] Marc., III, 63; VI, 71.
[71] Marc., I, 41, 12.
[72] *La Península Ibérica... (op. cit.)* 621.
[73] Estac., *Silv.*, I, 6, 70ss.
[74] R. Contreras, *Terracotas de Cástulo*, en *II Cong. Nac. de Artes y Costumbres Populares* (1974) 133ss.
[75] *Vestigios de la Córdoba romana:* «Habis» 1 (1970) 112ss, figs. 14-18.
[76] Ex 15,20; Jue 11,34; 1 Sm 18,6.

del arca acompañado de arpas, salterios, adufes, flautas y címbalos [77]. En una pátera fenicia hallada en Italia se representa una danza ritual ejecutada por unas doncellas [78]. Los bailes gaditanos debían de parecerse también mucho a los lidios, según la descripción de Autócrates.

[77] 2 Sm 6,5.14.16.

[78] W. Culican, *The First Mercant Venturers* (Londres 1966) 113, fig. 127.

10

LOS CARROS VOTIVOS DE MERIDA Y ALMORCHON

SU SIGNIFICACION RELIGIOSA

Estudiamos en este trabajo dos importantísimas piezas hispánicas. Una de ellas es el carrito votivo descubierto en la Casa de Meleagro de Mérida (fig. 132), hoy en el Museo de Saint Germain, y la otra, el carro, también de bronce, hallado en Almorchón, cerca de Cabeza de Buey (Badajoz). El primero fue publicado en 1887 por Modesto Lafuente y ha sido reproducido después frecuentemente [1]; en 1932 dio ocasión al arqueólogo estrasburgués R. Forret para hacer un estudio de los carros prehistóricos y su supervivencia en la época histórica [2]. Fue hallado en la antigua *Augusta Emerita*, y parece que la casa en que apareció tomó su nombre precisamente de esta pieza, que fue interpretada como una representación de Meleagro. El carro votivo de Mérida se conservó primero en un domicilio particular de Badajoz, luego fue adquirido por R. Forret y éste lo donó finalmente al Estado francés.

En el presente estudio nos proponemos explicar la presencia de una escena de caza del jabalí sobre el carro de Mérida y el significado de un jinete sobre el de Almorchón [3].

[1] M. Lafuente, *Historia general de España* I (Barcelona 1882) 947; P. Paris, *Essai sur l'art et l'industrie de l'Espagne primitive* II (París 1903) 228; Marqués de Lozoya, *Historia del Arte Hispánico* I (Barcelona 1931) fig. 123; L. Pericot, *Historia de España* I (Barcelona 1958) 397; J. Pijoán, *Summa Artis* VI (Madrid 1934) figuras 435-436; M. Cardozo, AEArq 22 (1949) fig. 18; A. García y Bellido, *Ars Hispaniae* I (Madrid 1947) fig. 410; J. Camón, *Las artes y los pueblos de la España primitiva* (Madrid 1954) fig. 860; J. Maluquer de Motes, *Pueblos celtas*, en R. Menéndez Pidal (ed.), *Historia de España* I, 3 (Madrid 1954) 173, fig. 98; J. Cabré, AMSEAEP 3 (1924) fig. 15; A. Varagnac, R. Derolez, *Les celtes et les germains* (París 1965) 57; J. Moreau, *Die Welt der Kelten* (Stuttgart 1965) lám. 46; J. M. Blázquez, *Bronces de la Mérida prerromana*, en *Augusta Emerita* (Madrid 1976) 11ss.

[2] R. Forret, «Prehistoire» 1 (1932) 19-123.

[3] R. Mélida, BSEE 8 (1900) 173ss; *Catálogo monumental de España. Provincia de Badajoz* (Madrid 1925) 78-79, lám. XXXIII; P. Bosch-Gimpera, *Etnología de la Península Ibérica* (Barcelona 1932) fig. 464.

I. EL CARRO DE MERIDA

1. *El carro*

El conjunto se compone de un carro de cuatro ruedas sobre cuya caja marcha un jinete acompañado de un perro en persecución de un jabalí. Una cuarta figura, que se encontraba a la derecha del cazador, ha desaparecido, seguramente antes del hallazgo, pues nunca se hace referencia a ella. En el lado posterior del carro había suspendidos cinco cencerros, de los que sólo se conservan dos. Otro cuelga del labio inferior del caballo. La longitud del carro es de 28 cm., pesa 3,900 kg. y se eleva del suelo 5 cm. Las cuatro ruedas, de seis radios, tienen todas el mismo diámetro de 9 cm. Según R. Forret, este paralelismo en las dimensiones de las cuatro ruedas es típico de los carros prehistóricos y no es conocido en la época romana. Se hallan bastante deterioradas y han desaparecido algunos fragmentos. A pesar de su grosor ínfimo —2 mm.— son muy resistentes y presentan los diversos elementos de que constan fundidos en una sola pieza. Las llantas son delgadas y anchas, como es frecuente en los carros prehistóricos.

El mismo número de radios tienen las ruedas del carro representado en la sítula de Watsch, fechada hacia el año 750 a. C. [4], las de varios carros etruscos de los siglos VI-V a. C. [5] y de otro ejemplar hallado en Larnaca (Chipre), fechado entre el 1100 y el 1000 a. C. [6] El parentesco entre las ruedas del carro de Larnaca y el de Mérida es más acentuado, ya que en ambos casos los radios terminan en un disco por el lado interior. En la época prehistórica predomina la rueda de cuatro radios, que es la representada en los petroglifos escandinavos de Back y Tanum, en los carros pintados sobre la cerámica geométrica y en un gran número de piezas votivas (Duplaj, Trundholm, Milavec, Skallerup, Peccatell, Szavarrossok) [7]. También en Italia es conocida la rueda de carro de cuatro radios; su utilización llega hasta la época imperial romana [8]. En España tiene ruedas de cuatro radios el carro votivo de Cabeza de Buey.

[4] J. Pijoán, *op. cit.*, fig. 247.

[5] G. Q. Giglioli, *L'Arte Etrusca* (Milán 1935) láms. XCVIII,2; C; CXI; CCXXXVI.

[6] H. Bossert, *Altsyrien* (Tubinga 1952) 88, n.° 301. Sobre carros votivos en Chipre, cf. C. F. A. Schaeffer, «Syria» 46 (1969) 267ss. El carro de culto hallado en Enkomi-Alasia presenta una notable semejanza de la parte inferior de la caja con el de Mérida. Para los carros representados en las estelas de finales de la Edad del Bronce, cf. M. Almagro, *Las estelas decoradas del sudoeste peninsular* (Madrid 1966) 189ss, pero estos carros parecen mediterráneos. Sobre los carros de Val Camonica, cf. M. van Berg-Osterrieth, *Les chars prehistoriques du Val Camonica* (1972). Sobre los carros del Sahara, algunos muy parecidos a los hispanos, cf. M. Almagro, «Trabajos de Prehistoria» 28 (1971) 183ss; W. Treve, *Achsenrad und Wagen* (Munich 1965) 140, 183. Una rueda muy parecida de finales del siglo V a. C. o comienzos del siguiente en G. Foti, *Il Museo Nazionale di Reggio Calabria* (Roma 1972) 69, lámina 8, de Locri.

[7] R. Forret, *op. cit.*, fig. 13.

[8] *Ibid.*, fig. 14, n.os 1-3, 8-9; fig. 15, n.° 4; fig. 17, n.os 2-3; L. Pareti, *La tomba Regolini Galassi* (Ciudad del Vaticano 1947) láms. XXV y XXXIII.

La rueda del carro de Mérida pertenece al tipo núm. 6 de la clasificación de E. Cuadrado [9]. En España parece haber sido introducida desde Europa a través de Francia y los Pirineos Occidentales, según E. Cuadrado.

La rueda de radios nació de la necesidad de aligerar el peso excesivo de las ruedas primitivas, pero sin debilitarlas. De la rueda maciza de una pieza se pasó a la rueda maciza de tres elementos; de ésta, aligerando la maza, a la de tipo Mercurago [10], fosilizada hoy en la rueda gallega; al aligerar ésta, se llegó a la rueda diametral, con dos traviesas, fosilizada hoy igualmente en el País Vasco y Santander. De las ruedas radiadas, la más antigua es la de cuatro radios (el tipo núm. 5 de la clasificación de E. Cuadrado). Sus representaciones más antiguas se han hallado en entalles sirios fechables en el 3000 a. C. De allí pasaría a Fenicia, Chipre, Creta, Islas del Egeo y Micenas. Las ruedas del carro de Almorchón son muy parecidas a las de un carro votivo de bronce fenicio. Con la invasión de los hiksos pasa a Egipto y más tarde al Norte de Africa. La rueda del tipo núm. 5 de la clasificación de E. Cuadrado pasaría desde Grecia, a través del mar Jónico, a Italia meridional, siendo el tipo más frecuente entre los etruscos hasta el siglo III a. C., a cuyas tierras no pudo llegar directamente desde Asia Menor.

Los carros representados en la hidria de Vix, de finales del último cuarto del siglo VI a. C., traen ruedas de cuatro radios y prolongaciones de las mazas hacia fuera [11]. Las ruedas del carro de Almorchón, por las prolongaciones de las mazas, más que con las etruscas del siglo III antes de Cristo, se emparentan con las representadas en la hidria de Vix. Por el contrario, las ruedas del carro votivo aparecido en el encachado de una tumba de El Cigarralejo, de cuatro radios, se asemeja a las etruscas de igual número de radios en que no tienen prolongaciones de las mazas. E. Cuadrado recogió esta pieza en una tumba perteneciente a un grupo que ha proporcionado cerámica griega del siglo V a. C., fecha que también conviene al carro, a juzgar por sus características. La caja de este carro recuerda muy de cerca las de los actuales del Noroeste de la Península, pero no deja de presentar un parecido muy acusado con un carro de bronce etrusco con ruedas del mismo tipo que las de los santuarios ibéricos, que son macizas [12]. El carro etrusco a que nos referimos se conserva en el Museo de Villa Giulia, de Roma.

Este tipo de carro pasa de Grecia e Italia a Europa Central (Bohemia, Albania) y del Norte (Dinamarca), donde se refleja en los carros de culto, generalmente de bronce fundido, y en los votivos, que son reproducciones en miniatura de los primeros. Desde Suiza y Sur de Alemania entraría en Francia y, por los pasos occidentales de los Pirineos, en España hacia el año 1000 a. C., acompañado del tipo núm. 3 de la clasi-

[9] E. Cuadrado, III CAN (1953) 116ss.

[10] J. Déchelette, *Manuel d'Archéologie* II (París 1910) 289ss.

[11] R. Joffroy, *Le trésor de Vix* (París 1954) 49, láms. IX-XII, XV.

[12] A. García y Bellido, *Arte Ibérico*, en R. Menéndez Pidal (ed.), *Historia de España* I, 3 (Madrid 1954) figs. 365-368.

ficación de E. Cuadrado, que es el carro de rueda diametral con traviesas, representado en las pinturas de Peñalsordo (Badajoz) [13].

Este tipo de rueda pudo venir al Sur de la Península por una ruta mediterránea, materializada en la navegación fenicia. La pieza más antigua que ha dado Cádiz es la *oinochoē* del siglo VII a. C., conservada actualmente en el Museo Nacional de Dinamarca [14].

Los navegantes sirios traerían este notable adelanto, generalizado ya en su patria desde varios siglos antes (la pátera de oro de Ras-Shamra, con la representación de un carro con ruedas de cuatro radios, se puede fechar entre los años 1450-1365) [15]. La ruta seguida por esta corriente sería Chipre, Creta, Norte de Africa (Utica) y Andalucía, pues los fenicios no comercian con el mundo itálico en estas fechas, y traería también la rueda maciza que perdura en Baleares y cuyos restos se han encontrado en Montjuich (Barcelona). La rueda maciza aparece en Etruria y en carros votivos ibéricos que acusan una estructura fenicia o chipriota en la caja y en las cuatro ruedas [16]. En Chipre se han hallado carros de terracota con ruedas macizas y llantas muy prolongadas hacia fuera, como en el de Mérida [17].

La rueda mesopotámica, de seis radios, se generaliza entre los hititas, en Chipre y Egipto durante el II milenio; en el último de los países citados convive con la de cuatro radios. Es habitual en Asiria durante el siglo IX a. C., y en el VIII a. C. convive con la de ocho radios, de tamaño inferior a la altura de los caballos. Hasta Europa llega por dos caminos: desde Grecia por Austria a Francia, y desde Chipre por Sicilia a España (Tugia) [18]. El carrito de Mérida recibió seguramente la rueda de la corriente mediterránea a través del influjo púnico en la Península. Es interesante notar que tanto el carro de Mérida como el de Almorchón han aparecido en una zona (Huelva, Sevilla, Extremadura) en que se han recogido las piezas más antiguas halladas en España, traídas algunas de ellas por el comercio fenicio: tesoro de La Aliseda, hallazgos de Carmona, vaso de bronce de Valdegamas y demás piezas estudiadas últimamente por A. Blanco [19]. En los carros votivos europeos se usan indistintamente la rueda de cuatro radios y la de seis. Como ya se indicó, la de cuatro aparece en los carritos de Trundholm y Skallerup (Dinamarca), Milavec (Bohemia, del 1300 a. C.), Stade (Alemania, del 1000 a. C.) y Peñalsordo (de hacia el 1000-900 a. C.). Del siglo IX a. C. se conserva la rueda de un carro de bronce procesional encontrada en

[13] E. Breuil, *Les peintures rupestres schématiques de la Péninsula Ibérique* II (Lagny 1933) 42ss; láms. XVIII-XIX, fig. 20.

[14] P. Riis, CHPH 2 (1950) 120, lám. XVI.

[15] C. Schaeffer, *Ugaritica* II (París 1949) 1-48.

[16] J. Cabré, *op. cit.*, figs. 10-12.

[17] H. Bossert, *op. cit.*, 136-137; E. Gjerstad, *The Swedish Cyprus Expedition* II (Estocolmo 1935) lám. CCXXXIV; III (Estocolmo 1937) lám. CXVI.

[18] J. Déchelette, *op. cit.*, 288ss; J. Cabré, *op. cit.*, fig. 18; AEAA 1 (1925) figuras 22, 92.

[19] A. Blanco, AEArq 32 (1959) 235-244.

el palafito de Cortaillod (Lago Neuchâtel, Suiza). Del siglo VII a. C. es el carrrito de Burg-in-Sprewald (Alemania).

Según V. G. Childe [20], los calderos de ruedas de los túmulos principescos de Milavec, Peckite y Skallerup pertenecen a la Edad del Bronce D (Montelius III, 1300-1.200 a. C.). Sólo se conservan ruedas de tamaño natural a partir de la primera Edad del Hierro o finales de la del Bronce (período F, 1200-1000 a. C.). Pertenecen a carros fúnebres o vehículos rituales; son ruedas de bronce fundidas de una sola pieza, y proceden de cuatro sitios de Francia, uno de Suiza, dos de Hungría y dos de Alemania. Cada uno de estos carros llevaba cuatro ruedas. En cinco carros las ruedas son de cuatro radios; en cuatro, de cinco, y en uno, de seis.

Con el pleno Hallstatt (hacia el 750 a. C.) se sustituye la incineración por la inhumación y el carro por caballos, pero los enterramientos de los jefes se siguen haciendo en carros. Al llegar la época romana se multiplican los radios, que ya son ocho o más. El carro romano y la estructura de sus ruedas son diferentes de los que muestran los de Mérida o Cabeza de Buey. El carro romano de cuatro ruedas es alto y corto de caja; su longitud apenas excede de la suma de los diámetros de las ruedas laterales. Las ruedas son de gran diámetro y las laterales llegan casi a tocarse. El fondo de la caja descansa sobre una armazón distinta de la que muestran los dos carros hispánicos citados.

En la pátera de la *Salus Umeritana* [21] se representa un típico carro romano gemelo de los esculpidos en relieves de la Galia, Germania o cualquier otro lugar del Imperio [22]. El carro de Mérida se asemeja por su estructura general a los carros etruscos de los siglos VII-VI a. C. Es de ruedas bajas y las laterales están más distantes entre sí [23].

El carro votivo de Costa Figueira, fechado por M. Cardozo entre los siglos IV-II a. C., es también largo y bajo [24]. Esta fecha es tal vez la más reciente que se puede asignar, por el tipo de rueda, al carro de Cabeza de Buey, que acusa, igual que el de Mérida, una rueda cuyos prototipos han sido suministrados por el mundo mediterráneo. Del estudio de las ruedas, sin embargo, se deduce la fecha de los siglos VI-V antes de Cristo [25], aunque no se excluye la posibilidad de que ésta deba ser rebajada, teniendo en cuenta el fenómeno del conservadurismo, que tantas veces se acusa en la Península Ibérica. Las últimas investigaciones sobre los bronces aparecidos en la Península tienden a admitir,

[20] V. G. Childe, *The First Waggons and carts, from the Tigris to the Severn:* «Proceedings of the Prehistoric Society» 8 (1951) 177-194.

[21] A. García y Bellido, *Esculturas romanas de España y Portugal* (Madrid 1949) 467ss.

[22] E. Esperandieu, *Recueil Général des Bas-Reliefs, Statues et Bustes de la Gaule Romaine* (París 1907ss) 4, 293, 618, 857, 2325, 2339, 2862, 2700, 3232, 3245, 3030, 4043, 4157, 4321, 5192, 5266, 5268, 5499, 5201, 7685, 7725, 7749, 6079, 3522, 4041.

[23] L. Pareti, *op. cit.*, láms. XXXI, XXXIII.

[24] M. Cardozo, *op. cit.*, 1-28, figs. 1-2.

[25] E. Cuadrado, IV CASE (1948) 267-287; *Excavaciones en el santuario ibérico del Cigarralejo, Mula, Murcia* (Madrid 1950) 109-125.

como mera hipótesis de trabajo, la posibilidad, ya insinuada por P. Jacobsthal, de que estas piezas del siglo VI a. C. estuvieran fabricadas en España[26]. J. Maluquer estima que los bronces estudiados por M. Cardozo, que les asigna la fecha de los siglos IV-III a. C., podrían ser algo anteriores[27]. El carro de Mérida y el de Cabeza de Buey, por tanto, se situarían en esta época, y serían aproximadamente contemporáneos del vaso de Valdegamas.

Las mazas del bronce que estudiamos están formadas por un tubo largo y consistente de 6 a 5 cm. de longitud, fundidas con las restantes piezas de la rueda. Hay rodetes en las extremidades, como en el carro de Judenburg.

Según el citado sabio francés, esta notable longitud de las mazas es característica de las ruedas de bronce de la Prehistoria y Protohistoria, tanto en los grandes carros de combate como en los votivos. Efectivamente, las ruedas de los carros de Trundholm, Judenburg, Bourg-sur-Sprec, Cortaillod, Stade, Burg-in-Sprewald, Milavec, Strettweg, el representado en la sítula de Watsch, todos los etruscos arcaicos y los chipriotas del siglo VIII a. C. presentan una prolongación de las mazas hacia fuera.

El carro de Monteleone, del siglo VI a. C., que muestra e Helios conduciendo el carro solar, tiene también las mazas provistas de salientes muy acusados[28]. La rueda romana tiene mazas chatas. Como insinúa E. Cuadrado, la prolongación de las mazas hacia fuera no es argumento suficiente para pensar en un influjo continental en la rueda del carro de Mérida, pues estas prolongaciones aparecen también en todos los carros etruscos arcaicos[29], que indudablemente tienen sus prototipos en el mundo mediterráneo. El carro de Cabeza de Buey lleva ruedas con prolongaciones hacia fuera mucho menores; tal vez este detalle indique una fecha más cercana al cambio de era.

Los radios del carro de Mérida se insertan no en las extremidades internas de las mazas, como en los romanos, en los de la Edad Media o en los de la Edad del Hierro, sino en la mitad de las mismas, con lo que la caja queda muy poco separada.

El hecho de que los radios no se inserten directamente en las mazas, sino en una placa redonda que descansa sobre ellas, como se ve en el carro de Larnaca, es un motivo que hace pensar en un posible origen mediterráneo del carro de Mérida.

El diámetro de los ejes es de 7 mm.; terminan en un cuadrado que se acopla al marco sobre el que descansa la caja. Los ejes no atraviesan

[26] A. Blanco, *op. cit.*, 244.

[27] J. Maluquer de Motes, «Revista de Guimarães» 62 (1952) 15.

[28] A. della Seta, *Italia Antica* (Bérgamo 1922) figs. 317, 289; G. M. A. Richter, *Handbook of the Etruscan Collection* (Nueva York 1940) 26, fig. 58; P. Ducati, G. Q. Giglioli, *Arte Etrusca* (Milán 1935) fig. 34; P. Ducati, *Storia dell'Arte Etrusca* (Florencia 1927) 286, lám. 108.

[29] U. Tarchi, *L'Arte etrusco-romana nell'Umbria e nella Sabina* (Milán 1936) láminas LXXXI-LXXXIII.

totalmente el ancho de ésta, sino que hay cuatro ejes independientes, uno por cada rueda. La caja del carro, como se indicó, descansa sobre un marco que se eleva 5 cm. sobre el suelo; se encuentra, por tanto, casi a la altura de las mazas; el carrito de Mérida resulta realmente bajo, como los de Trundholm, Judenburg y los etruscos arcaicos[30]. El de Cabeza de Buey es también bajo. En el de Mérida, la caja es rectangular y mide 28 por 105 por 2,5 cm. Lleva un marco fundido a ella, que tiene la consistencia suficiente para sostener el grupo cinegético.

Según R. Forret, la longitud de la caja es de 28 cm.; corresponde casi al pie frigio, de 27,75 cm., o al itálico, de 27,5 cm., no al romano, que mide 29,57 cm. Este detalle induce también a pensar en una influencia mediterránea por intermedio de los fenicios. En cuanto al peso total del bronce, contando con el deterioro que ha sufrido en algunas de sus partes, alcanzaría unos 3,900 kg., que corresponde a diez minas cartaginesas de 392 gr. El sabio francés deduce de este hecho que la época de fundición del carrito de Mérida corresponde a los últimos siglos del cambio de era, concretamente, a un período en que el sistema numerario cartaginés y la técnica de este pueblo estarían en vigor entre los pueblos hispánicos.

A corta distancia de los bordes y paralelos a ellos, unos diminutos circulitos estampados adornan la caja, haciendo juego con los figurados sobre el jinete y el caballo. De la parte posterior del carro, fundidos en un bloque con la caja, cuelgan de cinco anillos mediante una cadena de tres eslabones cinco cencerros, de los que sólo se conservan dos. El carrito de Cabeza de Buey llevaba otros dos, hoy perdidos, igual que las cadenas de que pendían; la presencia de dos anillas en la parte anterior es un indicio que permite sospecharlo. Los cencerros difieren en cuanto a su estructura tanto de los romanos como de los modernos; tampoco se parecen a los que llevan los caballos de Liria[31]. No se asemejan a los cencerros de bronce hallados en el poblado ibérico de La Bastida de les Alcuses (Valencia)[32]. Tampoco se parecen a los encontrados en las Baleares, salvo a uno[33]. Los cencerros del carro de Mérida tienen una forma muy primitiva, cosa que cuadra bien con la fecha que atribuimos a esta pieza. Se parecen mucho, en cambio, a los que llevan, también en el cuello, los caballos de la cuadriga que tira de un carro hallado en Chipre[34]. Es posible que los iberos tomaran de los fenicios la costumbre de poner cencerros a los caballos.

No se conocen en España, salvo el carro de Cabeza de Buey, paralelos de la pieza de Mérida. El carro de Cabeza de Buey, aunque

[30] L. Pareti, *op. cit.*, lám. XXXIII; C. Densmore, «Memoirs of the American Academy in Roma» 5 (1925) 9ss.

[31] E. Cuadrado, *Excavaciones en el santuario ibérico del Cigarralejo (op. cit.)* figura 28; CVH Liria, figs. 21, 119, 122.

[32] D. Fletcher, *La Edad del Hierro en el Levante español* (Madrid 1954) fig. 9.

[33] A. Vives y Escudero, *Estudios de Arqueología Cartaginesa* (Madrid 1917) lámina XVI,1-3.

[34] E. Gjerstad, *op. cit.*, II, lám. CCXXXIV,5.

con una escena totalmente diversa, se sitúa en la misma línea que el de Mérida. Las ruedas y la estructura de ambos son totalmente distintas de todas las restantes piezas halladas en España. Estos dos exvotos pertenecen al área celta de la Península y se emparentan más bien que con exvotos ibéricos, con piezas procedentes del Oeste peninsular, como el carro del Museo de Guimarães, el bronce de Castelo-de-Moreira y el exvoto del Instituto de Valencia de Don Juan, de Madrid, todos los cuales representan escenas completas, procesiones, actos de sacrificio, cultos, cacerías... Los exvotos ibéricos, por el contrario, son de tipo personal, recuerdo de una curación o favor especial alcanzado o deseado de la divinidad. En este sentido, los exvotos ibéricos son semejantes a los de los santuarios griegos, sicilianos o etruscos [35].

Los dos bronces extremeños, al igual que las losas sepulcrales de la misma zona, nos remiten a un pueblo de filiación centroeuropea. Ya Bosch-Gimpera notó, al estudiar el bronce de Almorchón, la diferencia que media entre estos dos carros votivos y los exvotos ibéricos, así como el parentesco de los primeros con algunas piezas procedentes de Austria [36]. Sin embargo, algunos elementos de estos exvotos acusan influencias mediterráneas, transmitidas sin duda a través del comercio fenicio. Muchos exvotos ibéricos representan guerreros con escudo y lanza, pero aún no se ha hallado ninguno sobre carro. En cambio, en exvotos procedentes de la zona europea no mediterránea aparecen jinetes con lanza sobre carros votivos, en la misma actitud que el jinete de Almorchón.

2. *El grupo ecuestre*

El jinete es un hombre joven, vigoroso e imberbe, de cráneo braquicéfalo, nariz puntiaguda, mentón huidizo y rostro lleno. Lleva casco profundamente calado, pieza que, confeccionada en cuero, usaban los lusitanos [37]; quedan al descubierto sólo las patillas y las orejas. Sus rasgos faciales son muy parecidos a los del llamado Guerrero de Medina de las Torres (fig. 133), por lo que bien pudieran ser ambas piezas obra de un mismo taller, localizado en Lusitania.

El broncista ha logrado estupendamente, con la postura del jinete y la actitud del caballo, dar la impresión de la carrera. El primero parece inclinarse sobre el cuello del animal, levantado de la silla y con las piernas recogidas. Echa el brazo hacia atrás, como para asestar el golpe a la fiera; el brazo izquierdo queda a la altura de las orejas del caballo, que las tiene tendidas hacia adelante y, al igual que el perro y el jabalí, estira el cuerpo en la actitud característica de la carrera. Todo el grupo posee una gran viveza y movimiento. El jinete viste túnica de media manga bien ajustada al cuerpo y cruzada al pecho y espalda por dos cintas en forma de aspa, como se advierte en otras piezas del Le-

[35] J. Maluquer de Motes, *loc. cit.*, 13-15, lám. LXII.
[36] P. Bosch-Gimpera, *op. cit.*, 512s.
[37] Estr., III, 3, 6.

vante ibérico [38]. Lleva los pies desnudos, como el jinete de la pátera de Tivisa [39], y protege las piernas con unas polainas distintas de las que calzan los hombres en Liria [40]. Estas y la túnica están bordadas con circulitos. El cinturón ciñe apretadamente la cintura, como es frecuente en los exvotos ibéricos [41]. La lanza y las bridas se han añadido probablemente en época moderna.

El caballo tiene el cuello erguido, la crin recortada y la boca entreabierta; los ojos son grandes y están señalados con profundas incisiones. Del labio inferior cuelga un cencerro gemelo de los que van suspendidos del carro. Los caballos del Levante ibérico lo llevan suspendido del cuello, como se observa en las pinturas de Liria [42]. En el bronce de Mérida este objeto no tiene ningún significado ritual; es un simple elemento decorativo. El caballo de Cabeza de Buey no lo llevaba. La silla no es una montura propiamente dicha, sino una ligera gualdrapa, como las que llevan los caballos de El Cigarralejo [43]. Este tipo de montura, exactamente igual al *epiphion* griego, es seguramente anterior a la silla propiamente tal que aparece en los caballos de Liria, en el jinete de Palencia y en piezas que indiscutiblemente son de época romana, como el caballito de Paso de Bridas, del Museo Arqueológico Nacional [44].

El hecho de que el caballo lleve gualdrapa es un indicio de que la pieza corresponde a una época prerromana; se usaba este aparejo en la Península al menos desde el siglo V a. C., fecha en que existía ya el santuario de El Cigarralejo y en la que P. Jacobsthal ha fechado un jarro recogido en una de sus tumbas [45]. La gualdrapa del caballo de Mérida, como las de los exvotos de El Cigarralejo, carece de estribos y baticola, pero tiene pretal. En las piezas romanas aparece siempre la baticola. Al igual que en El Cigarralejo, los bordes de la montura van bordados, aunque con adornos más pobres, consistentes en circulitos que seguramente son una alusión solar, lo mismo que la roseta clavada en el pecho del caballo.

La cabeza está modelada con sencillez, carece de guardanuca y alas, piezas que aparecen frecuentemente en los caballos de Liria, en el de Cabeza de Buey y en los representados sobre monedas ibéricas. La cola arrastra hasta el suelo y no desciende pegada al cuerpo, sino que se arquea de forma que la silueta del animal resulta muy airosa. Los artistas hispánicos trabajan con especial esmero la cola de los caballos, seguramente porque en la realidad también se le prestaba gran atención.

[38] F. Alvarez Ossorio, *op. cit.*, lám. CLXIII; CVH Liria, 37, fig. 20.

[39] J. Serra Ráfols, «Ampurias» 3 (1941) láms. V-VI, figs. 3, 26.

[40] CVH Liria, figs. 43, 57.

[41] F. Alvarez Ossorio, *op. cit.*, láms. XXXVIII-XL, CXVII.

[42] E. Cuadrado, *Excavaciones en el santuario del Cigarralejo (op. cit.)* fig. 26; CVH Liria, 119, 122.

[43] E. Cuadrado, *op. cit.*, 110-118, figs. 15-17.

[44] A. García y Bellido, *Esculturas romanas (op. cit.)* 488. Sobre la cronología de Liria, que también parece ser ciudad prerromana, cf. CVH Liria, XXX-XXXIV.

[45] E. Cuadrado, APL 3 (1952) 124s, figs. 3-4.

Las cerdas están representadas mediante rayas convergentes y paralelas, a manera de espiga, lo que da la sensación de un trenzado. En el extremo de la cola, las cerdas caen verticales. La crin, indicada también mediante rayas paralelas, hace juego con la cola, que es muy poblada y abundante, de borde convexo, arranca en la nuca y termina en la cruz. Entre las orejas cae un mechón de la crin, como es corriente en los caballos de El Cigarralejo [46].

En la figura del perro se ha recogido muy acertadamente la sensación de fatiga; el animal lleva las orejas vueltas y la boca entreabierta. Los ojos, en cambio, no tienen la misma viveza que los del caballo. Lleva collar y marcha a poca distancia del jabalí, no en actitud de morder, como cabría esperar de la corta distancia que los separa, sino jadeante, como si llevara ya mucho tiempo persiguiendo a la fiera. La cola se arquea hacia arriba; el perro es probablemente de un tipo apto para la caza; las patas son más bien altas, como las de los perros representados en la cerámica de Liria, que por este detalle y la delgadez del cuerpo parecen enteramente galgos [47].

Al lado derecho del caballo, dos aberturas cuadradas, de un centímetro y distantes entre sí 6,5 cm., son indicio de que los canes acompañantes eran dos. El desaparecido no figura en la reproducción de Lafuente y tampoco se le menciona en ningún momento; probablemente había desaparecido ya cuando fue hallada esta pieza. Los dos perros y el caballo se fijan a la caja del carro por las patas unidas dos a dos.

El jabalí, de 11 cm. de longitud y 5 cm. de altura, marcha en primer lugar. Con la lengua fuera y la boca entreabierta, produce la misma sensación de cansancio que el perro. Los ojos están indicados mediante incisiones profundas. Están bien marcadas las cerdas, al igual que se observa en sus congéneres de la pátera de Tivisa, con rayas paralelas, haciendo juego con los adornos de las polainas del jinete, que tal vez estarían confeccionadas con piel de este mismo animal. No lleva ensortijada la cola, como es frecuente en estos animales, sino estirada. La parte anterior del carro está deteriorada, por lo que ha desaparecido la fijación del jabalí a la caja. Sin embargo, la existencia de dos agujeros cuadrados no permite dudar de cuál era la colocación primitiva del animal. Como indica A. García y Bellido, las esculturas son de ejecución torpe, aunque muy expresivas. Denotan además un concepto muy notable del bulto redondo.

No se puede dudar de que el carro de Mérida y el de Cabeza de Buey son objetos votivos consagrados al sol. Los carros votivos, ya desde la Prehistoria, tienen frecuentemente este carácter. Incluso en el mundo judío se interpretan unánimemente en este sentido los carros sagrados, y en las Sagradas Escrituras se asocian al caballo, animal consagrado al sol.

Por otra parte, no se conoce ningún otro carro votivo con un grupo

[46] E. Cuadrado, *Excavaciones en el santuario ibérico del Cigarralejo (op. cit.)* 143-146.
[47] CVH Liria, 123.

cinegético. En el carro de Strettweg [48], la presencia del ciervo se puede explicar por el hecho de que en la religión germánica este animal está consagrado al sol y es, en este sentido, un sustitutivo del caballo [49].

El tema —la caza del jabalí— podría indicar que este objeto, además de estar consagrado al sol, tenía carácter funerario, ya que el sol se relaciona frecuentemente con la inmortalidad [50]. Ya F. Benoit insinuó la posible significación funeraria del bronce de Mérida [51], siguiendo en esto a Forret [52]. La caza del jabalí es un tema típicamente funerario en todos los pueblos del mundo antiguo. El jabalí es un animal que además se vincula frecuentemente con las creencias sobre ultratumba. Baste citar uno de los relieves de la Tumba de las Arpías, el sarcófago de Clazomene, una lápida sepulcral del Museo de Estambul [53] y otro relieve publicado por Malten [54]. Este animal aparece también esculpido en la parte superior de las lápidas funerarias de Capua conservadas actualmente en el Museo Nacional de Nápoles. F. Cumont ha estudiado el simbolismo funerario de este tema —la caza del jabalí— apoyándose en lápidas romanas. También en el mundo griego se encuentran composiciones del mismo tipo y con idéntico carácter [55]. Las piezas presentadas por Cumont son de época, pueblo y procedencia muy dispares. Este hecho probaría una supervivencia del tema, que expresaría siempre el mismo concepto.

El jinete acompañado de su perro y muchas veces también de un servidor es un tema que se representa lo mismo en el mundo persa (estela de Tshaoush-Kewi) que en la Retia, Asia Menor o en los sarcófagos cristianos del siglo VI, donde, junto a la faz de Cristo, los marmolistas han esculpido la caza de esta fiera [56]. También en la Galia se conoce este tipo de composición [57]; de allí procede una de las pruebas más elocuentes de que el jabalí es un animal funerario [58]. Nos referimos a los restos de un monumento sepulcral del que sólo se conservan cuatro esculturas de jabalíes y dos de leones sentados que hacen guardia al muerto. En algunos monumentos sepulcrales se acentúa más el carácter funerario por el hecho de que junto al jabalí aparecen una cabeza

[48] M. Hoernes, *Urgeschichte der Bildenden Kunst in Europa* (Viena 1925) 507.

[49] O. Almgren, *Nordische Felszeichnungen als religiöse Urkunden* (Francfort 1934) 100-101; J. Bing, «Mannus» 10 (1919) 171; *Der Sonnenwagen von Trundholm* (Leipzig 1934) 10ss; J. Déchelette, *op. cit.*, 314; P. Lambrechts, *Contribution à l'étude des divinités celtiques* (Brujas 1941) 73.

[50] Sobre la significación del sol, cf. M. Eliade, *Tratado de Historia de las Religiones* I (Ed. Cristiandad; Madrid 1974) 156ss.

[51] F. Benoit, «Prehistoire» 10 (1948) 193; *L'héroïsation équestre* (Aix-en-Provence 1954) 80.

[52] R. Forret, *op. cit.*, 116, 118.

[53] R. Riis, *The Attic Reliefs of the Classical Period*, 75-76, fig. 33.

[54] L. Malten, JdI 29 (1914) 220, fig. 13.

[55] A. Conze, *Die attischen Grabreliefs* (4 vols.; Berlín 1890-1930) lám. CDXLIX.

[56] F. Cumont, *Recherches sur le symbolisme funéraire des romains* (París 1966) 436, lám. XLIV,2; 444ss, fig. 92; 453, figs. 95-96.

[57] E. Esperandieu, *Recueil Général... (op. cit.)* 133, 267, 268, 1.648, 2.747.

[58] *Ibíd.*, 6.003.

cortada, una gorgona, el retrato del difunto o una serpiente [59]. Estas piezas y otras que podríamos citar han inspirado a Benoit la idea de que este animal es un símbolo de la muerte [60]. El sabio francés ha escrito con gran acierto: «Jabalí y león son bestias infernales. Si el segundo tiene tras de sí una larga tradición oriental, que pervive en el arte greco-etrusco, el jabalí tiene el mismo valor en las escenas de caza de la época aqueménida, y será en las provincias itálicas el animal infernal por excelencia» [61].

De España ha publicado A. García y Bellido varias lápidas con el tema de la caza de esta fiera [62]. Algunas de ellas tal vez señalaban el lugar en que estaba enterrado un ibero o fueron hechas por artistas de este pueblo, puesto que en una se representa un guerrero con *caetra,* el escudo usado por los iberos en los siglos II-I a. C. En otra hay grabada, al parecer, una letra ibérica, cosa nada extraña, pues también en una lápida romana aparece una inscripción ibérica [63]. Por otra parte, el mismo F. Cumont señaló el significado funerario que entrañan por sí mismos los carros con cierta frecuencia [64]. También Gordon Childe reconoce este carácter funerario que muchas veces tienen los carros, ya que, según el sabio inglés, los carros grandes, de los que son un trasunto los votivos, servían para transportar los restos de los jefes importantes. En los santuarios ibéricos son excepcionales los exvotos de jabalíes; una de las piezas aparecidas es un amuleto, ya que va provista de anillos de suspensión [65]. F. Benoit ha publicado unas fíbulas hispánicas de La Tène en las que el jabalí tiene un carácter funerario seguro, pues debajo de la fiera aparece una cabeza cortada, cuyo carácter infernal es claro y lo admiten todos los investigadores [66]. En la pátera de Tivisa también se representan unos jabalíes cuyo carácter infernal es casi seguro. Por otra parte, en la Península se conoce una divinidad, Endovellico, cuyo carácter infernal es seguro; este dios suele ir unido a los jabalíes [67].

Entre las ruinas de Numancia ha aparecido un cerdo o jabalí de cerámica; ignoramos qué finalidad podía tener esta figura. Tal vez fuera un simple objeto decorativo [68].

En la necrópolis de Archena ha aparecido un vaso funerario en que se representó la persecución de dos jabalíes por dos jinetes ayudados

[59] F. Benoit, *L'heroïsation équestre (op. cit.)* láms. IX,1; XXI,2-3; A. García y Bellido, *Esculturas romanas... (op. cit.)* 306, lám. 346.

[60] F. Benoit, «Prehistoire» 10 (1948) 193.

[61] F. Benoit, *L'héroïsation équestre (op. cit.)* 57.

[62] A. García y Bellido, *Esculturas romanas... (op. cit.)* 306-307, 365, 370, 375.

[63] *Ibíd.,* 372.

[64] F. Cumont, *Lux Perpetua* (París 1949) 289-93. Sobre la caza como factor educativo y sobre su significado funerario entre los romanos, cf. J. Aymard, *Essai sur les chasses romaines des origines à la fin du siècle des Antonins* (París 1951) 297, 323, 513-22, 574-75.

[65] F. Alvarez-Ossorio, *op. cit.,* lám. CXLII.

[66] F. Benoit, «Ogam» 35 (1954) lám. IX,4.

[67] J. Lambrino, «Bulletin d'Etudes Portugaises» 16 (1952) 120-29, figs. 10, 11, 13.

[68] A. García y Bellido, *Ars Hispaniae* I *(op. cit.)* fig. 323.

por tres hombres a pie; otros cuatro han sido víctimas de las acometidas de las fieras y yacen por el suelo. La pieza, según L. Pericot, es del siglo V a. C., contemporánea por tanto, poco más o menos, del bronce de Mérida [69]. Tal vez sea más seguro interpretar la composición del vaso de Archena como una escena de caza, con carácter funerario, que como un tema de guerra, pues uno de los jabalíes huye con una lanza clavada. Composiciones similares, con los cazadores a pie, se encuentran en el mundo clásico (vaso François, etc.) [70].

En el Ashmolean Museum de Oxford se guarda un fragmento de cista, probablemente ibérica, en que el artista pintó una escena de cacería; el jinete no persigue esta vez a un jabalí, sino a una cabra montés [71].

En la urna de Peal de Becerro, las pinturas representaban diversos animales salvajes [72].

En España existe un tipo de monumento poco o nada influenciado por la plástica mediterránea, que representa bóvidos o cerdos [73]. Aunque se ha intentado ver en ellos monumentos funerarios, la tesis más aceptable es la que los refiere a cultos locales vinculados a la ganadería [74].

A. Alvarez de Miranda juzga defendible la hipótesis de que el carro de Mérida tiene carácter funerario, aunque no se inclina a aceptarla. De todos modos, ha de tenerse en cuenta que la mayor parte de las veces, las divinidades de la fertilidad telúrico-vegetal se convierten también en divinidades funerarias [75]. No es de extrañar que temas generalmente de significación funeraria aparezcan también en exvotos relacionados con los cultos agrarios.

El argumento más fuerte contra esta tesis se basa en la presencia de unos cencerros que penden del carro.

Se conocen en la Antigüedad diversos carros votivos de los que pende un trozo de cadena con varios eslabones y distintos objetos cuya finalidad era hacer ruido al moverse el vehículo; estos carros son fiel trasunto de los de tamaño natural que se llevarían en las procesiones para impetrar la lluvia.

En este aspecto el más significativo es el carrito votivo de Kranón en Tesalia, del que se conservan varias reproducciones en monedas. Consiste el objeto en un recipiente montado sobre un carro con dos cuer-

[69] *Ibíd.*, fig. 313; *Arte Ibérico (op. cit.)* fig. 565; M. Gómez Moreno, *op. cit.*, 261, fig. 2.

[70] J. Charbonneaux, R. Martin, F. Villard, *Grecia Arcaica* (Madrid 1969) fig. 64.

[71] A. Blanco, AEArq 23 (1950) 199-203.

[72] A. García y Bellido, *Ars Hispaniae* I (op. cit.) fig. 301.

[73] J. Ramón y Fernández, «Ampurias» 12 (1950) 55-72.

[74] A. Alvarez de Miranda, «Archivos Hispanoamericanos de Historia de la Medicina» 5 (1952) 324; J. R. dos Santos Junior, «Trabalhos de Antropologia e Etnologia» 22 (1975) 355ss; A. Serrano, «Zephyrus» 8 (1957) 103ss.

[75] M. Eliade, *op. cit.* II, 131ss.

vos en los extremos, que al moverse el carro golpean la vasija[76]. Sobre esta pieza escribe un autor de época helenística, Antígono de Caristia, que en tiempos de sequía se sacaba en procesión y llovía en seguida: «En Kranón de Tesalia se dice que hay sólo dos cuervos. Por lo cual en los documentos públicos el distintivo de la ciudad que en ellos se inscribe (ya que hay la costumbre de añadírselo al margen a todos) consiste en dos cuervos dibujados sobre un carro de bronce, ya que jamás se les ve en número mayor que éste. Y el carro se pone allí, al lado, por una razón análoga. En verdad que podrá parecer cosa extraña. Trátase, según ellos, de un bronce votivo que ponen en movimiento cuando hay sequía para implorar la lluvia, y creen que ésta se produce. Y Teopompo refiere algo aún más extraño: dice que los cuervos permanecen en Kranón hasta el tiempo preciso en que sacan a sus polluelos del cascarón. Esto hecho, abandonan sus crías y se van. En Ecbatana y entre los persas narra Ctesias un caso parecido, y efectivamente parecía cosa monstruosa. Mírtilo, el lesbio, dice que en la montaña Lepetinuo existe un santuario de Apolo y una capilla a los héroes, en la que, como en Kranón, sólo hay dos cuervos, abundando éstos en la comarca aledaña»[77].

Furtwängler opina que el recipiente iba lleno de agua, pero Hoernes y Forret creen que iría vacío, para que resonaran los picotazos de los metálicos cuervos sobre él[78]. Es decisivo este testimonio como indicio de que los carros votivos con recipientes y con objetos para golpearlos estaban relacionados con las peticiones de lluvia dirigidas al sol. La lluvia es elemento decisivo tanto para la agricultura como para la caza.

Son numerosos los carros provistos de vasijas. Su forma indica claramente que se trata de recipientes para contener agua y no para quemar perfumes, como el carrito de Larnaca. Conocemos nueve carros votivos con recipientes para agua, los de Skallerup (Dinamarca), Milavec (Bohemia), Szaszvarossek (Bohemia), Ystad (Suecia), Roma, Kranón (Tesalia), Strettweg (Austria) y Stade (Hamburgo, Alemania).

En el carro de Skallerup, de la boca del recipiente cuelgan unas láminas de metal que lo golpeaban al moverse. Exactamente lo mismo ocurría con el carrito de Strettweg, en el que el recipiente era levantado en alto por la diosa. En uno de los carros votivos encontrados en Roma[79], del lado posterior del vehículo cuelga, al igual que en el bronce de Mérida, una cadena de tres eslabones. En este ejemplar aparece aún más claro el carácter agrícola de todos estos ejemplares que llevan diversos objetos para hacer ruido, pues se representa en él un hombre dedicado a una típica faena agrícola, como es la de arar la tierra. También se observa una escena de labranza de la tierra en un carrito etrusco arcaico hallado en Bisenzio, que lleva una vasija rodeada de muchos objetos colgantes que necesariamente golpearían el recipiente al ponerse

[76] R. Forret, *op. cit.*, figs. 16,3; 24,3-5.
[77] *Hist. Mirab.*, XV.
[78] R. Forret, *op. cit.*, 108.
[79] *Ibíd.*, fig. 16,5.

en movimiento el vehículo[80]. En un carro hallado en Campania, los discos están superpuestos; encima de ellos hay diversas figuras humanas y de animales; del pico de los patos cuelgan anillas, y del disco superior penden ocho cadenas que terminan en bolas; en el centro del disco inferior, un hombre conduce una pareja de bueyes[81]. En la pieza de Gross-Perschnitz (Silesia) hay una cadena que cuelga del pico de un cisne, animal que por su género de vida se vincula estrechamente al agua[82]. En cambio, los carros que llevan recipiente sin objetos colgantes podían emplearse simplemente para llevar el agua lustral[83]. La fertilización de los campos con ayuda de carros sagrados, de los que estos carros votivos serían un trasunto, es un fenómeno observado en todas las épocas[84]. Los dos carros ibéricos estaban consagrados al sol desde una perspectiva eminentemente agrícola, como lo indican los cencerros. En el carro de El Cigarralejo, el elemento de verdadera importancia no es probablemente el mismo carro ni siquiera el conjunto de carro y caballos, sino únicamente los équidos. Algún oferente, en vez de depositar en el santuario el exvoto de unos caballos solos, prefirió que los animales aparecieran arrastrando un carro. Los cuatro restantes carros hallados en santuarios levantinos son tal vez carros de guerra, y como tales han sido interpretados comúnmente[85]. Los carros de guerra chipriotas del siglo VIII a. C. son de ruedas macizas; acerca de estas piezas de Chipre no puede caber duda en cuanto a su utilización, pues encima de los carros aparecen los guerreros armados de escudos y puñales. Las paredes de las cajas no son muy altas en los carros ibéricos, a diferencia de los chipriotas. Quizá este detalle indique el uso a que estaban destinados: transporte de viajeros, mercancías, etc. En cualquier caso, se trata de exvotos comunes, y en ellos no se aprecia nada que aluda a cultos solares, agrarios o de cualquier otro tipo. El carro de Guimarães está seguramente consagrado al culto al toro. A. Alvarez de Miranda ve en esta pieza, en el bronce votivo del Instituto de Valencia de Don Juan y en su gemelo, el bronce hallado en Castelo-de-Moreira, una confirmación del lacónico texto en que Diodoro habla de la sacralidad de los bóvidos en España[86]. La divinidad venerada se representa aquí en forma de altar.

No es probable que la escena de caza representada en el carro de Mérida tenga relación alguna con el mito de Meleagro, como insinúa R. Forret. Tampoco es segura la interpretación que unas páginas antes propone el arqueólogo de Estrasburgo[87]: el sol, desecando las tierras

[80] P. Riis, *Die Etruskische Kunst (op. cit.)* fig. 7.
[81] M. Hoernes, *op. cit.*, 499.
[82] R. Forret, *op. cit.*, fig. 17,4.
[83] G. Kossack, *Studien zum Symbolgut der Urnenfelder- und Hallstattzeit Mitteleuropas* (Berlín 1954) 6-7, lám. 4.
[84] E. Halm, *Demeter und Baubo*, 30s.
[85] A. García y Bellido, *Arte Ibérico (op. cit.)* 466.
[86] Diod., IV, 18.
[87] R. Forret, *op. cit.*, 116.

sumergidas o combatiendo los ríos desbordados; el jinete, dios solar, persiguiendo al jabalí, imagen de la luna y de la lluvia[88]. Por otra parte, Meleagro se representaba en la Antigüedad como un joven, pero nunca a caballo[89].

II. EL CARRO DE ALMORCHON

Consta esta pieza de un jinete y el carro. El jinete va desnudo y lleva un casco en la cabeza, como el cazador del carro de Mérida. Su mano izquierda sujeta las riendas y sostiene una lanza corta en la derecha, levantándola en alto, en actitud de acometer. El caballo no lleva montura ni está en la actitud propia de la carrera o la marcha, sino que da la impresión de estar parado, con las cuatro patas abiertas. Son mayores los defectos que muestra este bronce en comparación con el de Mérida. El cuello del caballo es excesivamente largo y ancho, y las piernas del jinete resultan muy cortas en relación con el cuerpo.

Los dos anillos que hay en los laterales del carro servirían para colgar unos cencerros, como en el bronce de Mérida, no para pasar por ellos una cuerda y tirar del carro, como sostuvo R. Mélida. De las cuatro ruedas faltan una y un fragmento de otra.

El bronce del jinete es de superficie rugosa, de color amarillento-grisáceo. La pátina del carro es de color broncíneo-verdoso. Mide esta pieza 14,5 cm. de altura, 13,4 cm. de longitud y 10 cm. de ancho. El carro se conservaba en Cabeza de Buey en 1925.

Tal vez la interpretación más segura de estas piezas consiste en explicarlos como producto del ambiente en que se fundieron estos bronces, sin ver en ellos necesariamente unas alegorías. Se trataría del mismo fenómeno que observamos en muchas pinturas de las cámaras sepulcrales etruscas, en que se representan escenas de la vida cotidiana de este pueblo, en las que no ha de verse necesariamente una íntima relación con las ideas referentes a la vida de ultratumba ni un sentido alegórico. Es lógico que los aurigas de Olimpia consagraran a los dioses precisamente exvotos de caballitos, ya que de este animal dependían sus triunfos en el hipódromo[90]. La pasión que todos los pueblos de la Península mostraron siempre por la caza explica suficientemente el grupo de Mérida. Sobre este carro votivo se representó simplemente una escena de la vida cotidiana.

La pasión de los antiguos españoles por la caza era proverbial. Muy significativa es al respecto la frase que la *Historia Augusta* aplica a Zenobia: *Venata est hispanorum cupiditate*[91]. Los mismos romanos que ve-

[88] *Ibíd.*, 121.
[89] *Meleagros,* en RE, cols. 446-89.
[90] E. Kunze, *Neue Meisterwerke Griechischer Kunst aus Olympia* (Munich 1948) 7-10, figs. 7-11.
[91] A. García y Bellido, *Ars Hispaniae* I *(op. cit.)* 313; *Arte Ibérico (op. cit.)* figuras 574-576.

nían a Hispania se contagiaban de esta afición, como Sertorio, Tulio Máximo, etc. [92] J. Aymard, en su reciente ensayo sobre la caza entre los romanos, sostiene que el esplendor de la caza bajo los Antoninos es obra de los emperadores españoles, y que el amor del pueblo hispano a este deporte explica la extensión que a este tema se da en las obras de Séneca y Lucano [93]. Marcial habla de su propia afición a la caza y con orgullo escribe que la fauna ibérica es más rica que la itálica [94]. Como se colige de todos los escritores, era muy variada y abundante [95]. Dada la extensión que en Hispania ocupaban los montes, no es de extrañar esta abundancia [96]. La arqueología ha confirmado plenamente los datos transmitidos por las fuentes literarias; las escenas de cacería se representan abundantemente en distintas piezas: vasos de Liria, carro de Mérida, etc.

El jinete del carro votivo de Cabeza de Buey recuerda por su actitud más que a bronces ibéricos, que representan jinetes armados, a infantes con espada al hombro, como los del carro votivo del Museo de Guimarães o a la figura de guerrero del Cerro del Berrueco (Salamanca) estudiada por J. Maluquer [97]. Los guerreros del carro de Guimarães participan sin duda en un acto de culto cuyo significado profundo, por otra parte, se nos escapa. Es probable que éste sea también el caso del guerrero de Almorchón. También en el bronce de Strettweg, los jinetes que rodean a la Gran Diosa están en la misma actitud que el jinete de Almorchón, con la única diferencia de que éste no lleva escudo.

Entre los celtas hispánicos habría seguramente actos de culto en que los guerreros desempeñarían un papel importante.

[92] Plut., *Sert.*, 13; CIL II, 2660.
[93] J. Aymard, *op. cit.*, 67.
[94] Mart., *Epigr.*, X, 37.
[95] Estr., III, 4, 15; Mart., I, 49, 23ss; Mart., X, 37; Plin., NH VIII, 117.
[96] Estr., II, 1, 2; Plin., NH III, 161.
[97] J. Maluquer de Motes, «Revista de Guimarães» 62 (1952) 7; *Pueblos celtas (op. cit.)* 73.

11

REPLICA DESCONOCIDA DEL «CERNUNNOS» DE VAL CAMONICA: EL «CERNUNNOS» DE NUMANCIA

En un vaso numantino (fig. 134) hay una pintura que representa una figura en pie y con los brazos en alto que juzgamos del máximo interés, sobre la que aún no se ha llamado la atención.

El personaje representado tiene una bola por cabeza con dos redondeles en negro a modo de ojos. No se señalan ni la boca ni la nariz. Un trazo negro bien marcado recorre el perfil de la figura y se desvía ligeramente a la altura de las orejas para indicarlas. La cabeza aparece coronada por dos cuernos de ciervo con las ramificaciones bien diferenciadas. También en una pintura vascular de la misma Numancia aparece un guerrero con la cabeza diseñada de la misma forma, sin otra diferencia que la de mostrar unos cuernos de cervato que arrancan de la boca para formar los labios. Una tercera cabeza de Numancia, semejante a la anterior, aparece pintada debajo de otra de caballo [1].

La figura que nos ocupa tiene un largo cuello cilíndrico. El cuerpo tiene forma rectangular. Los brazos, colocados en alto, resultan demasiado bajos con relación al cuerpo, y aparecen levantados en la misma actitud que puede observarse en algunas figuras del caldero de Gundestrup y en el *Cernunnos* de Val Camonica.

La figura numantina tiene los cinco dedos de ambas manos separados y señalados en la pintura mediante cinco trazos negros; al parecer están arqueados. Toda la figura está pintada en blanco y contorneada por una línea negra; también el cuerpo está recorrido por líneas negras, y otra, horizontal, separa los cuernos de la cabeza. El fondo de la composición es rojo. En la actualidad, según me comunica T. Ortego, se ha esfumado la viveza del color que el fragmento tenía en el momento del hallazgo. Aunque la extremidad inferior de la figura se ha perdido, al romperse el fragmento por este lado, se puede asegurar que el personaje representado estaba de pie, dada la longitud del cuerpo. Esta pintura podría fecharse en la segunda mitad del siglo II a. C., con anterioridad al año 133 antes

[1] R. Mélida, B. Taracena, *Excavaciones en Numancia* (Madrid 1912) 35, lám. L. Recientemente se ha propuesto que esta figura numantina podría representar a un animal, pero el brazo es humano y las manos tienen cinco dedos, lo que obliga a descartar esta hipótesis.

de Cristo, fecha de la destrucción de la ciudad por las tropas de Escipión.

No cabe duda de que la pintura de Numancia representa a *Cernunnos*. Los primeros autores que reprodujeron esta figura comprendieron ya que representaba a una divinidad [2]; Schulten y Bosch-Gimpera escribieron hace años que se trataba de una representación del dios celta [3]. La importancia de esta figura radica en su estrecho parentesco con el *Cernunnos* de Val Camonica, en los Alpes Lombardos, que está universalmente reconocido como la representación más antigua que tenemos de esta divinidad. El *Cernunnos* de Numancia se podría describir casi con las mismas frases que P. Jacobsthal [4] dedica al dios celta pintado sobre las rocas de Val Camonica: «El dios-ciervo céltico *Cernunnos* se diferencia de todas las demás representaciones del dios en que no aparece sentado en cuclillas, como un Buda, sino de pie y envuelto en un largo ropaje. Sus brazos están alzados y su mano derecha parece sujetar un pequeño objeto indeterminado; en torno al codo derecho lleva pendiente un torque, y es posible que en torno al izquierdo llevara otro, pero esta parte de la figura está muy dañada; tampoco podemos estar seguros de que el objeto que se ve bajo el brazo izquierdo sea, como sugiere Altheim, una serpiente o un pájaro. Junto al *Cernunnos* hay en pie un orante fálico. Debe de tratarse de una peculiaridad regional o tribal, porque los celtas son en general 'decentes'. El orante y otras figuras grabadas en la roca muestran excelentes analogías con las figurillas de bronce halladas entre los ríos Inn y Lech, producto de los talleres taetianos locales, en que se adivinan reflejos lejanos de modelos orientales...

»Los ejemplos más famosos de figuras célticas con los brazos en alto son los dioses del caldero de plata de Gundestrup; entre los petroglifos de Val Camonica hay figuras enteras de orantes...».

Ultimamente ha valorado Pray Bober [5], como antes lo habían hecho otros autores [6], la importancia capital de la representación del dios celta de Val Camonica para el estudio de esta divinidad y sus transformaciones. La pintura de los Alpes Lombardos es el obligado punto de partida para el estudio de este dios que, según Pray Bober, es todavía, a pesar de los múltiples testimonios que sobre él se conservan, «una de las más enigmáticas figuras de la religiosidad céltica» [7].

No puede negarse que entre las representaciones de Numancia y Val Camonica hay un estrecho parentesco. Las cabezas de ambas aparecen

[2] R. Mélida, B. Taracena, *op. cit.*, 33, lám. LI,A.

[3] A. Schulten, *Hispania* (Barcelona 1920) 66; P. Bosch-Gimpera, *El poblamiento antiguo y la formación de los pueblos de España* (México 1944) 161; A. Schulten, *Numantia* II (Munich 1931) 5, 265, lám. XXVIII, reproduce y describe la pintura, pero no la identifica como imagen del dios celta.

[4] P. Jacobsthal, *Early Celtic Art* (Oxford 1942) lám. CCVIIa.

[5] P. Pray Bober, *Cernunnos. Origin and Transformation of a Celtic Divinity*: AJA 55 (1951) 13.

[6] P. Lambrechts, *Contribution à l'étude des divinités celtiques* (Brujas 1941); Altheim-Trautmann: RM 54 (1939) 1ss; P. Jacobsthal, JRS 28 (1938) 65.

[7] P. Pray Bober, *op. cit.*, 15.

coronadas de cuernos de ciervo, son redondas y se asientan sobre un largo cuello. Los brazos se alzan en idéntica postura. En la pintura celtibérica, una línea blanca que une los brazos produce la impresión de que el artista quiso realizar la figura de forma que hombros y brazos adoptaran la misma disposición que tienen en la efigie de Val Camonica, es decir, situándolos en la misma línea. En ambas representaciones aparece cubierto el cuerpo, que adopta una configuración uniforme y alargada en toda su longitud. El vestido está recorrido por unas líneas verticales que dan la impresión de pliegues; éstos aparecen también en el vestido que lleva el *Cernunnos* en «postura búdica» del caldero de Gundestrup. La diferencia entre las dos representaciones de la divinidad celta radica en que la figura numantina no lleva torque ni va acompañada de la serpiente cornuda. No podrían aplicarse a la representación numantina las frases que Pray Bober dedica a la de Val Camonica: «Entre las representaciones de *Cernunnos* que podríamos incluir dentro del ámbito del arte celta puro, y que por ello mismo constituyen el mejor camino para averiguar su significado original, el grabado rupestre de Val Camonica ocupa un puesto excepcional. Es la única imagen conocida de esta divinidad que puede fecharse en el primer período de La Tène, y carece asimismo de paralelos en cuanto al hecho de representarla como una alta figura en pie y en la actitud característica del orante» [8]. Los monumentos de esta divinidad en la postura descrita son ya escasos en el período romano.

La figura numantina es posterior en unos dos siglos a la de Val Camonica, pero es probablemente anterior a las representaciones de esta misma divinidad en el caldero de Gundestrup, que Pray Bober [9] fecha, siguiendo a Drexel en su ya clásico estudio [10] sobre este importantísimo documento de la religión y el arte primitivos de los celtas, entre los años 100 a. C. y 50 d. C., con preferencia por los momentos iniciales de este período.

La representación de *Cernunnos* hallada en Numancia prueba que el prototipo de Val Camonica debió de ser la forma en que originariamente era representada esta enigmática divinidad celta, un prototipo que debió de perdurar entre los adoradores de este dios, pues dos siglos separan necesariamente las pinturas de Val Camonica y de Numancia; la primera es de los comienzos de La Tène, la segunda del paso de La Tène II a la Tène III o Hierro II céltico B, en la cronología de J. Martínez Santa Olalla [11]. Este investigador descubre en el Hierro II céltico diversas aportaciones del mundo galo; entre ellas pudo venir la divinidad cuya efigie estudiamos.

También es importante la pintura numantina para el estudio de los orígenes de la «postura búdica» que con el tiempo adopta esta divinidad, y en último término prueba la tesis defendida por Pray Bober, de que

[8] *Ibíd.*, 18.
[9] *Ibíd.*, 21.
[10] JdI 30 (1915) 1ss.
[11] *Esquema paletnológico de la Península Ibérica* (Madrid 1946) 105.

«la postura búdica no es exclusiva de las representaciones de *Cernunnos,* puesto que uno de los testimonios más primitivos de este dios, la pintura de Val Camonica, no la muestra» [12].

Sin embargo, ambas formas de representar a *Cernunnos,* en pie o en «postura búdica», pueden ser contemporáneas, si se admite que las esculturas de Roquepertuse en la segunda postura representan, como quiere Pray Bober [13], sacerdotes de esta divinidad, que, al igual que el orante de Val Camonica, imitan la postura de *Cernunnos.*

No cabe duda de que el santuario de Roquepertuse estaba consagrado a una deidad cuyo dominio se extendía simultáneamente a la vida y la fecundidad, pero también a la muerte. Las figuras de pájaros, peces, caballos y plantas; la ornamentación de los pilares y la presencia de cráneos prueban este carácter, que es también el de *Cernunnos.* Incluso rebajando la fecha del santuario, como hace Benoit, a los siglos IV-III antes de Cristo, los «dioses en cuclillas» de Roquepertuse serían, *grosso modo,* contemporáneos de las figuras de Val Camonica y Numancia. Las dos posturas vendrían a ser, por tanto, contemporáneas. Si el santuario de Roquepertuse no estuviera vinculado a *Cernunnos,* como parece opinar Benoit [14], nada tendría de extraño que ciertos rasgos típicos de una divinidad pasaran a otra de similar carácter.

[12] P. Pray Bober, *op. cit.,* 21.
[13] *Ibíd.,* 24.
[14] *L'Art primitif méditerranéen de la vallée du Rhône* (Aix-en-Provence 1955).

12

CULTO AL TORO Y CULTO A MARTE EN LUSITANIA

La sacralidad del toro en la Península Ibérica está atestiguada por un texto de Diodoro en que el escritor afirma que en Iberia las vacas son animales sagrados [1]. La confirmación arqueológica de este testimonio son un bronce del Museo de Guimarães, el procedente de Castelo-de-Moreira, el del Instituto de Valencia de Don Juan, el bronce de procedencia desconocida del Museo Leite de Vasconcelos, los mangos de cuchillo votivos del Museo Arqueológico Nacional de Madrid, las esculturas llamadas «verracos», los depósitos de huesos de bóvidos encontrados en Numancia y en algunos castros del Noroeste, las pinturas de Numancia que representan toros y danzas vinculadas al culto de este animal, las cabezas de Costig y los prótomos de toro y demás representaciones de este animal, en metal o barro, recogidas en las Baleares, Azaila y Numancia, así como las representaciones de estos animales sobre monedas y algunas otras [2].

El bronce hallado en Costa-Figueira, hoy en el Museo de Guimarães, es un carrito votivo cuya caja está formada por una gran serpiente y en cuyos extremos se enganchan unas yuntas de bueyes [3]; sobre la serpiente hay catorce figuras humanas dispuestas por parejas. Dos de ellas parecen

[1] Diod., IV, 18, 3.

[2] J. M. Blázquez, AEArq 30 (1957) 24ss; *Religiones primitivas de Hispania* I. *Fuentes literarias y epigráficas* (Madrid 1942) 460. Todos los textos de autores antiguos referentes al ganado bovino están recogidos en J. M. Blázquez, *La economía ganadera de la España antigua a la luz de las fuentes literarias griegas y romanas:* «Emerita» 25 (1957) 180ss. Sobre el carácter del culto al toro en la Península, cf. J. M. Blázquez, *Diccionario de las religiones prerromanas de Hispania* (Madrid 1975) 58ss; A. Alvarez de Miranda, *Magia y medicina popular en el mundo clásico y en la Península Ibérica:* «Archivos Iberoamericanos de Historia de la Medicina» 5 (1952) 319ss; A. Blanco, *El toro ibérico,* en *Homenaje al profesor Cayetano de Mergelina* (Murcia 1961-62) 162ss; A. Alvarez de Miranda, *Ritos y juegos del toro* (Madrid 1962); J. E. Uranga, *El culto al toro en Navarra y Aragón,* en *IV Sym. de Preh. Peninsular* (Pamplona 1966) *passim;* E. A. Llobregat, *El toro ibérico de Villajoyosa, Alicante:* «Zephyrus» 25 (1974) 335ss, con los paralelos del Levante ibérico. Sobre el culto al toro en el Norte de Africa, cf. A. Alvarez de Miranda, *Magia y religión del toro norteafricano:* AEArq 27 (1954) 3ss. Sobre el culto al toro en Italia, cf. S. Altheim, *Römische Religionsgeschichte* (Baden 1951).

[3] M. Cardozo, *Carrito votivo de bronce del Museo de Guimarães, Portugal:* AEArq 19 (1946) 1ss.

inmolar un macho cabrío. A. Blanco ha descubierto influencias de La Tène en este bronce, así como en los restantes [4].

El bronce de Castelo-de-Moreira está constituido por un trenzado que termina por uno de sus extremos en una cabeza de toro; sobre el trenzado marchan un carnero, una cabra, una oveja y un cerdo. Justo a la cabeza del bovino se encuentra un hombre con un hacha al hombro. Al lado de este personaje, que sin duda es el sacrificador, hay quizá un torque, que se ha interpretado generalmente como una serpiente [5].

El bronce votivo del Instituto de Valencia de Don Juan es de procedencia desconocida; A. García y Bellido lo cree fabricado en Lusitania. Es una lámina estrecha y delgada con el borde recorrido por un trenzado. Una cabeza de toro remata el extremo. Sobre la lámina central hay un caldero y una serie de figuras de hombres y animales. Junto al recipiente hay un hombre con un carnero a su derecha; al lado viene un segundo personaje con un puñal en la diestra. Detrás aparece un animal y una cerda a la que siguen una figura humana y un lechón; al lado hay una cabra con otro animal pequeño. En la extremidad sólo quedan los pies de una figura humana. Próximo al anillo de suspensión hay un osezno [6].

En el bronce del Museo Leite de Vasconcelos aparece un toro sobre un plinto [7]; es gemelo de otros en que se representan ciervos, como el de Coruche, también en el Museo Leite de Vasconcelos [8], el de La Codosera (Badajoz) y el de la Colección Calzadilla, asimismo en Badajoz [9].

Uno de los mangos votivos del Museo Arqueológico Nacional representa una cabeza de bóvido de largo cuello; el segundo ejemplar es parecido, con la diferencia de que sobre la prolongación aparece un segundo bóvido entre dos (?) serpientes (?) [10].

En Cariño (La Coruña) ha aparecido un hacha votiva de bronce relacionada con el culto al toro. Consta de un mango de sección cuadrada rematado en una esferita. La otra extremidad termina en una cuchilla entre dos anillos, que ofrece en una de sus caras una pátera en relieve y en la otra un torque. El conjunto remata en una cabeza de toro sobre cuya cruz hay una tercera anilla [11].

En estos bronces tenemos el tema, tan frecuente en todo el mundo antiguo, de la divinidad animal representada en los instrumentos de su culto [12]. El culto al toro es de raíz preindoeuropea, pero aflora en una eta-

[4] A. Blanco, *Exvoto con escena de sacrificio:* «Rev. de Guimarães» 67 (1957) 499ss.

[5] M. Cardozo, *op. cit.*, fig. 19; A. Blanco, *op. cit.*, 505ss., lám. IV.

[6] H. Obermaier, *Bronce ibérico representando un sacrificio:* BSEE 29 (1921) 130ss; A. Blanco, *op. cit.* Sobre el significado de este sacrificio, cf. J. M. Gómez-Tabanera, *La función ternaria en el sacrificio celtibérico:* «Rev. de Guimarães» 76 (1966) 85ss.

[7] A. García y Bellido, *De nuevo sobre el jarro ritual lusitano publicado en AEArq 30, 1957, 121ss:* AEArq 31 (1958) 155, fig. 2.

[8] *Ibíd.*, 153s.

[9] A. García y Bellido, AEArq 30 (1957) 123ss, figs. 12-15.

[10] A. Blanco, *op. cit.*, 508ss.

[11] M. Magide, NAH 5 (1963) 258, fig. 1.

[12] W. Ward, *The Seal Cylinder of Western Asia* (Washington 1910) 307ss.

pa netamente indoeuropea. En poblaciones ganaderas se vincula al desarrollo y la fecundidad de los ganados. M. Cardozo fecha los más antiguos de estos exvotos en los siglos IV-II a. C.; según J. Maluquer, puede que sean algo anteriores [13].

M. Cardozo ve en algunos de estos bronces influjos de corrientes europeas. Algunos, como el del Instituto de Valencia de Don Juan y el de Castelo-de-Moreira, recuerdan también las barcas funerarias halladas en Cerdeña, que también están ligadas al culto al toro, sobre las que los animales marchan en fila india [14].

En las proximidades de Numancia y en algunos castros del Noroeste se han encontrado depósitos de huesos de bóvidos. Se trata sin duda de lugares en que se depositarían los huesos de los animales sacrificados.

La sacralidad de los bóvidos está igualmente documentada por las esculturas llamadas «verracos», aparecidas en la zona centro-occidental de la Península, en las actuales provincias de Soria y Cuenca, en Gredos, en Avila, Cáceres y Toledo. También han aparecido algunos ejemplares en León. Faltan en Cataluña, Galicia, Levante y en la zona penibética. Santos Junior me comunica amablemente que tiene registrados en Portugal unos 39 ejemplares. En España hay noticias de unos 300, según datos de Serrano. Donde principalmente se han hallado ha sido en territorio de carpetanos y vetones [15].

En Lusitania, al igual que en otras zonas de la Península, había cierta relación entre el culto a Marte y el que se tributaba a los bóvidos, como se desprende del hallazgo, en la zona de los Pirineos, de una estatuilla que representa a Marte con un toro sobre la coraza y un casco con tres cuernos de bóvido [16]. Este tipo de Marte, que por sus características generales responde al tipo de *Mars Ultor,* posee ciertas peculiaridades que lo diferencian de las representaciones romanas.

Sobre una pátera de Maia aparece representado Marte con un bóvido sobre la coraza [17].

Estas dos piezas indican que existe alguna relación entre el dios Marte y el culto al toro, y que tal relación debe de ser muy significativa por cuanto es ajena al culto que Marte recibía en el mundo clásico. Los torques que aparecen en algunos bronces vinculados con seguridad al culto al toro, como los mencionados, parecen confirmar esta misma relación,

[13] J. Maluquer, *Una figura de guerrero, con espada al hombro, procedente del castro del Cerro del Berrueco, Salamanca:* «Rev. de Guimarães» 62 (1952) 233ss.

[14] C. Zervos, *La Civilisation de la Sardaigne* (París 1954) 318ss, figs. 408-409.

[15] J. Ramón y Fernández Oxea, *Nuevas esculturas zoomorfas prehistóricas de Extremadura:* «Ampurias» 12 (1950) 55ss; A. Serrano, *Observaciones sobre la distribución geográfica de la escultura zoomorfa prerromana:* «Zephyrus» 8 (1957) 103ss.

[16] A. Blanco, *op. cit.*, 516, fig. 4. A la bibliografía sobre esta importante pieza citada en la nota 2 puede añadirse F. Guiraud, *Mythologie Générale* (París 1935) 207.

[17] J. Leite de Vasconcelos, *Religiões da Lusitania* I (Lisboa 1905) 310ss.

ya que Floro [18] se refiere a la costumbre que tenían los celtas de ofrecer torques a *su* Marte.

En una inscripción romana del siglo III en que aparece el nombre de la divinidad indígena *Sītiouio,* hallada en Zauzar (Cáceres), en territorio de la antigua Lusitania, se representa un toro [19].

[18] Flor., II, 4. Sobre el Marte celta en la Península Ibérica, cf. J. M. Blázquez, *Aportaciones a las religiones primitivas de Hispania:* AEArq 30 (1957) 53ss; *Religiones primitivas de Hispania (op. cit.)* 27ss, 115ss. Sobre el Marte celta en general, cf. E. Thevenot, *Sur les traces des Mars celtiques* (Brujas 1955); *A propos des «Mars celtiques»:* «Ogam» 9 (1957) 37ss; F. Benoit, *La religion des sanctuaires et les «Mars celtiques»:* «Ogam» 9 (1957) 41ss; *Mars et Mercure. Nouvelles recherches sur l'interprétation gauloise des divinités romaines* (Aix-en-Provence 1959); F. Le Roux, *Aspects de la fonction guerrière chez les celtes:* «Ogam» 97-98 (1965) 175ss; G. Charriere, *Le taureau aux trois grues et le bestiaire du héros celtiques:* RHR 169 (1966) 155ss; A. Ross, *Éssu et les trois grues:* EC 9 (1961) 405ss; J. J. Hatt, *Essai sur l'évolution de la religion gauloise:* REA 66 (1965) 80ss.

[19] C. Callejo, *Aportaciones a la epigrafía romana del Campo Norbense:* BRAH 157 (1965) 65s, lám. XXX. El culto al toro podría ser en la Península una herencia de las culturas agrícolas y ganaderas. Ya en el arte rupestre aparecen toros vinculados a dioses; cf. F. Jordá, *Notas para una revisión de la cronología del arte rupestre levantino:* «Zephyrus» 17 (1966) 59ss; *Sobre posibles relaciones del arte levantino español,* en *Misceláneas en homenaje al Abate Breuil* I (Barcelona 1964) 467ss; *¿Restos de un culto al toro en el arte levantino?:* «Zephyrus» 26-27 (1976) 178ss. Este tema sería de origen oriental. Sobre cacerías y juegos del toro en el mundo antiguo, cf. J. M. Blázquez, *«Venationes» y juegos del toro en la Antigüedad:* «Zephyrus» 13 (1962) 47ss; A. Balil, *Sobre los juegos del toro:* AEArq 38 (1965) 109ss. En la inscripción lusitana de Cabeço das Fraguas se mencionan sacrificios al toro; cf. A. Tovar, *L'inscription du Cabeço das Fraguas et la langue des lusitaines:* EC 11 (1964) 257ss; también en la de Freixo de Numão; cf. CIL II, 430. La inscripción de Cabeço das Fraguas, como indica A. Tovar, menciona una *suovetaurilia* y es el mejor comentario a los bronces del Instituto de Valencia de Don Juan y de Castelo-de-Moreira.

13

LAS RELIGIONES INDIGENAS DEL NOROESTE DE LA PENINSULA IBERICA EN RELACION CON ROMA

Es bien sabido que la mayor concentración de divinidades indígenas de la Península Ibérica se observa en su zona del Norte. Al norte del río Duero se conocen a través de las inscripciones algo más de 75 nombres de dioses indígenas diferentes, a los que hay que sumar otros 25 procedentes de Asturias, Cantabria y la zona sur del *conuentus cluniensis.* En total suman unos 100 nombres de dioses, es decir, la mitad de los aparecidos en toda Hispania, que alcanza el número aproximado de 225.

Esta concentración de dioses en el Norte y más concretamente en el Noroeste contrasta con lo que sabemos de otras regiones peninsulares. Así, Lusitania meridional, al sur del río Tajo, sólo ha dado los nombres de tres dioses indígenas: *Ataecina, Endovellicus* y *Runeso Cesius.* No es seguro, como quería Lambrino, que se pueda identificar al dios de las tumbas en forma de toneles con *Sucellus,* del que han aparecido tres bronces en Hispania. Dos de aquellas divinidades, *Ataecina* y *Endovellicus,* son las únicas deidades del panteón indígena hispano que cuentan con un número elevado de monumentos, lo que indica que su culto gozaba de gran aceptación entre los habitantes de estas regiones y que su área de difusión era relativamente extensa.

De Andalucía sólo se conocen cuatro o cinco dioses indígenas: *Louci Iuteri, Poecosuosucius, Matres, Matres Aufaniae* y *Sucellus;* tres en la costa mediterránea: *Dea Mens..., Lugus* y *Semnocosus,* y siete en el valle del Ebro: *Obana* en Celsa, *Iuilia* en Guernica, *Uuarna* y *Tullonius* en Miranda de Ebro, *Losa, Selatsa, Lacubegus* y *Peremusta* en Navarra. La mayor concentración de dioses indígenas se sitúa, por tanto, al norte del Duero, concretamente en Galicia, Asturias y Cantabria, en los *conuentus bracaraugustanus, cluniensis, asturicensis* y *lucensis.* Ya hace bastantes años vio A. Tovar [1] que la temprana y profunda romanización del Levante y la Bética había borrado en gran parte la religión indígena, que perdió su importancia, aunque todavía en el Bajo Imperio se practicaba el culto en los antiguos santuarios ibéricos, como se deduce de las mone-

[1] *Estudios sobre las primitivas lenguas hispánicas* (Buenos Aires 1949) 184.

das del siglo IV que en ellos han aparecido [2]. Todos los autores modernos que se han ocupado de la religión indígena, como S. Lambrino en un reciente artículo fundamental para el tema de este trabajo [3], aceptan la explicación de A. Tovar [4].

[2] J. Maluquer de Motes, *Pueblos ibéricos*, en R. Menéndez Pidal (ed.), *Historia de España*, I, 3 (Madrid 1954) 327ss.

[3] *Les cultes indigènes en Espagne sous Trajan et Hadrien. Les empereurs romains d'Espagne* (París 1965) 223ss. Sobre las religiones primitivas de Hispania, cf. J. M. Blázquez, *Aportaciones al estudio de las religiones primitivas de España:* AEArq 30 (1957) 15ss; *Religiones primitivas de Hispania* (Madrid 1962), con toda la abundante bibliografía anterior; *Diccionario de las religiones prerromanas de Hispania* (Madrid 1975); *Ultimas aportaciones al estudio de las religiones primitivas de Hispania*, en *Homenaje a Antonio Tovar* (Madrid 1972) 81ss, y los trabajos recogidos en este mismo volumen; *Die Mythologie der Althispanier*, en *Wörterbuch der Mythologie* II (Stuttgart 1973) 707ss. Cf. también J. d'Encarnação, *Divindades indigenas sob o dominio romano em Portugal* (Lisboa 1975); U. Schmoll, *Die Sprachen der vorkeltischen Indogermanen Hispaniens und das Keltiberische* (Wiesbaden 1959) *passim;* «Germania» 42 (1964) 323ss; A. Tovar, *L'inscription du Cabeço das Fraguas et la langue des lusitaniens:* EC 1 (1964-65) 237ss; J. Untermann, *Misceláneas epigráficas lingüísticas:* AEArq 38 (1965) 8ss; J. Rodríguez, *Dos nuevas aras en Coria a dos divinidades gemelas:* «Zephyrus» 17 (1966) 121ss; A. García y Bellido, *Sucellus en España:* AEArq 39 (1966) 125ss; los toneles del Alentejo y Tarragona no se relacionan posiblemente con este dios, cf. D. Juliá, *Monuments funéraires en forme de demi-cylindre dans le province romaine de Tarragonaise:* «Mélanges de la Casa de Velázquez» 1 (1965) 47ss; A. García y Bellido, *Nuevos documentos militares de la Hispania romana:* AEArq 39 (1966) 31ss; *Parerga de arqueología y epigrafía hispano-romana III:* AEArq 39 (1966) 138ss; F. de Almeida, *Mais divindades lusitanas do grupo Band* (Lisboa 1965) 3ss; M. Cardozo, *Una nova divindade pré-romana na Lusitania:* «Conimbriga» 2-3 (1960-61) 233ss; J. Lorenzo, F. Bouza-Brey, *Inscripciones romanas votivas de la provincia de Orense:* CEG 20 (1965) 125ss. Para las lenguas, cf. A. Tovar, *Lingüística y arqueología sobre los pueblos primitivos de España*, en J. M. Gómez-Tabanera (ed.), *Las raíces de España* (Madrid 1967) 213ss. Sobre este importante trabajo hay que observar que los arqueólogos niegan actualmente las relaciones con Africa en la Prehistoria; cf. M. Tarradell, *Una hipótesis que se desvanece. El papel de Africa en las raíces de los pueblos hispanos*, en *Homenaje a Jaime Vicens Vives* I (Barcelona 1965) 173ss; F. Jordá, *Notas para una revisión de la cronología del arte rupestre levantino:* «Zephyrus» 17 (1966) 47ss.

[4] Sobre la romanización de Hispania, cf. C. Sánchez Albornoz, *Proceso de la romanización de España desde los Escipiones hasta Augusto:* AHAM (1949) 5ss; *Panorama general de la romanización de Hispania:* «Rev. Univ. Buenos Aires» 5 (1956) 1, 3ss; J. M. Blázquez, *Estado de la romanización de Hispania bajo César y Augusto:* «Emerita» 30 (1962) 71ss; *Causas de la romanización de Hispania:* «Hispania» 24 (1964) 3ss; *Estructura económica de la Bética al final de la República romana y a comienzos del Imperio (años 72 a. C.-100):* «Hispania» 27 (1967) 7ss; *Exportación e importación en Hispania a finales de la República romana y durante el gobierno de Augusto y sus consecuencias:* «Anuario de Hist. económica y social» 1 (1968) 37ss; *La romanización* (2 vols., Madrid 1974-75); A. Tovar, J. M. Blázquez, *Historia de la Hispania romana* (Madrid 1975). Sobre la baja romanización del Norte en particular, cf. M. Cardozo, *La romanizzazione del Nord-Ovest della Penisola Ispanica*, en *Atti del VI Cong. Intern. Scien. Preist. e Protoist.* III (1966) 53ss; M. Vigil, *Romanización y permanencia de estructuras sociales indígenas en la España septentrional:* BRAH 152 (1963) 225ss; *La Península Ibérica y el final del mundo antiguo*, en *Las raíces de España (op. cit.)* 283ss; A. Blanco, *La cultura castreña*, en *I Symp. de Preh. de la Pen. Ibér.* (Pamplona 1960) 179ss; A. García y Bellido, *La latinización de Hispania:* AEArq 40 (1967) 17ss; M. Vigil, A. Barbero, *Sobre los orígenes sociales de la Reconquista: cánta-*

La Bética y el Levante estaban profundamente romanizados ya al comienzo del Imperio y eran el asiento casi exclusivo de las numerosas y florecientes colonias romanas [5].

Antes de entrar en la materia que hemos elegido como tema propiamente dicho de nuestro trabajo conviene recordar algunos aspectos, ya indicados por Lambrino, por nosotros mismos y por los autores que se han ocupado de la religión indígena hispana, como es que la mayoría de los dioses indígenas tiene el mismo carácter estrictamente local que en la Galia, como indica el hecho de que sus nombres aparezcan casi en su totalidad una sola vez. Entre los dioses cuyos nombres aparecen varias veces, los más importantes son *Nabia* o *Nauia* con nueve testimonios, *Bandua* (figs. 135-137) con ocho inscripciones, *Duillae, Cohuetene* (figura 138), *Verora* y *Aernus* con tres, *Lucoubo* o *Lucubo, Vestius, Aloniecus, Bormanicus* y *Lares Tarmucenbaeci Ceceaeci* con dos. Algunas de las inscripciones en que aparecen estos nombres han sido halladas también en otros *conuentus* de la Península.

En Hispania hay dioses indígenas que son venerados en la Galia y en otros territorios celtas, como *Bormanicus,* que cuenta con dos inscripciones halladas en Caldas de Vizela (Portugal) y que está abundantemente documentado en la Galia central y meridional [6]; los *Lugoues* de *Uxama* (Osma), venerados en la Celtiberia y en Galicia, reaparecen en Awenches (Suiza) [7]; las *Matres Gallaicae* de Coruña del Conde y las *Matres Brigeacae* de Peñalba de Castro (Burgos) tienen un epíteto local, como es frecuente fuera de Hispania en este tipo de diosas [8]. *Couentina* es la ninfa protectora de una fuente salutífera de *Procolitia,* estación del *uallum Hadriani* en *Britannia* [9].

bros y vascones desde finales del Imperio romano hasta la invasión musulmana: BRAH 156 (1965) 171ss; J. González-Echegaray, *Los cántabros* (Madrid 1966); J. M. Blázquez, *El legado indoeuropeo en la religiosidad de la Hispania romana,* en este mismo volumen, pp. 385-437; *Estructura económica y social de Hispania durante la anarquía militar y el Bajo Imperio* (Madrid 1964); *Los vascos y sus vecinos en las fuentes literarias griegas y romanas de la Antigüedad,* en *Problemas de la Prehistoria y de la etnología vascas* (Pamplona 1966) 177ss; *La cordillera cántabra, Vasconia y los Pirineos durante el Bajo Imperio,* en *Actas del III Cong. Esp. de Est. Clásicos* (Madrid 1968) 137ss.

[5] A. García y Bellido, *Las colonias romanas de Hispania:* AHDE 29 (1959) 448ss; *Del carácter militar activo de las colonias romanas de la Lusitania y regiones limítrofes,* en *Hom. Prof. Doutor Mendes Correa* (Porto 1959) 299ss.

[6] J. M. Blázquez, *Religiones (op. cit.)* 171ss; J. Vendryes, *La religion des celtes* (París 1948) 267, 269, 273; J. de Vries, *Keltische Religion* (Stuttgart 1961) 72ss. En general, cf. J. J. Hatt, *Essai sur l'évolution de la religion gauloise:* REA 67 (1965) 80ss; R. Lantier, *Keltische Mythologie,* en *Wörterbuch der Mythologie* II (Stuttgart 1973) 101ss.

[7] J. M. Blázquez, *Religiones (op. cit.)* 91; J. Vendryes, *op. cit.,* 278; J. de Vries, *op. cit.,* 51s.

[8] J. M. Blázquez, *Religiones (op. cit.)* 129s; J. Vendryes, *op. cit.,* 249s, 267, 275ss; P. M. Duval, *Les dieux de la Gaule* (París 1967) 52ss; J. de Vries, *op. cit.,* 120. Para el tema de este trabajo es muy importante J. de Vries, *Die interpretatio romana der gallischen Götter,* en *Indogermanica. Festschrift W. Krause* (Heidelberg 1960) 204ss.

[9] J. M. Blázquez, *Religiones (op. cit.)* 190ss.

Casi todos los nombres indígenas de dioses son celtas o indoeuropeos; así, *Bodus*, de Villalpalos (León), deidad guerrera [10] cuyo nombre aparece como primer elemento de formación en el nombre del caudillo de los nervios *Boduognatus* [11] y como segundo elemento en *Teutoboduus* [12]. El nombre de *Tutela Bolgensis* se deriva de la misma raíz que el nombre *Bolgius*, el caudillo belga que participó en la invasión de Tracia el año 280 [13]. El nombre del dios *Carus*, aparecido al norte del Duero, en Arcos-de-Valdevez, lleva un nombre celta [14]. Los nombres de los dos dioses de Astorga, *Deuaco Caburius* y *Rutvacodonnaegus* se emparentan entre sí y con los nombres de los caudillos galos citados por César [15]: *C. Valerius Donnotaurus Caburi filius* [16]. Con estos nombres se relaciona el de una tercera divinidad aparecida en Aguilar de Campoo, *Cabuniaeginus* [17]. El nombre de *Erudinus*, documentado en Ongayo (Santander), lleva la raíz céltica *rud-*, frecuente en nombres de la Galia, como *Rudianus, Rudiobus, Rudscus, Rutaini, Rutaeni, Rutiacum, Ruticus, Rutio, Rutis, Rusticum* [18]. El nombre del dios *Vestius Aloniecus* tiene un radical celta que entra en la formación de topónimos y nombres propios como *Vestiniacum, Vestigné, Vestina, Vestinus*, acompañado de una denominación geográfica [19], como es frecuente en el Noroeste, donde muchos nombres de dioses indígenas son una simple alusión al lugar en que reciben culto [20]. El nombre de *Duillae*, que se lee en inscripciones de Palencia [21], se relaciona con el numeral *du-*, «dos». Las dos inscripciones que recientemente se han propuesto para *Edouius*, cuya ara se recogió en Caldas de Reis (Pontevedra), relacionan este nombre con el indoeuropeo [22]. Podríamos citar otros muchos casos.

Una cronología basada en 46 inscripciones con nombres de dioses indígenas hallados en estos cinco *conuentus* ofrece el siguiente cuadro:

SIGLO I:

Duillae (finales), *Deuaco Caburius* (fig. 139), *Rego, Nymphae Fontis Ameui* (finales o principios del II), *Tongoe Nabiagus, Verora, Turiacus.*

[10] *Ibíd.*, 208; M. L. Albertos, *La onomástica personal primitiva de Hispania Tarraconense y Bética* (Salamanca 1966) 57.
[11] César, BG II, 23, 4.
[12] Flor., I, 38, 10.
[13] Paus., X, 19, 7.
[14] J. M. Blázquez, *Religiones (op. cit.)* 209; M. L. Albertos, *op. cit.*, 79s.
[15] César, BG VII, 65, 5.
[16] J. M. Blázquez, *Religiones (op. cit.)* 113, 161ss.
[17] *Ibíd.*, 109.
[18] *Ibíd.*, 211ss.
[19] *Ibíd.*, 99ss.
[20] *Ibíd.*, 71ss.
[21] *Ibíd.*, 67s; U. Schmoll, *op. cit.*, 47.
[22] I. Millán, *Conjeturas etimológicas sobre teónimos galaicos:* AEArq 38 (1965) 50ss.

SIGLO II:

Aernus (comienzo y final), *Barciaecus, Mars Cariociecus, Lares Tarmuenbaeci Ceceaeci* (finales del II o comienzos del III), *Genius Laquiniensis* (o III), *Ianus Paraliomegus, Vacodonnaegus, Bormanicus, Durbedicus, Tameobrigus, Virrora Viliaegus, Lugoues, Nimmedus Seddiagus, Numina Lapitearum.*

SIGLO III:

Bandua [*Vi*]*rubricus, Brigus, Dulouius, Munidia, Vestius Aloniecus, Mentouiacus, Coronus, Cusu Neoneoecus, Neneoecus, Bormanicus, Nimphae Lupianae, Nabia, Nauia, Couentina* (bis), *Verora* (ter), *Abna, Antiscreus, Bandue Veigebreaegus, Bandue Bolecus.*

SIGLO IV:

Erudinus (fig. 140).

La inscripción de *Erudinus* es la más tardía que se conoce con el nombre de un dios indígena; se fecha el 23 de julio del año 399, y menciona a un cónsul de Oriente y otro de Occidente. Está erigida diecinueve años después del edicto de Tesalónica, por el que Teodosio imponía a todo el orbe romano la religión cristiana como única admitida. La influencia de Roma en cuanto a la forma de la dedicación fue total.

A veces el dios indígena en cuestión es una deidad nacional, como la *Tutela Bolgensis*, cuyo nombre se lee en una lápida de Ponferrada (León), que es la diosa tutelar de un grupo de belgas [23]. Otras veces es el dios de una *gentilitas*, como *Vestius Aloniecus*. Un *ordo* como el de los *zoelae*, que según Plinio [24] pertenecía a los astures, aunque en otro pasaje [25] afirma el naturalista latino que se encuentra en Galicia, lindando con el Océano, dedicó dos inscripciones a *Aernus*, encontradas en el Castro de Avellãs (Braganza). Una tercera se recogió a 37 km., en Malta [26], lo que parece indicar que se trata de la divinidad tutelar de aquel *ordo*. *Poemana*, cuya ara apareció en Lugo [27], es la diosa protectora de la tribu germana de los *poemani* [28]. Los *luggoni arganticaeni* consagraron una inscripción hallada en Grases, Villaviciosa (Asturias), a *Dulouius* [29], y los *Lugoues* tienen un ara consagrada por el *collegium sutorum*. A lo largo

[23] J. M. Blázquez, *Religiones (op. cit.)* 63.
[24] Plin., NH III, 28.
[25] Plin., NH XIX, 2.
[26] J. M. Blázquez, *Religiones (op. cit.)* 65s.
[27] *Ibíd.*, 83s.
[28] A. Schulten, *Germanien und Gallier:* «Forschungen und Fortschritte» 8 (1932) 121ss; P. Bosch-Gimpera, *Infiltrações germanicas entre os celtas peninsulares:* «Rev. Guimarães» 110 (1950) 348ss; «Orbis» 6 (1957) 130.
[29] S. Lambrino, en *Mélanges d'Archéologie et d'Histoire offerts à André Piganiol* (París 1966) 1353ss.

de este trabajo se mencionarán otros dioses protectores de diversos grupos humanos. Parece, a juzgar por los dedicantes, que todas estas deidades indígenas eran dioses protectores de tribus o de grupos humanos numerosos. Lo corriente es que los dedicantes de las aras sean simples particulares. Entre éstos hay militares, como *M. Silonius Silanus*, de la tribu *Galeria, signifer cohortis I Gallicae ciuim romanorum* [30], que dedica una inscripción a *Bandueueigebreaego*, hallada en Rairiz de Veiga (Orense). Se trata de un nativo que ha adquirido la ciudadanía romana y sirve en el ejército. *Tiberius Claudius*, que era *praefectus cohortis I bracaraugustanorum aureanae*, consagró un ara a *Coepol Couentina* [31].

Particular interés reviste una inscripción de Mongó (Denia, Valencia) dedicada por *Iulius Urbanus principalis uexillationis Legionis VII Geminae Piae Felicis*. Se trata muy posiblemente de un soldado de la *Legio VII* devoto de un dios indígena del Norte que le erige un ara en Levante [32]. Un legado de la misma legión, *Lucius Terentius Homullus Iunior*, es el dedicante de un ara de León a las *Nymphae fontis Ameui* [33]. Otro soldado de la misma legión, *Caecilius Fusco*, levantó el año 79 un ara a *Moelio Mordonieco* en Cornoces (Orense) [34]. *Lucius Valerius Siluanus*, soldado de la *Legio VI Uictrix*, era devoto de *Turiacus* [35]. *Granius Sabinus, legatus Augusti*, dedicó un ara, hallada en Campo, cerca de Cacabelos, en el Bierzo, a *Camenio* [36]. Todos estos personajes son romanos que militan en el ejército, pero no nativos, que se hacen devotos de los dioses indígenas hispanos.

Además del estamento militar hay otros grupos y personajes que dedican lápidas a los dioses indígenas, como la *Res Publica Asturica Augusta* al mencionado *Vacodonnaegus;* los sacerdotes *Aufidius Celer* y *Cornelia Flauiana* [37] a *Iupiter Solutorius Eaecus* en Poza de la Sal (Burgos); los libertos, como *M. Ulpius, Augusti libertus*, a *Iupiter Ladicus* en Galicia [38]; este liberto era griego, pues se llama *Eutyches* y figura en un ara dedicada a *Iupiter Anderon* en Galicia como *procurator metallorum albo-*

[30] J. M. Blázquez, *Religiones (op. cit.)* 59ss; A. García y Bellido, *Cohors Gallica Equitata Ciuium Romanorum:* «Conimbriga» 1 (1959) 1ss. Sobre el elemento militar en Hispania, cf. M. Vigil, *Ala II Flauia Hispanorum:* AEArq 34 (1961) 104ss; A. García y Bellido, *El «exercitus hispanorum» de Augusto a Vespasiano:* AEArq 34 (1961) 114ss; *Nuevos documentos militares de la Hispania romana:* AEArq 39 (1966) 24ss; J. M. Roldán, *Hispania y el ejército romano. Contribución a la historia social de la España antigua* (Salamanca 1975); E. Loewinsohn, *Una calzada y dos campamentos romanos del Conuentus Asturum:* AEArq 38 (1965) 26ss.

[31] J. M. Blázquez, *Religiones (op. cit.)* 67.

[32] *Ibíd.*, 125.

[33] *Ibíd.*, 169s.

[34] J. Lorenzo, F. Bouza-Brey, *op. cit.* 161s.

[35] J. M. Blázquez, *Religiones (op. cit.)* 197.

[36] A. García y Bellido, *Nuevos documentos militares (op. cit.)* 31s. Según M. L. Albertos, no se trata de un teónimo.

[37] J. M. Blázquez, *Religiones (op. cit.)* 110. Según M. L. Albertos, este dios nunca existió en Burgos.

[38] J. M. Blázquez, *Religiones (op. cit.)* 88s.

colensium[39]. Otro liberto es el dedicante del ara, ya citada, al *Genius fontis Agineesis,* hallada en la provincia de León.

También los extranjeros fueron devotos de los dioses indígenas hispanos, como el *Eutyches* que acabamos de mencionar. *Annius Atreus,* de procedencia africana, erigió en Palencia un ara a las *Duillae.* Un segundo africano, *Gaius Sulpicius,* fue devoto de *Nimmedus Seddiagus,* en Ujo (Asturias)[40]. Pero eran los indígenas los que en mayor número se mostraban devotos de sus dioses. Podemos citar las dedicatorias de *Lucius Lupus,* hijo de *Tancini*[41], a *Bandi Aeapolosegus*[42], en Norba; de *Antistius Placidus,* hijo de *Cileus*[43], a *Aegiamunniaegus*[44] en Viana del Bollo; de *Lucius Seruius Secandinus,* de la *gens* de los *eneduoinium,* a *Barciaeco*[45] en Naraval (Asturias); de *Flauius Valabricensis,* hijo de *Apilius*[46], a *Brigo*[47] en S. Miguel-o-Aujo (Portugal); de un hijo de *Arquius*[48] a *Mirobiecus*[49] en Toruquella, en las márgenes del Duero; de *Silonius Silo*[50] a *Lucoubu Arquieni* en Sinoga y en San Martín de Liñarán[51]; de *Atilius Silonis filius,* de la tribu *Quirina*[52], a *Mentouiaco* en Zamora; de *Caius Pompeius Caturonis filius*[53], y de *Medamus*[54] *Camali*[55] *filius* a *Bormanicus*[56] en Caldas de Vizela (Portugal); de *Reburrinus*[57] a las *Nymphae Castaecae* de Santa Eulalia de Barroso (Oporto)[58]; de *Cicero Mancini filius*[59] a *Nabia*[60] en S. João Baptista de Pedregão Pequeno y de *Caturo*[61], *Pintami*[62] *filius,* a la misma deidad en una segunda inscripción de Monte Baltar, etc. Lógicamente, las divinidades indígenas tienen lápidas erigidas en su mayor parte por autóctonos. Otras veces el nombre latino no permite saber si los dedicantes proceden de Hispania o de fuera de ella, como ocurre con las inscripciones de *Bandua*[63] en Cova de Lua

[39] *Ibíd.,* 97s.
[40] *Ibíd.,* 213s.
[41] M. L. Albertos, *op. cit.,* 219s.
[42] J. M. Blázquez, *Religiones (op. cit.)* 52.
[43] M. L. Albertos, *op. cit.,* 87.
[44] J. M. Blázquez, *Religiones (op. cit.)* 71.
[45] *Ibíd.,* 75.
[46] M. L. Albertos, *op. cit.,* 28.
[47] J. M. Blázquez, *Religiones (op. cit.)* 75s.
[48] M. L. Albertos, *op. cit.,* 35.
[49] J. M. Blázquez, *Religiones (op. cit.)* 81.
[50] M. L. Albertos, *op. cit.,* 207s.
[51] J. M. Blázquez, *Religiones (op. cit.)* 90s.
[52] J. M. Blázquez, *Problemas en torno a las raíces de España:* «Hispania» 29 (1969) 3ss.
[53] M. L. Albertos, *op. cit.,* 81s.
[54] *Ibíd.,* 152.
[55] *Ibid.,* 73.
[56] J. M. Blázquez, *Religiones (op. cit.)* 171s.
[57] M. L. Albertos, *op. cit.,* 191s.
[58] J. M. Blázquez, *Religiones (op. cit.)* 173s.
[59] M. L. Albertos, *op. cit.,* 145.
[60] J. M. Blázquez, *Religiones (op. cit.)* 178.
[61] M. L. Albertos, *op. cit.,* 81s.
[62] *Ibíd.,* 183.
[63] J. M. Blázquez, *Religiones (op. cit.)* 55.

(Braganza), cuyo dedicante, *Cornelius Oculatus,* debe de proceder de fuera de la Península, pues su nombre sólo se registra en ella otra vez [64]; el oferente de *Bandue Boleccus* [65] se llama *Sulpicius Sincerus;* el de *Netaci Ueilebrica* [66] es *Sulpicius Seuerus,* y así otros muchos. En Hispania, los dioses indígenas tuvieron devotos entre gentes que procedían de todos los lugares y de todas las capas sociales.

En muy pocos casos conocemos la función religiosa de los dioses hispanos. Son muy escasos los epítetos o atributos que la definan, como en el caso de *Iupiter Optimus Maximus Anderon,* cuyo nombre va acompañado en un altar de Galicia de un toro, símbolo de fecundidad, pero que al mismo tiempo podía ser la víctima del sacrificio, como se deduce también de la raíz indoeuropea *andh-,* que forma el epíteto. Una de las características de los pueblos del Norte, según Estrabón [67], es que no tenían representaciones de dioses, ya que éste es muy posiblemente el significado de la palabra «ateo» que emplea el autor.

Hay, sin embargo, un grupo de dioses cuya función religiosa nos es conocida a través de la *interpretatio romana.* Cuando un dios indígena aparece asociado a otro romano es que hay coincidencia en sus respectivas funciones. En el Mercurio de Castro Urdiales, en la pátera de la *Salus Umeritana* (ninfa) y en el *Tongoe Nabiago* (río) tenemos otras tantas «interpretaciones romanas» de diosas indígenas en estos *conuentus.*

Hay asociación a dioses romanos en el caso de las siguientes divinidades indígenas:

Genius Laquiniensis. Vizela (Norte de Portugal).
Genius Tiauranceiacus. Ponte de Lima (Norte de Portugal).
Genius Tongobricensium. Marco de Canavezes (Norte de Portugal).
Genius Fontis Agineesis. Boñar (León).
Iuno Meirurnarum. Guimarães (Portugal).
Ianus Paramecus. Lugo.
Iupiter Candamius. Asturias.
Iupiter Candiedo. Galicia.
Iupiter Ladicus. Codes de Larouco (Orense).
Iupiter Anderon. Galicia.
Iupiter deus Candamius. Monte Cildá (Palencia).
Lares Tarmucenbaeci Ceceaeci. Chaves (Norte de Portugal).
Lares Ceceaigi. Galicia.
Lares Cerenaeci. Marco de Canavezes (Norte de Portugal).
Lares Cusicelenses. Chaves.
Lares Erredici. Chaves.
Lares Turolici. Freixo de Numão (Norte de Portugal).

[64] CIL II, 4118, 5741.
[65] J. M. Blázquez, *Religiones (op. cit.)* 60s.
[66] *Ibíd.,* 93s.
[67] Estr., III, 4, 16.

Lar Sefius. Adaúfe, Braga (Norte de Portugal).
Cososus deus Mars. Braga.
Cosus Mars. Santiago de Compostela.
Mars Cariociecus. Tuy (Pontevedra).
Mars Tilenus. León.
Matres Brigeacae. Peñalba de Castro (Burgos).
Matres Gallaicae. Coruña del Conde.
Matres Useae. La Guardia.
Ermaei Deuori. Outeiro Seco (Chaves).
Nymphae Fontis Ameui. León.
Nymphae Silonianae. Alonjos (Orense).
Numina Lapitearum. Panoias (Portugal).
Nymphae Castecae. Barrosa (Norte de Portugal).
Tongoe Nabiago. Braga.
Salus Umeritana. Santander [68].
Vulcanus (Cic., *De nat. deor.*, I,84).

Los oferentes con nombre indígena son: *Camala Arqui f.* para *Genius Tiauranceaicus; Catuenus Docquiri f.* para *Lares Turolici; Albinus Balesini f.* para *Lares Findenetici; Cexaecus Fuscus* para *Ermaei Deuori; Reburrinus* para *Nymphae Castaecae; Cecilius Reginus* para *Ianus Paraliomegus; Urmunicus* para *Iupiter Deus Candamius.*

En la pátera de *Bandua Araugelensis* de la Colección Calzadilla de Badajoz [69], de época antoniana, la diosa tiene todas las características y atributos de una *Dea Fortuna,* asimilación romana de la *Tychē* helenística. El interés principal de la pátera reside en la representación de una diosa de aspecto romano a la que se asimilaba una deidad del panteón indígena lusitano, cuyo nombre ofrece la inscripción, que al mismo tiempo nos descubre el verdadero carácter de todas estas deidades indígenas con radical en *Band-*. La diosa lusitana está representada con todas las características de una *Tychē-Fortuna,* lo que induce a suponer que su carácter sería muy semejante al de la divinidad romana protectora de la familia y de la *gens,* a la que seguramente alude el adjetivo que acompaña al nombre. La asimilación de esta diosa del panteón helenístico-romano por los indígenas explica la frecuencia con que se documentan en Hispania las divinidades de igual carácter, que han sido catalogadas por F. de Almeida. Son precisamente las que aparecen en los nombres de muchas *Tutelae* a las que acompañan epítetos indígenas, que las aras ofrecen aquí con mayor densidad que en otras provincias del Imperio Romano [70]. Del Noroeste conocemos las siguientes:

[68] Sobre estos dioses, cf. J. M. Blázquez, *Religiones (op. cit.) passim.* Sobre el sincretismo en Hispania, cf. R. Etienne, *Les syncrétismes religieux dans la Péninsule Ibérique à l'époque impériale,* en *Les syncrétismes dans les religions grecque et romaine* (París 1973) 153ss.

[69] A. Blanco, *Pátera argéntea com representação de una divindade lusitana:* «Rev. Guimarães» 69 (1958) 458ss; J. M. Blázquez, *Religiones (op. cit.)* 55ss.

[70] RE VII, A2, 1497ss. Sobre el sincretismo en Hispania, cf. R. Etienne, *Les syncrétismes religieux dans la Péninsule Ibérique a l'époque impériale (op. cit.)* 153ss.

Banduse Boleccus. Curbián (Lugo).
Bandue Aetobrigus. Ginzo de Limia (Orense).
Bandue Calaigus. Monterrey (Orense).
Banduae [Vi]rubricus. Verín (Orense).
Bandue. Cova de Lua (Norte de Portugal).
Bande Raeicus. Eiras (Orense) [71].

Los oferentes con nombre indígena son *M. Silonius* para *Bandue Ueigebreaegus; Atlus Raeburri f.* para *Bande Raeicus*. En ninguna de estas ocho inscripciones se ha producido una *interpretatio romana* en cuanto al nombre o la representación.

Las tres dedicatorias a Marte —*Cososus deus Mars, Cosus Mars* y *Mars Semnus Cosus*— nos permiten sospechar que todos los dioses indígenas en que entra *Cosus* son dioses guerreros, aunque ello no conste específicamente. Una *interpretatio romana* del *Mars* indígena es el bronce del Museo Arqueológico Nacional, posiblemente hallado en el Norte, que representa a Marte según el tipo de la estatua del Capitolino, procedente del templo de *Mars Ultor*. Lleva un toro sobre la coraza y tres cuernos de este animal en el casco [72]. Entre los pueblos del Norte, *Mars* estaba asociado al toro; en este sentido hay que interpretar el *Vestius Aloniecus* del Museo de Pontevedra, representado con un casco y dos cuernos de este animal. *Mars* lleva un toro sobre la coraza en una pátera portuguesa. *Mars* lleva yelmo empenachado, lanza, túnica, *cocreae* y *caligae* [73].

En una villa de Alemtejo ha aparecido una representación similar en que el dios lleva también casco, escudo, lanza y cáligas. Un toro aparece en el altar de *Iupiter Optimus Maximus Anderon* quizá como animal de sacrificio, pero más verosímilmente para reforzar el carácter del dios, bien expresado ya en el epíteto, según se indicó. Un toro aparece también en un ara de Cáceres consagrada a un dios indígena, *Sitiouio* [74].

Conocemos los siguientes dioses de carácter guerrero:

Bodus. Villalpalos (León).
Cosus. Brandomil (La Coruña).
Cosus Calaeunius. Santa María de Serantes (Lugo).
Cosus Oenaecus. San Mamed de Seavia (La Coruña).
Cosiovi Ascannus. Laciana (Asturias).
Coso Audainiagus. San Martín de Meirás (La Coruña).
Cusu Neneoecus. San Tirso (Norte de Portugal).
Neneoecus. San Tirso. Debe de ser el mismo dios que el anterior.
Cossue Nedoledius. Noceda del Bierzo (León).
Cossue Segidiaecus. Arlanza (León).

[71] J. M. Blázquez, *Religiones (op. cit.)* 51ss.

[72] R. Thouvenot, *Catalogue des figurines et objets de bronze du Musée Arqueologique de Madrid* (París 1927) 16, n.° 33; E. Thevenot, *Sur les traces des Mars celtique* (Brujas 1955); F. Benoit, *Mars et Mercure* (Aix-en-Provence 1959).

[73] J. Leite de Vasconcelos, *Religiões da Lusitania* II (Lisboa 1905) 310s, fig. 66.

[74] C. Callejo, *Aportaciones a la epigrafía romana del Campo Norbense:* BRAH 157 (1965) 65ss, lám. 80.

En ninguno de estos casos hay *interpretatio romana.*

Este es el dios de varios nombres a que alude Estrabón[75] como muy venerado entre las poblaciones del Norte, al que se ofrecían sacrificios de caballos, machos cabríos y prisioneros. También se ofrecían sacrificios de caballos a *Mars* en Roma, el *equus october*[76]. Los sacrificios del Norte eran también una *suovetaurilia,* característica de *Mars.* En Roma se suprimieron las víctimas humanas en estos sacrificios, no así los caballos[77]. El citado texto de Estrabón alude sin duda a una divinidad que no había sufrido contaminación con la religión romana; a juzgar por las inscripciones, este *Ares* es el gran dios indoeuropeo del cielo, vinculado a ciertos montes, como el *Tilenus,* que después de la conquista romana se equipara unas veces a *Mars* y otras a *Iupiter.* Uno de sus nombres indígenas era posiblemente *Cosus.*

Como muy bien observó S. Lambrino, esta *interpretatio* es más bien indígena que romana, ya que un número relativamente elevado de inscripciones lleva nombres de dedicantes nativos, lo que indica que éstos sentían la necesidad de expresar junto al nombre de su dios el del equivalente romano, para de esta manera indicar mejor su carácter.

Las listas anteriores señalan bien cómo se desarrolló el proceso de la romanización del mundo indígena en el aspecto religioso, así como las diversas etapas que conducen a la sustitución de un dios indígena por su equivalente romano, según ya indicó S. Lambrino.

El cántabro *Elguismio,* esclavo de Lucio, que erigió un ara a *Marti magno,* hallada en las proximidades de El Escorial (Madrid)[78], o *Amia,* de la *gentilitas* de los *aelariguum,* que en el mismo paraje dedicó una segunda ara a Mars[79], tributaban sin duda culto al gran dios del Norte de España. Ambas inscripciones son de época augustea. Un segundo ejemplo es el que nos muestran las inscripciones portuguesas dedicadas a las ninfas[80]. Salvo una, todas proceden de la zona situada al norte del Duero, escasamente romanizada, y han aparecido en las inmediaciones de fuentes termales. El mismo hecho se ha observado en Galicia. El culto a las ninfas, como el de los *lares,* se circunscribe a Galicia y a Lusitania central y septentrional, donde se documentan unos veinticinco testimonios diferentes, de los que dieciséis se encuentran al norte del Duero. En el resto de Hispania sólo hay seis testimonios: Alcalá de

[75] Estr., III, 3, 7.

[76] Liv., VIII, 10, 14. Cf. Dumézil, *La religion romaine archaïque* (París 1966) 217ss.

[77] G. Dumézil, *op. cit.,* 238; *Jupiter Mars Quirinus* (Turín 1955) 357ss. El carácter purificatorio del rito de la *suovetaurilia* es patente en la India, Persia, Grecia y Roma, y éste es también el carácter que tendría en Hispania; cf. K. Latte, *Römische Religionsgeschichte* (Munich 1960) 380; A. Tovar, *L'inscription du Cabeço das Fraguas (op. cit.)* 260.

[78] CIL II, 3061.

[79] CIL II, 3062.

[80] J. R. Santos Junior, M. Cardozo, *Ex-votos as ninfas em Portugal:* «Zephyrus» 4 (1953) 53ss; J. M. Blázquez, *El culto a las aguas en la Península Ibérica,* en este mismo volumen, pp. 307-331.

Henares, Carmona, *Hispalis*, Liria y *Tarraco*. Seis o siete llevan epítetos indígenas. Todo ello indica que, como en el caso de los *lares*, hubo una romanización bastante profunda, que inducía a los indígenas a suprimir los apelativos, pues las advocaciones a las ninfas y a los *lares* sólo se dan en regiones en que había númenes indígenas de carácter idéntico a los romanos.

En Asturias sólo ha aparecido un ara dedicada a los *Lares viales* [81], en el río Narcea; en Cantabria no se conoce ninguna ni a los *Lares viales* ni a las *Nymphae*. En Asturias tan sólo se conoce una a *Fortuna Balnearis* [82], en Tremanes (Gijón), mencionada también en Duratón [83] y en Roma (*Fortunab*[*us*] *bal*[*nei*] *Verul*[*ani*]) [84]. Todo ello indica que la región típica de estos númenes es Galicia y la Lusitania central y septentrional. Algunas dedicatorias incluyen expresiones como *Deabus nymphis* en Caldelas, Braga y Horta da Vilariça, que no suelen aparecer en las inscripciones latinas.

Hay dedicatorias hechas por indígenas como *Caenicienus* en Caldelas o *Reburrinus* en Santa Eulalia de Barroso (Oporto). Lo mismo se observa en las dedicatorias a las ninfas de la provincia de Orense, donde los oferentes son muchas veces indígenas, como *Calpurnia Abana*, de la *gentilitas aebozocum* en Orense; *Boelius Rufus* en San Juan de Baños de Bande (Orense), o *Flanus Transtacanus* en Santa Eufemia (Orense) [85].

En el Norte de Portugal se da una *interpretatio romana* en la citada inscripción dedicada a las *Nymphae Castaecae*. Podríamos aducir otros casos, como el de los *Lares*, ya estudiado por S. Lambrino. Con *interpretatio romana* hay nueve ejemplos, de los que ocho se documentan en Portugal, al norte del río Duero, y en Galicia, y uno sólo en Zebreira, al norte del río Tajo; los epítetos que acompañan a los *Lares* (*Turolici, Findenetici, Erredici, Cusicilenses*, etc.), al igual que los que siguen a los restantes nombres de dioses indígenas, aluden a tribus o localidades. El *Lar Sefius*, según indicó ya S. Lambrino, se refiere muy posiblemente a la tribu de los *saefes* citada por Avieno [86]. De los nueve dedicantes, cinco son celtas: *Celticuus Canapi f., Marcus Saeturi f., Catuenus Docquirici f., Albinus Balesini f.*, etc.

En la misma región en que se localizan las inscripciones dedicadas a

[81] CIL II, 5734.

[82] CIL II, 2701.

[83] CIL II, 2763.

[84] CIL VI, 30708.

[85] J. Lorenzo, F. Bouza-Brey, *op. cit.*, 143ss; J. M. Blázquez, *Religiones (op. cit.)* 200ss, con toda la abundante bibliografía anterior. Sobre los nombres de *gentilitates* vinculadas a teónimos hispanos, cf. M. L. Albertos, *Organizaciones suprafamiliares en la Hispania antigua:* BSAA 40-41 (1975) 49ss. Sobre el culto a los lares, cf. J. Alarção, R. Etienne, G. Fabre, *La culte des lares à Conimbriga (Portugal):* CRAI (1969) 213ss.

[86] *Ora marit.*, 195-197; cf. S. Lambrino, *Les celtes dans la Péninsule Ibérique:* BEP 19 (1956) 12s, 17s; M. Faust, *Die Kelten auf der Iberischen Halbinsel: Sprachliche Zeugnisse:* MM 16 (1975) 195ss.

las ninfas, al norte del río Duero, se conocen diecisiete dedicatorias a los *Lares Viales,* que en el resto de la Península son prácticamente desconocidos. Una inscripción apareció en Segóbriga (Cabezo del Griego, Cuenca) [87] y una segunda en Tarazona [88]. Los dedicantes son muchas veces indígenas, como *Ciuitas Limicorum,* en Ginzo de Limia; *Maxsurnus Louiessi f.; Dertonus* en Brandomil (La Coruña) [89]. Bajo la denominación de *Lares Viales* se oculta a finales del siglo II y en el III simplemente la devoción a diversos *numina loci,* pero sin que ello signifique una *interpretatio romana.* En algún caso puede que estos *Lares Viales* estén relacionados con el culto al emperador, que desde la erección de las aras sestianas [90] era bien conocido en el Norte, como se advierte por una inscripción de la provincia de Lugo [91] en que se lee:

> *Aug[usti] Lar[ibus] Sa/crum Laribus/ Vialib[us]*
> *M[arcus] M/annius Varus/ [u]eteranus/ ducenarius*
> *Leg[ionis VII] G[eminae] pa/ter et filius/ ex uoto* [92].

En la zona de la Península en que se localiza este culto a los *Lares Viales* parece ir dirigido más bien a unos númenes indígenas, aunque en sí este culto se haya romanizado; ello explicaría la ausencia de epítetos.

A este culto debía de referirse San Martín Dumiense [93] cuando prohíbe que se enciendan velas junto a los peñascos, árboles y fuentes o que se coloquen en las encrucijadas de los caminos. Como en el caso de las ninfas, los indígenas acabaron por identificar sus *numina loci* con los romanos. Las divinidades indígenas cedieron el paso a las romanas.

En cuanto a las *Matres,* en los *conuentus* que estudiamos sólo hay tres testimonios: *Matres Gallaicae, Brigeacae* y *Useae* con *interpretatio romana,* pero en el resto de Hispania se conocen algunos otros casos, por ejemplo, en Muro (Soria) [94], Duratón [95], Porcuna [96] y Carmona [97]. La parte alta de una estela de Peñalba de Castro (Burgos) está ocupada por la representación de una *Mater* [98].

S. Lambrino, en su mencionado trabajo, ha visto que expresiones

[87] EE 8, 181.
[88] CIL II, 2987.
[89] Dos ejemplares más han sido hallados en Chantada y Arcos (Lugo); cf. F. Vázquez, M. Vázquez, *Inscripciones romanas de Galicia* II. *Provincia de Lugo* (Santiago de Compostela 1954) 28s.
[90] Mela, III, 3.
[91] F. Vázquez, M. Vázquez, *op. cit.*, 31.
[92] Sobre los *lares augustales,* cf. R. Etienne, *Le culte impérial dans la Péninsule Ibérique d'Auguste a Dioclétien* (París 1958) 251, 276ss, 282, 349, 489.
[93] *De correc. rustic.*, XVI.
[94] CIL II, 2848.
[95] CIL II, 2764.
[96] CIL II, 2128.
[97] CIL II, 5413.
[98] A. García y Bellido, *Esculturas romanas (op. cit.)* 359s, lám. 261, n. 344.

como *deus Mars* podían ocultar deidades indígenas; tal es el caso, por ejemplo, de una lápida de *Astigi*[99] en que se lee:

Deo. Marti/ Septimenus/ R[*ei*]. *P*[*ublicae*]. *A*[*stigitanae*]. *ex uoto/ posuit.*

Se trata de un indígena esclavo. Una inscripción[100] de *Bracara Augusta* comienza así:

Deo. Marti/ sacrum.

Esta zona se cuenta entre las menos romanizadas, y en ella se conservó mejor la religión indígena. En Clunia[101] hay otra inscripción que dice:

Neptuno. Deo...

Precisamente en Castro Urdiales ha aparecido una imagen del Neptuno indígena con una *interpretatio romana* del dios[102], de cuyo cuello pende una media luna. En las proximidades de Viseu[103] hay una inscripción que dice:

Deo/ Mercurio/ Apomus/ Sosumus/ A[*nimo*]. *L*[*ibens*]. *V*[*otum*]. *S*[*oluit*].

El dedicante es un indígena. Para un romano, el término *deus* acompañando al nombre de un dios carecía de sentido. Los ejemplos son escasos para los *conuentus* que estudiamos.

En el santuario de Panoias, los *Numina Lapitearum* van unidos en la misma advocación a todos los dioses y diosas (cultos orientales) en general. Estos númenes quizá eran *Nymphae* o *Matres*, como han afirmado algunos autores, o simplemente los dioses protectores de los lapitas, que posiblemente son los habitantes de la ciudad de *Lapatia*, que Tolomeo cita como capital de los *galaeci lucenses*[104].

Desconocemos el ritual de estos cultos; tampoco sabemos hasta qué punto se ajustaba al romano. Hay noticias de danzas en honor de la luna[105], como las que se practicaban entre los germanos[106] y en el Lacio[107]; Estrabón habla de los bailes y fiestas nocturnas que se celebra-

[99] CIL II, 1472.
[100] CIL II, 2463.
[101] CIL II, 2777.
[102] J. González, *El Neptuno cántabro de Castro-Urdiales:* AEArq 30 (1957) 253.
[103] CIL II, 425.
[104] Tol., II, 6, 4. Cf. A. García y Bellido, *El culto a Sarapis en la Península Ibérica:* BRAH 139 (1956) 327ss; S. Lambrino, *Les divinités orientales en Lusitania et le sanctuaire de Panóias:* BEP 17 (1953) 106ss; F. Russell Cortez, *Panoias, cividade dos Lapiteas,* en *Anais do Instituto do vinho do Porto* (1947); J. M. Blázquez, *Religiones (op. cit.)* 180ss.
[105] J. M. Blázquez, *ibid.*, 28ss, 36ss.
[106] Cés., BG VI, 21,1.
[107] Ov., *Fast.*, III, 883; *Caer.* Praen. CIL I^2, 212, 214, 234; Varro., *De l. L.*, V, 68; Hor., *Carm.*, IV, 6, 38; Macr., *Saturn.*, III, 8, 3.

ban en las noches de plenilunio [108]. En época romana pervivieron los sacrificios como los que gráficamente se describen en el puñal votivo del Instituto de Valencia de Don Juan, de Madrid, bien estudiado por A. Blanco [109], en el bronce de Castelo-de-Moreira (Celorico de Basto), en la región portuguesa de Bajo Miño, o en el carro votivo de Costa Figueira, hoy en el museo de Guimarães [110]. Todas estas piezas son anteriores a la romanización y representan el sacrificio de varios animales. El bronce del Instituto de Valencia de Don Juan muestra una *suovetaurilia*; el de Castelo-de-Moreira, una *trittoa*. Prueba de que los sacrificios del tipo de los descritos en estos bronces se daban todavía en época romana avanzada es la inscripción lusitana de Cabeço das Fraguas, que viene a ser la mejor descripción de las tres escenas de los bronces lusitanos, también con una *trittoa* [111]; pertenece al siglo II, a juzgar por las letras. El mismo significado tiene posiblemente otra inscripción de Arroyo del Puerco (Cáceres) [112]. En una inscripción de Sagunto dedicada a Diana [113] se documenta también la *suovetaurilia;* es posible que se trate de un culto indoeuropeo.

Hay algunos aspectos de la religiosidad del Noroeste que admiten comparación con la romana, como la práctica de la adivinación. A. Blanco ha indicado que unos versos de Silio Itálico podrían significar que los galaicos practicaban la adivinación bajo las tres formas características de la mántica etrusco-romana en su fase antigua: examen del hígado, observación del rayo e interpretación del vuelo de las aves [114].

Silio no alude a los sacrificios humanos; consta, sin embargo, que entre los lusitanos el vaticinio exigía víctimas humanas [115], al igual que entre los galos, según Posidonio [116]. A. Blanco cree que en Silio Itálico podría haber un eco de Lucano [117] y de Virgilio [118]. San Martín Dumiense [119] es demasiado tardío y retórico para que su testimonio sea valedero; este escritor también menciona los sacrificios humanos [120]. Aparte de estas noticias sobre los pueblos del Norte y los lusitanos [121], por lo que respecta a otras poblaciones hispánicas se mencionan los

[108] Estr., III, 4, 16.

[109] *Exvoto con escena de sacrificio:* «Rev. Guimarães» 67 (1957) 499ss; J. M. Gómez Tabanera, *La función ternaria en el sacrificio celtibérico:* «Rev. Guimarães» 76 (1966) 85ss.

[110] M. Cardozo, *Carrito votivo de bronce del Museo de Guimarães, Portugal:* AEArq 19 (1946) 1ss.

[111] A. Tovar, *L'inscription de Cabeço das Fraguas (op. cit.)* 259ss.

[112] M. Gómez Moreno, *Misceláneas* I (Madrid 1949) 204.

[113] CIL II, 3820.

[114] *Exvoto con escena de sacrificio (op. cit.)* 512s.

[115] Estr., III, 3, 6.

[116] Diod., V, 31.

[117] Luc., I, 592.

[118] Virg., *Aen.*, X, 175.

[119] *De correc. rustic.*, XVI.

[120] *De correc. rustic.*, VIII.

[121] Liv., *Per.* XLIX.

sacrificios humanos también entre los bletonenses en el año 95-94 a. C.[122], dos años después de que fueran prohibidos en Roma[123], en la Galia y en Africa bajo Tiberio, según Plinio[124], o bajo Claudio, según Suetonio[125].

En resumen, se puede suscribir sin reservas la tesis ya propuesta por Lambrino. Dicho con sus mismas palabras, «con la llegada de los romanos a finales del siglo III a. C. se inicia la ósmosis entre las divinidades de los recién llegados y las de los indígenas. Para nosotros no es visible esta ósmosis sino a partir del siglo II d. C., cuando el proceso de la asociación de las divinidades y luego de la sustitución de una divinidad local por una divinidad romana se hace más evidente y se generaliza. En última instancia es el proceso de la romanización de la Península lo que con cierta claridad se refleja en la aventura de las divinidades indígenas durante la época imperial».

[122] Plut., QR LXXXIII.
[123] Plin., NH XXX, 12.
[124] Plin., NH XXX, 4.
[125] Suet., *Claud.*, XXV.

14

EL LEGADO INDOEUROPEO EN LA RELIGIOSIDAD DE LA HISPANIA ROMANA

El legado indoeuropeo en la Hispania romana se manifiesta, aparte de en la onomástica, en dos ámbitos bien caracterizados: las instituciones indoeuropeas vinculadas a la religión, que pervivirán durante los primeros siglos de la romanización hasta fusionarse con instituciones típicamente romanas, y la religiosidad de los hispanos, en que el elemento indoeuropeo adquiere una gran pujanza a partir del siglo I.

I. LAS INSTITUCIONES

1. *Las clientelas en la Hispania antigua*

La existencia del vínculo de clientela entre los hispanos queda atestiguada por un texto de Livio [1] en que el historiador latino cuenta que un *princeps celtiberorum, Allucius,* agradecido por haberle sido devuelta su prometida, condujo a Escipión una tropa de 1.400 jinetes elegidos entre sus clientes. Tal vez hayamos de aceptar la noticia con reservas, pues Polibio [2] sólo cuenta la entrega de la desposada a su padre. La segunda parte del relato de Livio, aunque aparece en otros autores [3], es considerada por De Sanctis [4] pura invención analística, ya que Antias [5] ofrece una versión distinta. Cornelio Nepote [6], al igual que Valerio Máximo [7] y Aulo Gelio [8], sigue la versión de Polibio. Adrados [9] pone

[1] Liv., XXVI, 50.
[2] Polib., X, 19.
[3] Dio Cas., *Frag.*, 57, 42; Front., II, 11, 5.
[4] *Storia dei Romani* III (Milán 1917) 468, n. 38; J. M. Blázquez, *La Romanización* II (Madrid 1975) 335ss.
[5] Gel., VIII, 3.
[6] *De vir. ill.*, 49.
[7] IV, 3, 1.
[8] NA VII, 8, 3.
[9] F. Rodríguez Adrados, *La «fides» ibérica:* «Emerita» 14 (1946) 183.

en duda la realidad del hecho; Ramos Loscertales [10], Tovar [11] y Caro Baroja [12], por el contrario, la admiten. Bosch-Gimpera y Aguado Bleye [13] refieren el suceso, pero lo califican de «relato novelesco». W. Brevitz [14] considera poco digno de crédito el relato de Livio. Etienne [15], sin embargo, no parece rechazarlo de plano. Este episodio nos recuerda en realidad las clientelas de las Galias, de que habla César.

No es posible concretar en las fuentes antiguas la región de que procedía *Allocius*. Adrados insinúa que por «celtíbero» hay que entender en este caso habitante de la parte sur de la Meseta, ya que su desposada fue capturada por Escipión en Cartagena. Sin embargo, podía ser de cualquier otra zona, ya que los celtíberos aparecen continuamente en las fuentes antiguas en relación con todo el Levante ibérico.

Otros textos permiten igualmente sospechar la existencia de la clientela. Como clientes deben estimarse probablemente los cinco hombres que formaban la comitiva que acompañó a Retógenes Carausio en su salida de Numancia para pedir auxilio [16]. También serían clientes de Retógenes los combatientes que por indicación suya se suicidaron cuando estaba a punto de caer la ciudad [17]. En estos dos últimos casos se puede sospechar que no se trata de simples clientes, sino de *deuoti* o *soldurii*, como parece deducirse del hecho de que se suiciden por indicación de su jefe; en el primer caso se trata seguramente de su escolta.

Estos textos no nos permiten averiguar el contenido exacto de la clientela ni el funcionamiento preciso de esta institución en la Hispania antigua, sino únicamente afirmar su existencia dentro de un área geográfica bien determinada, la Celtiberia.

Pero el análisis de otros hechos nos permite al menos barruntar en qué consistía la clientela hispánica en su forma más genérica.

[10] *La devotio ibérica. Los soldurios:* «Anuario de Historia del Derecho Español» 1 (1924) 3ss.

[11] *España en la obra de Tito Livio:* «Quaderni dell'Istituto Italiano di Cultura in Spagna» 7 (1943) 14.

[12] *Los pueblos de España* (Barcelona 1946) 172.

[13] *Historia de España. España romana* (Madrid 1935) 22, 140, n. 11.

[14] *Scipio Maior in Spanien* (Tubinga 1914) 12.

[15] *Le culte impérial dans la Péninsule Ibérique d'Auguste à Dioclétien* (París 1958) 87ss. Otros autores como B. L. Hallward, *The Cambridge Ancient History* VIII (Cambridge 1930) 85ss, E. Pais, *Storia di Roma durante le guerre puniche* II (Turín 1935) 416, y L. Pareti, *Storia di Roma* II (Turín 1952) 431, no aluden al dato de Livio en particular. En general, sobre los orígenes de la guerra y su responsabilidad, cf. A. Astin, *Saguntum and the Origins of the Second Punic War:* «Latomus» 26 (1967) 577ss; J. M. Blázquez, *Las alianzas en la Península Ibérica y su repercusión en la progresiva conquista romana:* RIDA 14 (1967) 209ss; R. M. Egerton, *Rome and Spain before the Second Punic War:* «Latomus» 29 (1970) 25ss; H. C. Eucken, *Probleme der Vorgeschichte des zweiten punischen Krieges* (Friburgo 1968) 119ss; P. Gauthier, *L'Ebre et Sagonte: défense de Polybe:* RPh 42 (1968) 91ss; Th. Liebmann-Frankfort, *Du traité de l'Ebre à la paix de Dardanos. Variations romaines sur le respect dû à la parole donée:* «Latomus» 30 (1971) 585ss; G.-Ch. Picard: *La traité romano-barcide de 226 av. J. C.*, en *Mélanges d'archéologie, d'épigraphie offerts à Jérôme Carcopino* (París 1966) 747ss.

[16] App., *Ib.*, 99.

[17] Flor., I, 34, 11.

El primer acontecimiento que ilustra el carácter y el funcionamiento de esta institución es el pacto concluido el año 209 a. C. entre Escipión y el régulo ilergeta Indíbil, poco después de abandonar éste el partido de los cartagineses a causa de las injusticias de que había sido víctima. Polibio [18] narró el suceso con todo detalle: «Se ajustó entre ellos un tratado cuyas principales condiciones eran que seguirían a los jefes de los romanos y obedecerían sus órdenes. Con esto se retiraron a sus respectivos campos, tomaron sus tropas, volvieron a Escipión y, acampados junto con los romanos, marcharon contra Asdrúbal». Ambos jefes habían concluido, pues, un tratado de amistad y alianza [19] con carácter permanente [20], que convirtió a Indíbil en cliente de Escipión, como se desprende de la actitud adoptada por el jefe ilergeta, que «se arrodilló ante Escipión y le saludó por rey».

Los pactos de este género debían de ser frecuentes en el Levante ibérico, pues Polibio [21] cuenta que lo mismo habían hecho Edeco, rey de los edetanos, «que había venido a entregar no sólo su persona, sino sus amigos y parientes a la confianza de los romanos», y los millares de iberos libertados por Escipión después de la batalla de Bécula [22]. En estos últimos sucesos hay que ver también, como quiere Adrados [23], un pacto de clientela, cuya existencia se puede deducir con probabilidad del hecho de ser proclamado rey Escipión y de entrar a continuación a su servicio Edeco y los iberos [24].

[18] Polib., X, 37-38.
[19] Polib., XI, 29; Liv., XXVII, 17.
[20] Polib., XXI, 9.
[21] Polib., X, 34-40.
[22] Polib., X, 40.
[23] *Op. cit.*, 178ss.
[24] Las fuentes antiguas relatan la *proskynesis* de Indíbil, de Edeco, de los prisioneros, de los cartagineses ante Escipión (Polib., X, 38.40). ¿Qué significado hemos de atribuir a este gesto? Los cartagineses la practicaron ante los romanos en diversas ocasiones, lo que se interpretó por los historiadores de este pueblo como una señal de vil adulación (Polib., XV, 1; XXX, 16, 5; Liv. XXX, 16). Livio afirmó expresamente que es una costumbre tomada por los cartagineses de su patria de origen, Fenicia. Alejandro fue el primer gobernante griego que la introdujo en el ceremonial de la corte. Los historiadores modernos han intentado desentrañar la verdadera significación de este acto en la mente del rey macedón; cf. L. Taylor, *The Proskynesis and the Hellenistic Rule:* JHS 17 (1927) 53ss; *The Divinity of the Roman Emperor* (Middletown 1931) 247ss; W. W. Tarn, *Alexander the Great* II (Cambridge 1950) 359ss; *The Hellenistic Rule-Cult and the Daemon:* JHS 48 (1928) 206ss; M. P. Charlesworth, *Some observations on ruler cult, specially in Rome:* HTL 28 (1935) 16ss; M. P. Nilsson, *Geschichte der griechischen Religion* II (Munich 1950) 140; R. Etienne, *op. cit.*, 89ss; E. Visser, *The divinity of Alexander and the proskynesis*, en *Atti dell' VII Cong. Intern. di Storia delle Religioni* (Roma 1955) 321ss; E. Barker, *From Alexander to Constantine* (Oxford 1956) 11ss; J. Balsdon, *The «Divinity» of Alexander:* «Historia» 1 (1950) 363ss; T. Horst, *Proskynein* (Gütersloh 1932) 10ss, 45ss; P. Schnabel, *Die Begründung des hellenistischen Königskultes durch Alexander:* «Klio» 19 (1924) 113ss; U. Wilcken, *Alexander der Grosse* (Leipzig 1931) 157ss; K. Prümm, *Religions-geschichtliches Handbuch für den Raum des Altchristlichen Umwelt* (Friburgo 1943) 550, 485ss; G. G. Habich, *Gottmenschentum und griechische Städte* (Munich 1956) 215, n. 75, y 223, n. 4. Probablemente no hay que ver en la *proskynesis* (siguiendo a Nilsson, Wilken y

Podemos determinar el funcionamiento de esta clientela militar merced a las restantes noticias transmitidas por Livio, que permiten captar la concepción indígena de las relaciones entre ambas partes. Para los romanos, estos elementos indígenas eran *foederati*. Dos veces faltó Indíbil a su promesa verbal, reforzada por juramento, y las dos en idénticas condiciones, una al conocer la noticia, que luego resultó falsa, de la muerte de Escipión[25], y la segunda al abandonar definitivamente el general romano la Península[26]. Este proceder indica claramente que la clientela ibérica tenía carácter bilateral, a diferencia de la romana, que era unilateral. Se trataba, pues, de un lazo personal que sólo unía al jefe y a sus allegados con el general romano, no al pueblo, como se desprende del hecho de que a continuación son mencionados los mercenarios celtíberos[27]. El carácter bilateral del pacto explica satisfactoriamente la actitud de los régulos ilergetas una vez que Escipión ha desaparecido y, anteriormente, la ruptura de los lazos que los unían a los cartagineses. En este aspecto, las clientelas hispanas se asemejan mucho a las relaciones de clientela de las ciudades de la Galia, en que las protegidas cambiaban de ciudad patrona cuando ésta era incapaz de protegerlas. En el *comitatus* germano existe igualmente esta reciprocidad de vínculo.

El pacto de clientela, por consiguiente, no era hereditario, sino que finalizaba con la muerte o la desaparición de una de las dos partes; estaba concebido principalmente con fines militares, como convenía a pueblos que se mantenían en luchas constantes, aunque hemos de admitir también, como veremos, que conservaba su fuerza durante la paz, al igual que otras formas de clientela de los pueblos indoeuropeos, como el *comitatus* germánico, del que escribió Tácito[28] que era «ornato en la paz y defensa en la guerra», y las clientelas de la Galia[29].

La clientela romana era unilateral; el cliente nunca tiene derechos legales con respecto al patrono; ambas partes estaban unidas exclusivamente por un vínculo moral, no jurídico[30]. Las clientelas galas, por el contrario, eran del mismo tipo que las hispanas.

Examinemos más detenidamente cómo funcionaban las relaciones entre los autóctonos y los conquistadores, en busca de desentrañar mejor el concepto indígena de clientela. Polibio insiste frecuentemente en la

Visser, además de otros muchos autores, contra la opinión de Tarn) un acto de culto, sino solamente un signo de dependencia social; éste es el carácter que tendría entre los iberos. Por otra parte, hay que notar que es la primera vez que un personaje romano es aclamado rey; cf. A. Aymard, *Polybe, Scipion l'Africain et le titre de Roi:* «Revue du Nord» 36 (1954) 121ss. Sobre Indíbil, cf. J. M. Triviño, *Indíbil, un reyezuelo ibérico en la encrucijada de dos imperialismos:* CHE 23-24 (1955) 268ss.

[25] Polib., XI, 29; Liv., XXVIII, 24ss.34ss.

[26] Liv., XXIX, 1ss.

[27] Liv., XXIV, 49,7; XXV, 32.

[28] *Germania*, 13.

[29] César, BC VI,13, 1-2; 11,4; 15,2; cf. I, 4,2; 18,4.5; II, 1,4; VIII, 21,4; 32,2.

[30] R. Heinze, «Hermes» 64 (1922) 140ss.

fidelidad de Indíbil y Mandonio a los cartagineses. Refiriéndose a los sucesos del año 218 a. C., el autor griego escribe que Indíbil era «un reyezuelo del interior, que se distinguía por su extraordinaria adhesión de siempre a los cartagineses» [31]. De la expresión empleada en el texto original se deduce que tal amistad era de fecha anterior al año 219 a. C., en que según Livio [32] y Polibio [33], Aníbal había sometido a los ilergetas al pasar el Ebro. R. Adrados, que ha analizado minuciosamente [34] todos los textos relativos a los hechos de estos años, concluye que Indíbil se había refugiado junto a Aníbal, que le repuso en su trono al pasar el Ebro. El agradecimiento por haberle sido restituido su trono sería la causa del pacto personal con Aníbal, pacto que se renovó con su hermano y sucesor Asdrúbal, ya que el primero atravesó inmediatamente los Pirineos. Indíbil y Mandonio, sin embargo, ante los atropellos de los cartagineses, se presentaron después de la conquista de Cartagena a Escipión, «le contó la amistad que había tenido con los cartagineses, le manifestó los servicios y fidelidad que les había prestado y le expuso las injurias y afrentas que había sufrido» [35].

Indíbil contrajo, primero con Aníbal, después con Asdrúbal y finalmente con Escipión, un vínculo de clientela. Las obligaciones eran recíprocas, aunque el reyezuelo indígena era la parte inferior, pero si el patrono no dispensaba al cliente la debida protección —tal fue el caso de Asdrúbal—, el pacto perdía su obligatoriedad. También quedaba roto por la ausencia o la muerte del patrono, como aconteció con Escipión. El cliente se obligaba a ayudar al patrono en la guerra y a obedecerle en la paz [36], es decir, que la clientela era de carácter civil y militar al mismo tiempo. Lo sucedido con Asdrúbal y Escipión prueba que en estas clientelas era de capital importancia el factor personal, y que estos vínculos no constituían un *foedus* cualquiera, en el que siempre se da la bilateralidad. El mecanismo de la institución se regía por los hábitos observados comúnmente en el cumplimiento de los compromisos.

Los pueblos de la Península permanecían generalmente fieles a las obligaciones contraídas, con tal de que la otra parte no quebrantara sus compromisos, se ausentase o desconfiara de sus clientes. Bastará citar algunos ejemplos significativos. El régulo de Alce en Edetania, *Turrius*, abandona a los celtíberos, aliados suyos, y se pasa a los romanos cuando sus aliados desconfían de él [37]: «Os seguiré —dijo— contra mis antiguos aliados... y de hecho siguió a los romanos, prestando su colaboración con fidelidad y esfuerzo en muchos lugares». Los *praefecti navium* de Asdrúbal, al ser reprendidos tras su derrota del año 217 a. C., no quisieron servir más a los cartagineses y promovieron un levanta-

[31] Polib., III, 76.
[32] Liv., XXI, 23.
[33] Polib., III, 31.
[34] *Op. cit.*
[35] Polib., X, 37.
[36] Polib., *ibíd.*
[37] Liv., XL, 49.

miento en Turdetania: «Cuando se aprestaba a reorganizarlo todo, le sorprendió el paso de los prefectos de las naves, que después de haber sido amonestados por haber abandonado la armada a impulsos del miedo junto al Ebro, ya no volvieron a mostrarse tan fieles al general o a la causa de los cartagineses» [38]. Indíbil y Mandonio abandonan el partido cartaginés y se ponen al servicio de los romanos cuando se desconfía de ellos y se les piden rehenes. En otras circunstancias sucedía lo que cuenta Livio [39] sobre los sucesos del año 211 a. C., cuando vino a Hispania el pretor Nerón y se encontró con que la Península se mantenía fiel a Cartago: «Los que desertaban después de la derrota no se acogían a los romanos, pero tampoco se producían nuevas deserciones».

Rodríguez Adrados [40], García y Bellido [41] y Tovar [42], que han estudiado el comportamiento de los mercenarios hispanos en el mundo antiguo, concluyen que estas tropas, cuando se pasan al enemigo, lo hacen en circunstancias tales que no se les puede considerar traidores. En general cumplen sus obligaciones hasta que la otra parte falta a sus compromisos. Durante la tercera guerra greco-púnica (397-395 a. C.), cuando los cartagineses sitian a Siracusa y abandonan a sus mercenarios y aliados, los iberos se pasan a Dionisio y entran a su servicio [43]. Abandonada esta ciudad por los cartagineses y entregada la población a los romanos, los mercenarios hispanos resisten hasta que los sitiadores les prometen respetarles [44]. En la batalla de Cannas, los hispanos piensan pasarse al enemigo ante la gran carestía de víveres [45]. No se conoce, como muy bien ha notado Adrados [46], ningún texto alusivo a que las tropas hispanas desertaran para obtener una paga mayor; los intentos de Catón en este sentido fracasaron rotundamente [47]. Livio [48] recalca expresamente por dos veces la fidelidad de las tropas mercenarias hispanas que se habían pasado a los romanos: «De su valor y fidelidad se beneficiaron muchas veces durante aquella guerra los romanos... El estado se sirvió muchas veces de su valor y fidelidad». Cuando los de Arpi se pasan a Roma, lo hacen también los mercenarios hispanos, pero con la condición de que se deje ir libres a los cartagineses. Este respe-

[38] Liv., XXIII, 26.
[39] Liv., XXVI, 18, 1.
[40] *Op. cit.*, 156.
[41] *Los iberos en la Grecia propia y en el Oriente helenístico:* BRAH 104 (1934) 639ss; *Los iberos en Sicilia:* «Emerita» 6-7 (1939) 71ss; *Fenicios y carthagineses en Occidente* (Madrid 1942) 133ss; *Hispania Graeca* (Barcelona 1948) 228ss; *La Península Ibérica en los comienzos de su historia* (Madrid 1959) 227ss; *Los mercenarios españoles en Cerdeña, Sicilia, Grecia, Italia y norte de Africa,* en R. Menéndez Pidal (ed.), *Historia de España* I,2 (Madrid 1952) 647ss; G. T. Griffith, *The Mercenaries of the Hellenistic World* (Cambridge 1935) 225s, 207ss, 219, 312, 195.
[42] *Op. cit.*, 11ss.
[43] Diod., XIV, 75.
[44] Liv., XXV, 30-31.
[45] Liv., XXII, 30; Zonaras, IX, 1.
[46] *Op. cit.*, 157ss.
[47] Liv., XXIV, 19; Zonaras, IX, 17.
[48] Liv., XXIII, 46, 6; XXIV, 47, 11.

to de los indígenas a las obligaciones contraídas pone de manifiesto cuál era el alcance de los pactos de clientela y las causas que podían provocar su anulación. No puede sostenerse, por tanto, la tesis de Balil[49], que en el comportamiento de los régulos ilergetas durante la Segunda Guerra Púnica quiere ver un maquiavelismo político por el que aquéllos jugaban alternativamente la carta romana o la cartaginesa según las circunstancias.

Volviendo a la clientela ibérica, todavía podemos encontrar algún otro ejemplo que nos permitirá conocer mejor esta institución. Rodríguez Adrados[50], al estudiar la noticia, transmitida por Diodoro, de que el antecesor de Aníbal en la Península, Asdrúbal, desposó a la hija de un rey ibero y fue reconocido por los iberos como «general en jefe»[51], encuentra una semejanza entre este hecho y los relacionados con la proclamación de Indíbil por rey, Edeco y los prisioneros de Bécula. Las relaciones de los iberos con el cartaginés podrían ser muy bien del mismo tipo que las establecidas entre Indíbil y Escipión. En este caso, el pacto de clientela debió de establecerse entre cada régulo y el general cartaginés. Clientes de Indíbil serían probablemente los 300 jinetes ilergetas que permanecen en España al servicio de Aníbal mientras las restantes tropas hispanas son transferidas al Africa[52]. Hay que tener presente que Aníbal no había conquistado aún a los ilergetas, y que estos jinetes serían clientes de Indíbil, refugiado junto a Aníbal, que acompañaban a su patrono en el destierro, al igual que los suyos al rey germano *Vannius*[53].

Una multitud de datos entresacados de las fuentes antiguas nos permite deducir indirectamente la existencia de una verdadera clientela en torno a Sertorio. Este reúne a los embajadores de las ciudades y pueblos celtíberos en una asamblea para agradecerles el cumplimiento de sus órdenes[54]. Está asimismo atestiguada[55] la fidelidad de los indígenas a Sertorio tanto en la próspera como en la adversa fortuna, pero tal

[49] *Algunos aspectos del proceso de la romanización de Cataluña:* «Ampurias» 17-18 (1955-56) 42. Casos de verdadera traición tal vez sean los de Cástulo e Iliturgi o el de Abelux. Cf., sobre este punto, F. R. Adrados, *op. cit.*, 142ss. Este autor, después de un minucioso análisis de las fuentes antiguas, sospecha que en el primer caso se trata de una invención analística para atribuir a estas ciudades un comportamiento que justificara la conducta de los romanos para con ellas, una vez vencidos los cartagineses. En el caso de Abelux, Adrados, *op. cit.*, 146, pone también serios reparos a la veracidad del relato. Tovar, *op. cit.*, 11, sugiere para interpretar este último caso que quizá no fue infiel a la *fides* primitiva, sino que se atendría a una casuística que desconocemos. Etienne, *op. cit.*, 74s, reconoce las dificultades con que tropezamos para interpretar estos dos casos aislados. Paris, *op. cit.*, 359ss, admite el hecho y censura a los autores modernos que, siguiendo a Bloch, no admiten la veracidad del relato.

[50] *Op. cit.*, 177.

[51] *Diod.*, XXV, 12.

[52] Polib., III, 33.

[53] Tác., *Ann.*, XXI, 30.

[54] Liv., *Frag.*, XCI.

[55] Gelio, XV, 22.

fidelidad no se concibe sin la existencia de un vínculo de clientela establecido por la defensa que Sertorio hizo de los hispanos ante las rapacidades de los gobernantes romanos. Los celtíberos empiezan a apartarse de Sertorio cuando los romanos maltratan en su nombre a los indígenas [56]. Las noticias de Plutarco al respecto son de capital importancia, pues confirman plenamente el funcionamiento de la *fides* tal como hemos expuesto. Al morir Sertorio, la mayor parte de las ciudades que le apoyaban o seguían, salvo *Uxama* y *Calagurris*, se rinden [57]. Se observa, como en el caso de Escipión, que los indígenas se sienten desligados del pacto de clientela al morir el patrono o en el caso de que éste no cumpla sus compromisos.

Ninguno de los pactos de clientela citados es consecuencia de un sometimiento por las armas. Los pueblos que entran a formar las clientelas no se relacionaban con el patrono anteriormente al establecimiento del pacto. Tanto los pueblos como los régulos pensaban, podemos afirmar con toda certeza, que el patrono era una persona determinada y no un representante de un estado, por su condición de general o gobernante. En este punto nos inclinamos por una interpretación distinta de la propuesta por Rodríguez Adrados. Las clientelas ibéricas se asemejan en este aspecto a los tratados de la Italia primitiva, concluidos entre un rey o un pueblo y otro rey [58]. En algún caso, como el de Edeco, cuyo reino era campo de batalla entre cartagineses y romanos desde el año 217 a. C., resulta más difícil asegurar que el régulo pensaba establecer un pacto con un individuo y no con el estado al que éste representaba. Hay casos en que ciertamente los pueblos veían en el gobernante romano a un representante del estado, como en el de los pactos concluidos por belos y arevacos con Tiberio Graco [59] o en el de los pueblos que en el año 171 a. C. envían una embajada al senado en busca de protección contra los atropellos de los gobernantes romanos [60].

Este carácter personal de la clientela hispánica concuerda perfectamente con las características del pueblo ibero, que se sentía atraído por las personalidades fuertes aureoladas de un gran prestigio, como fueron Asdrúbal, Escipión y Sertorio. Livio describe en los siguientes términos el impacto que causó la personalidad de Escipión en Alucio: «Un hombre joven, en todo semejante a los dioses, que todo lo superaba con las armas y más aún con su bondad y sus generosidades» [61]. Los autores antiguos concuerdan en asegurar que los celtíberos seguían a Sertorio como a un dios [62]. En el caso de éste influiría notablemente sobre los indígenas la cierva que le acompañaba [63]; en el de Escipión, los ru-

[56] Plut., *Sert.*, XXV.

[57] Plut., *Sert.*, XXVII.

[58] Dio. Halic., *Ant. rom.*, III, 37; IV, 45 y 46.

[59] App., *Ib.*, 44 y 48; Polib., XX, 5, 2 y 15.

[60] Liv., XLIII, 2.

[61] Liv., XXVI, 50.

[62] Plut., *Sert.*, XII.

[63] Plut., *Sert.*, XI, XX; App., BC I, 110; Gel., XV, 22; Val. Max., I, 34; Front., I, 11, 13. Véase más adelante sobre este punto en particular.

mores que corrían sobre su trato continuo con los dioses, que le inspiraban sus acciones en sueños [64]. La verdadera esencia de la *fides* ibérica era, como ha visto Viñas Mey, la consagración religiosa al caudillo por virtud de orientaciones religioso-colectivas y del influjo tan peculiar del sentimiento religioso en la vida pública y militar de los hispanos. Livio captó claramente la influencia de las grandes personalidades sobre los hispanos, así como su importancia para establecer vínculos de clientela, cuando escribía: «La fidelidad estaba en proporción con la grandeza» [65].

En ocasiones, el pacto de clientela se formaliza como resultado del buen trato que daban los generales a los indígenas. Los autores antiguos [66] hablan del buen comportamiento de Asdrúbal para con los autóctonos; Livio dice de él que trató de conseguir prudentemente la buena acogida y la actitud amistosa de los régulos para con los recién llegados en vez de defender los intereses de Cartago por las armas [67]. También Escipión el Africano dedicó el invierno del 210 al 209 a. C. a atraerse a los indígenas «en parte con dádivas y en parte liberando a los rehenes y a los cautivos» [68]. Escipión liberó a los rehenes de Cartagena para atraerse a los iberos y los trató como aliados y amigos [69], y lo mismo hizo con los prisioneros hispanos de Bécula, mientras que los africanos eran vendidos. Esta fue también la política que aplicó Aníbal en Italia. Cuando el mismo Escipión venció a Asdrúbal en Hispania, liberó inmediatamente a todos los hispanos *sine pretio* [70]. Sertorio se atrae a los celtíberos rebajando los impuestos y obligando a sus tropas a acampar fuera de las ciudades [71].

Pero es indiscutible que el pacto de clientela estaba motivado no sólo por el sentimiento de gratitud, sino también por el deseo de mutua protección. Características semejantes tenía la clientela entre los galos, aunque en tiempos de César había degenerado en una semiservidumbre [72]. En la época imperial también la clientela romana había perdido ya probablemente toda su importancia, como parece deducirse de los autores de la época [73]. El *comitatus* poseía también entre los germanos esta reciprocidad de vínculos [74]. Todas estas formas de la clientela nacen de la necesidad de protección que tienen los débiles ante los poderosos

[64] App., *Ib.*, 19; Dio Cas., *Frag.*, 57, 48; Polib., X, 2-5; X, 11, 14.
[65] Liv., XXVIII, 35.
[66] Polib., II, 13; App., *Ib.*, 6; Diod., XXVII, 2; Liv., XXI, 2.
[67] Liv., XXI, 2.
[68] Liv., XXVII, 17.
[69] Liv., XXVI, 47, 4.
[70] Liv., XXVII, 19, 2.
[71] Plut., *Sert.*, VI.
[72] Cés., BG VI, 13, 2-3; I, 18, 2; II, 1, 4; Diod., V, 29; App., *Celt.*, 12.
[73] Marc., XII, 68. En la España visigoda aparecen instituciones semejantes introducidas por los pueblos bárbaros; cf. C. Sánchez Albornoz, *En torno a los orígenes del feudalismo* I (Buenos Aires [2]1974); *El stipendium hispano-godo y los orígenes del beneficio prefeudal*, en *Estudios Visigodos* (Roma 1971) 253-375.
[74] Tác., *Germ.*, 13-14.

y por el deseo de lograr ventajas mutuas. Este fenómeno se repetirá en el Bajo Imperio y en la Edad Media, hasta transformarse en el régimen feudal [75].

El pacto de clientela se ratificaba mediante juramento; en la primitiva clientela romana no existía tal juramento. La *fides* hispánica, como muy bien ha escrito Viñas Mey [76], serviría de modelo para robustecer el juramento de fidelidad a los jefes de partidos romanos, los juramentos colectivos que encierran un valor social y sociológico.

Hasta aquí se ha analizado la clientela individual, acompañada probablemente de una maldición para el transgresor, como se deduce del juramento tomado a los combatientes de Astapa, que llevaba aneja una maldición: «... los conjuraba por los dioses de los cielos y de los infiernos... añadiendo a tales exhortaciones una fiera maldición, si es que a alguien le apartaba de su propósito la codicia o la flaqueza del ánimo» [77]. Indíbil, por su parte, pone por testigos del pacto a los dioses, para el caso de que los cartagineses no lo cumplan: «Acudiremos a los dioses, que no sufren la violencia ni las injurias de los hombres» [78]. En el año 151 a. C. ataca Lúculo a Cauca, y sus habitantes invocan los pactos sellados y ponen por testigos a los dioses [79]; en el año 150 a. C. engaña Servilio Galba a los lusitanos y los manda degollar, mientras ellos invocaban a los dioses contra tal desafuero [80]. Estos hechos indican que la religión desempeñaba un papel importante en los pactos.

En los tratados y alianzas que entre sí establecían los distintos pueblos intervenía la religión, aunque no lo afirmen expresamente los historiadores. Baste recordar, en este sentido, el tratado entre Filipo V de Macedonia y Aníbal del año 215 a. C. [81], en el que el general cartaginés invoca a todos los dioses y diosas principales del panteón cartaginés. Polibio, al citar los tratados entre Roma y Cartago, escribe: «En el primer tratado entre Roma y Cartago, los cartagineses juraron por sus dioses ancestrales, y los romanos, siguiendo una vieja costumbre, por *Iupiter Lapis;* en el segundo tratado, por Marte y Quirino» [82]. En el decreto de Cremónides, conservado en una estela ática hallada en la Acrópolis de Atenas y datada hacia el año 267 a. C., mediante el que Atenas y Esparta concertaban cada una una alianza con Tolomeo Filadelfo, se jura fidelidad a la alianza por Zeus, la Tierra, el Sol, Ares, Atenea Areia, Poseidón y Deméter. En el testamento de Tolomeo VIII Evergetes II, conservado en una

[75] Cf. L. Friedlaender, *La sociedad romana* (México 1947) 231ss; H. Mattingly, *Roman Imperial Civilization* (Londres 1957) 73, 76, 164, 203; J. Carcopino, *La vie quotidienne à Rome à l'apogée de l'Empire* (París 1938) 203ss; C. Highet, *Juvenal. The Satyrist* (Oxford 1954) 84s, 103, 132.

[76] C. Viñas, *Apuntes sobre la vida social y económica de España:* «Arbor» 158 (1959) 207.

[77] Liv., XXVIII, 22.

[78] Liv., XXVII, 17.

[79] App., *Ib.*, III.

[80] App., *Ib.*, LX.

[81] Polib., VII, 9, 2-3.

[82] Polib., III, 25, 6-7.

inscripción de Cirene, del año 155 a. C.[83], por el que se lega el reino a Roma, se pone por testigos de las disposiciones testamentarias a Zeus Capetolios, a los grandes dioses, el Sol y Apolo Archegete.

Los romanos depositaban todos los tratados en el Capitolio[84]; este hecho indica elocuentemente la importancia que la religión tenía en toda clase de tratados y alianzas.

La Península debió de ser muy propicia al establecimiento de tales pactos, como se desprende de la fuerza e intensidad con que arraigó la clientela en el siglo I a. C. Pompeyo contaba en Hispania con gran número de clientes, lo que explica que fueran tierras hispanas el escenario del primero y del último actos de la guerra civil, así como el hecho de que el año 56 a. C. pidiera Pompeyo en el convenio de Lucca el gobierno de Hispania durante cinco años. Obsérvese de paso cómo el dictador hace constar expresamente que la causa de estas clientelas eran los beneficios de que habían sido objeto los hispanos en época anterior, «pues una de ellas estaba obligada para con Pompeyo por sus enormes beneficios»[85]. «Afranio y Petreyo... deciden llevar la guerra a Celtiberia. Apoyaba esta decisión el hecho de que, de los dos bandos contrarios que en el conflicto anterior se habían enfrentado, las ciudades vencidas temían el nombre y el poder del ausente, mientras que cuantas habían mantenido su amistad lo querían bien por lo mucho que las había favorecido, mientras que el nombre de César resultaba menos conocido para los bárbaros. Esperaban obtener allí una caballería numerosa y grandes ayudas»[86]. «César decidió atender por encima de todo a la guerra en Hispania, pues sabía que en la provincia citerior había repartido Pompeyo muchos beneficios y contaba con grandes clientelas»[87]. El dictador afirma expresamente que estas clientelas databan de los tiempos de la guerra sertoriana. Lo mismo dice Apiano[88]. Estas clientelas pompeyanas eran muy fuertes concretamente en Celtiberia y en la Bética[89].

La rapidez con que los pompeyanos logran reunir tropas en la Península prueba igualmente la importancia de las clientelas de Pompeyo, de las que formarían parte no sólo romanos, los *ciui romani* citados por César[90], sino también hispanos. Clientes serían probablemente los lusitanos reclutados por Filón después del desastre de Munda con los que *Cicilius Niger* entró de noche en *Hispalis* y mató a la guarnición cesariana[91], así como los letanos que reciben a Sexto Pompeyo después de Munda. En el siglo I a. C., las clientelas se convierten en partidos políticos

[83] SEG. IX, 7.
[84] App., *Syr.*, 39.
[85] BC I, 29.
[86] BC I, 61.
[87] BC II, 18.
[88] App., V, 139; II, 87.
[89] J. van Ooteghem, *Pompée le Grand, batisseur d'empire* (Bruselas 1954) 96ss; J. Carcopino, *Caesar* (París 1950) 551s, 887ss, 945ss; L. Pareti, *op. cit.*, 680ss.
[90] BC II, 19.57.
[91] BH 35-36.

y en grupos de presión económica [92], lo que explica el conservadurismo pompeyano en Hispania. Petreyo reclutó auxiliares y jinetes entre los lusitanos y Afranio entre los cántabros [93], de modo que se crearon 80 cohortes y se reunieron 50.000 caballos de las dos provincias de Hispania [94]. El hijo de Pompeyo formó aquí un ejército de iberos, celtas y esclavos [95]. Clientes de Pompeyo asesinaron a Cn. Pisón [96]; de este suceso se desprende la fuerza que tendrían las clientelas pompeyanas, aunque el mismo Salustio tiene por incierto este suceso. Cliente debía de ser igualmente el criado que por vengar la muerte de su amo asesinó a Asdrúbal [97], del que se dice que era un celta [98]. Numerosa era también la clientela de Escápula, el enemigo de César que se hizo matar después de la batalla de Munda en Córdoba luego de cenar espléndidamente y distribuir sus riquezas entre sus familiares [99]. Según J. Caro Baroja [100], clientes debían de ser también, cuando no esclavos y libertos, muchos de los encargados de la explotación de las tierras, los administradores de los latifundistas, como el que salvó a Craso en el año 77 a. C.[101], y bastantes de los autores de las obras artísticas, de los que habla Cicerón en su cuarto discurso contra Verres [102]. Entre ellos se contarían también muchos comerciantes al por menor, mercaderes, patronos de barcos, etc.

La clientela debió de existir en Turdetania con anterioridad a la llegada de los romanos; de otro modo no se podría explicar la existencia de una clase media de granjeros [103].

Después de examinar todas las posibles referencias a las clientelas, no creemos que se pueda establecer una distinción de funcionamiento o de concepto entre las de la Meseta y las del Levante, como quiere Balil. Es significativo que los casos citados de clientelas son de pueblos celtíberos o en íntima relación con ellos casi siempre. Ello indica que se trata posiblemente de una institución celta. Lo mismo se deduce de su estrecho parentesco con las clientelas de la Galia y el *comitatus* germánico. Hay indicios de que algunos pueblos tenían a otros como clientes, a semejanza de lo que ocurría en la Galia [104]. Esta era probablemente la situación de los pelendones con respecto a los celtíberos; es dudoso en cambio que

[92] C. Viñas, *op. cit.*, 207.
[93] BC I, 38.
[94] BC I, 35.
[95] App., BC II, 87 y 107.
[96] Sal., *Cat.*, 19.
[97] Diod., XXV, 12; App., *Ib.*, 8; *Hann.*, 2; Just., *Ep. Hist. Phil.*, XLV, 5; Liv., XXI, 2.
[98] Polib., II, 36.
[99] BH XXXIII, 3-4.
[100] J. Caro Baroja, *op. cit.*, 133.
[101] Plut., *Cras.*, IV.
[102] IV, 56. Algunas de estas joyas, como la pátera de Perotitos, muestran temas típicamente celtas, como el de la máscara humana mordida por un felino. Cf. A. García y Bellido, *Esculturas romanas de España y Portugal* (Madrid 1949) 469; A. Blanco, *Cabeza de un castro de Narla:* CEG 11 (1956) 178s.
[103] J. Caro Baroja, *España primitiva y romana* (Barcelona 1957) 90.
[104] BC I, 31, 6; IV, 6, 4; V, 39, 3; VI, 12, 4.

los ilergetas tuvieran a otras tribus, como las de los ausetanos o los lacetanos, como clientes. En los años 218, 206 y 205 a. C. aparece una confederación de ilergetas, ausetanos y lacetanos (precisamente Livio acusa a los primeros de imperialismo [105]), en la que tal vez los últimos fueran clientes de los primeros, lo que explicaría que los lacetanos siempre figuren como parientes de los ilergetas contra suesetanos y sedetanos [106] y que se llame lacetano a Indíbil. Schulten [107] cree que los habitantes de Segeda lo eran de los arevacos, que los acogieron cuando ellos abandonaron su ciudad ante la presencia de Nobilior en el año 153 a. C., pero esta hipótesis parece muy poco probable, pues de otro modo no se explicaría que Caro, caudillo elegido, fuera de Segeda; de haber existido el vínculo de clientela entre aquellos pueblos, habría sido elegido un arevaco [108]. Lo más probable es que hubiera entre ellos un contrato de hospitalidad.

Por el contrario, la resistencia de Sagunto tal vez se explique satisfactoriamente como un caso de clientela colectiva. Livio afirma expresamente que la ciudad tenía concertado un pacto *(fides)* con los romanos [109]. Ni este historiador ni Salustio [110] dicen que la ciudad levantina fuera mera aliada de Roma, sino que tenía *fides* con la ciudad del Tíber. Esta *fides* aclara la actitud de los pueblos hispanos ante los embajadores romanos que solicitaban su amistad, echándoles en cara el incumplimiento de sus deberes para con los saguntinos. La importancia del comercio saguntino, en constante peligro de ser estrangulado por el imperialismo cartaginés, y el hecho de encontrarse la ciudad ibérica cercada de enemigos motivaron probablemente la vinculación a Roma, la única potencia que podía valer a los saguntinos en tales circunstancias. Esta *fides* databa quizá del año en que los romanos, con motivo de una sedición, dieron muerte a algunos principales, partidarios de Cartago [111], pero esta interpretación no pasa de ser una mera hipótesis.

Livio [112] captó perfectamente el valor social de la institución al escribir que «aceptaron perecer por cumplir las exigencias de su *fides*» [113].

[105] Liv., XXVIII, 24.
[106] Liv., XXVIII, 24.
[107] FHA IV, 7ss.
[108] App., *Ib.*, 45; Flor., I, 45.
[109] Liv., XXI, 7,3 y 13,3.
[110] *Hist.*, II, 64.
[111] *Polib.*, III, 15.
[112] Liv., XXI, 7.
[113] Han aparecido dos excelentes estudios sobre estas tribus. Confróntese A. Rodríguez Adrados, *Las rivalidades de las tribus del Nordeste español y la conquista romana*, en *Estudios dedicados a Menéndez Pidal* I (Madrid 1950) 563ss; A. del Castillo, *La Costa Brava en la Antigüedad:* «Ampurias» 1 (1939) 186ss. Sobre el sitio de Sagunto, cf. J. Vallejo, *Tito Livio, Libro XXI* (Madrid 1946) con toda la bibliografía anterior sobre el tema. Del mismo autor, *Cuestiones hispánicas en las fuentes griegas y latinas:* «Emerita» 11 (1943) 142ss; 12 (1944) 359ss; J. Carcopino, *Le traité d'Hasdrubal et la responsabilité de la deuxième guerre punique:* REA 55 (1953) 258ss; M. Almagro, *Las fuentes escritas referentes a Ampurias:* «Ampurias» 11-12 (1949-50) 163ss; L. Pareti, *op. cit.* II, 243ss, 270ss.

2. *La «deuotio» ibérica*

Una forma específica de la clientela militar hispana era la *deuotio*. Abundan los textos antiguos referentes a ella, por lo que nos es posible entender con claridad en qué consistía. Servio dice que «(Virgilio) lo tomó de la costumbre de los celtíberos, quienes, según refiere Salustio, se consagran *(deuouent)* a los reyes y se niegan a sobrevivirles» [114]. También se refieren a esta costumbre Plutarco y Estrabón [115]. Valerio Máximo añade, de acuerdo con Dión Casio [116] y Estrabón, que «los celtíberos consideran impiedad el sobrevivir a la batalla si cae en ella aquél por quien han consagrado *(deuouerant)* su propia alma» [117], es decir, su jefe.

En la concepción de la *deuotio* ibérica entran dos elementos; uno, de carácter religioso, es la convicción de que ciertas divinidades, probablemente de tipo infernal, se contentarían con la vida del *deuotus* a cambio de la del jefe. La verdadera esencia de la *deuotio* consistiría precisamente en esta consagración religiosa al caudillo, en virtud, como señala Viñas, de orientaciones religioso-colectivas y del influjo tan peculiar del sentido religioso en la vida pública y militar de los hispanos. El segundo elemento, de carácter puramente social, sería la relación íntima con la clientela militar, lo que significa que la *deuotio* ibérica tiene por objeto exclusivo la guerra. El *deuotus*, como se desprende de un texto de Plutarco sobre los soldurios de Sertorio [118], atendía a salvar su propia vida una vez que estaba ya segura la del jefe. El suicidio del soldurio se puede explicar perfectamente como una manera de expiar el delito de no haber protegido suficientemente la vida del patrono.

Un texto de César sobre *Adiatumnus* [119] indica claramente que la *deuotio* es una forma de clientela: «Adiatumno, que detentaba el mando supremo, trató de organizar un levantamiento con 600 devotos, a los que ellos llaman soldurios, cuya condición es que disfrutan de todas las ventajas de la vida junto con aquellos a cuya amistad se han entregado. Pero si éstos sufren algún ataque, han de correr su misma suerte o tienen que darse la muerte. Nadie recuerda ningún caso en que uno de ellos, si perece aquél a cuya amistad se consagró *(deuouisset)*, se haya negado a morir».

Esta forma de clientela, como se deduce del pasaje de Livio anteriormente citado, supone un vínculo mucho más estrecho. Indíbil, al conocer

[114] Serv., *Ad Georg.*, IV, 218.
[115] Plut., *Sert.*, XIV; Estr., III, 4, 18.
[116] Dio Cas., LIII, 20, 2.
[117] Val. Max., II, 6, 11. Sobre la *deuotio*, además de las obras ya citadas de Adrados, Loscertales, Tovar y Etienne, cf. A. García y Bellido, *La Península Ibérica (op. cit.)* 642ss; Pauly-Wissowa, RE V, 277ss; I. A. Arias, *Desplazamientos y contactos de los españoles en la España romana:* CHE 21-22 (1954) 16ss; L. Cesano, *Deuotio*, en E. de Ruggiero (ed.), *Dizionario Epigrafico di Antichità Romane* (Roma 1910) 2712ss.
[118] Plut., *Sert.* XIV.
[119] BC III, 22.

la falsedad de la muerte de Escipión, le envía a su hermano Mandonio para estrechar el lazo que le unía con el: «... que la disposición suya, de su hermano y de todos los de su pueblo es, si le parece bien, entregar a P. Escipión la vida que de él han recibido o consagrársela *(deuouent)* para siempre si es que han de conservarla, pues de ella le son ahora doblemente deudores» [120].

La *deuotio* ibérica se diferencia de la romana, que es una clase especial de *uotum*, en que en ésta se consagra a los dioses la propia vida junto con la de los enemigos. Su objeto es obtener el aniquilamiento del adversario, y se desconoce el cumplimiento de este *uotum* mediante el suicidio. Más se parece la *deuotio* ibérica al *comitatus* germánico. Ambas instituciones poseen carácter bilateral; quienes establecen con su jefe este vínculo forman una verdadera escolta y se sienten unidos a él más estrechamente que los simples clientes. El número de este grupo es siempre reducido. La diferencia está en que el *comitatus* germánico carece del matiz religioso. En la Galia existía también una institución especial, la de los *ambacti*, citados por César [121] en un texto importante porque el autor distingue entre *ambacti* y clientes. También Polibio [122] cita su existencia en la Galia Cisalpina. Aunque estos *ambacti* estaban obligados a no abandonar jamás a sus patronos [123], por las pocas citas que a ellos se refieren deducimos que su condición no era del todo semejante a la de los *deuoti* ibéricos. También en Hispania se da una clase de servidores llamados *ambacti*, como se desprende del hecho de aparecer, con mucha frecuencia en inscripciones latinas, este mismo nombre como personal, con pérdida de la característica del habla céltica de la Península.

La *deuotio* ibérica era una institución típica de la Península, donde debía de estar muy extendida, como se deduce del gran número de *deuoti* o *soldurii* que acompañaba siempre a Sertorio. Plutarco nota expresamente que otros caudillos tenían muy pocos *deuoti*. Probablemente eran *deuoti* los hombres que murieron con Retógenes y los que le acompañaron en su salida, así como la tropa especial que pereció junto a Indíbil [124]. Esta noticia en particular es importante, pues en ella se describe la muerte de una tropa alrededor de su jefe. Los miembros de las escoltas de iberos o celtíberos, que gozaron de las preferencias de los romanos para tal menester, seguramente eran soldurios. Sertorio [125] disponía de un cuerpo de guardia formado por celtíberos; *hispani*, en general, eran los hombres de las escoltas de César [126] y Petreyo [127]. En este último caso resulta más fácil admitir que la escolta estaba integrada por soldurios, ya que César los llama *beneficiarii*. Augusto tuvo una escolta de calagurrita-

[120] Liv., XXVIII, 34.
[121] BC VI, 15, 2.
[122] II, 17, 12.
[123] Cés., BC VII, 40, 7.
[124] Liv., XXIX, 2.
[125] App., BC II, 112.
[126] Suet., *Caesar.*, 86; App., BC II, 109.
[127] BC IV, 207.

nos [128], y la de Casio Longino estaba formada por berones [129]. No es seguro que la de Mario estuviera compuesta de bárdulos [130].

La *deuotio* debía de encontrarse muy extendida en el siglo I a. C., pues aparece vinculada a individuos mediocres. En siglos anteriores serían objeto de ella únicamente los grandes generales [131]. Los *deuoti* ocupaban una posición privilegiada con respecto a los simples clientes.

El siglo I a. C. fue sin duda la época de máximo auge de la clientela y la *deuotio*. Durante este siglo fue Hispania el principal campo de operaciones de las luchas internas de Roma. En la Península estuvieron las figuras más importantes de la política romana, como Mario, Sertorio, Pompeyo, César, Craso, Afranio y Petreyo. Estas dos instituciones, por otra parte, encajan perfectamente en el carácter de unos pueblos para quienes la guerra era la ocupación más digna de la vida humana [132]: «Son muchos los que aman más que a su propia vida los caballos de guerra y las armas» [133]. No sería ajena a estos sentimientos una especial vinculación de las armas a las creencias religiosas [134]. A partir de Augusto, la clientela hispana degeneraría rápidamente, como se desprende de algunos textos [135], ya que no tenía razón de existir. La estructura política de la Península había cambiado radicalmente en el lapso de un siglo. Un último eco de la clientela militar hispana tal vez sean los *evocati* que formaban la guardia de Galba [136].

En cuanto al ritual de la *deuotio*, Ramos Loscertales sugiere que tal vez sería el mismo que el de la simple clientela, que aparece en el episodio de Indíbil: presentación del cliente al patrono y aceptación por éste de su persona. Probablemente existía una ceremonia especial, con un sacrificio, de la que quedarían huellas en el juramento de Ampudio. Dionisio, antes de recibir a los iberos como mercenarios, ofreció libaciones. Tal vez hubiera un sacrificio humano y el de un caballo, ya que con ambos aparecen refrendados los pactos [137]. También a los conjurados de Catilina se les acusó de practicar sacrificios humanos y de beber sangre humana [138].

Ramos Loscertales se pregunta si los *deuoti* tenían obligación de suicidarse en caso de que el jefe muriera e independientemente de la forma en que ello pudiera ocurrir, y concluye que la ilicitud de sobrevivirle se reducía al caso de muerte violenta. En la Galia se observa que los clien-

[128] Suet., *Aug.*, 49.

[129] BC LI.

[130] Plut., *Mar.*, 43; FHA IV, 145; cf. A. Balil, *Un factor defensor de la romanización de las tropas hispanas al servicio de Roma:* «Emerita» 24 (1956) 107ss.

[131] Esta institución se daba también entre los cántabros; cf. A. Schulten, *Los cántabros y astures y su guerra con Roma* (Madrid 1943) 48.

[132] Estr., III, 3, 8; 4, 16; Sal., *Hist.*, II, 91-92; Diod. XXXI, 42.

[133] Just., *Hist. Phil. Epit.*, XLIV, 2, 6.

[134] F. Rodríguez Adrados, *op. cit.*, *passim.*

[135] Marc., III, 14.

[136] Suet., *Galba*, X, 3.

[137] Liv., *Per.*, XIX.

[138] Sal., *Cat.*, XXII, 1-3; Plut., *Cic.*, X.

tes se quemaban al morir los patronos: «Los siervos y clientes a los que se sabía que él había distinguido con su afecto se quemaban al mismo tiempo, una vez que se habían celebrado los debidos funerales» [139].

La *deuotio* es una institución típica de la Península, y más concretamente de la Celtiberia, como rotundamente afirman Salustio [140] y Valerio Máximo [141]. En este punto no estamos de acuerdo con Adrados, que considera la *deuotio* como una forma de fidelidad típicamente ibérica, que luego se habría extendido a Celtiberia. Su aparición en Aquitania (el caso de *Adiatumnus)* se explica comúnmente como debida a un influjo hispánico en la Galia. Precisamente el sur de la Galia mantuvo siempre en la Antigüedad relaciones con la Península. El parentesco indudable entre la *deuotio* ibérica y el *comitatus* germánico indica asimismo que la primera es una institución de raíz indoeuropea. Aparece con jefes celtas como Retógenes o Indíbil, cuyo nombre, como ha demostrado A. Tovar, es celta. Celtíberos formaban la guardia de Sertorio, probablemente en calidad de *deuoti.* En cuanto al origen de las clientelas (todos los datos reunidos se fechan entre los siglos III y I a. C.), es muy probablemente celta o en todo caso indoeuropeo, como se desprende de las estrechas similitudes que esta institución presenta en la Península y en las Galias. Los textos citados ofrecen datos muy concretos sobre su existencia en la Celtiberia; en el Levante ibérico, posiblemente muy celtizado, esta institución aparece por influjo del pueblo celtibérico. De Indíbil y Edeco en particular se sabe que tenían por aliados a los celtíberos, y al primero incluso se le llama celtíbero en alguna ocasión [142].

Está aún por estudiar la importancia de los celtíberos o celtas en los comienzos de la romanización del sur y este de la Península, pero sin duda fue grande. Sobre todo en las guerras de estos tres siglos desempeñan un papel capital. Bastará citar algunos casos, aparte de la mencionada alianza con Indíbil y Edeco y la aportación de 1.400 guerreros por *Allucius* a Escipión. Aparecen como aliados de este general romano unos celtíberos [143] y también como mercenarios de Aníbal [144]. Celtíberos forman también el ejército que los turdetanos opusieron a los romanos. Livio da la cifra [145], probablemente exagerada, de 10.000 combatientes. Años antes ya habían intervenido en Turdetania, precisamente en una batalla del año 212 a. C. en que perecieron dos caudillos galos, Molnicapto y Vismaro. Para Schulten se trata de celtíberos [146] de la Meseta, mientras que J. Caro Baroja duda de que los cartagineses pudieran sacar ya tropas de regiones muy distantes [147]. En las luchas de Amílcar con túrdulos e iberos auxilian a los indígenas jefes celtas como Indortas e Istolacio, mien-

139 BG VI, 19, 5.
140 Serv., *Ad Georg.*, IV, 218.
141 Val. Max., II, 6, 11.
142 Diod., XXVI, 22.
143 Liv., X; XIV, 4, 9; XXV, 32.
144 Liv., XXI, 433.
145 Liv., XXXIV, 17.
146 FHA III, 85.
147 *Op. cit.*, 128.

tras que los celtíberos forman alianza con *Turrius*[148]. Celtíbero debía de ser aquel *princeps* de los vergestanos que se defendió ante Catón alegando no ser culpable de que unos bandidos se hubieran apoderado de su ciudad[149]. Merece notarse, como indica J. Caro Baroja[150], la aparición de un *princeps* con un nombre tan típicamente celta como el de *Bergidum*, conocido en otras regiones de la Península: Bergidon[151], Vergium[152], Berguña[153], etc. En el año 218 a. C. aparece otro *princeps* de los ausetanos con nombre celta, Amusico[154], que dirige la lucha contra los romanos. Jefe celta era igualmente Tangino, que en el año 141 antes de Cristo asolaba las tierras de Edetania, y a quien venció el cónsul Quinto Pompeyo[155]. Un ejército de celtíberos fue aniquilado hacia el año 187 a. C. cerca de *Calagurris* por L. Manlio Acidino, en una batalla en la que según Livio[156], que probablemente exagera las cifras, hubo 12.000 muertos y 2.000 prisioneros enemigos. Un segundo ejército fue derrotado cerca del Tajo por L. Quinctio Crispo y C. Calpurnio Pisón[157]. El número de bajas sube considerablemente en esta ocasión; el historiador latino habla de 35.000. Finalmente, baste recordar que el caudillo de la guerra lusitana, Viriato, lleva un nombre celta[158]. Esta proyección de elementos celtibéricos o simplemente celtas en el Levante y Sur de la Península explica el hecho de que en estas regiones aparezcan instituciones típicamente indoeuropeas[159].

El sustrato de los ilergetes, como ha probado Maluquer[160] en sus excavaciones de uno de sus poblados, es hallstáttico puro hasta el siglo V antes de Cristo; es de suponer que este elemento de raíz indoeuropea no dejaría de influir poderosamente durante los siglos IV a I a. C. En el nombre de Mandonio descubre Tovar[161] elementos indoeuropeos, lo que probaría la importancia de este componente en los pueblos que los textos nos presentan como iberos.

El hecho de que el *hospitium* y la clientela lleguen a confundirse en el siglo I a. C. es otro argumento a favor de un origen celta de esta institución, pues la primera sólo aparece en Celtiberia.

[148] Liv., XL, 49.
[149] Liv., XXXIV, 21, 1.
[150] *Op. cit.*, 149.
[151] Tol., II, 6, 28.
[152] Tol., II, 6, 67.
[153] Tol., II, 6, 67.
[154] Liv., XXXI, 61.
[155] App., *Ib.*, LXXVII.
[156] Liv., XXXIV, 21.
[157] Liv., XXX, 9, 31.
[158] Plin., NH XXXIII, 3, 12.
[159] Cf. C. Griffith, *op. cit.*, 234ss, 225ss; J. M. Ramos Loscertales, *El primer ataque de Roma contra Celtiberia* (Salamanca 1941) *passim.*
[160] *Descubrimiento de un poblado ilergete en Vallfogona de Balaguer* (Lérida): «Zephyrus» 9 (1958) 109ss.
[161] *A propósito del vasc. «mando» y «beltz» y los nombres de Mandonio e Indíbil*, en *Homenaje a D. Julio de Urquijo e Ibarra* (San Sebastián 1949) 109ss.

La institución de la clientela hispana no halló eco en Roma, no así la *deuotio*. Cuando en el año 44 a. C. licencia César a su escolta de calagurritanos, logra un juramento de fidelidad de todos sus súbditos. Según Suetonio [162] y Nicolás Damasceno [163], ambos hechos se relacionan íntimamente. D'Ors [164] sospecha que tal vez se introdujo en este juramento algún rasgo propio de la *deuotio* de los calagurritanos. La *deuotio* de Ampudio en el año 23 a. C. es interpretada asimismo por D'Ors como una sustitución del juramento de fidelidad de la guardia licenciada. La dificultad para admitir tal influencia estriba, como observa Adrados, en que este juramento se relaciona probablemente con los juramentos de fidelidad a los jefes de partido, de finales de la República. Baste recordar, en este sentido, y dentro del siglo I a. C., el juramento, tal vez deformado, de los itálicos a Druso en el año 91 a. C. [165]; el de Cinna a Sila [166] en el año 88 a. C.; el de los conjurados a Catilina [167]; el de Marco Antonio en el año 44 a. C. y el del año 32 a. C. [168] Todos ellos, como indica D'Ors, son típicos juramentos de clientela, no simples juramentos militares. Más seguro es negar toda influencia del licenciamiento del año 44 antes de Cristo en la iniciativa de Ampudio, ya que ambos episodios se hallan separados por diecisiete años y desde *Actium* una guardia germana sustituía a la de calagurritanos.

Adrados rechaza, acertadamente a nuestro juicio, la influencia de la dimensión religiosa que entrañaba la *deuotio* ibérica en Roma, salvo en el caso de Ampudio, pero no la del factor social, que robustecería el juramento de fidelidad a los jefes de partido de la República. El mismo autor niega, veremos también que fundadamente, la influencia de la *deuotio* ibérica en el culto al emperador, que es aceptada por D'Ors. El culto tributado a Metelo, desde luego, puede ser de origen netamente romano, y así se desprende con claridad de la simple exposición de los hechos acaecidos en Córdoba, tal como lo acepta Etienne [169]. Lo mismo puede

[162] *Iu.*, I, 84.

[163] VC XXII, 12-13.

[164] *Orígenes del culto al emperador en España:* «Emerita» 10 (1942) 187ss, con toda la bibliografía sobre el tema. Del mismo autor, *Epigrafía jurídica de la España romana* (Madrid 1953) 22ss; R. Menéndez Pidal, *España y su Historia* (Madrid 1957) 139, considera que la *deuotio* hispana «cooperó, pues, a la exaltada santificación del que Roma miraba como restaurador de la romanidad, reciente vencedor de la última monarquía oriental de los herederos de Alejandro, la de Cleopatra, que había intentado sobreponerse al Occidente». Además, cf. R. Etienne, *op. cit.*, 357ss; C. Sánchez Albornoz, *El culto al emperador y la unificación de España:* ATLC 3 (1946) 1ss; C. Torres, *El culto al emperador en Galicia:* CEG 12 (1949) 197ss.

[165] Diod., XXXVII, 11. Cf. G. Bloch, J. Carcopino, *Des Gracques à Sulla* (París 1952) 369ss.

[166] Plut., *Sylla*, X, 70.

[167] Sal., *Cat.*, XXII, 1.

[168] C. Barini, *Res Gestae Divi Augusti ex monumentis Ancyrano Antiocheno Apollonensi* (Roma 1937).

[169] R. Etienne, *op. cit.*, 11ss.

afirmarse con seguridad del culto provincial de Tarragona [170], ya que Augusto había vivido en la ciudad, en la que contaría con clientes [171].

El culto imperial nacería entre las clientelas itálicas de Octavio o de César, como quieren Adrados y C. Sánchez Albornoz [172]. Etienne [173], por su parte, admite la influencia de la *deuotio* ibérica en los orígenes del culto al emperador. En páginas anteriores había admitido este autor la existencia de un culto a los caudillos, del que no encontramos pruebas en las fuentes, ya que los textos aducidos [174] son tan vagos que nada prueban. De este hipotético culto hispano resultaría fácil pasar al culto imperial. Fueron en realidad los cultos orientales a los monarcas helenísticos y la fuerte influencia de la cultura helenística en Roma los que crearon el clima propicio para la aparición del culto imperial. En este sentido son muy significativas la tendencia a divinizar a César y el sesgo teocrático que comenzaba a adoptar su dictadura [175].

Tampoco ha de verse influencia de la *deuotio* ibérica en el *uotum* de *P. Afranius Potitus* [176], que juró morir si Calígula sanaba de una enfermedad. En la misma ocasión, un caballero, *Atanius*, prometió luchar como gladiador. El mismo autor [177] cuenta otros votos semejantes hechos por su salud durante la enfermedad del príncipe. No se puede atribuir a influjo de la *deuotio* ibérica la idea de suicidio que hay en los dos últimos casos, pues tal cosa resultaba totalmente ajena a la mentalidad ibérica como medio para asegurar la salud del jefe. Es probable que en los casos de P. Afranio y Atanio se trate de un simple *uotum*.

Se ha propuesto como ejemplo de influjo de la *deuotio* la muerte de Antinoo [178], que habría sido un suicidio por la salud del emperador; por tener lugar el suicidio inmediatamente, no hay *uotum*. Sin embargo, como indica Adrados, en este caso pudo haber influjo de ciertas leyendas griegas, como las de Alcestes, Codro, etc.; el hecho del suicidio no tendría nada que ver aquí con influjos de la *deuotio* ibérica [179].

Está documentada entre los antiguos hispanos la deificación, pues Auletes recibió honores divinos por haber descubierto las minas de plata de *Carthago Nova*, y una colina de la ciudad llevaba su nombre [180]. Los

[170] Tác., *Ann.*, I, 78.

[171] Flor., II, 33, 51; Séneca, *De controv.*, X; IG XII, 1, 44; Oros., VI, 21, 19. Cf. R. Etienne, *op. cit.*, 362ss.

[172] J. Gagé, *Les clientéles trionphales de la republique romaine. A propos d'un aspect du principat d'Auguste:* RH 218 (1957) 1ss. Sobre el caso de *Ampudius*, cf. F. Olivier, *Un acte de devotion à Auguste, l'an 27 av. J.C.*, en *Mélanges Ch. Gilliard* (Lausana 1944) 24ss.

[173] *Op. cit.*, 357ss.

[174] Plut., *Sert.*, XX, 5; XXI, 1.

[175] J. Carcopino, *Caesar (op. cit.)* 1036ss, 42.

[176] Suet., *Calig.*, XXVII; Dio. Cas., LIX, 8, 3.

[177] Suet., *Calig.*, XIV.

[178] Dio. Cas., LXIX, 2; Aur. Vivt., *De Caes.*, XIV.

[179] Sobre el suicidio en Hispania, cf. los casos recopilados por Ramos Loscertales, *loc. cit.;* cf. también J. Bayet, *Le suicide mutuel dans la mentalité des Romains:* «L'Année Sociologique» (1953) 35ss.

[180] Polib., X, 10, 10.

honores divinos que Metelo recibió en Córdoba le serían tributados por los indígenas, pues es muy difícil que en fecha tan temprana deificaran los romanos a su general en vida, cuando no había precedente alguno en Roma. Salustio [181] escribe expresamente: «... obsequiándolo no ya por encima de las costumbres romanas, sino de las de cualquier mortal, adornando la casa con tapicerías y estatuas, erigiendo tablados para representaciones histriónicas, esparciendo azafrán por tierra y haciendo otras cosas al modo de los más famosos templos... Se le hacían plegarias como si un dios hubiese aparecido». Plutarco [182] añade que «las ciudades por donde pasaba le recibían con sacrificios y altares», y Valerio Máximo [183] dice que «recibía en su divina cabeza coronas de oro que se desprendían del techo».

3. *El «hospitium»*

Un texto de Diodoro de Sicilia [184] atestigua la existencia del *hospitium* en Celtiberia, «no instituido por una convención, sino impuesto por las divinidades populares y por la costumbre de las gentes, un *hospitium*, pues, de origen e índole religiosos y sociales a la par» [185].

Por *hospites* hay que entender las personas ajenas al grupo, ya fuesen celtíberos o de otras regiones. El texto indica expresamente que los indígenas se disputaban entre sí el honor de acoger a los extranjeros, y que el motivo de este proceder era de índole religiosa.

Sobre el *hospitium* contamos con los siguientes testimonios (figuras 141-142):

a) Es probable que los habitantes de Segeda tuvieran concertado con los arevacos un pacto de hospitalidad, como parece desprenderse del hecho de que ante el ataque de Nobilior se les uniesen en la lucha [186].

b) Once tesseras de hospitalidad [187]:

1. B. E. Monreal de Ariza:
ueTitivaCa Car.

La leyenda se refiere al nombre de la ciudad, familia o estirpe que concede el *hospitium.*

2. B 4. Sasamón. Escrita por ambas caras:
a) *Cuirore-Cilios novitum Coós venaios.*
b) *Ale Tuurés*

[181] *Hist.*, II, 70.
[182] Plut., *Sert.*, XXII.
[183] IX, 1, 5.
[184] Diod., V, 34.
[185] J. M. Ramos Loscertales, *Hospicio y clientela en la España céltica. Notas para su estudio:* «Emerita» 10 (1942) 308ss; R. Etienne, *op. cit.*, 59ss.
[186] App., *Ib.*, XLV; Flor., I, 45.
[187] A. Tovar, *El bronce de Luzaga y las teseras de hospitalidad latinas y celtibéricas:* «Emerita» 16 (1948) 75ss; *Estudios sobre las primitivas lenguas hispánicas* (Buenos Aires 1949); M. Lejeune, *Celtibérica* (Salamanca 1955) 65ss; M. Gómez Moreno, *Misceláneas* I (Madrid 1949) 205ss, 310ss.

En el reverso se lee bien el étnico de los tres nombres citados en el anverso, o bien el nombre del pueblo o familia con los que se pacta el *hospitium.*

3. B 5. Villavieja:
LiPiaca / CortiEa Car. Lipiensis tessera hospitalis.

4. B 6. Procedencia desconocida:
LiPiaca. Lipiensis (tessera).

5. B 6. Procedencia desconocida:
recopiricea. (tessera) segobrigensis.

6. B 8. Procedencia desconocida:
Lutos aliso / Cum analo Ce / Con TePias / PelaisCas.

Pacto de *hospitium* concluido entre un hombre *(lupos)* y una ciudad *(Contrebia Belaisca)* representada por su *aulo* (nombre de magistrado).

7. B 51. Monreal de Ariza:
h(ospitium) f(ecit) / quom Elando Riau (...)

8. B 52. Monreal de Ariza:
iKar arcobr goiciando... cidoso.

Ikar(os) arcobrig(ensis) concede *hospitium* a Goiciando... *cidoso.*

9. B 53. Sasamón:
Tridoniecu, caisa / cadessuaeona / nemaosq.

Caraca Dessuaeona (una o dos mujeres, o colectividades de) *Tridonicu(su)* conceden el *hospitium* a *Nemaiosos.*

10. B 54. Paredes de Nava:
Caisaros Cecciq (un) rr / Arcailo(n).

Caisaros de los Cecciq (un) r(ix) r(igon) concertó *hospitium* con *Arcailo.*

11. B 55. Procedencia incierta:
Tessera hospitalis / cum P. Turulio Lf / mai.

12. B 61. Las Merchanas:
Tessera Caurieu(n)sis magistrato Turi.

Turi ha de interpretarse como *Turibrigensis* o como nombre propio en dativo.

Todas estas tesseras, fechables durante la República romana, pertenecen a la misma zona en que aparecen las inscripciones celtibéricas. Su lengua es celta. Ocho pertenecen al tipo de las halladas en Italia [188], fechables entre los años 250 al 150 a. C. Representan figuras separadas en dos mitades simétricas y son de bronce. Las figuras son: toro (B 7), caballo (B 5), oso (B 3), delfín (B 51 y B 52), manos enlazadas (B 8, B 54, B 55), animal indeterminado, probablemente reptil (B 6), caballo (B 4) y pez (B 53); la B 61 es una simple placa rectangular. Lejeune sugiere que tal vez las manos entrelazadas se reservan para el *hospitium* privado y los animales para el de las ciudades. Según Tácito [189], las manos entrelazadas eran símbolo de *hospitium.*

Desde el punto de vista de los caracteres externos, las tesseras se dividen en dos grupos; unas se reducen a una mera laminilla, como el bron-

[188] CIL XII, 828, XXIII, 611, 1764.
[189] *Hist.*, I, 54; II, 8.

ce de Luzaga, mientras que otras consisten en una silueta de animal susceptible de ser contrastada con la otra mitad depositada en el lugar que había otorgado el *hospitium;* las dos piezas tendrían que ajustarse.

c) La principal tessera de hospitalidad es el bronce de Luzaga, redactado en lengua celtibérica. Su fecha no debe de ser anterior al siglo I a. C. Dice así:

> *AreEpracticupos carno cevei / cortice lutiacei auseis parasioca / erva nela ticer sepos so / ueisui pelaiocumque / cevis cavis cariococue cevis / stan cortican clasuvon / carno teces sapa cortica / teinoreicis.*

Tovar ha propuesto la siguiente interpretación:

> *Aregratensibus hospitali (?) hac / tessera lutienses Augis Brasioca / ...(ospitium dant): Ticrensibus etiam propagini Belaicorumque item Carensiumque item / faciunt tesseram / hospitali... in eadem (?) tessera. Deinorix.*

El bronce de Luzaga, como indicó Ramos Loscertales, es probablemente un registro de los pactos concluidos por una comunidad local con individuos aislados pertenecientes a otros núcleos de población o a otros pueblos, o con otras comunidades.

d) En la Península han aparecido diecisiete *tabulae* de *hospitium* y *patronatus* fechadas en época imperial. Parece que algunas han de relacionarse con una institución indígena y no con su homónima romana. Son las siguientes [190]:

B 101.	Paredes de Nava	2 a. C. [191]
B 102.	Cortijo de Clavijo	5 d. C. [192]
B 103.	Mérida	6 d. C. [193]
B 104.	Pollensa	6 d. C. [194]
B 105.	Astorga	27 d. C. [195]

[190] A. D'Ors, *Epigrafía jurídica (op. cit.)* 368ss; *Una nueva tabla emeritense. Hospitium publicum:* «Emerita» 16 (1948) 46ss: A. García y Bellido, *Los Albiones del Noroeste de España y una estela hallada en el Occidente de Asturias:* «Emerita» 11 (1943) 418ss; A. D'Ors, *Sobre la inscripción romana Emerita 11, pág. 418:* «Emerita» 12 (1944) 123ss; M. Heleno, S. Lambrino, *L. Fulcinius Trio, premier gouverneur de la Lusitanie sur une tabula patronatus:* CRAI (1952) 418ss; S. Lambrino, «O Arq. Port.» 1 (1851) 152ss. Ultimamente han aparecido algunos otros documentos; cf. A. García y Bellido, *Tessera hospitalis del año 14 de la Era hallada en Herrera de Pisuerga:* BRAH 159 (1966) 149, con el estudio de todos los problemas que plantea (fig. 143); J. Ferro, *La «tessera hospitalis» del Castromão:* «Bol. Avriense» 1 (1971) 9ss. Una nueva tabla de patronato ha aparecido en Mulva; cf. A. D'Ors, *Miscelánea epigráfica:* «Emerita» 29 (1961) 203ss; G. Nesselhauf, *Zwei Bronzeurkunde aus Munigua:* MM 1 (1960) 142ss.

[191] CIL II, 763.

[192] CIL II, 1343.

[193] «Emerita» 16 (1948) 46.

[194] CIL II, 3695.

[195] CIL II, 2633.

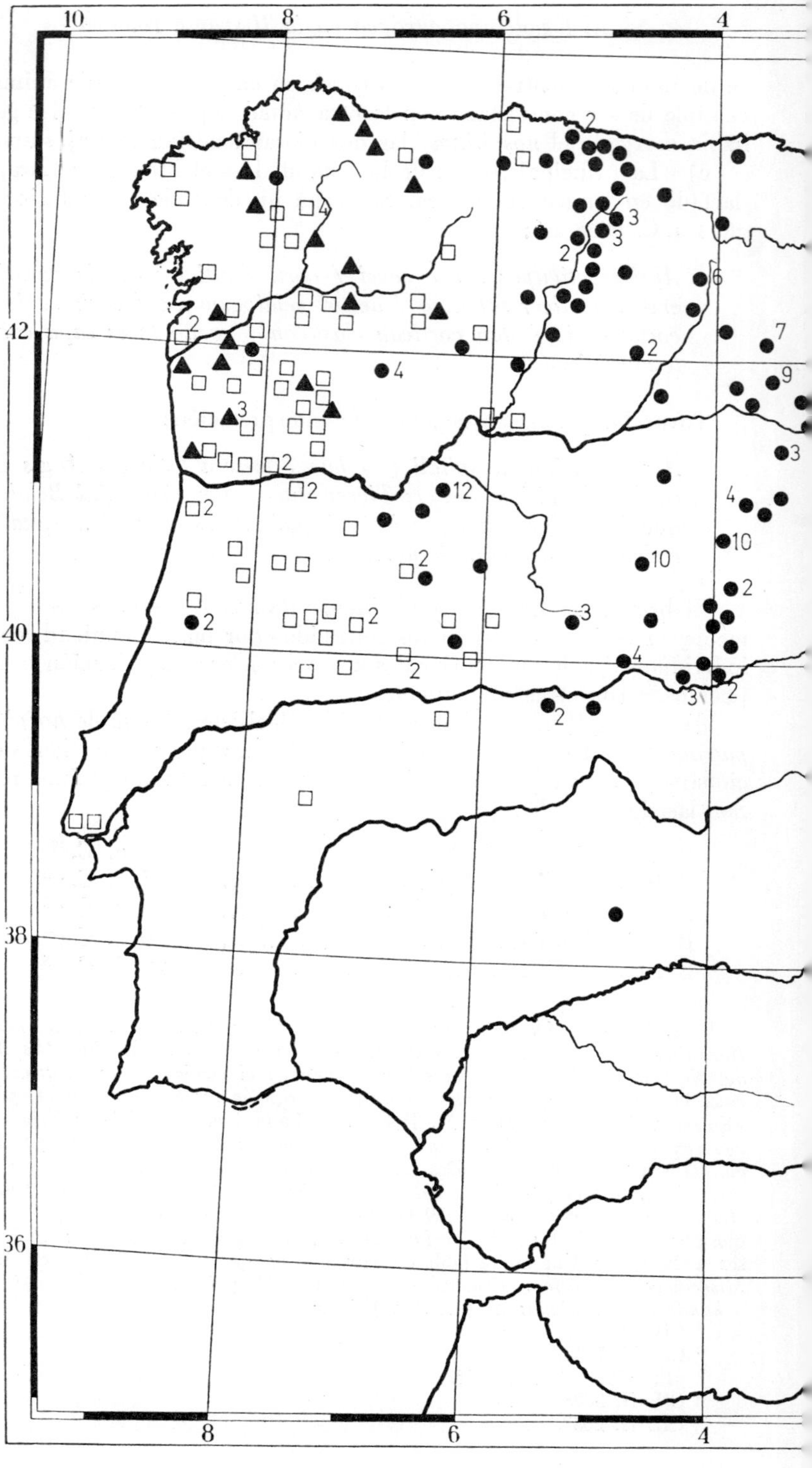

10
8
6
4
42
40
38
36
8
6
4

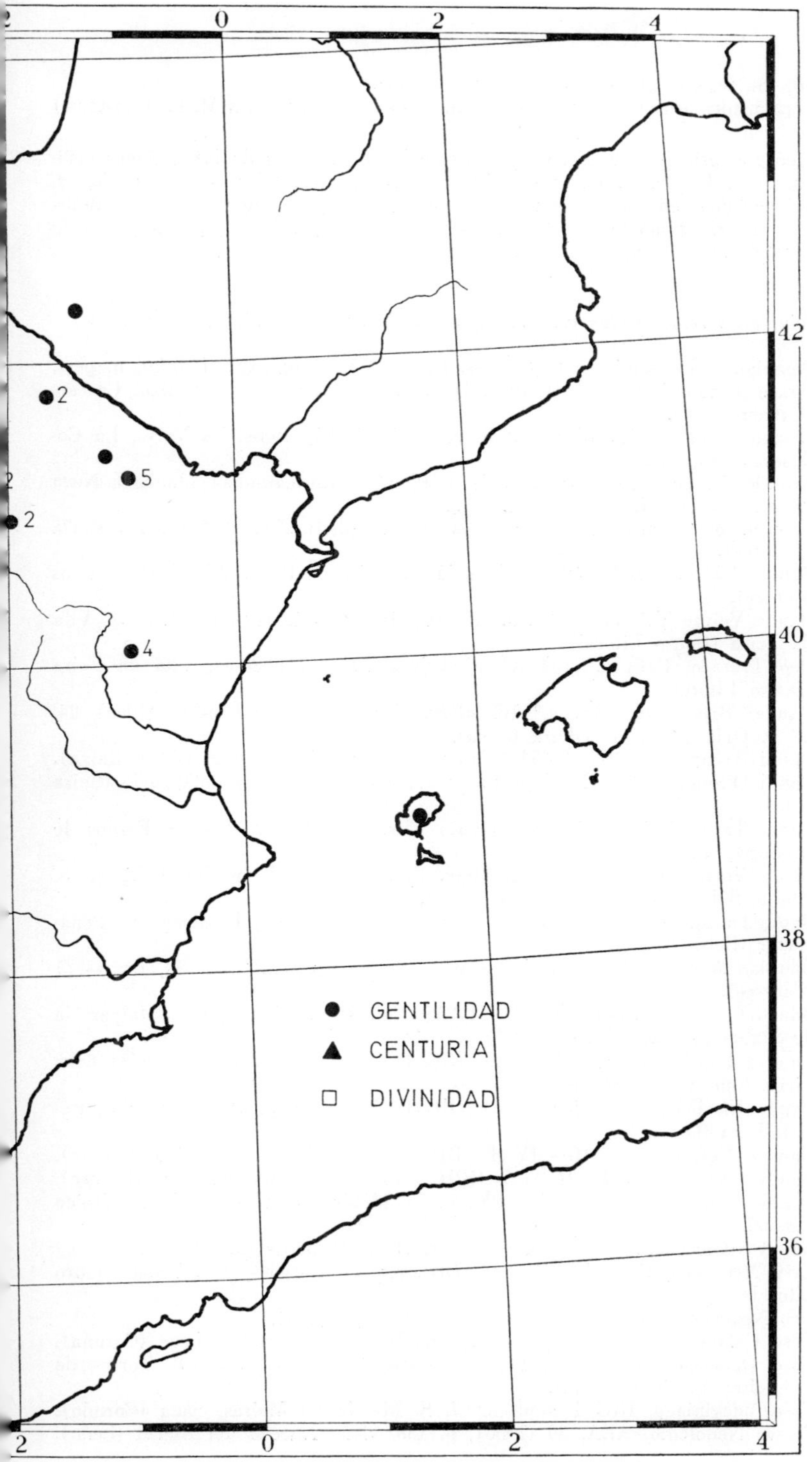

GENTILIDAD
CENTURIA
DIVINIDAD
0
2
4
42
40
38
36
2
5
2
4

Relación de divinidades que pueden estar relacionadas con comunidades humanas de tipo tribal o gentilicio. (Según M. L. Albertos.)

Se recogen principalmente los nombres de las divinidades de las regiones occidentales de la Península. Otras divinidades con epítetos, tales como las *Matres*, aparecen en zonas en que las gentilidades eran vivas y el valor de estos epítetos es allí secundario como testimonio de las instituciones gentilicias, por lo que sólo se recogen de modo complementario.

a) *Divinidades relacionadas con tribus, gentilidades o centurias (=castros ?).*

1. Aponianico Poliscinio, EO, p. 271ss, DIP, n.° 7, Lisboa, Cf. *Aponius*, n. pers.
2. Araco Aranioniceo, CIL II 4991, DIP, n.° 11, Manrique de Baixo, Cascais (Extremadura).
3. Arpaniceo (?), «Madrider Mitteilungen», 14 (1973) 198ss, La Varse, La Codosera (Badajoz).
4. Arantio Tanginiciaeco, RPH, p. 74, DIP, n.° 9, Rosmaninhal, Idanha a Nova (Beira Baixa). Cf. *Tanginus*, n. pers.
5. Arentia (et) Arentio Amrvnaeco, dos aras «Zephyrus» 17 (1966) 121ss, Coria (Cáceres).
6. Bande Raeico, CIL II 2387, DIP, n.° 17, Ribeira da Pena, Vila Real (Tras os Montes).
7 Bande Velvgo Toiraeco, DIR, n.° 18, «Conimbriga» 12 (1973) 204, n.° 3, Vila da Feira (Douro Litoral).
8. Deo Tveraeo, DIP, n.° 102, «Conimbriga» 12 (1973) 204ss, Vila da Feira (Douro Litoral).
9. Bandei Brialeacvi, DIP, n.° 16, «Rev. Fac. Letras de Lisboa» (1965) 24, n.° 4, Orjais, Covilha (Beira Baixa).
10. Bandi Arbariaico, CIL II 454, DIP, n.° 19, Capinha, Fundao (Beira Baixa).
11. Bandi Oilienaico, EE IX 35, DIP, n.° 21, Esmolfe, Penalva do Castelo (Beira Alta).
12. Bandi Tatibeaicvi, «Viriatis» 1 (1957) 37ss, DIP, n.° 22, Queiriz, Fornos de Algodres (Beira Alta).
13 Bandi Vorteaeceo, DIP, n.° 23, «Rev. Fac. Letras Lisboa» (1965) 22, n.° 5, dibujo, Salgueiro, Fundão (Beira Baixa).
14. Bandi Isibraie (o Isibraiegvi?), dos aras, DIP, n.° 20 a y b, Bemposta, Penamacor (Beira Baixa).
15. Bandiae Apolosego(??), muy insegura, CIL II 740, RPH, p. 52, Brozas(?) (Cáceres).
16. Ban[di?] Vorp[...]icio(?), CIL II 855, Cat. Mon. Cáceres, 430, Malpartida de Plasencia (Cáceres). Cf. n.° 13.
17. Bandva Lansbrigae, algo insegura, IRG IV 89, «Bol. Auriense» (1973) 83ss, Eiras, San Amaro (Orense)
18. Bandv Nirvbrico(?), *(Ni-* dudoso), IRG IV 84, RPH, p. 57ss, Arcucelos, Retorta-Laza (Orense).
19. Bandve Veigebreaego, IRG IV 85, RPH, p. 59ss, Rairiz de Veiga (Orense).
20. Bandve Aetobrigo, CIL II 2515, RPH, 58ss, IRG IV 86, Sarreaus (Orense).
21. Bandve Calaico, IRG IV 88, RPH, p. 59, Mixós, Verín (Orense). Cf. étnico *Calaeci.*
22. Bandvso Olecco(??), RPH, p. 60ss, IRG II 20, Palas de Rey (Lugo).
23. Cvsv Neneoeco, CIL II 2375-5552, DIP, n.° 36, Burgaes, Sto. Tirso (Douro Litoral
24. Deo Neneoeco, DIP, n.° 83, Sto. Tirso (Douro Litoral).
25. Coso Calaevnio, IRG I, supl. n.° 9, Sta. María de Serantes, Lege (Coruña).
26. Coso Oenaeco, BRAG VII, 1912, p. 140ss, IRG I, supl. n.° 8, Torres de Nogueira, Seavia (Coruña).
27. Coso Vdaviniago, IRG I, supl. n.° 7, S. Martín de Meirás, Sada (Coruña).
28. Cossve Nedoledio, AEA, 39 (1966), p. 158, vista, Noceda del Bierzo (León).

29. Cossve Segidiaeco, AEA, 39 (1966), p. 138ss, vista, Arlanza (León).
30. Cosiovi Ascanno, ERA, n.° 1, apéndice, Las Rozas, Villablino, León.
31. [Cos]iovio Tabaliaeno, ERA, n.° 11, Grases, Villaviciosa. Cf. *Tabalus* n. pers. y *Taballes top.*, ambos en Asturias.
32. Cvnve(tene?) Berralocegv, IRG II 21, Sta. Cruz de Loyo (Lugo).
33. Moelio Mordonieco, IRG IV 92, Cornoces (Orense).
34. Mvnidi Eberobrigae Tovdopalandaigae, BRAH, 64 (1914), p. 305ss, RPH, p. 81ss, Talaván, Garrovillas (Cáceres).
35. Mvnidi Icaed(itanorum?), RPH, p. 83, DIP, n.° 76 a, Idanha a Velha (Beira Baixa).
36. Babiae Elaesvrraec[ae?], CIL II 2534, IRG IV 81, S. Juan de Camba, Castro Caldela (Orense). Cf. *Elaesus*, n. pers.
37. Naviae Arconvniecae, IRG II 6, S. Mamed de Lousada, Guntín (Lugo) .
38. Naviae Sesmacae (?), CIL II 2602, IRG IV 82, Puebla de Trives (Orense). Cf. centuria *Sesmaca*, n ° 17, si no es la misma inscripción.
39. Nimmedo Aseddiago(?), ERA, n.° 9, Ujo, Mieres (Oviedo).
40. Reve Radavcv(?), IRG IV 93, Baltar (Orense).
41. Reve Langanitaeco, «Egitania», n.° 13, DIP, n.° 93, Proença a Velha, Idanha a Nova (Beira Baixa).
42. Reve Langanidaegvi, «Egitania», n.° 12, RPH, p. 185ss, DIP, n.° 93, Medelim, Idanha a Velha (Beira Baixa).
43. Revveana Baraeco, CIL II 685, IRG IV 95, RPH, p. 84, Rubiana (Orense) o Ruanes (Cáceres) (??).
44 Baraeco, CIL II 5276, RPH, p. 74, Trujillo (Cáceres).
45. Torolo Combiciego, «Bol. Auriense» 3 (1973), 57ss, Pias (Orense).
46. Vestio Alonieco, varias aras, IRG III 27 y 28, etc., RPH, p. 99ss, Lourizán (Pontevedra).
47. Virrore Viliaego, CIL II 2575, IRG II 15, Lugo.
48. Crovgin Tovdadigoe, CIL II 2565, IRG IV 91, RPH, p. 77, Mosteiro de Ribeira (Orense).
49. Crovgeai Magareaicoi Petravioi, Vid. n.° 50.
50. Ioveai(?) Caeilobrigoi, «Emerita» 3 (1933), 77. Interpreto como divinidades estos dativos por el contexto y la comparación con la inscripción del mismo tipo y zona de El Cabeço das Fraguas, en que a cada ofrenda en acusativo corresponde una deidad en dativo, aquí incluso con oferente y verbo expresos *Veaminicori doenti*, y en relación con otros teónimos con rasgos similares
51. Candeberonio Caedvradio «Mélanges C. Velázquez» 11 (1973) 198ss, Vila Nova de Mares, Braga (Minho), Cf. el epíteto *Eberobrigae de Munidi*, n.° 34.
52. I(oui?) Assaeco, EO, p. 269, DIP, n.° 57, Lisboa.
53. Marti Cariociego, CIL II 5612, IRG III 16, Tuy (Pontevedra).
54. Iano(?) Paraliomego, IRG II 12, CEG, 23 (1968) 16ss, Lugo.
55. Iano(?) Parameco, IRG II 25, BCPM, 8 (1965-66) 10ss, Lugo.
56. Reo(=Deo?) Paramaeco, BCMP, 6 (1958-59), 272, íd., 8 (1965-66), 10ss, Lugo
57. Parameco, BCPM, 2 (1959), p. 75, El Collado, Riosa (Oviedo).
58. Aegiamvnniaego, CIL II 2523, IRG IV 90, RPH, p. 71, Viana del Bollo (Orense).
59. Ambiorebi, «Mélanges C. Velázquez» 9 (1973), 201ss, Braga (Minho).
60. ...Abrigo(?), CIL II 5561, DIP, n.° 27, Vila Nova de Famaliçao (Minho).
61. Cantvnaeco, CIL II 861, CAS, n.° 30, RPH, p. 208, Ciudad Rodrigo (Salamanca)
62. Dovanceio, Extremadura, 30-I-64, VIII, Malpartida de Plasencia.
63. Eniracillo, «Madrider Mitteilungen» 14 (1973) 199ss, Casas de Millán (Cáceres).
64. Evedvtoniv Barciaeco, ERA, n.° 10, RPH, p. 75, Naraval, Tineo (Oviedo). Cf. topónimos *Barcia* y *Bárcena*, muy próximos al lugar de hallazgo. El primer elemento quizá la gentilitas del oferente.
65. Issibaeo, DIP, n.° 54, Miranda do Corvo, Coimbra (Beira Litoral). Cf. *Bandi Isibraie*, n.° 14.

66. Mentoviaco, dos aras, 1.ª CIL II 5649, «Cat. Mon. Zamora», n.º 99, Zamora; 2.ª BIEA, 8 (1954) 466ss, n.º 1, Villalcampo (Zamora). Cf. la gentilidad de Avila, *Mentouieq(um)*, n.º 166, y *Mentina* y otros ns. personales.
67. Paisicaico, DIP, n.º 88, Vermilhas, Vouzela (Beira Alta). Cf. el étnico astur *Paesici*, y el antrop. *Paesica*, documentado en la provincia de Burgos.
68. Palantico, datos de A. Sánchez Paredes, Perales del Puerto (Cáceres). Cf. *Toudopalandaigae*, segundo epíteto de *Munidi*, n.º 35, y *Trebopala*, una de las divinidades de El Cabeço das Fraguas.
69. Senaico, «Mélanges C. Velázquez» 9 (1973) 199, n.º 11, Braga (Minho) Cf. *Senus*, n. per. de Orense.
70. Tabvdico, «Conimbriga» 2-3 (1960-1) 223ss, DIP, n.º 97, Murtede, Anadía (Beira Litoral). Cf. Tops. *Tabuaco*, *Tabuado* en Portugal, cerca del Duero, y *Tabuyo* en la provincia de León.
71. Tameobrigo, CIL II 2377, DIP, n.º 98, Varzea do Douro, Marco de Canaveses (Douro Litoral). Cf. el hidrónimo *Támega*, antes *Tamaga*, a cuya orilla está el lugar de hallazgo ¿Topónimo en *-briga* o relativo a centuria en *-obri?*
72. Tritiaecio, dos aras, 1.ª AEA, 36 (1963) 225, n.º 8, Torremenga (Cáceres); 2.ª datos de A. Sánchez Paredes, con dibujo, Navalconcejo (Cáceres). Cf. *Tritius*, n. pers. y varias gentilidades de la misma base (núms. 20, 52, 68, 101, 102, 125 y 207).
73. Tvriaco, CIL II 2374-5551, DIP, n.º 103, Sto. Tirso (Douro Litoral) Cf. *Turus*, etcétera.
74. Vacodonnaego, CIL II 2636, Cat. Mon. León, p 37, RPH, p. 164ss, vista, La Milla del Río (León).
75. Genio Tiavranceaico, RPH, p. 135, DIP, n.º 49, Estoraos (Minho).
76. Lari Sefio(??), DIP, n.º 67, Aduafe, Braga (Minho).
77. Lari Circeiebaeco Proeneiaeco, «Durius» 1 (1973) 161ss, Orense. Cf. centuria *Circine* (n.º 9) y entrop. *Circeana*, de Avelleda, Chaves, visto.

77 bis. Lari Pemaneieco, «Bol. Auriense» 3 (1973) 73, Readegos, Vilamarín (Orense)

78. Laribvs Cerenaecis, DIP, n.º 60, Marco de Canaveses (Douro Litoral).
79. Laribvs Findeneticis (F- o P-?), CIL II 2471, DIP, n.º 63, Seleirós, Chaves (Tras os Montes).
80. Laribvs Erredicis, CIL II 2470, n.º 62, Chaves (Tras os Montes).
81. Laribvs Tarmvcenbaecis Ceceaecis, CIL II 2472, DIP, n.º 65, Granjinha, Chaves (Tras os Montes).
82. Diis Ceceaigis..., CIL II 2597, Galicia, sin procedencia concreta. Debía tener un segundo epíteto.
83. Laribvs Tvrolic(is?), CIL II 431, DIP, n.º 66, Freixo da Numão, Meda (Beira Alta).
84. Lares Lvbanc(i?) Dovilonicor(um) Horvm, «Rev. Guimarães» 82 (1972), DIP, n.º 64, Conimbriga (Beira Litoral).
85. Laribvs Gapeticorvm Gentilitatis, vid. Gentilidades, n.º 191, Oliva (Cáceres).
88. Castaecis (Diis?, Nymphis?), CIL II 2404, DIP, n.º 32, Lousada, Caldas de Vizela (Minho).
99. Peinticis (Diis?), AEA, 38 (1965), p. 8ss, DIP, n.º 89, Castro de Tres Ríos, Tondela (Beira Alta).
100. D(iis) D(eabus) Cavlecisaec(is?), bastante insegura, CIL II 2551, IRG IV 96, Castro Caldelas (Orense).

100 bis Soe Meobrigoe, IRG I 23, prov. de La Coruña.

Aparecen en zonas donde se conservan claramente los nombres de gentilidad:

101. Cabvniaegino, EE VIII 159, Ex. M. Cildá, n.º 38, vista, Monte Cildá, Olleros de Pisuerga (Palencia). Probablemente en la inscripción se mencionan también un gentilicio, *Tridiaum* (vid. n.º 52) y una *ciuitas*, Polecensivm (vid. lista de tribus y ciuitates, n.º 80). El teónimo tiene la misma final *-cinus/ginus*

que varios cognomina astures y cántabros de valor probablemente gentilicio: *Pendieginus, Vbalacinus,* y la gentilitas *Coliacini,* etc. Vid. arriba, gentilitates.

102. Matribvs Brigeacis, CIL II 6338 1, RPH, p. 130, Clunia (Burgos).
103. Matribvs Gallaicis, CIL II 2776, RPH, p. 130, Clunia (Burgos)
Los epítetos de las Matres en estas dos aras hacen pensar en los nombres de las tribus galaicas y astures, *Gallaeci* y *Brigiaecini.* Tal vez este culto típico de la Celtiberia septentrional era rendido en estos dos casos por grupos étnicos o gentilicios de origen astur y galaico residentes en la capital del conuentus Cluniensis. En Clunia hay otros testimonios del culto a las *Matres* en aras que no presentan en su epígrafe ningún epíteto; sólo una de ellas dice *His Matribus,* «estas, las de aquí» no de otro lugar o tribu.
104. Matribvs Monitvcinis, Ep. Rom. Lara, n.° 206, Salas de los Infantes (Burgos). Cf. *Monitucos* en escritura ibérica, en una tésera de Sesamón, Celtibérica, p. 83ss, B 4.
105. Matribus Tendeiteris, Ep. Rom. Lara, n.° 7, Covarrubias (Burgos).
106 Matribus Vseis, EA, n.° 76, vista, Laguardia (Alava).
Otros testimonios sin epítetos o con epítetos menos claros en la provincia de Burgos en la misma región que las citadas, en la de Soria y en la de Segovia. Posiblemente estos epítetos tengan algún valor tribal o gentilicio aunque hasta la fecha no se hayan establecido concordancias claras.

b) *Divinidades relacionadas con una comunidad o ciuitas vinculada a un oppidum.*
Se excluyen las referidas a ciudades muy romanizadas y conocidas.

107. Arentio Cronisensi, DIP, n.° 12, Zebras, Fundão (Beira Baixa).
108. Bandve Itvicie(n)si, BRAH, 21 (1892) 146ss, RPH, p. 58, «La Mezquitilla», Sonseca (Toledo).
109. Band(i?) Aravgel(ensi?), RPH, p. 55, «Rev. Guimarães» 68 (1958) 458, provincia de Cáceres (?).
110. Genio Laqvinie(n)si, CIL II 2405, DIP, n.° 48, Caldas de Vizela (Minho).
111. Genio (L?)oncobricensivm, CIL II 5564, DIP, n ° 50, Marco Canaveses (Douro Litoral).
112. Iovi Optimo Max(imo) Civitati Baniensiv(m), DIP, n.° 44, vista, Mesquita, Moncorvo (Tras os Montes). ¿Un *Iupiter* de la *ciuitas?* ¿Un *genio ciuitati(s)* o la *Ciuitas Baniensium* misma, junto con Júpiter? Esto es lo que a primera vista se lee en el ara.
113. Tvtela[e] Bolgensi, Cat. Mon. León, p. 59, RPH, p. 63, Cacabelos (León).
114. Tvtelae Tiriensi, EE VIII 111 a, DIP, n.° 104, Torre de Pinhao, Sabrosa (Tras os Montes).
115. Laribvs Cvsicelensibvs(?), CIL II 2469, DIP, n.° 61, Couto de Algeriz, Chaves (Tras os Montes).
116 Dis Deabvs Nobraninsibvs(?), datos de A. Sánchez Paredes (Cáceres).
117. Dbvbvs(?) Pinione(n)sibvs, BRAH, 158 (1965), n.° 24, Santiago del Campo (Cáceres).

La relación no pretende ser exhaustiva ni definitiva. Se han escluido nombres de divinidades que por su estructura o por dificultades de lectura parecían dudosos; se han incluido los que parecían tener alguna relación posible, aunque acaso remota, con nombres de gentilidades, tribus o ciuitates. Los teónimos de zonas en las que están documentadas las gentilidades pero por sus características pueden contener sus epítetos o el nombre mismo una referencia gentilicia tienen un valor puramente complementario. Los importantes son los de la zona occidental, sobre todo al norte del Duero y en la región de la Beira, donde son más abundantes y característicos y donde, por otra parte, faltan casi por completo las referencias a gentilidades.

B 106.	Peñalba de Castro	40 d. C.[196]
B 107.	Pamplona	57 d. C.[197]
B 108.	Badalona	98 d. C.[198]
B 109.	Astorga	152 d. C.[199]
B 110.	Pamplona	185 d. C.[200]
B 111.	Clunia	222 d. C.[201]
B 112.	Sasamón	239 d. C.[202]
B 113.	Córdoba	348 d. C.[203]
B 114.	Córdoba	siglo IV d. C.[204]

A estas *tabulae* citadas por Lejeune hay que añadir otras tres, una de *Ituci,* fechada en el año 31, una segunda de Peralejo de los Escuderos (Soria), del siglo II, y la tercera que se encuentra en el Museo Leite de Vasconcelos de Lisboa, de época de Tiberio.

Sólo cuatro *tabulae* proceden de la región en que aparecen las inscripciones celtibéricas. A partir del siglo I se encuentran repartidas por toda la Península. Hay cierto parentesco entre *tabulae* y *tesserae,* como el hecho de que las más antiguas entre las primeras son de pequeñas dimensiones (B 101), pero la distribución geográfica de ambos tipos parece descartar una identidad en cuanto al fondo de la institución. No obstante, se observa que las *tabulae* más antiguas muestran cierta preferencia por el *hospitium,* mientras que las más tardías se refieren más bien al *patronatus.* El *hospitium* pierde su pureza a medida que el lugar del hallazgo se sitúa más hacia Levante y conforme pasan los siglos. El patronato puro sólo se encuentra en el extremo oriental de Hispania y en dos documentos de los siglos III y IV. Idéntico fenómeno se confirma dentro de una misma localidad: en Clunia, la *tabula* más antigua es de hospitalidad, y de patronato la más moderna; en Pamplona, la antigua contiene un *hospitium* puro, pero en la más reciente se mezcla con patronato, al igual que en Palencia y Astorga. En Ronda y Córdoba, de un *hospitium* mezclado se pasa a un patronato puro. El *hospitium* puro se encuentra en los documentos más occidentales y septentrionales, y de fechas más antiguas.

De estos datos se desprende que el *hospitium* pudo camuflar las alianzas públicas tradicionales de los celtas. En las zonas más romanizadas y menos celtizadas se prefirió el patronato, forma puramente romana. Con el correr del tiempo, la antigua institución céltica, revestida de *hospitium,* perdió su significación y cedió terreno ante el patronato.

Merece señalarse el dato de que Hispania ha dado con mucha dife-

196 CIL II, 5792.
197 CIL II, 2958.
198 «Emerita» 1 (1939) 156.
199 CIL II, 2633.
200 CIL II, 2960.
201 CIL II, 145.
202 CIL II, 5812.
203 CIL II, 2211.
204 CIL II, 2210.

rencia, dentro del Imperio Romano, el mayor número de documentos de *hospitium*, aparte de que es la única zona en que se registran documentos en lenguas indígenas. Tres inscripciones aparecen en la Galia Cisalpina [205], ocho en Roma [206], cuatro en Africa [207], siete en Italia Central y Meridional [208] y una en Cerdeña [209].

La abundancia de testimonios aparecidos en Hispania prueba que bajo el *hospitium* latino se ocultaban frecuentemente viejas instituciones indígenas, célticas más concretamente.

Si se analizan dos de estas *tabulae* de entre las más antiguas, la de Palencia del año 2 y la de los zoelas del año 27 d. C., se observa que aún pervive una serie de elementos típicamente indígenas. Estas dos inscripciones confirman plenamente la veracidad de la descripción de Plinio [210] sobre los *conventus* de *Clunia* y *Asturica.* Estos dos documentos permiten perfilar dos tipos distintos de estructuras políticas y al mismo tiempo nos indican que con la llegada de los romanos se cambia la personalidad de los *populi* de la Meseta. En la Hispania céltica, la comunidad política coincidió con un *populus* y no con un *oppidum.* Con la llegada de Roma, esta estructura se alteró únicamente en el sentido de que los *populi* pasaron a ser unidades administrativas, constituyendo los órganos primarios de la administración provincial romana. La inscripción de Palencia nos permite conocer la desaparición de un *populus,* el de los elésicos, que se incorpora al de los vacceos o es adscrito al mismo como pueblo tributario, ya que tanto la epigrafía como las fuentes antiguas coinciden en señalar para esta zona un solo *populus,* el de los vacceos, y Palencia es un *oppidum* vacceo [211]. Los pueblos de los elésicos y vacceos habitaban, parcialmente, en *oppida* que poseían dentro del *populus* una autonomía en diversos aspectos; de ello es índice la posibilidad de contratar con extraños, sin comprometer a los otros grupos copopulares y mediante la intervención de un magistrado popular.

La estructura del *populus* de los zoelas es distinta. El *populus* no está compuesto de *oppida,* sino de *gentilitates.*

Quedan, pues, en estas dos inscripciones restos de dos tipos diversos de estructuras estatales vigentes entre los pueblos del Centro de la Península. Ambos tipos difieren de los que predominaban en Turdetania y en el Levante, que tenían por base un *oppidum* con su territorio, una *civitas* o un sinecismo de *civitates,* como en otras zonas del Mediterráneo en las que el estado nunca tuvo una base tribal, como en la Hispania céltica. Al frente de zoelas y elésicos se encontraba un magistrado popular que seguramente hacía de enlace entre las entidades constitutivas del pueblo, *gentilitates* u *oppida,* y la administración provincial ro-

[205] CIL V, 4919-4921.
[206] CIL VI, 1492, 1682-1689, 26682.
[207] CIL VIII, 68, 69, 8837, 10, 525.
[208] CIL IX, 10, 259, 3429; X, 6231, 646-678.
[209] CIL X, 7845.
[210] NH III, 26-28.
[211] NH III, 26.

mana. Tanto el pueblo como sus elementos conservan, por tanto, durante el siglo I huellas ciertas de la anterior organización indígena, que sería utilizada por los romanos como base para su propia administración.

En cuanto al magistrado popular, Ramos Loscertales cree que se trata de una figura creada por los romanos o adaptada de otras zonas peninsulares no celtizadas, ya que no hay vestigios de un poder unipersonal [212].

Dos clases de *hospitium* se distinguen en la Hispania céltica; uno es el referido por Diodoro, en el que el *hopes* no tenía otra garantía que la probable sanción punitiva de la divinidad; el segundo es el que se deduce de las *tesserae* y *tabulae*, instituido por una convención pactada entre quien necesitaba el *hospitium* y quien lo ofrecía. Ello llevaba consigo una serie de derechos y obligaciones que desconocemos. Se puede asegurar, sin embargo, que el *hospes* entraba en pie de igualdad en el grupo que le recibía. La inscripción de Palencia ofrece indicios seguros del proceso de transformación de las tribus de la Meseta en el siglo I: los *oppida* sustituyen como entidades administrativas a los *populi*, que pierden así su antigua condición de comunidades políticas y administrativas.

En el bronce de los zoelas se asoció el *hospitium* a la clientela; en virtud de este pacto, los miembros de las dos comunidades y sus descendientes formaban hospitalidad y clientela entre sí. Hospitalidad y clientela eran mutuas, recíprocas y hereditarias. La expresión *uetustum antiquom* parece indicar que el *hospitium* y la clientela eran anteriores a la llegada de los romanos o a lo sumo contemporáneos de los comienzos mismos de la romanización. Este bronce indica asimismo la existencia de una clientela indígena y colectiva de la que ya se han registrado otras huellas.

El *hospitium* respondía sin duda en Hispania a una necesidad social. El *hospes* conservaba su personalidad, sin subordinarse al grupo que le recibía. Por el contrario, en la clientela había una subordinación jerárquica. El cliente no entraba a formar parte del mismo grupo que el jefe, sino del círculo que se organizaba en torno a su persona. El *hospitium* no se alteró en su esencia al convertirse de individual en colectivo. Lo contrario sucedió con la clientela, pues desapareció la subordinación jerárquica y quedaron parificados los protectores y los protegidos.

El *hospitium* es una institución céltica. De su existencia en la zona ibérica, probablemente por influjo de la Meseta sobre el Levante, hay dos testimonios. Livio se refiere a los *hospitia* concertados entre Asdrúbal y los régulos iberos [213]. El mismo escritor se refiere también a un *hospitium publicum* entre *Alorcus* y Sagunto [214].

[212] J. Caro Baroja, *Los pueblos de España (op. cit.)* 173ss.
[213] Liv., XXI, 2.
[214] Liv., XXI, 12.

El *hospitium*, como institución indígena, debió de pervivir mucho tiempo, pues en la ley de *Urso* aparece claramente diferenciado del *patronatus* en época flavia, cuando lo más frecuente era ya confundirlos. Debía de ser muy frecuente el pacto de *hospitium* entre particulares, como se desprende de la noticia de que Quinto Occio quiso ligar por la ley del *hospitium* a un joven celtíbero vencido en un reto [215].

4. *Gentilidades y centurias*

En el Norte y Centro de Hispania se señala la vigencia de dos instituciones que aparecen también en diversos pueblos indoeuropeos. Eran organizaciones intermedias entre la familia y la tribu, equivalentes a los clanes del mundo celta. Nos referimos a las centurias y las gentilidades. Las primeras son propias de los grupos celtas no celtíberos; las segundas aparecen en los territorios de la cultura castreña, es decir, que las centurias se dan entre los galaicos, mientras que las gentilidades son propias de los astures, cántabros, vettones, carpetanos y pelendones. Estas organizaciones serían autónomas en lo económico, y cada tribu comprendería varios de estos clanes. Serían dos formas distintas de un mismo tipo de clanes. Para Schulten, cada castro representaría un clan; los clanes serían muy numerosos, y ello explicaría el gran número de castros que conocemos. Schulten [216], Caro Baroja [217] y Rodríguez Adrados [218] identifican *gentilitas* y *centuria*. Tovar llama a la *centuria* «institución en cierto modo paralela a la *gentilitas*» [219]. D'Ors [220] piensa que en muchos casos la *centuria* servía como base para el reclutamiento de las unidades del ejército romano en las tribus indígenas. Maluquer [221] separa acertadamente ambas organizaciones, ya que las tribus no responden a un concepto uniforme ni son iguales unas a otras en cuanto a su estructura interna.

Las gentilidades eran, como se acaba de decir, unidades sociales superiores a la familia e inferiores al pueblo o la tribu. Eran autónomas y desconocemos su carácter exacto. Los miembros de una misma gentilidad estaban unidos entre sí por un vínculo natural cuya existencia queda bien patente en el nombre gentilicio común a todos ellos. En las zonas en que aparecen las gentilidades, al nombre personal sigue el gentilicio; al final se coloca el nombre del padre; este orden indica claramente que la entidad social primaria era la comunidad de linaje, no la familiar implicada dentro de ella, con valor social secundario y subordinado.

[215] Val. Max., III, 2, 21.

[216] *Los cántabros y astures y su lucha con Roma (op. cit.)* 53, 94.

[217] *Los pueblos del norte de la Península Ibérica (op. cit.)* 53.

[218] *El sistema gentilicio decimal de los indoeuropeos occidentales y los orígenes de Roma* (Madrid 1948) 11ss.

[219] *Estudios sobre primitivas lenguas hispánicas* (Buenos Aires 1949).

[220] «Emerita» 12 (1944) 125.

[221] *Pueblos celtas*, en R. Menéndez Pidal (ed.), *Historia de España* I, 3 (Madrid 1954) 145ss.

En la zona ibérica se observa lo contrario: desde el punto de vista social, la primacía corresponde a la familia.

La comunidad social formada por el grupo era al mismo tiempo una comunidad religiosa que practicaba un culto a los antepasados peculiar y distinto del culto popular. No conocemos la composición cuantitativa de la gentilidad, ni sabemos si eran uniformes o si variaban; se desconocen también sus organismos de gobierno, que, de existir, delegarían sus funciones en los magistrados que aparecen citados en las inscripciones.

La gentilidad no tuvo, al menos en sus comienzos, un vínculo local fijo. Tal vez el territorio fuera asignado por los romanos, lo que explicaría el hecho de que poblados y ciudades lleven nombres de gentilidades. De lo que no cabe duda es de que ni las gentilidades ni las centurias desaparecieron con la romanización, sino que conservaron toda su importancia como organizaciones sociales y administrativas. Ignoramos cómo se entraba a formar parte de la gentilidad, pero sabemos que no constituían grupos cerrados.

En la zona castreña se desconoce la organización por gentilidades. En lugar de éstas tenemos las centurias, que son una forma de agrupación social, sin que sepamos mucho más de ellas. Parece que se trata de dos organizaciones diferentes, a juzgar por la dualidad geográfica y cultural de los ámbitos en que aparecen. El número de gentilidades, según Tovar, es de 163, aparte de algunas otras dudosas; el de las centurias es de 19.

Caro Baroja[222] ha estudiado las unidades sociales de los pueblos del Norte a partir de los textos epigráficos y ha llegado a las siguientes conclusiones: la palabra *gens* se emplea de un modo figurativo, y cada autor le da un valor distinto. Los pueblos estaban organizados conforme a tres agrupaciones, por ejemplo, 1) *astures,* 2) *zoelae,* 3) *desonci.* Si tomamos como base la citada inscripción de los *zoelae,* en este importantísimo documento nos encontramos con que una fracción de los *astures,* los *zoelae,* denominados *gens zoelarum,* estaba dividida en varias unidades denominadas *gentilitates* (*desoncorum, tridiavorum, avelgigorum, vivaligorum, cabriagenigorum).* La palabra *gens,* igual que *gentilitas,* traduce al latín sin duda conceptos indígenas vigentes aún en el año 27.

Tampoco cabe duda de que los astures se dividían en tres órdenes de unidades sociales, que el romano confunde con la *gens;* en ocasiones, para el romano son *gens* los astures, pero también son *gens* los *zoelae; gentilitates* son los grupos que se citan como integrados dentro de esta segunda *gens.*

Esta organización en tres órdenes aparece también entre los cántabros.

Para el historiador, el dato verdaderamente importante es que del hecho de que Caro Baroja, apoyado en Tolomeo y Plinio, haya podido catalogar ordenadamente estas unidades sociales, expresando al mismo tiempo su sentido territorial, cabe deducir que durante los sigios I y II

[222] *Los pueblos del norte de la Península Ibérica (op. cit.)* 54ss.

estas unidades sociales prerromanas conservaban todavía su importancia. Ignoramos qué relaciones mantenían entre sí estas unidades y cómo evolucionaron a través del tiempo. Caro Baroja sospecha que probablemente estas unidades se formaron matrilinealmente y que luego, con la conquista romana, se convirtieron en patrilineares.

Hasta Plinio pervivió el derecho indígena en la mayor parte de la Península; los datos del citado autor no dejan lugar a duda en este punto. Según Plinio, de las 175 ciudades de la Bética, sólo 9 eran colonias; había además 10 municipios romanos y 20 municipios latinos; de las 293 agrupaciones político-administrativas de la Tarraconense, sólo 179 eran *urbes*; de las 81 comunidades gentilicio-políticas de la Lusitania, sólo 48 eran *urbes*, y de éstas 5 colonias y 3 municipios. Estos datos prueban que en el siglo I, los *hispani* se regían por sus viejas instituciones y su derecho en la mayor parte de los casos.

El primer paso para la unificación legal fue el decreto de Vespasiano concediendo a los hispanos el *ius Latii*, que los incorporaba a la vida política y administrativa de Roma. El derecho latino no los convertía en ciudadanos romanos y por lo tanto no terminó con las diferencias jurídicas existentes, pero significó un gran avance en el sentido de la unificación jurídica. La concesión del *ius Latii* implicaba la organización urbana al estilo romano y contribuyó a difundir el régimen municipal por la Península y a unificar el régimen político-administrativo local.

II. LA RELIGIOSIDAD

Los escritores antiguos fueron muy parcos en noticias acerca de la religiosidad de los pueblos de la Península [223]. Los escasos datos de que disponemos nos permiten, sin embargo, asegurar que en la Hispania romana continuaron vigentes ciertos elementos religiosos de los pueblos indoeuropeos, algunos de ellos durante muchos siglos, como es el caso de la adivinación de los galaicos mediante la contemplación de los individuos y de las llamas sagradas [224], que se practicaba todavía en tiempos de san Martín de Dumio [225].

También pervivieron durante el Imperio Romano, y han llegado hasta nuestros días, las danzas sagradas que celebraban los pueblos del Noroeste en honor de la luna [226]. Más adelante nos referiremos a la pervivencia de otros elementos.

[223] Sobre las fuentes antiguas referentes a la religiosidad hispana, cf. J. M. Blázquez, *La religiosidad de los pueblos hispanos vista por los autores griegos y latinos*, en este mismo volumen, pp. 438-466.

[224] Sil. Itál., III, 344-345.

[225] *De correc. rustic.*, XVI; cf. A. Blanco, *Exvoto con escena de sacrificio*: «Rev. Guimarães» 67 (1957) 513; F. Bleiching, *Spanische Landes- und Volkskunde bei Silius Italicus* (Erlangen 1928) 25; R. Grosse, FHA VIII, 222. Estos autores sospechan que se trata de un topónimo.

[226] Estr., III, 4, 16.

Del culto indoeuropeo no tenemos prácticamente noticias en Hispania. Son muy escasos los indicios que conocemos de sus ritos. Podemos citar los siguientes documentos:

En los puñales votivos del Instituto de Valencia de Don Juan, de Madrid, Castelo de Moreira, etc. (figs. 144-145) se representa una *suovetaurilia*, es decir, el sacrificio de un toro, un cerdo y una oveja. Este mismo ritual, típicamente indoeuropeo, se menciona en la inscripción lusitana de Cabeço das Fraguas, en Portugal (fig. 146), fechada en la segunda mitad del siglo II, que además cita cuatro deidades lusitanas; dice así: «Un cordero para *Trebopala* y un cerdo para *Laebo*... un cordero de un año para *Trebarune* y un toro semental para *Reva*»[227].

En Botorrita (Zaragoza) ha aparecido una inscripción (fig. 147) escrita en lengua celtibérica y fechada a finales de la República romana o a comienzos del Imperio, que posiblemente es una ley sagrada; en ella es mencionado cuatro veces el dios *Togoti*, conocido por otras inscripciones. Parece claro que, al igual que en otras leyes sagradas, se mencionan corrales de vacas, campos cercados o sin cercar, siembras, etcétera. Es probable también que se mencionen las entrañas de las víctimas[228].

En Marecos (Portugal) ha aparecido la primera tarifa de sacrificio hallada en la Península Ibérica. Se fecha el 9 de abril del año 147, y dice así: «A la óptima virgen conservadora y a la ninfa de los danigos *Nabia Corona* una vaca, un buey, a *Nabia* un cordero, a Júpiter un cordero, un ternero, a ... *urgus* un cordero, a *Lidia* una bicha. Se ha procedido a los sacrificios por un año y en el santuario, el quinto día de las Idus de abril, durante el consulado de Largo y de Messalino, siendo los mandatarios Lucrecio Vitulino y Lucrecio Sabino Póstumo Peregrino».

Esta inscripción es interesante por varios conceptos. En primer lugar, por el sincretismo religioso, pues en ella aparecen divinidades indígenas junto a otras tan típicamente romanas como Júpiter. Se indica la tarifa de los sacrificios a cada deidad; los sacrificios establecidos en la lista se celebraban en un lugar preciso. La vida religiosa se desarrollaba a nivel local. La onomástica es romana y los dos personajes citados desempeñaban el cargo de *curatores*, que tiene un sentido más administrativo que religioso. La mención de los danigos parece indicar que la organización se ajustaba al territorio de las antiguas *gentes* y que el santuario era un lugar de reunión para celebrar las fiestas y las devociones, en que se mezclaban las divinidades indígenas y las romanas[229].

[227] A. Tovar, *L'inscription du Cabeço das Fraguas et la langue des Lusitaniens:* EC 11 (1966-1967) 237ss.

[228] A. Beltrán, en *Homenaje a don Pío Beltrán* (Valencia 1970) 73ss; M. Lejeune, *La grande inscription celtibère de Botorrita (Saragosse):* CRAI (1974) 622ss; L. Michelena, J. de Hoz, *La inscripción celtibérica de Botorrita* (Salamanca 1974); A. Tovar, *Las inscripciones de Botorrita y de Peñalba de Villartar y los límites orientales de los celtíberos:* HA 3 (1973) 367ss.

[229] P. Le Roux, A. Tranoy, *Contribution à l'étude der régions rurales du NO. his-*

Frente a la parquedad de los datos sobre rituales indígenas, las inscripciones atestiguan un gran número de divinidades autóctonas —unos 320 nombres—, de las que podemos asegurar, en virtud del análisis filológico, que tanto por el nombre como por sus rasgos son de raíz indoeuropea [230], al menos en algunos casos. Si echamos una simple ojeada a la distribución geográfica de los nombres indígenas de divinidades, advertiremos inmediatamente que faltan casi del todo en la Bética y el Levante. Este hecho se explica por la pronta y rápida romanización de estas zonas. En el resto de la Península, más indoeuropeizado y menos romanizado, pervivieron los nombres de los dioses indígenas.

Aquí aludiremos sólo a algunos nombres de divinidades, precisamente aquéllas de las que podemos asegurar que representan una herencia indoeuropea.

En el panteón celta existía una tríada de divinidades fundamentales, que fue cantada por Lucano [231]: *Teutates, Esus* y *Taranis,* que deben ser aplacados con crueles sacrificios y cuyos altares evocan espantosos derramamientos de sangre.

Según un escoliasta de Lucano, *Esus* equivale a *Mars, Taranis* a *Dispater* y *Teutates* a Mercurio; según otro, *Teutates* sería *Mars, Esus* sería Mercurio y *Taranis* Júpiter. Hay inscripciones en que aparecen *Teutates* como *Mars* y *Taranis* como Júpiter [232]. Lactancio [233] menciona también los sacrificios humanos en honor de *Esus* y de *Teutates* [234]. Las tres deidades están registradas en el área céltica peninsular.

panique au Haut-Empire: deux inscriptions de Peñafiel, en *Actas do III Congresso Nacional de Arqueología* (Oporto 1973) 249ss.

[230] Los nombres han sido reconocidos por J. Navascués, *El mapa de los hallazgos de epígrafes romanos con nombres de divinidades indígenas en la Península Ibérica:* II CAN (1952) 327ss; J. Maluquer de Motes, *Los pueblos celtas (op. cit.)* 189ss; J. M. Blázquez, *Aportaciones al estudio de las religiones primitivas de España:* AEArq 30 (1957) 15 ss; *Religiones primitivas de Hispania* I. *Fuentes literarias y epigráficas* (Madrid 1962); *Die Mythologie der Althispanier,* en *Wörterbuch der Mythologie* (Stuttgart 1973) *passim; Diccionario de las religiones prerromanas de Hispania* (Madrid 1975) *passim;* J. d'Encarnação, *Divindades indigenas sob o dominio romano em Portugal, passim.*

Recientemente M. L. Albertos, *Organizaciones suprafamiliares en la Hispania antigua* (Valladolid 1975) 56ss, cree, y ello es muy probable, que muchos teónimos hispanos se relacionan con nombres de tribus y gentilidades, y que los nombres de centurias son los de los castros. Cataloga 101 teónimos diferentes de este tipo; seis aparecen en zonas donde se conservan claramente los nombres de gentilidades y once se relacionan con una comunidad o *civitas* vinculada a un *oppidum* (mapa 2). Cf. también M. L. Albertos, *Nuevas divinidades de la antigua Hispania:* «Zephyrus» 3 (1952) 49ss.

[231] Luc., I, 444-446.

[232] CIL III, 2804.

[233] *Div. inst.,* I, 23, 3.

[234] P. Duval, *Teutates Esus. Taranis:* EC 1 (1958) 41ss; W. Deonna, *Les victimes d'Esus:* «Ogam» 10 (1955) 3ss; A. Even, *Notes sur le Mercure celtique:* «Ogam» 4 (1952) 289ss; 5 (1953) 309ss; E. Thevenot, *Le culte des Eaux et le culte solaire à Entrains (Niévre):* «Ogam» 6 (1954) 9ss; J. de Vries, *A propos du dieu Esus:* «Ogam» 5 (1953) 16ss; P. Lambrechts, *Note sur un passage de Gregoire de Tours relatifs à la religion gauloise:* «Latomus» 13 (1954) 207ss; J. Gricourt, *Prolègomènes a une étude du dieu Lug. L'oronyme «Soleille-Boeuf», les cultes solaires et le Soleil*

Ha aparecido una serie de lápidas en que a *Iupiter* acompaña un epíteto que es el nombre de una montaña, lo que indica que se trata de una divinidad celeste que mora en las alturas y se sirve del trueno y de la tempestad. Esta divinidad no es otra que el gran Dios celeste de todos los pueblos indoeuropeos[235]. Conocemos, de este tipo, los nombres de *Iupiter Candamius*[236] en Orense; *Iupiter Candiedo*[237] entre León y Asturias; *Iupiter Ladienus*[238] en Codos de Larouco; *Iupiter Tabalienus* en Villaviciosa. Mela[239] cita dos montes sagrados, el Mongó y el monte Matas, que estaban consagrados a Júpiter. Por la descripción que hace Justino de un monte sagrado de Galicia, se deduce que también estaba consagrado a Júpiter[240]. En una inscripción de Galicia dedicada a Júpiter se asigna a este dios el carácter de protector de la fecundación, a juzgar por el epíteto *Anderon*[241]. También era importante Júpiter como salvador; en este aspecto acompaña a su nombre el epíteto *Eaecus*. *Iupiter Eaecus* es quizá el equivalente hispánico del *Iupiter Depulsor*, que fue objeto de intensa devoción en el resto de Europa[242].

También atestiguan las inscripciones el culto a la segunda de las grandes divinidades celtas a la que, por un fenómeno de sincretismo, los autores clásicos dieron el nombre de Mercurio, de cuyo culto escribió César[243] que «veneran sobre todo al dios Mercurio», frase que repite Tácito[244]. A esta divinidad se refieren los nombres de *Luoci iuteri*[245], *Lougi*[246], *Lucoves, Lugoves*[247], *Lugues, Lugu* y *Lucubi*. Todos estos nombres se refieren probablemente a la misma divinidad, y derivan de una raíz indoeuropea que significa «negro»; *lugs* significaría «cuervo», ave de plumaje negro. Todos estos nombres en que entra la raíz *lug* serían dioses de la luz, al igual que en Grecia aparece en ocasiones Apolo

patron des cordonniers: «Ogam» 8 (1955) 63ss; J. Compry, *Le maître du ciel et la Dame de vie?:* «Gallia» 15 (1957) 146ss; F. le Roux, *Taranis, dieu celtique du ciel et de l'orage:* «Ogam» 10 (1957) 30ss; E. Thévenot, *Le pendaison sanglante des victimes offertes a Esus-Mars*, en *Hommages a Waldemar Deonna* (Bruselas 1957) 442ss; J. J. Hatt, *Essai sur l'évolution de la religion gauloise:* REA 67 (1965) 80ss; A. Ross, *Esus et les trois grues:* EC 9 (1961) 405ss; G. Charrière, *Le taureau aux trois grues et le bestiaire du héros celtique:* RHR 169 (1966) 155ss; F. Benoit, *Art et dieux de la Gaule* (París 1969); E. Thévenot, *Divinités et sanctuaires de la Gaule* (París 1968); R. Lantier, *Keltische Mythologie*, en *Wörterbuch der Mythologie* II (Stuttgart 1973) 101ss.

[235] G. Dumézil, *Jupiter, Mars, Quirinus* (Turín 1955) 3ss; M. P. Nilsson, *op. cit.*, I, 364ss.

[236] CIL II, 2695.

[237] CIL II, 2599.

[238] CIL II, 2525.

[239] II, 89-90.

[240] *Epit. Hist. Phil.*, XLIV, 3, 6.

[241] CIL II, 2598.

[242] H. Pflamm, *Jupiter Depulsor*, en *Mélanges Isidore Levy* (Bruselas 1953) 435ss.

[243] BG VI, 17.

[244] *Germ.*, IX.

[245] CIL II, 2849.

[246] CIL II, 5797.

[247] CIL II, 2818.

con un cuervo, ave de plumaje negro portadora del fuego. Precisamente en la inscripción grande de Peñalba de Villastar (fig. 148) se representa un cuervo junto al nombre del dios, repetido dos veces. Este dios *Lugus* parece ser el dios celta identificado por César con Mercurio. Es un dios galo. A *Lug* dan los irlandeses el epíteto de *Samb-il danah*, «hábil en muchas artes», lo que explicaría satisfactoriamente el que el *collegium* de los sastres de Osma consagrara una lápida a los *Lugones*, divinidades veneradas también en Avenches, Suiza, y que representan al Mercurio celta. En la Galia se conoce un caso parecido. Una inscripción de Chaves aplica a este dios el epíteto *Deuori*, palabra perfectamente celta que significa «rey de los dioses»; ello confirma plenamente la importancia de la divinidad celta identificada con el Mercurio romano o el Hermes griego.

La tercera gran divinidad celta era *Mars*[248]. De su culto se conservan muchos testimonios en la Península. Por una cita de Estrabón[249] sabemos que se le sacrificaban machos cabríos, caballos y prisioneros en los pueblos del Norte de Hispania. El dato de los sacrificios humanos concuerda perfectamente con los testimonios anteriormente citados. El texto de Estrabón confirma además la tesis, expuesta por Thevenot, de que había una cierta vinculación de los caballos a Marte. También en la Roma primitiva se sacrificaba caballos a Marte. El Marte celta, como ha probado el citado autor, tiene carácter solar, el mismo que poseía Marte en la Península, según un texto de Macrobio[250]. Probablemente el nombre indígena hispánico del *Ares* estraboniano estaría formado por la voz *Corio*, que significa «cuerpo de tropas», y que en Hispania se registra en multitud de nombres indígenas de divinidades cuyo carácter guerrero es seguro. Todos estos nombres se refieren al mismo dios: *Corono*[251] en Castro; *Coru-abe*[252]; *Coso Marti*[253] en Brandomil; *Coso Udavimiego* en la misma localidad; *Poecosuosuciuo*[254] en Ubeda; *Mars Cariociecus*[255], en que el segundo nombre está formado sobre un topónimo, como *Mars Tilenus*[256], en La Bañeza; *Suttunius*, en Brozas, parece ser el mismo nombre de Marte aparecido en St. Plancard, *Sutugius*. *Toga*, cuyo primer elemento de formación es la palabra de juramento *-tong-*, podría ser una deidad de carácter guerrero, ya que una de las lápidas que lo mencionan está dedicada por un guerrero por la victoria. Se conocen tres lápidas dedicadas a esta deidad; han apa-

[248] E. Thevenot, *Sur les traces des Mars celtiques* (Brujas 1955); G. Barruol, *Mars Nabelcus et Mars Albiorix:* «Ogam» 15 (1963) 347ss, sobre la relación entre Marte y las altas montañas en la religión indígena de la Provenza.
[249] Estr., III, 3, 7.
[250] *Satur.*, I, 9, 5.
[251] CIL II, 5562.
[252] CIL II, 5594.
[253] CIL II, 5628.
[254] *Add.*, VIII, 191.
[255] CIL II, 5612.
[256] *Add.*, IX, 293.

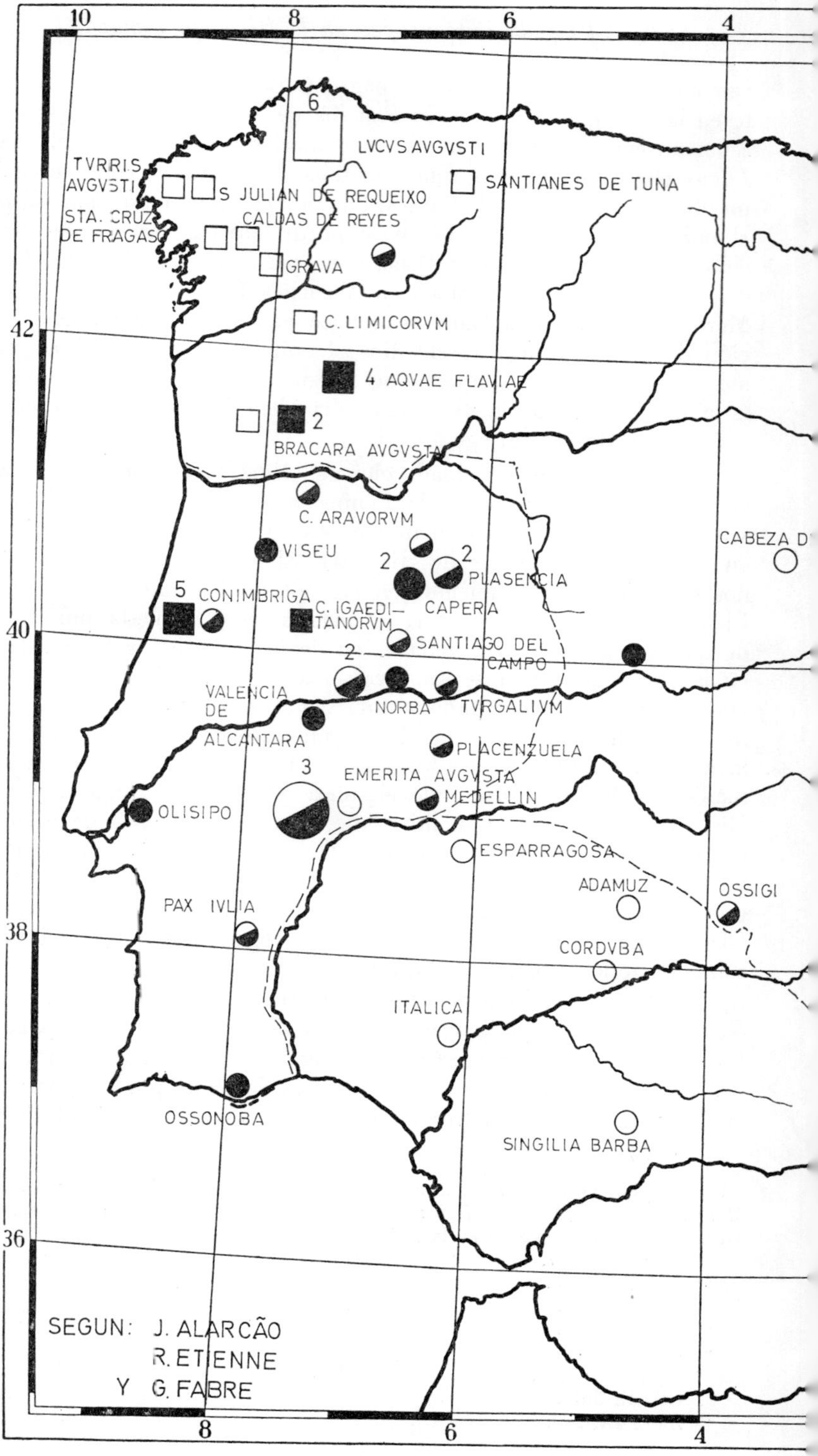
10
8
6
4
42
40
38
36
6
LVCVS AVGVSTI
TVRRIS AVGVSTI
S JULIAN DE REQUEIXO
SANTIANES DE TUNA
STA. CRUZ DE FRAGASO
CALDAS DE REYES
GRAVA
C. LIMICORVM
4 AQVAE FLAVIAE
2
BRACARA AVGVSTA
C. ARAVORVM
VISEU
2
2
PLASENCIA
CABEZA D'
5 CONIMBRIGA
C. IGAEDITANORVM
CAPERA
SANTIAGO DEL CAMPO
2
VALENCIA DE ALCANTARA
NORBA
TVRGALIVM
PLACENZUELA
3
EMERITA AVGVSTA
MEDELLIN
OLISIPO
ESPARRAGOSA
ADAMUZ
OSSIGI
PAX IVLIA
CORDVBA
ITALICA
OSSONOBA
SINGILIA BARBA
SEGUN: J. ALARCÃO
R. ETIENNE
Y G. FABRE
8
6
4

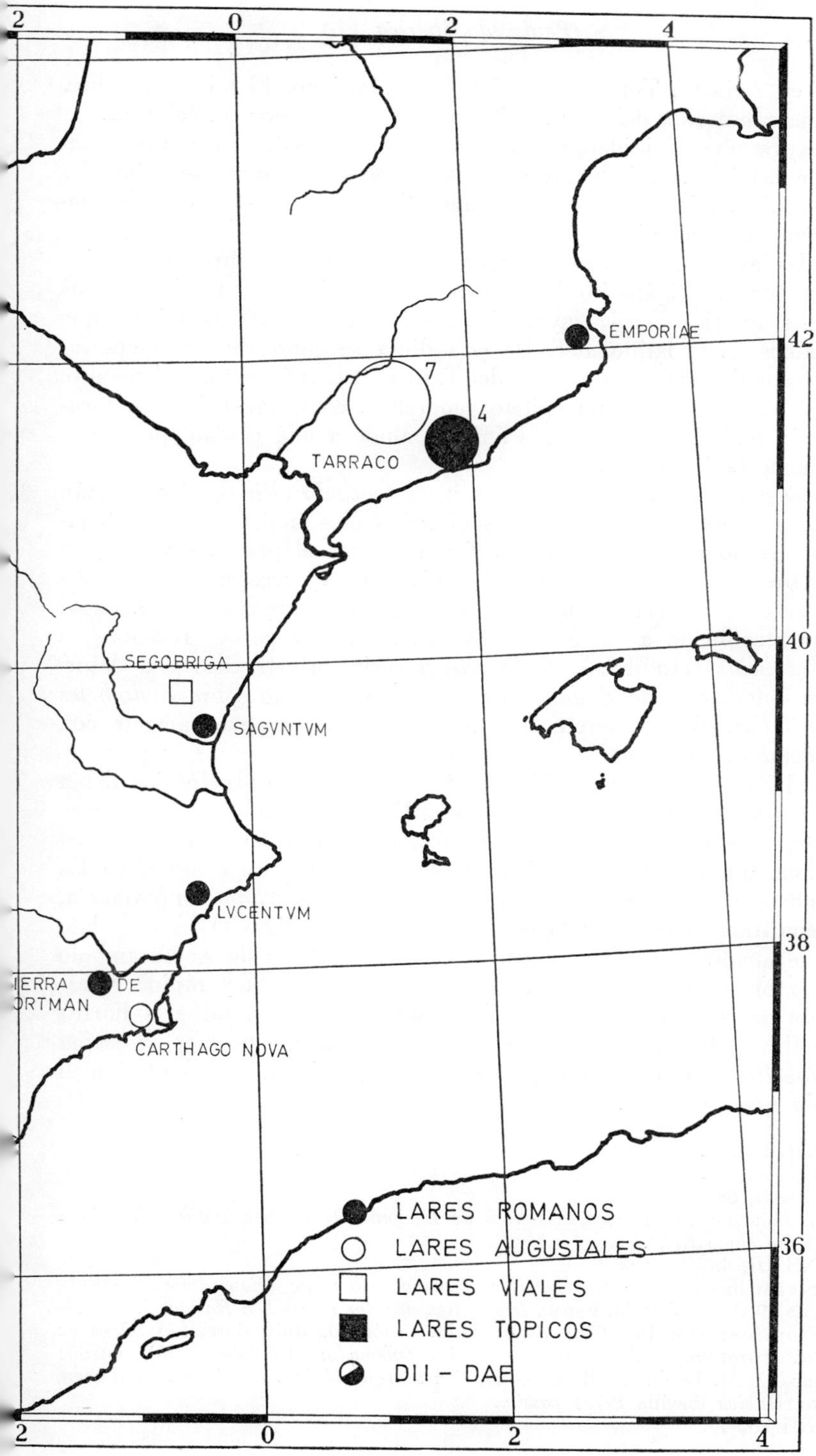

EMPORIAE
7
4
TARRACO
SEGOBRIGA
SAGVNTVM
LVCENTVM
IERRA DE
ORTMAN
CARTHAGO NOVA
42
40
38
36
2
0
2
4
LARES ROMANOS
LARES AUGUSTALES
LARES VIALES
LARES TOPICOS
DII - DAE

recido en Avila [257], Torre de la Mata [258] y Martiago. El mismo nombre, pero masculinizado, debe de ser *Togoti* [259], que aparece en Talavera.

Dos grandes divinidades reinaban solas al sur del Tajo. Los nombres de las dos son indoeuropeos; la primera, *Ataecina*, se asimilaba a Proserpina, mientras que la segunda, *Endovellicus*, se asemejaba posiblemente a Esculapio.

Todas las etimologías propuestas para explicar el nombre de *Ataecina* quedan dentro del ámbito indoeuropeo. Balmori, que ha criticado las hipótesis anteriores a la suya, piensa en una base *at-*, la misma que tendríamos en el latino *ater*. De esta diosa se conservan once epígrafes [260] recogidos entre las riberas del Tajo y el Guadalquivir. Al nombre de la deidad acompaña un epíteto geográfico, como *turobrigensis*, *turubrigensis*, *turibrigensis*. Según Plinio [261], alude a una ciudad que pertenecía a la Bética céltica.

La segunda gran deidad de esta zona es *Endovellicus*, al que están dedicadas unas sesenta lápidas. Es el único dios indígena al que estaba consagrado un gran santuario. Tovar explica el primer elemento en su nombre por *nde-*, prefijo de superlativo que aparece en palabras célticas; *vellicus* podría ser un adjetivo formado sobre *wellos*, «bueno», aunque atendiendo a las numerosas formas con *b* parece relacionarse con *Antubelus* («Indíbil»). *Endovellicus* sería en este caso una deformación eufemística de *Endobellicus*, adjetivo formado sobre *Endo-beles* (= *Indibilis*), «muy negro», significado que encaja perfectamente con el carácter infernal que también tiene este dios.

Es de señalar que la región del Sur de la Península Ibérica debía de encontrarse muy europeizada desde el Bronce tardío [262], como lo prueba la existencia de unos *celtici* históricos en tierras del Alemtejo y del Guadiana, que según Plinio [263] se emparentaban con los *celtiberi* en las costumbres, la religión y la lengua (este texto es de capital importancia, pues confirma la pervivencia de lo celta en pleno siglo I). A este dato hay que añadir la estructura céltica de los brazaletes de El Carambolo y el nombre celta *Argantonius*. Sin embargo, la pronta y rápida romanización de la Bética contribuyó, al igual que en el Levante, a borrar las huellas de las divinidades indígenas de origen indoeuropeo. *Ataecina* y *Endovellicus* sobrevivieron probablemente gracias a su asimilación al panteón grecorromano.

257 CIL II, 801.

258 CIL II, 801.

259 CIL II, 892.

260 J. Leite de Vasconcelos, *Religiões de Lusitania* II (Lisboa 1905) 145 (citado en adelante como *Rel.)*.

261 NH III, 4.

262 S. Lambrino, *Les celtes dans la Peninsule Ibérique selon Avienus:* «Bull. Et. Port.» 19 (1956) 5ss; M. Faust., *Die Kelten auf der Iberischen Halbinsel. Sprachliche Zeugnisse:* MM 16 (1975) 195ss; J. M. Luzón, D. Ruiz Mata, *Las raíces de Córdoba. Estratigrafía de la Colina de los Quemados* (Córdoba 1973) *passim;* A. Blanco, J. M. Luzón, D. Ruiz, *Excavaciones arqueológicas en el Cerro Salomón, Riotinto, Huelva* (Sevilla 1970) *passim.*

263 NH III, 13.

Si nos fijamos en el conjunto de las deidades indígenas hispánicas, advertiremos que su carácter coincide con lo que sabemos acerca de la religiosidad de la Galia y Germania. Así, en Hispania aparece muy extendido, al igual que en la Galia, el culto a las aguas, con el que se relacionan los nombres de varias divinidades: «*A...roni*[264]; *Genio fontis Aginee[n]sis*[265]; *Ameipicri; Nymphae fontis Ameucni*[266]; *Bormanico*, para cuyo nombre se ha pensado en la raíz indoeuropea *borm*, «borbotar»[267]; *Castaecis*[268]; *Celiborcae; Durbedico*[269], sobre cuyo nombre se ha observado que *durb* se relaciona con el irlandés *drucht*, «orbayo», o con *derb*, «cristalino»; *-ed* es un sufijo que aparece en muchas palabras celtas; *Duro*[270]; *Edovio*[271]; *Aquis Eletesibus*; *Frovida*, cuyo nombre se relaciona con la raíz indoeuropea *-sren-; Lupianis*[272]; *Navia*[273]; *Reve*; *Tameobrigo*[274]; *Tongoe Nabiago*[275], relacionado con el único caso de ordalía conocido en la Península; *Nymphae Caparenses; Silo-n(ianis)*[276]; *Salamati; Turiaco*[277], en San Tirso. Probablemente también son deidades acuáticas *Reve Langanidaiegui, Reva Langanitaeco*[278] y *Salus Bidiensis*.

Muchas de las inscripciones en que aparecen los nombres de estas divinidades han sido halladas en las proximidades de fuentes termales, fenómeno que también se observa en la Galia en relación con las lápidas dedicadas a dioses acuáticos[279]. En Hispania tuvo gran arraigo el culto a las aguas, a los árboles y a las piedras. San Martín de Dumio[280] los ataca duramente, al igual que hacen los concilios.

La dendrolatría debió de estar muy extendida en la Península, como lo certifican los numerosos vestigios de este culto estudiados por Caro Baroja y la existencia de una serie de deidades protectoras de la vegetación, como *Duilee*, cuyo nombre se relaciona con el indoeuropeo *dhal*, «reverceder»[281]. En la Galia era venerada una diosa de la floresta de Arduinna, y el culto druida es esencialmente vegetal. En Irlanda era muy importante el culto a los árboles, y los personajes legendarios se suponen allí descendientes de árboles. En la misma Galia hay muchos

[264] CIL II, 5888.
[265] CIL II, 5728.
[266] CIL II, 5084.
[267] CIL II, 2402, 5558.
[268] CIL II, 2402.
[269] CIL II, 5563.
[270] CIL II, 2370.
[271] CIL II, 2543.
[272] CIL II, 6288.
[273] CIL II, 5623, 2378, 756; 2601, 2524.
[274] CIL II, 2377.
[275] CIL II, 2419.
[276] CIL II, 5625.
[277] CIL II, 5551.
[278] J. M. Blázquez, *Religiones primitivas de Hispania (op. cit.)* 187ss.
[279] J. M. Blázquez, *El culto a las aguas en la Península Ibérica*, en este mismo volumen, pp. 307-331.
[280] *De correc. rustic.*, XVI.
[281] «Zephyrus» 3 (1945) 54.

dioses de carácter vegetal, como *Sexarborideo, Sexsarboribus, Deo Robori, Ilurberrixo Anderexo.* Fijándonos en el nombre de este último dios, el primer elemento denota su carácter vegetal, ya que etimológicamente se explica por el vasco *ilurri,* «espino», y *-xo,* «nuevo»; el segundo elemento contiene la raíz indoeuropea *and-,* que se encuentra en el celta con la significación de «floreciente». *Aerno,* a juzgar por los atributos que le acompañan en una de sus lápidas, unos arbustos, sería igualmente un dios de la vegetación[282]. El mismo carácter tendrían *Caepol*[283], una especie de Priapo lusitano, y *Caepo,* que parece una masculinización de *caepa,* «cebolla».

Con *Tutela* se relaciona una diosa que es designada con nombres en cuya formación entra como primer elemento *Band-*; así, *Band,* en Malpartida[284]; *Bande Velugo Toiraeco,* en Vila de Feire (Portugal); *Bandiae Apolosegu*[285], en Norba; *Band Arbariaico*[286], en Capinha; *Bandoge,* en Castelo do Mau Vizinho (Portugal); *Bandue,* que cuenta con varias lápidas[287]; *Bandue Aetobrigo,* en Verín, y *Banduso Olecco,* en Curbión.

Por las fuentes conocemos la existencia de cuatro montes[288] y de un encinar[289] sagrados. Plinio describió minuciosamente el culto que se practicaba en uno de estos encinares sagrados de la Galia[290]. Una encina sagrada era adorada en Angulema[291]. También entre los germanos eran objeto de veneración los montes[292]. *Pindusae*[293] es probablemente una diosa de los montes gallegos de igual nombre. Cicerón[294] escribe que los habitantes de la Península veneraban a Vulcano bajo otro nombre. Sin duda se trata de un dios que aparece en la Galia como protector de la forja; su culto debió de estar muy extendido aquí como corresponde a pueblos entre los que las armas desempeñaban un papel tan importante.

Es habitual que el nombre de una deidad se refiera simplemente a la localización geográfica de su culto. Así, *Aegiamunniaego,* cuyo elemento *munn* aparece en nombres de mujeres lusitanas y en la formación de topónimos[295]; *Albocelo*[296], que responde al nombre del lugar. En el nombre del dios *Arentio,* que cuenta en la Península con cuatro inscripciones, entra la terminación *-entius,* común a ligures e ilirios, con la que se forman nombres de ríos y ciudades. También el nombre de *Ari-*

282 CIL II, 2606, 5651.
283 CIL II, 5613.
284 CIL II, 855.
285 CIL II, 740.
286 CIL II, 454.
287 CIL II, 2399.
288 Marc., I, 49-56; IV, 55, 1-4; *De re rust.*, VI, 27; CIL II, 5809; S. Braul., VSM IV.
289 Marc., IV, 55, 23.
290 NH XVI, 249-251.
291 CIL XIII, I, 112.
292 Tác., *Germ.*, IX.
293 CIL II, 5876.
294 *De nat. deor.*, I, 84.
295 CIL II, 2523.
296 CIL II, 2394.

conae parece estar formado sobre la base de un topónimo; fuera de la Península se conoce *Arionicum*. La base del nombre del dios *Baraeco*[297] forma innumerables nombres de ciudades, al igual que la de *Barciaeco*. *Brigo* sería una masculinización de *-briga*, tan frecuente en topónimos[298]. En el nombre del dios *Caribeflacis*[299], al igual que en el de *Caraedudi*[300], la base de formación es una palabra muy conocida, que en la Península sirve para formar muchos topónimos: *cario* «roca». *Crougin Toudadigoe*[301] se relaciona con el irlandés *cruach*, «montón»; el segundo elemento aparece en el nombre de otra deidad, *Toudopalandaigae*. En el nombre de la diosa *Degantae* entra la terminación *-antia*, corriente en la formación de nombres de ríos y ciudades. *Lacipaea*, lo mismo que *Losae* y *Tullonio*, son nombres de topónimos citados en el *Itinerario de Antonino* y que aparecen también como nombres de deidades; tal vez sea éste también el caso de *Selatse*, que se lee en tres aras de Barberín. El nombre *Mirobieo* estaría formado sobre un supuesto topónimo, *Mirobriga*. *Reuue Nabaraeco* parece responder al nombre actual del pueblo en que se encontró, Ruanes. *Lapiteae*[302] es probablemente el nombre de las ninfas de un lago sagrado, con el que se designa también un cabo de Galicia. *Lacubegis* será formado sobre el topónimo *Lacobriga*[303].

Esporádicamente aparecen otras deidades que responden a un tipo de dioses muy celtas, como *Mentoviaco*[304], que sería una divinidad protectora de los caminos. Precisamente en el Noroeste fue muy floreciente el culto a los *Lares Viales* (mapa 3)[305]. *Iano Paralomiego* era probablemente un dios celta bicéfalo. *Arconi*, cuyo nombre se relaciona con la raíz *orks-os*, podría ser una deidad celto-iliria. *Vestio Allonieco*, cuyos radicales, *alont-* y *vest-* son celtas y entran en la formación de nombres personales y topónimos.

En la Península estuvo muy difundido el culto a las *Matres*[306]. Se conoce una dedicatoria[307] a las *Matres Aufaniae* de Bonn; estas divinidades aparecen algunas veces con epítetos indígenas como *Brigiacae*[308], *Gallaicae*[309], etc.

De otros nombres de deidades indígenas se puede asegurar que son

[297] CIL II, 5276.
[298] CIL II, 561.
[299] CIL II, 2531.
[300] CIL II. 5663.
[301] CIL II, 2565.
[302] CIL II, 2395.
[303] B. Taracena, L. Vázquez de Parga, *Epigrafía romana en Navarra*, en *Excavaciones arqueológicas en Navarra* 1 (1957) 145, n.° 59).
[304] CIL II, 5649.
[305] F. Vázquez Saco, M. Vázquez Seijas, *Inscripciones romanas de Galicia* II. *Provincia de Lugo* (Santiago de Compostela 1954) n.os 8ss; F. Acuña, *Lares Viales en la Galicia romana*, II Congresso Nacional de Arqueología (Coimbra 1970) 353ss.
[306] CIL II, 2764, 2128, 2848.
[307] CIL II, 5413.
[308] CIL II, 6338.
[309] CIL II, 2776.

indoeuropeos, aunque su carácter no queda muy claro. Tal es el caso de *Cabuniaegino*, en cuyo nombre entra la palabra *Caburius*, que se lee en dos inscripciones de Zamora, y que entra como segundo elemento de formación en el nombre de otra deidad, *Devacocaburio* [310]; *caburus* se relaciona con el irlandés *cobir*, «auxilio». *Devacodonnaegus*, por su parte, se puede emparentar con el irlandés *donn*, «moreno». Elementos de los nombres de ambos dioses aparecen en el del rey galo citado por César [311], *C. Valerius Donnotaurus Caburi filius*. El nombre del dios *Erudino* contiene la raíz *rud-*, frecuente en las lenguas célticas. El nombre de *Trebarunna* se descompone en *treb-* y *runn-;* ambos elementos entran en la formación de muchos vocablos celtas. *Bodo*, deidad documentada en Villapalos [312], entra como primer elemento de formación en el nombre del caudillo de los nervios *Dodugnatus* [313].

Otros teónimos se relacionan con el elemento germano, como la diosa *Poemana* de Lugo [314], divinidad epónima de la tribu germana de los poemanos. *Divo Sigerio Stillifero*, a juzgar por el vocalismo del nombre, es un dios de origen germánico, quizá relacionado con el celta *Segomarus* y *Segedunum*. Fuera de Hispania hay una divinidad identificada con Marte, *Segorus* [315], aunque atendiendo al último epíteto, el dios de Mérida podría ser de carácter acuático, pues se relacionaría con *stilla*, «gota».

En la formación de los nombres divinos se observa la misma influencia indoeuropea. Abundan mucho los compuestos impropios como *Munid Eberobrigae, Toudopalandaigae, Bandue Calaigo, Tongoe Nabiago.* Se registran varios casos de dativos célticos en *-i*, como *Duri, Macari*, o en *-oe*, como *Crougin Toudadigoe* y *Tongoe Nabiago.*

La iconografía de las divinidades indígenas nos es prácticamente desconocida. Se representaba con cuernos a *Vestio Alonieco;* en la cerámica de Numancia hay una imagen de *Cernunnos* que se asemeja mucho a la de Val Camonica [316]. Dos representaciones indígenas, aunque responden a un prototipo de Marte clásico, tienen elementos extraños a él, como es el casco con tres cuernos y un toro sobre el escudo (fig. 149) [317]. Hay tres bronces que representan al dios galo *Sucellus* (figs. 150-151). Los dos primeros aparecieron en Puebla de Alcocer (Badajoz) y Villaricos (Al-

310 CIL, II, 5666.
311 BG VII, 65, 2.
312 CIL II, 5670.
313 Cés., BG II, 2.
314 CIL II, 2573.
315 CIL V, 7868.
316 J. M. Blázquez, *Una réplica desconocida al Cernunnos de Val Camonica: el Cernunnos de Numancia*, en este mismo volumen, pp. 361-364; *Pintura numantina clave en la iconografía de Cernunnos:* «Celtibérica» 15 (1958) 143ss.
317 A. Blanco, *op. cit.*, 516; J. Leite de Vasconcelos, *Rel.* II, 318ss. En Castro Urdiales ha aparecido una representación de Neptuno que es muy probablemente, a juzgar por ciertos detalles, una divinidad indígena con influencia de las imágenes del dios romano; cf. S. González, *El Neptuno de Castro Urdiales:* AEArq 30 (1957) 253ss.

mería). El tercero perteneció a la antigua Colección Vives, y seguramente procede de Hispania. Es muy probable que tengamos una representación de *Ataecina* en un fragmento de *terra sigillata* de época augustea hallado en Cástulo (Jaén), en el que aparecen dos diosas (fig. 152). La situada en la parte superior, de la que sólo se representa el busto, lleva la cabeza velada y el pecho desnudo, y un fruto o copa en la mano derecha, mientras que en la izquierda sostiene una cornucopia; debajo hay dos ramos. A su derecha tiene un niño y una cabra a la izquierda. En la parte inferior está representada *Tellus* o *Proserpina*.

En Lourizán (Pontevedra) han aparecido dioses celtas con cuernos (figura 153); otros dos proceden de Ríotinto y uno más de Candelario (Salamanca), además del *Cernunnos* ya citado y del Marte del Museo Arqueológico Nacional de Madrid. En la pátera de la Colección Calzadilla de Badajoz hay una *interpretatio romana* de la diosa lusitana cuyo nombre empieza por *Band-*, representada aquí con todos los atributos de *Fortuna* (fig. 154):

El legado indoeuropeo en la Hispania romana se manifiesta mucho más fuerte en la religión que en las instituciones. Debido a la política religiosa seguida por Roma en todas las provincias del Imperio se explica esta pervivencia. Las instituciones perdieron a partir del siglo I la importancia que tuvieron en los tres siglos anteriores, salvo en el caso de las centurias y gentilidades, de las que se sirvió la administración romana. A partir de la época de Augusto, la clientela y la *deuotio* pierden la fuerza que tuvieron durante los tiempos de la conquista. Algo mejor se mantuvo el *hospitium* hispano durante el Imperio como institución distinta de la clientela. Con el elemento religioso ocurre todo lo contrario; casi la totalidad de los nombres de dioses indígenas que conocemos es de origen indoeuropeo. Este elemento mantuvo todo su vigor durante el Imperio, hasta el extremo de que todavía en el año 399 se dedica una inscripción a *Erudino*. Caro Baroja ha notado que el elemento religioso indoeuropeo cobra nueva fuerza y vigor al aflojarse en el siglo III el control de Roma, ya que muchas inscripciones con nombres de dioses indígenas datan precisamente de los últimos siglos del Imperio Romano.

En relación con la religiosidad hispana, ya Vendryes notó al estudiar las divinidades indígenas de la Galia y Germania el hecho de que casi todos los teónimos que conocemos aparecen una sola vez, así como la ausencia de grandes santuarios. También es de notar que en Hispania no se conocen huellas de los druidas, a pesar de que es ésta una institución común a todos los celtas [318]. Tampoco hay pruebas de su existencia en la Galia Cisalpina. Probablemente se explica este hecho por la estructura social de los pueblos de Hispania. En este sentido, los pueblos hispanos

[318] Arist., *Frag.*, 30; Orig., *Contra Cels.*, 116; cf. Ch. Picard, *Les religions de l'Afrique antique* (París 1954) *passim.*

se asemejan más a los germanos, de los que escribió César [319] que «tampoco tienen druidas» [320].

En los relieves funerarios de época romana se observan características que indican una pervivencia de influjos indoeuropeos. Las estelas vadinienses con representaciones de caballos, algunos de éstos con el nombre del difunto inscrito dentro de la figura del animal, nos remiten a creencias célticas en que el caballo se convierte en símbolo del difunto [321]. Se sabe que el caballo era un animal sagrado entre estos pueblos, que practicaban el rito de beber su sangre [322]. Con este rito se relaciona la costumbre de limpiarse los dientes con sus orines, atestiguada en pueblos de grandes jinetes, entre ellos los celtíberos [323] y los cántabros y sus vecinos [324]. En el Norte de Portugal y en Soria aparece también este mismo tema.

En la misma provincia de Soria (varias veces), en Lara de los Infantes (Burgos) y en territorio vascón aparecen figuras de toros en las estelas, probablemente con carácter funerario (figs. 155-156). En Lusitania, concretamente, en Sa, es probable que el difunto fuera asimilado a *Helios*. En estelas del Alto Guadalquivir, Lusitania y Galicia se esculpieron togados en una hornacina; parece ser un tema más bien típico del Noroeste. Las representaciones son frecuentes en estelas de la región de Alava, Vigo (fig. 157) y Monte Cildá. En estelas de las actuales provincias de Cáceres (tres ejemplares) y Salamanca, pertenecientes a la antigua Lusitania, la figura humana se esculpió pocas veces. Es notable la estela salmantina de *Acinia*, que representa un busto femenino con torque al cuello y pendientes.

A. García y Bellido [325] ha estudiado una serie de estelas del Centro

[319] BC VI, 3.

[320] E. D. Bachelier, *Les druides:* «Gaule Romaine» 11 (1959) 173ss; K. Chadwick, *The Druids* (Cardiff 1966); A. C. Owen, *The famous Druids. A Survey of three centuries of English Literature on the Druids* (Oxford 1962); S. Piggott, *The Druids* (Londres 1968). Tampoco aparecen en la Península divinidades célticas tricéfalas, tan frecuentes fuera de ella, ni hay verdaderas «cabezas cortadas»; cf. J. M. Blázquer, *Sacrificios humanos y representaciones de cabezas cortadas en la Península Ibérica:* «Latomus» 17 (1958) 27ss. Esta ausencia se debe probablemente a que en España no hay una verdadera cultura de La Tène, aunque se producen continuas infiltraciones de gentes oriundas de la Galia; cf. A. García y Bellido, *Pequeñas invasiones y transmigraciones internas:* II CAN (1952) 231ss.

[321] J. M. Blázquez, *Caballos y ultratumba en la Península hispánica,* en este mismo volumen, pp. 261-277.

[322] Hor., II, 4, 34; Sil. Ital., III, 361.

[323] Val. Cat., XXXIV, 17-19.

[324] Estr., III, 4, 16.

[325] *Esculturas romanas de España y Portugal (op. cit.);* B. Osaba, *Museo Arqueológico de Burgos* (Madrid 1955) láms. XIII-XXIII; *Contribución a la arqueología hispano-romana de la provincia de Burgos:* AEArq 28 (1955) 115ss; *Simbolismo en la ornamentación de las estelas hispano-romanas del Museo Arqueológico de Burgos* (Burgos 1958); A. Lozano, *Tipología de las estelas y la población de Hispania:* «Revista de la Universidad Complutense de Madrid» 22 (1973) 89ss; A. García y Bellido, *Las más bellas estelas hispanorromanas de tradición céltica,* en *Hommages à Albert Grenier* II (Bruselas 1962) 729ss. Para Alava, Navarra y Guipúzcoa,

y Noroeste de la Península; son de evidente influencia céltica tanto por su parentesco formal con otras de Europa Central como por la región hispana en que aparecen y por la onomástica. En su mayor parte se fechan en los siglos II y III; algunas son del siglo IV, aunque las que llevan inscripciones ibéricas pueden ser de época de Augusto. Su número es muy elevado, pues se llevan registradas unas 700; se pueden clasificar en tres grupos, siguiendo a A. García y Bellido: burgalés, leonés con Portugal y navarro. En todas ellas es constante la simbología de lunas, ruedas radiadas, etc. (figs. 158-164), es decir, de motivos astrales que indican una religiosidad de tipo precisamente astral, que concuerda perfectamente con las creencias célticas. La misma concepción delata la costumbre de exponer los cadáveres a la intemperie para que fueran despedazados por los buitres, como hacían los numantinos [326]. Es posible que en dos pinturas numantinas y en una estela de Lara de los Infantes se representara la escena de los buitres devorando el cuerpo de un guerrero muerto.

No hay que olvidar que entre estos pueblos la luna era probablemente la divinidad principal, cuyo nombre se consideraba tabú, como en vasco [327]. En las estelas de muchas regiones de la Galia faltan los símbolos lunares, que, por el contrario, aparecen en las de Britania, Panonia, Retia, Norico y Galacia. Con Panonia se relaciona algún otro elemento, como la presencia del servidor en las estelas con escenas cinegéticas (Lara de los Infantes) y las llamadas «escuadras de albañil» (León, Pamplona, Miranda de Duero, Moncorvo, etc.), que se encuentran también en Panonia Inferior, Lidia y Frigia. Las estelas oikomorfas de Poza de la Sal, estudiadas por J. Martínez Santa Olalla [328], se relacionan con repre-

cf. J. C. Elorza, *Ensayo topográfico de epigrafía alavesa:* EAA 2 (1967) 119ss; *Estelas decoradas romanas en la provincia de Alava:* EAA 4 (1970), 235ss; *Un taller de escultura romana en la divisoria de Alava y Navarra:* «Cuadernos de Trab. de la Esc. Esp. de Hist. y Arq. en Roma» 13 (1969) 53ss; *Dos nuevas estelas alavesas:* EAA 5 (1972) 133ss; M. L. Albertos, *De la Sierra de Cantabria a los Picos de Europa, del Cantábrico al Tajo y la nueva estela de Castro Urdiales:* EAA 5 (1972) 143ss; J. M. Blázquez, *Estela de Galdácano:* EEA 6 (1974) n. 237ss; A. Marcos, *Una estela funeraria hispanorromana procedente de Lerga (Navarra):* «Rev. Príncipe de Viana» 21 (1960) 78ss; I. Barandiarán, *Tres estelas del territorio de los vascones:* «Caesaraugusta» 29-32 (1967-1968) 199ss; G. Nieto, *La estela de Iruña (Alava):* BSAA 17-18 (1951-1952) 13ss; A. García y Bellido, *Sobre un tipo de estela funeraria de togado bajo hornacina:* AEArq 40 (1967) 110ss. Para las estelas de Vigo, cf. D. Juliá, *Etude epigraphique et iconographique des stèles funéraires de Vigo* (Heidelberg 1971); J. M. Alvarez, F. de Bouza-Brey, *Inscripciones romanas de Vigo:* CEG 16 (1961) 5ss. Sobre las estelas de Palencia, cf. M. A. García Guinea, J. González Echegaray, J. A. S. Miguel Ruiz, *Excavaciones en Monte Cildá, Olleros de Pisuerga, Palencia* (Madrid 1966). Sobre las estelas de Salamanca y Cáceres, cf. J. M. de Navascués, *Caracteres externos de las antiguas inscripciones salmantinas:* BRAH 152-153 (1963) 159ss; C. Callejo, *Aportaciones a la epigrafía romana del Campo Norbense:* BRAH 156-157 (1965) 11ss. Cf. también L. Fernández Fúster, *Estelas inéditas en el Museo de Vich:* AEArq 23 (1950) 155ss.

[326] Sil. It., 341-343; Elian., Na XXII.

[327] Estr., II, 4, 16.

[328] *Monumentos funerarios célticos. As pedras formosas e as estelas em forma*

sentaciones de la Galia Cisalpina y de Galacia; en estas piezas aparecen series de tres arcos. Hay numerosas estelas hispánicas que representan este mismo tema, por lo que, al parecer, ha de verse en él un motivo simbólico indígena, aunque en principio el tema se recibiera del mundo clásico. El tema de los arcos es frecuente en estelas salmantinas, pero no en las cacereñas. En Lusitania, Galicia, Cantabria y en toda Castilla la Vieja no es frecuente la decoración vegetal; los temas preferidos son los de tipo geométrico (Monte Cildá, Zamora y León).

Un tema claramente importado es el del banquete funerario [329], que aparece con mucha frecuencia en estelas de Lara de los Infantes y de Germania. Es un tema que abunda también en la Galia y en Roma, al igual que la caza con sentido funerario, que se documenta en Lara de los Infantes (fig. 165), pero que aparece en el Mediterráneo con varios siglos de antelación. Lo mismo puede afirmarse del tema de la guerra, también con carácter funerario (fig. 166), y documentado en Lara de los Infantes.

de casa, en *Homenagem a Martins Sarmento* (Guimarães 1933) 99ss; *Las estelas funerarias en forma de casa en España:* «Inv. y Prog.» 6 (1932) 148ss; E. Linckenheld, *Les stèles funéraires en forme de maison chez les mediomatriques et en Gaule* (París 1927); J. A. Abásolo, M. L. Albertos, J. C. Elorza, *Los monumentos funerarios de época romana, en forma de casa, de la región de Poza de la Sal, Bureba, Burgos* (Burgos 1975). Sobre el simbolismo astral, cf. Fr. Salviat, *Symbolisme astral et divin. A propos d'une stèle de Thasos:* RA (1966) 33s; J. J. Hatt, *Les croyances Funéraires des Gallo-Romains d'après la decoration des tombes:* RAE 21 (1970) 7ss, como término de comparación.

[329] L. Fernández Fúster, *La escena hispanorromana del banquete:* RABM 60 (1954) 234ss. El tema del banquete funerario aparece también en estelas de Soria; cf. T. Ortego, *Escena hispano-romana del banquete funerario en tres estelas sorianas:* «Celtiberia» 18 (1960) 71ss. En una estela de Alcubilla de Avellaneda (Soria) se representaron juntos los dos temas funerarios, el del banquete y el del jinete; cf. T. Ortego, *Nuevas estelas hispanorromanas con jinete en Borobia (Soria):* «Boletín informativo» 2 (1974) 240, fig. 2.

El tema del banquete funerario es de origen oriental y pervivió en época romana entre los griegos; cf. Rh. Thönges-Stringaris, *Das griechische Totenmahl:* AM 80 (1965) 1ss. Es muy frecuente en Etruria. Podemos citar al respecto las tumbas de los Leones, de hacia el año 520 a. C.; de los Leopardos, del siglo V a. C.; del Lecho Fúnebre, datada alrededor del año 460 a. C.; de los Escudos, del siglo III a. C.; cf. M. Pallottino, *La peinture étrusque* (Ginebra 1952) 48, 67, 70, 81s, 105s. A las anteriores pueden añadirse las tumbas del *Frontoncino,* datada a mediados del siglo VI a. C.; *della Cacia al Cervo,* de la primera mitad del siglo V a. C.; *della Nave,* de la misma fecha; la N. 3226, etc.

Por lo que respecta a la Península Ibérica, el tema del banquete se representa, ya en época romana, en Carmona; cf. J. Bonsor, *An Archaeological Sketch-Book of the Roman Necropolis at Carmona* (Nueva York 1931) lám. junto a la p. 99.

En Roma aparece este tema en el columbario de la Villa Pamphili, cf. G. Bendinelli, *Le pitture del columbario di Villa Pamphili* (Roma 1941) 7, lám. II,1; en la tumba de Caivano, cf. Th. Kraus, *Das römischen Weltreich,* en *Propyläen Kunstgeschichte* (Berlín 1967) n. 137.

Entre los pueblos prerromanos de Italia también está ampliamente documentado este tema; baste citar las tumbas de *Paestum,* del siglo IV a. C.; cf. R. Bianchi Bandinelli, *Los etruscos y la Italia anterior a Roma* (Madrid 1974) fig. 274. En Tracia, en la necrópolis paleocristiana de Tarragona, etc., pasó esta costumbre pagana al cristianismo.

Todos estos temas respondían a creencias del elemento indígena (figura 167), ya que los nombres de los difuntos son indoeuropeos, no romanos. Falta esta simbología en las zonas más romanizadas, en todo el Levante y en la Bética, lo que indica igualmente que todos estos temas, aunque de tradición clásica, se deben al influjo celta, muy fuerte en las regiones en que aparecen estas estelas.

Grupo aparte forman las estelas de la región de Calaceite, estudiadas por F. Fúster [330], en las que aparecen grabadas puntas de lanza, alusivas a los enemigos muertos en el combate, según el conocido texto de Aristóteles [331]. Otras veces se representan jinetes, como en Monte Cildá, Lerga e Iruña, todas en el Norte de la Península. Estas estelas se fechan seguramente a comienzos de la romanización. De la misma fecha son las estelas de Clunia en que aparece un jinete con varios escudos, que tienen la misma significación que las puntas de lanza. Estos temas guerreros se deben también al influjo celta, y lo mismo se puede afirmar de las otras representaciones en que aparece un jinete con lanza y espada (Lara de los Infantes) o uno o varios guerreros a pie (Lara de los Infantes), tema que también se representó en una estela monumental de Cantabria [332]. Aquí, al igual que en Galicia o en el País Vasco, son muy frecuentes en las estelas las representaciones de cruces gamadas, esvásticas [333], etcétera, motivos netamente celtas, al igual que la máscara humana (Badajoz, Nocelo de Pena, etc.).

La última tesis presentada sobre el simbolismo de los diferentes motivos ornamentales que componen el repertorio figurado en las estelas atribuye a aquéllos el siguiente significado:

a) *Elementos vegetales*

La vid: aparece relacionada con los cultos báquicos y puede contener una alusión a las libaciones, siendo el vino la bebida de la inmortalidad, especialmente cuando este tema se presenta acompañado de jarros y páteras.

La hiedra: es símbolo de inmortalidad en cuanto que manifiesta la capacidad de sobrevivir a los cambios y a las distintas estaciones del año.

El ciprés: por su hoja perenne representa la fuerza interior. Tal vez está relacionado con el vigor solar, por lo que aludiría a la fuente de la vida.

El pino: tiene las mismas características que el ciprés en cuanto que es un árbol de hoja perenne. Puede relacionarse además con el culto de Atis, que por sí mismo es también símbolo de resurrección.

[330] *Seminario de Arte Aragonés* (1951) 59ss.
[331] *Pol.*, 1.324 b.
[332] J. Carballo, *Las estelas gigantes de Cantabria:* CEG 3 (1948) 5ss.
[333] E. Frankowski, *Estelas discoideas de la Península Ibérica* (Madrid 1920).

El laurel: es sinónimo de la idea del triunfo.
La palma: posee el mismo simbolismo que el laurel.
El acanto: tiene un sentido de inmortalidad y refrigerio.

b) *Elementos animales*

El toro: está ligado al sol y es símbolo de la fuerza generadora y fecundante. Puede aparecer ligado a los cultos dionisiacos.

La vaca: unida al simbolismo de la luna, es una alegoría de la fecundidad y del continuo renovarse de la naturaleza.

El ciervo: está relacionado con los cultos solares. Asimilado al caballo tiene también carácter de animal psicopompo.

El caballo: puede representar al difunto heroizado (por ejemplo, en las estelas vadinienses) o poseer carácter de animal psicopompo por su relación con el caballo de *Helios.*

La liebre: animal consagrado a Artemisa y Pan, tiene un significado afrodisiaco con el que se alude a los goces del más allá.

La paloma: símbolo del alma. Suele aparecer picoteando racimos de uva, que representan el alimento de la vida.

El pavo real: por su característica de renovar su plumaje representa la continuidad y la inmortalidad.

El gallo: es símbolo de fecundidad, de la resurrección.

Aves indeterminadas: son representaciones genéricas del alma o poseen el carácter de animales psicopompos.

c) *Elementos astrales*

El sol: representado como rueda o como rosácea, es la potencia vivificadora, protección sobrenatural y esperanza de una futura vida astral. Como rueda que gira se relaciona con el trueno y consiguientemente con el culto a Júpiter.

La luna: puede ser la morada de los muertos, símbolo de protección sobrenatural y esperanza en el más allá.

Las estrellas: su significado depende de su número y de la posición con respecto a los astros mayores. Pueden representar a *Hesperis* y *Phosphoros,* a los Dióscuros y, cuando aparecen solas, al mismo difunto heroizado.

Los glóbulos: se da este nombre a los pequeños círculos que en gran número suelen aparecer alrededor de algunas representaciones astrales. Pueden interpretarse como representación de las almas que gravitan en torno a la luna como mansión de los muertos.

Los brazos de Atlante: la representación que A. García y Bellido designó como «escuadras de albañil» no es otra cosa que la esquematización de los brazos de Atlante, que soporta la bóveda celeste en que se desarrolla la escatología luno-solar.

El complejo destino de las religiones indígenas se explica por la generosa política de Roma con respecto a ellas. No intentó erradicarlas, pero con el tiempo, al romanizarse más intensamente algunas zonas de la Península, sus habitantes indígenas tendieron a olvidar la religión de sus antepasados, que sólo se conservó donde el influjo de Roma fue más débil. Idéntico fenómeno se observa con respecto a las razas indígenas, que, a juzgar por la onomástica, conservaron mejor su propia identidad en las mismas zonas en que las religiones indígenas mantuvieron su fuerza [334].

[334] M. L. Albertos, *La onomástica personal primitiva de Hispania. Tarraconense y Bética* (Salamanca 1966); *Alava prerromana y romana. Estudio lingüístico:* EAA 4 (1969) 172ss; *Nuevos antropónimos hispanos:* «Emerita» 32 (1964) 209 ss; 33 (1965) 109ss; M. Palomar, *La onomástica personal prelatina de la antigua Lusitania* (Salamanca 1957); J. M. Iglesias, *Onomástica prerromana en la epigrafía cántabra* (Santander 1974).

15

LA RELIGIOSIDAD DE LOS PUEBLOS HISPANOS VISTA POR LOS AUTORES GRIEGOS Y LATINOS

Se recogen en este trabajo los testimonios de los autores griegos y latinos acerca de la religiosidad de los antiguos hispanos. Estas fuentes literarias nos dan una visión más bien vaga acerca de tan importante aspecto de la vida de aquellos pueblos. De su estudio, sin embargo, se desprende un panorama de conjunto muy interesante. Los textos van agrupados por zonas geográficas y se mencionan los datos aportados por la arqueología, así como los paralelos ilustrativos de fuera de la Península Ibérica.

I. PUEBLOS DEL CENTRO

Sacrificios

La religión de los celtíberos apenas nos es conocida. Ni un sólo texto habla de sacerdotes ni de colegios sacerdotales, cuya influencia fue tan grande en la Galia e Irlanda [1]. En este aspecto, los pueblos hispánicos del Centro se parecen a los germánicos que conoció César [2], de los que este escritor aseguraba que «no tienen druidas que se ocupen de las cosas de los dioses». Tácito [3], sin embargo, habla de la existencia de sacerdotes en Germania, a los que asigna funciones muy concretas [4]. Al parecer, los pueblos del Centro de la Península tuvieron una marcada repugnancia por los grandes santuarios llenos de imágenes como los que aparecen frecuentemente entre los pueblos agricultores y hortelanos. La ausencia de templos indígenas, salvo contadas excepciones, está atestiguada igualmente en la Galia, donde los santuarios en que se celebraban los cultos indígenas solían estar situados fuera de las poblaciones.

Los galos no encerraban a sus dioses en construcciones fabricadas por

[1] J. Vendryes, *La religion des celtes* (París 1948) 290ss; J. Toutain, *Les cultes païens dans l'Empire Romain* III (París 1918) 401ss; J. M. Blázquez, *Diccionario de las religiones prerromanas de Hispania* (Madrid 1975) 143ss.

[2] BG VI, 3.

[3] *Germ.*, X, XI, XL, XLIII.

[4] E. Tonnelat, *La religion des germains* (París 1948) 350ss.

la mano del hombre. Las rocas, las montañas, las fuentes, los ríos, el mar, los campos son los parajes preferidos para tributar a los dioses el debido homenaje [5]. El mismo fenómeno se registra entre los germanos [6].

Se sabe que en fechas determinadas del año celebraban las ciudades unos sacrificios colectivos especiales. Viriato cayó sobre los segobrigenses cuando celebraban una de estas ceremonias [7].

El hecho sucedió en Segóbriga, cerca de Saelices, en la actual provincia de Cuenca, el año 145 a. C. No se conoce más que la existencia de estos sacrificios colectivos. Ignoramos su rito y sus particularidades. Es probable que los sacrificios colectivos fueran precedidos de banquetes, como entre los germanos [8]. Floro [9] escribe de los numantinos que, al verse apretados por la necesidad, «decidieron precipitarse a la lucha como a una muerte segura, habiéndose hartado primero, como para un sacrificio, de carne semicruda y de celia; así llaman a un bebida indígena hecha de trigo».

Esta costumbre de comer antes de los sacrificios está atestiguada también por lo que narra Diodoro [10] de Viriato en el día de su boda, que después del banquete «ofreció sacrificios a los dioses y cumplió todo lo que es preceptivo entre los iberos».

Estas comidas rituales están también atestiguadas entre los celtas [11], los germanos [12] y los romanos [13].

En un fragmento pintado de cerámica procedente de Numancia se representa una escena de sacrificio. Una figura masculina de alto peinado cónico sostiene en su mano izquierda una efigie humana de barro, que B. Taracena interpreta como la imagen de una divinidad, mientras dirige su derecha hacia el altar sobre el que hay unos bultos que parecen aves, a las que otro personaje, por el lado opuesto, acerca un gran cuchillo [14].

Montes sagrados

En el «Burado» había un encinar sagrado que aún recibía veneración en el siglo I; Marcial [15] habla del «sagrado encinar del Burado».

[5] J. Toutain, *op. cit.*, 331, 340ss.

[6] Tac., *Germ.*, IX: «Por lo demás, creen que no es posible encerrar a los dioses dentro de unas paredes ni que se les pueda representar con aspecto humano, dada la grandeza de las cosas celestes; consagran los bosques y las soledades, y aplican nombres divinos a lo secreto, que sólo con veneración puede ser contemplado».

[7] Front., III, 2, 4.

[8] Cf. E. Tonnelat, *op. cit.*, 350.

[9] I, 34, 12.

[10] Diod., XXXIII, 7.

[11] Plin., NH XVI, 2.

[12] Cf. E. Tonnelat, *op. cit.*, 350.

[13] Cf. G. de Sanctis, *Storia dei romani* I (Turín 1907) 307s.

[14] B. Taracena, *Los pueblos celtibéricos*, en R. Menéndez Pidal (ed.), *Historia de España* I,3 (Madrid 1954) 285, fig. 169; *La cerámica ibérica de Numancia* (Madrid 1924) 46, lám. D,3; A. Schulten, *Numantia* II (Munich 1931) lám. XIX; P. Bosch-Gimpera, *Etnología de la Península Ibérica* (Barcelona 1932) fig. 537.

[15] Marc., IV, 55, 23.

Plinio ha descrito con toda minuciosidad el culto que se practicaba en uno de estos encinares sagrados de la Galia, que sería muy semejante al que tenía lugar en los de la Península Ibérica [16]. En Angulema era adorada una encina sagrada [17]. En Irlanda y en la Galia estaba muy extendido el culto a toda clase de árboles sagrados; en la Galia se han hallado altares consagrados a *Fago* [18] y a *Sexarbori deo* [19].

También recibían culto, al igual que entre los germanos [20], los montes más elevados, según testimonio de Marcial [21]: «El sagrado Vadavero, de fragosas laderas».

Según Caro Baroja [22], también era venerado el *Mons Caius,* que fue cantado por Marcial [23]: «Lucio, gloria de tu tiempo, por quien el vetusto Caio y el Tajo nuestros no serán menos renombrados que el ilustre Arpi».

Dioses

Los pueblos del Centro de la Península, al igual que los germanos [24], eran muy hospitalarios. Cuando un forastero llegaba en tiempos de paz a sus puertas, lo recibían como un don de los dioses [25]: «Alaban y juzgan afortunados a aquellos a quienes se acogen los forasteros».

Ramos Loscertales ha llamado la atención sobre la importancia de este texto y su significación profunda, pues «atestigua la práctica de la hospitalidad en la Celtiberia, no ciertamente la de una hospitalidad instituida por medio de una convención, sino la de la impuesta por las divinidades populares y por la costumbre de las gentes, un *hospitium,* de origen e índole religiosos y sociales a la vez» [26].

Por noticias referidas al año 146 a. C. sabemos que en Carpetania había un monte cubierto de olivos que estaba consagrado a Afrodita, en

[16] Plin., NH XVI, 249-251.

[17] CIL XIII, 1112.

[18] CIL XIII, 33, 223-225.

[19] CIL XIII, 129, 132, 175; cf. J. Toutain, *op. cit.*, 295ss; A. Vendryes, *op. cit.*, 280ss.

[20] Tác., Germ., IX.

[21] Marc., I, 49, 5-6.

[22] *España primitiva y romana* (Barcelona 1957) 68; *Los pueblos de España* (Madrid ²1975) 182; M. L. Albertos, *El culto a los montes entre los galaicos, astures y berones y algunas de las deidades más significativas:* EAA 6 (1974) 147ss; J. M. Blázquez, *op. cit.*, 128ss.

[23] Marc., IV, 55, 1-4.

[24] Tác., *Germ.*, XXI.

[25] Diod., V, 34.

[26] J. M. Ramos Loscertales, *Hospicio y clientela en la España céltica:* «Emerita» 10 (1942) 309s, 318, 332. Otros autores han tratado aspectos interesantísimos del *hospitium,* pero no han vuelto a referirse al dato de que estaba respaldado por la intervención de las divinidades, que castigaban a los transgresores de los pactos de hospitalidad; cf. A. D'Ors, *Epigrafía jurídica de la España romana* (Madrid 1953) 384; *Sobre la tabula patronatus de Badalona:* «Emerita» 7 (1939) 156ss; *Una nueva tabla emeritense de hospitium publicum:* «Emerita» 16 (1948) 46ss; A. Tovar, *El bronce de Luzaga y las téseras de hospitalidad latinas y celtibéricas:* «Emerita» 16 (1948) 75ss.

el que acampó Viriato y desde el que atacó a Segovia [27] y a Segóbriga [28]: «Después de atravesar el río Tajo, acampó en un monte cubierto de olivos» [29]. Según Schulten [30], este monte debe de ser la Sierra de San Vicente, junto a Talavera de la Reina. La Afrodita de que habla Apiano no es probablemente la diosa griega del amor, sino una divinidad indígena, del tipo de su homónima de Italia que es conocida como protectora de los huertos [31], a propósito de la que afirma Plinio [32] que «Plauto atribuye a Venus la tutela de los huertos», y de la que se conocen otros testimonios [33].

Entre los pueblos del Centro de la Península se daba la creencia de que los dioses enviaban objetos, animales, etc. a determinadas personas, lo que implicaba una prenda de la protección especial que la divinidad les otorgaba. Así, en el año 170 a. C., Olíndico se atrajo a muchos celtíberos mostrándoles una lanza de plata que aseguraba haberle sido enviada del cielo y adoptando la actitud peculiar de los profetas: «Olíndico, blandiendo una lanza de plata que le habría sido enviada del cielo, adoptando la actitud de un profeta, logró atraerse los ánimos de toda la gente» [34].

Las profecías de Olíndico, como en el caso de Sertorio, debían de referirse a la marcha de la guerra, que habría de ser ventajosa para los celtíberos, ya que los dioses habían regalado una lanza de plata a su jefe.

Los heraldos iban cubiertos por una piel de lobo en señal de paz. De ello tal vez pueda deducirse la existencia de un dios nocturno que empuñaba un martillo, cuyo emblema era entre los galos la piel de lobo. Era una divinidad de carácter civilizador y su epíteto era *Sucellus*, «el que golpea bien». Se trata de una deidad que encaja perfectamente en el carácter de unos pueblos que tanta importancia atribuían a la forja del hierro. En Azaila hay pinturas que representan a unos hombres que empuñan un martillo; quizá sean representaciones de esta divinidad [35]. En el año 152 a. C., cuando Metelo sitiaba a los nertobrigenses, éstos le enviaron un heraldo cubierto con piel de lobo [36]. Las monedas de Ilerda llevan muy frecuentemente una loba [37], y en Tivisa, ciudad que pertenecía a los ilergetas, han aparecido dos páteras que llevan a modo de umbo sendas cabezas de lobo [38].

[27] Front., IV, 5, 22.
[28] Front., III, 10, 6;III, 11, 4.
[29] App., *Ib.*, XLIV.
[30] FHA IV, 111.
[31] Sol., II, 14.
[32] Plin., NH XIX, 50.
[33] CIL IV, 2776; Plaut., *fr. inc.*, 25; Fest., 265; Ov., *Fast.*, VI, 863; Varr., *De l. l.*, VI, 16; cf. G. de Sanctis, *op. cit.*, 153ss.
[34] Flor., I, 33, 14.
[35] J. Caro Baroja, *Los pueblos de España (op. cit.)* 180; CVH Azaila, fig. 48.
[36] App., *Ib.*, XVI.
[37] A. Vives y Escudero, *La moneda hispánica* (Madrid 1924) lám. CXXXIV.
[38] J. M. Blázquez, *La interpretación de la pátera de Tivisa,* en este mismo volumen, pp. 221-241.

Las noticias relacionadas con este animal probarían más que la existencia de una divinidad del tipo de *Sucellus,* la presencia en la religiosidad ibérica de una deidad de carácter infernal, parecida al *Aida* etrusco, que cubre su cabeza con piel de lobo [39], o del *Dis Pater* itálico, cuya vinculación a los lobos es clara según las fuentes latinas [40]. Incluso en el mundo griego los muertos se aparecen en ocasiones cubiertos con una piel de lobo [41]. Por lo que respecta a la Península Ibérica, el lobo aparece representado en urnas cinerarias ibéricas [42]. El carácter funerario del lobo entre las poblaciones de la Hispania antigua queda patente en la piel de lobo que cubre un sarcófaro inédito del Museo Arqueológico de Jaén, hallado cerca de Menjíbar.

El lobo aparece vinculado a las divinidades infernales tanto en Italia como en los Balcanes [43]. No es de extrañar que ocurra lo mismo en la Península Ibérica. El texto de Apiano anteriormente citado probaría la existencia de divinidades infernales que, como en el caso del *hospitium* y de la *fides,* castigaban a los transgresores de los pactos. *Sucellus,* cuya presencia en Hispania está atestiguada [44], es en último término una divinidad infernal, al igual que su sustituto en la Galia meridional, *Siluanus,* que tal vez sea el dios representado en la cerámica de Azaila.

Vida de ultratumba

Silio Itálico [45] considera rito propio de los celtíberos el de dejar a los muertos a la intemperie para que los despedacen los buitres. Ello implica que, para estos pueblos, el cielo era la morada de los muertos y que la divinidad suprema residía en las alturas [46]: «Honor es para ellos caer en la pelea, y tienen por cosa impía quemar los cadáveres. Creen que van al cielo, junto a los dioses, si el buitre despedaza los cuerpos de los caídos».

Eliano [47] hace extensivo este rito a los vacceos, aliados de los numantinos. Ambos escritores puntualizan que sólo se exponen a los buitres los cuerpos de los guerreros. Eliano añade que estos animales son sagrados. Este rito céltico tiene paralelos entre los persas, los medos y diversos pueblos de Asia y Africa de tendencias pastoriles, como eran los numantinos.

[39] M. Pallotino, *La peinture étrusque* (Ginebra 1952) 111.

[40] Serv., *Ad Aen.*, XI, 785; cf. *ibíd.*, VI, 273: «Llama Orco a Plutón porque Orco significa lo mismo que Plutón»; Enn., *Euthem.*, *fr.* 3, V.2: «Plutón es en latín *Dis Pater;* otros lo llaman Orco»; Lact., *Div. inst.*, I, 14, 5.

[41] Paus., V, 6, 11.

[42] J. Sánchez Jiménez, *Memorias de los trabajos realizados por la comisaría provincial de excavaciones arqueológicas de Albacete en 1941* (Madrid 1943) lámina XVIII.

[43] P. Laviosa, *I Balcani e l'Italia nella preistoria* (Como 1954) 129ss.

[44] M. Almagro, *Las necrópolis de Ampurias* II (Barcelona 1955) 126ss, lám. XI.

[45] III, 341-343.

[46] J. Caro Baroja, *Los pueblos de España (op. cit.)* 182ss; *España primitiva y romana (op. cit.)* 68.

[47] NA 22.

Es extraño que los vacceos, pueblo eminentemente agrícola [48], practicase un rito propio de poblaciones pastoriles; tal vez ello se debiera a influjo de los numantinos. Herodoto [49] menciona la práctica de este mismo rito entre los persas. Es posible que esta semejanza de ritos funerarios moviera a Varrón a suponer una invasión persa en la Península [50]. Schulten cree que en vez de *persas* hay que leer *thersas* (tartesios), ya que Polibio [51] llama a éstos *thersitas*. Sin embargo, Salustio [52] habla también de persas en Hispania.

Este rito es contrario a lo que refieren las fuentes antiguas sobre los celtas de fuera de Hispania. Lucano [53] afirma a propósito de las creencias de los druidas sobre la vida de ultratumba que, gracias a sus ritos, las almas no van a las silenciosas moradas del Erebo ni a las sombrías estancias del Hades profundo, sino que pasan a animar otros cuerpos en un mundo diferente, de modo que la muerte viene a ser un episodio intermedio en una dilatadísima existencia.

También César recoge la noticia de que los druidas creen en la metempsicosis: «Están convencidos de que las almas no perecen, sino que de unos cuerpos pasan a otros después de la muerte; como no tienen miedo a la muerte, fundan en esto su extremado arrojo» [54].

Diodoro atribuye la misma creencia a los gálatas, pueblo también celta [55].

La arqueología nos ha suministrado una prueba de la exactitud de los versos de Silio Itálico. En Numancia no ha aparecido ninguna necrópolis, pero hay unos montones de piedras en círculo que, según B. Taracena, servirían para depositar los cadáveres de los guerreros hasta que eran descarnados por los buitres. Dos fragmentos pintados de cerámica numantina representan a dos guerreros y dos buitres que vuelan hacia ellos [56]. El mismo tema se repite en una estela de Salas de los Infantes [57].

Adivinación

Tanto Apiano [58] como Plutarco [59] escriben que cuando Escipión llegó ante la sitiada Numancia el ejército romano estaba infestado de adivinos y magos, y que la soldadesca se hallaba entregada a la práctica de los

[48] J. Caro Baroja, *Los pueblos de España (op. cit.)* 186ss.
[49] I, 140; II, 16.
[50] Plin., NH III, 8.
[51] Polib., III, 33; cf. A. Schulten, *Tartessos* (Madrid ²1945) 35ss; FHA VI, 228.
[52] BI XVIII.
[53] *Fars.*, I, 454-458.
[54] Cés., BG VI, 14.
[55] Diod., V, 28.
[56] B. Taracena, *Los pueblos celtibéricos (op. cit.)* figs. 146, 147 y 156; A. Schulten, *Numantia* II *(op. cit.)* lám. XXII.
[57] A. García y Bellido, *Esculturas romanas de España y Portugal* (Madrid 1949) 367ss, n.° 361.
[58] *Ib.*, LXXXV.
[59] *Apoph. Reg.*, XVI.

sacrificios adivinatorios, todo lo cual fue suprimido por el nuevo general. Estos adivinos serían seguramente indígenas en su totalidad, igual que los mercaderes y prostitutas que citan también ambos autores.

No sólo vaticinaban en la Celtiberia los hombres, sino que también lo hacían las mujeres, al igual que ocurría entre los galos [60], los germanos [61] y los cimbrios [62], como se desprende también de un texto de Suetonio [63].

En la región comprendida entre los ríos Guadalquivir y Guadiana, según Plinio [64], que seguramente toma la noticia de Varrón, se asentaron unos *celtici* procedentes de la Meseta, que invadieron la Lusitania y llevaron allá su religión. A. García y Bellido ha estudiado un ejemplo de estas transmigraciones en época histórica [65].

II. PUEBLOS DEL ESTE

Montes sagrados

Mela cita dos montes consagrados a Júpiter; el primero es el actual Mongó; el segundo debe de corresponder al monte Matas, junto al río Besós. En el Noroeste de la Península es muy frecuente que los nombres de las divinidades indígenas asociadas a Júpiter aparezcan sobre lápidas recogidas en las montañas. Se trataría de divinidades celestes, y los montes consagrados a Júpiter lo serían precisamente por el carácter de dios celeste que posee esta deidad.

El primero de los montes citados es descrito por Mela con las siguientes palabras [66]: «...el río Clodiano, junto a Ampurias, y luego el monte de Júpiter, cuya ladera occidental presenta prominencias rocosas separadas por breves espacios en forma de escalones, por lo que se le llama 'Escaleras de Aníbal'». Del segundo monte dice el mismo autor [67]: «...Bétulo, junto al monte de Júpiter».

En esta zona debía de haber montes sagrados desde muy antiguo, pues la sierra de Balaguer, al septentrión de la desembocadura del Ebro, es denominada «Monte Sagrado» en Avieno: «Alza allí cerca su cumbre majestuosa el monte sagrado» [68].

[60] Ael. Lamp., *Alex. Seu.*, LX, 6; Pl., *Volp. Aurel.*, XLIV, 4-5; *Car.*, XIV-XV.
[61] Tác., *Germ.*, VIII.
[62] Estr., VII, 2, 3.
[63] *Galba*, XI, 2.
[64] NH III, 13.
[65] *Pequeñas invasiones y transmigraciones internas:* II CAN (1951) 231ss.
[66] Mela, II, 89.
[67] Mela, II, 90.
[68] *Ora Marit.*, 504.

III. PUEBLOS DEL OESTE

La cierva de Sertorio

El episodio de la cierva regalada a Sertorio por un lusitano es conocido a través de las descripciones de varios autores clásicos, de las que son las más completas la de Gelio [69] y la de Plutarco [70]. Este autor vuelve unas páginas más adelante sobre el mismo tema [71]. También se refieren a este episodio, aunque de manera más esquemática, otros autores [72].

De los textos clásicos que hablan de la cierva de Sertorio, de su desaparición y posterior hallazgo en la Albufera de Valencia después de la batalla del *Sucro* en el año 75 a. C., se desprenden varias conclusiones importantes sobre la religiosidad de los lusitanos, como son la existencia entre ellos de animales sagrados especialmente vinculados a determinadas divinidades; la importancia del culto a Artemis entre los indígenas, que contaba con cuatro santuarios en el Levante: el de *Emporion* [73], el de Sagunto [74], el de *Hemeroskopeion* [75] y el de *Rhode* [76], desde donde se extendería su culto entre los iberos [77], así como la creencia en que las divinidades se comunicaban a través de sueños con los mortales y en que los hombres con los que los dioses tienen tales diferencias son especialmente amados de ellos. Plutarco deduce claramente las consecuencias que todo ello implicaba para los indígenas [78]: «Estaban persuadidos de que no los guiaba el designio de un extranjero, sino la voluntad de un dios».

Es muy probable que algunos de estos pueblos creyeran que los dioses andaban por la tierra; Plutarco así lo da a entender en el citado texto como cosa propia de los lusitanos, principalmente desde que algunos generales recibieron en la Península, concretamente en Córdoba, honores divinos de los propios romanos [79].

Sacrificios humanos

Entre los lusitanos eran muy frecuentes los sacrificios humanos. P. Craso, procónsul de la Ulterior entre los años 95 y 94 a. C., se enteró de que los bletonenses (pueblo situado no lejos de Salamanca) habían ofrecido víctimas humanas a sus dioses. Llamó entonces a sus jefes para castigarlos y ellos alegaron desconocer las leyes que prohibían semejantes sacrificios. Craso los perdonó [80].

[69] Gel., XV, 22.
[70] Plut., *Sert.*, XI.
[71] Plut., *Sert.*, XX.
[72] App., *Ib.*, C; Val. Max., I, 2, 4; Front., I, 2, 13.
[73] Estr., III, 4, 8.
[74] Plin., NH XVI, 216.
[75] Estr., III, 4, 6.
[76] Cf. A. García y Bellido, *Hispania Graeca* II (Barcelona 1948) 27, 32, 34, 52, 53, 57, 64.
[77] Estr., IV, 1, 5.
[78] *Sert.*, XII.
[79] Plut., *Sert.*, XXII; Val Max., IX, 1, 5.
[80] Plut., *Quaest. rom.*, LXXXIII.

Es digno de observar que uno o dos años antes, en el 97 a. C., el cónsul Craso había prohibido en Roma los sacrificios humanos [81].

En la Galia, al igual que en Africa, los sacrificios humanos fueron prohibidos bajo Tiberio según Plinio [82] y bajo Claudio según Suetonio [83]. Incluso en la misma Roma no fueron raros los sacrificios humanos. El testimonio más antiguo se refiere al año 226 a. C. [84], cuando fueron sepultadas en el Foro Boario una pareja de galos y otra de griegos para evitar la invasión gala. Este mismo sacrificio se repitió el año 216 antes de Cristo después del desastre de Cannas [85]. El mismo tipo de sacrificios humanos se registra nuevamente después de la matanza de los Gracos, cuando tuvo lugar el suplicio de tres vestales y de sus cómplices [86]. No es raro el caso de las vestales sepultadas vivas por incumplimiento de su obligación de guardar castidad; de la descripción de la macabra ceremonia [87] se deduce que no se trataba de castigar un delito, sino más bien de eliminar una impureza que hacía peligrar las buenas relaciones con los dioses, exactamente como en los cambios de sexo se ahogaba o quemaba vivos a los desgraciados [88] para borrar la marca de impureza de la sociedad. Todavía en la época de Domiciano fue sepultada viva una vestal por faltar al voto de castidad [89].

Los sacrificios humanos tenían en Hispania el mismo carácter que en la Galia, donde eran muy frecuentes [90]. César [91] captó muy bien su significado: «Los que se ven aquejados de enfermedades graves o andan en continuas luchas y en peligro inmolan hombres como víctimas o hacen voto de inmolarse ellos mismos, pues creen que no hay modo de aplacar a los dioses inmortales si no es ofreciendo la vida de un hombre por la de otro». Cicerón [92] expresa la misma idea.

Entre los celtas, los sacrificios humanos, salvo en los casos en que se hacían con fines adivinatorios, eran ritos de redención, como se deduce claramente de varios autores clásicos [93]. Entre los suevos [94] y en Terra-

[81] Plin., NH XXX, 12.

[82] NH XXX, 4.

[83] *Claud.*, XXV.

[84] Liv., XXII, 57, 6; Polib., II, 22, 7ss; Oros., IV, 13, 3; Plut., *Marc.*, III, 3; Dio. Cas., *fr.* 48 M.

[85] Dio. Cas., XXII, 57, 6.

[86] Liv., LXXXIII.

[87] Fest., 333; Dion., II, 67, 3; Liv., VIII, 15; Plin., *Epist.*, IV, 11; Plut., *Numa*, X, 8; Serv., *Ad Aen.*, XI, 206; cf. G. de Sanctis, *op. cit.*, 319ss.

[88] Liv., XXIV, 10, 10; XXVII, 11, 4 y 37, 5; XXXI, 12, 6; XXXIX, 22, 5; Plin., NH VII, 36; Obseq., 27, 32, 34, 36, 47, 48, 50, 53; Diod., XXXII, 12, 1.

[89] Plin., *Epist.*, IV, 11, 6; Suet., *Dom.*, VIII; Dio. Cas., LXVII, 3, 3; Filostr., *Vit. Apol.*, VII, 6.

[90] Cic., *Pro Font.*, XIV; Dion., I, 38; Eus., *Praep. evang.*, IV, 16.18; Lact., *Div. inst.*, I, 21; Estr., IV, 4; Diod., V, 31; Juts., XXVI, 2, 2; Suet., *Claud.*, XXV; Luc., *Fars.*, I, 444-446; III, 404-405. Solino (XXI) es el único autor que niega tales sacrificios humanos.

[91] BG VI, 16.

[92] *Pro Font.*, XIV.

[93] Lac. Plac., *Com. St. Th.*, X, 793; Serv., *Ad Aen.*, III, 57.

[94] Tác., *Germ.*, XXXIX.

cina, en época de los Antoninos, también se practicaban estos ritos de redención [95]. Según Plinio [96], la costumbre de hacer sacrificios humanos pasó de la Galia a Bretaña; podían ser privados o públicos [97].

Estrabón [98] confirma la práctica de los sacrificios humanos entre los lusitanos: «Los lusitanos... también observan las vísceras de los prisioneros, cubriéndolas con sagos. Cuando la víctima cae por mano del arúspice, hacen una primera predicción por la caída del cadáver. Amputan las manos derechas de los cautivos y las consagran a los dioses».

Los sacrificios humanos están igualmente atestiguados entre los galos y gálatas [99], entre los germanos [100] y entre los escordiscos [101].

Los romanos imitaron varias veces en la Península la costumbre de amputar la mano derecha [102], que también era conocida entre los iberos, así como la de clavar en las puntas de las lanzas las cabezas cortadas a los cadáveres [103].

Entre los lusitanos, como después se verá, la adivinación estaba basada en el sacrificio de víctimas humanas. Schulten interpreta el citado texto de Estrabón juzgando por el conjunto: son muy aficionados los lusitanos a los sacrificios humanos [104].

En los funerales de Viriato se sacrificaron muchas víctimas [105]: J. Maluquer cree que se trataba de sacrificios humanos [106].

Galba se justificó de la matanza que hizo de lusitanos siendo pretor, alegando que ellos, a pesar de haber inmolado un hombre y un caballo en señal de paz, buscaban la guerra. El proceso contra Galba se vio en el año 149 a. C., y se hizo célebre porque Catón, ya de ochenta y cinco años, defendió a los lusitanos.

Probablemente está relacionada con sacrificios humanos, como quieren J. Maluquer y B. Taracena, la caza de cabezas y su conservación como trofeos [107], de que habla Diodoro [108] a propósito de los celtas. La arqueología hace extensiva también a los celtíberos esta costumbre.

[95] J. Toutain, *op. cit.*, 397ss; J. Vendryes, *op. cit.*, 314ss.
[96] NH XXX, 4, 13.
[97] Cés., BG VI, 16.
[98] Estr., III, 3, 6.
[99] Diod., V, 32, 6.
[100] Tác., *Germ.*, IX.
[101] Amm., XXVII, 4, 4; cf. J. Zwicker, FHRC 15, 17, 18, 19, 23, 26, 28, 35, 37, 40, 42, 45, 59, 64, 86, 99. Para los ligures, cf. E. Sereni, *Comunitá rurali nell'Italia antica* (Roma 1971) 172, 188, 205.
[102] App., *Ib.*, 69-94.
[103] Diod., XIII, 57, 3.
[104] A. Schulten, FHA VI, 106.
[105] App., *Ib.*, LXXII.
[106] J. Maluquer, *Pueblos celtas,* en R. Menéndez Pidal (ed.), *Historia de España* 1, 3 (Madrid 1954) 157.
[107] B. Taracena, *Cabezas trofeos en la España céltica:* AEArq 16 (1943) 157ss; J. Maluquer, *op. cit.*, 157; A. Balil, *Cabezas cortadas y cabezas trofeos en el Levante español,* en *Cong. Int. Cien. Preh. Prot.* (Madrid 1954) 871ss; A. Blanco, *Cabeza de un castro de Narla. Notas sobre el tema de la cabeza humana en el arte celta:* CEG 6 (1956) 178ss; J. M. Blázquez, *Sacrificios humanos y representaciones de cabezas en la Península Ibérica:* «Latomus» 17 (1958) 27ss.
[108] Diod., V, 29.

Aunque algunos textos se refieren a los celtas de fuera de la Península, son perfectamente aplicables a los pueblos de esta estirpe que vivían en ella, a juzgar por los datos que nos aporta la arqueología, que coinciden con las noticias transmitidas por Estrabón [109]: «Al salir al combate cuelgan del cuello de sus caballos las cabezas de los enemigos muertos, y las llevan consigo para exponerlas en los vestíbulos... Las cabezas de las personas importantes las enseñan a los extranjeros conservadas en aceite de cedro y rehúsan venderlas aun a peso de oro». El geógrafo griego añade que la mayor parte de los pueblos del Norte tenía esta costumbre. Tito Livio, al relatar la batalla de *Sentinum*, del año 215 a. C., dice: «Los jinetes galos, llevando cabezas colgadas delante del pecho de sus caballos y clavadas en las lanzas, entonando cánticos según su costumbre...» [110]. El mismo autor refiere [111], al hablar de los sucesos del año 216 a. C., que los boyos tenían esta misma costumbre.

En toda el área peninsular abundan las representaciones de cabezas exentas. Según Maluquer, los citados textos tienen una confirmación arqueológica en las fíbulas, muy abundantes en toda el área céltica de la Península, en las que aparece una cabeza debajo del hocico de un caballo. Tienen probablemente carácter funerario las dos cabezas de Cibdá de Armea y el pilar con una cabeza esculpida del Museo de Córdoba [112], en el que tendríamos la confirmación arqueológica de la costumbre de clavar en la punta de las lanzas las cabezas cortadas a los enemigos, de que hablan los textos anteriormente citados. Tácito [113], al describir la llegada de Germánico a Teotoburgo, dice a propósito del lugar en que se encontraban los restos del ejército de Vario que «estaban esparcidas por tierra las ramas rotas y los caballos despedazados, mientras que, clavadas en los troncos de los árboles, se veían cabezas».

Ya nos hemos referido antes a la forma en que practican la adivinación los lusitanos, que requería el sacrificio de víctimas humanas. Del mismo modo vaticinaban los druidas, según el geógrafo griego [114], que toma el dato de Posidonio.

Diodoro [115], hablando de los galos, escribe que el golpe se daba en el diafragma; su modo de adivinar coincidía con el de galos y lusitanos en que observaban la forma en que caía la víctima.

Los bretones, en cambio, vaticinaban manchando los altares con la sangre de los prisioneros y consultando la voluntad de los dioses en las entrañas humanas [116]. Los germanos no recurrían a víctimas humanas

[109] Estr., IV, 5.
[110] Liv., X, 26, 11.
[111] Liv., XXIII, 24, 11.
[112] B. Taracena, *Cabezas cortadas en la España céltica (op. cit.)* fig. 10,4.
[113] Ann., I, 61; cf. F. G. Jacoby, *Hist.*, II, 258.
[114] Estr., IV, 5.
[115] Diod., V, 31.
[116] Tác., *Ann.*, XIV, 30.

para sus prácticas de adivinación [117]; cuando practicaban sacrificios humanos por otros motivos, el ritual era distinto [118].

Las coincidencias señaladas entre galos y lusitanos se explican por el hecho de que los segundos son también celtas.

El texto de Estrabón sobre las prácticas adivinatorias de los lusitanos posee además el interés de que contiene la única referencia de los autores clásicos a la existencia de un sacerdocio entre los pueblos de la Península. No se trataba seguramente, como ya dijimos al principio de este trabajo, de un cuerpo sacerdotal organizado, como el de los druidas, sino de individuos aislados que se encargaban de hacer los vaticinios.

Aunque de un texto de Estrabón [119] se deduce que los druidas eran una institución común a todos los celtas, que aparece entre los gálatas [120], los britanos [121] y en Irlanda [122], no hay huellas de que existiera también en la Península Ibérica y en la Galia Cisalpina. Este vacío se explica por diversas razones, entre ellas, y en primer lugar, por la ausencia de poblaciones celtas puras en la Península y por la inexistencia de la monarquía, a la que estaban fuertemente vinculados los druidas [123]. El triple papel de educadores, jueces y sacerdotes, que César asigna a los druidas en la Galia [124], no se aviene probablemente con el tipo de religiosidad vigente entre las poblaciones peninsulares, más o menos celtizadas; tampoco estarían al alcance de éstas sus creencias sobre la vida de ultratumba, de las que se habla más adelante, su ética [125] o su manera de enseñar [126]. La doctrina de los druidas estaba muy impregnada de ideas pitagóricas [127], que no eran asimilables por la mentalidad religiosa de las poblaciones hispánicas.

La estructura del sacerdocio druídico, muy organizado [128], no va con el carácter de los pueblos de la Hispania antigua. En ninguno de los textos referentes a la Península se habla de sacerdotes que acompañaran a los caudillos militares, como hacían los druidas [129], a lo que se debió su supresión bajo Augusto y Claudio [130]. Entre los druidas y los sacerdotes hispanos sólo había un rasgo en común: que todos ellos eran los encargados de los vaticinios [131].

[117] Tác., *Germ.*, X.
[118] Estr., VII, 2.
[119] Estr., IV, 4, 4.
[120] Arist., *fr.* 30, p. 1479 a 32; Oríg., *Contra Cel.*, I, 16.
[121] Cés., BG VI, 13, 11-12.
[122] J. Vendryes, *op. cit.*, 295s.
[123] Dion. Chr., Orat., XLIX.
[124] BG VI, 13-18.
[125] Diog. Laer., *V. Ph.*, VI, 150-153.
[126] Mela, III, 19.
[127] Diod., V, 28, 6; Val. Max., II, 6,10; Cl. Al., *Strom.*, I, 15.
[128] Amm., XV, 9, 4; Cés., BG VI, 13, 8; S. Patr., *V. Trip.*, II, 325, 1, 28.
[129] Cés., BG VIII, 38; Tác., *Ann.*, III, 40; XIV, 30.
[130] Suet., *Claud.*, XXV; Plin., NH XXX, 13.
[131] Diod., V, 31, 4; Tác., *Hist.*, IV, 54; Plin., NH XVI, 249; Cic., *De div.*, I, 41, 90.

Culto al viento

Varios autores nos informan de que se practicaba un culto al Zéfiro en un monte sagrado junto al Atlántico, que Leite de Vasconcelos identifica con la moderna Sierra de Monsanto («monte santo») [132], junto a *Olisipo*, en un paraje en que soplaba el Zéfiro y donde se criaba una raza de caballos tan veloces que dio origen a la leyenda de que las yeguas eran fecundadas por el viento. Plinio escribe sobre este particular [133]: «Se sabe que junto a la ciudad de *Olisipo* y el río Tajo hay yeguas que conciben un efluvio vital volviéndose contra el viento Favonio, y que de este modo se engendran y nacen unas crías muy veloces, pero que no viven más de tres años». El naturalista romano repite estas noticias, que considera extrañas [134].

Unos cuantos años antes que Plinio, otro naturalista romano, Varrón, que había sido gobernador de la Ulterior en el año 49 a. C., sostuvo [135] la misma teoría de que el viento fecundaba a las yeguas lusitanas, y habló también de la existencia de un monte sagrado. También en Columela [136] se alude a esta leyenda y se asegura que el notable fenómeno ocurre en un monte sagrado. Virgilio vuelve a recoger la leyenda [137].

Silio Itálico [138] alude por dos veces a esta creencia, que localiza en territorio de los vettones. Justino [139] explica su origen: «Muchos autores dijeron que en Lusitania, junto al río Tajo, las yeguas se quedan preñadas del viento. Estas fábulas nacieron de la fecundidad de las yeguas y de la abundancia de las yeguadas, que en Galicia y Lusitania son tantas y de tan notable velocidad en la carrera que bien podría decirse que son engendradas por el viento».

De los textos citados se deduce tanto la existencia de un monte sagrado como la creencia de que el viento es una deidad que fecunda a las yeguas. Este hecho es el que hace sagrado al monte.

El Zéfiro era venerado tal vez ya desde época tartésica, como se desprende del siguiente pasaje de Avieno [140]: «Se extiende a partir de allí la cordillera que está consagrada a Zéfiro».

Schulten [141] cree que este monte se halla entre las ciudades de *Loule* y *Tavira*, donde hay un monte de una extensión de 30 km. El poema cita además un *arx Zephyri* [142] que es el monte Figo.

[132] J. Leite de Vasconcelos, *Religiões da Lusitania* II (Lisboa 1905) 103ss.
[133] NH VIII, 166.
[134] NH IV, 116; XVI, 93.
[135] *De re rust.*, III, 19.
[136] VI. 27.
[137] *Georg.*, III, 172-277.
[138] III, 378-383; XVI, 3, 65.
[139] *Epit. Hist. Phil.*, XLIV, 3, 1.
[140] *Ora marit.*, 225-226.
[141] FHA I, 96ss.
[142] *Ora marit.*, 238.

Supersticiones.

San Isidoro escribe que el ceraunio que se producía en las costas lusitanas, cuyo color era similar al del carbunco, servía para defenderse de los rayos [143]: «Hispania produce otro ceraunio en las costas de Lusitania, de color como del carbunco y de calidad ígnea. Si hemos de creer a lo que dicen, sirve como remedio contra el rayo».

Solino habla de estas piedras casi con las mismas palabras que san Isidoro. Supersticiones semejantes perviven en el Oeste de la Península [144].

IV. PUEBLOS DEL NORTE

Totemismo

En Avieno se explica por qué fue llamada en algún tiempo la Península «Oestrímnida» [145]: «Primero fue llamada Oestrímnida porque habitaban sus lugares y sus campos los oestrimnios. Luego una multitud de serpientes puso en fuga a los habitantes y se apoderó de la tierra abandonada».

Por serpientes hay que entender a los celtas sefes, según la mayor parte de los autores modernos, cuyo tótem sería la serpiente, animal representado frecuentemente en el Noroeste de la Península [146]. Sin embargo, es probable que en Hispania no haya habido totemismo, que no es una religión, sino un tipo de organización social. Tampoco hay huellas de totemismo en Italia [147], Grecia [148] o el Norte de Africa [149].

Divinidades

El texto de Estrabón [150] sobre el «ateísmo de los galaicos no ha de interpretarse probablemente en el sentido de que no hubiera dioses en el Noroeste, ya que en esta zona es muy grande el número de lápidas con dedicatorias a divinidades indígenas [151]. El geógrafo griego debía de

[143] *Etym.*, XVI, 13, 5.

[144] J. Leite de Vasconcelos, *op. cit.*, 107.

[145] *Ora marit.*, 154-157.

[146] J. de Castro, *Excavações no dólmen da Barrosa, Âncora:* «Rev. de Guimarães» 65 (1955) 159.

[147] S. Altheim, *Römische Religionsgeschichte* (Baden 1951) 18.

[148] N. P. Nilsson, *Geschichte der grieschischen Religion* I (Munich 1941) 36ss.

[149] A. Alvarez de Miranda, *Magia y religión del toro norteafricano:* AEArq 27 (1954) 8, n.º 20. Sobre la serpiente como animal totémico en el Noroeste, cf. A. Schulten, FHA I, 100; M. Cardozo, AEArq 19 (1946) 21ss, con toda la bibliografía sobre el particular.

[150] Estr., III, 4, 16.

[151] J. Navascués, *El mapa de los hallazgos de epígrafes romanos con nombres de divinidades indígenas en la Península Ibérica:* II CAN (1952) 327ss; A. Tovar, *Estudios sobre las primitivas lenguas hispanas* (Buenos Aires 1949) 184ss; J. Maluquer, *op. cit.*, 189ss. Representaciones de dioses en el área celtizada pueden ser la

referirse a que los galaicos no tenían representaciones de sus dioses, como ocurría también entre los germanos [152], o a que el nombre de las divinidades era tabú, como sucedía frecuentemente entre los irlandeses con el del dios *Teutates* [153] y en la Galia con los de las deidades que habitaban en la foresta de Marsella [154] o como ocurre en vasco con el nombre de la luna, de cuyo culto quedan muchos vestigios en este pueblo [155].

Entre los celtas y sus vecinos, la divinidad principal era la luna, al

cabeza con cuernos hallada en Lourizán (Pontevedra), cf. F. Bouza-Brey, *Vestio Alonieco, nueva deidad galaica:* AEArq 19 (1946) 110ss; las dos cabezas de la lúnula de Châo de Lamas, que probablemente llevan una incipiente *leaf-crown*, distintivo de las divinidades celtas, cf. G. Beccatti, *Oreficerie antiche* (Roma 1955) 211, lám. CXXXVIII, n. 487; sobre esta lúnula, el trabajo fundamental, no citado por Beccatti, es el de J. Martínez Santa Olalla, *El collar de Châo de Lamas, provincia de Beira:* «Rev. de la Univ. de Madrid» 1 (1940) 113ss. El autor no dice que pudieran ser dioses y que recuerden algo a las cabezas celtas, también con *leaf-crown*, de Schwarzenbach, cf. P. Jacobsthal, *Early Celtic Art* (Oxford 1944) láminas XXIX,21-26; XXX,34; el Cernunnos pintado sobre un vaso numantino, cf. R. Mélida, B. Taracena, *Excavaciones de Numancia* (Madrid 1912) lám. LI; A. Schulten, *Numantia* II *(op. cit.)* lám. XXVIII,5; P. Bober, *Cernunnos: Origin and Transformation of a Celtic Divinity:* AJA 55 (1951) 13ss, que se asemeja, más que a ninguna otra representación del dios, a la de Val Camonica, en los Alpes Lombardos, considerada la imagen más antigua de esta divinidad. También serían divinidades célticas las dieciséis figuras halladas por J. Maluquer en Cortes de Navarra, que tienen señalados con puntos los ojos y con surcos o líneas verticales u horizontales el cuerpo, cf. J. Maluquer, *La Edad del Hierro en la Cuenca del Ebro y en la Meseta Central Española* (Madrid 1954) lám. VII; *El yacimiento hallstáttico de Cortes de Navarra* (Pamplona 1954) 127ss; *Los poblados de la Edad del Hierro en Cortes de Navarra:* «Zephyrus» 5 (1954) fig. 6; la cabeza bifronte encontraba en Candelario (Salamanca) con cuernos incipientes, cf. J. Muñoz, *El Jano de Candelario:* «Zephyrus» 4 (1953) 69ss; J. Maluquer, *Carta Arqueológica de España. Salamanca* (Salamanca 1955) 55; una figurilla de tosca factura que representa a un varón con los brazos en cruz y un disco radiado sobre el pecho, encontrada en Julióbriga, cf. A. Hernández, *Julióbriga* (Santander 1946) 16; J. Carballo, *Las primicias de Julióbriga:* AMSEAEP 21 (1949) 132ss, lám. 7, fig. 3. Los marfiles, procedentes en su mayoría de Mérida, no representan dioses celtas, como se ha interpretado frecuentemente, cf. J. Camón, *Las artes y los pueblos de la España primitiva* (Madrid 1954) fig. 786; A. Castillo, *El Neoeneolítico,* en R. Menéndez Pidal (ed.), *Historia de España* I, 1 (Madrid 1947) fig. 425; R. Mélida, *Idolos lusitanos de hueso,* en *Homenagem a Martins Sarmento* (Guimarães 1933) 236ss, sino que son el alma de carretes de coser, cf. J. Martínez Santa Olalla, *La fecha de la cerámica a la almagra en el neolítico hispanomauritano:* CHP 3 (1948) 105, n. 30; A. Ramos Folqués, *Elche (Alicante). La Alcudia:* «Not. Arq. Hisp.» 2 (1955) 107ss, lám. LVIII; J. C. Serra Ráfols, *Agujas romanas de hueso con representaciones de cabezas femeninas:* AMSEAEP 23 (1948) 145ss, láms. XIX-XXV; J. Maluquer, *Sobre los amuletos de hueso femeninos del Museo de Mérida,* en *Libro homenaje al Conde de la Vega del Sella* (Oviedo 1956) 293ss. Para una síntesis de la religiosidad de la España antigua, cf. J. M. Blázquez, *Aportaciones al estudio de las primitivas religiones de España:* AEArq 30 (1957) 15ss.

[152] Tác., *Germ.*, IX.

[153] J. Vendryes, *op. cit.*, 264.

[154] Luc., *Fars.*, III, 417.

[155] J. Caro Baroja, *Los pueblos del Norte de la Península Ibérica (op. cit.)* 198ss; *Los vascos* (Madrid 1971) 407s.

igual que entre los germanos[156] y en el Lacio[157], a la que se dedicaba bailes y fiestas en las noches de plenilunio. J. Caro Baroja, que ha recalcado la importancia de la luna para los vascos, transcribe, tomándolo del libro de Nicolás Tenorio, *La aldea gallega,* el siguiente testimonio sobre las danzas en honor de la luna en Galicia a comienzos del presente siglo, que constituye el mejor comentario al texto de Estrabón: «Existe entre los aldeanos (del partido judicial de Viana del Bollo) una curiosísima costumbre cuyo abolengo tengo por bastante primitivo. Tanto en verano como en invierno, pero más principalmente durante las noches de luna clara en la primera de las estaciones, y especialmente en los plenilunios, hombres y mujeres de la aldea salen de las casas a la calle a disfrutar de la claridad del astro de la noche. Las familias se agrupan y hacen fiestas en honor de la luna, en las que danzan hombres y mujeres y cantan al son del pandero y de las conchas. Los cantares se dirigen a la luna mezclándose en ellos episodios o quejas de amores, y el baile es la clásica muñeira del país. Cada cantar termina con arrullos o aturuxos de los mozos que gritan el jú-jú-jú, mirando hacia la luna cuando acaba la canción y el baile dura y dura la fiesta hasta que se acerca la luz del día»[153].

Al culto de la luna se asocia y contrapone el culto al sol, que, a juzgar por los datos que aporta la arqueología, estaba muy extendido en Numancia y entre los pueblos del Centro de la Península[159]. Otro testimonio del culto a la luna entre los celtas es la existencia de una isla consagrada a ella en Galicia[160].

Schulten descubre una prueba del culto a la luna entre los vacceos[161] en una frase de Apiano[162]: «Los palantinos, obedeciendo a la indicación de algún dios, se retiraron». El episodio ocurrió en el año 136 a. C., cuando Emilio Lépido sitiaba *Palantia,* la ciudad más importante de los vacceos, de la que hubieron de retirarse los romanos por falta de víveres. Cuando los de *Palantia* supieron su fuga, los atacaron, y sólo por un eclipse de luna, que a los vacceos les pareció prohibición de su dios, la luna, logró salvarse Emilio Lépido.

Hechos semejantes al narrado por Apiano no son raros en el mundo antiguo. Baste citar dos casos: los espartanos no ayudaron a los atenienses en Maratón por no estar la luna en plenilunio[163], y los atenienses no se embarcaron en Sicilia a causa de un eclipse de luna[164].

156 Cés., BG VI, 21.
157 Ovid., *Fast.*, III, 883; CIL I², 212, 234, 314; Varr., *De l. l.*, V, 68; Hor., *Carm.*, IV, 6, 38; Macr., *Saturn.*, III, 8, 3.
158 J. Caro Baroja, *Los pueblos del Norte de la Península Ibérica (op. cit.)* 200s; J. M. Blázquez, *Diccionario de las religiones de Hispania (op. cit.)* 119s.
159 B. Taracena, *Los pueblos celtibéricos (op. cit.)* 232; J. Cabré, *Excavaciones de Las Cogotas. Cardeñosa (Avila)* I. *El castro* (Madrid 1930) láms. XXXI-XXXVII; II. *La necrópolis* (Madrid 1932) láms. XXII-XXVIII.
160 Tol., II, 53.
161 FHA IV, 56.
162 *Ib.*, 83.
163 Her., VI, 106, 3.
164 Tuc., VII, 50, 4.

Entre los pueblos del Norte era muy venerado un dios guerrero identificado con Marte: «Sacrifican a *Ares* el macho cabrío, además de los cautivos y caballos; hacen hecatombes de cada género al modo griego, como dijo Píndaro, que de cada cosa hay que sacrificar un centenar» [165].

Marte es citado entre las principales divinidades celtas por César [166], Silio Itálico[167], Floro [168] y Lucano [169]. Según Tácito [170], era también una de las principales divinidades de los germanos. Su culto estaba tan extendido que se conocen sesenta y tres lápidas en que el nombre del dios aparece unido a un epíteto indígena [171].

En la Península se conocen más de veinte divinidades indígenas asociadas a Marte [172].

El texto de Lucano es el más expresivo de todos los referentes a este dios: «*Teutates,* al que sin misericordia es preciso aplacar con sangre cruel; *Esus,* cuyos altares fieros producen horror, y *Taranis,* cuya ara no cede en espanto a la de la Diana escita».

Según un escoliasta de Lucano [173], *Esus* equivale a Marte, *Taranis* a *Dis Pater* y *Teutates* a Mercurio. Según otro, *Teutates* sería Marte, *Esus* Mercurio y *Taranis,* Júpiter. En las inscripciones aparecen *Teutates* como Marte y *Taranis* como Júpiter [174]. La importancia del texto de Lucano estriba en que en él se alude a los sacrificios humanos vinculados al culto de estas divinidades. También Lactancio [175] menciona los sacrificios humanos en honor de *Esus* y *Teutates.* Thevenot ha probado que con el culto al Marte céltico estaban también estrechamente vinculados los caballos. En la Roma primitiva se sacrificaban caballos en honor de Marte [176], pero en este caso Marte no tiene carácter de divinidad astral, como en la religión céltica, sino que es un dios guerrero, protector además de la ganadería y la agricultura. Es posible que los machos cabríos

[165] Estr., III, 3, 7. Sobre el carácter del Marte celta, cf. E. Thevenot, *Sur les traces des Mars celtiques* (Brujas 1955). El texto de Macrobio, *Satur.*, I, 9, 5: «¿Quién duda de que Marte es el sol? Los accitanos, pueblo hispano, adoran con gran veneración una imagen de Marte adornado de rayos, al que llaman *Neton*», confirma la tesis de Thevenot sobre el carácter solar del Marte céltico; cf., del mismo autor, *A propos des Mars celtiques:* «Ogam» 49 (1957) 37ss.

[166] BG VI, 17.

[167] IV, 201.

[168] II, 4.

[169] *Fars.*, I, 445-446.

[170] *Germ.*, IX.

[171] J. Vendryes, *op. cit.*, 285s.

[172] J. M. Blázquez, *Diccionario de las religiones prerromanas de Hispania (op. cit.)* 57, 124; J. d'Encarnação, *Divindades indigenas sob o dominio romano em Portugal* (Lisboa 1975) 164ss, 233ss; CIL II, 5247, 5612, 5562, 5594, 5628, 2418, 5607, 2574, 746, 801, 893; A. Tovar, BRAE 28 (1948) 271; F. Fita, BRAH 61 (1912) 535; M. L. Albertos, «Zephyrus» 3 (1952) 61s; J. Leite de Vasconcelos, *op. cit.*, 295ss, 302ss; *Add.* VII, 191; IX, 293.

[173] J. Vendryes, *op. cit.*, 263.

[174] CIL III, 2804.

[175] *Div. inst.*, I, 21, 3.

[176] Polib., XII, 4; Fest., 178; Plut., *Quaest. rom.*, XCVII.

que se sacrificaban en honor de Marte se criasen en estado salvaje [177]. En la Península se conoce otra divinidad, *Ataecina,* a la que también se sacrificaba ganado cabrío [178].

San Martín de Dumio [179] cita los sacrificios humanos entre los pueblos del Norte.

Sacrificios

En el siglo IV a. C., Prudencio [180], al narrar un hecho acaecido durante la primera persecución de Diocleciano, alude a los sacrificios que en su época hacían los vascones, que algunos autores extravagantemente, según J. Caro Baroja, consideran que eran humanos:

> «Mira como ya son domados los fieros demonios
> que las entrañas devoran como lobos».

Los versos de Prudencio podrían ilustrarse con los relieves hallados en los territorios que caían dentro de los límites antiguos de los vascones [181].

Horacio y Silio Itálico confirman la práctica de los sacrificios de caballos entre los cántabros; estos sacrificios, al igual que los de víctimas humanas, se daban también entre los lusitanos: «Concano, que se goza con la sangre de caballo» [182]. «Concano, que te sacias con la sangre del corcel» [183]. Estas hecatombes se acompañaban, como indican los textos, con el rito de beber la sangre de los caballos.

Tales prácticas son de origen mágico y presuponen la creencia en que los animales sacrificados son la encarnación de algún dios o que son dioses ellos mismos. Las prácticas descritas por Silio Itálico y por Horacio serían una verdadera comunión. En las pinturas de la cerámica numantina tenemos la confirmación de que había unas divinidades equinas; en dos de ellas se representa un hombre con cabeza de caballo y en otras dos hay un tronco humano con cuatro piernas; una de estas pinturas lleva cabeza equina, pero en la otra ha desaparecido. Seguramente representan un dios-caballo [184].

[177] CIL II, 2660.
[178] J. Leite de Vasconcelos, *op. cit.*, 168ss.
[179] *De correc. rustic.*, VIII.
[180] *Perist.*, I, 94-98.
[181] J. Caro Baroja, *Los pueblos del norte de la Península Ibérica (op. cit.)* 97.
[182] Hor., III, 4, 34.
[183] Sil. Itál., III, 361.
[184] B. Taracena, *La cerámica ibérica de Numancia (op. cit.)* lám. D,5; L. Pericot, *Historia de España* I. *Epocas primitiva y romana* (Barcelona 1942) 343; A. Schulten, *Numantia* II *(op. cit.)* lám. XXI; P. Bosch-Gimpera, *op. cit.*, fig. 536; H. Obermeier, A. García y Bellido, L. Pericot, *El hombre prehistórico y los orígenes de la humanidad* (Madrid 1957) lám. XXXII; J. Camón, *op. cit.*, fig. 715; J. Mélida, B. Taracena, *Excavaciones de Numancia. Memoria acerca de las practicadas en 1920-1921* (Madrid 1923) lám. IV. Sobre este tema, cf. F. de Roux, *Le cheval divin et le zoomorphisme religieux des celtes:* «Ogam» 7 (1955) 2, 1, D 1.

Caro Baroja insinuó la posibilidad de que existiera entre los celtas hispanos una divinidad ecuestre como la que tenían los celtas de varias regiones extrapeninsulares, entre ellos los germanos e incluso los pueblos clásicos [185]. Sin embargo, en las piezas que aduce el citado autor para probar la existencia de un dios-caballo entre los celtas de la Península —las estelas de Clunia con prótomos de caballo afrontados entre palmas [186]— no hay seguramente una representación del supuesto dios-caballo; estas estelas, al igual que las once de León, las de Oviedo y una de Bilbao, en que se representan caballos galopando y palmas junto a ellos, probarían que el caballo tiene a veces en la Península Ibérica el mismo significado funerario que se observa en todo el mundo mediterráneo [187].

Tácito [188], al referirse a la veneración de que eran objeto los caballos entre los germanos, da la razón de que se bebiera en los sacrificios la sangre de estos animales: «Pues (los sacerdotes), como ministros de los dioses, estiman que (los caballos) se enteran...».

Se puede asegurar que en la Península, al igual que ocurre frecuentemente en todos los pueblos del Norte de Europa, el culto al caballo estaba vinculado al culto al sol. Las representaciones numantinas del dios-caballo están llenas de símbolos solares.

Adivinación

Los gallegos eran muy hábiles para obtener agüeros del vuelo de las aves, como los germanos [189], de la contemplación de los intestinos, como los lusitanos, y de las llamas sagradas: «La opulenta Galicia envió un muchacho hábil en la adivinación por las entrañas, el vuelo de las aves y las llamas» [190].

San Martín de Dumio [191] alude en general a las adivinaciones y a los augurios, frecuentes en su época. En particular habla de la observación de las aves.

[185] J. Caro Baroja, *Los pueblos de España (op. cit.)*, 179s.

[186] J. Camón, *op. cit.*, fig. 785; A. García y Bellido, *Esculturas romanas de España y Portugal (op. cit.)* n. 365-370; B. Osaba, *El Museo Arqueológico de Burgos* (Madrid 1955) lám. XIX.

[187] R. Herbig, *Giebel, Stallfenster und Himmelsbogen:* RM 42 (1927) 123ss; L. Malten, *Das Pferd im Totenglauben:* JdI 29 (1914) 179-256; E. Pfuhl, *Das Beiwerk auf den ostgriechischen Grabreliefs:* JdI 20 (1905) 48ss, 123ss, figs. 1-2, 20-21, 24, 27-28; *Stätionische Plastik:* JdI 50 (1935) 9ss, 13ss, fig. 2; 35ss, figuras 18-20; 39s, figs. 23-24; M. Bieber, *Die antiken Skulpturen und Bronzen des Königl. Museum Fridericium in Cassel* (Marburgo 1915) lám. XXXIII, n. 77; F. Poulsen, *Ny Carlsberg Glyptotek* (Copenhague 1914) lám. V, n. 2296; M. P. Nilsson, *op. cit.*, 358; J. M. Blázquez, *Caballos y ultratumba en la Península Hispánica,* en este mismo volumen, pp. 261-277; *Caballos en el infierno etrusco,* en este mismo volumen, pp. 114-158.

[188] *Germ.*, X.

[189] Tác., *Germ.*, X.

[190] Sil. Itál., III, 344-345.

[191] *Op. cit.*, XVI.

Los vascones tenían gran fama de agoreros al comienzo del Bajo Imperio, y la conservaron durante toda la Edad Media: «Fue muy versado en el arte de los augurios y gran observador del vuelo de las aves, hasta el punto de que superaba a los vascones de Hispania y a los augures de los pausonios» [192].

J. Caro Baroja ha recogido una serie de testimonios medievales sobre la frecuencia con que los vascones se entregaban a las prácticas adivinatorias. Los más significativos son los siguientes:

Baemundo, biógrafo de san Amando, dice hacia el año 650: «... unas gentes que antiguamente se llamaban vacceos, que vulgarmente se designan ahora con el nombre de Vasconia, extraviadísimas por el error, hasta el punto de que se entregan a la práctica de los augurios y toda clase de engaños y llegan incluso a tributar culto divino a los ídolos».

El obispo Oliva reprocha a los súbditos de Sancho el Mayor tres vicios, entre ellos el de dedicarse a sacar agüeros: «Pues sabido es que, aparte de otros vicios, viven entregados a tres crímenes pésimos: los matrimonios incestuosos, la borrachera y los augurios» [193].

En algunos lagos debía de celebrarse un culto que incluiría entre sus ritos el de arrojar hachas a los ondas: «Poco después cayó un rayo en un lago de Cantabria; aparecieron doce hachas, lo que se interpretó como augurio de que obtendría el mando supremo» [194].

Según A. Schulten [195], este suceso demuestra que en Cantabria existía el culto a los lagos. La costumbre de arrojar hachas a sus aguas explica que en Francia y en otros países se hayan encontrado estas piezas depositadas en fuentes y lagos sagrados.

Entre los cántabros tamáricos, en las montañas de León, eran veneradas unas fuentes intermitentes de las que se obtenían presagios [196]. El río *Tamaricus* es el actual Tambre, en Galicia [197].

Danzas religiosas

En el texto anteriormente citado al hablar del culto a la luna entre los pueblos del Noroeste [198], Estrabón afirma que adoran a esta divinidad con danzas en las que interviene todo el pueblo. Estas danzas de carácter religioso son tal vez las mismas que el geógrafo griego [199] describe en otro pasaje, que se han conservado hasta nuestros días: «Mientras beben, danzan los hombres al son de flautas y trompetas, saltando en alto y cayendo en genuflexión». Unas líneas antes describe Estrabón

[192] Ael. Lamp., *Vit. Alex. Sev.*, XXVII, 6.
[193] J. Caro Baroja, *Los pueblos del norte de la Península Ibérica (op. cit.)* 106.
[194] Suet., *Galba*, VIII, 12.
[195] *Los cántabros y los astures y su guerra con Roma* (Madrid 1943) 35s.
[196] Plin., NH XXXI, 23-24.
[197] A. Schulten, *Los cántabros y astures (op. cit.)* 34s; J. M. Blázquez, *Diccionario de las religiones prerromanas de Hispania (op. cit.)* 23s.
[198] Estr., III, 4, 16.
[199] III, 3, 7.

las competiciones que celebraban aquellas gentes en honor del dios guerrero asociado a Ares o Marte: «Practican luchas gimnásticas, carreras a pie y a caballo, y se ejercitan en el pugilato, las carreras, las escaramuzas y las batallas campales».

Siguiendo a J. Caro Baroja, opino que Estrabón describe en este párrafo una fiesta religiosa, ya que el texto viene inmediatamente a continuación del párrafo en que se habla de los sacrificios ofrecidos en honor de la divinidad asociada a Ares. También los lusitanos conocían estas danzas religiosas en que intervenían guerreros; los ejercicios militares celebrados en torno al cadáver de Viriato, descritos por Apiano [200] y por Diodoro [201], tenían probablemente carácter religioso.

En la diadema de Ribadeo se representó probablemente una danza ritual céltica [202] en la que participan unos jinetes que llevan cascos de cuernos, escudos y puñales; entre ellos aparecen individuos a pie con calderos rituales (?) semejantes a algunas sítulas etruscas [203]. Esta danza recuerda a la representada sobre el caldero de Gundestrup.

De carácter religioso sería en ocasiones, cuando no siempre, la danza descrita por Estrabón [204] como propia de la Bastetania: «En Bastetania las mujeres bailan también mezcladas con los hombres, unidos unos y otros por las manos». Este tipo de danza está representado en una ceremonia de Liria [205]. Un vaso de esta misma localidad [206] en que aparece un personaje itifálico podría ser la prueba de que efectivamente se trata de una danza de carácter ritual; el mencionado personaje es probablemente un *numen* del mismo tipo que los pintados en Minateda y en la Cueva de los Letreros [207], ya que los varones se representan siempre en la pintura de Liria de forma muy distinta; el personaje del vaso citado parece contemplar una danza en que los participantes se cogen de la mano, mientras una mujer presenta una paloma a un guerrero, sin duda para sacrificarla al *numen*. Caro Baroja ha propuesto una interpretación distinta de las escenas representadas en la cerámica de Liria [208], en las que descubre alusiones a la vida caballeresca de la población, aunque otros autores rechazan tal interpretación [209].

[200] *Ib.*, 71.

[201] XXXIII, 21.

[202] P. Bosch-Gimpera, *op. cit.*, fig. 438; A. García y Bellido, *Ars Hispaniae* I (Madrid 1947) fig. 400; J. Maluquer, *Los pueblos de la España céltica (op. cit.)* fig. 38.

[203] M. Pomes, *Cronologia delle situle rinvenute in Etruria:* «St. Etr.» 23 (1954) *passim.*

[204] III, 3, 7.

[205] CVH Liria, figs. 20, 35, 54; láms. XXXIII, LIII.

[206] *Ibíd.*, fig. 35; lám. LIII.

[207] H. Kühn, *El arte rupestre en España* (Barcelona 1957) fig. 79; H. Breuil, *Les peintures rupestres schématiques de la Péninsule Ibérique* IV (Lagny 1935) figuras 17, 18,3; láms. IX, XIII.

[208] J. Caro Baroja, *Los pueblos de España (op. cit.)* 157; *España primitiva y romana (op. cit.)* 62.

[209] J. Maluquer, *Pueblos Ibéricos*, en R. Menéndez Pidal (ed.), *Historia de España* I, 3 (Madrid 1954) 333.

Montes sagrados

«En el territorio de estas gentes hay un monte sagrado; se considera una impiedad violarlo con herramientas, pero cuando la tierra es herida por el rayo, cosa que ocurre por aquellos parajes con frecuencia, está permitido recoger el oro que entonces aparece como si se tratara de un regalo del dios»[210].

Según Leite de Vasconcelos[211], la noticia transmitida por Justino sobre esta montaña implica tres aspectos: en primer lugar, la existencia de un *genius* o *numen loci;* se trataría de una divinidad celeste relacionada con el rayo y la tormenta, que habita en las montañas y que no puede ser otra deidad que Júpiter. Las inscripciones confirman plenamente la tesis de que esta divinidad que habita en el monte de Galicia es Júpiter, pues el epíteto que en ellas lleva frecuentemente el dios alude a la naturaleza montañosa del lugar en que se celebra su culto[212].

En segundo lugar, de la narración de Justino se desprende que el hierro era metal impuro, por lo que se consideraba un sacrilegio emplearlo para la extracción del oro. Entre los antiguos pueblos escandinavos tampoco se usaba el hierro para fabricar determinados instrumentos de culto[213].

En tercer lugar, el oro era considerado por los naturales como un regalo del dios.

Leite de Vasconcelos cita otras narraciones que concuerdan con la de Justino en el aspecto religioso. En el bosque de Arvaes, cuando se cortaban árboles con instrumentos de hierro, se ofrecía un acto de expiación por el sacrilegio cometido.

Entre los indios de América y los negros de Africa existe la misma creencia de que el oro es un don de los dioses.

San Braulio[214] cita un monte sagrado llamado *Dercetio,* que probablemente estaba en Galicia, pues en esta región ha aparecido una lápida consagrada al mismo[215].

El texto de Justino prueba la existencia en Hispania de una de las tres grandes divinidades de que habla Lucano[216]. La existencia de la segunda se prueba por el texto de Estrabón[217] referente a Ares. El culto a Mercurio y su puesto dentro del panteón céltico peninsular quedan claros por una inscripción de Chaves[218] en que se da al dios el epíteto

[210] Just., *Epit. Hist. Phil.*, XLIV, 3, 6.

[211] *Op. cit.*, 104ss.

[212] CIL II, 2695, 2599; cf. D. Wölfel, *Las religiones de la Europa preindogermánica*, en *Cristo y las religiones de la tierra* I (Madrid 1968) 341ss.

[213] E. Tonnelat, *op. cit.*, 357.

[214] *Vit. S. Mill.*, IV.

[215] CIL II, 5809.

[216] *Fars.*, I, 443-445.

[217] III, 3, 7.

[218] M. L. Albertos, *Mercurio, divinidad principal de los celtas peninsulares:* «Emerita» 24 (1956) 94ss.

de Deuori, «rey de los dioses», que coincide con lo que afirma César[219]: «Adoran ante todo al dios Mercurio», frase que repite Tácito[220].

Supersticiones

En Galicia había un río, el actual Limia en la provincia de Orense, del que se decía que quien lo atravesaba perdía la memoria. Décimo Junio Bruto fue el primero en atravesarlo con su ejército cuando marchaba contra los galaicos, el año 137 a. C.: «Décimo Junio Bruto dominó la Lusitania y tomó sus ciudades hasta el Océano. Sus soldados se negaban a atravesar el río del Olvido; arrebató entonces la enseña de manos del abanderado, lo atravesó primero y de este modo logró que lo atravesaran los demás»[221].

El paso del río del Olvido, traducción latina de la palabra griega *Lēthē*, por Junio Bruto es citado por varios autores de la Antigüedad[222]. Floro añade que cuando el general contemplaba cómo el sol se hundía en el Océano y sus fuegos se apagaban en las aguas, se echó a temblar, creyendo haber cometido un sacrilegio. Este habría sido probablemente el cruce del río del Olvido[223].

Culto a las aguas, a los árboles y a las piedras

El único texto conocido sobre el culto a las aguas, a los árboles y a las piedras entre las gentes del Noroeste peninsular es un párrafo de san Martín de Dumio en su opúsculo, tantas veces citado[224], en el que el santo ordena que no se enciendan velas junto a los peñascos, árboles o fuentes ni se coloquen junto a las encrucijadas de los caminos. También prohíbe que se hagan ofrendas de pan a las fuentes; estas ofrendas se han practicado en el Noroeste hasta hace poco[225].

Los tres cultos a que alude el santo son típicamente celtas y estaban muy extendidos por el resto de Europa. Del culto a las rocas se ocuparon ya los cánones del concilio de Braga[226], y del mismo se conservan muchos documentos en la Galia[227], donde se encontraba, al igual que en Hispania[228], muy arraigado. Los árboles fueron objeto de especial veneración no sólo en la Galia[229], sino principalmente en Irlanda,

[219] BG VI, 17.
[220] *Germ.*, IX.
[221] Liv., *Per.*, 55.
[222] Plut., *Quaest. rom.*, XXXIV; Flor., I, 33, 12.
[223] Plin., NH IV, 115; Sil. Ital., I, 235-236; XVI, 476-477; Sal., *Hist.*, III, 4.
[224] *De correc. rustic.*, XVI.
[225] L. Cuevillas, *La civilización céltica* (Santiago de Compostela 1953) 417s.
[226] M. Vilanuño, *Summa conciliorum Hispaniae* (Madrid 1784) 307, cáns. LXXI-LXXIV.
[227] J. Toutain, *op. cit.*, 357ss.
[228] L. Cuevillas, *op. cit.*, 419ss.
[229] J. Toutain, *op. cit.*, 295ss.

donde los nombres de los personajes mitológicos se emparentan con especies de árboles [230]. El culto a las aguas es el que cuenta con mayor número de testimonios tanto en la Península [231] como fuera de ella [232].

V. PUEBLOS DEL SUR

Mitos tartésicos

Tanto Schulten como Caro Baroja, Pia Laviosa y Alvarez de Miranda ven en la leyenda de la época tartésica transmitida por Pompeyo Trogo [233], escritor latino del siglo II, el único mito conocido de la religión de los pueblos peninsulares. Para Schulten, esta leyenda de la salvación de Habis recuerda otras semejantes, como la de Moisés, Semíramis, Zaratustra, Ciro, Rómulo, Telefo, Atalanta, los hijos de Melanipa y la de Cibeles. Nada habla en contra de la antigüedad y originalidad del mito tartésico [234], ya que las leyendas de niños nacidos de una unión ilícita, expuestos y salvados por animales, que luego llegan a ser grandes gobernantes, se dan en todos los pueblos. Pia Laviosa y Caro Baroja se fijan en que el mito refleja una situación matriarcal [235].

Caro Baroja compara además a Habis con Saturno. Al igual que éste, es un rey que enseña la agricultura, que legisla y que al final se convierte en un dios. El mito de Habis, según el mismo autor, representaría la transición de un régimen todavía bárbaro a una etapa cultural superior, que puede situarse en las últimas fases de la Edad del Bronce [236]. Sereni [237], al analizar las leyendas de la fundación de Marsella, que reflejan una situación semejante a la descrita en el mito tartésico, llega a las siguientes conclusiones, que se deducen igualmente del relato de Trogo Pompeyo: estas gentes ignoraban toda forma de vida civil y las técnicas más rudimentarias de la agricultura. Desconocen también, por consiguiente, las formas de vida de tipo urbano, se encuentran en el paso del estadio medio al superior de la barbarie, en el tránsito de la constitución gentilicia y tribal a nuevas formas de constitución territorial y de una vida más estable, que se manifiestan en el desarrollo de la técnica agrícola menor, en una incipiente evolución urbanística

[230] J. Vendryes, *op. cit.*, 280s.

[231] J. M. Blázquez, *El culto a las aguas en la Península Ibérica*, en este mismo volumen, pp. 307-329, con todos los documentos relativos al tema.

[232] C. Vaillat, *Les culte des sources dans la Gaule Antique* (París 1932).

[233] *Epit. Hist. Phil.*, XLIV, 4, 1.

[234] A. Schulten, *Tartessos* (Madrid 1945) 213ss.

[235] J. Caro Baroja, *Los pueblos de España (op. cit.)* 134; «Rev. Int. de Sociología» 1 (1943) 149ss; 2-3 (1943-1949) 285ss; *España primitiva y romana (op. cit.)* 54; *La «realeza» y los reyes en la España antigua*, en *Estudios sobre la España antigua* (Madrid 1971) 101ss; P. Laviosa, *España e Italia antes de los romanos* (Madrid 1955) 232.

[236] J. Caro Baroja, *Los pueblos del norte de la Península Ibérica (op. cit.)* 233ss.

[237] *Communità rurali nell'Italia Antica* (Roma 1955) 221ss.

y en una progresiva diferenciación social. Se da una evolución hacia un largo período de monarquía hereditaria vinculada a una familia determinada [238].

Culto a la luna

Cerca de Málaga existía una isla consagrada a la luz nocturna: «Bajo el dominio de los tartesios existe allí, frente a la ciudad, una isla consagrada antes por los habitantes a *Noctiluca*. En la isla hay una marisma y un puerto seguro» [239]. La divinidad a que estaba consagrada la isla es la luna, citada en otro pasaje del mismo poema: «Pero si alguien tiene el firme propósito de visitar el templo, se apresura a conducir su nave hasta la Isla de la Luna...» [240].

Más a occidente, hacia Sanlúcar de Barrameda, cerca de la desembocadura del Guadalquivir, había un santuario consagrado a la *Lux Divina*. Precisamente cerca de Trujillo han aparecido dos lápidas dedicadas a la *Lux Divina* [241].

La deidad a que aluden estos textos es, según Caro Baroja [242], la estrella de Venus; además, esta divinidad se habría fundido o estaría relacionada con otra del tipo de la Afrodita griega o de la Astarté fenicia. Lo más probable es, sin embargo, que se trate de un culto indígena a la luna; en la misma Roma se adoraba a la luna bajo la advocación de *Noctiluca* [243].

Divinidades

Varios autores citan un cabo del Sur de la Península consagrado a Saturno [244]; Schulten lo ha identificado con el cabo Segres [245]. Estrabón se refiere a este mismo paraje dándole simplemente el nombre de «cabo sagrado» [246], en un párrafo que posee interés excepcional para el historiador de las religiones.

Artemidoro visitó aquel lugar hacia el año 100 a. C. El texto de Estrabón contiene una de las pocas referencias a libaciones de agua de que tenemos noticias en el mundo antiguo. Los devotos subían al recinto sa-

[238] J. Martínez Santa Olalla, *Cereales y plantas de la cultura iberosahariana en Almizaraque (Almería)*: CHPH 1 (1946); J. San Valero, *La primera cultura agrícola hispánica y sus relaciones con el mundo mediterráneo*, en *Atti I Cong. Intern. Preist. Prot. Medit.*, 140ss.

[239] *Ora marit.*, 428-431.

[240] *Ora marit.*, 367-368.

[241] CIL II, 676-677.

[242] *Los pueblos de España (op. cit.)* 135.

[243] Varro, *De l. L.*, V, 68: «La luna... porque es la única que brilla de noche, y por eso recibe el nombre de *Noctiluca* en el Palatino, pues allí brilla de noche su templo»; Hor., *Carm.*, IV, 6, 38; Macr., *Saturn.*, III, 8, 3.

[244] Av., *Ora marit.*, 215-216.

[245] FHA I, 96.

[246] Estr., III, 1, 3.

grado el agua para las libaciones. El texto afirma taxativamente que se trata de una costumbre indígena, es decir, de los habitantes de la región, no fenicia o griega. A. Schulten cree que la prohibición de subir al promontorio por la noche se explicaría posiblemente por los sacrificios que los sacerdotes ofrecerían a Baal Amón durante las horas de oscuridad en aquel lugar, pero el texto no habla de sacerdotes, sino que da a entender que los fieles personalmente ofrecían las libaciones sobre las piedras, sin que allí se celebraran sacrificios de otro tipo. La prohibición que impedía subir de noche al promontorio, como se desprende del texto, se debía a que durante la noche se convertía aquel lugar en morada de los dioses; la sacralidad de las piedras era debida al contacto que tendrían durante la noche con la divinidad, no a un culto indígena a las piedras en sí.

Es curioso el rito, también indígena, como puntualiza Artemidoro, de voltear las piedras [247]. El viajero griego afirma rotundamente que allí no había ni ara ni templo. Probablemente todos estos lugares consagrados a Saturno, Astarté o la luna, cuando el texto no puntualiza lo contrario, serían simples recintos sagrados al aire libre.

Leite de Vasconcelos [248] y Schulten [249], que visitaron el lugar, vieron allí unos montones de piedras, llamados «moledros», de los que se decía entre los habitantes de la región que si alguien quitaba una piedra, ésta volvía por sí sola a su lugar.

Plinio [250] también llama «promontorio sagrado» al cabo San Vicente, igual que Tolomeo [251].

La creencia en divinidades infernales está atestiguada entre los pueblos del Sur por varios documentos. Ya en el poema de Avieno se habla de una divinidad infernal: «Viene luego el cabo y el rico templo consagrado a la diosa infernal, con cueva en oculta oquedad y oscura cripta» [252]. Schulten [253] cree que la diosa a que alude el poema es *Ataecina;* probablemente se trata de una divinidad indígena de carácter infernal que tenía un santuario con una estancia secreta.

El texto más importante sobre la creencia en divinidades infernales y los rasgos que les atribuía la mentalidad indígena es de Livio [254]; el escritor latino, al narrar la toma de *Astapa,* ciudad de la Bética, por Escipión en el año 206 a. C., cuenta cómo sus habitantes, que habían sido aliados de los cartagineses, lanzaban terribles imprecaciones contra los traidores: «...que los conminaban por los dioses de los cielos y de los infiernos... añadiendo a sus requerimientos una maldición contra aquellos que

[247] Sobre el significado del culto a las piedras, cf. M. Eliade, *Tratado de historia de las religiones* I (Ed. Cristiandad, Madrid 1974) 253ss.
[248] *Op. cit.,* 215ss.
[249] FHA VI, 135ss.
[250] NH II, 242; IV, 115.
[251] II, 5, 1.
[252] *Ora marit.,* 240-243.
[253] FHA I, 97s.
[254] XXXVIII, 22.

flaqueasen por codicia o por cobardía». Apiano, en cambio, es menos explícito: «...poniendo a los dioses por testigos...» [255]. Las imprecaciones consistirían en amenazar a los traidores con los castigos de los dioses infernales. Es grande la importancia del texto de Livio, pues demuestra no sólo la existencia de divinidades infernales, sino que además señala que estas divinidades infernales refrendaban los pactos y alianzas entre ciudades, pueblos y los mismos particulares. A las mismas divinidades correspondería castigar a los que incumplían aquellos compromisos.

Ramos Loscertales [256], Adrados [257] y Tovar [258], después de un minucioso análisis de los textos, han demostrado que la religión era el elemento que verdaderamente confería su fuerza a las alianzas establecidas entre unos hombres y otros. En este sentido es explícito el texto de Livio anteriormente citado. Adrados sospecha incluso que las expresiones empleadas por los habitantes de Astepa hacen verosímil la idea de que entre los antiguos hispanos se consideraba fuente de impureza el contacto con el enemigo. La idea de que los dioses son los encargados de castigar a los traidores aparece clara y frecuentemente expresada en las fuentes; se trata de una creencia difundida por toda la Península. Al narrar Livio [259] que Indíbil y Mandonio se acogieron a Escipión, una vez que los cartagineses habían abusado de la confianza depositada en ellos por los indígenas, el escritor latino pone en boca de Indíbil estas palabras: «...que se acogían al valimiento de los dioses, que no sufren violencia ni injuria por parte de los hombres». Polibio no recoge estas ideas al narrar el mismo episodio [260].

Otros textos refuerzan la idea que se obtiene del relato de Livio sobre los sucesos de Astapa. Cuando el año 150 a. C. Servio Galba engaña a los lusitanos y los hace degollar, ellos invocan a los dioses y exigen el cumplimiento de la palabra empeñada [261].

Un caso similar ocurrió en el año 151 a. C. cuando Cauca fue saqueada por Lúculo; sus habitantes apelaban a los pactos suscritos e invocaban a los dioses testigos de ellos [262].

Honras fúnebres

Livio describe los funerales celebrados en Cartagena en honor del padre y el tío de Escipión [263]. De la descripción se deduce que entre los iberos se hacían juegos gladiatorios, que probablemente habían traído

[255] App., XXXIII.
[256] *La devotio ibérica:* «Anuario de Historia del Derecho Español» 1 (1924) 16ss.
[257] *La fides ibérica:* «Emerita» 14 (1946) 138-188.
[258] *España en la obra de Tito Livio:* «Quaderni dell'Istituto di Cultura Italiana in Spagna» 7 (1943) 11, 13; P. Arnold, *Les sacrifices humains et la devotio à Rome:* «Ogam» 47 (1957) 27ss.
[259] XXVII, 17, 13.
[260] X, 37.
[261] App., *Ib.*, LX.
[262] App., *Ib.*, LII.
[263] Liv., XXVIII, 21.

de Italia las tropas mercenarias iberas[264]; los romanos, a su vez, los habrían copiado de los etruscos. Como escribe G. de Sanctis[265], los juegos de gladiadores «son una forma menos brutal y más espectacular de los sacrificios humanos con que se honraba a los muertos en tiempos primitivos, no tanto para propiciar a sus manes cuanto para mejorar su suerte en ultratumba con la sangre de las víctimas, pues se creía que ésta era capaz de infundir a las almas casi una nueva vida».

Los juegos gladiadores fueron introducidos en Roma en el año 264 por vez primera, con motivo de los funerales de D. Q. Bruto organizados por sus hijos[266]. Uno de los documentos más antiguos de estos juegos en honor de los difuntos sería una de las escenas representadas en la Tumba de los Augures de Tarquinia[267].

En las honras fúnebres sólo combatieron tres parejas de gladiadores, número que ascendió en los juegos funerarios de M. Emilio Lépido, en el año 216 a. C., a veintidós parejas; fueron veinticinco en el entierro de M. Valerio Levino, en el año 200 a. C. En el año 183 a. C., con motivo de los funerales de P. Licinio Craso, lucharon sesenta parejas. El mismo G. de Sanctis[268] considera el espectáculo del año 206 a. C. en Cartagena como una difusión de este tipo de honras fúnebres por todo el Mediterráneo, tanto occidental como oriental[269]. Las honras fúnebres típicamente iberas serían las descritas por Livio[270] en otro párrafo: «Otros dicen que Aníbal mandó encender una hoguera a la entrada del campamento cartaginés, y que el ejército desfiló a la carrera con sus armas mientras los hispanos ejecutaban sus danzas con los movimientos de las armas y de los cuerpos que acostumbra a hacer cada uno de aquellos pueblos».

La anterior descripción concuerda perfectamente con las noticias que transmite Apiano[271] en relación con los funerales de Viriato.

Por influencia de los iberos, los pueblos del Centro de la Península adoptarían este rito funerario sangriento, documentado en los funerales de Viriato, en los que combatieron doscientas parejas de gladiadores[272].

[264] A. García y Bellido, *Fenicios y carthagineses en Occidente* (Madrid 1942) 133ss; *La Península Ibérica a los comienzos de su historia* (Madrid 1953) 297ss; *La colonización griega*, en R. Menéndez Pidal (ed.), *Historia de España* I, 2 (Madrid 1952) 647ss; J. M. Blázquez, *Diccionario de las religiones prerromanas de Hispania (op. cit.)* 105ss.

[265] *Op. cit.*, 342.

[266] Liv., *Per.*, XVI; Val. Max., II, 4, 7; Serv., *Ad Aen.*, III, 67.

[267] G. Q. Giglioli, *L'Arte Etrusca* (Milán 1935) lám. CIX,2; F. Poulsen, *Etruscan Tomb Painting* (Oxford 1924) fig. 4; H. Stützer, *Die Kunst der Etrusker und der römischen Republik* (Munich 1955) fig. 15.

[268] *Op. cit.*, 343.

[269] Liv., XLI, 20.

[270] XXV, 17, 4.

[271] *Ib.*, LXXI.

[272] Diod., XXXIII, 21.

Culto al toro

De la existencia del culto al toro habla un lacónico texto de Diodoro [273] en que el escritor afirma que todavía en su tiempo eran consideradas animales sagrados las vacas en Iberia.

Esta noticia tiene una confirmación arqueológica en los bronces votivos del Instituto de Valencia de Don Juan de Madrid; en el carrito del Museo de Guimarães; en el bronce procedente de Castelo [274]; en el mango de puñal votivo del Museo Arqueológico Nacional de Madrid, en que un bóvido marcha entre dos serpientes [275], y en otro, semejante al anterior y aún inédito, del mismo centro; en los depósitos de huesos encontrados en las cercanías de Numancia y en algunos castros del Noroeste; en los llamados «verracos» [276]; en las pinturas de Numancia que representan toros y danzas, sin duda vinculadas al culto de estos animales [277]; finalmente, en las cabezas de toro de Costig, y en los prótomos de toro y demás representaciones de este animal en barro o en bronce recogidas en Baleares, Azaila [278], Numancia y en otros lugares [279].

El culto al toro es de origen preindoeuropeo, aunque en la Península aflora en una etapa netamente indoeuropea. Se trata de cultos indígenas relacionados con la ganadería y la fecundación de los ganados. Es probable que en la Península, al igual que en la Galia, el toro estuviera vinculado de algún modo a Marte; ello explicaría el significado de un bronce existente en el Museo Arqueológico Nacional de Madrid, en el que se representa a Marte con casco de tres cuernos y con la figura de un bóvido sobre la coraza. A esta relación entre el toro y Marte podrían aludir, en los exvotos de Castelo de Moreira y del Instituto de Valencia de Don Juan, los torques que A. Blanco fue el primero en advertir, ya que, según Floro [280], los celtas acostumbraban a «consagrar un torque a su Marte». En los exvotos citados anteriormente tendríamos una representación de la divinidad a la que se ofrece el sacrificio en forma de altar, del mismo modo que en Oriente eran representadas con mucha frecuencia estas deidades animales.

[273] IV, 18, 3.

[274] M. Cardozo, *loc. cit.*

[275] J. Camón, *op. cit.*, fig. 787.

[276] A. Serrano, *Observaciones sobre la distribución geográfica de la escultura zoomorfa prerromana:* «Zephyrus» 8 (1957) 103ss.

[277] R. de Apraiz, *Representaciones bovinas de arte celtibérico en los museos de Soria:* RABM 59 (1953) 297ss.

[278] J. Cabré, *Los bronces de Azaila:* AEAA 1 (1925) 17, fig. 5.

[279] Sobre al carácter del culto al toro en la Península, cf. A. Alvarez de Miranda, *Magia y medicina popular en el mundo clásico y en la Península Ibérica:* «Archivos Iberoamericanos de Historia de la Medicina» 5 (1952) 319ss.

[280] Flor., II, 4.

16

ORIGEN AFRICANO DEL CRISTIANISMO ESPAÑOL

El testimonio más antiguo de la existencia de cristianos en la Península Ibérica se debe a Tertuliano [1] y data de hacia el año 200; el escritor africano afirma que el cristianismo se encuentra ya extendido por todos los límites del mundo conocido. Esta noticia no prueba nada realmente, por su carácter retórico y ampuloso. El testimonio de san Ireneo de Lyon, algo anterior por fecharse hacia el año 180, hoy es discutido, pues si bien habla de «iberos», puede referirse a los del Ponto y no a los hispanos [2], ya que recientemente J. Colin [3] ha propuesto la tesis de que Eusebio [4] ha hecho de san Ireneo un obispo de Lyon en la Galia, situando en esta ciudad y hacia el año 177 el martirio de los santos Potino, Santo, Atalo y Blandino; el escritor eclesiástico habría confundido la Galia de Occidente con la Galia de Asia Menor; Lyon, llamada *Colonia Claudia,* con *Neoclaudiopolis,* y Vienne, *Colonia Augusta,* con *Heracleopolis-Sebastopolis.* San Ireneo sería obispo de *Neoclaudiopolis,* en el Ponto de Galacia. Quedaría de este modo mejor explicada la problemática de sus escritos, y la persecución se debería a un conocido perseguidor del cristianismo, *Arrius Antoninus.*

A pesar de la crítica reciente de que ha sido objeto esta sugestiva tesis por parte de varios investigadores, entre ellos S. Rossi [5], B. Hemmerdinger [6], P. Langlois [7] y E. Demongeot [8], no se puede negar que tiene bastantes visos de verosimilitud.

[1] *Adv. Iud.,* 7: «¿En quién han creído todas las gentes sino en Cristo, que ya ha venido? Y los que creyeron... los gétulos en toda su diversidad y los dilatados países de los moros, todos los ámbitos de las Hispanias y los diversos pueblos de las Galias y los lugares de los británicos a donde los romanos no pudieron llegar, pero que se han sometido a Cristo, y los sármatas, y los dacios, y los germanos y los escitas... En todos esos lugares reina el nombre de Cristo, que ya ha venido». Agradezco al profesor M. Díaz y Díaz sus muchas e importantes sugerencias sobre el tema, que han quedado incorporadas al texto.

[2] *Adv. haer.,* I, 10.

[3] AC 33 (1964) 10ss; «Latomus» 23 (1964) 81ss; *L'Empire des Antonins et les martyrs gaulois de 177* (Bonn 1964).

[4] HE V, 1.

[5] GIF 17 (1964) 236ss, 289ss.

[6] REG 7 (1964) 291ss.

[7] «Latomus» 25 (1966) 353s.

[8] REA 68 (1966) 323ss.

Hay que descender hasta el año 254 para encontrar un testimonio seguro, que, por otra parte, tiene una importancia excepcional. Se trata de la carta 65 de la correspondencia de san Cipriano de Cartago, que es un escrito de carácter sinodal. Las circunstancias que motivaron este documento son bien conocidas de todos. Durante la persecución de Decio apostataron, en el año 250, Basílides y Marcial, obispos de León-Astorga y de Mérida. Las comunidades cristianas los destituyeron, sustituyéndolos por Sabino y Félix. Basílides acudió a Roma y consiguió, por fraude, que el papa Esteban (254-257) lo restituyera en su sede, mientras que los fieles se dirigían a san Cipriano, que convocó un sínodo en el que participaron 36 obispos. La carta sinodal es interesante bajo diversos aspectos[9]. En primer lugar indica la existencia de comunidades cristianas en Astorga-León, Mérida y probablemente en Zaragoza. En segundo lugar, había otros obispos a los que el sínodo conmina que no se comuniquen con los libeláticos.

M. Díaz y Díaz[10], en un reciente trabajo fundamental para el tema del presente estudio, ha indicado acertadamente algunas de las razones que pudieron mover a los fieles a acudir a san Cipriano, entre ellos el hecho de que «las iglesias que entran en contacto suelen estar vinculadas por especiales razones, como haber sido fundadas por un mismo apóstol, considerarse una de ellas iglesia madre o conservar relaciones personales con algún obispo o personaje prominente». De hecho, en los primeros siglos era muy habitual la práctica de comunicarse unas iglesias con otras; baste recordar el intercambio de correspondencia entre Roma y Cartago en tiempos de san Cipriano y la participación a otras iglesias de las decisiones y problemas tratados en los concilios, como en el romano del año 251, que condenó a Novaciano, y en el celebrado el año 260, que trató la cuestión de Dionisio de Alejandría[11], etc.

M. Díaz y Díaz se inclina a aceptar «la probabilidad de que el fundamento de la apelación de estas comunidades hispanas a Cartago, o más bien al conjunto de iglesias africanas, cuyo principal exponente era a la sazón Cartago, sea el que estas iglesias africanas hayan jugado un papel definitivo en la expansión del cristianismo hispánico». Creemos, siguiendo a M. Díaz y Díaz, que las iglesias hispanas acuden a Africa porque proceden de allí. En cambio, para nosotros, los obispos libeláticos se dirigen a Roma no porque esta sede tenga ninguna autoridad sobre ellos, pues en la primitiva Iglesia todas las iglesias particulares son independientes, sino porque Roma mostraba tradicionalmente una mayor tolerancia, como lo indican las acusaciones de san Hipólito contra el papa san Calixto (217-222), a quien echa en cara el perdonar los pecados de la carne, admitir obispos, sacerdotes y diáconos casados dos o tres veces,

[9] FHA VIII, 46s; Z. García Villada, *Historia Eclesiástica de España* I (Madrid 1929) 172s.

[10] M. Díaz y Díaz, *En torno a los orígenes del cristianismo hispánico*, en J. M. Gómez Tabanera (ed.), *Las raíces de España* (Madrid 1967) 423ss.

[11] J. Daniélou, H. I. Marrou, *Nueva Historia de la Iglesia* I (Madrid 1967) 423ss.

permitir el matrimonio de los sacerdotes y tolerar el aborto. Tertuliano, en su tratado *De poenitentia,* ataca violentamente las disposiciones de san Calixto en orden a conceder la penitencia a todas las faltas sin excepción. Es muy importante recordar que en el año 251 reúne el papa Cornelio un concilio en Roma que condena a Novaciano, quien había expuesto su posición precisamente sobre los *lapsi,* considerando que no se les debía conceder ningún tipo de reconciliación [12]. Basílides y Marcial sabían perfectamente que en Roma serían perdonados por el papa, y en él buscan un apoyo frente a los fieles.

Cinco años después de este concilio, en enero del 259, fueron martirizados en Tarragona Fructuoso, obispo, y los diáconos Augurio y Eulogio con motivo de la persecución decretada en el año 257 por Valeriano contra la jerarquía cristiana. Las actas de este martirio no son proconsulares, pero son ciertamente contemporáneas del hecho y poseen una importancia excepcional; han sido bien estudiadas y publicadas por P. Franchi de'Cavalieri [13]. Este autor señala una serie de términos típicamente africanos que se leen en las actas de san Fructuoso, que además son muy arcaicas, como la palabra *fraternitas* [14] para indicar la comunidad de los fieles; *refrigerium* [15], que aparece en las actas de santa Perpetua [16]; *statio* [17] con el significado de «ayuno». Todavía en san Isidoro [18] se encuentra una reminiscencia de esta terminología, pues se llama *statio* al ayuno. El tipo de ayuno que hace el santo es el mismo descrito por Tertuliano [19].

El final del diálogo entre el obispo y Emiliano ofrece una afinidad sorprendente con el proceso de san Cipriano [20].

También la expresión *conmilito frater noster* [21] se documenta en Tertuliano [22]. Estas expresiones, y otras que podríamos añadir, indican que el autor de las actas y uno de los protagonistas, Félix, eran soldados.

Para P. Franchi de'Cavalieri [23], la misma conclusión se obtiene de la soltura con que maneja el autor términos típicamente militares, como *beneficiarii* [24]. En otro pasaje de las actas [25] habla el autor de *milites* en torno al santo obispo; esta lectura ha sido corregida por *fratres,* pero es probablemente aceptable. Todo ello prueba el origen africano del autor, su profesión de militar y que la terminología, así como una serie de tecnicismos usados por la comunidad cristiana de Tarragona, para la que

[12] *Ibíd.,* 187, 193, 232ss.
[13] *Note Agiographiche* (Roma 1935) 129ss.
[14] I, 3; cf. P. Franchi de'Cavalieri, *op. cit.,* 137.
[15] I, 3; cf. P. Franchi de'Cavalieri, *op. cit.,* 137.
[16] *Pass. Perp.* III, 4; VIII, 1; IX, 1; XVI, 3-4.
[17] III, 2; cf. P. Franchi de'Cavalieri, *op. cit.,* 147; Ch. Mohrmann, *Études sur le latin des chrétiens* III (Roma 1965) 76, 307ss.
[18] *Etym.,* VI, 19, 66ss.
[19] *De ieiun.,* II, 10.
[20] P. Franchi de'Cavalieri, *op. cit.,* 141, 143.
[21] III, 3.
[22] *De cor.,* I, 2.
[23] *Op. cit.,* 150.
[24] I, 1; IV, 1.
[25] III, 1.

fueron escritas estas actas, son africanos, sin duda por haber recibido su cristianismo de esta región del Imperio[26]. El mismo hecho de que san Agustín utilizara las actas de san Fructuoso con el mismo texto que nosotros conocemos, el que se leyeran públicamente en la iglesia de Hipona y que el 21 de enero, después de su lectura, comentara algunos de sus pasajes, indica sin duda que entre el Norte de Africa y Tarragona existían unas relaciones intensas[27].

En su excelente estudio ya citado, M. Díaz y Díaz ha relacionado el origen del cristianismo hispano con la participación de la *Legio VII Gemina,* con asiento en León, en las campañas de Africa[28]. En la base militar de *Lambaesis,* actual Lambesa en Túnez, hubo tropas pertenecientes a esta legión; confirman esta presencia los sellos latericios hallados en la misma *Lambaesis* y varias inscripciones funerarias pertenecientes a soldados de la misma legión[29]. También en *Sitifis* (Sefis), al este de la *Mauritania Caesariensis,* hubo un destacamento de la *Legio VII.* La *Notitia Dignitatum Occ.*[30] menciona, entre las tropas de la Tingitania, a los *septimani iuniores,* formados por la *Legio VII Gemina.* Años antes, en el 128, estuvo acampada allí una *cohors II hispanorum equitata,* cuyos ejercicios alabó Adriano el 1 de julio[31]. En la actual Argelia y en fechas diversas estuvieron la *cohors I fida vardulorum*[32], la *I augusta bracarorum,* la *I flavia hispanorum*[33], la *II hispanorum*[34], otras imprecisables *hispanorum*[35] y la *cohors VII lusitanorum*[36]. Los componentes de estas cohortes no eran necesariamente hispanos, aunque en su origen lo fueran.

En Marruecos, en la *Colonia Iulia Valentia Banasa,* han aparecido varios diplomas militares que arrojan mucha luz sobre las guarniciones romanas de *auxilia* en la provincia Tingitana durante los dos primeros tercios del siglo II. Las fechas de estos diplomas oscilan entre el año 109 y el 160. El total de cuerpos de tropas mencionados en estos diplomas y

[26] D. Ruiz Bueno, *Actas de los mártires* (Madrid 1951) 728, indica, a su vez, que «muchos rasgos de la lengua y estilo, que nos transportan con seguridad al siglo III y nos evocan lengua, estilo e ideas de san Cipriano». Lo mismo afirma Z. García Villada, *op. cit.*, 258.

[27] Aug., *Serm.*, 373.

[28] A. García y Bellido, BRAH 127 (1950) 462s; *I Cong. Arq. Marruecos Español* (1954; citado en adelante como I CAME) 371ss; *Veinticinco estampas de la España antigua* (Madrid 1967) 131.

[29] R. Cagnat, *L'armée romaine d'Afrique et l'ocupation militaire de l'Afrique* I (París 1913) 112ss; A. García y Bellido, *I CAME* 373ss; *AEArq* 25 (1952) 145ss; RHM 1 (1957) 23ss; R. Thouvenot, A. Luquet, «Publications du Service des Antiquités du Maroc» 9 (1951) 9-99; A. Balil, I CAME 390 ss; *Libro Homenaje al conde de la Vega del Sella* (Oviedo 1956) 191ss; J. M. Roldán, *Hispania y el ejército romano. Contribución a la historia social de la España antigua* (Salamanca 1974) 123ss.

[30] V, 292.

[31] Arrian., XL.

[32] CIL VIII, 5532.

[33] CIL VIII, 9360.

[34] CIL VIII, 2787.

[35] CIL VIII, 2226, 9047, 853, 9612.

[36] CIL VIII, 3147, 3101, 10721, 10733.

legibles pasa de veinte; siete son *alae* y trece, *cohortes*. Los cuerpos de origen español son siete: el *ala III asturum*. La *pia fidelis ciuium romanorum*, de guarnición en Ain Chkur, al norte de *Volubilis*, y quizá también en *Thamusida*, es mencionada en diplomas del 14 de octubre de 109, del 18 de noviembre del 122, en el del año 130 (?), el del año 157 y del año 160 (?). La *cohors I asturum et gallaecorum*, en la misma localidad que la anterior, aparece en diplomas del 18 de noviembre del 122, del 157 y 160 (?). La *cohors II hispana ciuium romanorum* es mencionada en diplomas del 14 de octubre del 109, del 118, del 18 de noviembre del 122 y del 157; hay un soldado de *Virovesca*. La *cohors III asturum ciuium romanorum* es mencionada en diplomas del 18 de noviembre del 122 y del año 157; un soldado sirio, *M. Antonius Maximius*, estuvo casado con una mujer de *Iulia Transducta*, de nombre *Valeria Messia*; otro de sus soldados era originario de *Barcino*. La *cohors II hispanorum ciuium romanorum* aparece en diplomas del 14 de octubre del 109, del 18 de noviembre del 122 y hacia el año 160; a ella perteneció un autrigón, *T. Pompeius Licurgus*. La *cohors V hispanorum* aparece en diplomas de los años 157 y 160. La *cohors I lemanorum* es citada en diplomas del 14 de octubre del 109, del 18 de noviembre del 122, hacia el 130 y en el 157.

La *Legio VII Gemina*, por consiguiente, estuvo acampada en la región de Túnez, cristianizada desde antiguo, como se deduce de varias expresiones de Tertuliano: «Tan gran muchedumbre, casi la mayor parte de cualquier ciudad; tantos millares de hombres, tantos varones y mujeres de toda edad, de toda condición...» [37]. En el *Apologético*, escrito unos años antes, en el 197, hay expresiones semejantes [38]. El mismo autor conoce la existencia de cristiandades en *Lambaesis* [39], precisamente donde acampó la *Legio VII Gemina*. También había cristianos en *Mauritania*, que eran perseguidos por el *praeses Mauritaniae* [40].

Ya A. Harnack [41], al estudiar la propagación del cristianismo en Africa, señala la importancia del elemento militar en la Iglesia africana, tal como aparece en Tertuliano, cuyo padre había desempeñado un alto cargo en el ejército, o en san Cipriano: «La lengua de la Iglesia africana, dado que no es vulgar, demuestra haber sido creada por funcionarios y militares forasteros».

No es extraño, por tanto, que con la *Legio VII Gemina* vinieran de Túnez algunos cristianos. Esto mismo es lo que parece indicar, a juicio de M. Díaz y Díaz, el hecho de que las zonas en que se documenta la existencia de comunidades cristianas en el año 254, Astorga-León, Mé-

[37] *Ad Scap.*, 2 y 5.

[38] 2 y 37.

[39] *Ad Scap.*, 3, 4.

[40] *Ad Ccap.*, 4.

[41] *Missione e propagazione del crestianesimo nei primi tre secoli* (Turín 1906) 525. De finales del siglo III o comienzos del siguiente data la basílica paleocristiana de Lixus; cf. M. Tarradell, *IV CAN* (1955) 199ss. Sobre el cristianismo en Marruecos, cf. J. Boube, BAM 4 (1960) 513ss.

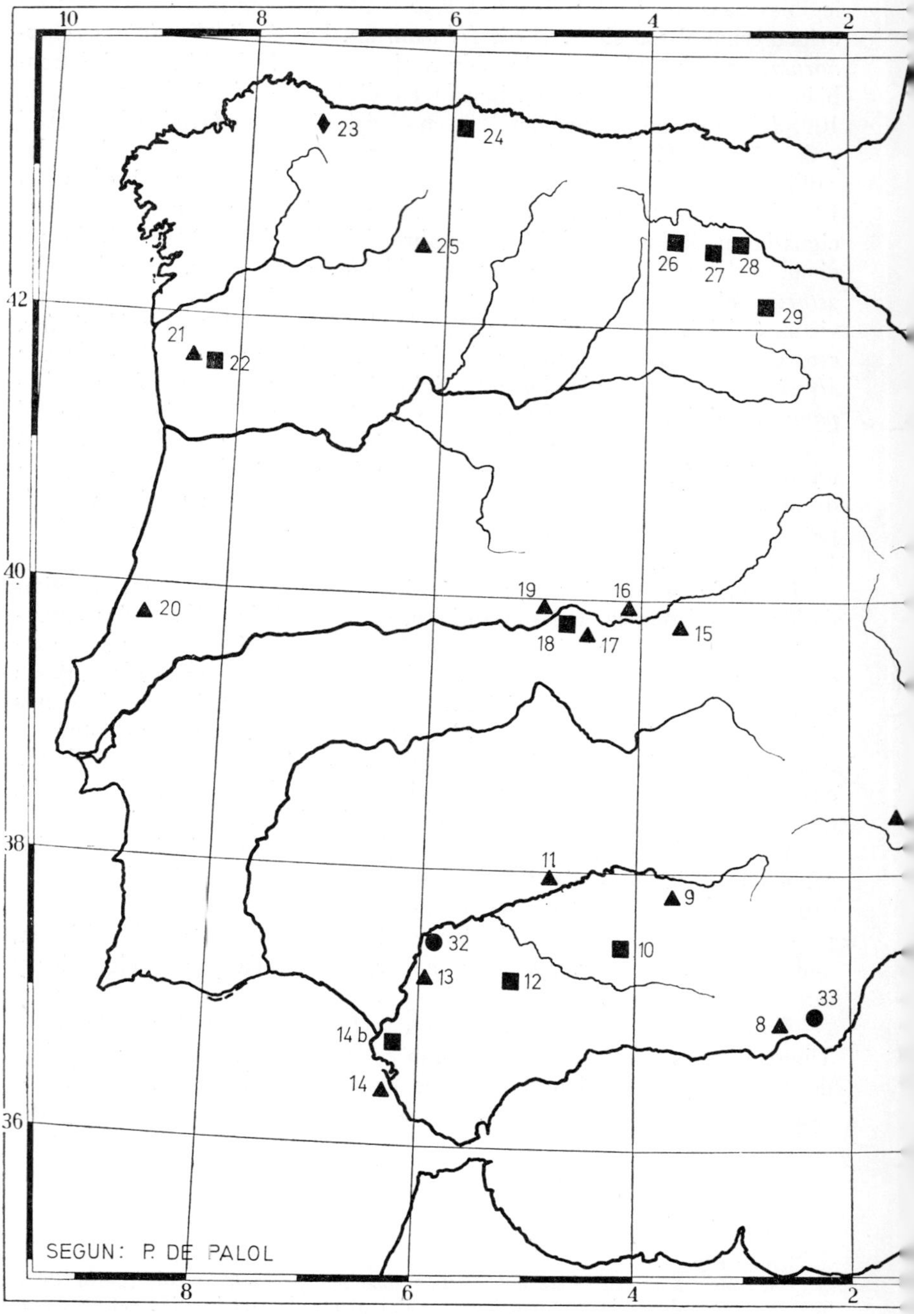

MAPA DE SARCOFAGOS Y DE ESCULTURAS PALEOCRISTIANOS

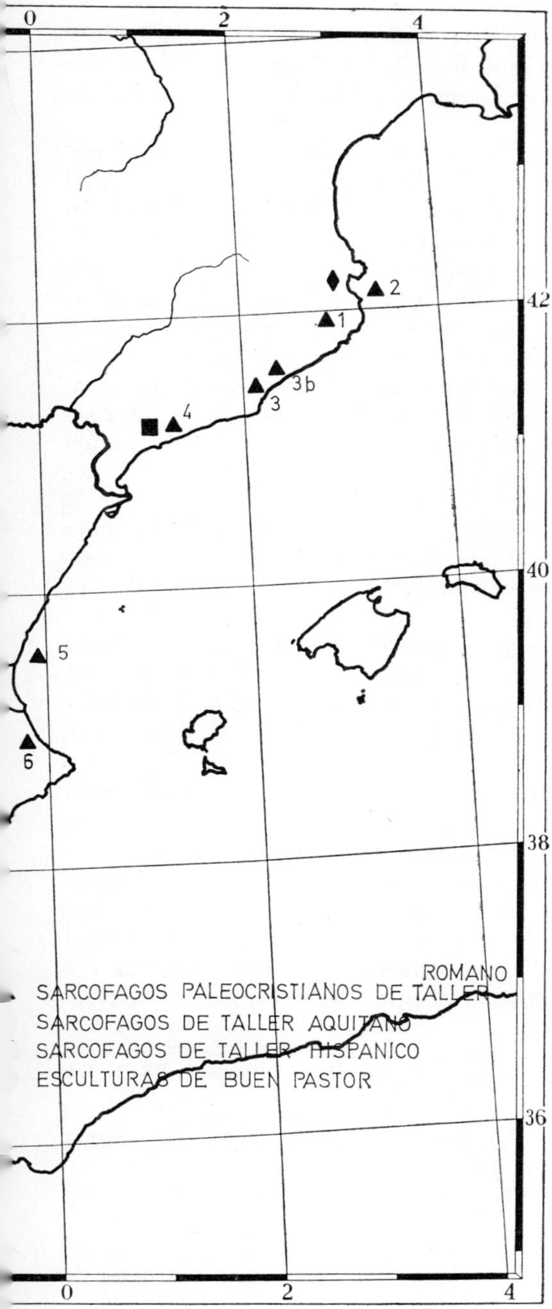

1. Gerona.
2. Ampurias (Gerona).
3. Barcelona.
3bis Badalona (Barcelona).
4. Tarragona.
5. Valencia.
6. Denia (Alicante).
7. Hellín (Albacete).
8. Berja (Almería).
9. Martos (Jaén).
10. Alcaudete (Jaén).
11. Córdoba.
12. Ecija (Sevilla).
13. Los Palacios (Sevilla).
14. Cádiz.
14bis La Peñuela (Jerez, Cádiz).
15. Layos (Toledo).
16. Toledo.
17. Erustes (Toledo).
18. Puebla Nueva (Toledo)
19. Talavera (Toledo).
20. Evora (Portugal).
21. Dume (Portugal).
22. Braga (Portugal).
23. Villanueva de Lorenzana (Lugo).
24. Oviedo.
25. San Justo de la Vega (León).
26. Poza de la Sal (Burgos).
27. Briviesca (Burgos).
28. Cameno (Burgos).
29. San Millán de la Cogolla (Logroño).
30. Castiliscar (Zaragoza).
31. Santa Engracia (Zaragoza).
32. Sevilla (Casa de Pilatos)
33. Gador (Almería).

rida y Zaragoza, sean precisamente las más relacionadas con aquella legión: León-Astorga, donde acampaba; Mérida, capital de la Lusitania y en íntima relación con las dos ciudades citadas, a las que estaba unida por la «Calzada de la Plata», y Zaragoza, punto importante del *limes* contra los vascones [42].

Entre los primeros mártires hispanos abundaba el elemento militar. Baste recordar a san Marcelo, centurión de la *Legio VII Gemina*, natural de Tánger, o a Emeterio y Celedonio, soldados de la misma legión en Calahorra, ciudad por la que debía de pasar el *limes* contra los vascones, lo que explicaría la presencia de unos soldados en ella [43]. Ya se indicó más arriba que en las actas de san Fructuoso se mencionan varios soldados.

El cristianismo se debió de propagar en gran parte como la religión de Mitra, que fue difundida sobre todo por soldados, lo que explica que también los documentos de su culto aparezcan sobre el *limes* generalmente [44]. El eje del cristianismo León-Astorga-Mérida es también la línea sobre la que se documentan los testimonios del culto a Ma-Belona, traído por soldados durante la conquista [45].

A todo lo anterior hay que añadir las noticias sobre soldados de la *Legio III Augusta*, cuyo campamento en *Lambaesis* fue establecido bajo Adriano y que debió de ser el que utilizó allí la *Legio VII Gemina*, muertos en Hispania, concretamente en Mérida [46], Tarragona [47], Setúbal [48], El Coronil [49], etc.

Si repasamos la distribución de las primitivas comunidades cristianas en la Península, se observará que se encuentran en ciudades en que está bien atestiguada la presencia africana, aunque no en todas las localidades en que es segura esa presencia puede decirse que hubiera comunidades cristianas.

Recientemente ha estudiado D. Juliá [50] la distribución de los monumentos funerarios en forma de *cupae*, tipo de enterramiento frecuente en Lusitania, Alemtejo, Algarve y Extremadura. Más concretamente, estos monumentos han aparecido en los alrededores de Lisboa (56 ejemplares), Alcacer do Sal, Alcaçovas, Mexilhoeira Grande, Olhao, Mértola, Beja (30 ejemplares), Evora, Viana do Alemtejo, Mérida (2 ejemplares); en el Sur de la Bética: Belo y Cádiz; en la Tarraconense: 27 en Barcelona y 4 en Tarragona. Estos monumentos se fechan en los siglos II y III [51]. Tam-

[42] J. M. Blázquez, *Estructuras económica y social de Hispania durante la anarquía militar y el bajo Imperio* (Madrid 1964) 171; M. Vigil, A. Barbero, BRAH 156 (1965) 171ss.

[43] Z. García Villada, *op. cit.*, 262ss; D. Ruiz Bueno, *op. cit.*, 952ss.

[44] A. García y Bellido, BRAH 122 (1948) 283ss; AEArq 25 (1952) 389ss; *St. D. M. Robinson* I (San Luis, Miss. 1951) 776ss.

[45] A. García y Bellido, «Rev. Univ. Madrid» 5 (1956) 471ss.

[46] CIL II, 484.

[47] CIL II, 4219.

[48] CIL II, 5184.

[49] CIL II, 1371.

[50] «Mélanges de la Casa de Velázquez» 1 (1965) 29ss.

[51] S. Mariner, AEArq 28 (1955) 197ss; CAHC 2 (1961) 5ss; A. Balil, «Ampurias» 17-18 (1956) 269ss; MB 1 (1962) 43ss; 3 (1963) 55ss.

bién han aparecido dos ejemplares en León, dos en Palencia y uno en Alcalá de Henares. El origen de estos monumentos se sitúa hoy en Mauritania. Numidia y Africa Proconsular. El ejemplar de Belo, por ejemplo, es gemelo de los de Henchir-Zoura y Tipasa; a prototipos africanos responden también varios ejemplares de Tarragona, Barcelona y Mérida. Incluso los nombres inscritos sobre algunas *cupae* son de origen africano, como *Fabia Tertulla, T. Tertullinus* y *L. Tertiola,* que se leen en monumentos de este tipo aparecidos en Barcelona.

Es importante señalar que León, Mérida o Alcalá de Henares, lo mismo que Barcelona o Tarragona, son todos lugares en que aparece el cristianismo primitivo. En Alcalá de Henares fueron martirizados, bajo Diocleciano, Justo y Pastor. En Barcelona y Tarragona, los dos centros más importantes del cristianismo primitivo a juzgar por los documentos arqueológicos, existían colonias de africanos: de 18 africanos residentes en España, 9 se establecieron en Tarragona y 2 en Barcelona; otro residió en Astorga, León y Mérida respectivamente, ciudades todas con cristiandades [52].

Junto al elemento militar, que desempeñó un papel importante en la difusión del cristianismo en Hispania, semejante al que le cupo en el proceso de la romanización [53], encontramos otro grupo, también relacionado con Africa: el de los mercaderes cristianos.

Africa mantenía relaciones comerciales intensas con Hispania, según el *Edictum de pretiis* de Afrodisias [54]. El Breviario de la diócesis de Barcelona, que recoge tradiciones antiquísimas, describe a san Cucufate

[52] E. Albertini, *Mélanges Cagnat* (París 1912) 297ss; A. Balil, I CAME 399ss; A. García y Bellido, BRAH 144 (1959) 144ss. Las relaciones con Africa fueron siempre intensas; cf. R. Thouvenot, I CAME 381ss. Hay que recordar que en la reorganización administrativa de Diocleciano, la Tingitana pertenecía a la diócesis de Hispania; cf. J. M. Blázquez, «Saitabi» 11 (1962) 21ss; *Die Araber in der alten Welt* (Berlín 1969) 470ss. A todo el material recogido en nuestro trabajo citado, perteneciente a los tres últimos siglos de la República romana, hay que añadir, para la época imperial, el tetrápilo de Caparra, de época trajanea, que responde a un prototipo de *Leptis Magna* del año 110, cf. J. M. Blázquez, *Caparra* (Madrid 1965) 3ss, y la estatua de la Dea Roma de Segóbriga, de época adrianea, gemela de otra de Trípoli, cf. J. M. Blázquez, «Zephyrus» 16 (1965) 122ss. El *capitolium* de *Baelo* recuerda por su disposición a los numerosos *capitolia* que por los mismos años se erigen en Africa. A un cartón africano responde el mosaico de tema marino de la villa de Dueñas, cf. P. de Palol, BSAA 29 (1963) 5ss; MM 8 (1967) 196ss, 211ss; R. Revilla, P. de Palol, D. Cuadro, *Excavaciones en la villa romana del «Cercado de San Isidro»* (Madrid 1964), datado a comienzos del siglo III. También visitaron Africa en todo tiempo personajes civiles hispanos, que, sin duda, conocerían el cristianismo en aquella tierra; uno de los más importantes fue L. Licinio Natalis, nacido hacia el año 60 o 70, cf. A. Balil, CAHC 5 (1964) 173ss; otros en R. Etienne, AEArq 28 (1955) 128ss. Algunas otras inscripciones nos proporcionan nuevos datos; una de Bou Ghaza está dedicada a un *cuestor* de la Bética, cf. AE (1912) 24; en Ait Khalifa se halló el epígrafe funerario de un joven bracarense, cf. AE (1922) 13. Un óstracon africano menciona a un tal Félix procedente de *Ucubi,* cf. AE (1912) 68. Sobre *Volubilis,* cf. J. Marion, BAM 4 (1960) 133ss.

[53] J. M. Blázquez, «Hispania» 24 (1964) 5ss; A. Balil, «Emerita» 26 (1950) 108ss; A. García y Bellido, «Emerita» 31 (1963) 213ss.

[54] I, 58.

como «africano, nacido de padres nobles y cristianos en *Scillis*», y dice que navegó desde Africa a Barcelona; la ciudad de su nacimiento es precisamente la localidad africana de la que se conocen las más antiguas actas de mártires, muertos en el año 180. De Africa viene también san Félix, que predicó en Barcelona, Ampurias y Gerona; el códice de Moissac lo describe «simulando dedicarse al negocio de vendedor». Según las actas del martirio de san Adón, san Félix era oriundo de la ciudad de *Scillis* [55]. Estos santos son también de la época de Diocleciano.

Por las ciudades de que proceden los mártires de aquella persecución [56] (Barcelona, Zaragoza, Valencia, Calahorra, León, Mérida, Sevilla, Alcalá de Henares, Córdoba y Toledo) se deduce que el cristianismo había hecho pocos progresos. Se trata de centros situados en la costa o en las proximidades de los grandes ríos. La propagación del cristianismo en Hispania con respecto a Africa se hallaba muy retrasada en el siglo III. Del cristianismo galo y germano tenemos los siguientes documentos: el sarcófago de Gayole se fecha entre los años 220-269, pero no es obra galo-romana, sino que debe de ser importado del Asia Menor, ya que el mármol procede de Proconeso, y no parece cristiano. La fecha de la inscripción de *Pectorios* en Autun es discutible; para Guarducci es del siglo IV. Las primeras huellas del cristianismo en Germania son posiblemente anteriores a la segunda mitad del siglo III, principalmente en Bonn y en Colonia. La existencia de obispos en la Galia está documentada en el año 254.

Todavía es posible señalar por los mismos años otras influencias africanas en la Iglesia hispana. M. Díaz y Díaz, experto conocedor del mundo paleocristiano español, señala un rasgo de africanismo en el concilio de Elvira muy importante, cual es la existencia de comunidades regidas por presbíteros, uso conocido en ciertas zonas de Africa, pero que es poco frecuente al parecer en el resto de Occidente. Años antes había señalado el jesuita S. González [57] otros rasgos de africanismo en el mismo concilio, como el canon 32, en que se dice que el ministro de la penitencia canónica es el obispo, que en caso de necesidad podrá ser sustituido por el presbítero y aún por el diácono.

Esta ley coincide con lo que prescribe san Cipriano [58], que se refleja posteriormente en el canon 4 del segundo concilio de Cartago, en el opúsculo *De reparatione lapsi* de Baquiario y en el canon 4 del segundo concilio de Sevilla. La palabra *communio* con el significado de unión o reconciliación con la Iglesia aparece en Tertuliano y en san Cipriano. Los orígenes de la disciplina de los padres reunidos se desconocen, pero, según el citado autor, todo parece indicar que se inspiran en el rigorismo africano; para afirmarlo se apoya en la identidad de ideas y aun de expresión que hay entre el canon 1 de Elvira y los escritos de Tertuliano,

[55] M. Almagro, *Las fuentes escritas referentes a Ampurias* (Barcelona 1951) 99ss; «Ampurias» 11-12 (1949-1950) 222ss.
[56] Z. García Villada, *op. cit.*, 262ss.
[57] *La penitencia en la primitiva iglesia española* (Salamanca 1950) 43, 49, 51.
[58] *Ep.*, XVIII, 1.

así como en la coincidencia con san Cipriano en lo referente al ministro de la penitencia canónica. El rigorismo del concilio de Elvira no depende de Roma, tradicionalmente más abierto.

En cuanto a la ortodoxia del concilio de Elvira, ha sido defendida por Z. García Villada [59], pero la contradicen unos 20 de sus cánones. Todo parece indicar que se trata de un concilio iconoclasta y novaciano, lo cual no tendría nada de extraño, pues Patino [60] señala en el mismo Breviario mozárabe una cita del tratado *De Trinitate* de Novaciano, escrito antes del año 249, y añade el mismo autor: «Esta nueva conexión no representaría más que la confirmación de tantos rasgos históricos de los novacianos españoles».

La distribución de los obispos que asistieron a este concilio indica claramente su mayor concentración en la Bética; el resto de la Península se halla escasamente representado. El hecho no es sorprendente, dada la abundancia de elementos semitas que siempre debió de existir en el Sur, como se deduce del culto de una divinidad tan típicamente africana como la *Dea Caelestis* [61].

Anterior al concilio de Elvira, que se fecha a comienzos del siglo IV, no hay material arqueológico que confirme la presencia del cristianismo en la Península. La llamada «basílica» de Mérida es también de comienzos del siglo IV [62], pero no parece ser un edificio religioso. De finales del siglo III es el ladrillo del Acebuchal. En las excavaciones de la catedral de Santiago no ha aparecido material paleocristiano [63].

De la primera mitad del siglo IV se conserva un conjunto de sarcófagos (mapa 4) que prueba la existencia de relaciones muy intensas con Roma y nos da la seguridad de que algunas comunidades cristianas eran muy importantes; a ellas debían de pertenecer algunos personajes acaudalados. La importación de sarcófagos de los talleres romanos se puede explicar no por unas relaciones intensas entre la Iglesia hispana y la de

[59] *Op. cit.*, 301ss.

[60] *Oficio catedralicio hispánico* (Comillas 1964) 50.

[61] A. García y Bellido, BRAH 140 (1956) 451ss.

[62] E. García Sandoval, *Informe sobre las casas romanas de Mérida y excavaciones en la «Casa del Anfiteatro»* (Madrid 1966) 9ss; A. Balil, *Pintura helenística y romana* (Madrid 1962) 296; J. M. de Navascués, MMAP 16-18 (1960) 56ss.

[63] M. Chamoso Lamas, AEArq 27 (1954) 183ss; 31 (1958) 39ss; «Compostellanum» 1 (1956) 5ss, 275ss; 2 (1957) 225ss; F. Iñiguez, *Santiago en la historia, la literatura y el arte* (Madrid 1954) 5ss; J. Guerra, «La Ciencia Tomista» 87 (1960) 97ss, 296ss; 88 (1961) 417ss. El problema de la venida de Santiago a Hispania para predicar no será tratado en nuestro trabajo; en nuestro opinión, Santiago no predicó en Hispania; más probable nos parece que lo hiciera san Pablo; cf. A. C. Vega, BRAH 154 (1964) 7ss, pero su predicación. que se centraría en las ciudades en que había colonia judía, no dejó huellas. Las iglesias hispanas no se vinculan a la predicación del Apóstol de los gentiles. Tampoco la predicación de los siete varones apostólicos tiene base científica alguna; parece una piadosa invención mozárabe del siglo VIII, cuando ya se había perdido el recuerdo de las relaciones de las iglesias hispanas con Africa. De esta leyenda no hay huella alguna ni en Prudencio ni en los escritores visigodos, aunque se remonta al siglo VII; cf. A. Fábrega, *Pasionario hispánico* (Madrid-Barcelona 1953). Sobre los siete varones apostólicos, cf. M. C. Díaz y Díaz, BAT 4 (1971-1972) 113ss.

Roma, sino por el hecho de que allí se fabricaron en su mayor parte los sarcófagos paleocristianos de los siglos III-IV; desde la capital del Imperio se exportaban al Norte de Africa, la Galia, el resto de Italia, Hispania y la costa de Dalmacia. Esta exportación disminuyó a partir de mediados del siglo IV y cesó a principios del V. Los sarcófagos paleocristianos han sido bien estudiados por H. Schlunk, que ha dedicado varios trabajos al tema.

En un primer trabajo [64], el autor examinó todos los sarcófagos paleocristianos importados de Roma, que en su mayor parte pertenecen a la primera mitad del siglo IV. Luego surgieron tres talleres locales, uno en Tarragona, otro en el Sur (Ecija, Alcaudete y Córdoba) y un tercero en la región de la Bureba. Todo ello presupone la existencia de importantes focos cristianos, algunos de cuyos miembros eran lo bastante ricos como para costearse una sepultura cara, como era el sarcófago. El uso de sarcófagos esculpidos fue siempre privilegio de la clase alta en la sociedad hispana, como lo prueba la misma escasez de estas piezas. Los talleres hispanos no competían con los de Roma en calidad, pero tienen para nosotros el valor de que nos dan a conocer tradiciones y corrientes locales que estuvieron en vigor en las distintas regiones durante la época paleocristiana.

Algunos de los supuestos sarcófagos paleocristianos más antiguos, del siglo III, como el de Covarrubias, el llamado «de los leones», el «del lector», en Tarragona, y los dos de Ampurias son posteriores o todavía paganos. Tanto en la basílica de Ampurias como en la de Tarragona, los cristianos utilizaron sarcófagos paganos, importados también por los gentiles, todavía a principios del siglo IV en Ampurias. El mencionado sarcófago de Covarrubias se fecha a mediados del siglo IV, mientras que las primeras esculturas cristianas de Hispania proceden de Gerona, donde

[64] «Rev. Príncipe de Viana» 8 (1947) 1ss; M. Sotomayor, VII CAN (1962) 432ss; AEArq 37 (1964) 88ss; G. Bovini, *Sarcofagi paleocristiani della Spagna* (Ciudad del Vaticano 1954); A. Balil, en *Studi in onore di Aristide Calderini e Roberto Paribeni* III (Milán 1956) 667ss. Los sarcófagos paleocristianos han sido estudiados por M. Sotomayor, *Datos históricos sobre los sarcófagos romano-cristianos de España* (Granada 1973); *Sarcófagos romano-cristianos de España. Estudio iconográfico* (Granada 1975); *Actas del VIII Congr. Intern. de Arq. Cristiana* (Ciudad del Vaticano-Barcelona 1972; citado en adelante como *Actas del VIII Congreso)* 501ss; MM 9 (1968) 311ss; AEArq 42 (1969) 183ss; A. Recio, *Actas del VIII Congreso*, 409ss. Son fundamentales los trabajos de J. Fontaine, *L'Art préroman hispanique* (Abadie de La-Pierre-qui-vire 1973); *Iconographie et spiritualité dans la culture chrétienne d'Espagne du IVe au VIIe siècle:* «Revue d'Histoire de la Spiritualité» 50 (1974) 285ss; *Convergencias de culturas en la iconografía hispánica de los siglos IV-VII:* «Concilium» 122 (1977) 135ss; *Romanité et hispanité dans la littérature hispano-romaine des IVe et Ve siècles*, en *Assimilation et résistence greco-romaine dans le monde ancien* (Bucarest-París 1976) 301ss. Cf. también S. Mariner, *La difusión del cristianismo como factor de latinización*, en *Assimilation et resistance (op. cit.)* 271ss.

También es fundamental la publicación sobre demografía y arqueología cristiana de los siglos IV al VIII de P. de Palol, BSAA 32 (1966) 5ss; *Arqueología cristiana de España romana, siglos IV-VI* (Madrid-Valladolid 1967), con un estudio exhaustivo del material y la bibliografía y con buenos planos.

poco después del año 300 se documenta una comunidad cristiana que importó sarcófagos de Roma. A este primitivo grupo de sarcófagos importados pertenecen 4 de los 6 que se conservan en la iglesia de san Félix.

Hacia los años 315-320 se fecha el sarcófago de Belalcázar (Córdoba), con el tema de Daniel en el foso de los leones. Entre los sarcófagos que cabe incluir dentro del arte constantiniano pueden citarse dos de san Félix de Gerona; uno estrigilado del Museo Arqueológico de Barcelona, y el de la Colección Amatller, de la misma ciudad; un fragmento hallado en la Mezquita de Córdoba; un sarcófago de la cripta de Santa Engracia, en Zaragoza; un ejemplar de Santo Domingo de Toledo; un fragmento empotrado en la Puerta del Sol de la misma ciudad; el de Berja (Almería) y el hallado en San Justo de la Vega (León).

La misma factura artística se advierte en algunos sarcófagos con columnas, como los de Martos (Córdoba) y Erustes (Toledo), todos de época constantiniana. El estilo del sarcófago de «las estaciones», de Gerona, y del fragmento con Daniel en el foso de los leones, que renuncian a utilizar el trépano, se documenta también en el sarcófago procedente de Layos, en el de Castilliscar y en un segundo ejemplar de la cripta de Santa Engracia. La fecha de estos sarcófagos oscila entre los años 315-350 aproximadamente. El sarcófago de Berja puede datarse entre los años 330-340; el segundo de la cripta de Santa Engracia, entre los años 330-340; el de Layos, entre los años 320-330. Hacia el año 340 se fabricó el de Castilliscar; a una fecha anterior, entre los años 300-315, pertenecen los sarcófagos de «Cristo sobre el león», de San Félix de Gerona, y el de «la historia de Susana» de la misma iglesia. De estos sarcófagos se hicieron imitaciones locales mucho más torpes.

En la Península es particularmente elevado el número de sarcófagos fechados entre los años 310-350, lo que indica que se realizó una importación considerable de los talleres de Roma por contraposición a los de la Galia. Este hecho, según H. von Schönebeck[65], se explicaría satisfactoriamente por haber existido en Roma y en Hispania a partir del año 307 una gran tolerancia con respecto al cristianismo, mientras que en la Galia era reprimido con energía.

Los sarcófagos paleocristianos importados de Roma y fechados en la primera mitad del siglo IV han aparecido distribuidos del siguiente modo: Gerona (6), Barcelona (2), Zaragoza (2), Arlanza (1), Castilliscar (1), San Justo de la Vega (1), Toledo (1), Layos (2), Córdoba (3), Martos (1), Berja (1) y Denia (1). De estos 22 sarcófagos, 10 proceden de lugares próximos a la costa. Con los restantes forma H. Schlunk, a quien seguimos, tres grupos: los que aparecen en el camino de Barcelona a Astorga (5), los de la región toledana (3) y los del Sur (4), hallados en lugares próximos al Guadalquivir. Todos estos sarcófagos debieron de importarse por mar, como lo indica su distribución, y serían llevados hasta su destino por transporte fluvial, ya que los ríos importantes eran

[65] RM 51 (1936) 280.

en su mayor parte navegables en la Antigüedad. Durante la segunda mitad del siglo IV disminuye el número de piezas importadas de Roma, y todos los ejemplares hallados de esta época han aparecido en la costa. Este grupo de sarcófagos se localiza del siguiente modo: Tarragona (2), Valencia (1), Cádiz (1), Hellín (1) y Talavera (1); del último se duda si es importado. En el paso del siglo IV al V, coincidiendo con el saqueo de Roma en el año 409, los talleres romanos cesaron de producir.

A estos ejemplares estudiados por H. Schlunk hay que añadir el publicado recientemente por A. García y Bellido [66], hallado en Córdoba, con escenas del Antiguo y del Nuevo Testamento, que también fue importado de Roma. Se fecha entre los años 330-335.

De los talleres hispanos de sarcófagos, el más importante es el de Tarragona. Sus formas estilísticas e iconográficas recuerdan todavía las de otras regiones del Imperio [67]. De la última fase de este taller se conservan todavía dos piezas enteras y fragmentos de otras cuatro, labradas todas ellas en piedra calcárea del país. Una de las piezas es importante por darnos a conocer el nombre y la posición social del difunto: *Leucadius primicerius domesticorum;* se trata de un funcionario romano de alta categoría. Las escenas representadas en este sarcófago se tomaron del Antiguo Testamento.

El segundo sarcófago está decorado con una gran corona de flores, y en los campos laterales aparecen personajes barbados, vestidos con túnica y palio, con rollo en la mano y *scrinium* a los pies.

En dos fragmentos se ven apóstoles entre cortinas; en un tercero, Isaac, y en otro hay un personaje vestido con túnica. Estos sarcófagos de Tarragona ofrecen analogías importantes, tanto iconográfica como estilísticamente, con otros sarcófagos noritálicos. Los artistas hispanos aceptaron el programa iconográfico general, pero redujeron el número de personajes y escenas, introdujeron nuevas modalidades iconográficas, restablecieron fórmulas tradicionales y familiares, y evitaron todo dramatismo.

El estudio de los sarcófagos de Tarragona revela, según H. Schlunk, que estilística e iconográficamente son posteriores a los últimos grupos del norte de Italia, de Roma y de Arlés. No hay relaciones directas entre los sarcófagos de Aquitania y los de Tarragona. Su fecha oscila entre los años 410-430 aproximadamente, y han sido hechos por artistas locales que derivan su programa iconográfico y el estilo de sus figuras de los talleres del norte de Italia. Estos influjos se manifiestan únicamente en la parte esculpida de los sarcófagos, pues los tipos y las formas son diferentes.

Otro sarcófago paleocristiano hallado en la necrópolis se caracteriza por tener estrígilos referidos a un eje central y la cenefa lisa. Las figuras son casi planas. Iconográfica y estilísticamente, este sarcófago se

[66] AEArq 36 (1963) 170ss; A. M. Vicent, NAH 6 (1962) 189s, lám. LXIII; BSAA 27 (1961) 331ss.

[67] H. Schlunk, AEArq 24 (1951) 67ss.

aparta de los anteriores y de los romanos. Otros sarcófagos de la necrópolis forman un grupo distinto, pero contemporáneo de los anteriores; son lisos y van decorados únicamente con una pequeña orla o un crismón, pero carecen de relieves o figuras. El estilo de estos sarcófagos se relaciona estrechamente con el Norte de Africa (Bir-el-Djabbana); la semejanza entre este sarcófago norteafricano y uno de Tarragona es tanta que H. Schlunk cree que proceden los dos del mismo taller. En Cartago hay otros fragmentos de la misma procedencia; en Bir Ftouha hay otros diez sarcófagos que presentan forma, borde y estrígilos idénticos. De todo ello se deduce que en Tarragona trabajaron artesanos venidos de Cartago. Los sarcófagos de Cartago han de fecharse todavía en el siglo IV; los de Tarragona, en cambio, quedan dentro de los tres primeros decenios del siglo V.

H. Schlunk ha vuelto a insistir [68] en que algunos sarcófagos de Tarragona presentan afinidades muy acusadas con los de Cartago. Hay elementos en algunos sarcófagos de Tarragona, como el frente decorado enteramente con estrígilos y una cartela en el centro; los sarcófagos con «cola de milano», la placa de mármol blanco «de las orantes» y la *traditio legis* con el sacrificio de Isaac, que acreditan unas relaciones directas con Cartago. Algún artesano del taller de Tarragona procedería de Cartago, que era un crisol en que se entrecruzaban corrientes de Oriente y Occidente. Los talleres de Cartago y de Tarragona llenan el vacío dejado por Roma entre los años 409-438, hasta la invasión bárbara.

En los primeros años del siglo V trabajaría otro maestro, procedente del Norte de Italia, al que se deberían los primeros sarcófagos. Hacia el año 430 cesaron los talleres de Tarragona, donde todavía se han descubierto tres fragmentos de sarcófago en el antiguo convento de Santa Clara con escenas copiadas de un sarcófago romano por un artista local.

Otro taller hispano que acusa una fuerte influencia africana es el de la región de la Bureba (Burgos). H. Schlunk [69] ha estudiado exhaustiva y magistralmente la pieza más representativa del mismo: el sarcófago de Briviesca, con escenas del martirio de santa Perpetua, que es una santa desconocida en el primitivo calendario de la iglesia hispana, mientras que era venerada en la de Cartago. Este sarcófago es importante por diversos motivos. Se trata, en primer lugar, de una pieza fabricada en Hispania, pero con un tema, la visión de santa Perpetua, netamente africano. Su cronología es relativamente alta, anterior a mediados del siglo IV, lo que hace a este pieza contemporánea de los sarcófagos importados de talleres romanos. Acusa, por otra parte, influjos del cristianismo oriental, y es una prueba de la propagación del cristianismo entre los autrigones, es decir, entre unas tribus indígenas romanizadas.

En el orden de las relaciones y afinidades de las primeras cristian-

[68] Comunicación al X CAN (1957).
[69] MM 6 (1965) 39ss.

dades hispánicas, tienen especial interés algunos sarcófagos, como el ya mencionado de *Leucadius*[70], que nos indica la introducción del cristianismo entre los grandes cargos administrativos del Imperio. Por otra parte, el sarcófago de Ecija[71], con los temas del sacrificio de Isaac, del Buen Pastor y de Daniel en el foso de los leones, además de las leyendas griegas en cartelas sobre las figuras, presenta en sus escenas un evidente parentesco con unos relieves procedentes de la basílica de *Hägios Stoudios* de Constantinopla datados hacia el año 400; el procedente de Alcaudete (Jaén), con los temas de la resurrección de Lázaro, Daniel en el foso de los leones y David degollando a Goliat, muestra también que estas escenas dependen de prototipos conservados en manuscritos orientales. Estos dos sarcófagos indican la cristianización de elementos que debían de formar parte de las colonias orientales instaladas en la Península, atestiguadas ya por la propagación de los dioses sirios en Hispania, y que debían de ser muy numerosas a juzgar por la presencia de sirios y de monumentos sirios, como el dístilo sepulcral de Zalamea[72]. Estas relaciones de las comunidades cristianas hispanas con el Oriente quedan confirmadas en la primera mitad del siglo IV por el *martyrium* de La Alberca, que presenta analogías con el de Marusinac en Salona[73].

Los sarcófagos de Ecija y Alcaudete se datan en la primera mitad del siglo V, y confirman estos influjos orientales en el arte paleocristiano, que aparecen asimismo en el sarcófago de la Bureba. Al mismo tiempo nos ilustran, para una fecha relativamente temprana, las vías de penetración del cristianismo que deducíamos ya de la distribución de los sarcófagos importados de Roma, como los de Zaragoza, Castilliscar, Covarrubias y San Justo de la Vega de Astorga, todos de la primera mitad del siglo IV, que siguen un camino fluvial de penetración

[70] K. F. Stroheker, MM 5 (1964) 123, láms. 60-61.

[71] H. Schlunk, MM 3 (1962) 122ss; *Ars Hispaniae* II (Madrid 1947) 239ss, figuras 239-240. Al mismo grupo pertenece otro fragmento de sarcófago hallado en *Barba Singilia;* cf. H. Schlunk, AEArq 42 (1969) 166ss. Sobre los sarcófagos paleocristianos labrados en Hispania, cf. H. Schlunk, *Actas del VIII Congreso*, 187ss.

[72] A. García y Bellido, REA 3 (1961) 314ss; *El dystilo sepulcral romano de Iulipa* (Madrid 1963); «Zephyrus» 13 (1962) 67ss; 11 (1960) 19ss; «Sefarad» 24 (1964) 12ss; 234ss, principalmente 159ss; J. Jáuregui, A. Beltrán, II CASE (1946) 335ss; R. Laymond, D. Jiménez de Cisneros, BRAH 48 (1906) 153ss. En Sevilla han aparecido sarcófagos de tipo oriental del siglo IV; cf. A. García y Bellido, AEArq 11 (1948) 106ss.

[73] H. Schlunk, III CASE (1948) 33ss; C. de Mergelina, III CASE (1948) 283ss. También Z. García Villada, *op. cit.*, 255; Th. Hauschild, MM 12 (1971) 170ss, insiste en los paralelos con Marusinac y Pécs. La arqueología ha proporcionado abundantes pruebas de las relaciones con el Oriente durante el Bajo Imperio; baste recordar el lote de joyas ilicitanas debidas a un orfebre oriental, ocultadas entre los años 408-410; cf. A. Ramos Folqués, NAH 2 (1953) 107ss, láms. CVII-CIX, o el disco de Teodosio, fechado el 19 de enero del año 388, obra importada de Grecia, quizá de Tesalónica, a juzgar por la inscripción; cf. A. García y Bellido, *Esculturas romanas de España y Portugal* (Madrid 1949) 470ss. Oriental con paralelos en Efeso es el *missorium* de cerámica roja del Museo Arqueológico Nacional de Madrid. Sobre las relaciones comerciales con el Oriente, cf. J. M. Blázquez, *Estructura económica y social de Hispania (op. cit.) passim.*

hacia el interior, documentado anteriormente por la distribución de las *cupae* y, en el siglo IV, por la distribución de los mosaicos de influencia africana, que serían obras de talleres ambulantes, aparecidos en Santa María de Malda (Lérida), Fraga (Huesca), Liédena (Navarra), Ramalete (Navarra) y Arróniz (Navarra) [74]. H. Schlunk sospecha que éste es también el camino seguido por los primitivos misioneros africanos probablemente ya en el siglo III. Juzgamos perfectamente admisible esta tesis.

La penetración del cristianismo en Hispania sigue, por consiguiente, las grandes vías comerciales y los mismos caminos que el avance de la romanización [75], con la que coincide en que sus portadores fueron los mismos en ambos casos: ejércitos y mercaderes.

Podemos aducir otras pruebas arqueológicas que confirman el influjo del cristianismo africano sobre el hispano, como las plantas de las basílicas, los mosaicos sepulcrales, las pilas bautismales, las cerámicas estampadas y las mesas de altar [76].

Las plantas de las basílicas (mapa 5) de Ampurias y Son Peretó, Puerto de Manacor, y las más recientes de Son Bou, Es Fornás de To-

[74] Cf. bibliografía en H. Schlunk, MM 6 (1965) 166, n. 58.

[75] J. M. Blázquez, «Emerita» 30 (1962) 71ss; «Hispania» 24 (1964) 3ss. Un buen resumen del arte paleocristiano hispánico en J. Fontaine, *L'Art Préroman Hispanique* (París 1973).

[76] Th. Hauschild, *Actas del VIII Congr.*, 333ss, para Marialba. El mausoleo de Las Vegas de Puebla Nueva (Toledo), con paralelos en Italia, Espalato y en el Mediterráneo oriental, es de época teodosiana, a juzgar por el sarcófago. Debió de pertenecer a un gran funcionario imperial; cf. Th. Hauschild, MM 10 (1969) 296ss; *Actas del VIII Congr.*, 327ss. La basílica paleocristiana de Casa Herrera (Mérida) se fecha ya hacia el año 500; cf. L. Caballero y otros, *La basílica paleocristiana de Casa Herrera en las cercanías de Mérida, Badajoz* (Madrid 1970). Sobre la basílica de Bobalá, cf. R. Pita, P. de Palol, en *Actas del VIII Congr.*, 383ss. Para el estudio de las iglesias hispanas es fundamental R. Puertas, *Iglesias hispánicas (siglos IV al VIII). Testimonios literarios* (Madrid 1975). Cf. también P. de Palol, *Tarraco hispanovisigoda* (Tarragona 1953) 26ss; «Ampurias» 14 (1952) 214ss; *Arqueología paleocristiana y visigoda* (Zaragoza 1954) 5ss; *Problemas de la prehistoria y de la arqueología catalanas* (Barcelona 1962) 247ss; *I Goti in Occidente* I (Spoleto 1956) 65ss; *Actes Ve Congr. Intern. Arch. Chrét.* (1957) 87ss; *VIII corsi di cultura sull'arte ravennate e bizantina* (1961) 207ss; P. de Palol, G. Rosselló-Bordoy, A. Alomar, J. Camps, BSAA 33 (1967) 9ss. Insiste P. de Palol en los paralelismos de los pavimientos con mosaicos africanos, particularmente de la región de Sabratha, de donde procederían sin duda los ejemplares de Son Peretó, Es Fornás de Torelló y de la Illeta del Rei. Cf. también J. M. Fernández, *Manifestaciones ascéticas en la iglesia hispano-romana del siglo IV* (León 1962) 146ss, con la lista de todos los monumentos paleocristianos y la bibliografía menuda; A. Hübner, MMG 195ss; H. Schlunk, *Ars Hispaniae* II (Madrid 1947) 229ss; AEArq 18 (1945) 177ss; BB 12 (1944) 14ss; A. Cirici, «Ampurias» 7-8 (1945-46) 215ss; E. Junyent, «Ampurias» 17-18 (1955-56) 79ss; F. Durán, «Ampurias» 5 (1943) 38ss; A. M. Adroer, CAHC 8 (1965) 47ss; F. Camprubí, CAHC 3 (1962) 53ss; A. Fábrega, CAHC 3 (1962) 61ss. Cf., como punto de comparación, Y. Allais, BAA 1 (1962-65) 188ss; P. A. Février, *Fouilles de Sétif. Les basiliques chrétiennes du quartir nord-ouest* (París 1965); N. Duval, P. A. Février, J. Lassus, J. B. Ward-Perkins, en *Actas del VIII Congr.*, 5ss, 107ss, 219ss, 299ss. Para Mauritania Tingitana, cf. M. Euzenat, «Antiquités Africaines» 8 (1974) 175ss; R. Thouvenot, REA 71 (1969) 345ss; O. Giordano, «Didaskaleion» 15 (1965) 25ss.

relló, Es Cap des Port Fornells, Isla del Rey y Ciudadela, en Menorca, y de Barcelona, de forma absidal, de ábside no exento y circular por el exterior como en Roma, sino inscrito en un rectángulo, responden a prototipos sirios llegados a través del Norte de Africa, Tripolitania y Cirenaica (Sabratha y Apolonia), en la región tunecina y en la actual Argelia, en que hay plantas idénticas a las de Baleares. La basílica de *Ala Miliaria* se asemeja extraordinariamente a la de Son Peretó, así como a la pequeña capilla situada junto a la basílica de Tebesa o a la cripta situada entre Tipasa e *Iconium*.

Las basílicas baleáricas han de fecharse probablemente en los últimos años del siglo IV, y debieron de utilizarse hasta la invasión musulmana en el siglo VII. La basílica de la necrópolis paleocristiana de San Fructuoso, en Tarragona, descrita por Prudencio en el himno IV, acusa también algunas influencias africanas, al igual que la de Santa María de Tarrasa, fechada en pleno siglo V o a comienzos del VI, y muestra también un cierto parentesco con construcciones del círculo de Begauit. Se señalan asimismo influencias africanas en la basílica de Cabezo del Griego (Cuenca), con tres naves separadas por diez columnas a cada lado y brazos estrechos en su parte oriental, con paralelos en las basílicas de Henchir de la Mechta si Salah, en Argelia. También hay en ella elementos propios, como el arco de herradura, pero al mismo tiempo presenta analogías muy acusadas con la villa romana de Leiría (Portugal) y con las ruinas de Marialba (León). Se fecha esta basílica a finales del siglo IV o en la primera mitad del V.

En la segunda mitad del siglo VI fue construida la basílica de Algezares, cerca de Murcia, con una planta que se acerca ya al cuadrado. Su forma corresponde a un tipo norteafricano cuyas características son el ábside semicircular proyectado más allá de las naves laterales; como prototipo se puede señalar la iglesia de Setafis. La forma de las basas recuerda prototipos bizantinos, como los de Salónica o San Apolinar el Nuevo de Ravena, de la primera mitad del siglo VI.

También son de planta norteafricana las basílicas de San Pedro de Alcántara (Málaga), Alcaracejos (Córdoba) y Casa Herrera (Mérida), con ábsides opuestos y pórticos laterales al norte y sur. La primera se fecha en la segunda mitad del siglo VI; la de Alcaracejos es de finales del VI, aproximadamente de la misma fecha que la de San Pedro de Alcántara, mientras que la de Casa Herrera podría ser algo anterior. Las basílicas más antiguas se encuentran en la zona levantina, excepto la de la Vega del Mar. Descartada la casa basílica de Mérida, no hay ningún resto constructivo en la Bética y Extremadura. Las de Cabezo del Griego y Algezares son posteriores.

En Bobalá, en la confluencia del Ebro con el Segre (Lérida), se ha excavado recientemente una basílica con ábside tripartito y tres naves, fechada a finales del siglo IV o comienzos del siguiente, con un sistema de construcción de las paredes que recuerda prototipos africanos.

A modelos africanos responden también los mosaicos de las mencionadas basílicas de Manacor y Son Peretó, con paralelos en la región de Cartago. El famoso mosaico de Baleria muestra un parentesco impresionante con ejemplares de Tabarka, Henchir-Thingama y Henchir-Tina [77]. El africanismo de estos mosaicos es patente, sobre todo en relación con el grupo de Tabarka. Este tipo de pavimento es desconocido en Roma, a no ser en edificios utilizados por los africanos residentes en la capital del Imperio. El mosaico de la supuesta sinagoga de Illeta del Rei, en Mahón, nos recuerda los pavimentos de Hamman Lif en Túnez.

Además de los mosaicos sepulcrales de las Baleares y de diferentes lugares costeros como Ampurias, Denia, Tarragona, San Cugat del Vallés y Egara (Barcelona), se documentan estos mismos mosaicos en Lérida, Montecillas (Huesca) y Alfaro (Logroño), fechados todos ellos a finales del siglo IV o ya en el V. En el Sur de Hispania, concretamente en Itálica, han aparecido dos fragmentos de mosaicos sepulcrales [78].

Las pilas bautismales de Son Peretó, Puerto de Manacor, Son Bou, Vega del Mar, Burguillos y Mérida tienen muchos paralelos con las del Africa Proconsular (Sabratha, *Leptis Magna*, etc.). La pila de la basílica de Algezares, de forma circular con doble ingreso, repite tipos coptos. Estas formas no se documentan en Roma.

De origen africano son igualmente las cerámicas estampadas recogidas en Mallorca, Ibiza, Alicante, Elche, Archena, La Alcudia, Hornillos del Camino, etc., en la *Carthaginiensis* [79]; en San Pedro de Alcántara, Alcazaba de Málaga, Granada, Montefrío, Osuna, Sevilla, Belo, etc., en la Bética [80]; en Rosas, Barcelona, San Cugat del Vallés, Tarragona, etc.; en la *Tarraconesis*, y en el Algarve, *Conimbriga*, etc., en la Lusitania. En cuanto a la cronología, estos talleres trabajan desde el siglo III hasta el VI [81].

La mesa de altar de Rubí obedece a un prototipo de Siria y Norte de Egipto, y debió de llegar directamente de Africa, donde se han hallado piezas muy semejantes, como las de Sabratha y *Leptis Magna* [82].

La distribución de todo este material arqueológico confirma la tesis

[77] J. Cintas, N. Duval, «Karthago» 9 (1958) 157ss; P. A. Février, *Fouilles de Sétif (op. cit.) passim.* Sobre los mosaicos paleocristianos de Africa, como punto de comparación de los hispanos, cf. N. Duval, *Le mosaïque gréco-romain* II (París 1975) 63ss, con el inventario de los mosaicos funerarios del Norte de Africa.

[78] R. Lantier, ACFABA 3 (1935) 257ss; P. Batlle Huguet, *Ars Hispaniae* II *(op. cit.)* 221ss. Otro mosaico sepulcral paleocristiano aparecido en San Cugat del Vallés (Barcelona) acusa influencias de los ejemplares de Tabarca, Kabilia y Sétif (Africa); cf. X. Barral, BSAA 38 (1972) 476ss.

[79] P. de Palol, I CAME 431ss; A. Ramos Folqués, BSAA 24 (1958) 37ss; M. Tarradell, D. E. Wooch, A. Arribas, VII CAN (1962) 472. Para Marruecos, A. Jodin, M. Ponsich, BAM 4 (1960) 287ss. Al final del siglo IV aparece estampada la cruz como decoración en la cerámica *sigillata* clara de tipo D; cf. L. Caballero, en *Miscelánea Arqueológica* I (Barcelona 1974) 193ss.

[80] P. de Palol, *Scritti in onore di Mario Salmi* (Roma 1961) 131ss.

[81] C. A. Ralegh Radford, *Dark-Age Britain* (1956) *passim.*

[82] P. de Palol, «Ampurias» 19-20 (1957-58) 81ss; «San Jorge» 47 (1962) 12ss. En una posible necrópolis paleocristiana de Cartagena aparece un tipo de *mensa* sobre la tumba, también documentado en Tarragona, que ofrece un paralelismo notable con ejemplares hallados en la basílica de santa Salsa de Tipasa; cf. P. Sanmartín, P. de Palol, *Actas del VIII Congr.*, 447ss.

expuesta hasta ahora: su concentración en la costa o cerca de las grandes arterias fluviales y casi exclusivamente en las Baleares, Norte de la Tarraconense y Bética.

H. Schlunk y P. de Palol insisten repetidas veces en el africanismo del arte paleocristiano español, que no se explicaría, a nuestro modo de ver, sino admitiendo que el cristianismo hispano procede del Norte de Africa. Los sarcófagos paleocristianos importados de Roma nada prueban en contra de esta tesis, ya que en la primera mitad del siglo IV sólo trabajaban talleres de sarcófagos en Roma, que los exportaban a toda la cuenca del Mediterráneo, tanto central como occidental. La abundancia de materiales arqueológicos con prototipos en el Norte de Africa es tal que parece indicar que las fuentes del cristianismo hispano son africanas. En esta primera época, el material arqueológico relacionado con Roma, a excepción de los sarcófagos, es muy escaso. El mausoleo de Centcelles, que es la tumba de Constante, responde a un prototipo romano [83]; se fecha hacia el año 350, pero todo el proyecto es de inspiración local y se asienta sobre una villa más antigua. Hay también alguna forma basilical con baptisterio poligonal, como la basílica de Egara [84]; en este mismo capítulo se incluyen las mesas de altar paleocristianas de la Tarraconense de Rosas, la supuesta de Ampurias, Tarrasa y San Pedro de Casserres, rectangulares con molduras salientes, que responden a un prototipo frecuente en Italia y Mediodía de Francia (Saint-Martin de Bize, Minerve, Auriol, Marsella, Salona). A un prototipo itálico oriúndo de Ravena, fechado en el segundo cuarto del siglo V, responde el sarcófago de *Ithacius* [85].

Es posible que las Baleares actuasen de puente entre la Península y Africa, pues los vientos y las corrientes marítimas del Mediterráneo occidental favorecían estas relaciones [86]. Ya en los siglos IV-III a. C. mantenían las islas un intercambio con Africa que se manifiesta claramente en la religión [87].

[83] H. Schlunk, Th. Hauschild, *Informe preliminar sobre los trabajos realizados en Centcelles* (Madrid 1962); VII CAN (1962) 445ss; MM 2 (1961) 117ss; Th. Hauschild, MM 6 (1965) 127ss.

[84] J. de C. Serra Ráfols, *Excavaciones en Santa María de Egara, Tarrasa* (Madrid 1949). En el centro de la Península, aparte del mencionado sarcófago de la Bureba, ha aparecido en la Villa del Prado un crismón del segundo tercio del siglo IV, que es el documento más antiguo del cristianismo en la provincia de Valladolid; cf. F. Wattenberg, BSAA 30 (1964) 121. De Lusitania se poseen los siguientes documentos arqueológicos, además de las mencionadas inscripciones paleocristianas: baptisterio de Idanha-a-Velha, cf. F. de Almeida, BSAA 31 (1965) 134ss, y la necrópolis y capilla de Odrinhas, cf. F. de Almeida, *Arte visigotica em Portugal* (Lisboa 1962) 113ss. Sobre algunos monumentos cristianos de Portugal (Troia, Torre de Palma, Idanha-a-Velha y Vidiqueira), cf. F. de Almeida, J. L. M. de Mata, en *Actas del VIII Congr.*, 239ss. En Torre de Palma hay una basílica paleocristiana de tres naves y planta rectangular, con ábside y dos baptisterios, que muestra analogías con las plantas de las basílicas paleocristiana de Africa; cf. F. de Almeida, AEArq 45-47 (1972-74) 103ss.

[85] H. Schlunk, *Ars Hispaniae* II *(op. cit.)* 240, figs. 241-242.

[86] IV CASE (1949) 96ss.

[87] M. Astruc, REA 64 (1962) 62ss.

Hay otros materiales arqueológicos paleocristianos de influjo africano, como los ladrillos estampados, que se usaron primeramente en el Norte de Africa, al parecer en la región tunecina, y que después se fabricaron en gran número en la Bética; han sido hallados en Tarragona, Baleares, Mérida, Cáceres, Córdoba, Sevilla y Cádiz. En las proximidades de Ronda ha aparecido un taller. Su uso pasó a la Galia y a Bélgica [88]. Estos ladrillos se fechan en los siglos IV y V casi en su totalidad.

El origen africano del cristianismo hispano se confirma al estudiar la liturgia. Hace ya años que A. Allgeier [89] demostró el origen africano del texto de los salmos hispanos. Este dato, siguiendo a M. Díaz y Díaz, nos parece decisivo para probar el origen africano de las capas más profundas de la liturgia hispana. Recientemente, Patino [90] indica que dos cantos bíblicos [91] cuyo uso litúrgico se puede comprobar en iglesias africanas han desaparecido de la liturgia de los manuscritos, pero el breviario mozárabe los conserva en diversos oficios y fiestas; el origen africano de estos cánticos, según el citado autor, es seguro.

Otros himnos, como el de Jeremías [92] y el cántico de Débora [93], que se leen en el breviario, no figuran en el canon jerosolimitano-alejandrino, pero se encuentran en la serie, africana de origen, del obispo Verecundo (546-552). El parentesco con las liturgias africanas, según Patino, es evidente como resultado del análisis de algunas piezas; el breviario mozárabe conservaría restos, emparentados con las liturgias africanas, de una liturgia hispanorromana ciertamente previsigótica.

En seis momentos se queda aislado el breviario hispano con el *Salterio de Verona*, fechado a finales del siglo VI o comienzos del siguiente, y que es africano o al menos muestra un parentesco próximo con el africano. Al parecer no se trata de meras coincidencias de léxico. Ninguno de los otros códices presenta un número mayor de coincidencias con el breviario. Patino aduce otras pruebas de variada índole a favor del origen africano de ciertas partes del breviario, como la impresión arcaizante que produce el hecho de conservar una serie de lecturas del texto ciprianeo.

Cuatro versículos del libro de Habacuc de san Cipriano proporcionan coincidencias muy significativas con el texto del breviario; algunas lecturas se encuentran además apoyadas por dos autores africanos, *Quotvultdeus,* obispo de Cartago, y Primasio de *Hadrumentum.* Una versión africana tardía de tipo textual influyó decisivamente en el cántico de Habacuc, que se recitaba por aquella época en el oficio catedralicio hispano.

88 H. Schlunk, *Ars Hispaniae* II *(op. cit.)* 235; C. Callejo, «Ampurias» 24 (1962) 247.
89 SF 1 (1930) 196ss.
90 *Op. cit.*, 23, 26, 28ss, 40, 45, 50, 53, 55.
91 Is 5,1-17; 26,1-8.
92 Lam 5.
93 Jue 5.

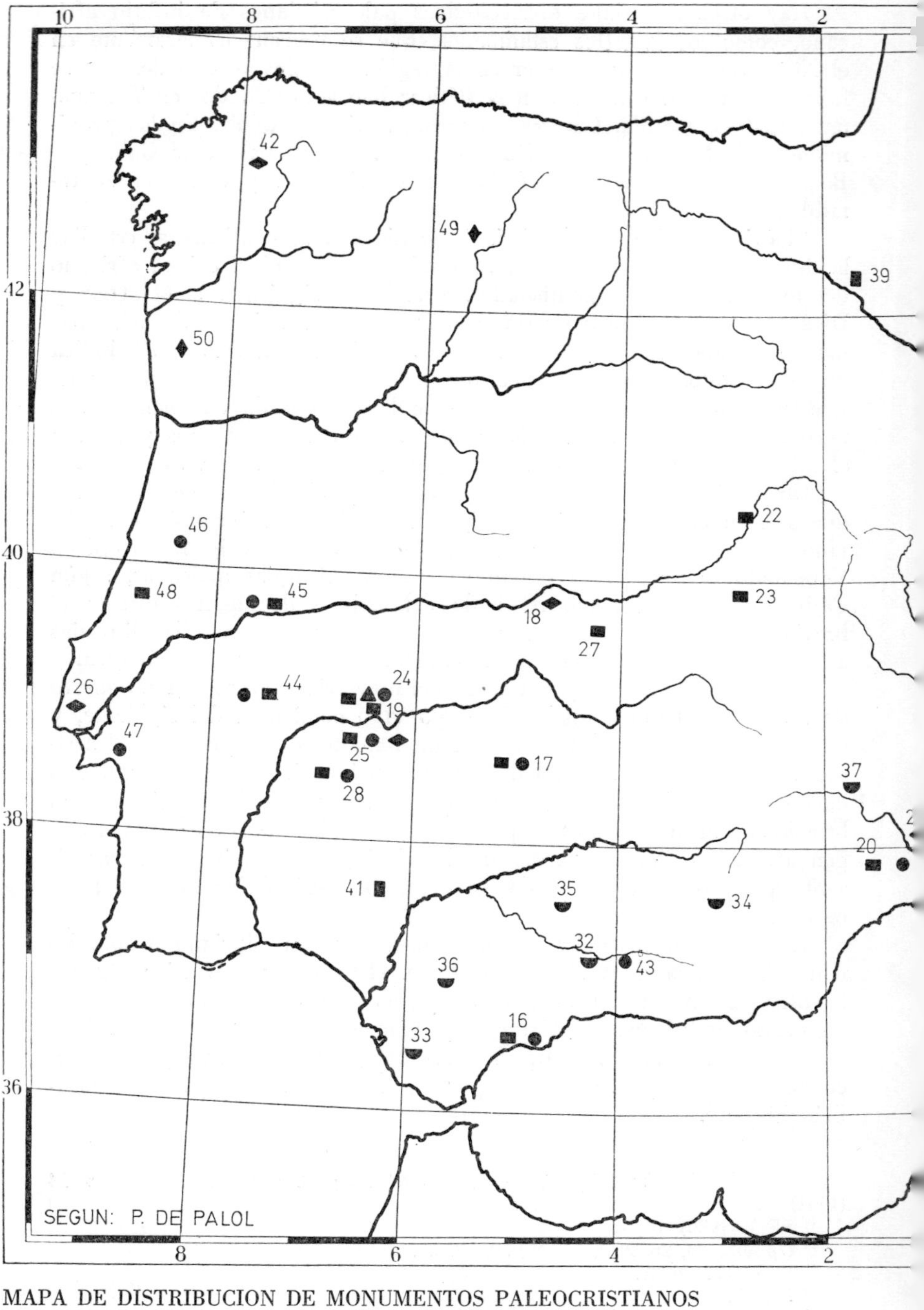

MAPA DE DISTRIBUCION DE MONUMENTOS PALEOCRISTIANOS
Y DE TRANSICION AL MUNDO VISIGODO (SIGLOS IV-VI)

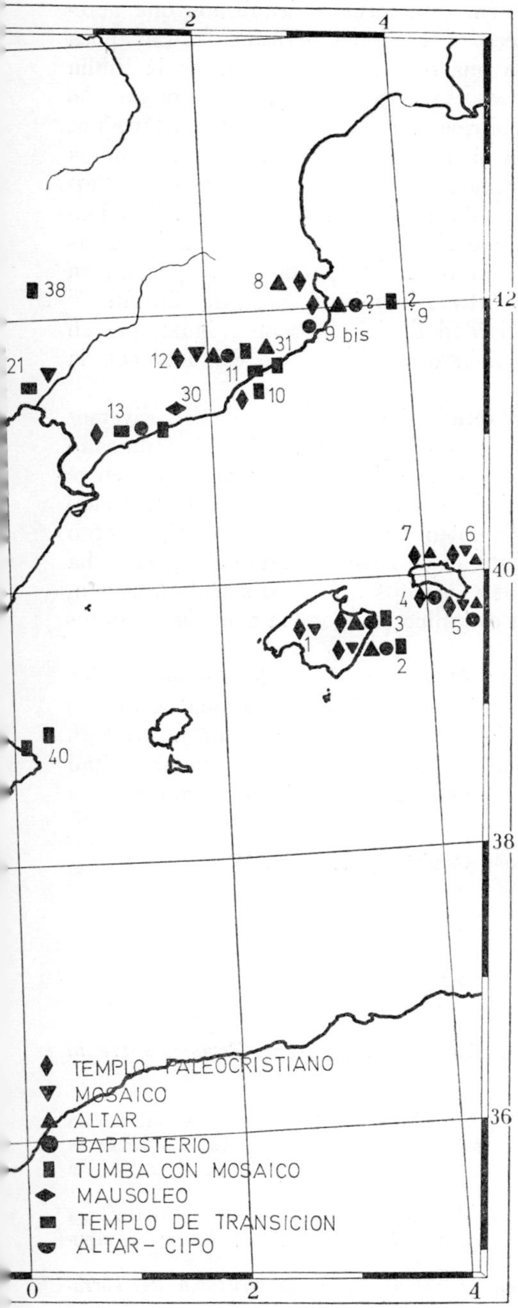

1. Santa María (Mallorca).
2. Son Peretó (Mallorca).
3. Sa Carrotxa (Manacor, Mallorca).
4. Son Bou (Menorca).
5. Es Fornás de Torelló (Menorca).
6. Illeta del Rei (Menorca).
7. Puerto de Fornells (Menorca).
8. Rosas (Gerona).
9. Ampurias (Gerona).

9bis Sant Feliu de Guíxols (Gerona).

10. Bercelona.
11. San Cugat del Vallés (Barcelona).
12. Tarrasa (Barcelona).
13. Tarragona.
14. Játiva (Valencia).
15. Elche (Alicante).
16. San Pedro de Alcántara (Vega del Mar, Málaga).
17. Alcaracejos (Cerro del Gezmo, Córdoba).
18. Puebla Nueva (Toledo).
19. Casa Herrera (Mérida, Badajoz).
20. Aljezares (Murcia).
21. Fraga (Huesca).
22. Zorita de los Canes (Guadalajara).
23. Cabeza de Griego (Cuenca).
24. San Pedro de Mérida (Badajoz).
25. La Cocosa (Mérida, Badajoz).
26. Odrinhas (Portugal).
27. Las Tamujas (Malamoneda, Toledo).
28. Burguillos (Badajoz).
29. La Alberca (Murcia).
30. Centcelles (Constantí, Tarragona).
31. Rubí (Barcelona).
32. Loja (Granada).
33. Medina Sidonia (Cádiz).
34. Guadix (Granada).
35. Cabra (Córdoba).
36. Salpensa (Sevilla).
37. Cehegín (Murcia).
38. Coscojuela de Fontova (Monte Cillas, Huesca).
39. Alfaro (Logroño).
40. Denia (Alicante).
41. Itálica (Sevilla).
42. Santa Eulalia de Bóveda (Lugo).
43. Gabia la Grande (Granada).
44. Torre de Palma (Portugal).
45. Idanha-a-Velha (Portugal).
46. Conímbriga (Portugal).
47. Troya (Setúbal, Portugal).
48. Arnal (Leiria, Portugal).
49. Marialba (León).
50. Santa Marta da Falperra (Braga, Portugal).

En Hispania se señalan también numerosos africanismos que acreditan una dependencia con respecto a versiones africanas [94]. En época de Tertuliano existía ya en Africa una traducción completa de la Biblia al latín, y años antes, en el 180, los mártires escilitanos declaraban que tenían *libri et epistulae Pauli.* Mohrmann [95] ha señalado otros términos que tienen en Hispania la misma significación que en Africa, como la voz *refrigerium* con el mismo significado que en las actas de santa Perpetua [96] y en el *Liber Ordinum* de la iglesia visigótica [97]. Prudencio [98] da al término *passio* el mismo significado que tiene en las actas de santa Perpetua [99] y en san Cipriano [100]. Este poeta usa *tropaeum,* en su acepción de «cuerpo de un mártir», lo mismo que san Cipriano [101] En Hispania se celebraba la festividad de los Inocentes, igual que en Africa. No obstante, la autora señala otros puntos de contacto con la Galia [102].

Los objetos litúrgicos son bastante recientes y responden a diversos prototipos. Por ejemplo, el incensario de la Bética oriental, publicado recientemente por M. Almagro [103], es de origen copto; se fecha entre los siglos V-VI. El incensario de Aubenya (Mallorca) es de origen siciliano y se fecha en el siglo V. También obedece a un prototipo copto el de Lladó (Gerona), concretamente, el de Achmin-Panópolis, y se fecha entre los siglos V-VI [104]. Las patenas y jarritos litúrgicos son de la segunda mitad del siglo VII y su origen es itálico; responden a modelos coptos o del círculo bizantino [105].

Completaremos estos datos con otros deducidos de las necrópolis. Nos fijaremos primero en la de san Fructuoso de Tarragona [106], que es la más importante. Su cronología ha sido bien estudiada por J. Vives [107].

Faltan sarcófagos cristianos del siglo III y de la primera mitad del IV. Los tenidos por tales son paganos. En la ciudad tampoco han

[94] T. Ayuso, *La Vetus Latina Hispana* (Madrid 1953) 172ss, 183ss.

[95] *Op. cit.* II, 88, 91; I, 270; III, 338s.

[96] *Pass. Perp.,* VII-VIII.

[97] *Mon. eccl. lit.,* V, 404.

[98] *Ditt.,* XLII.

[99] *Pass. Perp.,* XVIII, 1.

[100] *De don. or.,* XXXIV.

[101] *Ep.,* LIV, i, 2.

[102] Ch. Mohrmann, *op. cit.* II, 263, 270; M. Díaz y Díaz, *Estudios sobre la liturgia mozárabe* (Toledo 1965) 59, n. 16.

[103] «Ampurias» 26-27 (1964-65) 181ss.

[104] P. de Palol, «Ampurias» 12 (1960) 1ss. La célebre inscripción de Quintanilla de Somoza (León), tenida por gnóstica, está consagrada a Zeus Serapis y se fecha en el siglo IV; cf. A. García y Bellido, BRAH 139 (1956) 430ss, lám. IV. En Egipto se encuentra un paralelo.

[105] P. de Palol, *Bronces hispanovisigodos de origen mediterráneo* (Barcelona 1950); *Homenaje al profesor C. de Mergelina* (Murcia 1961-62) 699ss; «Ampurias» 17-18 (1955-56) 293ss.

[106] J. Serra Vilaró, *Excavaciones en la necrópolis romano-cristiana de Tarragona* I (Madrid 1928); II (Madrid 1929); RAC 14 (1937) 250ss; «Ampurias» 6 (1944) 179ss. Sobre la basílica, cf. S. Ventura, AEArq 27 (1954) 259ss.

[107] AST 13 (1937-40) 47ss; H. Schlunk, AEArq 24 (1951) 94ss.

aparecido sarcófagos de esas fechas, a excepción del de época teodosiana de la catedral. Tampoco se conocen mosaicos cristianos anteriores a los de finales del siglo IV. La inscripción más antigua es del año 393. Los enterramientos cristianos no son anteriores a la primera mitad del siglo IV. Contrasta este hecho con lo que sucede en Gerona y Barcelona, donde las comunidades cristianas importaron sarcófagos de Roma. Cree H. Schlunk que, como se conoce la existencia de una comunidad cristiana en Tarragona ya durante la primera mitad del siglo IV, su cementerio estaría en otro lugar aún no descubierto, pero esta tesis resulta difícil de admitir, pues la necrópolis que conocemos estaba dedicada a san Fructuoso, y ello parece indicar que es la única que había [108].

Ya hemos señalado la presencia de cristiandades en Barcelona, Gerona y Ampurias a comienzos del siglo IV, a juzgar por la importación de sarcófagos. En la primera de las ciudades citadas se conoce la necrópolis paleocristiana de la Plaza del Rey [109]; de las mismas fechas es la de Ampurias [110]. En Galicia y Portugal son más recientes las necrópolis paleocristianas [111]. El Norte se cristianizó en época ya avanzada [112].

Fuera de los núcleos urbanos debió de progresar muy lentamente la cristianización, como se deduce de los pocos elementos cristianos que se documentan en villas, del tipo de los aparecidos en La Cocosa [113]. Pero

[108] J. Vives, *Inscripciones cristianas de la España romana y visigoda* (Barcelona 1942) 58-61, n.os 189-193. Para las inscripciones cristianas de las Baleares, cf. C. Veny, *Corpus de las inscripciones baleáricas hasta la dominación árabe* (Madrid 1965) n.os 11, 14, 55, 63-67, 70, 72, 134, 193. Para las inscripciones paleocristianas de Portugal, cf. F. de Almeida, en *Jornadas Arqueológicas de Sintra* (1958) 27ss.

[109] M. Almagro, J. de C. Serra Ráfols, J. Colominas, *Carta arqueológica de España. Barcelona* (Madrid 1945) 68ss; P. de Palol, AEArq 27 (1955) 144ss.

[110] M. Almagro, «Ampurias» 13 (1951) 204ss; *Las fuentes escritas referentes a Ampurias (op. cit.)* 97ss; *Excavaciones en la palaiápolis de Ampurias* (Madrid 1964) 50ss, 58ss, 60ss, figs. 14 y 19, láms. XXXII-XXXV; M. Almagro, P. de Palol, «Revista de Gerona» 20 (1962) 27ss.

[111] M. Chamoso Lamas, «Anuario de Estudios Medievales» 2 (1965) 433ss.

[112] M. Vigil, *op. cit.* Recientemente A. D'Ors, *La era hispánica* (Pamplona 1962), ha reavidado la tesis de que la era hispánica es continuación de la era consular asturiana, que surge como una era cristiana disfrazada, pero no la aceptamos, pues, como J. de Navascués, BRAH 147, (1960) 99ss; cf. A. Ferrari, BRAH 167 (1970) 139ss, ha demostrado, no se pueden equiparar, por razones epigráficas, era consular y era hispana. Tampoco creemos que sean cristianas las tres primeras inscripciones que publica J. Vives, *Inscripciones (op. cit.)* 17ss. Sobre la era consular, cf. E. Hübner, IHC *supl.* VII-VIII; F. Fita, BRAH 61 (1912) 477ss; M. Díaz y Díaz, REDC 17 (1962) 373ss. En *Iuliobriga* se ha recogido un vidrio con crismón del siglo IV, cf. A. García y Bellido, AEArq 28 (1956) 164, fig. 50. Sobre la cristianización de los vascones, cf. Z. García Villada, *Organización y fisonomía de la iglesia española desde la caída del Imperio en 711 hasta la toma de Toledo en 1085* (Madrid 1935) 18; J. M. Lacarra, *Vasconia medieval. Historia y filología* (San Sebastián 1957) 81ss; J. Caro Baroja, *Los pueblos del Norte de la Península Ibérica* (Madrid 1943) 106ss; M. Vigil, A. Barbero, *op. cit.*, 171ss; M. Gómez Moreno, BRAH 128 (1951) 197ss.

[113] J. de C. Serra Ráfols, *La "villa" romana de la dehesa de "La Cocosa"* (Badajoz 1952) 67, 119ss, 135ss, 163ss.

incluso en este caso no parece que la cristianización fuera anterior al siglo VI. En Mataró parece que esta fecha ha de llevarse hasta los finales del siglo IV [114]; algo posterior sería la cristianización en la villa de Fraga [115].

Desde el punto de vista social, la cristianización comenzó en Hispania por las clases altas. La sociedad hispana, tanto en el siglo IV como en el siguiente, era pagana casi en su totalidad. En grandes zonas de Península no se advierte la menor huella de la existencia de cristianos.

Como ya hemos indicado, el Norte conoció la expansión del cristianismo en época más tardía que el resto de la Península. Los documentos que acreditan su presencia en esta zona proceden en algunos casos del Norte de Africa o indican relaciones con este ámbito. El testimonio arqueológico más antiguo que acredita la presencia cristiana en el Noroeste es el sarcófago de San Justo de la Vega, a dos kilómetros de *Asturica Augusta,* fechado entre los años 315-320. Tiene representaciones del Antiguo y del Nuevo Testamento: Adán y Eva, la resurrección de Lázaro, la multiplicación de los panes y los peces, etc. [116].

Una gran iglesia martirial del Norte de la Península es la citada de Marialba, a 7 kilómetros al sur de León; en su origen era una sencilla sala con ábside de herradura, como se observa en iglesias africanas. Las pilastras hacen suponer la existencia de bóvedas de cañón, e incluso pudo tener, como el mausoleo de Centcelles, una cúpula. La gran sala rectangular con su ábside parece fecharse en el siglo IV, pero el interior de este edificio no llegó a terminarse, pues faltan el piso y las paredes. La segunda fase de la construcción de este edificio, a que corresponden las pilastras, las hornacinas, la decoración interior y seguramente las trece sepulturas del ábside, se fecha a finales del siglo IV o comienzos del siguiente. No está clara la posible relación de esta iglesia con el martirio de las trece personas que integraban la familia de Marcelo de León [117], pues Marcelo fue un mártir africano, no hispano. Sus actas no son auténticas, en opinión de Galba, pero pueden tener un fondo de verdad, a juicio de M. Díaz y Díaz.

El crismón de Quiroga (Lugo), fechado a comienzos del siglo V antes de Cristo, es quizá una mesa de altar; lleva un dístico cuya interpre-

[114] M. Ribas, *Els origens de Mataró* (Mataró 1964) 188ss; *La villa romana de la Torre Llauder de Mataró* (Madrid 1966) 25ss; G. Junyent, «Riv. di Archeologia christiana» 36 (1960) 145ss. Los supuestos bronces gnósticos del Berrueco son bronces orientalizantes del siglo VII a. C.; cf. A. Blanco, «Zephyrus» 11 (1960) 155s, láms. III-IV; J. Maluquer, *Excavaciones arqueológicas en el Cerro del Berrueco* (Salamanca 1958) 111ss, lám. XXIII.

[115] J. de Serra Ráfols, «Ampurias» 5 (1943) 28s.

[116] H. Schlunk, *Legio VII Gemina* (León 1970) 477ss.

[117] Th. Hauschild, BRAH 163 (1968) 242; *Legio VII Gemina (op. cit.)* 511ss; M. C. Díaz y Díaz, CEG 28 (1973) 277ss. Se deduce que la expansión del cristianismo se realizó lenta y gradualmente. La predicación llega tardíamente al Occidente. Las iglesias escasean en número y contrastan con la riqueza y abundancia de los templos paganos.

tación ha sido estudiada recientemente por F. Fontaine [118] y poco antes por H. Schlunk [119].

Con ejemplares hallados en el Norte de Africa, y más concretamente, en Tipasa y Tabarka, y con otras piezas aparecidas en Salona, donde abundan estas tapas de sarcófago, se emparenta una decorada con *kantharos* e inscripción fechada a comienzos del siglo V, hallada en Frende, cerca de Baião (Portugal), en las proximidades del río Duero [120].

El sarcófago de la catedral de Braga lleva en el centro un *kantharos* de dos asas del que salen hacia ambos lados unos roleos de acanto; entre las espirales, en la parte inferior, hay a cada lado un racimo que picotea un pájaro; encima del pie del *kantharos* hay otras aves. En la cabecera del sarcófago hay un crismón dentro de una corona de laurel, y al pie aparece un *kantharos* rodeado de rosetas. Se fecha hacia el año 400, y tiene paralelos en Antalya y Myra (Asia Menor), Henchir Tounga (Túnez), Timgad (Argelia) y también en Pisa, Angulema y Ravena [121].

El sarcófago de *Ithatius*, de Oviedo, adaptado en el siglo V, fue trabajado en el Norte de la Península, pero debe de haber sido reutilizado, ya que la ciudad de Oviedo no se fundó hasta el siglo VIII. Por su composición simbólica y por la estilización de los roleos acusa una tradición cuyas raíces están en el este del Imperio [122].

El cristianismo visigodo mantuvo todavía una fuerte vinculación con Africa. J. Fontaine [123], J. M. Hillgarth [124] y C. Codoñer [125] han señalado abundantes relaciones e influjos de la iglesia africana sobre la visigoda. En esta etapa, ante la necesidad de vincularse a Roma, debió de surgir la leyenda de los siete varones apostólicos [126].

[118] AEArq 47-49 (1972-74) 557ss.

[119] *Legio VII Gemina (op. cit.)* 499ss.

[120] H. Schlunk, *Legio VII Gemina (op. cit.)* 485ss.

[121] *Ibíd.*, 488ss.

[122] H. Schlunk, *Actas del VIII Congr.*, 215ss.

[123] *Isidore de Seville* II (París 1959) 954ss.

[124] J. N. Hillgarth, PRIA 62 (1962) 172, 176. A propósito de estas relaciones entre las iglesias hispanas y las africanas hay que recordar la importancia que tuvo para los donatistas la española Lucila; cf. Z. García Villada, *op. cit.* I, 2, 75ss; W. H. C. Frend, *The Donatist Church* (Oxford 1952) *passim.*

[125] *El «De viris illustribus» de Isidoro de Sevilla* (Salamanca 1964) 25, 31s.

[126] Los judíos debían de ser muy numerosos en la Bética, a juzgar por las alusiones que hacen a ellos cuatro cánones del concilio de Elvira (16, 49, 50, 78). Gregorio de Elvira les dedica tres homilías, cf. A. C. Vega, *S. Gregorii Eliberritani episcopi opera omnia primum collecta* I (El Escorial 1944) 61ss; al comienzo de la segunda se lee: «Muchas veces tenemos que luchar contra los judíos». Inscripciones de judíos han aparecido en Córdoba y *Abdera;* cf. J. M. Blázquez, *Festschrift für Franz Altheim* (Berlín 1969) 42ss; L. García Iglesias, HA 2 (1973) 331ss; *Judíos en la Mérida romana y visigoda* (Badajoz 1967); «Revista Internacional de Sociología» 13-14 (1975) 165ss; F. Cantera, J. M. Millás, *Las inscripciones hebraicas de España* (Madrid 1956). En la antigua *Ilici* ha aparecido una sinagoga, cf. H. Schlunk, III CASE (1947) 335ss. Flavio Josefo, GJ II, 183, cuenta que algunos judíos vinieron a vivir a Hispania, como Herodes, que al ser desterrado se instaló junto con su esposa en Hispania, donde murió. San Pablo debió

de visitar algunas de estas juderías, pero el cristianismo hispano parece depender más bien de los africanos, de modo que viene a ser una faceta más del influjo africano durante los siglos III-V sobre la Península Ibérica; cf. A. Castillo, «Ampurias» I (1939) 254ss. Frecuentemente se ha aludido al influjo africano sobre el cristianismo hispano; cf. J. M. Pinell, HS 10 (1957) 425; B. Capelle, CBL 4 (1913) 142, n. 2. Pero no se ha dado a este influjo toda la importancia que parece tener. La decretal del 10-XI-385 del papa san Ciricio, dirigida a Himerio, obispo de Tarragona, que es la primera decretal apostólica conocida, y que se dirige precisamente a Hispania, indica que existían importantes relaciones con Roma (PL XIII, 1131). Es interesante señalar que actualmente, por contraste, se desvanece el mito del africanismo de los pueblos antiguos; cf. M. Tarradell, *Homenaje a Vicens Vives* I (Barcelona 1965) 173ss. Sin embargo, cada vez se insiste más en el origen africano del cristianismo hispano.

NOTAS A LAS ILUSTRACIONES

1. Numerosas ciudades de la Antigüedad poseían santuarios famosos que frecuentemente fueron reproducidos en las monedas que acuñaron como emblema característico.

   A. Templo de Astarté en Pafos (Chipre), sobre moneda romana de tiempos de Caracalla. La entrada principal aparece flanqueada por torres que en realidad son dos pilares coronados por cuernos de consagración.
   B. Templo de Biblos. En el centro del recinto sagrado —un patio porticado al que se accede por una escalera— aparece un basamento o altar con cuernos en las esquinas (rasgo típicamente semita) y un betilo.
   C. Plaquita de oro con la representación del templo de Pafos. En las capillas laterales aparecen unos betilos en vez de los candelabros que se ven en la moneda de Caracalla. Se conserva en el *Ashmolean Museum* de Oxford.
   D. Moneda acuñada en nombre del congreso de las ciudades chipriotas. Ostenta la fachada de un templo semita con la cerca del recinto sagrado y betilos.
   E. Sestercio de Gades con la fachada del templo de Herakles como emblema de la ciudad.
   F. Denario de la familia Considia. Representa el templo de Eryx (Sicilia) con la cerca del *temenos,* la puerta flanqueada por columnas y un templete asentado sobre una roca.
   G. Moneda de Heliogábalo con la fachada de un templo de Biblos.

2. 1. Moneda de Bar Kochba acuñada en el año 134-135 d. C. con la representación del templo de Jerusalén.
   2. Moneda de Filipo I (34-37) con la fachada y escalinata de acceso al templo de Baalbek.
   3. Moneda de Heliogábalo con el santuario de Europa-Astarté de Sidón.
   4. Moneda de *Herennius Etruscus* con el templo de Dusare, Allat y Bostra divinizada, en Bostra.
   5. Moneda de Aureliano con el santuario de Zeus y Herakles en Selge.
   6. Moneda de Juba I con representación de un santuario. Presenta los característicos altares semitas rematados con cuernos.

3. Franja decorativa de un vaso perteneciente al cipro-geométrico III. Representa la fachada de un templo con tres entradas y cuatro torres. Hay también árboles y figuras de hieródulas asomadas a las ventanas. Estas prostitutas sagradas aparecen frecuentemente vinculadas al culto de Astarté, y sus representaciones son habituales en piezas alusivas a este tipo de culto, como en una terracota de Idalion. Dibujo según V. Karageorghis. Museo de Chipre, Nicosia.

4. Planta y reconstrucción del templo de Jerusalén. Fue construido por los obreros de Hiram de Tiro a petición de Salomón, según esquemas típicamente semitas. El acceso al santuario estaba flanqueado por dos columnas. El altar, de piedra y con cuernos en las esquinas, también responde a modelos semitas.

5. Monedas de Adriano con representaciones de un templete *(naiskos)* y la imagen del Herakles venerado en *Gades*. El dios aparece representado en su versión greco-romana.

6. Modelo de terracota de un santuario fenicio. La puerta está flanqueada por dos columnas ornamentales que rematan en capiteles lotiformes del mismo tipo que el hallado en Cádiz. Bajo el dintel está representada probablemente Astarté en figura de paloma con cabeza de mujer. A las ventanas laterales se asoman las hieródulas. Procede de Idalion (Chipre) y se fecha en el siglo VIII-VII a. C. Se conserva en el Museo del Louvre.

7. Disco de terracota procedente de Ibiza. Representa un jinete con casco y escudo de tipo griego, rodeado de elementos ornamentales característicos del

período orientalizante: ave volando sobre la cabeza del caballo y flores de loto. Estos discos aparecen frecuentemente en ambiente cartaginés; el de Ibiza se fecha en el segundo cuarto del siglo VI a. C. y se enmarca en una etapa del arte púnico caracterizada por la progresiva asimilación de elementos estilísticos griegos. Se conserva en el Museo Arqueológico Nacional de Madrid.

7bis. Monedas acuñadas por los Bárquidas en la Península Ibérica, con retratos inspirados en modelos helenísticos.

A. Retrato de Amílcar con corona de laurel y la maza de Hércules al hombro. Se fecha entre los años 221-219 a. C.

B. Posible retrato de Asdrúbal con diadema. Se fecha entre los años 209-206 antes de Cristo.

C. y B. Retratos de Aníbal; el segundo, con corona de laurel y la maza de Hércules al hombro. Se fecha entre los años 221-219 a. C.

Se conservan estas monedas en el Museo Arqueológico Nacional de Madrid.

8. Estela de Lantrai, Atica. El difunto aparece representado como un jinete que conduce dos caballos al paso; lleva lanza y un escudo circular. En los laterales se representan varias figuras —un varón y dos mujeres— con las manos en la cabeza, en el gesto característico de duelo conocido en Grecia desde la época de las cerámicas geométricas. Se fecha hacia los años 575-545 a. C. (Bildarchiv Foto Marburg.)

9 y 10. *Lekythoi* áticos esculpidos. Estas piezas, de grandes dimensiones, se colocaban a modo de estelas sobre las tumbas. El tema esculpido en ellas representa la despedida del difunto, que se dispone a emprender el viaje al Hades. También los *lekythoi* en cerámica (un tipo de vaso que se reservaba para depositar en las tumbas como ofrenda funeraria) reproducen el tema de la despedida en diversas versiones. El *lekythos* de la fig. 9 se fecha en la segunda mitad del siglo V a. C. Procede de Atenas y se conserva en el Museo Nacional de la misma ciudad. El *lekythos* de Euthykles, reproducido en la fig. 10, es del siglo IV a. C. Fue hallado en el Pireo y se conserva en el Museo del Louvre. (Bildarchiv Foto Marburg.)

11. Estela procedente del Asklepieion de Atenas. Representa al difunto heroizado en figura de un jinete que marcha al paso y empuña una lanza. Se fecha en el siglo II a. C. (Bildarchiv Foto Marburg.)

12. Relieve ático procedente de Tanagra. El difunto aparece representado como un jinete que se dispone a emprender un viaje; así lo indica la presencia de un sirviente que le sigue portando diversos objetos. El tema de la despedida aparece reflejado en la presencia de la esposa, que le ofrece unos dones en un recipiente que sostiene sobre la palma de la mano izquierda, mientras en la derecha lleva un jarrito. Se fecha en la primera mitad del siglo IV a. C. Se conserva en el Museo Nacional de Atenas. (Bildarchiv Foto Marburg.)

13. Relieve funerario con el tema de la serpiente, ante cuya presencia levanta el caballo una pata, indicando de este modo la significación sobrenatural del reptil. El jinete, pie a tierra, contempla pensativo la aparición, que significaría la llamada a emprender el viaje hacia el Hades. Se conserva en el Museo Nacional de Atenas.

14. Estela beocia con la representación del muerto heroizado en figura de jinete. El tema de la heroización ecuestre del difunto se originó en el Atica y se difundió luego por diversos ámbitos. Fue muy frecuente en Beocia durante el siglo IV a. C. En esta pieza se representa además un ara con el fuego encendido y dos personajes, un varón adulto y un muchacho, que posiblemente acaban de hacer una ofrenda en honor del muerto. Se fecha en el siglo IV a. C. y se conserva en el Museo del Louvre. (Bildarchiv Foto Marburg.)

15. Relieve funerario con la escena del banquete. Puede decirse que la idea subyacente es también en este caso la de una despedida. Los personajes principales suelen ser el difunto, que aparece reclinado, y su esposa, que se sienta a sus pies. Varía el número de los asistentes, en actitud de servidores o de

1. Representaciones de templos semitas sobre monedas y medallas.

2. Representaciones de templos semitas sobre monedas.

3. Templo semita representado sobre
un vaso chipriota del período geométrico.

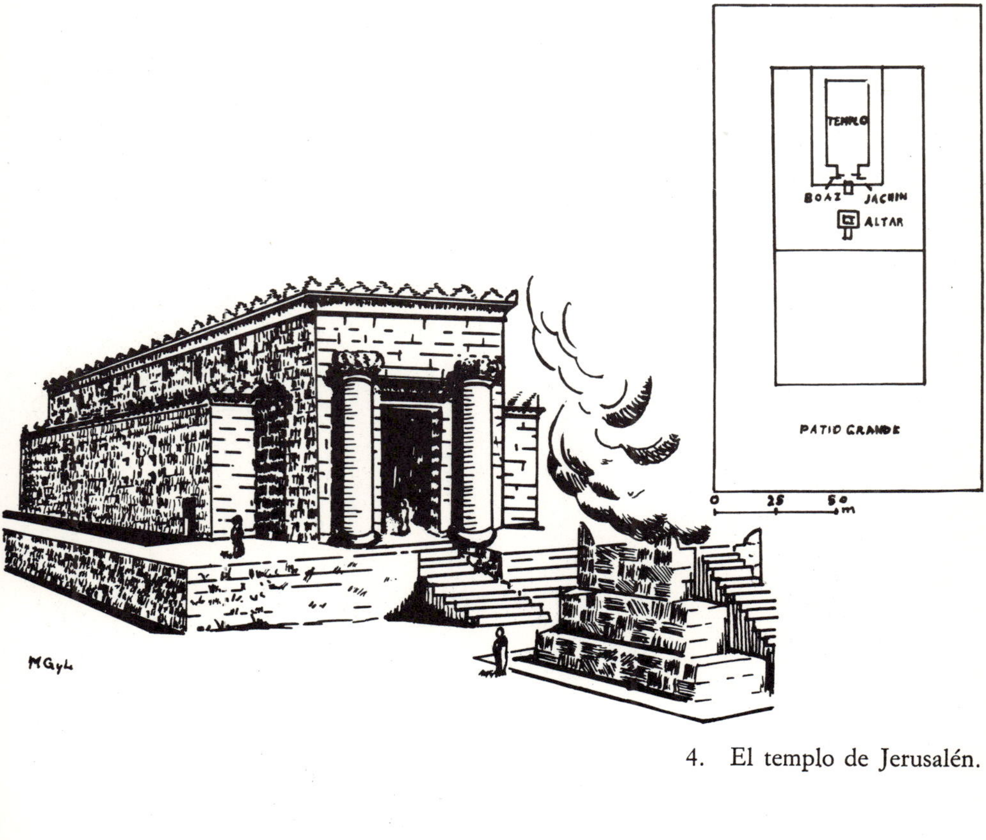

4. El templo de Jerusalén.

5. Monedas de Adriano con la imagen del *Hercules Gaditanus*.

6. Modelo en terracota de un templete fenicio.

7. Disco de terracota con la representación de un dios jinete púnico.

7 bis. Monedas cartaginesas de la Península Ibérica.

8. Estela de Lamptrai.

9. *Lekythos* ático.

10. *Lekythos* ático de Euthykles.

11. Estela ática de Teodoro heroizado.

12. Estela ática de un difunto heroizado.

13 Estela ática con la aparición de la serpiente.

14. Estela beocia con un difunto heroizado.

15. Relieve funerario con escena de banquete.

16. Relieve funerario con escena de banquete.

17. Relieve funerario con escena de banquete.

18. Relieve con un difunto heroizado.

19. Terracota con prótomo de caballo entre divinidades infernales.

20. Banquete de la Tumba de las Leonas, Tarquinia.

21. Banquete de la Tumba de los Leopardos, Tarquinia.

22. Banquete de *Velthur Velcha,* Tumba de los Escudos, Tarquinia.

23. Banquete de *Larth Velcha.* Tumba de los Escudos, Tarquinia.

24. *Despotēs therōn* procedente de Cumas.

25. Gema procedente de Vulci.

26. Gema procedente de Vulci.

27. Anillo de la colección Campana.

28. Estela boloñesa llamada «piedra Zannoni».

29. Pintura de la Tumba Giustiniani, Tarquinia.

30. Anfora de Orvieto.

31. Urna de Chiusi.

32. Sarcófago de Chiusi.

33. Sarcófago de Tarquinia.

34. Sarcófago de Vulci.

35. Lateral del sarcófago anterior.

36. Urna de Volterra.

37. Sarcófago de Caere.

38. Sarcófago de Tarquinia.

39. Sarcótago de Tarquinia.

40. Urna de Sarteano, Chiusi.

41. Tumba de los Augures, Tarquinia. Pared del fondo.

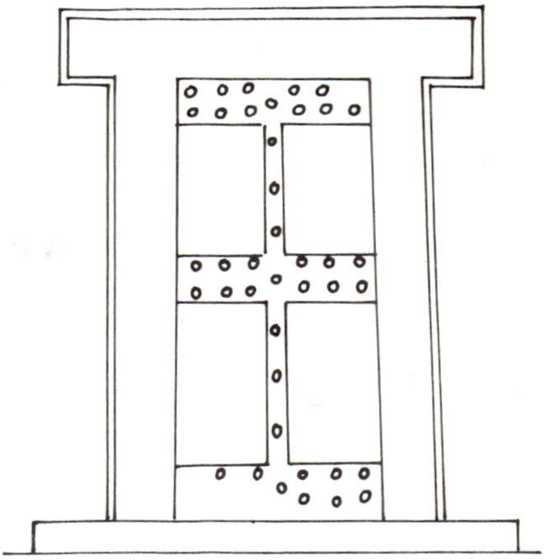

42. Falsa puerta de la anterior, según Becatti-Magi.

43. Tumba número 1701 de Tarquinia.

44. Tumba de Caronte, Tarquinia.

45. Tumba de las Inscripciones, Corneto.

46. Tumba de las Inscripciones, Corneto.

47. Tumba de las Inscripciones, Corneto.

48. Tumba del Citaredo, Tarquinia.

49. Tumba del Colle, Chiusi.

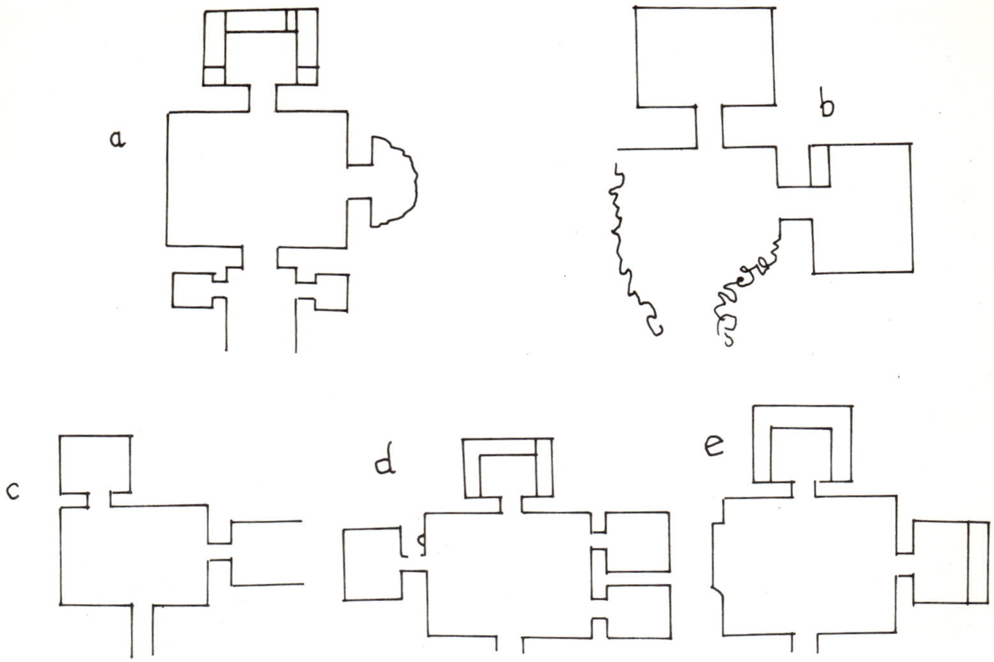

50. Plantas de tumbas etruscas de Chiusi.

51. Plantas y representaciones de puertas de tumbas etruscas y etrusco-romanas.

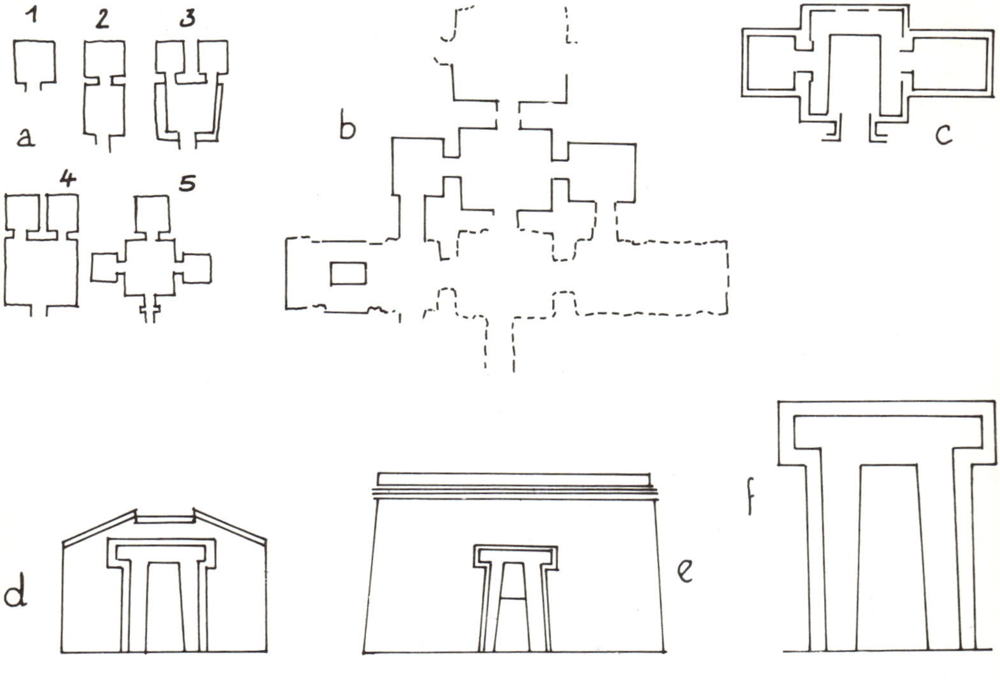

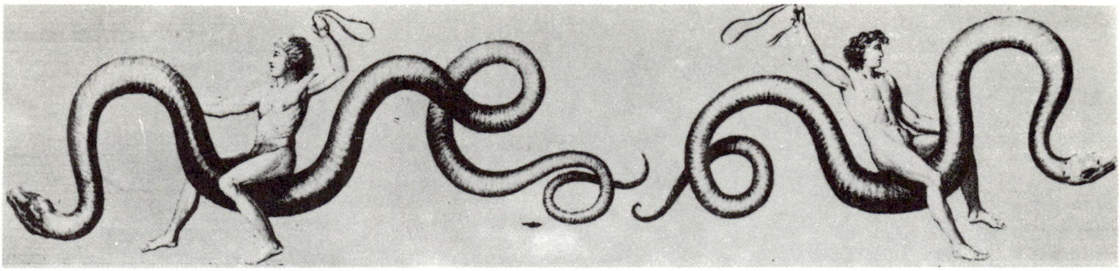

52. Tumba del Cardenal. Figuras de la primera pilastra.

53. Tumba del Cardenal. Figuras de la primera pilastra.

54. Tumba del Cardenal. Figuras de la segunda pilastra, lado primero.

55. Tumba del Cardenal. Figuras de la segunda pilastra, lado cuarto.

56. Tumba del Cardenal. Escenas de combate de la segunda pilastra.

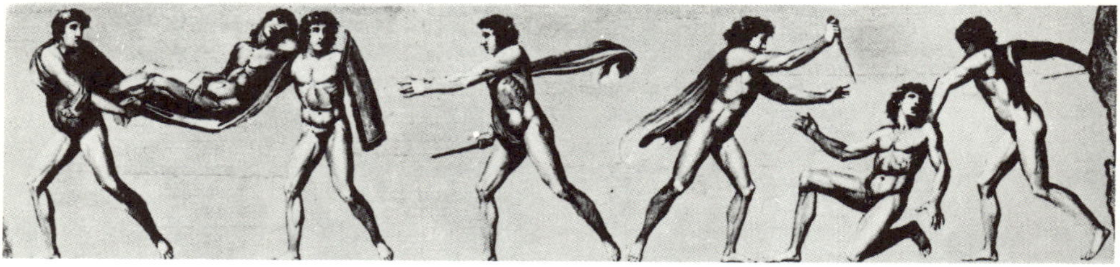

57. Tumba del Cardenal. Primeras figuras.

58. Tumba del Cardenal. Primeras figuras.

59. Tumba del Cardenal. Figuras 38-41.

60. Tumba del Cardenal. Figuras 42-45.

61. Tumba del Cardenal. Figuras 46-51.

62. Tumba del Cardenal. Figuras 52-57.

63. Tumba del Cardenal. Figuras 58-61.

64. Tumba del Cardenal. Figuras 62-65.

65. Tumba del Cardenal. Figuras 76-85.

66. Tumba del Cardenal. Figuras 113-114 (?), 106 (?).

67. Tumba del Cardenal. Figuras 100 (?)-107.

68. Tumba del Cardenal. Figuras 93-96.

69. Tumba del Cardenal. Figuras 116-120.

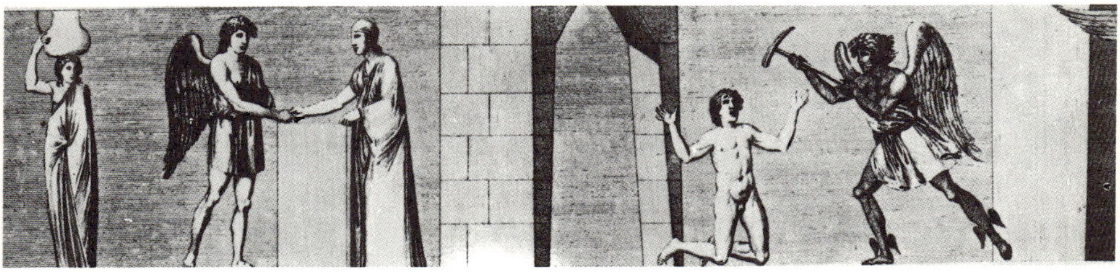

70. Tumba del Cardenal. Figuras 127-137.

71. Tumba del Cardenal. Figuras 138-144.

72. Tumba del Cardenal. Figuras 145-149.

73. Tres escenas de la tumba Tartaglia. Dibujos de Dempster.

74. Pátera de Tivisa
con escenas mitológicas.

75. *Daimōn* sacrificando un cordero.

76. Nike sacrificando un ciervo.

77. Nike sacrificando un toro.

78. Nike sacrificando una cabra.

79. Nike sacrificando un toro.

80. Estela de Clunia.

81. Pátera del Luristán con escenas rituales.

82. Antefija de Itálica con
la figura de la *potnia thērōn*.

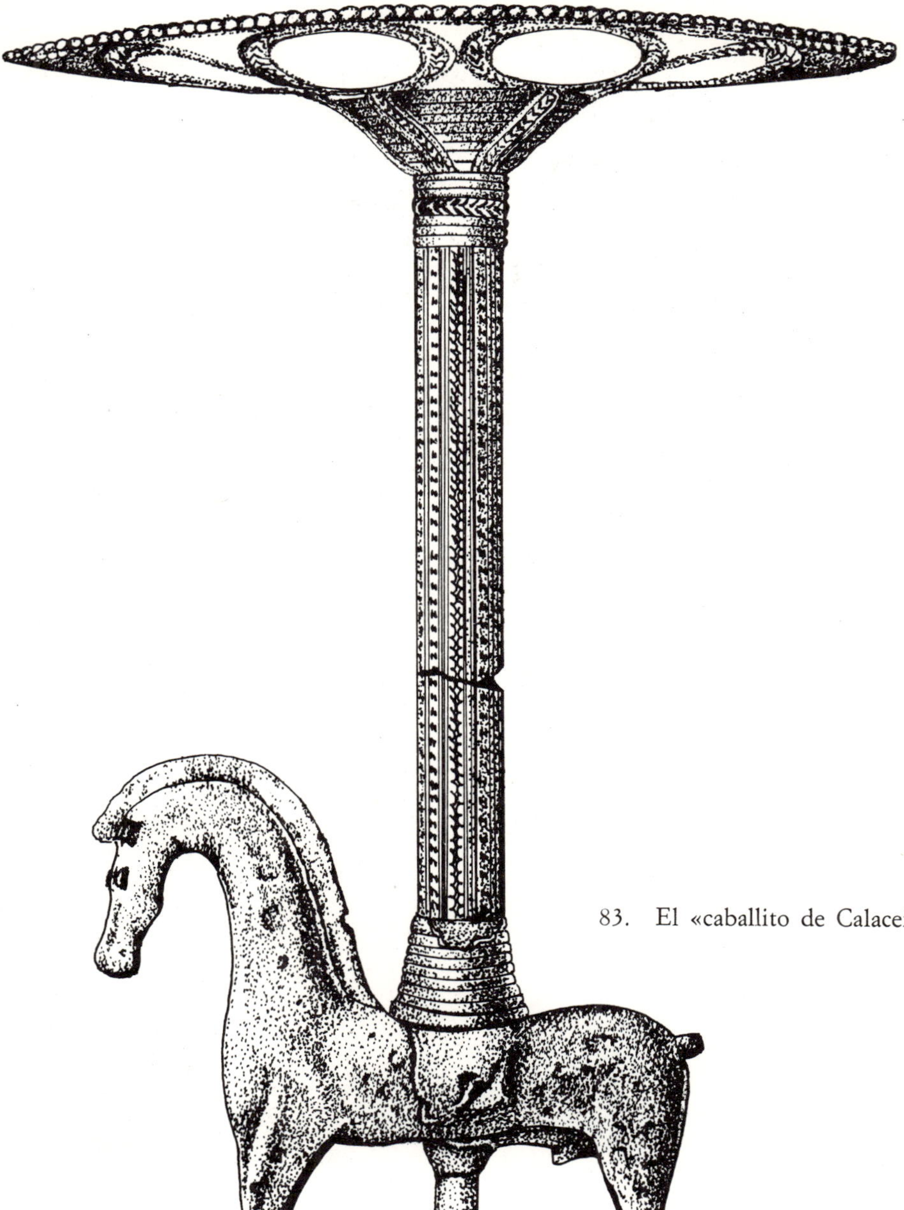

83. El «caballito de Calaceite».

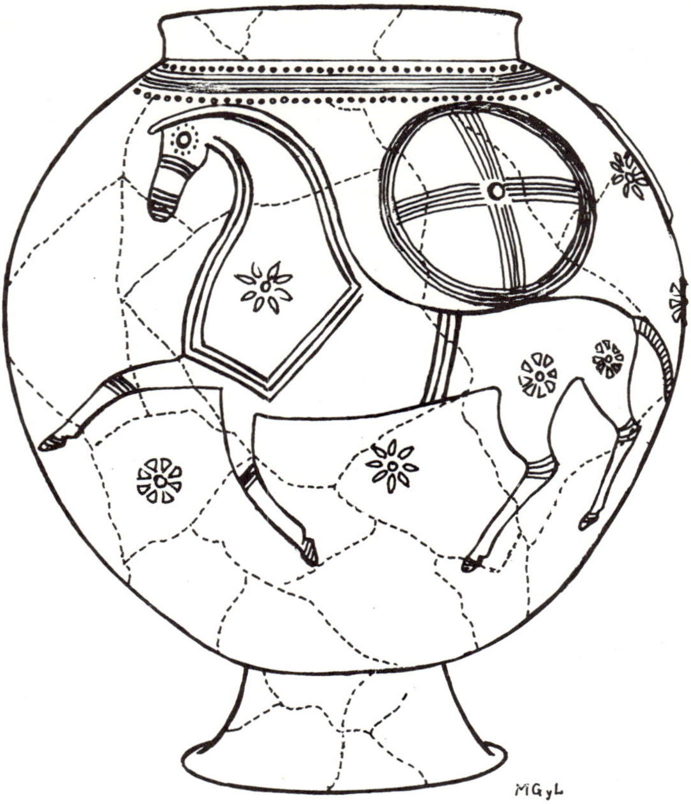

84. Vaso de Marsiliana d'Albegna y desarrollo de la decoración.

85. Lápida de Liegos.

86. Estela vadiniense de Ponga.

87. Estelas de Calaceite (Teruel) y Palermo (Caspe).

1 2

88. Estela de La Tallada (Chiprana).

89. Estelas de Lara de los Infantes (Burgos).

90. Estelas de Clunia (Burgos).

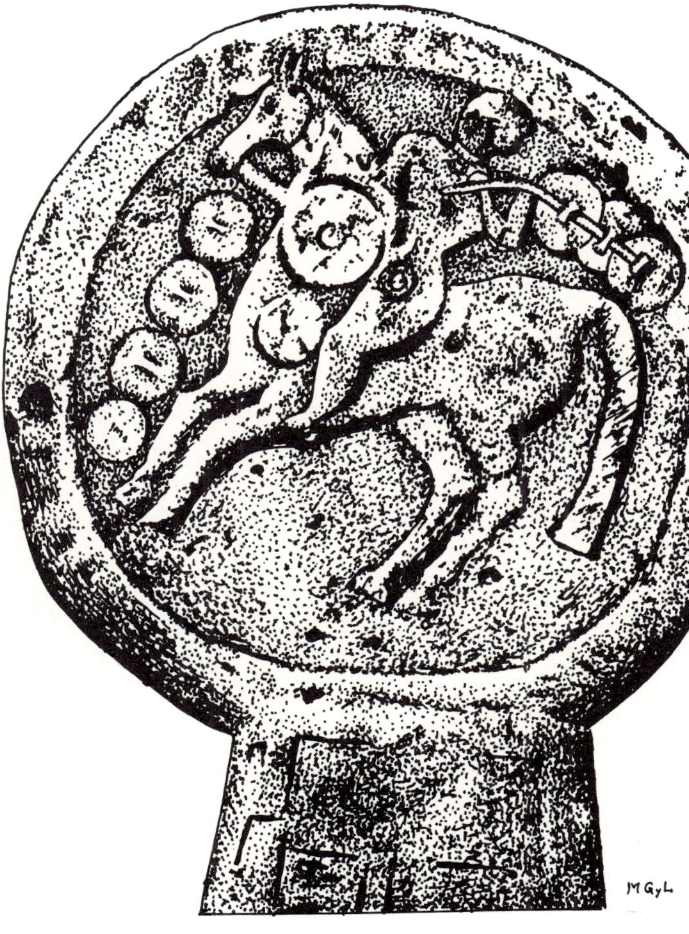

91. Estela de Anchearriaga (Oyarzun, Guipúzcoa).

92. Estela de Liegos.

93. Lápida de Riaño.

94. Estelas con jinetes: 1) de Tras-os-Montes (Portugal); 2-3) de Monte Cildá; 4) de Cárquere; 5) de Alculailla de Avellaneda (Soria); 6) de Ciudadela.

95. «Domador de caballos» de Sagunto.

96. «Domador de caballos» de Sagunto.

97. «Domador de caballos» de Mogón.

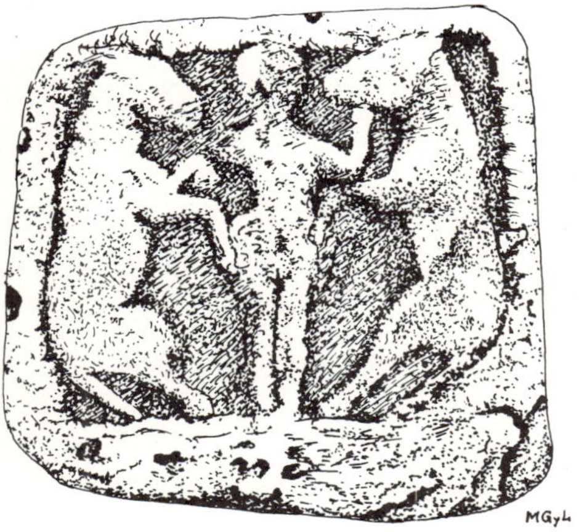

98. «Domador de caballos» de Balones.

99. «Domador de caballos» de Villaricos.

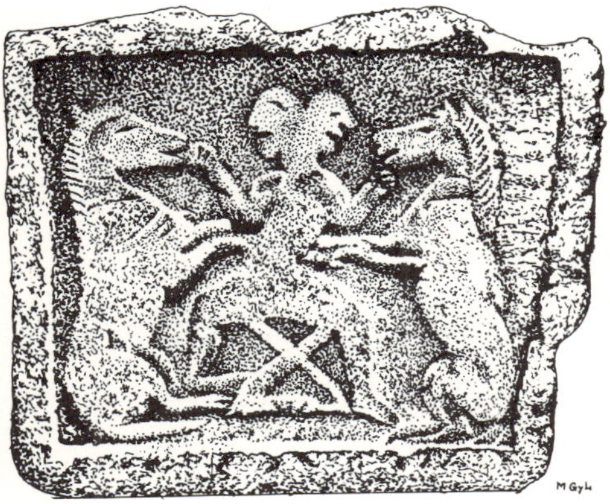

100. «Domador de caballos» del Llano de la Consolación.

101. Grabado rupestre de Albaina (Alava).

102. Bajorrelieve de Marquínez (Alava).

103. «Domador de caballos» de Chipre.

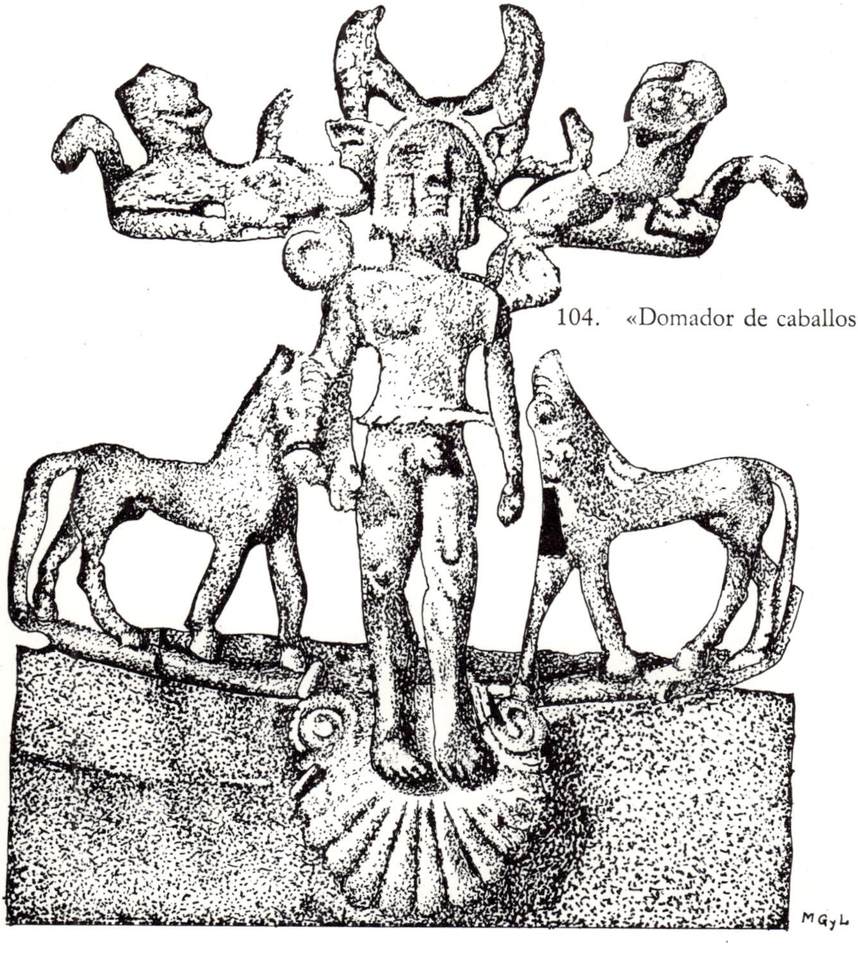

104. «Domador de caballos» de Pésaro.

105. «Domador de caballos» del Heraion de Samos.

106. «Domador de caballos» etrusco.

107. Vaso de Elche (Alicante).

108. Vaso del templo B de Prinias.

109. Atenea como *potnia hippōn*.

110. *Potnia hippōn* sobre vaso griego.

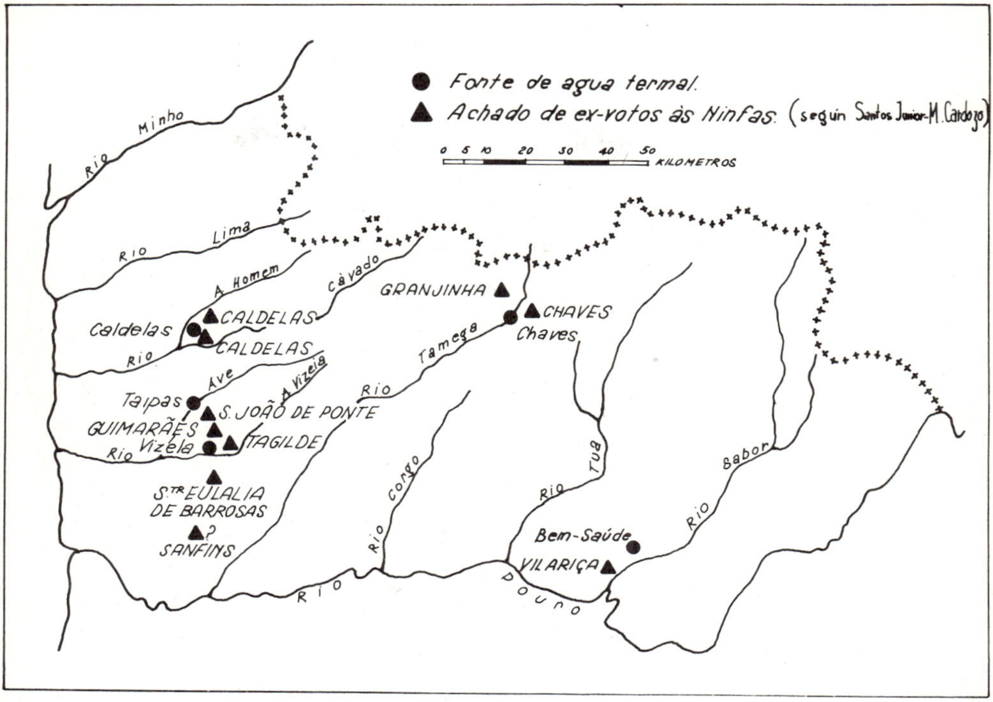

111. El culto a las aguas en el norte de Lusitania.

112. Pátera de *Salus Umeritana*.

113. Danza oretana, sobre plaquita de piedra

114. Danza edetana, sobre cerámica de Liria.

115. Danza edetana, sobre cerámica de Liria.

116. Danza edetana ante un ídolo, sobre cerámica de Liria.

117. Escena de lucha, sobre cerámica de Liria.

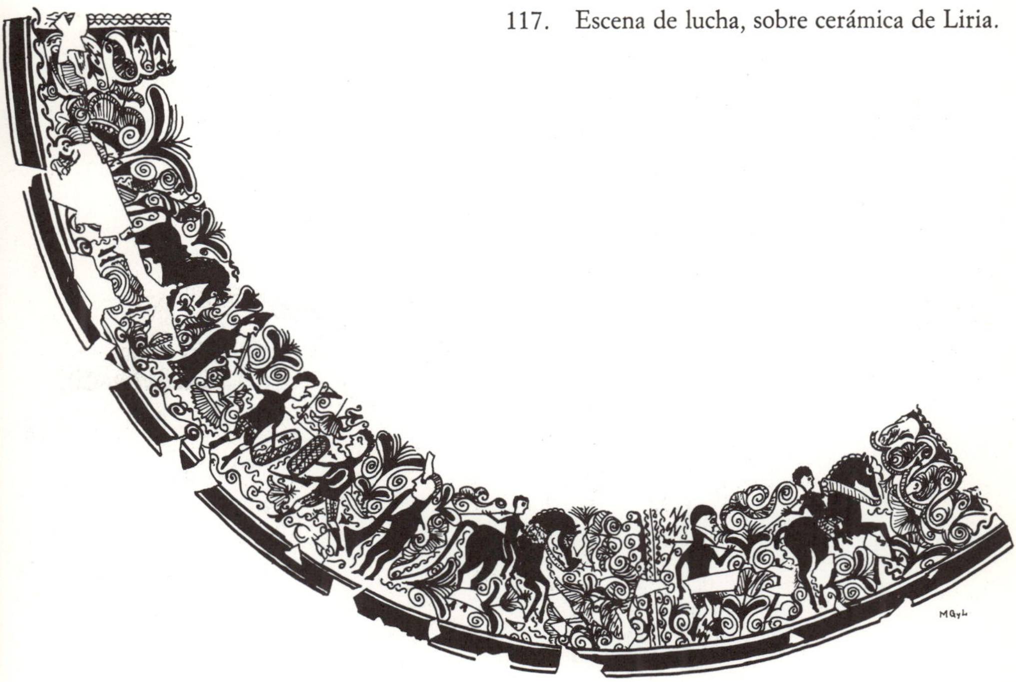

118. Escena de lucha, sobre cerámica de Oliva.

119. Aulista, sobre un relieve de Osuna.

120. Procesión, sobre un relieve de Osuna.

121. Guerrero, sobre un relieve de Osuna.

122. Jinete, sobre un relieve de Osuna.

123. Estela de Lara de los Infantes.

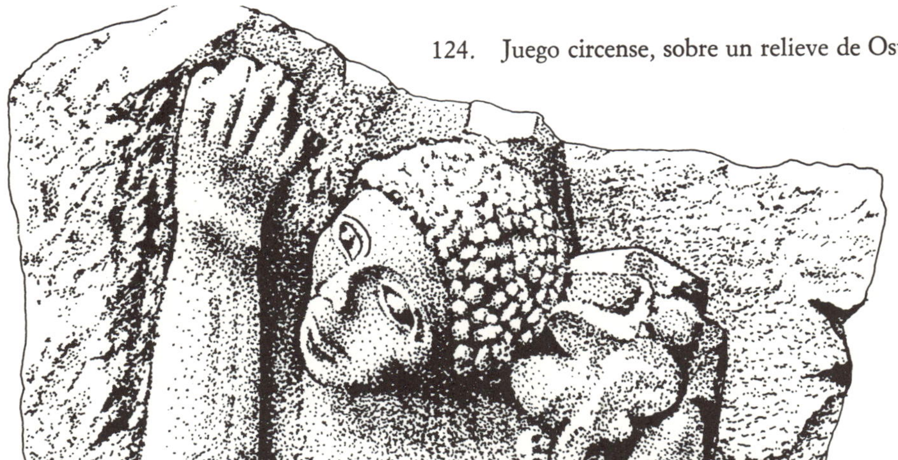

124. Juego circense, sobre un relieve de Osuna.

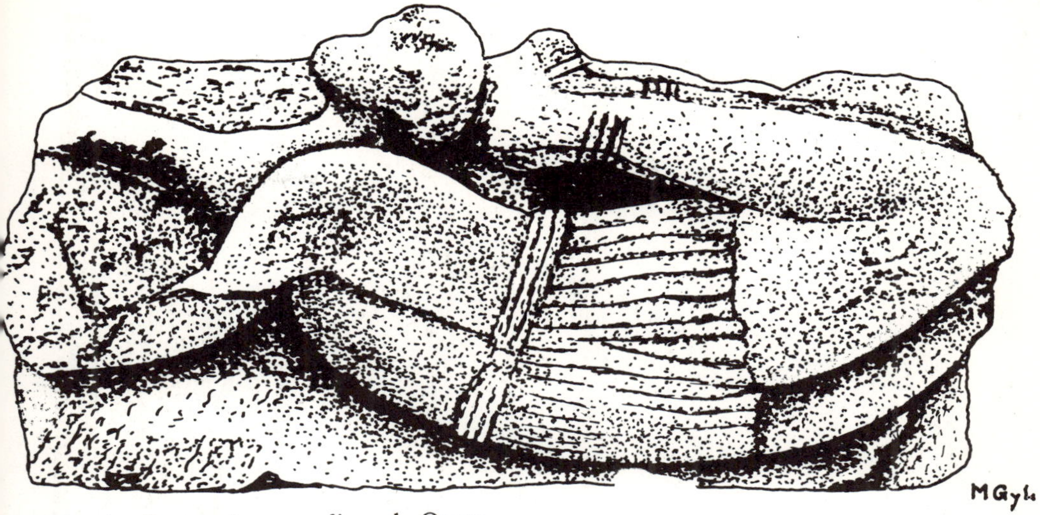

125. Acróbata, sobre un relieve de Osuna.

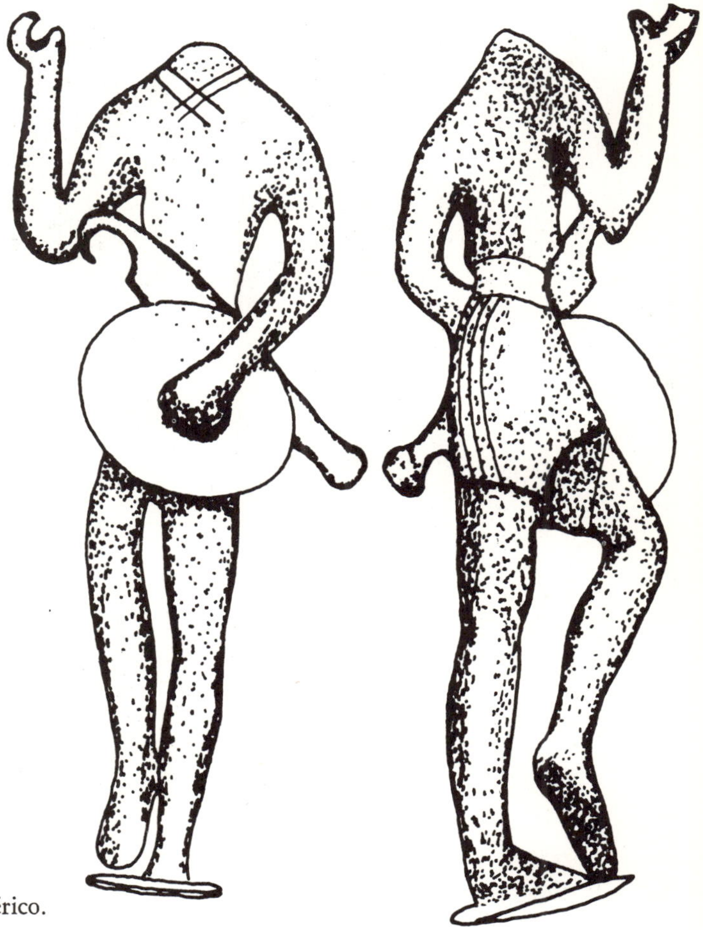

126. Exvoto ibérico.

127. Bailarina sagrada, sobre cerámica de Elche.

128. Terracota de la Serreta de Alcoy.

129. Danza del vino nuevo, sobre cerámica de Alloza.

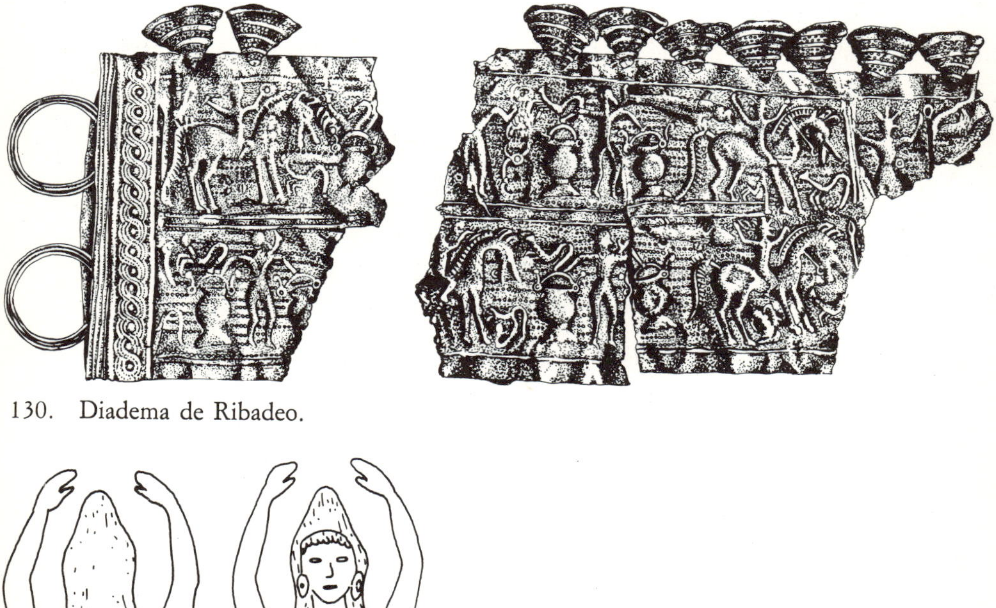

130. Diadema de Ribadeo.

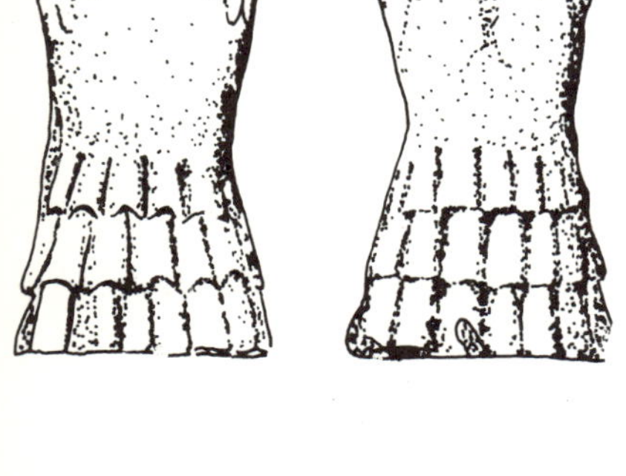

131. Bailarina oretana.

132. Carro votivo de Mérida.

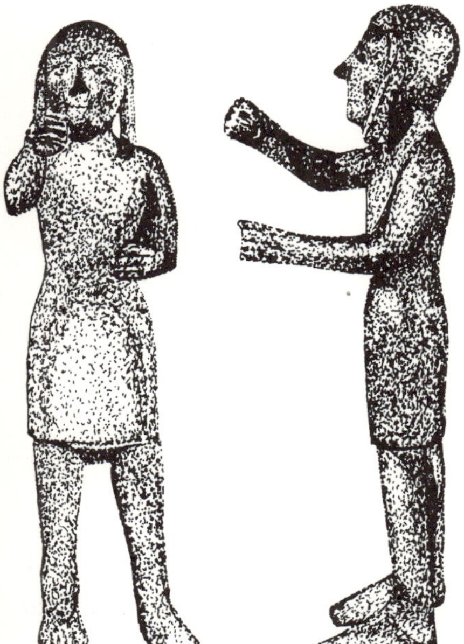

133. Bronce de Medina de las Torres.

134. *Cernunnos* de Numancia.

135. Distribución de teónimos con radical *Band-* en Hispania.

136. Ara de *Bandue Veigebreaego.*

137. Ara de *Banduso Olecco.*

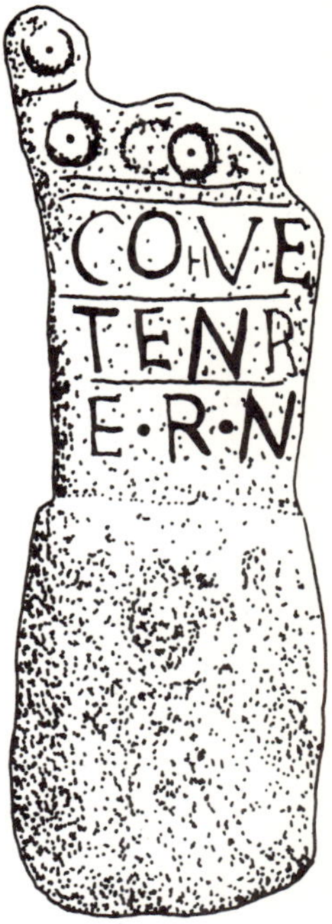

138. Ara de *Cohvetene.*

139. Basa con inscripción de *Devaco Caburio.*

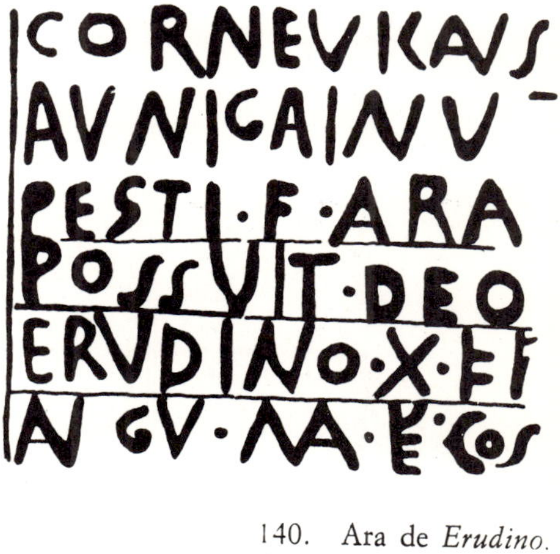

140. Ara de *Erudino.*

141. Teseras de hospitalidad.

142. Teseras de hospitalidad.

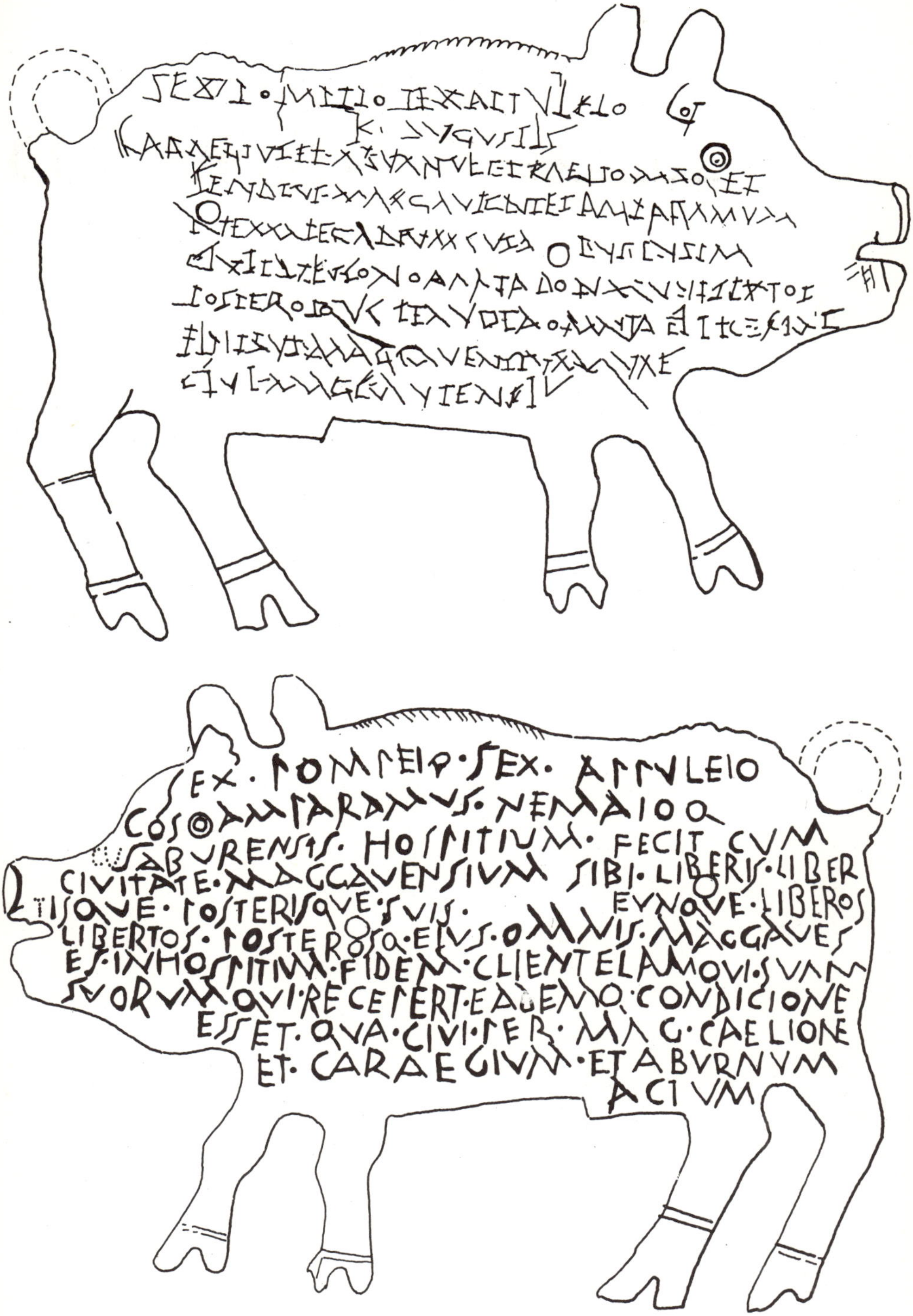

143. Tesera de hospitalidad.

1

2

144. Exvotos con escenas de sacrificio.

145. Mangos de cuchillos rituales.

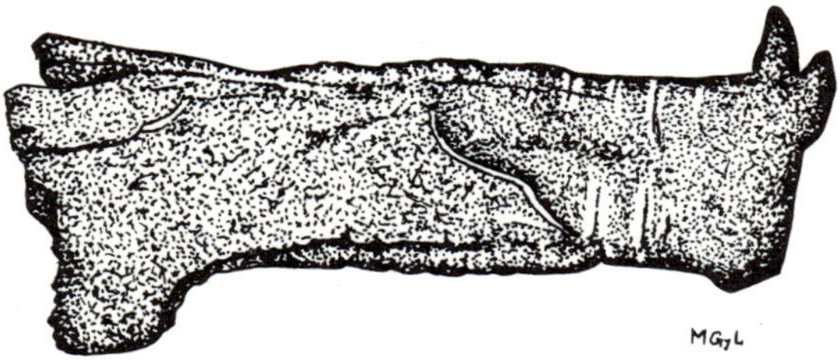

1

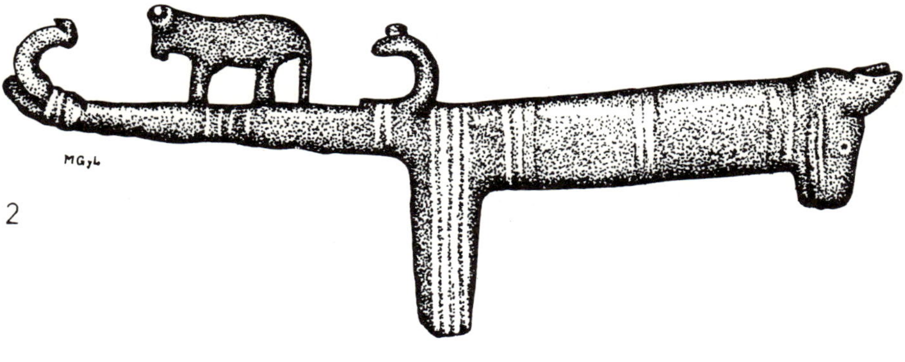

2

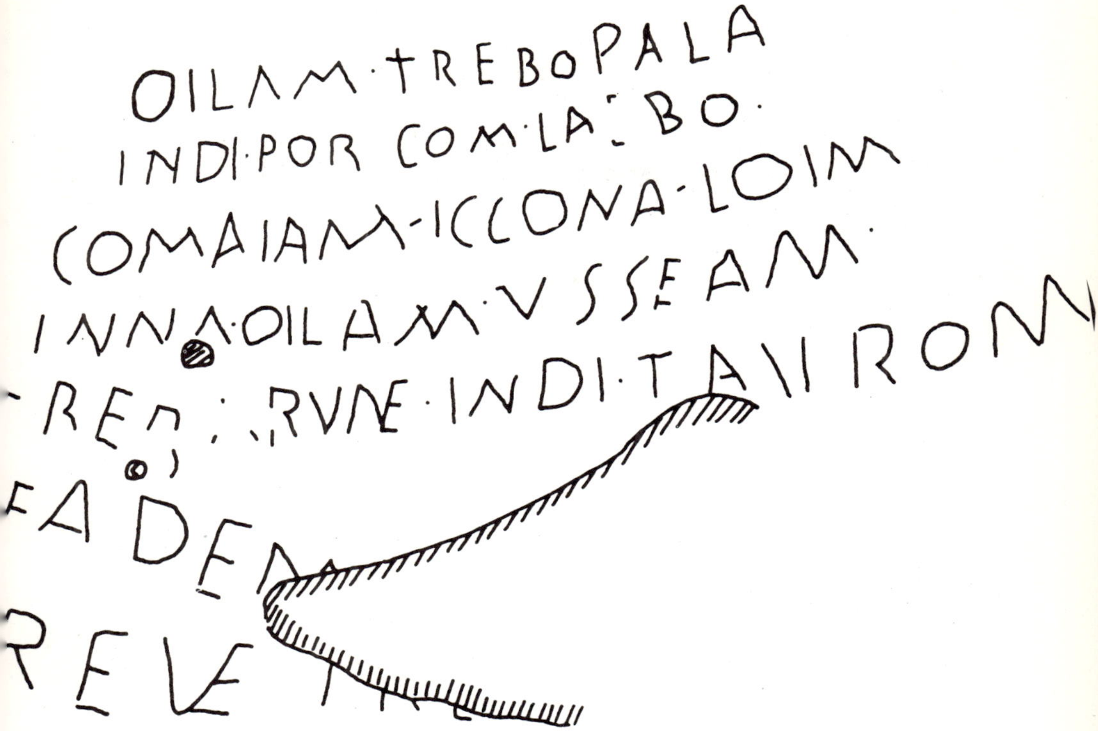

146. Inscripción de Cabeço das Fraguas.

147. Bronce de Botorrita.

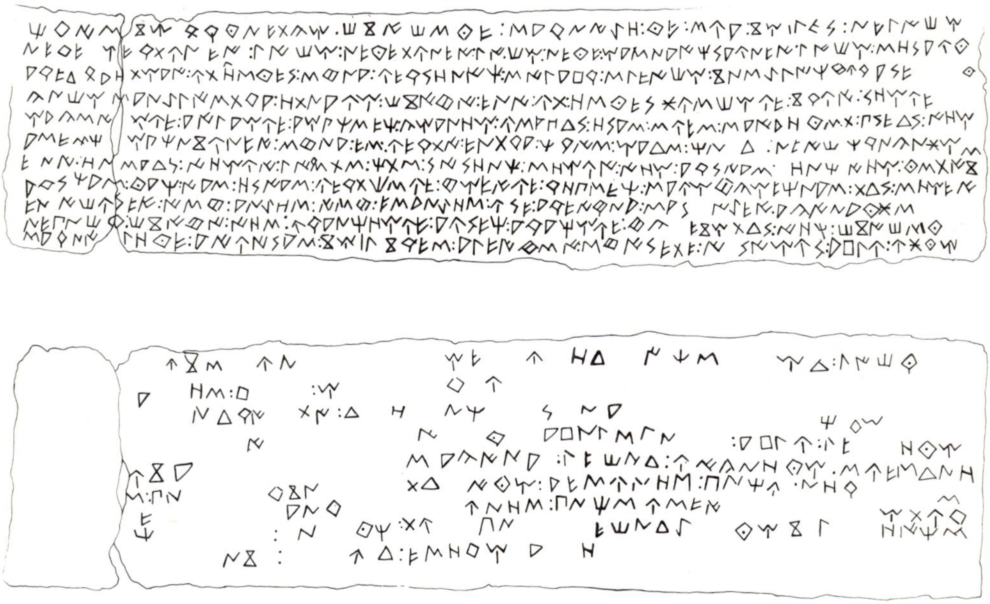

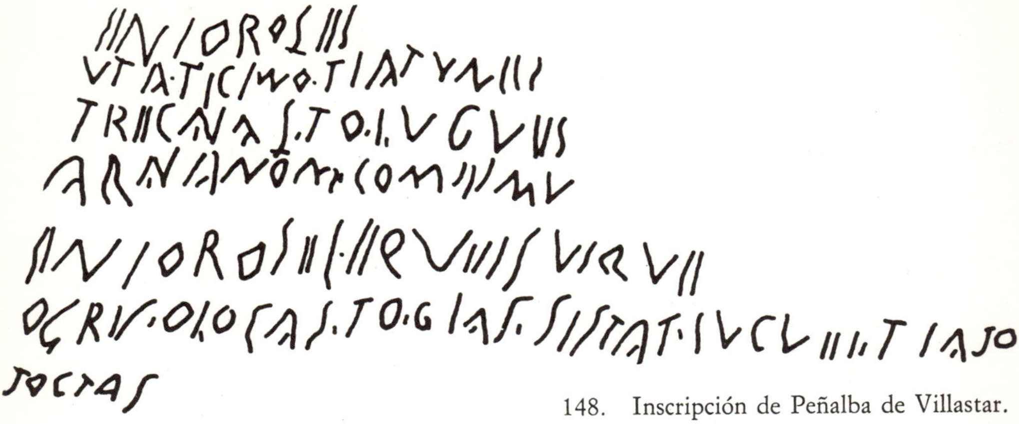

148. Inscripción de Peñalba de Villastar.

149. Marte de los Pirineos.

150. Figura de *Sucellus*.

151. Figuras de *Sucellus*.

152. *Ataecina* (?) de Cástulo.

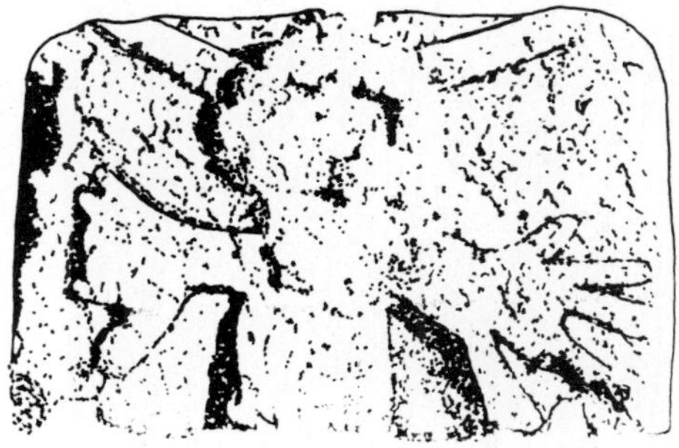

153. Relieve de *Vestio Alonieco*.

154. Pátera de *Bandua Araugelensis*.

155. Estela de Lara de los Infantes.

156. Estela de Vigo.

157. Estelas de Vigo.

158. Estela de Santa Cruz de Campazo.

159. Estela del Museo de Santander.

160. Estela de Lara de los Infantes.

161. Estela de Santander.

162. Estelas de Vigo y Santander.

163. Estelas de época severiana.

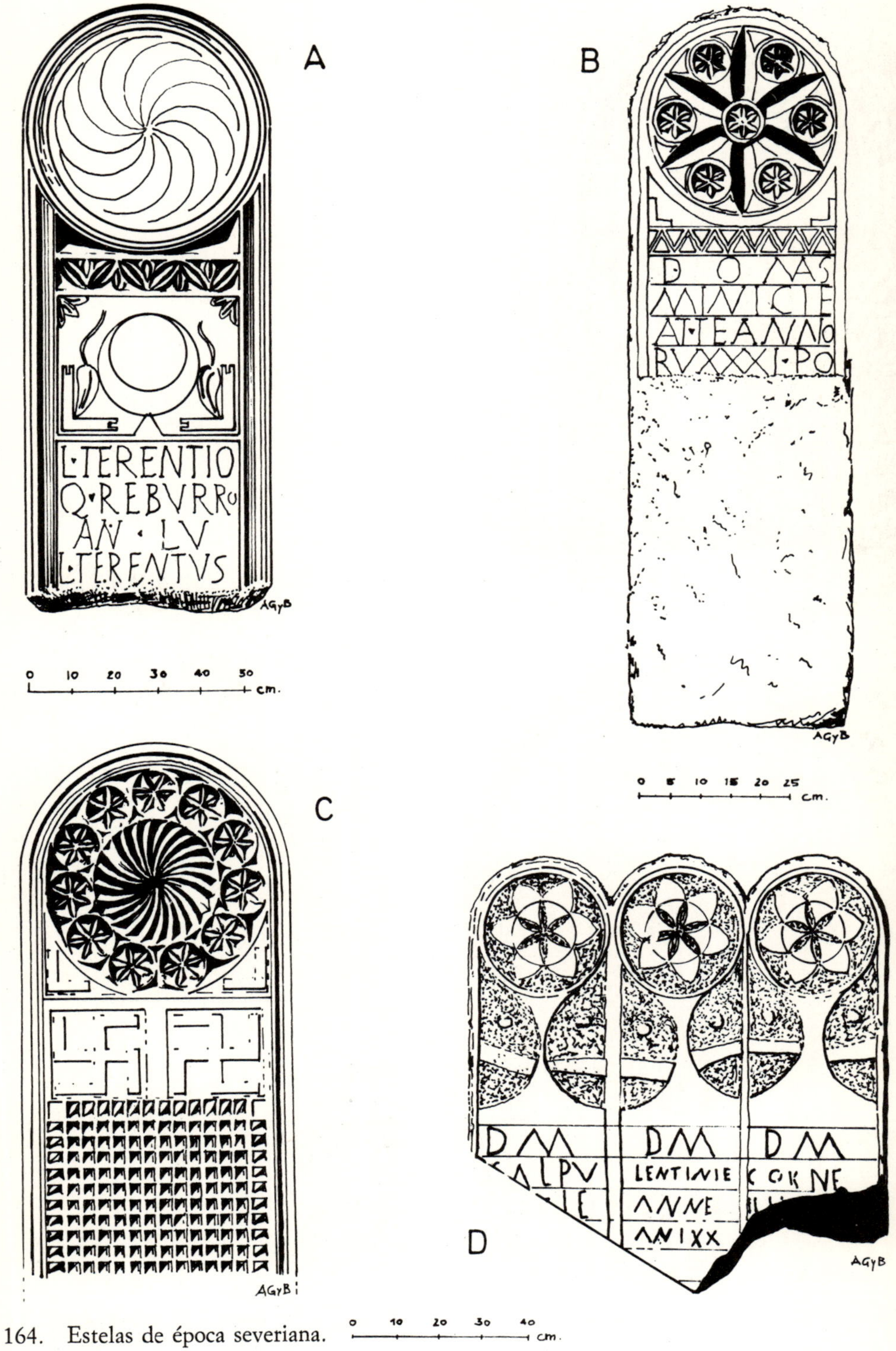

164. Estelas de época severiana.

165. Estela de Lara de los Infantes.

166. Estela de Lara de los Infantes.

MGyL

167. Estela de Lara de los Infantes.

espectadores que contemplan la escena, a veces con gestos de dolor. El significado funerario es aludido por la cabeza de caballo que aparece en un recuadro, asomando por una ventana, y la serpiente. Las representaciones de banquetes con sentido funerario abundan especialmente en la segunda mitad del siglo IV a. C. Florencia. Antinori.

16. Relieve funerario con escena de banquete. Los personajes principales aparecen representados a mayor escala. Los espectadores, vestidos al modo ordinario, en actitud contenida, están representados a menor escala. De este modo se crea un contraste entre los dos grupos, que viene a subrayar la idea de que se hallan situados en mundos distintos. El banquete ejemplifica en este caso la bienaventuranza heroica en que mora el muerto. (Bildarchiv Foto Marburg.)

17. Relieve funerario, con representación de un jinete al que un sirviente ofrece de beber en una copa. Puede interpretarse como una variante de la despedida. Se conserva en el Museo Arqueológico de Venecia.

18. Relieve funerario de época helenística. Recoge los símbolos tradicionales de la heroización: caballo, figura desnuda, etc. La serpiente enroscada en un árbol, el ave sobre el mismo, la estela coronada por un vaso que recuerda los *lekythoi* que remataban algunas estelas en época clásica... son otros tantos símbolos que contribuyen a subrayar el carácter funerario de la representación. Procede de Luku y se conserva en el Museo Nacional de Atenas. (Mildarchiv Foto Marburg.)

19. Grupo de terracota con prótomos de caballo entre dos divinidades infernales. Estos grupos se inspiran directamente en los relieves con escenas de banquete funerario, y a ello se debería la presencia del caballo, no a una hipotética vinculación de este animal a las divinidades ctónicas.

20-23. En las pinturas de las tumbas etruscas de época arcaica son frecuentes las representaciones de banquetes con figuras de comensales que muestran un huevo en la mano. El valor simbólico del huevo en estos casos queda corroborado por el hecho de que en las mismas tumbas se depositaban huevos de avestruz, pato, gallina, etc. El ambiente de estas representaciones subraya la idea del huevo como símbolo de la vida que se renueva y perpetúa. Estas pinturas se fechan entre el último cuarto del siglo VI a. C. y el siglo III a. C.

24. En territorio etrusco han aparecido numerosas representaciones de un varón desnudo o con atavío guerrero (coraza, grebas, casco...) formando grupo con animales diversos dispuestos generalmente en posturas heráldicas y simétricamente a ambos lados del varón. Estos grupos broncíneos servían de adorno, por pares, colocados a ambos lados del cuello de las hidrias del mismo metal. Los animales, hacia los que la figura varonil extiende las manos en actitud protectora, son los que tradicionalmente acompañan a las divinidades de la fecundidad en todo el mundo mediterráneo desde época muy remota: caballos, leones, panteras, ciervos, ánades... Las representaciones etruscas se fechan en el siglo VI a. C. El bronce de Cumas no pertenece propiamente a este grupo, pero se emparenta muy de cerca con sus paralelos etruscos (cf. fig. 104). Puede fecharse en un momento algo posterior al año 600 a. C.

25-27. Gemas etruscas procedentes de Vulci con escenas que podrían representar el viaje en carro a los infiernos. Esta significación parece desprenderse de las figuras monstruosas (esfinges, sirenas, caballos alados...) que figuran en algunas de estas piezas, que en el ambiente arcaico tienen una indudable vinculación con la vida de ultratumba. Se fechan estas gemas en el siglo VI a. C. en una época en que aún no está documentada con seguridad la creencia en un reino de ultratumba. Se reproducen aquí los dibujos de Furtwängler. La tercera perteneció a la colección Campana y se conserva en el Museo del Louvre.

28. La llamada «piedra Zannoni» es una estela perteneciente al grupo de las más antiguas halladas en la necrópolis de Bolonia. En cuatro registros muestra una compleja temática funeraria que llegará a adquirir, al menos en cuanto a algunos de sus elementos, una prolongada vigencia en el arte etrusco. En la

zona superior aparecen unos monstruos marinos que anticipan el tema del viaje al más allá a través del Océano. En el segundo registro, el más importante, se representa el viaje del difunto en carro a los infiernos. Los caballos van al paso, pero todo el conjunto adquiere un gran sentido de avance rápido merced a las figuras del precursor, el genio alado y el perro, que envuelven a los caballos. En los dos registros siguientes se representan escenas de juego y de banquete, temas destacados en la pintura tumbal etrusca. Se fecha esta pieza a finales del siglo VI a. C. Se conserva en el Museo Cívico de Bolonia. (Foto Alinari.)

29. Son numerosas las tumbas etruscas del período arcaico en cuyas pinturas se representan caballos solos o uncidos a carros. No parece que en estas representaciones se aluda a un viaje del difunto a caballo o en carro a los infiernos. Se trataría más bien de escenas relacionadas con las competiciones y los juegos gladiatorios de todo tipo que se celebraban como parte de los funerales en honor del difunto. En efecto, estos carros y caballos aparecen junto con músicos, danzantes, atletas, etc., que participan en una verdadera fiesta en la que aún no se advierten los caracteres sombríos que más adelante adquirirán las creencias etruscas sobre ultratumba. El muerto no marcha al Hades; su tumba es su morada y en ella recibe el homenaje, consistente en banquetes y competiciones. Pintura de la Tumba Francesca Giustiniani de Tarquinia. Se fecha en el año 450 a. C. (Foto Anderson.)

30. Hasta una época tardía, coincidiendo con la fase final de la cerámica de figuras rojas, no se documenta con claridad en la Etruria propiamente dicha la creencia en un viaje a los infiernos en carro. Esta creencia tuvo precisamente en los vasos áticos un vehículo de penetración en el mundo etrusco. Por otra parte, como indican las estelas felsinas, esta misma creencia estaba vigente en zonas marginales de la cultura etrusca. En el vaso reproducido aparece sobre el cuello el tema de los hipocampos, como en el remate de la «piedra Zannoni». La escena principal representa en este caso a Hades en su cuadriga; carro y mulas están aquí al servicio de la deidad infernal. En el mismo vaso pasan a ser elementos psicopompos, en la otra escena de la conducción del difunto a los infiernos. Anfora de Orvieto, fechada en el siglo V a. C., conservada en el Museo Faina. (Foto Alinari.)

31. En la época helenística se produce una transformación de las creencias etruscas relativas a ultratumba. Por una parte se revigoriza la idea, plasmada ya en las estelas felsinas, de un viaje a los infiernos en carro o a caballo, y por otra, se introducen nuevos temas directamente inspirados en las estelas griegas. El caballo pasa a ser un habitante de los infiernos, y como tal es representado en el momento de salir por las puertas del Hades. En esta urna de Chiusi se representó la puerta del Hades guardada por dos genios (uno de ellos con un gran martillo al hombro) por la que sale un caballo. Museo Etrusco de Chiusi. (Foto Alinari.)

32. Sarcófago. Museo Etrusco de Chiusi. Aparición del hipocampo como representación de la muerte a un jinete. El caballo levanta una pata delantera en la postura característica que aparece en las estelas áticas de época clásica. (Foto Alinari.)

33. El difunto marcha a caballo hacia el Hades, cuyas puertas aparecen entreabiertas. Es interesante en este sarcófago la representación del reino infernal como una ciudad, con sus puertas y murallas. El acompañamiento de genios infernales hace indudable el significado de esta escena. Sarcófago etrusco. Museo Nacional de Tarquinia. (Foto Instituto Arqueológico Alemán de Roma.)

34. El «encuentro en los infiernos». El difunto llega al Hades montado en una biga y acompañado de dos jinetes. Le sale al encuentro, sobre una segunda biga, un grupo formado por tres figuras femeninas que han sido diversamente interpretadas: miembros de su familia o divinidades infernales. Sarcófago de Vulci conservado en el Museo Nacional de Copenhague.

35. Lateral del sarcófago anterior. El viaje del difunto a los infiernos seguido de un genio alado.

36. El viaje a los infiernos en carro *(carpetum)*. Urna de Volterra. (Foto Instituto Arqueológico Alemán de Roma.)

37. Viaje a los infiernos en carro. En este caso se trata de un personaje de alta alcurnia al que precede una comitiva de servidores, portadores de insignias y músicos. Sarcófago procedente de la *Grotta dei Sarcofaghi* de Caere. Se fecha a mediados del siglo VI a. C. y se conserva en el Museo Gregoriano Etrusco de Roma.

38-39. Viaje a los infiernos en carro y con acompañamiento de servidores y portadores de insignias. La presencia del genio alado en una de las composiciones indica que se trata de un viaje que tiene lugar en ultratumba. Sarcófagos de Tarquinia conservados en el Museo Nacional de Tarquinia. (Foto Instituto Arqueológico Alemán de Roma.)

40. A finales del siglo II aparecen representaciones equinas en que el animal tiene un claro significado funerario. Su sola presencia constituye una alusión directa al mundo de ultratumba, con un valor paralelo al que tienen los prótomos de caballo en los relieves funerarios griegos. Urna de Sarteano (Chiusi). Museo Arqueológico de Arezzo.

41-49. En época arcaica, la tumba se concibe en Etruria como la casa en que mora el muerto. Aunque los restos están realmente depositados en la estancia principal o a veces única de la tumba, como la habitación más importante de la casa real era la alcoba que se abría al fondo, hacia allí se orientan las composiciones pictóricas y en este lugar se representa el supuesto acceso mediante una puerta figurada cuyas proporciones indican que no guarda relación con el friso decorativo, sino con la arquitectura general de la tumba. El motivo de la falsa puerta es característico de la época arcaica, que cubre todo el siglo VI a. C., aunque se conocen algunas representaciones de este tipo que pueden fecharse en el siglo V a. C.

50-51a-c. Plantas diversas de tumbas etruscas, desde la más sencilla, de una sola cámara (fig. 51, a, 1) hasta las más complicadas (fig. 51, b), a las que que se llega por adición de cámaras laterales, primero al fondo y luego a los costados, generalmente de dimensiones más reducidas que la cámara principal (fig. 51, a, correspondientes a tipos de la edad clásica y etrusco-romana). La planta más complicada (fig. 51, b) corresponde a la Tumba Cinna de San Giuliano. En la fig. 50 se recogen algunas plantas en que se advierte este proceso de adición de nuevas cámaras:
a. Tumba del *Colle*, número 80.
b. Tumba número 47 de Chiusi.
c. Tumba número 206 de Chiusi.
d. Tumba número 166 de Chiusi, con la anomalía de dos cámaras en vez de una en el lateral derecho.
e. Tumba número 168 de Chiusi.
En las Tumbas *Corte* de San Giuliano hay plantas con cámaras secundarias a los lados de la estancia principal (fig. 51, c), con representaciones de puertas (fig. 51, d-f).

52-72. Pinturas de la Tumba del Cardenal según los dibujos de Byres. Este conjunto se divide en varias series, aparte de los motivos puramente ornamentales:
1. Monstruos psicopompos: las serpientes que sustituyen aquí a los hipocampos, tema que aparecía ya en las estelas felsinas y que probablemente alude a la creencia en un viaje a ultratuma a través del océano.
2. Combates gladiatorios, tema característico de la pintura etrusca arcaica, en que aún conservaba su tono festivo, pero que ahora, en plena decadencia del mundo etrusco, adquiere un tono sombrío y una marcada preferencia por los aspectos más crueles y sangrientos de la lucha.

3. La muerte representada como una acometida despiadada de genios que empuñan martillos; el patetismo queda bien ilustrado en las figuras de damas o niños que son arrebatados o despojados de sus vestiduras.
4. El cortejo fúnebre y la conducción de los difuntos en carros hacia las puertas del Hades. Estas puertas se repiten obsesivamente en las distintas secciones del friso decorativo.

Todo este conjunto respira una profunda amargura, muy lejos ya de la exaltación festiva que caracterizaba la pintura etrusca de la época arcaica.

73. Pinturas de la Tumba Tartaglia. Son del siglo III-II a. C., anteriores, por tanto, a las de la Tumba del Cardenal. Se documenta en estas representaciones un influjo de las ideas griegas en las creencias etruscas sobre ultratumba y la acentuación de los aspectos crueles y pesimistas.

74. Escenas de la pátera de Tivisa. Plata sobredorada y trabajada a buril. El umbo central es una cabeza de lobo hecha aparte y soldada posteriormente en el centro de la pieza. Mide diecisiete centímetros de diámetro y se conserva en el Museo Arqueológico de Barcelona.

75. Escena de *kriobolion* representada sobre la carrillera de un casco de oro aparecido en Rumania. Traducción bárbara al estilo tracio de un tema griego. Dibujo según P. Jacobsthal.

76. Gema ateniense de comienzos de la época helenística con el tema de la *Nikē* alada sacrificando un ciervo. Dibujo según Furtwängler.

77. Fragmento de un espejo corintio de bronce encontrado en Megara. Se fecha hacia el año 375 a. C. y se conserva en el Museo Británico. Según C. Picard.

78. Pieza de inserción del asa de una hidria de bronce. Representa una *Nikē* sacrificando una cabra. Bronce enriquecido con nielado de plata. Se fecha en el último cuarto del siglo V a. C. Se conserva en el Museo Metropolitano de Nueva York.

79. Gema romana de inspiración griega. La figura de la *Nikē* sacrificando un animal es de origen griego, pero se hizo muy popular en época romana. Se fecha en época augustea y se conserva en el Museo Británico.

80. Estela de Clunia, con relieve por ambos lados. Se desarrollan varios temas que se refuerzan mutuamente para componer una rica simbología funeraria: el jinete, armado de lanza y rodela, aparece dentro de un círculo que es en realidad una serpiente. La composición de la otra cara, con el tema del bóvido mordido por una fiera, recoge un viejísimo tema mediterráneo que, con el paso del tiempo, adquirió un significado preponderantemente funerario; aparecen en este lado de la estela la serpiente y los peces. Merced a toda esta simbología, el jinete se convierte en una clara alusión al *status* heroico del muerto. Se conserva en el Museo Arqueológico Provincial de Burgos.

81. Pátera irania con escenas de culto. En la región montañosa del Luristán se han recogido abundantes testimonios de la metalurgia característica de unos nómadas, posiblemente emparentados con los cimerios, entre los que destacan las piezas circulares: remates de alfileres, páteras, umbos de escudos..., con temas derivados de la religiosidad mazdeísta en sus fases más arcaicas, para cuya expresión gráfica se recurre a una mezcla de elementos iconográficos derivados del arte de las estepas y de las viejas tradiciones mesopotámicas. En estas coordenadas se inscribe esta pátera del Luristán estudiada por Dussaud.

82. Terracota procedente de Itálica con la representación de la *potnia thērōn*. Es un documento excepcional en la Península Ibérica, y ello obliga a relacionarlo directamente con la presencia de gentes itálicas en la colonia romana. Recoge la vieja efigie de la «Señora de los Animales», divinidad de la fecundidad en su forma primaria de la vida salvaje y exuberante, identificada más tarde con la Artemis griega y relegada finalmente, cuando ha-

bía perdido ya su contenido religioso, a la condición de simple tema ornamental para decorar, en versiones estereotipadas, los edificios de culto. La pieza de Itálica, como sus homólogas de otras zonas del ámbito romano, serviría de acrotera en un templo. Se fecha en la primera mitad del siglo I a. C. y se conserva en la colección de la condesa de Lebrija, en Sevilla.

83. El bronce llamado «caballito de Calaceite» es una pieza cuya funcionalidad se discute, pero que ha de relacionarse sin duda con los cultos célticos en que se asocian el caballo y la rueda solar. Esta iconografía está abundantemente atestiguada sobre todo en monedas y cerámicas celtas. Se conserva en el Museo Arqueológico Nacional de Madrid. Dibujo según H. Eichler.

84. Vaso cerámico de Marsiliana d'Albegna y desarrollo de la decoración, con figura del caballo portando sobre la grupa el disco solar. Dibujo según Minto.

85. Estela vadiniense de Ponga. El grupo de las estelas vadinienses forma un conjunto muy unitario cuya área de dispersión abarca las provincias de León y Asturias. Entre sus características más notables figura la inclusión de caballos y algunos otros animales con clara significación funeraria. El hecho de que el nombre del difunto aparezca a veces duplicado, en la inscripción y dentro de la figura de un caballo, acredita la significación funeraria de este animal. Se fechan estas estelas en el siglo III d. C. Estela procedente de Liegos y conservada en el Museo de San Marcos de León.

86. Estela vadiniense procedente de Ponga y conservada en el Museo Arqueológico de Oviedo, según A. García y Bellido.

87. Es posible que en las estelas del Bajo Aragón se refleje, junto con el tema de la heroización ecuestre, una costumbre documentada en un texto de Aristóteles: las lanzas dispuestas simétricamente en varias bandas recordarían el número de enemigos muertos por el difunto-héroe en el combate. Estelas de Calaceite (Teruel) y Palermo (Caspe). Museo Arqueológico de Barcelona.

88. Variante del tema de la heroización ecuestre en que el difunto aparece guiando un carro. Estela de La Tallada (Chiprana), según A. Beltrán.

89. Estelas de Lara de los Infantes (Burgos). Se recoge en este grupo un temario que se remonta a fuentes no romanas, sino griegas: el jinete, la caza, los prótomos de caballo... Se conserva en el Museo Arqueológico de Burgos.

90. Las estelas de Clunia muestran otra versión del difunto heroizado en figura de jinete y rodeado de trofeos, escudos en este caso, que acreditan el número de enemigos a los que dio muerte en la guerra.

91. Estela de Anchearriaga (Oyarzun, Guipúzcoa). Es de arte muy rudo y recuerda a las estelas con jinetes de Mouriès. Se conserva en el Museo Municipal de San Telmo, en San Sebastián. Dibujo según I. Barandiarán.

92-93. Estelas vadinienses. Se conservan en el Museo de San Marcos de León.

94. Varias estelas hispánicas con el tema de la heorización ecuestre.
    1. Estela del Museo de Braganza, procedente de Tras-os-Montes.
    2-3. Estelas de Monte Cildá.
    4. Estela de Cárquere. Museo Leite de Vasconcelos, Lisboa.
    5. Estela de Alculailla de Avellaneda (Soria).
    6. Estela de Ciudadela.

95. Representaciones del *potnios hippōn* aparecidas en territorio ibérico. Es una divinidad protectora de los caballos cuyo culto se documenta en épocas muy arcaicas de las culturas mediterráneas. Las representaciones aparecidas en la Península Ibérica corresponderían a una fase ya muy rezagada de este culto. Pieza procedente de Sagunto y conservada en el Museo de Valencia.

96. *Potnios hippōn* de Sagunto. Se conserva en el Museo de la misma ciudad.

97. *Potnios hippōn* ibérico procedente de Mogón (Jaén). Se conserva en el Museo Arqueológico Provincial de Jaén.

98. *Potnios hippōn* de Balones (Alicante). Se conserva en el Museo de Alcoy.

99. *Potnios hippōn* de Villaricos (Almería). Se conserva en el Museo Arqueológico de Barcelona.

100. *Potnios hippōn* del Llano de la Consolación (Albacete). Se conserva en el Museo Arqueológico Provincial de Murcia.

101. En la Península Ibérica son escasos los testimonios relacionados con un posible culto de Epona, la diosa protectora de los caballos. Recientemente se ha interpretado en este sentido un grabado rupestre de Albaina. Dibujo según J. C. Elorza.

102. Posible representación de Epona en un bajorrelieve de Marquínez (Alava), según A. Llanos.

103. Representación de un *potnios hippōn* sobre un capitel hathórico de Chipre. Se fecha en el siglo VII a. C.

104. Representación del *despotēs thērōn* (?). Este grupo adornaba el cuello de una hidria de bronce. Se fecha en el siglo VII a. C. y procede de Treia (Macerata). Se conserva en los Museos Oliverianos de Pésaro.

105. *Despotēs thērōn.* Grupo conservado en el Museo de Bolonia.

106. Marfil procedente del Heraion de Samos, con la representación del *despotēs thērōn.*

107. Parte de un gran vaso hallado en Elche. Representa una deidad alada, posiblemente Astarté, que sujeta dos caballos en posición heráldica a ambos lados. Se fecha en el siglo III a. C. y se conserva en la colección Ramos Folqués. Según dibujo de A. Ramos Folqués.

108. Cuello de un gran recipiente aparecido en el templo B de Prinias, con representaciones de una diosa alada entre caballos rampantes. Se fecha en el siglo VII a. C.

109. Atenea representada como *potnia hippōn* sobre una copa ática de figuras rojas. Se conserva en el Museo de Florencia.

110. Vaso griego procedente de Olinto con la representación de la *potnia hippōn.*

111. Localidades del Norte de Lusitania en que se documenta el culto a las aguas. Este culto, de raíz indígena, adquirió gran densidad en el noroeste de la Península Ibérica, hasta el punto de que, ya cristianizado, ha llegado hasta nuestros días.

112. Pátera de plata con dedicatoria a *Salus Umeritana,* genio tutelar de una fuente de aguas salutíferas, representado en forma de una ninfa recostada y con un brazo apoyado sobre un recipiente del que mana un caudal de agua. En otras escenas se representan libaciones en honor de la deidad y el transporte del agua salutífera a los enfermos. Apareció en Otañes (Santander). Se fecha en el siglo I d. C.

113. Danza de los oretanos representada sobre una plaquita de caliza. El grupo parece estar dirigido por el personaje que aparece representado a tamaño algo mayor en el centro; a cada lado del mismo hay tres figuras, masculinas a la izquierda y femeninas a la derecha. Se conserva en el Museo Arqueológico Provincial de Jaén. Dibujo según J. González Navarrete.

114-117. Danza de los edetanos, representada sobre cerámicas de Liria. La danza tiene entre los iberos el valor de un rito polivalente con distintas significaciones, según el contexto en que se desarrolla: fiesta de la fecundidad, funeral, etc. En ocasiones, la danza está a cargo de varones armados. Vasos de Liria conservados en el Museo de Prehistoria de la Diputación de Valencia.

118. Escena de lucha representada sobre un vaso ibérico procedente de Oliva (Valencia). Se conserva en el Museo Arqueológico de Barcelona.

119-122, 124-125. El conjunto conocido genéricamente como «relieves de Osuna» fue recuperado en 1903 de las antiguas murallas romanas de esta ciudad, en que habrían sido utilizadas estas piezas como material para una apresurada reparación. Es probable que procedieran de varios monumentos funerarios; su temática coincide casi exactamente con la de las cerámicas de Liria: procesiones y desfiles con acompañamiento de tañedoras de flauta trompeteros, jinetes, juegos circenses y gladiatorios, damas oferentes... Este conjunto se fecha a partir del siglo III a. C. Se conserva actualmente en el Museo Arqueológico Nacional de Madrid.

123. Estela de Lara de los Infantes con posible representación de una ciudad amurallada en cuyo interior aparecen trompeteros y tañedores de flauta. Según las fuentes clásicas, los pueblos iberos se animaban en la guerra con la intervención de músicos que acompañaban a los combatientes. Procede de Iglesia Pinta.

126. Exvoto ibérico que representa posiblemente a un combatiente que inicia un paso de danza. Las fuentes clásicas hablan de la costumbre indígena de entrar en combate marcando un paso que se asemejaba a una danza. Procede del Collado de los Jardines de Despeñaperros y se conserva en el Museo Arqueológico Nacional de Madrid.

127. Las cerámicas de la antigua Ilici (Alcudia de Elche) presentan una temática singular dentro de la producción ibérica, caracterizada por recoger un viejísimo repertorio iconográfico relacionado con los cultos de Astarté-Tanit, de raíz mediterráneo-oriental. Tal es el caso de las danzarinas sagradas, de las que en este fragmento aparece una entera y el brazo de su compañera. Como elementos decorativos secundarios aparecen los animales característicos de estas cerámicas —peces, liebre, aves—, que posiblemente guardan relación, especialmente los primeros, con el culto de Atargatis, versión helenística de la antigua diosa minorasiática de la fecundidad. Se fecha en el siglo III a. C. y se conserva en la colección Ramos Folqués.

128. Terracota ibérica de la Serreta de Alcoy. Representa a una diosa de la fecundidad entronizada y con una paloma a su lado. Sostiene en su regazo una pareja de gemelos y está flanqueada por varias figuras; las que tiene a mano izquierda son dos tañedores de flauta. Es posible que estas figuras aludan a las danzas que, según Estrabón, se ejecutaban en el culto de Artemis.

129. Fragmento de un vaso ibérico de Alloza (Teruel) con una representación de la «Danza del vino nuevo», un tema que aparece en otras representaciones ibéricas y helenísticas de sentido dionisiaco. Dibujo según P. Atrián.

130. Diadema de Ribadeo. En esta localidad han aparecido fragmentos de otras piezas semejantes. El más importante recoge una procesión de jinetes e infantes junto con elementos que relacionan estas piezas con el arte céltico, pero con adición de elementos peculiares de lo ibérico. El carácter excepcional de esta pieza hace sumamente difícil su encuadre cronológico. Se conserva en el Museo Arqueológico Nacional de Madrid.

131. Figurita de terracota aparecida en Cástulo. Es de época ibero-romana y representa a una bailarina (en el dibujo se han figurado los brazos y la cabeza). Dibujo según R. Contreras. Se conserva en el Museo Monográfico de Cástulo (Linares, Jaén).

132. Carro votivo de Mérida. En las escasas piezas de este tipo aparecidas en la Península Ibérica se acusa un cruce de influencias. En su concepción responden a un rito de tipo indoeuropeo para implorar la lluvia. En su ejecución formal, sin embargo, se acusan influjos mediterráneo-orientales. Podría fecharse en el siglo VI a. C. Se conserva en el Museo de Saint Germain-en-Laye.

133. El llamado «guerrero de Medina de las Torres» es un bronce que se inscribe en la corriente comercial originada en las costas meridionales de la Pen-

ínsula Ibérica que difundió hacia el interior un conjunto de piezas de tema y estilo orientalizantes. Este bronce representa probablemente a Hadad, el dios de la tormenta del panteón semítico. Se conserva en el Museo Británico.

134. Representación del dios céltico *Cernunnos* sobre un vaso numantino. Su antecedente ha de buscarse en las representaciones más antiguas de esta enigmática divinidad celta. La singularidad de esta representación celtibérica hace difícil asignarle una fecha exacta. En todo caso sería anterior a los finales del siglo II a. C. Se conserva en el Museo de Numancia en Soria.

135. Distribución de teónimos con radical *Band-* en Hispania.

136. Ara de *Bandue Veigebreaego*. Procede de Rairiz de Veiga (Orense). Se menciona en ella a un *signifer* de la *Cohors I Gallicae, M. Solonius Silanus*, de la tribu Galeria. Se fecha posiblemente en el siglo II d. C. Se conserva en la iglesia de dicha localidad como pila de agua bendita.

137. Ara de *Bandue Olecco*. Procede de Curbián (Palas de Rey, Lugo) y está dedicada por un *Sulpicius Sincerus*. Se fecha en el siglo II-III d. C.

138. Ara de *Cohvetene* o *Convetene*, hallada en 1910 cerca del balneario de Guitiriz (Lugo), en un lugar en que había otros restos de construcciones romanas, probablemente en relación con una cascada. Fechable en el siglo II-III d. C.

139. Pequeño pedestal procedente de Astorga con dedicatoria a *Devaco Caburio*. Se conserva en el Museo de León.

140. Ara de *Erudino*. Fue hallada en el pico de Dobra (Torrelavega, Santander). Está fechada el 23 de julio del año 399, con la mención de un cónsul de Oriente y otro de Occidente. Se conserva en el Museo Arqueológico Provincial de Santader.

141. Teseras de hospitalidad. Son documentos o contraseñas que acreditan a los beneficiarios de este pacto entre las poblaciones indígenas de raíz indoeuropea.
   1. Tesera de bronce. Procede de Fosos de Bayona. Real Academia de la Historia.
   2. Procedencia desconocida. Real Academia de la Historia.
   3-5. Teseras de Sasamón y de la colección del marqués de Cerralbo.

142. 1. Tesera de bronce procedente de Huete. Museo Arqueológico Nacional de Madrid.
   2. Tesera de bronce de Monreal de Ariza. Colección del marqués de Cerralbo.

143. Anverso y reverso de la *tessera hospitalis* de Herrera de Pisuerga, datada en el año 14 de la Era.

144. Exvotos con representaciones de sacrificios. Estas piezas se interpretan comúnmente como objetos votivos que conmemoraban una iniciación o un sacrificio que para los oferentes revestía especial importancia.
   1. Procedente de Castelo-de-Moreira (Celorico de Basto).
   2. Procedencia desconocida. Se guarda en el Museo de Valencia de Don Juan, Madrid.

145. Mangos de cuchillos rituales.
   1. Procedente de Palencia y conservado en el Museo Arqueológico Nacional de Madrid.
   2. Procedencia desconocida. Se conserva en el Museo Arquelógico Nacional de Madrid.

146. Inscripción de Cabeço das Fraguas (Portugal), con un ritual lusitano en que se mencionan cuatro deidades indígenas. Según A. Tovar.

147. Bronce de Botorrita, escrito en lengua celtibérica. Se trata probablemente de una ley sagrada en que es mencionado el dios indígena *Togoli*. Transcripción de A. Beltrán.

148. Inscripción celtibérica de Peñalba de Villastar (Teruel). Menciona por dos veces al dios indígena *Lug*. Según A. Tovar. Se conserva en el Museo Arqueológico de Barcelona.

149. Figura de bronce que representa a un dios indígena identificado con Marte. El casco de tres cuernos y el toro figurado sobre el escudo, sin embargo, son elementos extraños a las imágenes clásicas del dios, por lo que con seguridad representan atributos propios de una deidad indígena. Procede de los Pirineos y se conserva en el Museo Arqueológico Nacional de Madrid.

150. Figura de *Sucellus*, divinidad celta de carácter infernal, cuya característica es que lleva la cabeza cubierta por una piel de lobo. Es un dios del mismo tipo que el *Aida* etrusco o el *Dispater* latino. Procede de Almería y se conserva en el Museo Arqueológico Municipal de Madrid.

151. Figuras de *Sucellus* procedentes de La Puebla de Alcocer (Badajoz) y de lugar desconocido. Conservadas, respectivamente, en Madrid, colección particular, y en la *Hispanic Society* de Nueva York, antes en la colección Vives.

152. Mango de *trulla* en *terra sigillata*, hallado en la antigua ciudad de Cástulo, cerca de Linares (Jaén). Es posible que represente a la diosa indígena *Ataecina*. Se conserva en el Museo Monográfico de Cástulo (Linares, Jaén).

153. Relieve con la representación de un dios indígena con cuernos, posiblemente *Vestio Alonieco*, ya que este bloque granítico apareció junto con dos aras dedicadas a esta divinidad gallega. Procede de Lourizán (Pontevedra) y se conserva en el Museo de Pontevedra.

154. Medallón central de una pátera de plata aparecida en lugar indeterminado de la provincia de Cáceres. La inscripción identifica a la figura como efigie de *Bandua Araugelensis*, deidad lusitana que aparece aquí con los atributos de *Fortuna*, sobre un fondo paisajístico con árbol, aras y peñascos. Se conserva en la colección Calzadilla de Badajoz.

155. Estela de Lara de los Infantes (Burgos). Se conserva en el Museo Arqueológico Provincial de Burgos.

156. Estela de Urbiola (Estella, Navarra). Según I. Barandiarán. Se conserva en el Museo Municipal de San Telmo (San Sebastián).

157. Estelas de Vigo, conservadas en el Museo Municipal de Castrela (Vigo), con representaciones de togados.

158. Estela de Santa Cruz de Campazo (Alava), decorada con símbolos solares, como es frecuente en las zonas en que predomina una religiosidad de raíz celta. Esta iconografía, en sus formas más geometrizadas, reaparecerá en el arte prerrománico español.

159. Estela del Museo de Prehistoria de Santander.

160. Estela de Lara de los Infantes (Burgos). Museo Episcopal de Vich.

161. Estela del Museo de Prehistoria de Santander.

162. Estelas del Museo de Prehistoria de Santander y de Vigo, ésta en el Museo Municipal de Castrela, Vigo.

163. A. Fragmento de estela romana anónima de época severiana. Según A. García y Bellido. Museo Arqueológico de León.

B. Parte superior de una estela romana de época severiana. Según A. García y Bellido. Museo de Comillas (Santander).

C. Estela de *Iulia Tibura*, de época severiana. Según A. García y Bellido. Procede de Alberite (Logroño).

164. A. Estela de *Terentius Reburrinus,* de época severiana. Según A. García y Bellido. Museo Arqueológico de León.

B. Estela de *Municia Atta,* de época severiana. Según A. García y Bellido. Museo Arqueológico de León.

C. Estela anónima de época severiana. Berlín, Museo de Prehistoria y Protohistoria. Según A. García y Bellido.

D. Estela en forma de tríptico, de época severiana. Según A. García y Bellido. Museo Arqueológico de Zamora.

165-167. Estelas de Lara de los Infantes. Museo Arqueológico Provincial de Burgos.

PROCEDENCIA DE LOS DIVERSOS ESTUDIOS

I. MUNDO MEDITERRANEO

1. *El Herakleion gaditano, un templo semita en Occidente: I Congreso Arqueológico del Marruecos Español* (Tetuán 1953) 309-18.
2. *Dios jinete púnico sobre un disco de Ibiza:* «Zephyrus» 17 (1966) 101-103.
3. *En torno a los supuestos retratos bárquidas en monedas cartaginesas:* «Numisma» 26 (1976) 39-48.
4. *El caballo en las creencias griegas y en las de otros pueblos circunmediterráneos:* «Revue Belge de Philologie et d'Histoire» 45 (1967) 48-80.
5. *El simbolismo funerario del huevo y la granada en las antiguas religiones mediterráneas:* RDTP 23 (1967) 132-65.
6. *El* despotēs thērōn *en Etruria y en el mundo mediterráneo:* «Zephyrus» 6 (1955) 163-75.
7. *Caballos en el infierno etrusco:* «Ampurias» 19-20 (1957-58) 31-68.
8. *Representación de puertas en la pintura arcaica etrusca:* «Cuadernos de Trabajos de la Escuela Española de Historia y Arqueología en Roma» 9 (1957) 47-74.
9. *La Tumba del Cardenal y la influencia órfico-pitagórica en las creencias etruscas de ultratumba:* «Latomus» 26 (1965) 3-39.
10. *Simbolismo funerario del ramo y la adormidera en Etruria y en las antiguas religiones mediterráneas:* en Homenaje a Marcel Renard II (Bruselas 1969) 97-104.

II. PENINSULA IBERICA

1. *La interpretación de la pátera de Tivisa:* «Ampurias» 17-18 (1955-56) 111-30.
2. *Nuevas aportaciones a la interpretación de la pátera de Tivisa:* «Ampurias» 19-20 (1957-58) 241-44.
3. *Relieve de Itálica con una representación de la potnia thērōn:* AEArq 26 (1953) 263-68.
4. *Cultos solares en la Península Ibérica: el caballito de Calaceite:* CAN V (1959) 180-89.
5. *Caballos y ultratumba en la Península Hispánica:* «Ampurias» 21 (1959) 281-303.
6. *La heroización ecuestre en la Península Ibérica:* «Celticum» 6 (1963) 405-23.
7. *Dioses y caballos en el mundo ibérico:* «Zephyrus» 5 (1954) 193-212.
8. *El culto a las aguas en la Península Ibérica:* «Ogam» 9 (1957) 211-33.
9. *Música, danza, competiciones e himnos en la Hispania antigua:* «Bellas Artes» 51 (1976) 3-10.
10. *Los carros votivos de Mérida y Almorchón. Su significación religiosa:* «Zephyrus» 6 (1955) 41-60.
11. *Réplica desconocida al «Cernunnos» de Val Camonica: el «Cernunnos» de Numancia:* «Revue d'Etudes Ligures» 23 (1957) 294-98.
12. *Culto al toro y culto a Marte en Lusitania*, en *Actas e Memórias do I Congresso Nacional de Arqueologia* (Lisboa 1970) 147-53.
13. *Las religiones indígenas del Noroeste de la Península Ibérica en relación con Roma*, en *Legio VII Gemina* (León 1970) 65-76.
14. *El legado indoeuropeo en la Hispania romana*, en *I Symposium de Prehistoria de la Península Ibérica* (Pamplona 1960) 319-55.
15. *La religiosidad de los pueblos hispanos vista por los autores griegos y latinos:* «Emerita» 26 (1958) 79-110.
16. *Origen africano del cristianismo español:* AEArq 40 (1967) 39-40.

NOMBRES DE DIOSES, HEROES Y OTROS SERES SOBRENATURALES

AUTORES ANTIGUOS

INDICE DE LUGARES

INDICE DE MATERIAS